8 M 805

Paris
1878

Rambaud, Alfred

Histoire de la Russie depuis les origines jusqu'à l'année 1877

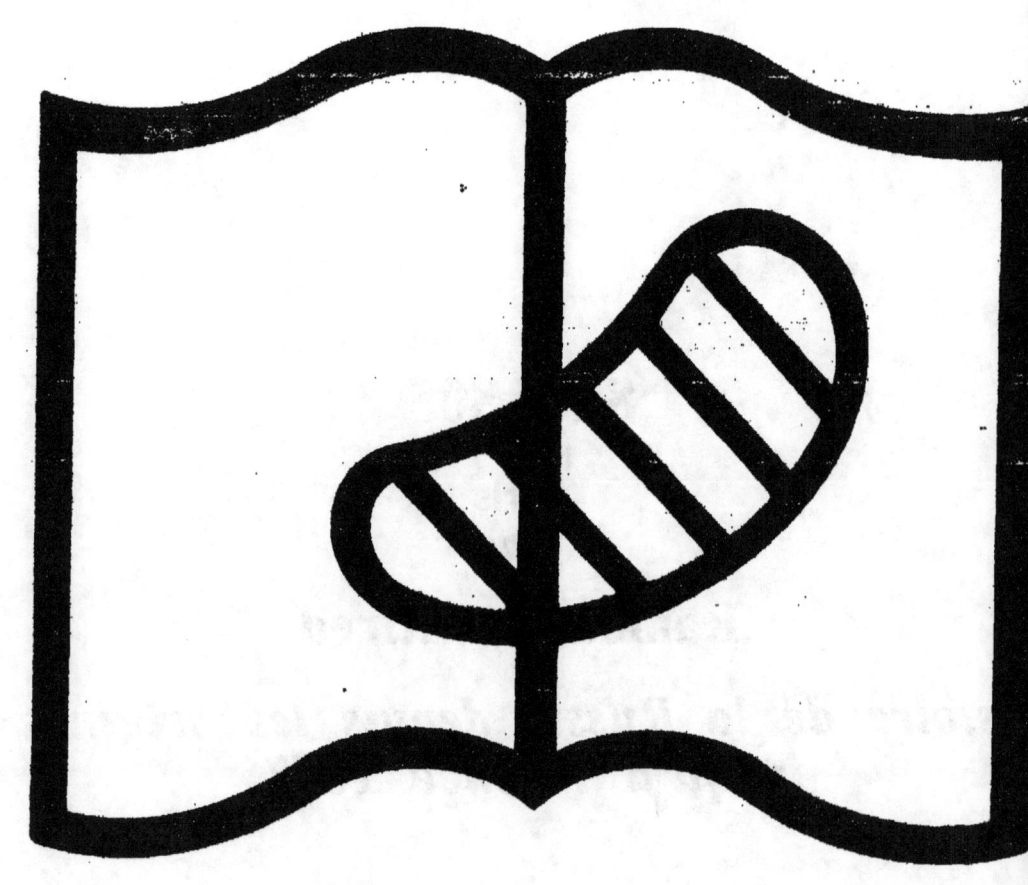

Symbole applicable
pour tout, ou partie
des documents microfilmés

Original illisible

NF Z 43-120-10

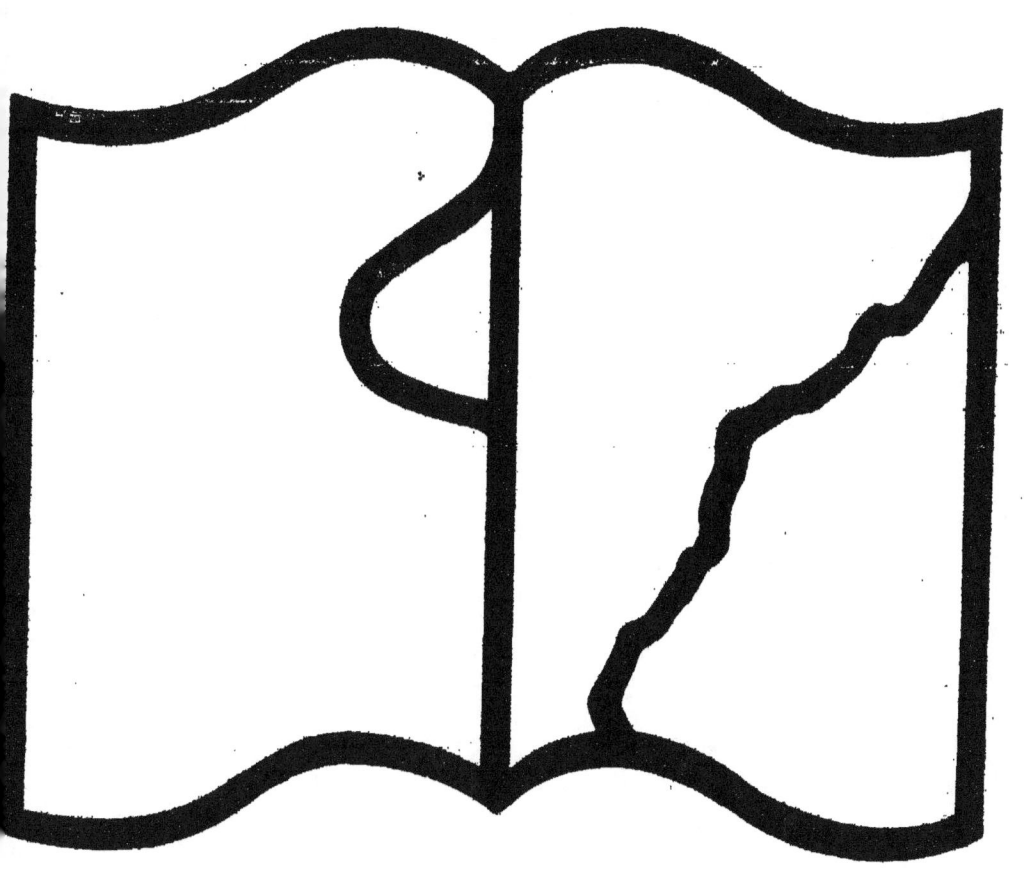

**Symbole applicable
pour tout, ou partie
des documents microfilmés**

Texte détérioré — reliure défectueuse

NF Z 43-120-11

HISTOIRE
UNIVERSELLE

PUBLIÉE

par une société de professeurs et de savants

SOUS LA DIRECTION
DE M. V. DURUY

HISTOIRE DE LA RUSSIE

DU MÊME AUTEUR

L'Empire grec au dixième siècle. — Constantin Porphyrogénète. Grand in-8. Paris, Franck.

<blockquote>Ouvrage couronné par l'Académie française.</blockquote>

La Domination française en Allemagne. — Les Français sur le Rhin : La Convention de Mayence, la République cis-Rhénane, etc. (1792-1804). In-12. Paris, Didier.

La Domination française en Allemagne. — L'Allemagne sous Napoléon Ier : La Confédération du Rhin, le royaume de Westphalie, les grands-duchés français de Berg et de Francfort, etc. (1804-1811). In-12. Paris, Didier.

La Russie épique. — Étude sur les chansons héroïques de la Russie, traduites ou analysées pour la première fois. Grand in-8. Paris, Maisonneuve.

Français et Russes — Moscou et Sévastopol (1812-1854). In-12. Paris, Berger-Levrault.

Typographie Lahure, rue de Fleurus, 9 à Paris.

HISTOIRE DE LA RUSSIE

DEPUIS LES ORIGINES JUSQU'A L'ANNÉE 1877

PAR

ALFRED RAMBAUD

Professeur à la Faculté des lettres de Nancy
Membre correspondant de l'Académie des Sciences de Saint-Pétersbourg

OUVRAGE CONTENANT 4 CARTES

PARIS
LIBRAIRIE HACHETTE ET Cie
79, BOULEVARD SAINT-GERMAIN, 79

1878

Tous droits réservés

CARTES

CONTENUES

DANS L'HISTOIRE DE LA RUSSIE

ETHNOGRAPHIE DE LA RUSSIE AU IXe SIÈCLE..................page   15
ETHNOGRAPHIE DE LA RUSSIE AU XIXe SIÈCLE........................   31
FORMATION DU TSARAT DE MOSCOVIE.................................. 157
AGRANDISSEMENTS DE LA RUSSIE..................................... 529

HISTOIRE DE LA RUSSIE.

CHAPITRE PREMIER.

GÉOGRAPHIE DE LA RUSSIE.

Contraste de l'Europe orientale avec l'Europe occidentale : mers, montagnes, climat. — Les fleuves russes et l'histoire. — Les quatre zones : unité géographique de la Russie.

Contraste de l'Europe orientale avec l'Europe occidentale : mers, montagnes, climat.

L'Europe, dans son ensemble, se divise en deux portions inégales. Si on donne à l'Europe tout entière dix millions de kilomètres carrés, 4 500 000 seulement reviennent à la partie ouest, 5 500 000 à la partie est. La première est divisée entre toutes les monarchies et républiques de l'Europe, moins la Russie ; la seconde est unie sous le sceptre russe. La nature, non moins que le régime politique, ou la religion, a opposé fortement l'une à l'autre la région occidentale, ou Europe antérieure, et la région orientale.

Les rivages de la première sont découpés à l'infini par des mers intérieures, creusés de golfes profonds, hérissés de péninsules, de presqu'îles, de caps et de promontoires, semés sur leur pourtour d'îles et d'archipels nombreux. La Grande-Bretagne et la péninsule grecque surtout, qui ont un développement de côtes hors de proportion avec leur superficie territoriale, contrastent avec la masse compacte, impénétrable, de l'Europe orientale; cette configuration articulée des pays d'occident est le trait caractéristique de la géographie européenne, tandis que les immenses espaces dont se compose la Russie semblent la continuation des plaines et des plateaux de l'Asie centrale et septentrionale. Sans doute, la Russie est baignée par plusieurs mers : au nord par l'Océan glacial qui pénètre dans les terres par la vaste échancrure de la mer Blanche ; au sud par la mer Caspienne, la mer d'Azof et la mer Noire ; au nord-ouest par la mer Baltique avec ses golfes de Bothnie, de Finlande et de Livonie; mais toutes ces mers ne lui donnent qu'un développement relativement faible de littoral. Tandis que le reste de l'Europe a environ 25.000 kilomètres de côtes, la Russie, avec une superficie beaucoup plus considérable, ne présente que 8880 kilomètres de rivages, et encore l'Océan glacial et la mer Blanche entrent dans ce total pour près de moitié : 4407 kilomètres. Or, ces deux mers ne sont navigables que pendant quelques mois de l'année, tout au plus de juin à septembre. La Baltique, dans ses deux golfes les plus septentrionaux, gèle facilement; des armées ont pu la franchir sur la glace avec tout leur matériel; la navigation y est arrêtée depuis le mois de novembre jusqu'à la fin d'avril. La Caspienne gèle souvent, et surtout dans sa partie septentrionale, celle précisément où se trouve son port le plus fréquenté, Astrakhan. La mer d'Azof tourne par endroits au marécage. On peut dire que les mers russes, à l'exception de la mer Noire, ont un caractère antieuropéen; elles ne peuvent rendre les mêmes services que nos mers d'Occident; la Russie est à ce point de vue la plus déshéritée des régions européennes: comparée avec les pays privilégiés de l'Occident, elle pourrait se définir l'*Europe continentale*, par opposition à l'*Europe maritime*.

L'Europe antérieure, si découpée dans son contour, est en outre fortement accidentée dans son relief : sans parler du grand massif central des Alpes, il n'est pas une des régions européennes qui n'ait à son centre ou dans sa longueur un puissant soulèvement orographique, qui constitue comme la charpente ou comme « l'épine dorsale » du pays : l'Angleterre a sa chaîne du Peak et ses Highlands, la France ses Cévennes et son massif d'Auvergne, l'Espagne ses Pyrénées et ses sierras, l'Italie son Apennin, l'Allemagne ses massifs de Souabe, de Franconie, du Hartz, la Suède ses Alpes scandinaves, la péninsule gréco-slave le Balkan et le Pinde. Au contraire, tout ce que la Russie possède de montagnes se trouve relégué aux extrémités de son territoire : elle est limitée au nord-ouest par le massif granitique de Finlande; au sud-est par les rameaux des Carpathes; au sud par les plateaux rocheux de Crimée avec la Yaïla et le Tchardyr-Dagh (1580ᵐ), par le Caucase, avec son développement de 1100 kilomètres, où l'Elbourz (5640ᵐ) dépasse de plus de 1500 mètres la plus haute montagne de l'Europe, le mont Blanc; à l'est par l'Oural, la plus longue chaîne de montagnes (2450 kilomètres), en Europe ou en Asie, qui soit parallèle au méridien de longitude : elle a des sommets de 1900 mètres. En langue tatare, le mot *Oural* signifie *ceinture;* mais ce ne sont pas seulement les monts Ourals qui sont des « monts de ceinture » : toutes les montagnes de la Russie mériteraient cette dénomination, car elles la limitent, elles la ceignent, mais n'ont qu'une influence insignifiante sur son relief intérieur et la répartition de ses eaux. Des Carpathes et du Caucase ne descendent que des cours d'eau secondaires, tandis que les quatre grands fleuves russes prennent leur source dans des collines qui n'ont pas 100 mètres de hauteur[1]. Remarquons aussi que ces montagnes ne forment pas un système; elles sont presque toutes des fragments de systèmes étrangers à la Russie. Elles ne sont pas russes à proprement parler, mais plutôt finlandaises, hongroises, tatares, arméniennes. L'empire des tsars forme donc comme une immense plaine qui à l'ouest se continuerait par celles de la Pologne et de la Prusse, à l'est par les steppes sans fin de la Sibérie et du

---

1. 369 mètres au-dessus du niveau de la mer.

Turkestan, et qui est en contraste frappant avec le sol tourmenté de l'Occident. Au point de vue orographique, la Russie pourrait se définir l'*Europe de plaines*, par opposition à l'*Europe de montagnes*.

Toutefois l'uniformité de surface n'est point absolue; dans des proportions beaucoup moins considérables que l'Occident, la Russie présente des élévations et des dépressions de terrain. Dans ce faible modelé du sol russe, on remarque au centre du pays comme un exhaussement quadrangulaire qu'on appelle le *plateau central*, ou encore, du nom de sa partie septentrionale, *plateau d'Alaoune*. L'angle nord-est serait formé par les hauteurs du plateau de Valdaï où les collines atteignent 100 mètres de hauteur; le côté occidental du plateau central, par les faibles collines du Dniéper qui se prolongent jusqu'à ses cataractes; le côté méridional, par les hauteurs qui vont de Koursk à Saratof; le côté oriental, par les falaises sablonneuses qui se dressent sur la rive droite du Volga et de la Kama; le côté nord, par les plis de terrain qui séparent le bassin du Volga du versant de l'Océan glacial. Le plateau central est d'ailleurs partagé en deux parties inégales par les profondes vallées du haut Volga, de l'Oka et de leurs affluents.

A ce renflement central du sol russe correspondent d'assez fortes dépressions : 1° entre le plateau de Valdaï et les pentes nord-est des Carpathes, se creuse comme une grande vallée, dans laquelle, durant l'âge quaternaire, la Baltique et la mer Noire ont confondu leurs flots : elle est parcourue au nord par la Düna ou Dvina méridionale et le Niémen, au sud par le Dniéper et ses affluents; elle atteint son maximum de dépression dans les vastes marais de Pinsk; 2° entre les falaises de la rive droite du Volga et les rameaux de l'Oural (*obchtchii sirt*) le sol va toujours en se déprimant, tout le long du Volga, et vient affleurer à la Caspienne dont le niveau est de 25 mètres au-dessous de celui de la mer Noire : là sont les steppes de Kirghiz, la région la plus basse de la Russie d'Europe : elle est l'ancien lit d'une vaste mer intérieure qui s'est progressivement desséchée et dont la Caspienne, le lac d'Aral et d'autres nappes d'eau ne sont que les débris. Si la Caspienne remontait seulement au niveau de la mer Noire, une notable partie de cette plaine stérile, encore couverte d'efflorescences salines, serait de nouveau inondée; 3° la troisième grande dépression du sol russe, c'est le versant du nord, couvert de lacs et de marécages et dont les *toundra* glacées viennent se confondre avec les glaces de l'Océan polaire et de la mer Blanche; 4° la région des lacs Saïma, Onéga, Ladoga, qui se continue par les grèves de la Baltique et qui forme une série de bas-fonds où les eaux de la mer Blanche et celles de la Baltique ont dû se trouver en communication.

De ce que la Russie dans son ensemble n'est qu'une vaste plaine, il résulte qu'elle est balayée dans son entier par les vents du pôle que n'arrête aucune chaîne de montagnes, celle de l'Oural étant parallèle à leur direction. De ce que la Russie n'est baignée que par des mers relativement fort petites, il s'ensuit que la température n'y est modifiée ni par l'influence des brises marines, qui réchauffent en hiver et rafraîchissent en été l'Occident, ni par le courant aérien et marin du *Gulf-stream*, dont les dernières effluves viennent expirer sur les côtes et sur les montagnes de la Scandinavie, sans pouvoir agir sur les rivages de la Baltique : à latitudes égales, cette barrière de montagnes met entre le climat norvégien et le climat suédois-russe une différence notable.

La Russie, comme l'intérieur de l'Asie, de l'Afrique ou de l'Australie, subit donc toutes les conséquences d'un climat purement continental. La première de ces conséquences, c'est un contraste violent entre les saisons. La plaine russe subit tour à tour les influences des régions polaires et celles de l'Asie centrale et méridionale, des déserts de glace et des déserts de sables brûlants. « Sous la latitude de Paris et de Venise, dit M. Anatole Leroy-Beaulieu, les contrées situées au nord de la mer Noire et de la Caspienne ont en janvier la température de Stockholm, en juillet celle de Madère. A Astrakhan, sous la latitude de Genève, il n'est pas rare qu'à six mois d'intervalle les variations thermométriques embrassent jusqu'à 70 et même 75 degrés centigrades. Sur les côtes de la Caspienne, sous la latitude d'Avignon, le froid descend jusqu'à 30 degrés au-dessous de la glace; en revanche la chaleur en été peut s'élever jusqu'à 40 degrés et au-dessus. Dans les steppes des Kirghiz, sous la latitude du centre de la France, le mercure reste quelquefois congelé pendant des journées entières et en été le même thermomètre, mal surveillé, éclate au soleil. C'est vers les bords de la mer d'Aral que ces températures excessives atteignent leur maximum: il y a des intervalles de 80, peut-être de 90 degrés centigrades entre les plus grands froids et les plus grandes chaleurs. » Même à Moscou, on a eu des froids de 33 degrés et des chaleurs de 28; à Saint-Pétersbourg, on peut osciller entre les températures extrêmes de 30 à 35 degrés de froid à 31 de chaleur.

La seconde conséquence du climat continental de la Russie, c'est que les vents n'arrivent dans ce pays qu'après avoir perdu en route une partie de leur humidité. La Russie souffre généralement de la sécheresse: à Kazan, il pleut deux fois moins qu'à Paris; c'est pour cela qu'il y a dans ce pays tant de plaines stériles et déboisées, et cette absence de forêts, dans toute la partie méridionale de la Russie, est à son tour un obstacle à la formation des sources et au développement d'une salutaire humidité.

Saint-Pétersbourg, situé par 60 degrés de latitude nord, est la capitale la plus septentrionale du monde entier. Le jour le plus long dans cette ville est de 18 heures 45 minutes; le soleil se lève alors à 2 heures 39 minutes et se couche à 9 heures 24 minutes, mais le crépuscule se prolonge jusqu'au moment où l'aurore se fait apercevoir; il n'y a pas de nuit pendant deux mois. Le jour le plus court est de 5 heures 47 minutes: le soleil se lève alors à 9 heures 5 minutes et se couche à 2 heures 52 minutes. Les aurores boréales sont fréquentes dans le nord de la Russie, tandis que dans les steppes du sud se produit souvent le phénomène du mirage.

La Russie étant un pays de plaine, les couches géologiques dont son sol est formé sont presque partout horizontales : aucun soulèvement n'est venu les rompre, briser violemment les couches de pierres et percer de leurs débris les couches d'humus ou de sable. Il en résulte que, sauf dans le voisinage des montagnes, la pierre manque à la Russie. Ce fait a eu sur son développement économique et artistique de graves conséquences. On a dû bâtir avec d'autres matériaux qu'en Occident : les monuments furent surtout de chêne et de sapin, ou de briques; en bois furent les anciennes églises, les palais des tsars, les remparts des villes antiques; en bois sont aujourd'hui les maisons des bourgeois, les *isbas* des paysans. Les villages russes et la plupart des villes sont des amas de matériaux combustibles : de là ces incendies qui éclatent périodiquement; on a pu dire qu'en moyenne la Russie entière brûlait tous les sept ans. Élevées avec de tels matériaux, les constructions ne pouvaient prendre les colossales proportions de nos châteaux de l'Île de France ou de nos cathédrales du Rhin; les anciennes églises en Russie sont petites. C'est depuis la conquête de la Baltique et de la mer Noire que l'empire a des villes de pierre; Pierre le Grand lui a donné sa première capitale de pierre. Au point de vue géologique, la Russie pourrait donc se définir, suivant l'expression de M. Solovief, l'*Europe de bois*, par opposition à l'*Europe de pierre*.

Les fleuves russes et l'histoire.

Dans un pays aussi étendu et aussi dénué de littoral que la Russie, les fleuves ont une immense importance. L'Europe orientale est bien partagée au point de vue hydrographique. Ce sont les cours d'eau qui l'empêchent d'être un continent aussi fermé que l'Afrique ou l'Australie. A défaut de bras de mer, elle a des fleuves au large cours : ils la pénètrent jusqu'à son centre, et quelques-uns ont des proportions presque maritimes. Dans ces plaines unies, ils n'ont point le cours impétueux du Rhône; ils circulent paisiblement par de grands lits coupés dans le sable ou l'argile. Les fleuves furent longtemps les seules voies de communication : quand les princes russes voulaient faire la tournée de leurs domaines ou entreprendre une campagne, il leur fallait profiter de l'hiver qui étendait, du Dniéper à l'Oural, une surface unie sous leurs traîneaux, ou attendre le dégel des fleuves pour en suivre le cours. L'été en barque, l'hiver en traîneau ; il n'y avait que ces deux saisons pour les voyages ; au printemps, c'est le dégel, les inondations, qui transforment la plaine en marécage, c'est la *raspoulitsa* (*la saison des mauvais chemins*). Le commerce a emprunté les mêmes routes que la guerre ou la politique. Les rivières, qui surtout en Russie sont « les chemins qui marchent », expliquent la rapidité avec laquelle nous voyons les personnages de l'histoire russe franchir d'immenses espaces et se transporter aussi aisément de Novgorod à Kief, de Moscou à Kazan, qu'un roi français de sa bonne ville de Paris à celles de Reims ou d'Orléans. Les fleuves sont les alliés des Russes contre ce qu'ils appellent « leur grand ennemi », la distance. Partout la conquête ou la colonisation russes ont suivi les cours d'eau ; c'est sur les bords de l'Oka, de la Kama, du Don, du Volga, que se trouve surtout groupé l'élément russe, rejetant partout dans l'épaisseur des forêts primitives les races aborigènes.

Le point dominant du système hydrographique de la Russie, c'est le plateau de Valdaï. C'est près de là que prend sa source, au lac Volgo, le Volga ou plutôt *la Volga*, qui descend à la Caspienne ; c'est près de là que naît le Dniéper, qui descend à la mer Noire, le Niémen et la Düna, qui vont à la Baltique, la Vélikaïa, qui se jette dans le Péïpous, les rivières qui forment le lac Ilmen, celles qui alimentent les lacs Ladoga et Onéga, d'où sort la Néva. Le centre hydrographique de la Russie se trouvant à l'angle nord-ouest du plateau central, il s'ensuit que ses grands versants sont tournés vers le sud et vers l'est : cette disposition a eu son influence sur le développement de l'histoire nationale. Cette histoire commence précisément au nord-ouest, près du plateau de Valdaï : sur le Péïpous et l'Ilmen se sont établies les vieilles cités commerçantes de Pskof et de Novgorod. Quel est leur débouché vers la mer? non pas la Narova, qui sort du lac Péïpous et dont le lit est encombré de cataractes, mais bien ce réseau de rivières et de lacs qui aboutit à la Néva, fleuve de peu d'étendue, mais de largeur énorme, véritable Tamise russe, sur laquelle devait s'élever Saint-Pétersbourg, cette Novgorod du dix-huitième siècle : dans les temps primitifs Novgorod se trouvait plus en sûreté au centre de ce réseau fluvial et lacustre qu'elle ne l'eût été sur la Néva; ses vaisseaux, par le Volkof, se rendaient de l'Ilmen dans le Ladoga, et, par la Néva, du Ladoga dans le golfe de Finlande et la grande mer Baltique. D'autres petits fleuves la mettaient en communication avec le lac Onéga, le lac Blanc (Biéloé ozéro); par la Soukhona et la Dvina septentrionale elle était en relations avec la mer Blanche, où s'éleva plus tard le port d'Arkhangel; par les affluents de la Dvina, les explorateurs novgorodiens pénétraient profondément dans les forêts boréales, peuplées de races autochthones qu'ils venaient assujettir au tribut. Les lignes de partage des eaux entre le versant de la mer Blanche, le bassin des lacs novgorodiens et le bassin du Volga, ne sont presque pas marquées. Les cours d'eau semblent hésiter au début entre les directions opposées : certains même ne se décident pas, comme l'inerte Chékéna qui met en communication le lac Blanc avec le Volga. Cet enchevêtrement du système hydrographique qui fait de la Dvina, de la Néva, de la Düna, du Niémen, les prolongements du Dniéper et du Volga, et qui met en communication continue les quatre mers russes, explique suffisamment le grand rôle commercial et l'étendue des conquêtes de Novgorod la Grande.

Sur le Dniéper s'est fondée à l'origine une Russie rivale de la Russie novgorodienne, la *Rouss* de Kief. Elle aussi suit sa pente, qui est le cours du Dniéper et qui la mène fatalement à la mer Noire, vers le monde byzantin. C'est par le Dniéper que sont descendues les flottilles de guerre contre Constantinople; c'est par ce fleuve que sont remontés à Kief la civilisation et le christianisme grecs. Le Dniéper, qui a fait la grandeur de Kief, a contribué aussi à sa décadence. Il était une voie de communication trop imparfaite; les célèbres cataractes qui l'encombrent au-dessous de Kief étaient un obstacle trop grand à la navigation pour que cette ville pût rester la métropole commerciale et politique de la Russie.

Le Don, malgré son cours de 1000 kilomètres, a médiocrement influé sur la direction de l'histoire russe : pendant toute la période d'élaboration nationale, il est resté au pouvoir des hordes asiatiques. Plus tard son embouchure est devenue turque avec Azof. D'ailleurs les ensablements de sa partie inférieure ont nui à son importance commerciale. De même la Düna et le Niémen sont restés jusqu'au dix-huitième siècle aux mains des indigènes lithuaniens et finnois ou des conquérants allemands.

Le fleuve par excellence de la Russie, c'est le Volga, *la mère Volga*. Il en est le Nil et le Mississipi. Avec ses 3778 kilomètres de cours, il dépasse le Danube de près de 250 lieues; plusieurs de ses affluents comptent parmi les grands fleuves du monde; l'Oka avec ses 1000 kilomètres dépasse la Meuse et l'Oder; la Kama, qui en a 2000, dépasse tous les cours d'eau de l'Europe, sauf le Danube, car l'Elbe n'en a que 1030, la Loire que 1090 et le Rhin que 1300. Le confluent du Volga et de l'Oka, à Nijni-Novgorod, ressemble à la rencontre de deux bras de mer : c'est un spectacle imposant à contempler de la colline où s'élève la ville haute, tandis que la ville basse ou *la foire*, avec ses 100 000 habitants de passage, étale ses constructions sur le rivage des deux fleuves. Le Volga, qui près de Iaroslavl a 639 mètres de large, en a 1400 au-dessus de Kazan; vers Samara, tantôt il se resserre à 746 mètres, tantôt il s'étale, avec ses dérivations et ses branches latérales, sur une largeur de 28 kilomètres. Son delta de la Caspienne, qui embrasse en ses 75 bras d'innombrables îles, a 150 kilomètres de développement. Ce fleuve prodigieux, dans les eaux duquel abondent les poissons énormes comme des poissons de mer, esturgeons, saumons, lamproies, où le sterlet atteint parfois au poids de 488 kilogrammes,

serait la merveille de l'Europe, si les glaces ne le retenaient
captif plusieurs mois par an. Mais au dégel les ports, les
chantiers, les stations de bateaux, tout s'anime. 200 000 ouvriers accourent sur ses rives de tous les points de la
Russie. 15 000 barques et 500 bateaux à vapeur sillonnent
ses flots. Kostroma, Nijni-Novgorod, Kazan, Simbirsk,
Samara, Saratof, Astrakhan, s'emplissent de mouvement
et de bruit. Toute la vie de la Russie semble alors s'être
reportée ici.

Le bassin du Volga et de ses affluents embrasse une superficie presque triple de celle de la France; le seul bassin
de l'Oka a trois fois l'étendue du bassin de la Loire. Dans
son vaste domaine, le Volga comprend l'ancienne Russie du
seizième siècle presque tout entière : il a donné au développement de cet État une direction irrésistible. Du jour où
les grands-princes établirent leur capitale sur la Moskova,
affluent de l'Oka et sous-affluent du Volga, la Russie se
tourna vers l'est et commença la lutte avec les nations turques et tatares. Le Dniéper avait fait la Russie byzantine,
le Volga la fit asiatique, la Néva devait la rendre européenne. Toute l'histoire de ce pays est celle de ses trois
grands fleuves; elle se divise en trois périodes : celle du
Dniéper avec Kief, celle du Volga avec Moscou, celle de
la Néva avec Novgorod au huitième siècle et Saint-Pétersbourg au dix-huitième. La grandeur de cette création
de Pierre Ier consista précisément à reporter sa capitale
sur la Baltique, sans abandonner la Caspienne et le Volga,
et à chercher pour ce grand fleuve oriental une issue nouvelle qui le mettrait en communication avec les mers
d'Occident. Grâce au canal de la Tikvinka et du Ladoga,
la Néva est devenue comme l'embouchure septentrionale,
l'estuaire européen du Volga.

Les quatre zones : unité géographique de la Russie.

Au point de vue de la production, la Russie peut se
partager en quatre bandes inégales qui vont du sud-ouest
au nord-est : la zone des forêts, celle du *tchernoziom* ou

terre noire, celle des steppes arables ou prairies, celle des steppes infertiles.

1° La zone la plus septentrionale et la plus vaste, c'est la *poliéssa*, la forêt russe, qui confine d'une part aux marais qui ne dégèlent jamais et aux *toundra* du littoral glacial, d'autre part aux larges éclaircies qu'est venue pratiquer dans cette forêt l'agriculture des régions de Novgorod, Moscou et Iaroslavl. Au nord la forêt commence par le mélèze; au centre, elle fait alterner les arbres résineux, d'une sombre verdure, avec le bouleau au feuillage grêle, à l'écorce blanche; plus au sud, elle admet le tilleul, l'orme et l'érable; vers sa limite méridionale, le chêne apparaît.

2° La terre noire s'étend des bords du Pruth au Caucase, sur la plus large dimension de la Russie; elle dépasse même l'Oural et le Caucase, pour se prolonger en Asie. Ce qui lui a donné son nom, c'est une couche profonde d'humus noirâtre, d'une fertilité inépuisable, qui sans engrais produit d'opulentes moissons et qu'on a pu comparer à une Beauce gigantesque de 600000 kilomètres carrés, à un champ de blé grand comme la France entière : elle nourrit à elle seule 25 millions d'habitants et sa population augmente chaque jour. De tout temps, elle a été le grenier de l'Europe orientale : c'est là qu'Hérodote plaçait les *Scythes laboureurs* et c'est de là qu'Athènes tirait ses provisions de céréales.

3° La zone des *steppes arables* est parallèle à la première : au midi, elle descend presque jusqu'à la mer : c'est une terre fertile encore, quoiqu'elle ne puisse se passer d'engrais; avant le défrichement, elle formait une plaine nue, herbacée, complétement déboisée; avec ses 600000 kilomètres carrés, on ne peut la comparer qu'à la prairie d'Amérique; les herbes de la steppe, où les cavaliers et les troupeaux peuvent se cacher comme dans une forêt, s'élèvent parfois à cinq, six et même huit pieds de hauteur. Cette steppe monotone, sans autres accidents que les *kourganes* ou tertres qui recouvrent les ossements de races antiques, océan de verdure au printemps, lande rousse et brûlée à l'automne, est chère à ses enfants. Elle a été longtemps la Russie héroïque, le domaine des cavaliers nomades, la patrie des *kosaks*. La *terre noire* et la *prairie*, presque aussi fertile que la terre noire, ont donc ensemble une superficie de 1 200 000 kilomètres carrés, soit 120 millions d'hectares d'excellentes terres, surface égale à celles de la France et de l'Autriche-Hongrie réunies.

4° La quatrième zone, celle des *steppes infertiles*, steppes sablonneuses aux embouchures du Dniéper, argileuses au nord de la Crimée, salines au nord de la Caspienne, sur 400 000 kilomètres carrés ne compte que 1 500 000 habitants. « Impropres à l'agriculture et presque à la vie sédentaire, dit M. Leroy-Beaulieu, ces vastes espaces, comme les parties voisines de l'Asie, ne paraissent convenir qu'à l'élève du bétail et à la vie nomade. Aussi, de toute la Russie d'Europe, sont-ce les seules qui soient demeurées jusqu'à nos jours habitées par les tribus nomades de l'Asie, les Kirghiz et les Kalmouks, et, jusqu'à ces dernières années, par les Tatars de Crimée et les Nogaïs. Sur ces steppes, ces Asiatiques semblent aussi bien chez eux que dans leur patrie originaire. »

Les parties vraiment productives de la Russie sont donc : la *prairie*, la *terre noire*, et, dans la zone des forêts, la région agricole et industrielle de Novgorod, Moscou, Nijni-Novgorod, Kazan. Une élévation du niveau de la mer qui noierait la partie nord de la *poliéssa* et les steppes infertiles du sud n'ôterait rien à la richesse et à la force réelles de la Russie.

Ces alternatives de plaines basses et de plateaux, cette diversité dans la direction des grands fleuves, cette division en forêts, steppes arables et déserts stériles, n'empêchent pas l'Europe orientale de présenter une remarquable unité. Aucune des parties de la Russie ne saurait s'isoler des autres ; la plaine ne laisse entre elles aucune barrière, aucune frontière possible ; celles que les fleuves pourraient opposer s'effaceraient en hiver sous les chariots des armées, lorsque les frimas étendent sur toute la plaine, de la mer Blanche à la mer Noire, comme un glacis uniforme, et que le climat déploie presque la même rigueur à Kief qu'à Arkhangel. Toutes ces régions, qui dans la belle saison reprennent leur diversité, sont d'ailleurs solidaires au point de vue économique. La zone forestière a besoin des blés du Dniéper, des bestiaux du Volga ; les steppes du sud ont besoin des bois du nord. Le commerce qui par la Düna, la Néva, la Dvina, se faisait avec l'Europe, se complétait par celui qu'on faisait avec le Midi et l'Orient par le Dniéper ou le Volga.

Seule la région moscovite, où les champs alternent avec les forêts, a pu longtemps se suffire à elle-même ; elle ne le peut plus depuis qu'elle est devenue industrielle. Dans les temps anciens, comme elle réunissait les produits du nord et du sud, elle faisait le lien entre le nord et le sud et a fini par les dominer également. Même Novgorod se trouvait dans la dépendance économique des princes établis sur l'Oka : ceux-ci n'avaient qu'à interdire l'envoi des blés du haut Volga vers la région des lacs pour réduire la grande république en leur obéissance.

Les vastes plaines de la Russie sont donc aussi évidemment prédestinées à l'unité que la Suisse au morcellement. Entre les Carpathes et l'Oural, entre le Caucase et le massif de Finlande, la nature avait marqué la place d'un vaste empire dont les *montagnes de ceinture* dessinaient le cadre. Comment ce cadre a-t-il été rempli, c'est ce que l'histoire va nous apprendre.

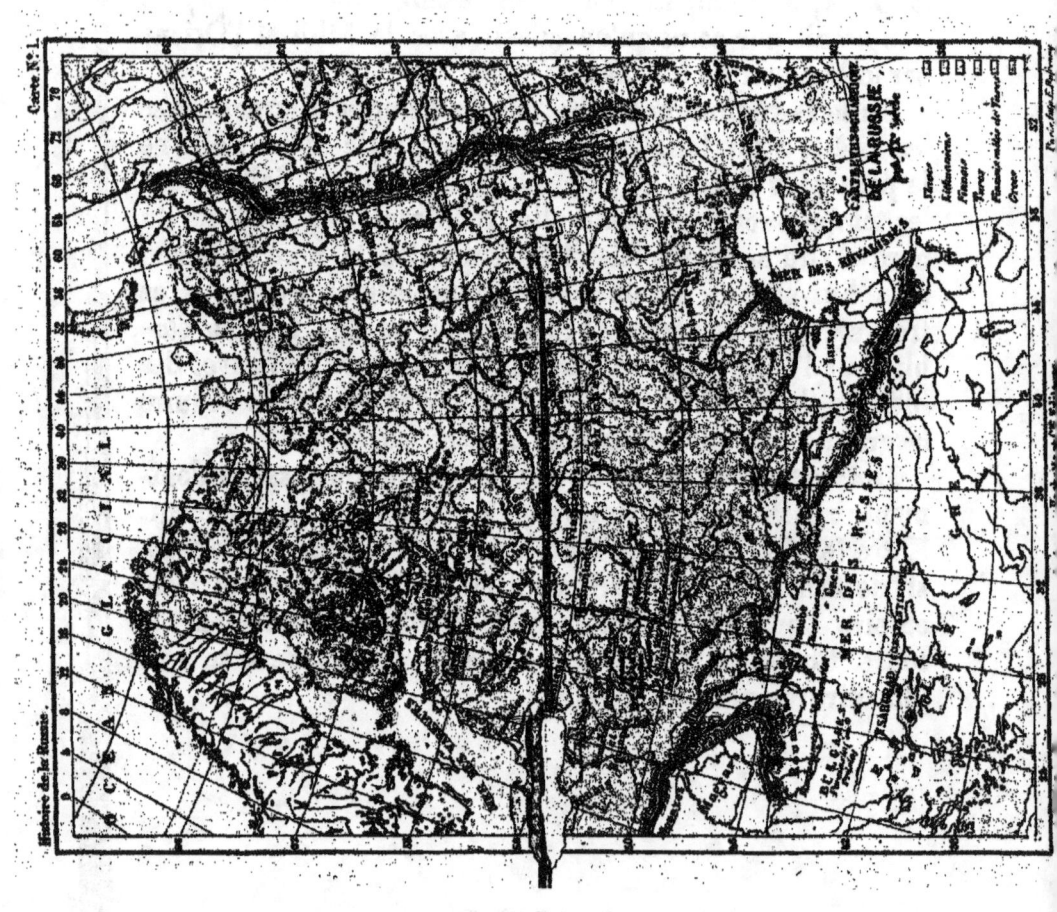

CHAPITRE II.

ETHNOGRAPHIE DE LA RUSSIE.

Les colonies grecques et la Scythie d'Hérodote. — Les Slaves russes de Nestor ; peuplades lithuaniennes, finnoises, turques, au neuvième siècle. — Division des Russes actuels en trois branches : comment s'est faite la colonisation russe.

Les colonies grecques et la Scythie d'Hérodote.

Les Grecs dans l'antiquité avaient établi des comptoirs et fondé de florissantes colonies sur les côtes septentrionales de la mer Noire. Les Milésiens et les Mégariens avaient bâti *Tomi* ou Kustendjé près du Danube, *Istros* à l'embouchure de ce fleuve, *Tyras* à celle du Dniester, *Odessos* à celle du Boug, *Olbia* à celle du Dniéper, *Chersonesos* ou *Cherson* sur la rade de Sévastopol, *Palakion* qui est devenu Balaklava, *Théodosie* devenue Kaffa, *Panticapée* (Kertch) et *Phanagorie* sur les deux rives du détroit d'Iénikalé, *Tanaïs* à l'embouchure du Don, *Apatouros* dans le Kouban, *Phasis, Dioscurias, Pityonte* au pied du Caucase, sur la côte de l'ancienne Colchide. Panticapée, Phanagorie et Théodosie formaient, au quatrième siècle avant J. C., une confédération à la tête de laquelle se trouvait un chef héréditaire, *l'archonte du Bosphore*, qui régnait en outre sur un certain nombre de tribus barbares.

Les archéologues russes, et récemment M. Ouvarof, ont mis au jour de nombreux monuments de cette civilisation hellénique, stèles funéraires, inscriptions, bas-reliefs, statues de dieux et de héros : on sait que les colons conservaient précieusement sur ces rivages barbares la civilisation grecque, cultivaient les arts de la métropole, répétaient les vers d'Homère en marchant au combat, aimaient, encore au temps de Dion Chrysostome, les beaux discours, et avaient voué à la mémoire d'Achille un culte particulier.

Derrière la ligne des établissements grecs s'agitait un monde de peuplades que les Hellènes désignaient uniformément sous le nom de *Scythes*, avec lesquelles ils étaient en rapports de guerre ou d'alliance et qui leur servaient de facteurs pour le négoce dans les régions plus septentrionales. Hérodote nous a transmis sur ces barbares à peu près tout ce qu'en savaient les Grecs du cinquième siècle avant J. C.

Les Scythes adoraient un glaive fiché en terre comme une image du dieu de la guerre, et l'arrosaient de sang humain : ils buvaient le sang du premier ennemi qu'ils avaient tué à la guerre, scalpaient les chevelures des vaincus et se servaient de leurs crânes en guise de coupe; ils faisaient à leurs rois d'épouvantables funérailles, célébraient leurs anniversaires funèbres en égorgeant des chevaux et des esclaves dont les cadavres empaillés entouraient le *kourgane* royal d'un cercle de cavaliers. Ils honoraient la mémoire du sage Anacharsis qui voyagea chez les Grecs. Leurs hordes nomades défièrent toute la puissance de Darius Hystaspe.

Parmi les Scythes proprement dits, Hérodote distinguait les *Scythes laboureurs*, établis sur le Dniéper, probablement dans le *tchernoziom* de l'Ukraine; les *Scythes nomades* qui s'étendaient sur leur droite à quatorze journées vers l'est; les *Scythes royaux* cantonnés autour de la mer d'Azof et qui regardaient les autres Scythes comme leurs esclaves.

Sous l'influence des puissantes cités d'Olbia et Chersonesos et de l'état gréco-scythe du Bosphore, la barbarie des tribus de l'intérieur s'était légèrement modifiée. Dans les tombeaux des rois scythes du gouvernement actuel d'Ékatérinoslaf comme dans ceux des princes gréco-scythes du Bosphore, on a trouvé des œuvres d'art qui montrent le génie grec s'accommodant au goût des barbares, des vases précieux que ciselaient pour eux des artistes athéniens et tous ces bijoux qui enrichissent aujourd'hui les musées de Kertch, d'Odessa et de Saint-Pétersbourg.

Le musée de l'Ermitage à Saint-Pétersbourg possède surtout deux vases d'une valeur artistique et archéologique incomparable : c'est le vase d'argent de Nicopol (gouvernement d'Ékatérinoslaf) et le vase d'or de Kertch ; on les fait remonter au quatrième siècle avant notre ère, c'est-à-dire presque à l'époque où Hérodote a composé ses récits, dont ils seraient le vivant commentaire. Les Scythes du vase d'argent, avec leurs longs cheveux, leurs longues barbes, leurs grands traits, leur tunique et leurs braies, reproduisent assez bien la physionomie, la stature et le costume des habitants actuels des mêmes régions : on les voit occupés à dompter, à entraver leurs chevaux par des procédés qui, encore aujourd'hui, s'emploient dans ces campagnes. Les Scythes du vase d'or, avec leurs bonnets pointus, leurs vêtements brodés et piqués dans le goût asiatique, leurs arcs de forme étrange, ont cependant un type aryen très-prononcé. Les uns pourraient bien être les *Scythes laboureurs* d'Hérodote, peut-être les ancêtres des Slaves agriculteurs du Dniéper, les autres les *Scythes royaux*, adonnés à une vie nomade et toute guerrière. Les études philologiques de MM. Bergmann et Müllenhof tendent à rattacher l'idiome des Scythes à la famille des langues indo-européennes. « Ils étaient donc, dit M. Georges Perrot, malgré tant d'apparentes différences de langue, d'usages et de civilisation, de proches parents des Grecs, et cette parenté originelle contribua peut-être, sans que Grecs et barbares en eussent conscience, à rendre faciles et fréquentes les relations entre Hellènes et Scythes. »

Hérodote prend soin de distinguer expressément des Scythes proprement dits un certain nombre de peuples sur lesquels il rapporte d'étranges traditions : les *Mélanchlènes*, habillés de vêtements noirs, les *Neures*, qui une fois par an se métamorphosaient en loups, les *Agathyrses*, qui se paraient de bijoux d'or et avaient les femmes en commun, les *Sauromates*, nés des amours des Scythes et des Amazones, les *Budins* et les *Gélons*, qui s'étaient légèrement hellénisés, les *Thyssagètes*, les *Massagètes*, les *Jyrx*, qui ne vivaient que de chasse, les *Argippéens*, qui étaient camus et chauves de naissance, les *Issédons*, qui mangeaient solennellement leurs parents défunts, les *Arimaspes*, qui n'avaient qu'un œil, les *Griffons*, gardiens de l'or, les *Hyperboréens*, qui habitaient une région où, en été comme en hiver, tombent, comme des plumes blanches, les flocons de neige.

Il semble bien que, parmi tous ces peuples, il y en avait qui depuis ont émigré vers l'Occident et qui pouvaient appartenir aux races germanique et gothique, et d'autres qui ont continué à se maintenir, sous des noms différents, dans l'Europe orientale, tels que les Lithuaniens, les Slaves, les Finnois et même un certain nombre de tribus turques. M. Rittich croit pouvoir identifier les *Mélanchlènes* d'Hérodote avec les Esthoniens, qui affectionnent en effet les vêtements de couleur sombre, les *Androphages* avec les Samoyèdes, dont le nom russe signifie *anthropophages*, les *Issédons* avec les Vogouls, les *Arimaspes* avec les Votiaques, les *Argippéens* avec les Erzes ou Zyrianes, les *Jyrx* avec les Turcs, les *Massagètes* avec les Bachkyrs, les *Griffons* avec les Mongols, etc.

Les Slaves russes de Nestor; peuplades lithuaniennes, finnoises, turques au neuvième siècle.

Les grandes invasions, au quatrième siècle de notre ère, sont pour l'Europe orientale une époque de bouleversements terribles. Les Goths, sous Hermanaric, fondent un vaste empire dans l'ancienne Scythie; il est renversé par les Huns d'Attila, sur les traces desquels se précipitent bientôt une nuée de peuples turco-finnois, les Avars, les Bulgares, que devaient suivre les Magyars, les Khazars, les Petchenègues, etc. Au milieu de cette mêlée de peuples, les Slaves dégagent leur personnalité, apparaissent avec leur nom dans l'histoire, sont décrits par les chroniqueurs grecs, par les empereurs Maurice et Constantin Porphyrogénète, et bataillent contre l'empire romain d'Orient, inaugurant ainsi l'antagonisme séculaire des deux races hellénique et slave qui se disputent aujourd'hui la prépondérance dans la péninsule des Balkans. Le premier historien russe Nestor, moine de Kief au douzième siècle, indique quelle était, deux siècles avant lui, la distribution géographique des tribus qui, faisant un groupe à part au milieu des autres Slaves, ont reçu le nom de Slaves russes.

Parmi ces derniers, les *Slaves* proprement dits habitaient le bassin de l'Ilmen et la rive occidentale du lac Péïpous : leurs villes de Novgorod, Pskof, Isborsk, apparaissent aux origines mêmes de l'histoire russe; les *Krivitches* étaient établis aux sources de la Düna et du Dniéper, autour de leur ville de Smolensk; les *Polotchanes*, avec Polotsk, sur la haute Düna; les *Drégovitches*, à l'ouest de la Düna et du haut Dniéper; les *Radimitches* sur la Soja, affluent du Dniéper; les *Viatitches* sur l'Oka supérieur; les *Drévlianes*, ainsi nommés des épaisses forêts qui couvraient leur pays, dans le bassin de la Pripet, avec les vieilles cités d'Ovroutch, Tourof et Korostène; les *Sévérianes* entre la Desna et le Dniéper, avec Loubetch, Tchernigof et Péréiaslavl; les *Polianes* en face des Sévérianes, sur la rive droite du Dniéper, avec Kief; les *Croates blancs* entre le Dniester et les Carpathes; les *Tivertses* et les *Loutitches* sur le bas Dniester et le Pruth; les *Doulèbes* et les *Boujanes* sur le Boug, affluent de la Vistule.

Cette énumération des Slaves russes par Nestor montre qu'au neuvième siècle de notre ère, époque à laquelle commence l'histoire de ce peuple, ils n'occupaient qu'une bien faible partie de la Russie actuelle. Ils étaient resserrés presque entièrement dans les régions de la Düna et du Dniéper supérieur, de l'Ilmen et du Dniester. De l'immense bassin de la Caspienne ils n'occupaient que les sources du Volga et de l'Oka.

Du côté de l'ouest et du nord, ils confinaient à d'autres tribus slaves qui prirent vers cette époque des noms collectifs distincts : les unes réparties sur l'Elbe supérieur et sur les deux rives de la Vistule, après l'invasion des Tchèques et des Liakhs ou Léchites (du quatrième au septième siècle), se constituèrent en états de Bohême et de Pologne; les autres sur la Marsch ou Morava s'étaient essayées dans le royaume de Moravie à une existence politique (neuvième siècle); d'autres répandues sur le bas Danube formèrent le royaume de Bulgarie après l'invasion des Bulgares d'Asparuch (680); plus loin, sur l'Adriatique, les tribus serbes et croates qui s'organiseront en royaumes de Croatie, de Dalmatie, de Serbie; sur la Baltique, les Slaves de la Poméranie, du Brandebourg (Havélions) et des bords de l'Elbe (Obotrites et Wiltzes), qui seront un jour absorbés par la conquête allemande.

A cette époque, entre les Slaves russes et les Slaves polonais, il y avait peu de différence : M. Koulich estime que c'est la conquête par deux races d'hommes différentes, l'adoption de deux religions rivales, celle de Byzance et celle de Rome, l'influence de deux civilisations opposées, la grecque et la latine, en même temps que de deux littératures et de deux alphabets, qui, au sein d'une même race, ont créé deux peuples rivaux et frappé sur la matière inerte et inconsciente des tribus slaves la vigoureuse empreinte de deux nationalités ennemies. Le Slave façonné par les Léchites, conquis à l'Église romaine et aux influences occidentales, est devenu le Polonais; le Slave façonné par les Varègues, conquis à l'Église grecque et aux influences byzantines, est devenu le Russe; mais à l'origine, sur la Vistule comme sur le Dniéper, il n'y avait que des Slaves, pratiquant le même paganisme, suivant les mêmes traditions et parlant presque la même langue : l'affinité des idiomes russe et polonais, entre lesquels les dialectes de la Russie Blanche, de la Russie Rouge et de la Petite-Russie, servent d'intermédiaires, prouve assez une fraternité originelle, qui fut détruite par la rivalité des églises et la lutte des gouvernements.

Du côté du nord et de l'est, les Slaves russes, avant de prendre possession de tout le domaine qui leur était assigné par l'histoire, avaient à lutter contre des nations appartenant à trois races principales : les *Letto-Lithuaniens*, les *Finnois* et autres tribus ouralo-altaïques, les *Turcs* plus ou moins mélangés d'éléments finnois et tatars.

La première de ces races fait partie de la famille aryenne : elle est cependant distincte des races germanique et slave ; ses dialectes sont, de toutes les langues européennes, ceux qui sont restés les plus voisins du sanscrit. Sur le Niémen habitaient les *Jmoudes* et les *Lithuaniens* proprement dits ; sur le rivage occidental du golfe de Riga et sur la Baltique, les *Korses* qui donneront leur nom à la Courlande ; sur la rive gauche de la Dûna, les *Sémigales*, et sur sa rive droite, les *Letgoles*, d'où sont descendus les Lettons ou Latiches de la Livonie méridionale.

A la race finnoise se rattachaient : sur les golfes de Livonie et de Finlande, les *Lives*, les *Tchoudes* qui avaient donné leur nom au Péïpous, le *lac des Tchoudes* : ce sont les ancêtres des habitants actuels de la Livonie septentrionale et de l'Esthonie. Les trois provinces dites *allemandes* de la Baltique sont donc lettones au sud, finnoises au nord. Les *Naroviens* étaient établis sur la Narova qui sort du Péïpous, les *Ingriens* sur les deux rives de la Néva, les *Souomes*, les *Karéliens*, les *Iames* ou *Tavastes*, occupaient et occupent encore la Finlande. Les *Vesses* habitaient sur la Chékéna et le lac Blanc, les *Mouromiens* (Mourom) sur l'Oka et ses affluents, la Moskova et la Kliasma, les *Mériens* sur le haut Volga et le lac Kléchtchine, entre les Vesses et les Mouromiens : ces trois peuples ont complétement disparu, absorbés ou transformés par la colonisation russe, et c'est sur leur territoire que s'est constitué le noyau de l'empire moscovite. Les *Tchoudes zavolotchiens* étaient cantonnés sur la Dvina inférieure. Les *Permiens* entre la Dvina et la Kama ; les *Erzes* ou *Zyrianes* dans les bassins de la Mezen et de la Petchore ; les *Samoyèdes* sur le littoral du nord : ces trois peuples ont vu leurs immenses domaines resserrés par les progrès de la colonisation : ils ont diminué de nombre, car les premiers ne sont plus au nombre que de 50 ou 60 000, les seconds de 70 000, les troisièmes de 5 ou 6000.

Sur les bords du Volga s'étendaient les *Tchérémisses* qu'on retrouve encore aujourd'hui dans le gouvernement de Kazan, les *Tchouvaches* dans ceux de Kazan et de Nijni-Novgorod, les *Votiaks* dans ceux de Kazan et de Viatka, les *Méchtchéraks* dans celui d'Oufa, les *Mordves*, dans toute la partie centrale du bassin du Volga. Ces peuples sont aujourd'hui à l'état sporadique dans ces régions qu'au neuvième siècle ils occupaient en masses compactes; ils ne comptent plus que 1 200 000 têtes : tout le reste est devenu russe. Ces nations tchoudes et finnoises semblent les véritables autochthones de la Russie; elles ont formé le *substratum* ethnographique sur lequel se sont étendues soit l'invasion tatare, soit la colonisation russe.

Tout est étrange dans ces vieux peuples : le type, qui a quelque chose de fruste et d'inachevé, le costume, qui semble emprunté à quelque mode antédiluvienne, les mœurs et les superstitions, qui conservent la trace de religions primitives, antérieures à tous les paganismes connus, la langue, restée parfois si primitive, que les Tchouvaches, par exemple, n'ont pas mille mots qui ne soient empruntés. Les femmes tchérémisses ont sur la poitrine deux plaques qui forment cuirasse et qu'elles ornent de pièces d'argent, transmises de génération en génération : un numismate ferait de merveilleuses découvertes dans ces médailliers ambulants. Elles s'entourent les jambes d'un morceau de drap étroitement ficelé, et font consister la pudeur à ne jamais montrer leurs jambes, comme les femmes tatares à ne pas montrer leur visage. Les femmes tchouvaches se coiffent d'une calotte surmontée d'une pointe, comme un casque sarrasin, portent sur leurs reins une armure composée de cuir et de métal, comme une croupière de destrier, jettent sur leurs épaules, aux jours de fête, un manteau roide et rectangulaire comme une chasuble de prêtre. Chez ce peuple étrange, *noir* est synonyme de *beau*, et, quand on veut se venger d'un ennemi, on va se pendre à sa porte. Malgré trois siècles de missions chrétiennes, ces populations, au cœur de la Russie actuelle, sur la grande artère du Volga, ne sont pas complétement converties au christianisme : il y a encore des districts païens ; les Tchouvaches idolâtres reconnaissent une quarantaine de divinités qui portent le nom générique de *Thora* ou de *Keremet* : les *Thora* sont plutôt des dieux bienfaisants, les *Keremet* des dieux disposés à être malfaisants, si on ne les désarmait par des présents et des sacrifices d'animaux. C'est le dualisme de l'ancien Orient.

Les peuplades turques, au temps de Nestor, parcouraient librement non-seulement la steppe, mais le *tchernoziom*, et c'est peut-être leur sang qui revit dans les nomades humiliés d'aujourd'hui. Après les *Avars* ou *Obres* qui avaient cruellement opprimé les Slaves (la tradition veut qu'ils aient attelé les femmes à leurs chariots après les avoir déshonorées) étaient venus les *Khazars*. Remarquables par leur aptitude à la civilisation, les Khazars avaient fondé un vaste empire qui embrassait les régions du bas Dniéper, du Don et de la mer d'Azof : ils avaient bâti sur le Volga Itil, sur le Don Sarkel, la *Ville blanche*, et guerroyaient contre les Grecs de Chersonesos. Le bas Volga et le bas Oural étaient en proie aux *Petchenègues*, brigands incorrigibles, derrière lesquels apparaissaient d'autres nomades, les *Polovtsi* et les *Ouzes* ou *Torques*. Vers le confluent du Volga et de la Kama, un peuple turc d'une culture assez avancée, sédentaire et commerçant, les *Bulgares* du Volga, avait fondé, parmi les tribus finnoises, un empire et une capitale, *Bolgary* ou la *Grande Ville*, dont les ruines imposantes subsistent encore au midi du confluent. Tous ces peuples turcs ont disparu depuis ou bien ont été absorbés par de nouveaux arrivants : les Tatars, les Bachkyrs, les Kirghiz et les Kalmouks les ont remplacés, au moins dans la steppe.

Division des Russes actuels en trois branches : comment s'est faite la colonisation russe.

Au temps de Nestor, les Slaves russes, pressés entre les Lithuaniens à l'ouest, les Finnois au nord, les Turcs à l'est, occupaient à peine la cinquième partie de la Russie d'Europe. Aujourd'hui nous voyons la race russe s'étendre de la Finlande à l'Oural, de l'Océan glacial au Caucase et à la Crimée, former une masse de 56 millions d'hommes et jeter presque 3 millions de colons dans ses provinces asiatiques. En revanche les Letto-Lithuaniens sont réduits à 1 800 000 âmes, les Finnois, y compris ceux de Finlande, à 4 millions, les Turko-Tatars à moins de 2 millions : les Russes forment les six septièmes de la population de la Russie : les proportions sont plus que renversées; en dix siècles quel changement !

Les Russes se divisent aujourd'hui en trois branches qui doivent leurs dénominations à certaines circonstances historiques : 1° On donne le nom de *Russie Blanche* à des provinces qui furent, du treizième au quatorzième siècle, conquises par les grands-princes de Lithuanie : ce sont les anciens territoires des Krivitches, Polotchanes, Drégovitches, Drévlianes, Doulèbes, formant les gouvernements de Vitepsk, Mohilef, Minsk. Ceux de Kovno, Grodno et Vilna, inégalement russisés aujourd'hui, sont originairement lithuaniens. Les territoires lithuaniens de Grodno, Novogrodek et Bélostok, ont quelquefois porté le nom de *Russie Noire*; 2° la *Petite-Russie* comprend les territoires des anciens Sévérianes et Polianes, agrandis par la colonisation, c'est-à-dire les gouvernements de Kief, Tchernigof, Poltava, Volynie, Podolie; elle se continue même hors des frontières actuelles de l'empire dans la *Russie Rouge* ou Vieille Gallicie (Galitch, Iaroslavl, Térébol, Zvénigorod, Lemberg), qui appartient à l'Autriche et qui est peuplée de 3 millions de Ruthènes ou Russes; 3° la *Grande-Russie* s'est formée autour de l'ancienne Moscovie et occupe l'emplacement d'une quantité de tribus finnoises ou turques du neuvième siècle; il faut lui rattacher la *Russie du Nord* (Arkhangel), la *Russie orientale* (le Volga, Kazan, Astrakhan), la *Nouvelle-Russie* ou *Russie méridionale* (Kherson, Ekatérinoslaf, Kharkof, Odessa, la Crimée). La Grande-Russie dans son ensemble, à part Novgorod et Pskof, est une conquête de la colonisation russe sur les races étrangères. Colonie de la primitive Russie kiévenne, un moment subjuguée par les Tatars, elle a su s'affranchir du joug mongol lorsque celle-là restait encore soumise aux Lithuaniens ; elle n'a cessé d'abord de s'étendre vers l'est, puis, dans son retour offensif vers l'occident, au dix-septième et au dix-huitième siècle, elle a récupéré la Russie Blanche et la Petite-Russie. La colonie a reconquis ses métropoles.

Dans l'empire, les Russes Blancs sont au nombre de 3 millions, les Petits-Russes de 12 millions, les Grands-Russes de 41 millions. Il y a entre les idiomes de ces trois familles des différences dialectales qui s'expliquent par les influences historiques et littéraires.

Certains écrivains ont voulu établir entre la Grande-Russie et ses deux voisines une différence plus profonde. Réservant aux Russes Blancs et aux Petits-Russes le nom de Russes et la qualité de Slaves, on n'a prétendu voir dans les « Moscovites » que les descendants des Finnois, des Turcs et même des Tatars, en un mot, des Touraniens qui n'ont de russe que la langue. L'empire moscovite, fondé au milieu des Vesses, des Mouromiens et Mériens, accru aux dépens des Tchouvaches, Mordves, Tatars, Kirghiz, ayant ses deux capitales, Moscou et Saint-Pétersbourg, en pays tchoude, ne serait même pas un état européen.

Une étude plus attentive nous montre que la Moscovie s'est formée, en première ligne, par les migrations des colons russes, en seconde ligne et subsidiairement, par la russification de certaines races étrangères.

1° Quand les steppes du sud furent en proie aux nomades de l'Asie, il y eut des bords du Dniéper vers le haut et moyen Volga un reflux énorme de population russe. Nous voyons alors les princes de Sousdalie appeler à eux les riverains du Dniéper, tandis que dans les forêts du nord les Novgorodiens fondent sans cesse des villes nouvelles. La Russie kiévienne une fois détruite, une Russie nouvelle se constitue, presque des mêmes éléments, à l'autre extrémité de la plaine orientale. Les noms donnés aux villes neuves de la Sousdalie et de la Moscovie sont à remarquer : il y a un Vladimir sur la Kliazma comme un Vladimir de Volynie, un Zvénigorod sur la Moskova comme sur le Dniester, un Galitch en Sousdalie comme en Gallicie, un Iaroslavl sur le Volga comme sur le San, un Péréïaslavl de Sousdalie et un Péréïaslavl de Riazan comme un Péréïaslavl de Kief : le premier porte l'épithète de *Zaliésski* ou d'outre-forêts. Dans une région si différente et sous un autre ciel, les émigrés tâchaient évidemment de retrouver le nom, sinon l'image de la patrie. N'est-ce pas ainsi qu'en Amérique les Anglais ont fondé New-York et les Français la Nouvelle-Orléans? D'ailleurs, quand on a vu se former dans le Caucase et la Sibérie une population de 3 millions de Russes, quand on voit que les steppes méridionales, désertes au temps de Catherine II, comptent aujourd'hui 5 ou 6 millions d'habitants, il est facile de comprendre comment, à une époque plus reculée, s'est colonisé le bassin du Volga. Dira-t-on que les habitants de la Nouvelle-Russie ne sont que des Finnois et des Turcs russisés? Autant prétendre que les 30 ou 40 millions d'Américains du Nord sont des Peaux-Rouges qui ont appris l'anglais et embrassé le protestantisme.

Il faut reconnaître que le Russe possède, à un degré presque aussi éminent que l'Anglo-Saxon, l'instinct d'émigration et de colonisation. Il fait dans le *Far-East* européen ce que l'autre a fait dans le *Far-West* américain. C'est une des grandes races de pionniers et de défricheurs. Toute l'histoire du peuple russe, depuis la fondation de Moscou, est celle de son expansion dans la *Forêt*, dans la *Terre noire* et dans la *Prairie*. Il a ses trappeurs et ses settlers dans les kosaks du Dniéper, du Don, du Térek, dans les infatigables chasseurs de fourrures de la Sibérie, dans les chercheurs d'or de l'Oural et de l'Altaï, dans ces aventureux moines qui, toujours plus loin, allaient fonder le monastère qui sera le centre d'une ville, dans ces *raskolniks* ou dissidents, sortes de puritains et de mormons russes, traqués par les lois divines et humaines, qui cherchèrent de forêt en forêt la Jérusalem de leurs rêves. Les plaines unies de la Russie étaient un stimulant naturel à l'émigration; tandis que la montagne garde et rappelle ses enfants, la steppe, en s'étendant à perte de vue, invite à marcher, à courir l'aventure, à aller « du côté où regardent les yeux ». Le sol plat et monotone ne retient guère les habitants : on retrouvera bien partout un paysage aussi nu. Quant à la cabane, quel attachement pourrait-on avoir pour elle : elle brûle si souvent! Que signifie pour le paysan russe cette expression occidentale, « le toit de ses pères » ? Le Grand-Russe, habitué à vivre de peu, à braver les extrêmes du froid et du chaud, est né pour affronter les périls et les privations de la vie d'émigrant. Avec un signe de croix, sa hache à la ceinture, ses bottes pendues à une ficelle derrière son dos, il ira au bout du monde oriental. L'élément russe, à quelque faible dose qu'il soit introduit au milieu d'une population asiatique, ne peut ni s'y transformer, ni y périr : forcément il devient dominant.

L'histoire a contribué à rendre ce mouvement irrésistible. Le Russe, réfugié en Sousdalie, a eu d'abord à défricher les plus mauvaises terres de son futur domaine, le *tchernoziom* étant en proie aux nomades. Comment échapper à la tentation d'aller en chercher dans le sud de plus fertiles qui, sans travail, sans engrais, rendraient le quadruple? On a vu dans la Moscovie des villages, des cantons entiers se dépeupler tout à coup, les paysans s'acheminer en corps de nation, comme au temps des invasions, vers les *terres noires*, les *terres chaudes* du sud. Le gouvernement et les propriétaires ont dû employer les moyens les plus terribles pour arrêter ces migrations des cultivateurs. Sans ces mesures répressives, les steppes auraient été colonisées deux siècles plus tôt. Le bruit que le tsar autorisait l'émigration, un faux oukaze, une rumeur, un rien, suffisaient pour arracher du sol des peuples entiers. Cette humeur nomade du paysan russe explique le développement de la vie kosaque dans les plaines du sud; elle explique les mesures législatives qui, à partir du seizième siècle, le fixèrent à la glèbe, l'enchaînèrent au sol natal. Au treizième siècle, au contraire, le paysan était libre, et c'était le prince qui l'encourageait à émigrer; la colonisation de la Russie orientale sortit de là.

2° Il est vrai que la race russe a la faculté d'absorber certaines races autochthones : les Petits-Russes se sont assimilé des débris de tribus turques; les Grands-Russes ont englouti les nations finnoises de l'est. Il suffit qu'aucune barrière religieuse ne s'élève entre les conquérants et les conquis : car le Tchoude encore païen est facile à absorber; mais, converti à l'islamisme, il constitue un élément réfractaire et irréductible. Un Tchouvache baptisé devient nécessairement un Russe, un Tchouvache islamisé devient un Tatar. Nous avons vu les Vesses, Mouromiens, Mériens, disparaître sans laisser de trace; les Tchouvaches, Mordves, Tchérémisses, se russifient tous les jours; un voyageur anglais, M. Wallace, observait dernièrement les progrès successifs, les phases intermédiaires qui mènent à l'accomplissement de la métamorphose :

« Pendant mes pérégrinations dans ces provinces, j'ai trouvé des villages à tous les degrés de russification. Dans l'un, tout semblait complétement finnois, les habitants avaient la peau rouge olive, les pommettes très-saillantes, les yeux obliques et un costume particulier; aucune femme n'entendait le russe, très-peu d'hommes pouvaient le comprendre, et tout Russe qui visitait la localité était regardé comme un étranger. Dans un second, il y avait déjà quelques habitants russes; les autres avaient perdu quelque chose de leur type finnois, beaucoup d'hommes avaient quitté le vieux costume et parlaient russe couramment. Dans un troisième, le type finnois s'était encore affaibli davantage; tous les hommes parlaient russe et presque toutes les femmes le comprenaient; l'ancien costume masculin avait entièrement disparu, l'ancien costume féminin le suivait de près, et des alliances avec la population russe n'étaient point rares. Dans un quatrième, les alliances avaient fait à peu près complétement leur œuvre, et l'ancien élément finnois ne pouvait être découvert que dans certaines particularités de physionomie et d'accent. » (*La Russie*, traduction française de M. Bellenger.)

Il faut remarquer cependant que ces anciennes populations, répandues sur d'immenses espaces, devaient présenter une assez faible densité : les émigrants, au contraire, arrivaient par flots ou par infiltration incessante. Souvent les autochthones ont dû reculer et se concentrer, laissant la place libre à un élément slave presque pur. Ce mélange plus ou moins considérable a dû avoir cependant sur le type, le caractère et les aptitudes du Grand-Russe, une action particulière. Le Moscovite a le corps plus massif, les traits plus forts que son congénère du Dniéper, le piquant et éveillé Petit-Russe. Il a moins d'imagination, moins de brillant méridional, mais plus de suite dans les idées, de persévérance, de résignation, de patiente énergie. On dirait que la vive nature slave, en s'alourdissant par cet alliage avec des races plus pesantes, y ait gagné en solidité. De tous les peuples slaves, le Grand-Russe est le seul qui, dans les circonstances historiques et physiques les plus défavorables, ait su créer et conserver un grand empire : il s'est même assujetti ceux de ses congénères au sang plus pur, qui semblaient mieux doués. Dans les productions mêmes de l'imagination russe, dans ses chants populaires et héroïques, quelle est la part de l'élément finnois? C'est un point encore discuté que l'origine ouralienne ou aryenne des *bylines* russes. Le héros de cette épopée est un Mouromien, Ilia. On sait que les peuples finnois ne sont pas absolument dépourvus d'imagination : les Finlandais ont leur grande épopée nationale du *Kalévala*, les Esthoniens, celle du *Kalévy-Poeg*. Même dans les motifs des broderies rustiques, dans les dessins qui ornent les tabliers des paysannes russes, M. Stassof croit reconnaître une influence autochthone. En admettant ce mélange du sang des Grands-Russes, il ne faut pas oublier que ce n'est pas en Moscovie seulement que la race aryenne s'est superposée à un élément finnois. Chez plus d'un paysan gaulois ou germain, à la figure large, aux pommettes saillantes, revit peut-être l'ancêtre inconnu et oublié, l'autochthone de l'âge préhistorique.

CHAPITRE III.

LA RUSSIE PRIMITIVE : LES SLAVES.

Religion des Slaves : funérailles. — Mœurs domestiques et politiques la famille, le *mir* ou commune, le *volost* ou canton, la peuplade. — Cités, industrie, agriculture.

Religion des Slaves : funérailles.

Comme chez les autres peuples aryens, la religion des Slaves russes avait pour base la nature et ses phénomènes. C'était un véritable panthéisme qui, mal compris, devenait un polythéisme. De même que les dieux d'Homère sont venus après les dieux d'Hésiode, Ouranos et Demeter, c'est-à-dire le ciel et la terre, les plus anciens dieux des Slaves russes semblent avoir été Svarog, le ciel, et « notre mère humide, la Terre ; » puis des conceptions nouvelles apparaissent au premier plan dans la période historique : 1° Les anciens poëtes et chroniqueurs (la *chanson d'Igor* et Nestor) nous ont conservé les noms de *Dagh-Bog*, dieu du soleil, père de la nature, *Voloss*, dieu solaire, et de plus, comme l'Apollon grec, inspirateur des poëtes, protecteur des troupeaux, *Péroun*, dieu du tonnerre, autre personnification du soleil en lutte avec la nuée, *Stribog*, l'Éole russe, père des vents, protecteur des guerriers, *Khors*, dieu solaire, *Sémargl* et *Mokoch* dont on ignore les attributions ; 2° dans certains hymnes anciens, on chante *Koupalo* ou *Iarilo*, dieu du soleil d'été, et *Did-Lado*, déesse de la fécondité ; 3° dans les chansons épiques, on célèbre *Sviatogor*, héros-géant, dont la terre a peine à porter le poids, *Mikoula Sélianinovitch*, le bon laboureur, dont la charrue, heurtant de son soc d'acier les pierres du

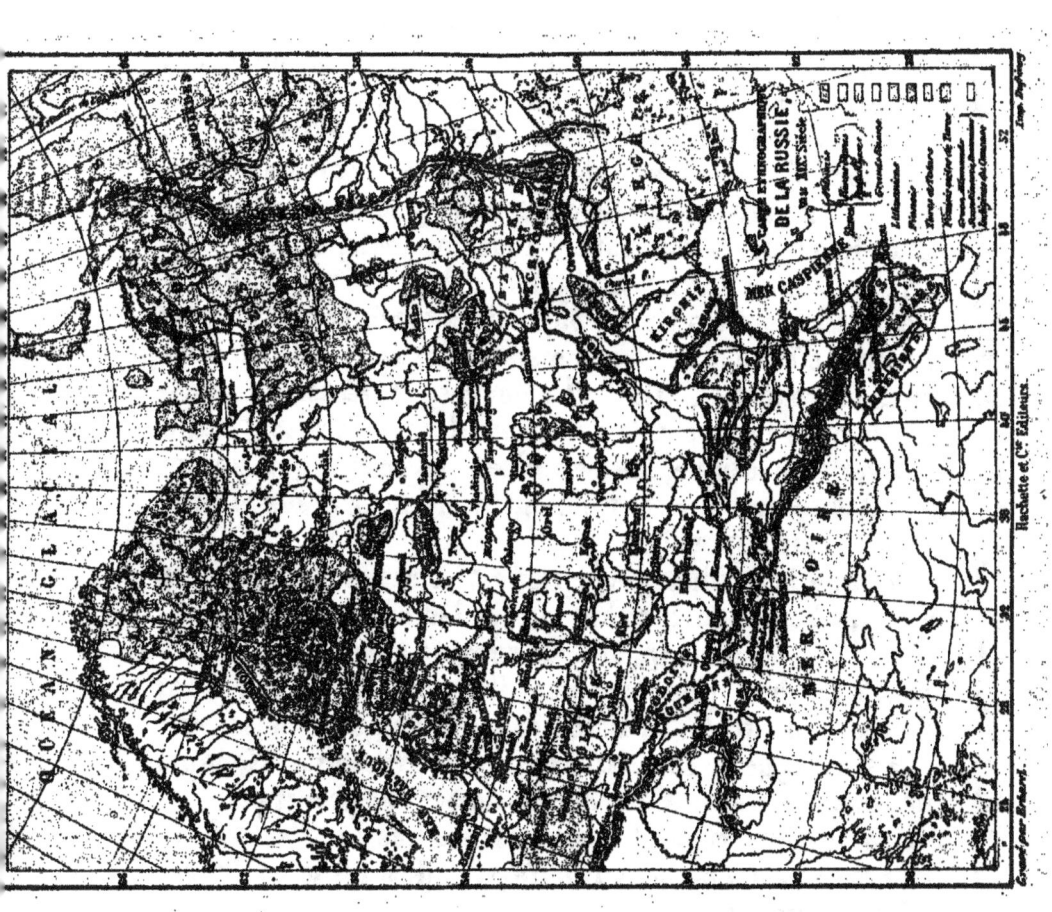

sillon, se fait entendre à trois journées de distance, sorte de Triptolème slave, incarnation divine de ce peuple si passionné pour l'agriculture; *Volga Vseslavitch*, un Protée qui sait prendre toutes les formes, *Polkane*, un centaure, *Dounaï*, *Don Ivanovitch*, *Dniéper Korolévitch*, qui sont des fleuves; puis une série de héros, vainqueurs de dragons, comme *Ilia de Mourom*, et qui semblent des dieux solaires rabaissés à la taille de paladins; 4° dans les contes qui charment les veillées rustiques, apparaissent *Moréna*, déesse de la mort, *Kochtchéi* et *Moroz*, personnifications du froid terrible de l'hiver, la *Baba-Yaga*, ogresse qui habite à la lisière des forêts dans une cabane posée sur une patte de poule et tournant à tous les vents, le *Roi de la mer*, qui entraîne les navigateurs dans ses palais aquatiques; 5° les superstitions populaires continuent à peupler la nature d'esprits bons et mauvais: les *roussalki*, fées des eaux, le *vodianoï*, génie des fleuves, le *liéchii* et le *liesnik*, démons des bois, le *domovoï* (de *dom*, maison), lutin du foyer domestique, les *vampires*, revenants qui sortent la nuit des cimetières et viennent boire le sang des vivants pendant leur sommeil.

Puisque la mythologie reproduit sous tant de formes la lutte des héros de lumière contre les monstres des ténèbres, il est possible qu'elle ait admis un principe mauvais opposé au bon principe, une divinité malfaisante, dont Moréna, Kochtchéi, la Baba-Yaga, le dragon, « le serpent de la montagne », ne seraient que des hypostases. Nous ne trouvons sur ce point aucun renseignement positif pour les Slaves russes, mais Helmold assure que les Slaves de la Baltique reconnaissaient *Biélibog*, le dieu blanc, et *Tchernobog*, le dieu noir.

Les Russes semblent n'avoir eu, dans le sens propre du mot, ni temples, ni prêtres; on dressait de grossières idoles sur quelque colline, on vénérait quelque chêne consacré à Péroun; les chefs du peuple accomplissaient les sacrifices. Ils avaient aussi des sorciers, ou devins analogues aux chamans tatars, dont les conseils semblent avoir été fort écoutés.

L'Église russe s'est étudiée à combattre le vieux paganisme en purifiant les superstitions qu'elle ne pouvait entièrement déraciner. Elle a profité de certaines similitudes dans les noms et dans les symboles. Elle a pu honorer saint Dmitri et saint Georges, les tueurs de dragons, saint Jean qui tonne au printemps, saint Élie qui rappelle Ilia de Mourom, saint Blaise ou Vlaise qui a succédé à Voloss comme gardien des troupeaux, saint Nicolas ou Mikoula, patron des laboureurs comme Mikoula Sélianinovitch, saint Cosmas ou Kouzma, protecteur des forgerons et qui a pris la place du *kouznets*, mystérieux forgeron qui, dans *les montagnes du nord*, forgeait les destinées des hommes. Dans certains chants populaires Did-Lado est remplacée par la Vierge Marie, et c'est alors saint Jean qui prend la place de Péroun ou de Iarilo. Comment ne pas reconnaître le mythe du printemps et des pluies fécondantes accompagnées de tonnerre dans cette chanson de la Russie Blanche qu'on répète à la Saint-Jean : « Jean et Marie — se baignaient sur la colline. — Tantôt Jean se baignait, — la terre était ébranlée. — Tantôt Marie se baignait, — l'herbe germait ? » L'Église eut soin de consacrer aux saints de son calendrier ou de purifier par ses solennités les sources mystérieuses, les arbres divins, qui continuaient à provoquer le concours des pèlerins.

Les Slaves russes avaient assurément l'idée d'une autre vie, mais une idée grossière et matérielle comme tous les peuples primitifs. Au septième siècle, chez les Vendes, Slaves de Germanie, les femmes refusaient de survivre à leurs maris et se brûlaient elles-mêmes sur leur bûcher. Ce vieil usage aryen a dû être en vigueur chez les Slaves russes à une époque également ancienne. Au neuvième siècle, l'écrivain arabe Ibn-Foszlan nous fait le récit de funérailles russes dont il avait été le témoin. Pendant dix jours, les amis du défunt pleurèrent et s'enivrèrent auprès de son cadavre. On avait demandé à ses serviteurs qui d'entre eux voulait être enseveli avec le maître? L'un d'eux répondit affirmativement et fut aussitôt garrotté ; on fit la même question à ses servantes, dont l'une se dévoua également. Alors on la traita comme une princesse : elle fut lavée, parée ; elle ne faisait plus que boire et chanter. Au jour marqué, on déposa dans une barque le défunt avec une partie de ses armes, de ses parures ; on égorgea le serviteur, ainsi que le cheval favori et d'autres animaux domestiques, on les mit dans cette barque, on y introduisit la jeune fille. Elle se dépouilla de ses bijoux et, un verre de kvass à la main, entonna une chanson qu'elle eût prolongée volontiers plus longtemps. « Tout à coup, continue le témoin oculaire, la vieille femme qui l'accompagnait et qu'on appelait *l'ange de la mort*, lui ordonna de boire bien vite et d'entrer dans la cabine de la barque où était le corps de son maître. A ces mots, elle changea de couleur, et, comme elle faisait quelques difficultés pour entrer, la vieille la saisit par les cheveux, l'entraîna et entra avec elle. Les hommes se mirent alors à battre leurs boucliers avec leurs massues pour empêcher les autres filles d'entendre les cris de leur compagne, ce qui aurait pu les détourner un jour de mourir pour leurs maîtres. » Pendant que le bûcher flambait, un des Russes disait à notre narrateur : « Vous autres Arabes, vous êtes des sots. Vous enfouissez dans la terre l'homme que vous avez le plus aimé, et il y devient la proie des vers ; nous, au contraire, nous le brûlons en un clin d'œil pour qu'il aille plus vite en paradis. » Nestor aussi constate chez les Slaves russes l'usage de brûler les morts ; les fouilles opérées dans un grand nombre de *kourganes* confirment son témoignage : toutefois celles que M. Ivanovski a dirigées récemment dans les tombes du gouvernement de Novgorod prouvent que les Slaves de l'Ilmen avaient conservé ou adopté l'usage d'inhumer leurs morts. Dans ces tombes on trouve une assez grande quantité d'armes, d'instruments, de bijoux, d'ossements d'animaux, de grains de froment, pour en conclure que les Slaves russes se figuraient la vie future comme une continuation de celle-ci et qu'ils entouraient le défunt de tous les objets qui pourraient là-bas contribuer à son bien-être. L'examen des ossements humains conservés dans les *kourganes* confirme aussi le témoignage des auteurs et prouve qu'on immolait en effet sur le cadavre des serviteurs et des femmes esclaves.

Mœurs domestiques et politiques : la famille, le *mir* ou commune, le *volost* ou canton, la peuplade.

La famille slave était fondée sur le principe patriarcal. Le père en était le chef absolu. Après sa mort, le pouvoir passait *au plus âgé* des membres qui la composaient : d'abord aux frères du défunt, s'il en avait sous sa garde, puis successivement à ses fils en commençant par l'*aîné*. Le chef avait les mêmes droits sur les femmes qu'un mariage amenait dans la famille que sur les membres naturels de celle-ci.

Les mœurs domestiques semblent avoir été très-barbares. Toutefois le moine Nestor peut être suspect d'exagération dans la peinture qu'il nous fait de l'ancienne Russie païenne, que devait régénérer la grâce du baptême. Il n'admet d'exception que pour les Polianes, dont il loue les bonnes qualités. « Les Drévlianes, nous dit-il, vivaient d'une manière bestiale et vraiment comme des animaux sauvages ; ils s'égorgeaient entre eux, se nourrissaient de choses impures, ne voulaient point de mariage ; ils ravissaient les filles et les enlevaient quand elles venaient aux fontaines.... Les Radimitches, les Viatitches et les Sévérianes vivaient dans les forêts comme des bêtes fauves, se nourrissaient de saletés et prononçaient toutes sortes de mots honteux en présence de leurs parents et de leurs belles-sœurs.... Ils enlevaient les femmes, avec lesquelles ils étaient d'intelligence, et en prenaient parfois deux ou trois. » Ce que Nestor reproche à ces Slaves, c'est surtout le rapt des femmes, et aussi la polygamie. Ce dernier fait est parfaitement établi. Quant au rapt, il pouvait avoir une signification symbolique ; dans le texte ci-dessus on voit que les femmes « venaient » aux fontaines et qu'elles étaient « d'intelligence » avec les ravisseurs. Ce rapt, à le prendre pour une simple cérémonie, pourrait d'ailleurs supposer, dans des temps beaucoup plus anciens, un véritable enlèvement par violence. Les coutumes nuptiales de la Russie actuelle ont conservé la trace de ces vieux usages : on y trouve encore un enlèvement simulé de la fiancée ; mais il en est de même des coutumes germaniques du huitième siècle, où le mariage s'appelait de ce nom significatif : *Brautlauft*, la fuite de la fiancée. Les chansons de noces russes impliquent aussi l'existence dans les temps anciens d'un achat de la jeune fille ; une de ces chansons accuse d'avarice les parents de la mariée : « Ton frère, le maudit Tatar, — a vendu sa sœur pour une pièce d'argent. »

Certains historiens ont cru, avec Karamzine, que la femme était moins considérée chez les Slaves que chez les Germains, et que chez les premiers elle était « traitée en esclave ». On peut douter qu'entre les deux peuples il y ait eu une si grande différence. Les chroniques nous parlent de Lybed, sœur de Kii, le fabuleux fondateur de Kief, partageant avec ses frères les domaines paternels, et de la princesse Olga devenant l'héritière et le vengeur de son mari, la tutrice de son fils. Les chansons épiques nous présentent d'audacieuses héroïnes mêlées aux héros du cycle kiévien et des mères de héros entourées d'un luxe fabuleux et d'honneurs extraordinaires. Les fouilles pratiquées dans les *kourganes* nous montrent les squelettes de femmes ornés de bijoux et de riches parures.

La commune ou *mir* n'était que la famille agrandie : elle était soumise à l'autorité des anciens ou *aînés* de chaque famille, qui se réunissaient en un conseil ou *vetché*. Les terres d'un village appartenaient en commun à tous les membres de l'association : l'individu ne possédait en propre que sa récolte et le *dvor* ou enclos qui entourait sa maison. Cet état inférieur de la propriété, qui a persisté en Russie jusqu'à nos jours, a existé chez tous les peuples européens à leur origine.

Les communes les plus rapprochées formaient un groupe qu'on appelait *volost* ou *pagost* (canton, paroisse) : le volost était gouverné par un conseil formé des anciens des communes : l'un de ces anciens, soit par droit héréditaire, soit à l'ancienneté, soit à l'élection, se trouvait avoir plus d'autorité que les autres et devenait le chef du canton : son pouvoir devait ressembler beaucoup à celui d'Ulysse au milieu des nombreux *rois* de la petite Ithaque. En cas de péril, les *volosts* d'une même peuplade pouvaient se confédérer sous un chef temporaire, mais ils se refusaient à constituer au-dessus d'eux une autorité commune et permanente. L'empereur Maurice avait déjà remarqué chez les Slaves cette passion pour la liberté qui leur faisait haïr toute souveraineté. Les Slaves russes ont bien pu s'élever de l'idée de la commune à celle du canton, ayant pour chef un *aîné* choisi entre les *aînés* de famille ; à la rigueur ils ont pu admettre une confédération momentanée de tous les cantons d'une peuplade (*plémia*), mais on ne voit pas qu'il y ait eu un prince des Sévérianes, des Polianes ou des Radimitches : il n'a jamais pu exister chez eux que des princes de volost, comme par exemple celui de Korostène dans la légende d'Olga. L'idée de l'unité d'une peuplade, et, à plus forte raison, celle de l'unité de la nation russe, était absolument étrangère à cette race : l'idée de gouvernement et d'État devait être importée du dehors.

Cités, industrie, agriculture.

Nestor prétend que les Slaves russes, pour la plupart, « vivaient dans les forêts comme des bêtes fauves ». Karamzine et Schlœzer en ont conclu qu'ils n'avaient point de villes. Or, il y a dans la Russie une multitude de monuments dont les archéologues ont été longtemps à chercher la destination. Ce sont les *gorodichtché* (de *gorod*, ville), enceintes formées d'une levée de terre et qu'on rencontre habituellement sur le bord escarpé d'un cours d'eau ou sur quelque éminence. M. Samokvassof, qui a précisément exploré le pays des Sévérianes, désignés par Nestor comme vivant exclusivement dans les forêts, a pu démontrer que ces *gorodichtché* sont les oppida, les cités primitives de la Russie. Rien que dans le gouvernement de Tchernigof, M. Samokvassof en a compté 160 ; dans celui de Koursk,

50 ; on doit estimer qu'il en existe des milliers en Russie, et que chaque *volost* au moins avait la sienne. Près de ces enceintes de terre, sur lesquelles on élevait des palissades de pieux ou des haies d'osier, et qui constituaient les moyens communs de défense pour chaque réunion de familles, on trouve ordinairement groupés, comme en une espèce de cimetière, les kourganes ou tertres funéraires.

Les fouilles pratiquées soit dans les kourganes, soit dans le sol des *gorodichtché*, ont montré que les Slaves russes avaient une civilisation plus perfectionnée que Nestor ne le supposait. Des poteries assez soignées, des objets de fer et de bronze, d'or et d'argent, des verroteries, des perles fausses, des grelots, prouvent qu'ils avaient une certaine industrie ou qu'ils entretenaient des relations commerciales assez étendues surtout avec l'Asie. On a déterré des monnaies orientales qui remontaient à l'année 699, c'est-à-dire à près de deux siècles avant l'arrivée des Varègues. Il y avait même assez de numéraire dans le pays : en une seule fois on a découvert dans un vase auprès de Novgorod pour environ 7000 roubles de ces anciennes monnaies. Les glaives fabriqués chez les Slaves russes avaient de la réputation jusque chez les Arabes. Nestor raconte que les Khazars avaient imposé un tribut de glaives aux Polianes. Quand ceux-ci apportèrent ces armes à leurs conquérants, les Khazars furent effrayés : « Nos sabres, dirent-ils à leurs princes, n'ont qu'un tranchant, et ces glaives en ont deux. Il est à craindre qu'un jour ce peuple ne lève le tribut sur nous et sur d'autres peuples. »

L'occupation favorite des Slaves, c'était l'agriculture. Presque toutes leurs divinités ont un caractère agricole ; les héros favoris de leur épopée, Mikoula et Ilia, sont des fils de cultivateurs. Ils avaient d'autant plus de goût pour la vie des champs que le servage de la glèbe était encore inconnu chez eux. On prétend que les Allemands ont emprunté aux Slaves la charrue, et que le nom germain de *pflug* vient du slave *ploug*. Du miel et de la cire de leurs ruches, des blés du *tchernoziom* et des fourrures du nord, les Russes faisaient un grand commerce. Le besoin qu'ils avaient des étrangers, en même temps qu'un instinct de sociabilité naturelle chez les peuples primitifs, les rendaient très-hospitaliers : il était permis de voler pour nourrir l'hôte que le hasard vous envoyait. Pacifiques, passionnés pour la liberté, pour les chants, pour la danse, telle est la peinture idyllique qu'on nous fait des Slaves primitifs. L'empereur Maurice, qui a eu affaire surtout à des bandes d'aventuriers, nous les montre, au contraire, belliqueux, cruels à la guerre, d'une ruse de sauvages, capables de se dissimuler dans une cachette qui semble ne pouvoir contenir leur corps, ou de rester en embuscade des heures entières, plongés dans l'eau jusque par-dessus la tête, et respirant au moyen d'un roseau. Leur armement était assez défectueux; ils ne portaient pas de cuirasse, combattaient à pied, nus jusqu'à la ceinture, et avaient pour armes des piques, de grands boucliers, des arcs en bois, des flèches empoisonnées, des *lassos* pour entraîner leurs victimes. Ce tableau s'applique surtout aux envahisseurs des provinces romaines du Danube. Il est probable que ces peuplades agricoles avaient en général une organisation militaire inférieure à celle de leurs voisins turcs ou scandinaves qui vivaient de proie. L'imperfection de leur état politique, leur extrême morcellement en peuplades et même en *volosts*, leurs guerres incessantes de canton à canton les livrèrent sans défense aux envahisseurs. Tandis que les Slaves du sud payaient tribut aux Khazars, les Slaves de l'Ilmen, épuisés par leurs divisions, se décidèrent à appeler eux-mêmes les Varègues. « Cherchons, se dirent-ils, un prince qui nous gouverne et nous parle selon la justice. » Alors, continue Nestor, « les Tchoudes[1], les Slaves (Novgorod), les Krivitches et d'autres peuples réunis diront aux princes de la Varégie : Notre pays est grand et tout y est en abondance, mais l'ordre et la justice y manquent : venez en prendre possession et nous gouverner. »

1. Les Tchoudes dont il est ici question sont plutôt les Slaves colonisés dans le pays des Tchoudes, autour de Pskof et d'Isborsk.

CHAPITRE IV.

LES VARÈGUES : FORMATION DE LA RUSSIE; PREMIÈRES EXPÉDITIONS CONTRE CONSTANTINOPLE (862-972).

Les Normands de Russie : origine et mœurs des Varègues. — Les premiers princes russes : Rourik, Oleg, Igor; expéditions contre Constantinople. — Olga : le christianisme en Russie. — Sviatoslaf : le Danube disputé entre les Russes et les Grecs.

Les Normands en Russie : origine et mœurs des Varègues.

Qu'était-ce donc que les Varègues ? A quelle race d'hommes appartiennent-ils ? C'est une des questions les plus controversées que puisse présenter l'histoire des antiquités russes. Après plus d'un siècle, trois opinions sont restées en présence :

1° Les Varègues sont d'origine scandinave, et ce sont eux qui ont imposé le nom de Russie aux pays slaves. Un argument des plus sérieux à l'appui de cette thèse, c'est le grand nombre de noms scandinaves que l'on trouve dans la liste des princes varègues qui régnèrent en Russie. L'empereur Constantin Porphyrogénète distingue, en Russie, les *Russes* proprement dits et les Slaves. Décrivant les cataractes du Dniéper, il donne le nom de chacune d'elles en *russe* et en slave. Or, les dénominations *russes* s'expliquent presque toutes par les racines scandinaves. Luitprand, parlant des Russes, s'exprime en ces termes : « *Græci vocant Russos.... nos vero Normannos.* » Les *Annales de Saint-Bertin* disent que l'empereur Théophile avait recommandé à Louis le Débonnaire des ambassadeurs russes, mais que celui-ci, les reconnaissant pour des espions northmans, les fit mettre en prison. Enfin les premières lois russes, sous Iaroslaf, présentent une frappante analogie avec les lois scandinaves. Les partisans de cette opinion placent la patrie primitive des *Russes* en Suède, où ils signalent une localité appelée *Roslog*, et des associations de rameurs appelées *Roslagen*; les Suédois, encore aujourd'hui, sont appelés par les populations finnoises *Rootzi*.

2° Les Varègues sont des Slaves : ils sont venus soit des rivages slaves de la Baltique, soit d'une région scandinave, où les Slaves auraient établi une colonie. Le mot de *Russie* n'est pas originaire de Suède : il s'est appliqué très-anciennement au pays du Dniéper. Venir de la *Rouss* ou aller à la *Rouss* sont des expressions qui se rencontrent dans les anciens documents, et *Rouss* signifie ici le pays de Kief. Les écrivains arabes donnent le nom de Russes à une nation qu'ils considèrent comme très-nombreuse, ce qui ne serait pas le cas des Scandinaves, mais des indigènes slaves.

3° Les Varègues ne seraient pas une nation, mais une bande guerrière formée d'aventuriers expatriés, les uns Slaves, les autres Scandinaves. Les partisans de cette opinion nous montrent les deux races slave et scandinave en rapports commerciaux ou politiques fréquents et très-anciens. Les chefs de ces bandes étaient ordinairement scandinaves, mais une partie des guerriers étaient slaves. Cette hypothèse, qui diminue chez les Varègues la part de l'élément normand, permet d'expliquer comment l'établissement de ces aventuriers a fort peu modifié les Slaves de l'Ilmen et du Dniéper, et pourquoi les nouveaux arrivants se sont promptement absorbés dans la masse conquise, à tel point que le petit-fils de Rourik, Sviatoslaf, porte déjà un nom slave, et que son arrière-petit-fils, Vladimir, est resté dans la mémoire du peuple comme le type du prince slave par excellence.

Que les Varègues aient été de purs Scandinaves ou qu'ils aient été mélangés d'aventuriers slaves, il paraît certain que c'était le premier élément qui prédominait chez eux et que l'on est en droit d'assimiler ces hommes du Nord aux *rois de mer*, aux Northmans ou *wikings*, si célèbres en Occident dans la décadence carolingienne. M. Samokvassof a ouvert dernièrement près de Tchernigof la *tombe noire* où se trouvaient les ossements et les armes d'un prince inconnu qui vivait au dixième siècle et qui doit être un de ces Varègues. Or la cotte de mailles, le casque pointu, rappellent tout à fait l'armure des guerriers normands. Les princes russes que nous trouvons dans les anciennes miniatures sont vêtus et armés comme les chefs normands que nous voyons représentés sur la tapisserie de la reine Mathilde à Bayeux. Il n'est pas étonnant qu'on ait en notre siècle représenté à peu près de la même manière Rourik sur le monument de Novgorod et Guillaume le Conquérant sur celui de Falaise. Les Varègues, comme les Normands, étonnèrent les peuples du Midi par leur bravoure téméraire et leur taille gigantesque : « Ils étaient hauts comme les palmiers, » disent les Arabes. Audacieux marins, admirables fantassins, les Varègues différaient profondément des peuples cavaliers et nomades de la Russie méridionale, Hongrois, Khazars, Petchenègues, qui ne savaient combattre qu'en fuyant. Les Russes, au dire de Léon le Diacre, qui les a vus à l'œuvre, combattaient en masse compacte et présentaient comme une muraille d'airain, hérissée de lances, resplendissant de l'éclat des boucliers, d'où s'échappait une clameur soutenue, un mugissement semblable à celui de la mer, le fameux *barditus* ou *barritus* des Germains de Tacite. Un immense bouclier les couvrait jusqu'aux pieds, et quand ils battaient en retraite, ils rejetaient ce pavois énorme sur leurs épaules et devenaient invulnérables. Comme les Northmans, la fureur du combat finissait par les mettre hors d'eux-mêmes ; jamais dans une défaite, dit le même auteur, on ne les a vus se rendre. Quand ils désespéraient de la victoire, ils se déchiraient eux-mêmes les entrailles. Ils prétendaient que ceux qui meurent sous les coups d'un ennemi sont condamnés à le servir dans une autre vie. Les Grecs depuis longtemps estimaient la valeur de ces héros dignes de l'Edda. Sous le nom de *Ros* ou de *Varangiens* ils formaient la garde particulière de l'empereur et figurent dans toutes les armées byzantines. Dans l'expédition de 902 contre la Crète, il y avait sept cents *Russes*; dans celle de Lombardie en 925, quatre cent quinze; dans celle de Grèce en 949, cinq cent quatre-vingt-quatre.

Les Varègues de Russie se mettaient volontiers à la solde des nations étrangères, Novgorod ou Byzance. C'est une ressemblance de plus avec les Normands de France que les empereurs grecs employaient aussi dans leurs guerres contre les Sarrasins d'Italie. Quelquefois, à force de combattre pour les autres, ils s'avisaient de conquérir pour leur propre compte. Ainsi firent les Danois en Angleterre, les Normands en Neustrie, les descendants de Tancrède à Naples et en Sicile; ainsi firent sans doute les compagnons de Rourik en Russie. Comme ils étaient ordinairement peu nombreux, ils se fondaient très-rapidement avec les nations conquises. Ainsi les descendants de Rollon deviennent très-vite des Français et ceux de Robert Guiscard, des Siciliens. Dans les bandes varègues, des Slaves étaient mêlés aux Scandinaves; mais nous savons aussi que dans les bandes de Northmans qui infestaient les campagnes de France, il y avait un fort grand nombre de Gallo-Romains, renégats du christianisme, et qui étaient plus acharnés au pillage et au meurtre que les véritables wikings. Ce mélange avec les aventuriers de race indigène explique la promptitude avec laquelle les Normands de Russie comme les Normands de France perdirent leur religion, leur langue et leurs coutumes. Les Varègues ne retinrent qu'une chose, c'est leur supériorité militaire, l'habitude d'obéir à un chef élu ou héréditaire. Dans l'anarchie slave, ils apportaient cet élément de force guerrière et disciplinée sans laquelle il n'y a pas d'État. Ils imposèrent aux indigènes le degré de contrainte nécessaire pour les arracher à l'isolement et à la dispersion en *gorodichtché* et en *volosts*. Les Slaves du Danube durent également leur constitution à une bande de guerriers turcs-bulgares sous Asparuch; les Slaves polonais, à l'invasion des Liakhs ou Léchites, les Tchèques, au Franc Samo, qui les affranchit du joug des Avars.

L'appel spontanément adressé par les Slaves aux princes varègues peut sembler étrange : on croirait que l'annaliste a voulu, comme nos vieux historiens français, dissimuler le fait brutal d'une conquête, en imaginant que les Slaves se donnèrent volontairement aux Varègues de Rourik, comme les Gaulois se seraient donnés aux Francs de Clovis. En réalité il n'y a pas eu de conquête : ce qui le prouve, c'est que l'organisation municipale est restée intacte, que la *vetché* a continué à délibérer à côté du prince, les milices locales à combattre aux côtés de sa bande d'aventuriers. Dans les lois de Iaroslaf qui détermineront le taux du rachat pour le meurtre, on ne voit pas de différence entre le Slave et le Varègue, tandis que les lois mérovingiennes en établissent une notable entre le Gallo-Romain et le Franc. Le prince avait surtout trois attributions : la défense du pays, la justice, la perception du tribut : ce dernier droit était comme la récompense de ses services. Il jouait dans les villes slaves un rôle analogue à celui des podestats que les villes italiennes du quinzième siècle appelaient pour leur distribuer une justice impartiale, ou des chefs de condottieri auxquels elles se confiaient pour leur défense.

En 859 déjà, les Varègues faisaient payer le tribut aux Slaves de l'Ilmen et aux Krivitches ainsi qu'aux Tchoudes, aux Vesses et aux Mériens. Les indigènes les avaient une fois déjà expulsés ; mais, comme ils étaient retombés dans leurs divisions et que décidément ils avaient besoin d'être gouvernés, ils rappelèrent les Varègues en 862.

Que le nom de *Russie* ou de *Rouss* soit originaire d'un canton de la Suède ou des bords du Dniéper, il n'en est pas moins vrai que c'est à l'arrivée des Varègues en Slavie que commence réellement l'histoire de Russie : c'est cet événement dont on célébrait le millième anniversaire à Novgorod en 1862. Avec les Varègues, le nom russe devient fameux dans l'Europe orientale. C'est l'époque de

brillantes et aventureuses expéditions; c'est l'âge héroïque de la Russie.

Les Varègues de Novgorod et de Kief ne sont pas indignes des Normands d'occident, ces hardis conquérants qui promenèrent leur fortune des côtes de l'Angleterre à celles de la Sicile et de la Syrie. On les trouve presque à la fois sous les murs de Constantinople et au pied du Caucase, où ils enlèvent aux Arabes la ville de Berdaa (944). Nestor, le moine du couvent Petcherski à Kief, qui écrivit cette histoire jusqu'à l'année 1116, ajoute à ses consciencieux récits bien des circonstances légendaires, qui semblent un écho des *sagas* scandinaves ou des premières *bylines* russes. Ses annales, que les sources grecques et franques nous permettent de contrôler et qui sont assez exactes pour les faits essentiels, semblent parfois, comme les premiers livres de Tite Live, de la poésie épique mise en prose.

Les premiers princes russes : Rourik, Oleg, Igor ; expéditions contre Constantinople.

A l'appel des Slaves, trois frères varègues, Rourik, Sinéous et Trouvor, dont les noms scandinaves signifient le *Pacifique*, le *Victorieux* et le *Fidèle*, ayant réuni « leurs frères et leurs familles », c'est-à-dire leurs bandes guerrières ou *droujines* (analogues à la *truste* des rois francs), passèrent la Baltique et prirent position sur les limites du territoire qu'ils avaient à défendre. L'aîné, Rourik, s'établit sur le fleuve Ladoga, en face des Finnois de Finlande ; Sinéous, sur le lac Blanc, en plein pays vesse; Trouvor, à Isborsk, pour tenir en respect les peuplades livoniennes. Les deux derniers étant morts, Rourik vint s'établir à Novgorod, où il bâtit, non pas une ville, comme le ferait supposer le texte de Nestor, mais un château princier. C'est ainsi qu'il faut expliquer la prétendue fondation par ses ordres de Polotsk et de Rostof qui existaient bien avant l'arrivée des Varègues : il est probable qu'il transforma d'antiques *gorodichtché* aux remparts de boue en véritables forteresses. Deux autres Varègues, Askold et Dir, qui n'étaient pas du sang de Rourik, descendirent jusqu'à Kief et régnèrent sur les Polianes. Ce sont eux qui commencent les expéditions contre *Tsargrad* (Byzance), la *ville-reine*. Avec deux cents vaisseaux, dit Nestor, ils entrèrent dans le *Sund* (le Bosphore) et firent le siége de Constantinople. Mais le patriarche Photius, suivant les récits byzantins, prit la robe miraculeuse de Notre-Dame de Blachernes et la plongea dans les flots. Aussitôt il s'éleva une formidable tempête et la flotte russe fut entièrement détruite.

Rourik eut pour successeur, non pas son fils Igor, alors en bas âge, mais l'*aîné* de la famille, l'entreprenant Oleg. A la tête d'une armée composée de Varègues, de Slaves et de Finnois, il se mit en route vers le sud, reçut la soumission de Smolensk et de Loubetch, puis arriva sous les murs de Kief. Il fit prisonniers en trahison Askold et Dir, et leur dit : « Vous n'êtes pas princes, ni du sang des princes. Voici le fils de Rourik, » ajouta-t-il en désignant Igor, et il les fit mettre à mort. On montre encore aujourd'hui, près de Kief, la *tombe d'Askold*. Oleg fut enchanté de sa conquête et, s'établissant à Kief, il dit : « Cette ville sera la mère des villes russes. » Par Novgorod, Smolensk et Kief, le chef varègue tenait la grande route fluviale de la Baltique à la mer Noire. Il assujettit les Novgorodiens, les Krivitches, les Mériens, les Drévlianes, les Sévérianes, les Polianes, les Radimitches, et réunit ainsi presque toutes les peuplades de la Russie sous sa domination. C'est vers cette époque que les Hongrois passèrent le Dniéper, près de Kief, pour aller envahir la Pannonie. Les chroniques magyares parlent d'une défaite infligée par eux à Oleg. Nestor n'en dit rien.

En 907, Oleg rassembla une immense multitude de guerriers appartenant à toutes les peuplades de son obéissance, équipa une flottille de deux mille barques, et, par terre et par eau, s'achemina contre Tsargrad. Les légendes russes ont embelli cette campagne de merveilleux détails. Oleg fait adapter des roues à ses vaisseaux et déployer leurs voiles; poussés par le vent, ils arrivent à travers les champs jusqu'aux portes de la ville. Léon VI le Sage, épouvanté, consent à payer tribut; mais les Grecs essayent de se défaire des Russes en leur offrant des mets empoisonnés. Oleg devine leur perfidie. Il leur impose une lourde contribution, un traité de commerce avantageux, et suspend son bouclier, comme un trophée, à la fameuse Porte d'Or. Pour les Russes, Oleg n'était pas seulement un héros; émerveillés de sa sagesse, ces « gens idiots et idolâtres » l'appelaient le *sorcier* : dans les sagas scandinaves nous voyons déjà Odin, Gylf, Raude et d'autres chefs être en même temps de grands guerriers et de grands magiciens. Il est étrange que les historiens grecs, francs et vénitiens, ne fassent même pas mention de cette campagne. Nestor cite le nom des députés russes qui négocièrent la paix et donne même le texte du traité.

Un devin avait prédit à Oleg qu'il mourrait par son cheval favori. Il le fit nourrir loin de lui, et quand l'animal périt, cinq ans après, il se fit conduire auprès de sa carcasse pour triompher de l'ignorance et de l'imposture des devins; mais du crâne du cheval sortit un serpent qui fit au pied du héros une piqûre mortelle.

Igor dirige une troisième expédition contre Tsargrad. Le Dniéper conduisait comme de lui-même les flottilles russes dans les mers de Grèce. Igor aurait eu 10 000 navires, suivant les historiens grecs, et 1000 vaisseaux suivant le chiffre plus probable de Luitprand; ce qui lui supposerait environ 400 000 hommes dans le premier cas et seulement 40 000 dans le second. Au lieu d'attaquer la ville, il ravagea cruellement les provinces grecques. Les généraux et les amiraux byzantins se réunirent, et dans une série d'engagements où le feu grégeois aurait décidé de la victoire, l'armée russe fut entièrement détruite. Les Byzantins donnent sur la bataille de nombreux détails que Nestor ne leur a pas tous empruntés; nous avons encore un autre témoignage, celui de Luitprand, évêque de Crémone; il tient les détails de son beau-père, alors ambassadeur du roi d'Italie à Constantinople, qui avait vu de ses propres yeux la défaite d'Igor et assisté au supplice des prisonniers, que l'empereur Romain Lécapène fit décapiter. Pour se venger, Igor aurait tenté en 944 une nouvelle expédition, pour laquelle il s'assura le secours des redoutables Petchenègues. L'empereur grec, sérieusement effrayé cette fois, aurait offert de payer tribut et signé un nouveau traité de commerce dont Nestor donne encore le texte. Les Byzantins et les Occidentaux ne font pas mention de cette seconde expédition d'Igor. De retour en Russie, ce prince fut assassiné par les Drévlianes sur lesquels il était venu lever le tribut. Un écrivain grec, Léon le Diacre, prétend qu'ils l'écartelèrent au moyen de deux jeunes arbres courbés de force jusqu'à terre, puis rendus à leur direction naturelle.

Olga : le christianisme en Russie.

La veuve d'Igor, Olga, prit la régence au nom de son fils Sviatoslaf alors en bas âge. Son premier soin fut de se venger des Drévlianes. Dans le récit de Nestor, il est impossible de faire la part de l'histoire et de l'épopée. Le chroniqueur russe raconte en détail comment les Drévlianes envoyèrent deux députations à Olga pour l'apaiser et lui offrir la main de leur prince; comment elle les fit périr par ruse, les uns en les enterrant vifs, les autres en les étouffant dans une salle de bains; comment, assiégeant leur ville de Korostène, elle offrit de leur accorder la paix moyennant un tribut de trois pigeons et de trois moineaux par maison; comment elle attacha à ces oiseaux des étoupes allumées et les lâcha ensuite vers cette ville de bois, où les granges et les toits de chaume s'enflammèrent aussitôt; comment enfin elle massacra une partie des Korosténiens et réduisit le reste en esclavage.

C'est pourtant cette vindicative Scandinave qui allait être le premier apôtre de la Russie. Nestor raconte qu'elle se rendit à Tsargrad auprès de l'empereur Constantin Porphyrogénète, l'étonna par sa finesse et sa fermeté, et fut baptisée sous le nom d'Hélène : le *tsar* grec fut son parrain. Il n'y a dans tout le récit de Nestor que deux faits historiques : la réception d'Olga au palais impérial de

Constantinople, qui est racontée en détail dans le *Livre des cérémonies*, et peut-être aussi le baptême de cette princesse. Si les historiens byzantins n'en parlent pas dans les chroniques contemporaines, c'est que les Grecs ont bien pu ne pas apercevoir tout de suite l'importance de cet événement. S'ils en parlent dans les chroniques du onzième et du douzième siècle, c'est que les conséquences de ce fait avaient pris alors tout leur développement [1].

En Russie même, la conversion d'Olga passa d'abord presque inaperçue. Le christianisme dans ce pays n'avait encore fait que peu de progrès. Sans doute, depuis que Cyrille et Méthode avaient créé pour les Bulgares l'alphabet slavon et traduit pour eux les Saintes Écritures, le christianisme, déjà triomphant chez quelques peuples slaves, se propageait de proche en proche chez tous les autres. Chez les Russes, il y avait déjà eu quelques missions. Les Byzantins disent qu'effrayés de la défaite miraculeuse d'Askold et Dir, pris d'une crainte respectueuse pour les talismans chrétiens du patriarche Photius, ils auraient « envoyé des ambassadeurs à Constantinople pour demander le baptême ». C'est alors que l'empereur Basile le Macédonien leur donna un archevêque qui fit devant eux un miracle : après avoir jeté un Évangile dans un brasier, il l'en retira intact. Askold aurait donc été le premier prince russe chrétien : de là le culte rendu à sa *tombe* et à sa mémoire. Déjà sur les listes d'éparchies byzantines, sous Léon VI, figure l'*évêché de Russie* dont Kief, sans doute, était la métropole. Pourtant ces missions ne semblent pas avoir eu beaucoup de succès : lors du traité conclu par Oleg avec Léon VI, les Russes jurèrent par leurs épées, par Voloss et par Péroun. Au traité conclu par Igor, lorsque les Russes prêtèrent serment à Kief, devant les envoyés de l'empereur, les uns se rendirent sur la colline de Péroun et jurèrent à la manière antique; les autres allèrent à la chapelle de Saint-Élie et mirent la main sur l'Évangile. Il y avait donc dans la « mère de villes russes », une

---

1. A. Rambaud, *l'Empire grec au dixième siècle*, p. 383.

communauté chrétienne, mais bien faible encore, s'il est vrai qu'Olga n'ait pas voulu recevoir le baptême dans cette ville « par crainte des païens ». La masse des guerriers n'avaient que de l'éloignement pour le christianisme : dans leurs expéditions contre les provinces byzantines, nous les voyons s'attaquer de préférence aux églises et aux monastères qu'ils livraient aux flammes, trouvant un plaisir particulier à martyriser les prêtres et les moines et à leur enfoncer des clous dans la tête. C'est ainsi que les Normands de France, fanatisés par l'odinisme, traitaient les ecclésiastiques avec des raffinements de cruauté, se vantant « de leur chanter la messe des lances ». « Quand un des guerriers du *grand-prince* voulait se convertir, dit Nestor, on ne l'en empêchait pas, mais on se moquait de lui. » Les efforts d'Olga auprès de son fils Sviatoslaf, qui à sa majorité avait pris le pouvoir, restèrent inutiles. Il ne voulait pas se donner un ridicule devant ses guerriers en embrassant une religion étrangère. « Mes hommes se moqueraient de moi ! » répondait-il aux supplications de sa mère, et souvent, Nestor le constate avec douleur, « il s'emportait contre elle ». Vainement Olga disait-elle que « s'il voulait se faire baptiser, tous ses sujets feraient bientôt de même ». L'opinion n'était pas encore assez bien préparée, pour que l'exemple du prince eût une telle puissance. La chrétienne Olga, dont l'église orthodoxe a fait une sainte, « la première qui de la Russie soit montée au royaume céleste », resta donc une exception, peu remarquée ou peu considérée, au milieu de l'aristocratie païenne.

Sviatoslaf; le Danube disputé entre les Russes et les Grecs.

Le gouvernement de Sviatoslaf (964-972), quoique fort court, fut signalé surtout par deux événements mémorables : la défaite des Khazars et la grande guerre contre l'empire byzantin pour la possession de la Bulgarie. Sur le premier fait, l'annaliste ne donne que peu de détails :

la victoire de Sviatoslaf dut être complète s'il est vrai qu'il se soit emparé de la *Ville Blanche*, capitale de l'empire Khazar sur le Don, et qu'il ait soumis au tribut les Iasses ou Ossétiens du Caucase et les Kassogues ou Tcherkesses. Les Russes n'eurent pas à se féliciter de leur succès : l'affaiblissement des Khazars, qui était un peuple relativement civilisé, favorisa le progrès des Petchenègues qui étaient les plus farouches de tous les barbares. Ce sont eux que les Arabes traitent de « bêtes féroces » et que Mathieu d'Edesse appelle « un peuple avide de dévorer les cadavres, scélérat et immonde, bêtes cruelles et sanguinaires ». Pendant une des absences de Sviatoslaf, toujours en expédition, les Petchenègues parurent inopinément sous les murs de Kief où s'étaient réfugiés la mère et les enfants du prince russe et réduisirent la ville à la dernière extrémité. Une manœuvre hardie d'un voiévode sauva les Kiéviens, qui commençaient à mourir de faim. Sviatoslaf de retour dans sa capitale fut effrayé des dangers qu'elle avait courus. C'était par ces mêmes Petchenègues qu'un jour il devait périr.

Sur la guerre de Bulgarie, le récit de Nestor est confus et incomplet ; il dissimule les échecs des Russes. La fable épique s'y mêle aux faits historiques. Nestor raconte que les Grecs voulurent démêler quel homme c'était que Sviatoslaf ; ils lui envoyèrent d'abord de l'or et des tissus, mais le prince considéra ces présents avec mépris et dit à ses gens : « Prenez cela ! » Puis ils lui envoyèrent une épée et des armes, et le héros s'en saisit et les baisa avec enthousiasme. Les Grecs furent terrifiés et dirent : « Ce doit être un homme farouche puisqu'il méprise les richesses et accepte un glaive comme tribut. » Heureusement le récit du Byzantin Léon le Diacre, fort circonstancié, semble exact et même impartial ; il nous permettra de suivre cette campagne où un chef de la Russie naissante franchit ce même Danube que les armées russes ne devaient pas revoir avant les règnes de Catherine II et Nicolas Iᵉʳ. L'empereur grec, Nicéphore Phocas, pour se venger de Pierre, le tsar de Bulgarie, eut recours à ce dangereux moyen si souvent employé par la politique byzantine : l'appel aux barbares. Il députa à Sviatoslaf un certain Kalokyr qui devait lui remettre une somme d'argent pour son entrée en campagne. C'est ainsi que ces deux peuples slaves qui devaient leur constitution, l'un à la *droujina* varègue de Rourik, l'autre à la *droujina* touranienne d'Asparuch, furent mis aux prises par la diplomatie grecque. Sviatoslaf descendit en Bulgarie avec une flotte montée, assurent les Byzantins, par 60 000 hommes, s'empara de Péréiaslaf ou Prislaf, la capitale des Bulgares, et de toutes leurs forteresses. Le tsar Pierre succomba à son infortune. C'est à ce moment que les Petchenègues faillirent prendre Kief. Cette leçon fut perdue pour Sviatoslaf. Il était enthousiaste de sa conquête et voulait transporter sa capitale à Péréiaslaf. « Cet endroit, disait-il à sa mère, est le point central de mes États et tous les biens y abondent. De la Grèce y viennent les étoffes précieuses, le vin, l'or et les fruits de toute espèce; du pays des Tchèques et des Hongrois, des chevaux et de l'argent; de la Russie des fourrures, de la cire, du miel et des esclaves. » Cette résolution de Sviatoslaf constituait pour l'empire grec un immense danger. Si Byzance avait redouté le voisinage de la Bulgarie affaiblie, comment pourrait-elle résister à une puissance qui s'étendrait de la Baltique aux Balkans et qui aux légions bulgares, disciplinées à la romaine par leur tsar Siméon, pouvait joindre les Varègues de Scandinavie, les Slaves russes, les hordes finnoises des Vesses, des Tchoudes et des Mériens, et même la cavalerie légère des Petchenègues?

La formation d'un grand empire slave si près de Constantinople était rendue plus redoutable encore par la constitution ethnographique de la péninsule. L'ancienne Thrace et l'ancienne Macédoine étaient peuplées de tribus slaves dont quelques-unes étaient issues des tribus russes : on y trouvait par exemple des Drégovitches et des Smolènes, comme aux environs de Minsk et de Smolensk. La Thessalie, l'Attique même et le Péloponèse sont envahis par ces émigrants devenus les sujets de l'empire grec. Sur le fameux mont Taygète de Laconie habitent deux tribus slaves encore insoumises, les Milinges et les Ezérites. Il ne faut pas oublier que la Bulgarie s'étendait jusqu'à l'Ochride et que les anciennes provinces romaines du nord-ouest étaient devenues, sous le nom de Croatie, Serbie, Dalmatie, presque entièrement slaves. Cette grande race s'étendait donc presque sans interruption du Péloponèse, qui s'appelait déjà du nom slave de Morée, jusqu'à Novgorod. Si donc la ville de Péréiaslaf sur le Danube devenait en effet, comme le disait le prince russe, le centre de ses États, c'en était fait de la race hellénique et de la domination romaine dans la péninsule des Balkans. Les empereurs grecs avaient bien pu résister aux Askold, aux Oleg, aux Igor : les Russes à cette époque habitaient loin de l'empire; ils étaient obligés d'aller par eau, ce qui restreignait singulièrement le chiffre de leurs armées; avec leurs canots formés d'un seul tronc d'arbre, comme on en voit encore dans les villages russes, il leur fallait descendre le Dniéper, débarquer à chacune de ses sept cataractes, opérer le portage de leurs *monoxyles* pour se rembarquer plus loin, et pendant ce temps livrer bataille aux Petchenègues toujours en embuscade dans les rochers. Échappés à ce péril, il leur fallait, avec ces frêles esquifs, braver les tempêtes de la mer Noire, les puissantes galères romaines que manœuvraient les meilleurs marins de l'Orient, enfin ce mystérieux feu grégeois qui les frappait d'épouvante. Bien peu arrivaient sous les murs de Constantinople, et là leur échec était certain. Maintenant au contraire, maîtres du Danube, maîtres de la voie de terre, ils pouvaient précipiter sur Constantinople toutes les hordes de la Scythie.

Heureusement pour l'empire grec, il était alors dans une veine de rajeunissement. Une série de grands capitaines se succédaient sur ce trône ébranlé. Dans Jean Zimiscès, le prince russe allait trouver un adversaire digne de lui. Sviatoslaf, revenu en Bulgarie, avait été obligé d'en opérer une seconde fois la conquête. C'est à ce moment que Zimiscès le somma d'avoir à exécuter les conditions du traité conclu avec son prédécesseur, c'est-à-dire d'avoir à évacuer le pays. Sviatoslaf, qui venait d'enlever

Philippopolis et d'en exterminer les habitants, répondit avec hauteur, menaçant d'être bientôt à Constantinople. Zimiscès fit alors de grands préparatifs ; au commencement de mars 972, il envoya sa flotte aux bouches du Danube et se rendit lui-même à Andrinople au milieu de son armée. Comme les Russes ne l'attendaient pas si tôt, il surprit les défilés des Balkans, parut à l'improviste sous les murs de Péréiaslaf, battit un corps de plusieurs mille Russes et l'obligea à se renfermer dans la place ; puis il donna l'assaut et enleva la ville par escalade. Huit mille Russes enfermés dans le château royal firent une résistance désespérée, refusèrent toute capitulation et périrent dans les flammes. Quand la nouvelle de ce désastre parvint à Sviatoslaf, il courut avec le gros de sa troupe au-devant de l'empereur et le rencontra auprès de Dorostol (Silistrie). Les historiens grecs donnent au prince russe au moins 60 000 hommes, Nestor seulement 10 000. Il se livra là une bataille acharnée et douze fois, dit-on, la fortune parut changer de parti. La solidité de l'infanterie russe défiait les charges de la cavalerie *cataphracte*, toute bardée de fer ; à la fin ils plièrent sous un dernier effort et se retirèrent dans Dorostol. L'empereur les y assiégea ; les Russes déployèrent dans leurs sorties une bravoure fanatique. Leurs femmes elles-mêmes, comme les anciennes amazones ou comme les héroïnes des *sagas* scandinaves et des chansons russes, se précipitaient dans la mêlée. Les Russes se tuaient plutôt que de demander merci ; la nuit qui suivait une action, à la clarté de la lune, on les voyait sortir de la ville pour brûler leurs morts. Ils immolaient sur leurs cendres les prisonniers de guerre et noyaient dans le Danube des coqs et de petits enfants. Les vivres manquaient ; Sviatoslaf pendant une nuit d'orage s'échappa audacieusement sur ses canots avec 2000 guerriers, fit le tour de la flotte grecque, alla ramasser du millet et du blé dans les villages voisins, et, tombant à l'improviste sur les Grecs, rentra heureusement dans la ville. Zimiscès prit alors des mesures pour qu'aucune barque désormais n'en pût sortir. Ce siège épique fut signalé par des combats singuliers. Un des plus braves chefs russes fut tué par Apémas, un Arabe baptisé, fils d'un émir de Crète et l'un des gardes de Zimiscès.

Sviatoslaf résolut de tenter un dernier effort, et sortit de la ville avec toutes ses forces. Avant la bataille, Zimiscès proposa à Sviatoslaf de terminer la guerre par un combat singulier entre le prince et l'empereur. Ce fut le barbare qui refusa : « Je sais mieux que mon ennemi ce que j'ai à faire, dit Sviatoslaf; s'il est si fort ennuyé de la vie, il a mille moyens de terminer ses jours. » Cette bataille fut aussi opiniâtre et aussi meurtrière que la première. Sviatoslaf faillit être tué par Apémas. A la fin, les Russes succombèrent, et, laissant sur le champ de bataille, assure Léon le Diacre, 15 500 morts et 20 000 boucliers, ils rentrèrent dans la ville. Il fallut traiter. Zimiscès leur accorda la libre sortie de la Bulgarie; ils jurèrent par Péroun et Voloss de ne plus rien entreprendre contre l'empire et de le défendre au contraire contre ses ennemis. S'ils manquaient à leurs serments, ils devaient « devenir jaunes comme de l'or et périr par leurs propres armes ». Nestor nous a conservé le texte de cette convention, qui est au fond une capitulation et qui donne raison contre lui aux historiens grecs. Ceux-ci racontent que Zimiscès envoya des députés aux Petchenègues pour les prier d'accorder un libre passage aux débris de l'armée russe. Ce qu'il y a de certain, c'est que ces barbares attendaient les Russes au passage des cataractes ou *porogues* du Dniéper. Ils tuèrent Sviatoslaf, coupèrent la tête à son cadavre et leur prince Kouria se servit de son crâne en guise de coupe. Sviatoslaf, malgré son nom slave, semble le véritable type du prince varègue, du Northman intrépide, rusé, aux vastes ambitions. Nestor vante sa loyauté. Quand il voulait faire la guerre à un peuple, il l'envoyait prévenir : « Je marche contre vous, » disait-il.

Après la capitulation de Dorostol, il avait eu une entrevue avec son ennemi Zimiscès; Léon le Diacre en profite pour faire son portrait. L'empereur étant à cheval sur le rivage, Sviatoslaf s'approcha de lui en barque, maniant la rame comme ses compagnons. Il paraissait de taille moyenne, mais très-robuste; il avait une large poitrine, le cou gros, les yeux bleus, les sourcils épais, le nez épaté, de longues moustaches, une barbe légère et sur sa tête rasée une touffe de cheveux, marque de sa noblesse; à une de ses oreilles pendait un anneau d'or orné d'un rubis et de deux perles. Remarquons ce portrait; il nous faudra aller loin dans les annales de la Russie pour en retrouver un autre. Entre les descriptions des chroniqueurs russes et celle de Léon le Diacre, il y a la même différence qu'entre une image de sainteté et un portrait authentique.

CHAPITRE V.

LE CLOVIS ET LE CHARLEMAGNE DES RUSSES. SAINT VLADIMIR ET IAROSLAF LE GRAND (972-1054).

Vladimir (972-1015) : conversion des Russes. — Iaroslaf le Grand (1015-1054) : union de la Russie, splendeur de Kief. — La société varègue-russe à l'époque de Iaroslaf. — Progrès du christianisme : conséquences sociales, politiques, littéraires, artistiques.

Vladimir (972-1015) : conversion des Russes

Les tribus slaves durent leur organisation à deux conquêtes, l'une militaire, venue du nord, l'autre ecclésiastique, venue du sud. Les Varègues leur envoient des chefs de guerre qui unissent leurs peuplades en un corps de nation; les Byzantins envoient des missionnaires qui les unissent entre eux et avec leurs voisins civilisés, par le lien d'une religion commune.

L'homme qui devait mener à bien l'œuvre de propagande inaugurée par Olga, ne semblait pas d'abord prédestiné à cette grande œuvre. Vladimir, comme notre Clovis, n'est d'abord qu'un barbare rusé, débauché et sanguinaire. Seulement, tandis que Clovis, même après son baptême, ne présente pas une grande amélioration morale et que c'est justement dans ses dernières années qu'il se fait l'assassin des rois francs ses parents, il semble que l'annaliste russe ait voulu établir un contraste entre la vie de Vladimir avant sa conversion et celle qu'il mena après sa régénération. Sviatoslaf avait laissé trois fils : Iaropolk à Kief, Oleg chez les Drévlianes, Vladimir à Novgorod. Dans les guerres civiles qui suivent et qui rappellent notre sanglante anarchie mérovingienne, Iaropolk fait périr Oleg, et Vladimir à son tour fait périr Iaropolk. Amoureux de Rognéda, la fiancée de Iaropolk, il avait demandé sa main au Varègue Rogvolod qui régnait à Polotsk. La princesse avait répondu qu'elle n'aurait jamais pour époux le fils d'une esclave. Vladimir en effet avait pour mère une servante, ce qui n'avait pas empêché son père de lui faire une part égale à ses frères. Furieux de cette injure, Vladimir saccagea Polotsk, tua Rogvolod et ses deux fils, épousa de force Rognéda. Après le meurtre d'Iaropolk, il prit encore l'épouse que celui-ci laissait enceinte et qui était une belle religieuse grecque, ramenée autrefois captive d'une expédition contre Byzance. De ces deux femmes, il avait donc privé l'une de son père et de ses frères, l'autre de son mari. Il avait en outre une femme bohémienne, une Bulgare et une autre qui lui donna également des fils. Enfin ce bâtard, ce « fils de l'esclave », était tellement adonné à la débauche qu'il entretenait 300 concubines à Vychégorod, 300 à Bielgorod près de Kief, et 200 au bourg de Bérestof. Également passionné pour la guerre et le butin, il reconquit la Russie Rouge sur les Polonais, dompta une révolte des Viatitches et des Radimitches, assujettit au tribut les Iatvagues de Lithuanie et les peuplades lettones ou finnoises de Livonie.

Ce barbare tout sensuel, adonné aux plus violentes passions, avait cependant l'âme troublée d'aspirations religieuses. D'abord il se tourna vers les dieux slaves et son règne fut inauguré par une recrudescence de paganisme. Sur les hautes falaises sablonneuses qui à Kief dominent le Dniéper, il avait érigé des idoles, entre autres un Péroun de bois qui avait une tête d'argent et une barbe d'or. Deux Varègues, le père et le fils, tous deux chrétiens, furent égorgés au pied de Péroun. Mais le temps des anciens dieux était passé : Vladimir souffrait de la crise religieuse qui travaillait alors la Russie. Il sentait qu'il lui fallait d'autres croyances. Alors suivant le témoignage de Nestor, il imagina, comme fait aujourd'hui le Japon, d'instituer une enquête sur la meilleure des religions. On entendit, on visita par ambassadeurs les musulmans, les juifs, les catholiques, représentés les premiers par les Bulgares du Volga, les seconds sans doute par les Khazars ou les juifs kharaïtes, les troisièmes par les Polonais et les Allemands. Vladimir ne voulait ni de l'islamisme qui prescrivait la circoncision et défendait « le vin qui fait la joie des Russes, » ni du judaïsme dont les sectateurs chassés de leur patrie erraient dispersés par le monde, ni du catholicisme qui lui paraissait manquer de magnificence dans ses cérémonies. Au contraire, les députés qu'il envoya à Constantinople revinrent émerveillés. Les splendeurs de Sainte-Sophie, l'éclat des vêtements sacerdotaux, la magnificence des cérémonies rehaussée par la présence de l'empereur et de toute sa cour, du patriarche et d'un nombreux clergé, l'encens, les chants religieux, avaient fortement agi sur l'imagination des barbares. Un dernier argument triompha des scrupules de Vladimir : « Si la religion grecque n'était pas la meilleure, lui dirent ses boïars, Olga, votre aïeule, la plus sage des mortelles, n'aurait pas songé à l'embrasser. » Le fier Vladimir n'entendait pas mendier le baptême chez les Grecs ; il entendait le conquérir les armes à la main et le ravir comme une proie. Il descendit donc en Tauride et assiégea Chersonesos, la dernière ville qui dans cette région fût restée soumise aux empereurs. Un certain Anastase, peut-être par zèle religieux, lui livra sa patrie. Rendu plus orgueilleux par une conquête si fameuse, Vladimir envoya déclarer aux empereurs grecs, Basile et Constantin, qu'il voulait épouser leur sœur Anne et que sur leur refus il marcherait sur Constantinople. Ce n'était pas la première fois que des barbares faisaient aux Césars grecs cette proposition, et Constantin Porphyrogénète enseigne même à ses successeurs le moyen d'écarter ces demandes inconvenantes. Cette fois les deux empereurs, qui se trouvaient aux prises avec des révoltes intérieures, crurent devoir consentir, à condition que Vladimir se ferait baptiser. Ce fut dans sa conquête que le prince russe reçut le baptême et qu'il célébra son mariage avec l'héritière des empereurs de Rome. Les prêtres qu'il emmenait à Kief, c'étaient ses captifs; les ornements d'église, les reliques des saints dont il allait enrichir et sanctifier sa capitale, c'était son butin. Quand il revint à Kief, ce fut en apôtre (*Isapostolos*), mais en apôtre armé qu'il catéchisa son peuple. Les idoles furent renversées au milieu des pleurs et de l'épouvante des Russes. Péroun fut fouetté et précipité dans le fleuve. On montre encore sur le flanc des falaises kiéviennes la *Dégringolade du diable* et plus loin l'endroit où Péroun, porté par les eaux, échoua sur le rivage : là le peuple se remit à l'adorer, mais les soldats de Vladimir le rejetèrent dans les flots. Puis sur l'ordre du prince, on vit les Kiéviens, hommes et femmes, maîtres ou esclaves, vieillards ou petits enfants, se plonger nus dans les ondes sacrées du vieux fleuve païen, tandis que les prêtres grecs, debout avec Vladimir sur le rivage, lisaient sur eux les prières du baptême. Après avoir beaucoup résisté, les Novgorodiens à leur tour furent obligés de précipiter Péroun dans les flots du Volkhof et de s'y plonger eux-mêmes.

Nous avons déjà vu que les Russes ne perdirent pas tout souvenir de leurs anciennes divinités, et que, dans la nature, continua à respirer tout un peuple de dieux. Il fallut bien du temps avant que le christianisme pénétrât dans les cœurs et dans les mœurs. Au douzième siècle encore, assure M. Bouslaef, les usages chrétiens pour le mariage n'étaient en pratique que dans les hautes classes : les paysans conservaient leurs vieux rites païens et continuaient à contracter leurs mariages « autour du buisson de cytise ». Ils gardèrent plus longtemps encore la croyance aux devins et aux sorciers, souvent plus écoutés que le prêtre.

Vladimir du moins veut préparer la transformation. On ne voit pas qu'il persécute les idolâtres ; mais il s'occupe à orner d'églises sa capitale veuve d'idoles. Sur le lieu où s'élevait Péroun, il bâtit l'église de Saint-Basile, nom grec qu'il avait pris à son baptême : sur le lieu où les deux martyrs varègues avaient été égorgés par ses ordres, il construit celle de la Déciatine ou de la Dîme, embellie et ornée d'inscriptions grecques par les artistes venus du sud. Il fonde des écoles où les jeunes garçons viendront étudier les livres saints traduits en slavon : mais il est obligé d'y traîner les enfants, dont les parents, convaincus que l'écriture est une dangereuse espèce de sorcellerie, versent des larmes de désespoir. Nestor ne peut assez vanter l'amélioration qui s'opère dans Vladimir après son baptême. Il est fidèle à sa femme grecque ; il n'aime plus la guerre ; il distribue son revenu aux églises, aux pauvres, et, bien que les criminels se multiplient, il hésite à leur appliquer la peine capitale. « Je crains le péché, » répond-il à ses conseillers. Ce sont les évêques qui sont obligés de lui rappeler « qu'il faut châtier le criminel, quoique avec discernement », et qu'il ne faut pas laisser le pays en proie aux Petchenègues. Vladimir, qui rappelait d'abord assez bien le type northman de Robert le Diable, se trouve être devenu tout d'un coup le bon roi Robert.

Ses guerres contre les Petchenègues sont racontées par Nestor avec toutes sortes d'épisodes empruntés à l'épopée. C'est le champion russe qui déchire un buffle furieux et qui étouffe dans ses bras un géant petchenègue ; ce sont les habitants de Bielgorod qui, réduits à la famine par les barbares, imaginent de descendre au fond de deux puits deux cuves pleines, l'une d'hydromel, l'autre de farine, afin de faire croire aux Petchenègues que ces produits jaillissent naturellement de leur sol. Nous verrons de quel cycle merveilleux de légendes Vladimir est devenu le centre dans les chansons populaires : dans ces bylines il est à remarquer qu'il n'est ni Vladimir le Baptiseur, ni le saint Vladimir de l'église orthodoxe, mais presque un héros solaire, le successeur de ces divinités qu'il a détruites. Pour le peuple, au fond resté païen, Vladimir est toujours le *Beau Soleil* de Kief.

Iaroslaf le Grand (1015-1054) : union de la Russie, splendeur de Kief.

Vladimir, mort en 1015, laissait de ses nombreuses femmes un grand nombre d'héritiers. Le partage qu'il fit entre eux de ses États nous fait connaître quelle était à cette époque l'étendue de la Russie. A Iaroslaf il avait donné Novgorod; à Isiaslaf, fils de Rognéda et petit-fils du Varègue Rogvolod, Polotsk; à Boris, Rostof; à Glèbe, Mourom (ces deux dernières principautés en pays finnois); à Sviatoslaf, les Drévlianes; à Vsévolod, Vladimir en Volynie; à Mstislaf, Tmoutorakan, la Tamatarque des Grecs; enfin, à l'un de ses neveux, la principauté de Tourof, dans le pays de Minsk, fondée par un Varègue nommé Tour et qui, pas plus qu'Askold ou Rogvolod, n'était « du sang des princes ». L'histoire des successeurs de Vladimir rappelle à s'y méprendre celle des héritiers de Clovis. Un crime aussi fameux que le meurtre des fils de Clodomir fut l'assassinat de deux fils de l'*Isapostolos*, Boris et Glèbe, par ordre de Sviatopolk, un neveu de Vladimir qui usurpa le trône de Kief. De ces deux victimes l'Église fit deux saints, désormais inséparables, et qui sont comme les Dioscures de l'orthodoxie. Un troisième prince, celui des Drévlianes, périt de la même main. Iaroslaf résolut de venger ses frères, et de se sauver lui-même. Mais à ce moment il s'était aliéné ses sujets, les Novgorodiens : il avait fait venir les principaux citoyens dans son château et les avait fait égorger en trahison. Quand il apprit les crimes de Sviatopolk, tremblant pour sa propre vie, il osa recourir à la générosité de ceux qu'il avait si cruellement offensés. Devant eux il pleura ses victimes, il demanda leur appui. « Prince, répondirent tout d'une voix les Novgorodiens, tu as fait périr nos frères, mais nous sommes prêts à combattre pour toi. » Après une guerre sanglante, dans laquelle intervint le roi de Pologne, Boleslas le Brave, l'usurpateur s'enfuit et mourut misérablement dans l'exil. Iaroslaf eut encore à se défendre contre le prince de Polotsk et contre Mstislaf de Tmoutorakan. Celui-ci s'était acquis une grande renommée par ses guerres contre les Khazars, dont il anéantit les restes avec l'alliance de l'empereur grec Basile II, et contre les Tcherkesses dont il avait tué le Goliath, nommé Rédédia, en combat singulier. A la fin Iaroslaf resta seul maître de la Russie et régna glorieusement dans Kief. Il rappelle notre Charlemagne par quelques guerres heureuses, mais surtout par ses publications législatives, par son goût pour les bâtiments et son amour des lettres en un siècle barbare; il doit une partie de son éclat à l'anarchie qui suivit sa mort et qui fit regretter son règne comme l'apogée de la grandeur kiévienne.

En Pologne, Iaroslaf vengea sur le fils de Boleslas le Grand les invasions du père et lui reprit les villes de la Russie Rouge. Sous les murs de Kief, il livra une sanglante bataille aux Petchenègues et poursuivit les vaincus dont une partie se noya au passage des rivières. Ce fut pour les Petchenègues un coup aussi terrible que celui dont Sviatoslaf avait frappé autrefois les Khazars. Jamais ils ne s'en relevèrent. Mais, de même que la défaite des Khazars avait frayé le chemin aux Petchenègues, la ruine de ces derniers fraya le chemin aux Polovtsi. Les steppes du Don s'emplissaient sans relâche de nouvelles hordes arrivées d'Asie. Iaroslaf guerroya aussi contre les peuplades lithuaniennes et finnoises. Chez les Tchoudes, il fonda Iourief (Saint-Georges), sur l'Embach, près du Peipous (les Allemands en ont fait Dorpat); chez les Mériens, il fonda Iaroslavl sur le haut Volga. Enfin son règne fut marqué par une nouvelle guerre contre la Grèce, amenée par une rixe entre des marchands. Son fils Vladimir, chargé du commandement de l'expédition, rejeta orgueilleusement les propositions de l'empereur Constantin Monomaque. Une bataille navale s'engagea dans le Bosphore : le feu grégeois et les tempêtes de la mer Noire dispersèrent l'armement des Russes. Un de leurs corps, fort de 8000 hommes, qui regagnait la Russie par la voie de terre, fut attaqué et exterminé par une armée grecque. 800 prisonniers, conduits à Constantinople, eurent les yeux arrachés. Malgré les liens religieux qui s'étaient établis entre les Byzantins et leurs néophytes du Dniéper, les Russes étaient toujours redoutables pour Constantinople. Une inscription cachée dans le sabot d'une des statues équestres de Byzance annonçait, dit-on, que les hommes du Nord devaient s'emparer un jour de la capitale de l'empire. L'affaiblissement où tomba la Russie kiévienne après Iaroslaf devait détourner ou ajourner l'effet de cette prédiction.

La législation du Charlemagne russe, c'est le recueil intitulé *Rousskaïa Pravda*, le *droit* ou la *vérité* russe. Cette législation rappelle singulièrement celle de la Scandinavie. Elle consacre les vengeances privées, poursuivies contre un assassin par tous les parents du mort; elle détermine le tarif du rachat pour les différents crimes, ainsi que l'amende à verser au trésor du prince; elle admet le duel judiciaire, l'épreuve par le fer rouge et l'eau bouillante, le serment corroboré par celui des *cojuratores*; enfin elle établit à côté des juges du prince un jury composé de douze citoyens. Dans la *Rousskaïa Pravda*, il n'y a pour ainsi dire pas de droit criminel. On n'y connaît ni la peine de mort, ni les supplices raffinés, ni les châtiments corporels, ni la torture pour faire avouer les crimes, ni même la prison publique. Ce sont les principes scandinaves et germaniques dans toute leur pureté. La Russie avait alors presque les mêmes lois que l'Occident.

Iaroslaf occupa un rang glorieux parmi les princes de son temps. Il maria sa sœur à Casimir, roi de Pologne, ses trois filles, Élisabeth à Harold le Brave, roi de Norvége, Anne à Henri Ier, roi de France, Anastasie à André Ier, roi de Hongrie. De ses fils, l'un épousa, dit-on, une fille de Constantin Monomaque. On parle aussi de mariages danois et allemands. Iaroslaf donnait asile aux princes proscrits d'Angleterre, de Suède, de Norvége. La dynastie des Varègues était donc entrée dans la famille des princes chrétiens et on peut dire de la Russie du onzième siècle ce qu'on ne pourra plus dire de la Russie du seizième siècle, qu'elle était un État européen.

Kief devait avoir le sort d'Aix-la-Chapelle, cette capitale de Charlemagne qui, glorieuse avec lui, fut après lui abandonnée. Sous Iaroslaf, Kief atteignit le plus haut degré de splendeur. Il voulut faire de sa capitale une rivale de Constantinople : comme Byzance, elle eut sa cathédrale de Sainte-Sophie et sa Porte d'Or. Le grand prince fonda le monastère de Sainte-Irène, dont il ne reste aujourd'hui que quelques débris, ainsi que celui de Saint-Georges et celui des Catacombes, illustré par les vertus de ses premiers fondateurs, saint Théodose et saint Antoine. Il répara l'église de la Dîme, bâtit le château princier, entoura la cité de remparts. La population allait s'augmentant et au pied de la ville haute commençait à se former la ville basse. Kief, située sur le Dniéper, cette grande route de Byzance, semble alors faire partie de la Grèce. Adam de Brême l'appelle *aemula sceptri Constantinopolitani et clarissimum decus Graeciae*. Elle est le rendez-vous des marchands de la Hollande, de la Hongrie, de l'Allemagne, de la Scandinavie, qui habitent des quartiers séparés. Elle a huit marchés et le Dniéper est constamment sillonné de flottilles marchandes. Iaroslaf n'a pas assez d'artistes grecs pour décorer tous ces temples, pas assez de prêtres grecs pour les desservir. Kief est alors la ville aux quatre cents églises qu'admiraient les écrivains d'Occident. Ce qu'elle était alors, on peut l'imaginer par ce qu'elle est aujourd'hui à certaines époques de l'année : le monastère des Catacombes, avec les corps incorruptibles de ses ascètes et de ses thaumaturges, dont quelques-uns se murèrent vivants dans la cellule qui devait leur servir de sépulcre, attire annuellement, à l'Assomption, par exemple, 50 000 pèlerins. La merveille de Kief, c'était Sainte-Sophie : les mosaïques de l'époque d'Iaroslaf subsistent encore et l'on peut admirer sur le « mur indestructible » la colossale image de la Mère de Dieu, la Cène où le Christ apparaît double, présentant à six de ses disciples son corps et aux six autres son sang, les images des saints et des docteurs, l'ange de l'Annonciation et la Vierge. Les fresques conservées ou soigneusement restaurées sont encore nombreuses et couvrent de toutes parts les piliers, les murailles et les voûtes à fond d'or. Toutes les inscriptions sont non pas en langue slavonne, mais en grec. Iaroslaf n'oublia pas Novgorod sa première résidence, et là aussi il bâtit une Sainte-Sophie qui est un des plus précieux monuments du passé russe. Comme Charlemagne, il créa des écoles : Vladimir avait fondé celle de Kief, Iaroslaf institua celle de Novgorod pour trois cents jeunes gens. Il appela de Byzance des chantres grecs qui instruisirent le clergé russe. Ce furent aussi des artistes grecs qui sûrement frappèrent pour lui les premières monnaies russes, avec son nom slave en slavon sur une des faces, et son nom chrétien (Georgios) en grec sur l'autre face. Comme tous les néophytes barbares, Iaroslaf poussait la dévotion jusqu'à la superstition. Il fit déterrer les ossements de ses oncles, morts sans s'être convertis, et leur fit administrer un baptême posthume. Il mourut en 1054, et son cercueil de pierre est un des plus précieux ornements de Sainte-Sophie.

La société varègue-russe à l'époque de Iaroslaf.

La société varègue-russe présente plus d'une analogie avec l'état social qui se forma en Gaule après la conquête franque. Le gouvernement des princes varègues rappelle un peu celui de nos rois mérovingiens. Le germe de l'État futur était la *droujina*, cette bande de guerriers qui entourait le prince, comme en Gaule c'était la *truste* : les *droujinniki*, comme chez nous les *antrustions*, étaient les fidèles, les hommes du prince : ils formaient sa garde, ils étaient son conseil naturel dans les affaires publiques ou privées ; il pouvait les constituer en cour de justice, les déléguer individuellement comme *voiévodes* ou gouverneurs de forteresses, comme *possa-*

dniki ou lieutenants dans les bonnes villes. De même que l'entourage des rois mérovingiens ne se composait pas uniquement de Francs, et que bientôt figurent parmi leurs antrustions des Gallo-Romains, la *droujina* des princes russes admettait des éléments fort divers: non-seulement des Varègues, mais des Slaves. Mstislaf, prince de Tmoutorakan, avait enrôlé des Iasses et des Kassogues ; on cite un Lithuanien-Iatvague dans la droujina d'Igor, un Hongrois dans celle de Boris. La classe militaire ne formait pas à cette époque, en Russie pas plus qu'en Gaule, une caste fermée : saint Vladimir prend à son service le fils d'un corroyeur qui a vaincu le géant Petchenègue ; son oncle maternel Dobryna n'était pas même de condition libre.

Le prince, au milieu de sa *droujina*, semblait n'être que le premier parmi ses égaux ; tout ce qui était à lui semblait être à ses hommes ; nous les voyons manger à la même table et écouter ensemble les chansons des poëtes aveugles qui s'accompagnaient sur la *gouzzla*. C'était comme une famille guerrière d'où devait sortir un jour l'administration russe. Le prince tenait grand compte des réclamations de ses hommes : ceux de Vladimir se plaignirent un jour qu'on les fît manger dans des cuillers de bois ; il leur en fit donner d'argent et ajouta : « Avec de l'or et de l'argent, je ne pourrais me procurer une droujina ; mais avec une droujina, je pourrai acquérir de l'or et de l'argent, comme ont fait mon père et mon aïeul. » Le prince ne faisait rien sans consulter ses *droujinniki* : ce qui empêchait surtout Sviatoslaf de prêter l'oreille aux exhortations d'Olga, c'est qu'il pensait que « sa droujina se mettrait à rire de lui » s'il se faisait chrétien.

L'administration des princes varègues était fort élémentaire. Voici ce que raconte l'écrivain arabe Ibn-Dost sur la façon dont se rendait la justice : « Lorsqu'un Russe est en procès avec un autre, il le cite au tribunal du prince et tous deux se présentent devant lui ; lorsque le prince a rendu sa sentence, on exécute ses ordres ; si les deux parties sont mécontentes de son jugement, alors elles sont obligées par lui de décider l'affaire par les armes ; c'est celui dont le sabre est le plus tranchant qui a gain de cause ; au moment du combat, les proches des deux adversaires arrivent en armes et entourent le champ clos ; les combattants en viennent alors aux mains et le vainqueur peut imposer au vaincu telles conditions qu'il lui plaît. »

Avec la justice, la plus importante des attributions princières, c'était la perception des tributs. Le prince lui-même en fixait le montant : Oleg avait imposé aux Drévlianes une peau de martre par feu. Il y avait toujours beaucoup d'arbitraire dans la levée de l'impôt. Le récit de Nestor sur le trépas du prince Igor est une vive peinture des mœurs politiques de l'époque : on croirait lire une page de Grégoire de Tours sur les fils de Clovis, par exemple l'expédition de Thierry en Arvernie : « En l'année 945, la droujina d'Igor lui dit : « Les hommes de Sventeld sont « richement pourvus d'armes et de vêtements, tandis que « nous sommes nus ; conduis-nous, prince, lever le tribut, « afin que toi et nous, nous soyons riches. » Igor y consentit et se rendit chez le Drévlianes pour lever le tribut ; il augmenta les premiers impôts et leur fit violence, ainsi que ses hommes ; après avoir pris ce qu'il voulait, il revint vers sa ville. En chemin il se ravisa et dit à sa droujina : « Continuez la route avec le tribut, moi je retourne « là-bas, pour tâcher d'avoir encore quelque chose. » Laissant donc ses hommes poursuivre leur chemin, il revint avec un petit nombre d'entre eux, afin d'accroître encore sa richesse. Les Drévlianes, apprenant qu'Igor revenait, tinrent conseil avec leur prince Mala : « Quand le loup se jette « sur la bergerie, il égorge tout le troupeau, à moins « qu'on ne le tue lui-même ; il en est ainsi de nous et « d'Igor ; si nous ne le faisons périr, nous sommes tous « perdus. » Ils lui envoyèrent des députés qui lui diront : « Pourquoi viens-tu de nouveau ? n'as-tu pas levé tout le « tribut ? » Igor refusa de les écouter, et alors les Drévlianes, sortant de la ville de Korostène, massacrèrent Igor et ses hommes, car ils étaient en petit nombre. »

Pour contenir et défendre le pays, le prince établissait

les principaux de ses *droujinniki* avec des forces suffisantes dans les diverses cités ; c'est ainsi que Rourik distribua les villes de son apanage : à l'un de ses *hommes*, Polotsk, à l'autre, Rostof, à un troisième, Biélozersk ; une principauté se trouvait en quelque sorte divisée en fiefs, mais en fiefs temporaires et toujours révocables. Pour la défense des frontières, on bâtissait des villes nouvelles où les milices indigènes venaient faire le guet.

L'état social, du neuvième au douzième siècle, présentait autant d'inégalité qu'en Occident. La *droujina* du prince, dans laquelle s'absorbèrent bientôt les chefs slaves ou finnois, constituait comme une aristocratie : encore faut-il distinguer dans son sein les simples gardes ou *gridi* (*girdin* chez les Scandinaves), les *mouges* ou les hommes (*vir* en latin, *baron* en français), et les *boïars*, qui étaient les plus considérables de tous. Les hommes libres de la terre russe étaient « les gens » ou *lioudi*. Les *gosti* ou marchands ne formaient pas à cette époque une classe à part : c'étaient les guerriers, même les princes qui, la lance à la main, se livraient au commerce. Oleg était en équipage de négociant quand il surprit Kief et tua Dir et Askold ; les Byzantins se défiaient de ces terribles *hôtes* et leur assignaient un quartier à part, étroitement surveillé, dans Constantinople.

Les masses rurales sur lesquelles commençait à porter le poids de l'État naissant n'étaient déjà plus aussi libres qu'à l'âge primitif. Le paysan s'appelait *smerde* (de *smerdiet*, sentir mauvais) ou *mougik*, diminutif injurieux de *mouge*, homme ; plus tard il sera le *chrétien* par excellence (*krestianine*).

Au-dessous du paysan, dont la situation rappelait celle du *colonus* romain, étaient les esclaves proprement dits, *rabi* ou *kholopy*. L'esclave pouvait avoir été pris à la guerre, acheté sur un marché, ou bien être né dans la maison du maître, ou enfin avoir perdu sa liberté par le fait même qu'il remplissait certains offices, comme celui de sommelier. La guerre était encore la source principale de l'esclavage. Ibn-Dost raconte que les Russes, « lorsqu'ils tombaient sur un autre peuple, ne s'en allaient pas avant d'avoir tout détruit ; ils s'appropriaient les femmes captives et réduisaient les hommes en esclavage. » Ils en faisaient grand commerce au dehors : « De Russie, disait Sviastoslaf, le conquérant de la Bulgarie, on amènera ici des peaux, de la cire, du miel *et des esclaves.* »

Progrès du christianisme : conséquences sociales, politiques, littéraires, artistiques.

La Russie avait reçu le christianisme : c'est l'événement le plus considérable de son histoire primitive. Une circonstance grave, c'est qu'elle l'avait reçu, non pas de Rome comme les Polonais et les autres Slaves occidentaux, mais de Constantinople. Bien que la séparation ne fût pas encore consommée entre les deux Églises d'Orient et d'Occident, il était dès lors évident que la Russie serait engagée dans ce que les Latins appellent « le schisme ». On estime généralement en Occident que ce fait exerça sur le développement de la Russie une influence fâcheuse. Or, voici comme il est apprécié par un historien russe, M. Bestoujef-Rioumine : « Ce qui est important aussi, c'est que le christianisme nous vint de Byzance, où l'on n'affichait aucune prétention à la prépondérance de l'Église sur l'État, ce qui nous mit à l'abri des luttes soulevées entre la puissance séculière, nationale, et la puissance spirituelle, étrangère. Exclus de l'unité religieuse du monde romain-germanique, nous y avons peut-être plus gagné que nous n'y avons perdu. L'Église romaine a fait son apparition dans les pays slaves avec les missionnaires de race germanique, et, si elle n'y a pas apporté partout une servitude matérielle, comme cela eut lieu pour certains peuples slaves, elle apporta du moins une servitude intellectuelle, en les entraînant à soutenir des intérêts étrangers, en introduisant chez eux des éléments étrangers et en y établissant comme partout une séparation tranchée entre les classes supérieures, qui parlaient et écrivaient en latin, et les classes inférieures, qui parlaient l'idiome national et qui se trouvaient privées de toute littérature. »

Sans doute une langue d'église qui, grâce à Cyrille et Méthode, se confondait avec la langue nationale et devenait intelligible à toutes les classes de la société, une église purement nationale qui ne recevait pas le mot d'ordre d'un chef étranger, une indépendance absolue des pouvoirs civils et du développement national, étaient d'inappréciables avantages que le christianisme byzantin apportait à la Russie. Mais, si l'État russe était affranchi de toute subordination vis-à-vis de Rome, il n'avait aucun secours à en espérer. Il n'en eut pas, aux jours de péril, l'appui que l'Espagne en reçut dans sa lutte contre les Maures, l'Allemagne dans ses croisades contre les Slaves et les Finnois, la Hongrie dans sa guerre nationale contre les Turcs. Séparés de l'Occident par la différence de confession, la Russie, au temps des Mongols, comme la Grèce, à l'époque de l'invasion ottomane, ne vit pas d'armée se lever en Europe pour sa défense.

Ses princes ne furent pas frappés de l'interdit pontifical comme Robert de France, ni réduits à implorer leur grâce aux pieds d'un Grégoire VII comme Henri IV d'Allemagne : humiliations qui d'ailleurs étaient suivies d'éclatantes revanches, comme le jour où Barberousse chassait Alexandre III d'Italie et où Philippe le Bel faisait arrêter Boniface dans Anagni. Des humiliations plus cruelles les attendaient à la cour de khans de Mongolie. Un autre inconvénient de l'entrée des Russes dans l'Église grecque, c'est qu'ils se trouvèrent séparés par la religion de ces peuples auxquels les unissait une origine commune et qui parlaient presque leur langue. C'est la différence de religion qui rendit si ardente leur longue rivalité avec les Polonais et qui leur ôte encore beaucoup de leurs moyens d'influence sur une partie des Slaves. Cette même différence de religion ajourna pour eux le bienfait de la civilisation nouvelle issue de la Renaissance occidentale : par contre, elle leur épargna la terrible crise des guerres de la Réforme.

Le christianisme oriental, avec la civilisation byzantine qui en était inséparable, devait avec le temps apporter en Russie une transformation considérable. Le premier effet du christianisme, c'était de réformer la société, de resserrer les liens de la famille. Il condamnait la polygamie, il repoussait l'assimilation des enfants issus de la servante avec ceux de la femme légitime. La société résista quelque temps à ce principe nouveau : saint Vladimir, même après sa conversion, partagea également entre les enfants que l'Église regardait comme naturels, et ceux qu'elle regardait comme légitimes. A la longue, ce principe prévalut, et, par l'abolition de la polygamie, la famille russe cessa d'être une famille asiatique pour devenir une famille européenne.

Le christianisme prescrivit des vertus nouvelles et donna un caractère plus élevé aux anciennes vertus des barbares, l'hospitalité et la bienfaisance.

Vladimir Monomaque recommandait à ses enfants de bien accueillir les étrangers parce que, disait-il, des récits qu'ils feront chez eux dépendra votre bonne ou votre mauvaise réputation. L'hospitalité des peuples primitifs s'explique souvent par le besoin qu'ils ont des marchands et des étrangers. L'assistance chez les Slaves païens n'était obligatoire qu'entre les membres d'une même association : guerriers d'une même *droujina*, paysans d'une même *commune*, marchands ou industriels d'une même *artel*. Le christianisme fit de la bienfaisance envers tout le monde, sans espoir de récompense que dans une autre vie, une obligation. Il rendit respectable la faiblesse, la pauvreté, la mendicité, le travail des mains. S'il y avait excès dans ses prescriptions d'humilité, elles étaient utiles, au moins comme réaction contre la brutalité des préjugés. Entre ces deux sociétés qui reposent sur des principes opposés et également excessifs, la société aristocratique et la société religieuse, il y aurait place un jour pour la société civile et laïque.

L'action des préceptes chrétiens fut lente d'abord sur ces natures ardentes et emportées; à la fin on vit, en Russie comme en Occident, les princes abjurer plus souvent leur orgueil, et, comme le bon roi Robert ou Henri le Saint, aspirer à la paix des cloîtres. Un usage s'établit à la fin parmi les souverains russes; à l'article de la mort, ils se faisaient tonsurer, changeaient leur nom mondain contre un nom de moine et mouraient en habit de religieux.

Au point de vue politique, l'influence du christianisme byzantin devait à la longue opérer toute une révolution. Qu'était-ce qu'un prince russe? Un chef de bande, entouré des gens de sa *droujina*, étranger en quelque sorte à la terre qu'il gouvernait et sur laquelle il levait le tribut. Un prince russe n'avait pour ainsi dire pas de sujets : les indigènes pouvaient toujours le chasser, ses *droujinniki* étaient toujours libres de le délaisser.

Les princes de Kief n'étaient pas plus des souverains, dans le sens romain ou dans le sens moderne de ce mot, que Mérovée ou Clodion le Chevelu. Mais les prêtres venus de Constantinople apportaient avec eux un idéal de gouvernement : il fut bientôt celui des Russes qui entrèrent à leur tour dans le clergé. Cet idéal, c'était l'empereur, le *tsar* de Constantinople, l'héritier d'Auguste et du grand Constantin, vicaire de Dieu sur terre, le monarque-type sur lequel les barbares des Gaules comme ceux de la Scythie avaient les yeux fixés. Celui-là était un souverain dans la pleine acception du mot, car une fiction légale voulait que le peuple, par la *Lex Regia*, eût cédé toute sa souveraineté à l'*imperator*. Celui-là avait des sujets et n'avait que des sujets. Seul il faisait la loi, il était la loi vivante. Il n'avait pas des *droujinniki*, des antrustions qu'il mettait en subsistance dans telle ou telle ville, mais une armée de fonctionnaires révocables, la sacro-sainte hiérarchie romaine, par le canal de laquelle il faisait pénétrer sa volonté toute-puissante jusque dans les derniers recoins du pays. Il n'était pas le chef d'une bande de guerriers exigeants et toujours libres de quitter son service pour celui d'un autre, mais le maître d'une armée permanente qui gardait sa capitale et ses frontières. Il ne considérait pas ses États comme un patrimoine qu'on peut diviser entre ses enfants, mais il transmettait à son successeur l'empire romain dans son intégrité. Sa puissance lui venait non-seulement du peuple, mais de Dieu même ; ses ornements impériaux avaient comme sa personne un caractère sacré, et quand les rois barbares demandaient à Constantinople soit une de ses couronnes enrichies de pierreries, soit le manteau de pourpre, soit le sceptre ou les brodequins, on leur répondait que, lorsque Dieu donna l'empire à Constantin, il lui envoya par des anges ces vêtements sacrés, qu'ils ne sont pas l'œuvre des hommes, que déposés sur l'autel, l'empereur même ne peut les revêtir qu'aux jours de solennité et que Léon le Khazar fut frappé d'un ulcère mortel pour avoir ceint la couronne sans la permission du patriarche.

Un empire unitaire, indivisible, appuyé sur une armée permanente, une hiérarchie de fonctionnaires, un clergé national et un corps de jurisconsultes, tel était l'État romain, tel il revivait dans les monarchies du dix-septième siècle. C'est cette idée de l'État, inconnue aux Slaves comme aux Varègues, que les prêtres grecs apportaient en Russie. La réalité pendant longtemps répondit peu à cet idéal ; les princes continuaient dans leur testament à partager leurs guerriers et leurs terres entre leurs enfants ; mais l'idée ne périt pas, et si elle ne put se réaliser dans la Russie kiévienne, elle devait trouver un jour dans la Russie moscovite un terrain plus propice.

Le christianisme eut aussi son influence sur la législation. Le vol, le meurtre, l'assassinat n'étaient plus pour lui des offenses privées, que les intéressés pouvaient venger par des représailles, ou pour lesquelles il pouvait accepter le *wehrgeld*. C'étaient des crimes qui devaient être châtiés au nom de Dieu par la justice humaine.

A la vendetta particulière, l'influence byzantine substitua la vindicte publique ; au rachat pécuniaire, elle substitua ces peines corporelles et coercitives, qui répugnent à la liberté du barbare, au sentiment qu'il a de la dignité humaine. L'emprisonnement, les travaux forcés, la flagellation, les tortures, les mutilations, la peine de mort graduée elle-même par la variété de supplices plus ou moins cruels, voilà le code pénal des Byzantins. Les évêques grecs, au temps de saint Vladimir, veulent déjà qu'on livre les brigands au supplice: les mœurs résistent et résisteront longtemps encore. Vladimir, après avoir employé ce suprême moyen de répression, en revient au système du *wehrgeld*, qui offre d'ailleurs une ressource pour le trésor. La procédure byzantine repoussait également le duel judiciaire, le jugement de Dieu, les *cojuratores*, que les mœurs défendirent longtemps. Mais, de même que dans la Gaule le droit romain subsiste pour les gens d'église et pour une partie des indigènes à côté du droit frank ou burgonde, de même, en Russie, à côté du code scandinave de Iaroslaf, s'établirent les codes byzantins de Justinien et de Basile le Macédonien.

Longtemps les deux systèmes de législation subsistèrent parallèlement, non sans se pénétrer réciproquement, jusqu'au moment où ils se fondirent dans la rédaction d'un nouveau code, l'*Oulojénié* d'Ivan le Terrible.

La littérature byzantine importée en Russie ne se composait pas seulement des livres sacrés, mais encore des pères de l'Église, parmi lesquels figurent des écrivains de premier ordre comme saint Basile et saint Jean Chrysostome, des vies de saints, source inépuisable d'une poésie nouvelle, des chroniques, qui allaient servir de modèles aux chroniqueurs russes, des livres philosophiques et scientifiques, même des romans comme *Barlaam et Josaphat*, *Salomon et Kitovras*, etc. Quoique cette littérature fût en partie un fruit de la décadence byzantine, on conçoit que dans l'esprit d'un peuple neuf elle ait jeté une masse énorme d'idées, qui devaient avoir sur la vie morale de l'individu, la vie de famille, la vie publique, une influence considérable. Nous verrons à quel point la société russe du moyen âge s'est modelée sur les exemples offerts par cette littérature. Il ne faut pas oublier enfin que le christianisme byzantin apportait avec lui une musique, chez un peuple qui en avait une fort primitive, et une architecture chez un peuple qui n'en avait pas. C'est lui qui, pour emprunter une expression occidentale, *enlumina* les cités russes de magnifiques églises et qui dans les villes aux remparts de boue fit surgir comme premiers monuments les églises aux coupoles d'or.

CHAPITRE VI.

LA RUSSIE DIVISÉE EN PRINCIPAUTÉS. SUPRÉMATIE, PUIS CHUTE DE KIEF (1054-1169).

Distribution de la Russie en principautés : l'unité dans la division Les successeurs de Iaroslaf le Grand : guerres pour le droit d'aînesse et le trône de Kief : Vladimir Monomaque. — Guerres entre les héritiers de Vladimir Monomaque : chute de Kief.

Distribution de la Russie en principautés: l'unité dans la division.

La période qui s'étend de 1054, année de la mort de Iaroslaf, à 1224, année de l'apparition des Tatars, ou, pour prendre notre chronologie française, du règne d'Henri Iᵉʳ à la mort de Philippe-Auguste, est une des plus confuses et des plus troublées de l'histoire de Russie. Comme la coutume scandinave des partages continue à prévaloir sur l'idée byzantine de l'unité politique, le territoire national est sans cesse morcelé.

L'anarchie princière de l'Europe orientale fait le pendant de notre anarchie féodale en Occident. M. Pogodine énumère, pour cette période, 64 principautés qui eurent une existence plus ou moins longue, 293 princes qui pendant ces deux siècles se disputèrent Kief ou les autres domaines russes, 83 guerres civiles, dans quelques-unes desquelles le pays tout entier se trouva engagé. Les guerres étrangères viennent encore augmenter cette masse énorme de faits historiques : rien que contre les Polovtsi, les chroniques mentionnent 18 campagnes et ces barbares firent sur le territoire chrétien 46 invasions. Nous ne pouvons suivre les chroniqueurs nationaux dans les mille détails de leurs annales; nous ne nous occuperons que des principautés qui ont eu quelque durée et ne signalerons que les faits qui ont présenté quelque importance.

Les anciens noms des tribus slaves ont partout disparu, ou ne se sont conservés que dans quelques noms de villes, comme par exemple celui des Polotchanes dans Polotsk, celui des Sévérianes dans Novgorod-Séverski. Les éléments dont se compose la Russie d'alors, ce ne sont plus les peuplades, ce sont les principautés. On ne parle plus des Krivitches ou des Drévlianes, mais des principautés de Smolensk ou de Volynie. Ces petits États se démembrent sans cesse à chaque nouveau partage entre les enfants d'un prince, puis se reconstituent pour se diviser de nouveau en apanages.

Quelques-unes cependant eurent, à travers toutes ces variations, une existence durable qui semble répondre à certaines conditions topographiques ou ethnographiques. Sans parler de la principauté lointaine de Tmoutorakan, établie presque au pied du Caucase au milieu des peuplades turques et circassiennes, et qui compta huit règnes de princes, voici quelles furent, du onzième au treizième siècle, les grandes divisions de la Russie.

1° La principauté de *Smolensk* occupait l'important territoire qui est comme le point central de tout le système orographique de la Russie; elle renfermait cette antique forêt d'Okof, où prenaient leur source trois des plus grands fleuves de la Russie, le Volga, le Dniéper, la Düna. De là l'importance politique de Smolensk, attestée par tant de guerres dont cette ville fut l'objet; de là aussi la prospérité commerciale de cette principauté. On remarque que toutes ses villes étaient bâties sur quelqu'un de ces trois grands fleuves : tout le commerce de la Russie ancienne passait donc par ses mains. Outre Smolensk, il faut citer Mojaïsk, Viasma et Toropetz, qui fut la capitale d'une principauté secondaire, domaine de deux princes fameux, Mstislaf le Brave (*Khrabryi*) et Mstislaf le Téméraire (*Oudaloï*).

2° La principauté de *Kief*, c'était la *Rouss*, la Russie dans le sens étroit du mot. Sa situation sur le Dniéper, le voisinage de la Grèce, la fertilité de sa *terre-noire*, assurèrent longtemps à cet État la suprématie sur toutes les autres principautés russes. Au sud, elle confinait directement aux peuplades nomades de la steppe, contre lesquelles ses princes durent élever des places frontières. Souvent ils prirent ces barbares à leur solde, leur accordèrent des terres et les constituèrent en véritables colonies militaires. La principauté de *Péréiaslavl* dépendait de celle de Kief; Vychégorod, Bielgorod, Tripoli, Tortchesk furent parfois érigés en apanages pour des princes de la même famille.

3° Sur les affluents de droite du Dniéper, notamment la Soja, la Desna et la Séïme, s'étendaient les deux principautés de *Tchernigof*, avec Staradoub et Loubetch, et de *Novgorod-Séverski*, avec Poutivle, Koursk et Briansk. La principauté de Tchernigof, qui s'étendait vers le haut Oka, avait donc un pied dans le bassin du Volga: ses princes, les Olgovitchs, furent les plus redoutables rivaux de ceux de Kief. Quant aux princes de Séverski, ils étaient tout occupés de leur guerre sans relâche contre leurs dangereux voisins du sud, les Polovtsi. C'est un prince de Séverski dont les exploits contre ces barbares font le sujet d'une espèce de chanson de geste, la *chanson d'Igor* ou le *Dit de l'expédition d'Igor* (*Slovo o polkou Igorévié*).

4° Un autre État dont l'existence fut également une guerre perpétuelle contre les nomades, c'est la double principauté de *Riazan* et de *Mourom*. Ses principales villes étaient Riazan, Mourom, Péréiaslavl-Riazanski, situées sur l'Oka, Kolomna au confluent de la Moskova et de l'Oka, Pronsk sur la Prona. Le Don supérieur formait à l'ouest sa limite. Cette principauté s'était constituée au milieu de tribus finnoises, les Mouromiens et les Mechtchéraques : le caractère belliqueux, les mœurs grossières et rudes qu'on attribuait aux habitants de cette principauté, tenaient sans doute au mélange de la race russe avec les anciens habitants du pays, non moins qu'à leurs luttes acharnées et perpétuelles contre les nomades.

5° Les principautés de la *Sousdalie*, avec leurs villes de Sousdal, de Rostof, de Iourief-Polski sur la Kolocha, de Vladimir sur la Kliazma, de Iaroslavl, de Péréiaslavl-Zaliésski, étaient situées sur le Volga et sur l'Oka, au plus épais des forêts du nord, au milieu des tribus finnoises, Mouromiens, Mériens, Vesses, Tchérémisses. Bien que situées à l'extrême limite du monde russe, elles avaient pourtant sur lui une puissante action. Nous verrons leurs princes tantôt amener Novgorod et la Russie des lacs à une certaine dépendance politique, conséquence d'une double dépendance économique; tantôt intervenir victorieusement dans les démêlés de la Russie du Dniéper. Les Sousdaliens présentaient le même caractère âpre et guerrier que les Riazanais. On voit déjà percer chez ces deux peuples les caractères distinctifs d'une nationalité nouvelle. Ce qui les distingue des Kiéviens et des hommes de Novgorod-Séverski, occupés comme eux à la grande guerre contre les barbares, c'est que les Russes du Dniéper, s'ils ont quelquefois mêlé leur sang à celui de leurs ennemis, se sont fusionnés avec des peuplades turques, nomades, essentiellement mobiles, tandis que les Russes de l'Oka et du Volga se sont unis à des peuplades finnoises, agricoles, essentiellement sédentaires. Cette différence entre les deux éléments étrangers qui ont pu entrer dans le sang slave a contribué sans doute à cette différence de caractère que l'on remarque entre les deux branches de la race russe. Du onzième au treizième siècle, en passant du bassin du Dniéper dans le bassin du Volga, on pouvait déjà voir se former la Petite-Russie et la Grande-Russie.

6° Les principautés de Kief, Tchernigof, Novgorod-Séverski, Riazan, Mourom, Sousdalie, formaient du côté de la steppe et de ses hordes dévastatrices, comme les États frontières, les *marches* de la Russie. Le même rôle était dévolu sur les confins du nord-est, vis-à-vis des Lithuaniens, des Lettons et des Tchoudes, à la principauté de *Polotsk*, qui occupait le bassin de la Düna, et aux principautés républicaines de *Novgorod* et de *Pskof* sur les lacs Ilmen et Péïpous. A la principauté de Polotsk, se rattachait celle de *Minsk*, située dans le bassin du Dniéper, et qui, grâce à cette circonstance, lui fut souvent disputée par les grands-princes de Kief. A celle de Novgorod, se rattachaient les villes de Torjok, Volok-Lamski, Isborsk, Véliki Louki, qui furent parfois capitales d'États particuliers.

La Russie du sud-est comprenait : 1° dans l'éventail de rivières formé par la Pripet et ses affluents, la *Volynie*, avec Vladimir-en-Volynie, Loutsk, Tourof, Brest, et même Lublin qui est certainement polonais; 2° dans les bassins du San, du Dniester et de la Pripet, la *Gallicie* propre ou Russie Rouge, dont les anciens habitants, les Croates blancs, semblent se rattacher au rameau des Slaves danubiens. Ses principales villes étaient Galitch, fondée par Vladimirko, vers 1144, Pérémysl, Térébovl, Zvénigorod. Le voisinage de la Hongrie et de la Pologne devait donner à ces deux principautés un caractère tout particulier en même temps qu'une civilisation plus avancée. Les chansons épiques font de la Gallicie, le pays du héros Diouk Stépanovitch, une contrée fabuleusement riche. Le *Dit de l'expédition d'Igor* donne une haute idée de la puissance de ses princes : « Iaroslaf Osmomysl de Gallicie! s'écrie le poëte en s'adressant à l'un d'eux. Tu es assis bien haut sur ton trône d'or forgé; avec tes régiments de fer, tu soutiens les montagnes des Carpathes, tu fermes les portes du Danube, tu barres le chemin au roi de Hongrie, tu ouvres à volonté les portes de Kief, et de tes flèches tu frappes au loin. »

La disposition de ces quinze ou seize principautés confirme ce que nous avons dit de la configuration essentiellement unitaire du sol russe. Aucun de ses bassins fluviaux ne forme une région isolée et fermée. Pas de ligne de hauteurs qui établisse entre eux des barrières, des frontières politiques. Le plus grand nombre des principautés russes se rattachent au bassin du Dniéper, mais elles débordent partout ses limites. La principauté de Kief, avec Péréiaslavl, est presque la seule qui y soit comprise tout entière; mais celle de Volynie met le bassin du Dniéper en communication avec ceux du Boug méridional et de la Vistule; celle de Polotsk, avec les bassins du Niémen et de la Dvina; celle de Novgorod-Séverski, avec le bassin du Don; celles de Tchernigof et Smolensk, avec le bassin du Volga. Entre ces principautés, partout les cours d'eau établissent des communications. La Russie, même morcelée en apanages, annonce déjà un grand empire unitaire. Le peu de consistance de presque tous ces États, leurs fréquents démembrements, empêchent qu'ils ne deviennent l'expression de véritables nationalités. Les principautés de Smolensk, de Tchernigof, de Riazan n'ont jamais possédé une existence historique aussi définie qu'en France le duché de Bretagne ou le comté de Toulouse, en Allemagne, les duchés de Saxe, de Souabe ou de Bavière.

Les intérêts des princes, leur désir de faire un apanage à chacun de leurs enfants, amenaient à chaque mort de souverain un nouveau morcellement du territoire russe. Une certaine cohésion se manifestait au milieu de toutes ces vicissitudes. Il y avait unité de race et de langage, d'autant plus sensible, malgré les différences dialectales, que la race slave-russe, sauf au sud-ouest, confinait partout à des peuples qui lui étaient entièrement étrangers: Lithuaniens, Tchoudes, Finnois, Turcs, Magyars. Il y avait unité de religion; les Russes différaient de presque tous leurs voisins, car, même vis-à-vis des Slaves de l'ouest, Polonais, Tchèques et Moraves, ils représentaient une forme particulière du christianisme, n'admettant aucun lien avec Rome et rejetant le latin comme langue d'église. Il y avait unité de développement historique, puisque jusqu'alors les Slaves russes avaient tous suivi les mêmes destinées, accepté également la civilisation grecque, subi la conquête varègue, poursuivi en commun certaines grandes entreprises, comme les expéditions contre Byzance ou la guerre contre les nomades. Il y avait enfin unité politique, puisqu'après tout, dans la Gallicie comme à Novgorod, sur le Dniéper comme dans les forêts de la Sousdalie, c'était la même famille qui occupait tous les trônes. Tous les princes russes descendaient de Rourik, de saint Vladimir et de Iaroslaf le Grand. Les guerres civiles qui désolaient le pays étaient une nouvelle affirmation de cette unité. Les diverses parties de la Russie ne pouvaient se croire étrangères l'une à l'autre, quand on voyait les princes de Tchernigof et de Sousdalie prendre les armes uniquement pour savoir lequel d'entre eux était l'*aîné*, lequel avait le plus de droit au titre de *grand-prince* et au trône de Kief. Il y eut des descendants de Rourik qui gouvernèrent successivement les États les plus éloignés de la Russie, et qui, après avoir régné à Tmoutorakan sur le détroit d'Iénikalé, à Novgorod la Grande, à Toropetz dans le pays de Smolensk, finirent par faire reconnaître leur droit à régner sur Kief. Malgré la division en apanages, Kief continuait donc à être le centre de la Russie. C'est là qu'avaient régné les Oleg et les Igor, c'est là que Vladimir avait baptisé son peuple, c'est là qu'Iaroslaf avait établi la métropole de la religion, des arts et de la civilisation nationale. Il n'est pas étonnant qu'elle ait été la plus âprement disputée de toutes les villes russes. La Russie avait beaucoup de *princes*, mais elle n'avait qu'un seul *grand-prince* (*vélikii kniaz*), celui de Kief. On lui reconnaissait sur tous les autres une suprématie qu'il devait non-seulement à l'importance de sa capitale, mais à sa qualité d'*aîné* de la famille princière. Kief, la mère des villes russes, devait donc toujours appartenir à l'*aîné* des descendants de Rourik : c'était une conséquence du système patriarcal des Slaves, au même titre que la coutume des partages. Quand le grand-prince de Kief venait à mourir, ce n'était pas son fils qui avait le droit de lui succéder, mais celui des autres princes de la famille, oncle ou frère du défunt, qui se trouvait alors l'*aîné* de tous. Alors la Russie entière, de la Baltique à la mer Noire, se tenait prête à appuyer par les armes les revendications de tel ou tel prétendant. Il en était de même dans les autres principautés, où les possesseurs des divers apanages aspiraient à trôner dans la métropole de la région. Les guerres civiles elles-mêmes fortifiaient donc le sentiment de l'unité russe : qu'étaient-elles, après tout, sinon des discordes d'héritiers et des querelles de famille?

Les successeurs de Iaroslaf le Grand : guerres pour le droit d'aînesse et le trône de Kief; Vladimir Monomaque.

Le conflit persistant entre le droit public byzantin, qui assurait au fils l'héritage du défunt, et le vieux droit national des Slaves, qui le faisait passer à l'*aîné* de toute la famille, était une source intarissable de guerres civiles. Le droit eût-il été parfaitement clair, les princes n'étaient pas toujours disposés à le reconnaître. Ainsi, bien que l'aîné des fils de Iaroslaf eût en outre pour lui la volonté formelle de son père, qui lui avait donné le trône de Kief, bien qu'au lit de mort Iaroslaf eût recommandé à ses autres fils de le respecter comme lui-même et de le regarder comme *leur père*, Isiaslaf n'en vit pas moins son frère Sviatoslaf s'armer contre lui et le renverser (1073). Il fut obligé de s'enfuir à la cour de l'empereur d'Allemagne Henri IV. Celui-ci envoya une ambassade à Kief pour sommer Sviatoslaf de restituer le trône d'Isiaslaf : Sviatoslaf reçut les députés allemands avec tant de courtoisie, leur fit un tel étalage de son trésor et de toutes ses richesses, que ceux-ci, éblouis à la vue de tant d'or, se montrèrent prudents. Henri IV lui-même, désarmé par les libéralités du prince russe, ne parla plus de châtier un usurpateur. Isiaslaf ne rentra dans Kief qu'après la mort de son rival (1076.) —

Quand il mourut lui-même (1078), son fils Sviatopolk ne lui succéda pas immédiatement. Il fallut d'abord que la série des fils du grand Iaroslaf fût épuisée. Un frère du défunt, Vsévolod, dont une fille épousa l'empereur d'Allemagne Henri IV, régna pendant quinze ans (1078-1093). En vertu du même principe, ce ne fut pas le fils de Vsévolod, Vladimir Monomaque, qui succéda à celui-ci : la couronne étant dévolue à une nouvelle génération de princes, elle revenait au sang d'Isiaslaf; Vladimir Monomaque ne fit pas difficulté de reconnaître les droits de Sviatopolk Isiaslavitch : « Son père était plus âgé que le mien, disait-il, et a régné le premier dans Kief. » Et il quitta cette principauté où cependant il avait partagé le pouvoir avec son père et qu'il avait vaillamment défendue contre les barbares. Mais tout le monde n'était pas aussi respectueux pour le droit national que Vladimir Monomaque.

Sous le grand-prince Sviatopolk (1093-1113), deux guerres civiles terribles désolèrent la Russie : l'une au sujet de la principauté de Tchernigof, l'autre à propos de la Volynie et de la Russie Rouge. Sviatoslaf avait eu d'abord en partage Tchernigof, dont la principauté lointaine de Tmoutorakan et celles de Mourom et de Riazan, créées en plein pays finnois, n'étaient alors que des annexes. Isiaslaf et Vsévolod, grands-princes de Kief, avaient dépouillé les fils de leur frère, leur enlevant le riche territoire de Tchernigof, pour ne leur laisser que Tmoutorakan et les colonies finnoises. Ce même Vladimir Monomaque, que nous venons de voir si désintéressé, avait accepté la dépouille des orphelins. Ceux-ci n'étaient pas gens à se résigner, surtout Oleg Sviatoslavitch, leur aîné, un des princes les plus énergiques du onzième siècle. Il appela à son aide les redoutables Polovtsi et voua la Russie à d'affreux ravages. Vladimir Monomaque fut touché de ces malheurs : il écrivit une lettre émue à Oleg pour lui exprimer le regret qu'il éprouvait d'avoir accepté Tchernigof. Sous son inspiration, un congrès de princes russes se tient à Loubetch sur le Dniéper (1097) : assis sur le même tapis, les princes résolurent de mettre fin à des guerres civiles qui livraient le pays aux barbares. Oleg recouvra Tchernigof et s'engagea à s'unir au grand-prince de Kief et à Vladimir Monomaque contre les Polovtsi. Ce traité fut ratifié par le serment de chacun des princes qui, en *baisant la croix*, disait : « Que désormais les pays russes soient considérés comme notre patrie à tous et que celui qui osera s'armer contre son frère s'attende à devenir l'ennemi de tous les autres ! »

Dans la Volynie, le prince David était en lutte avec ses neveux Vassilko et Volodar. Le congrès de Loubetch avait partagé entre eux les territoires contestés. A peine le traité fut-il ratifié, que David se rendit auprès du grand-prince Sviatopolk et lui persuada que Vassilko en voulait à ses jours. Avec la légèreté habituelle aux hommes de ce temps, le grand-prince s'entendit avec David pour attirer Vassilko dans Kief, à l'occasion d'une fête religieuse. Là il fut chargé de chaînes et le grand-prince convoqua les boïars et les citoyens de Kief pour leur dénoncer les prétendus projets de Vassilko :

« Prince, répondirent les boïars fort embarrassés, ta tranquillité nous est chère ; Vassilko mérite la mort, s'il est vrai qu'il soit actuellement ton ennemi ; mais s'il est calomnié par David, Dieu vengera sur David le sang de l'innocent. » Alors le grand-prince livra Vassilko à son ennemi David et celui-ci lui fit arracher les yeux. Les autres descendants de Iaroslaf Ier furent indignés de ce crime. Vladimir Monomaque s'unit à Oleg de Tchernigof, son ancien ennemi ; ils marchèrent contre Sviatopolk. Le peuple et le clergé de Kief réussirent à empêcher une guerre civile entre le grand-prince et les confédérés de Loubetch. Sviatopolk dut désavouer David et jurer de s'unir aux vengeurs de Vassilko. David se défendit avec acharnement et appela successivement à son secours les Polonais, puis les Hongrois. A la fin un nouveau congrès se réunit à Vititchévo (1100), dont il ne reste plus aujourd'hui qu'un *gorodichtché* désert sur la rive gauche du Dniéper. David, en punition de son crime, fut dépouillé de sa principauté de Vladimir-en-Volynie et dut se contenter de quatre petites villes. Après le règlement de cette nouvelle affaire, Monomaque entraîna les autres princes contre les Polovtsi et infligea une sanglante défaite à ces nomades : dix-sept de leurs khans restèrent sur le champ de bataille. Un des khans, fait prisonnier, offrait une rançon à Monomaque : celui-ci montra combien il ressentait les malheurs du peuple chrétien ; il refusa l'argent et fit couper en morceaux ce chef de brigands.

Quand Sviatopolk mourut, les Kiéviens déclarèrent unanimement qu'ils ne voulaient d'autre grand-prince que Vladimir Monomaque. Celui-ci se refusait à cet honneur, alléguant les droits qu'avaient au trône de Kief Oleg de Tchernigof et ses frères. Sur ces entrefaites, une sédition éclata dans la ville et le peuple pilla les Juifs, dont Sviatopolk avait fait l'instrument de ses exigences fiscales. Monomaque dut céder aux prières des citoyens. Pendant son règne (1113-1125), il eut de grands succès contre les Polovtsi, les Petchenègues, les Torques, les Tcherkesses et autres nomades. Il donna asile aux débris de la nation khazare qui bâtit sur l'Oster, non loin de Tchernigof, la ville de Bélovège, dont les ruines montrent aujourd'hui que ce peuple finnois, éminemment perfectible, civilisé d'ailleurs par les Grecs, était plus avancé dans les arts de la construction et de la fortification que les Russes eux-mêmes. Suivant une tradition, Monomaque aurait aussi fait la guerre à l'empereur Alexis Comnène ; une armée russe aurait envahi la Thrace. C'est alors que l'évêque d'Éphèse, envoyé d'Alexis, aurait apporté à Kief des présents : entre autres une coupe de cornaline ayant appartenu à l'empereur romain Auguste, une couronne, un trône, conservés aujourd'hui au musée de Moscou, sous le nom de *couronne* et de *trône de Monomaque*. Il est aujourd'hui certain que ces objets n'ont jamais appartenu à Vladimir. C'est la politique des tsars de Moscou, descendants de ce prince, qui favorisa cette légende. Il leur importait que ces insignes de leur pouvoir remontassent jusqu'à leur ancêtre kiévien et que le Monomaque russe, petit-fils de l'empereur grec Constantin Monomaque, ait été solennellement couronné par l'évêque d'Éphèse comme souverain de la Russie.

Le grand-prince de Kief fit sentir son autorité dans les autres parties de la Russie. Un prince de Minsk, qui avait osé allumer une guerre civile, fut détrôné et mourut en captivité à Kief. Les Novgorodiens virent plusieurs de leurs boïars retenus en otage ou exilés. Le prince de Vladimir-en-Volynie fut déposé et ses États donnés à un fils du grand-prince.

On a de Monomaque une curieuse *instruction* qu'il rédigea pour ses fils et où il leur donne de sages conseils qu'il appuie ordinairement d'exemples tirés de sa vie. « Ce n'est ni le jeûne, ni la solitude, ni la vie monastique qui vous procureront la vie éternelle, c'est la bienfaisance. N'oubliez point les pauvres, nourrissez-les. N'enfouissez pas vos richesses dans le sein de la terre : cela est contraire aux préceptes du christianisme[1]. Servez de père aux orphelins, jugez vous-mêmes les veuves.... Ne faites mettre à mort *ni innocent ni coupable*, car rien n'est plus sacré que la vie et l'âme d'un chrétien.... Aimez vos femmes, mais ne leur laissez aucun pouvoir sur vous. Lorsque vous aurez appris quelque chose d'utile, tâchez de le conserver dans votre mémoire et cherchez sans cesse à vous instruire. Sans être sorti de son palais, mon père parlait cinq langues, *chose que les étrangers admirent en nous*.... J'ai fait en tout quatre-vingt-trois campagnes, sans parler de celles qui ont une moindre importance. J'ai conclu dix-neuf traités de paix avec les Polovtsi, fait prisonniers au moins cent de leurs princes, auxquels j'ai rendu la liberté, et mis à mort plus de deux cents en les précipitant dans les rivières. Personne ne voyageait plus rapidement que moi : en partant de grand matin de Tchernigof, j'arrivais à Kief avant les vêpres. Quelquefois, au milieu des plus épaisses forêts, j'attrapais moi-même des chevaux sauvages et je les attachais ensemble de mes propres mains. Que de fois je fus renversé par les buffles, frappé du bois des cerfs, foulé aux pieds par les élans! un sanglier furieux m'arracha mon épée de ma ceinture; ma selle fut déchirée par un ours qui renversa mon coursier sous moi.

---

1. Enfouir des richesses dans la terre est une coutume que l'empereur grec Maurice reproche déjà aux Slaves de son temps, et qui s'est conservée jusqu'à ce jour chez les paysans russes. Souvent, le père de famille meurt avant d'avoir révélé la cachette à ses enfants. Les trouvailles sont fréquentes en Russie.

Que de chutes de cheval n'ai-je pas faites dans ma jeunesse où, sans songer aux dangers auxquels je m'exposais, je me brisais la tête, je me blessais aux bras et aux jambes! mais le Seigneur veillait sur moi! » Vladimir compléta l'établissement de la race slave en Sousdalie et fonda sur la Kliazma une ville qui porta son nom et qui devait être appelée à un grand rôle. Tel était au commencement du douzième siècle, vers l'époque où Louis VI guerroyait contre les barons de l'Ile-de-France, l'idéal d'un grand-prince de Russie.

Guerres entre les héritiers de Vladimir Monomaque : chute de Kief.

Des fils de Vladimir Monomaque, l'un, Georges Dolgorouki, devint la souche des princes de Sousdalie et de Moscou, l'autre, Mstislaf, la souche des princes de Kief et de Gallicie. Ces deux branches furent souvent ennemies et c'est surtout leur rivalité qui porta le dernier coup à la prospérité de Kief. Lorsque Isiaslaf, fils de Mstislaf (1146-1154), fut appelé au trône par les habitants de la capitale, son oncle, Georges Dolgorouki, prince de Sousdal, fit valoir ses droits comme *aîné* de la famille. Kief, qui avait déjà été plusieurs fois prise et reprise dans la rivalité des *Olgovitchs* (descendants d'Oleg de Tchernigof) et des *Vladimirovitchs* (descendants de Vladimir Monomaque), allait être disputée de nouveau entre les membres de cette dernière branche, entre le neveu et l'oncle. C'était presque une guerre entre l'ancienne Russie et la nouvelle, celle du Dniéper et celle du Volga. Les princes de Sousdalie, retirés dans les forêts du nord-est, fondant leur domination sur les débris des races finnoises, allaient devenir de plus en plus étrangers à la Russie kiévienne. S'ils convoitaient encore la « mère des villes russes » parce que le titre de grand-prince y était attaché, ils commençaient à ne plus avoir pour elle autant de vénération, ni de ménagements que les autres princes.

Georges Dolgorouki trouva un allié contre Isiaslaf dans

un des Olgovitchs, Sviatoslaf, qui voulait venger son frère Igor détrôné et retenu prisonnier dans Kief par le nouveau grand-prince. Les Kiéviens hésitaient à soutenir le souverain qu'ils s'étaient donné : sans doute ils haïssaient les Olgovitchs, mais, dans leur attachement pour le sang de Monomaque, ils avaient un égal respect pour le petit-fils et pour le fils de ce prince. « Nous sommes prêts, disaient-ils à Isiaslaf, nous et nos enfants, à faire la guerre aux fils d'Oleg; mais Georges est ton oncle. Oserons-nous, prince, lever le glaive contre le fils de Monomaque? » Après une guerre assez longue, on en vint à une action décisive. Au combat de Péréiaslavl, Isiaslaf fut complétement battu et se réfugia, lui troisième, dans Kief. Les habitants, qui avaient perdu beaucoup de monde dans cette guerre, déclarèrent ne pas pouvoir soutenir un siége. Le grand-prince abandonna donc sa capitale à Georges Dolgorouki et se retira à Vladimir-en-Volynie, où il demanda des secours au roi de Hongrie, son beau-frère, et aux rois de Pologne et de Bohême. Avec ces renforts, il rentra par surprise dans Kief et même manqua d'y faire prisonnier son ennemi. Comprenant que le droit national était contre lui, il imagina d'opposer *aîné* à *aîné*, et contre son oncle Georges il se déclara le partisan d'un autre fils de Monomaque, le vieux Viatcheslaf, prince de Tourof. Celui-ci fut proclamé grand-prince de Kief (1150-1154), déclara adopter son neveu Isiaslaf et donna des fêtes magnifiques aux Russes et aux Hongrois. Georges étant revenu à la charge fut battu sous les murs de Kief : chacun des deux princes avait pris des barbares à sa solde, Georges, les Polovtsi, et Isiaslaf, les *Bonnets noirs*, c'est-à-dire des Torques, des Petchenègues, des Bérendiens.

L'obstiné prince de Sousdalie ne se laissa pas décourager par cet échec. Vainement le vieux Viatcheslaf, qui ne désirait que la paix et sa tranquillité, lui adressait des lettres suppliantes, invoquant son droit d'*aînesse*. « J'avais déjà de la barbe au menton quand tu es venu au monde, » lui disait-il. Georges se montra intraitable et se dirigea sur la Gallicie pour y opérer sa jonction avec son allié

Vladimirko, prince de Galitch. Ce Vladimirko avait violé le serment de paix qu'il avait prêté, en *baisant la croix*. Comme on lui en faisait des reproches : « Elle était si petite ! » répondit-il en se moquant. Pour prévenir cette jonction dangereuse, Isiaslaf, sans même attendre l'arrivée des Hongrois qu'on lui annonçait, se mit à la poursuite de Georges et l'atteignit sur les bords du Rout, petit affluent du Dniéper. Après une bataille acharnée, où lui-même fut blessé et renversé de cheval, il infligea aux Sousdaliens et aux Polovtsi une défaite complète (1151). Il survécut seulement trois ans à sa victoire. Après sa mort et celle de Viatcheslaf, Kief passa quelque temps de mains en mains. Georges finit par atteindre l'objet suprême de ses vœux; il fit son entrée dans la capitale en 1155 et, au moment où une ligue se formait pour l'en chasser, il eut du moins la consolation de mourir grand-prince de Kief (1157). « Je te remercie, grand Dieu, s'écria un des confédérés en apprenant cette nouvelle, de nous avoir épargné par la mort subite de notre ennemi l'obligation de verser son sang ! »

Les confédérés entrèrent dans la ville. L'un d'eux prit le titre de grand-prince, les autres se partagèrent les territoires. Dès lors, il n'y eut plus à proprement parler de grande-principauté, et, en face de la puissance croissante de la Sousdalie, Kief cessa d'être la capitale de la Russie. Un dernier désastre lui était réservé.

En 1169, André Bogolioubski, fils de Georges Dolgorouki et prince de Sousdalie, mécontent de Mstislaf, souverain de Kief, forma contre lui une coalition de onze princes. Il chargea son fils Mstislaf et son voiévode Boris de conduire contre Kief une immense armée de Rostoviens, de Vladimiriens, de Sousdaliens. Cette fois la Russie des forêts écrasa la Russie de la steppe. Après trois jours de siége, Kief fut enlevée d'assaut. « Cette mère des villes russes, dit Karamsine, avait plusieurs fois été assiégée et opprimée ; elle avait quelquefois ouvert sa Porte d'Or à ses ennemis ; mais jamais encore personne n'y était entré de force. A leur honte éternelle, les vainqueurs oublièrent qu'ils étaient Russes ! Pendant trois jours, non-seulement les maisons, mais encore les monastères, les églises, et jusqu'aux temples de Sainte-Sophie et de la Dîme furent livrés au pillage : ils en enlevèrent les précieuses images, les ornements sacerdotaux, les livres et les cloches même. »

A partir de ce moment, le sort de la capitale de saint Vladimir, pillée et déshonorée par ses descendants, cesse d'être pour la Russie d'un intérêt général. Comme les autres parties de la Slavie, elle a ses princes, mais les chefs des familles princières à Smolensk, à Tchernigof, à Galitch vont prendre le titre, autrefois unique, de grands-princes. Le centre de la Russie s'est déplacé. Il est maintenant dans le bassin du Volga, dans la Sousdalie. Plusieurs causes achevèrent de rendre irrémédiable le désastre de 1169. Les luttes civiles, décidément endémiques dans cette partie de la Russie, surtout la multitude et la puissance toujours croissantes des hordes nomades, rendirent les bords du Dniéper inhabitables. En 1203, Kief fut encore saccagée par les Polovtsi, que les Olgovitchs de Tchernigof avaient pris à leur solde. Sur ce sol, sans cesse visité par la guerre et l'invasion, il était impossible qu'il se fondât un ordre de choses durable; il était impossible qu'un système de gouvernement régulier s'y établît, que la civilisation pût s'y maintenir et s'y développer. Moins richement douée par la nature, moins civilisée, la Russie des forêts était du moins plus tranquille. C'est là que se forma une grande-principauté, appelée à de hautes destinées, mais que malheureusement les steppes du sud, en proie aux nomades, allaient séparer pour trois siècles de la mer Noire, c'est-à-dire de la civilisation byzantine et occidentale.

CHAPITRE VII.

LA RUSSIE APRÈS LA CHUTE DE KIEF. PUISSANCE DE LA SOUSDALIE ET DE LA GALLICIE (1169-1224).

André Bogolioubski de Sousdalie (1157-1174) et le premier essai d'autocratie. — Georges II (121?-1238) : guerres contre Novgorod, bataille de Lipetsk (1216), fondation de Nijni-Novgorod (1220). — Roman (1188-1205) et son fils Daniel (1205-1264) en Gallicie.

André Bogolioubski de Sousdalie (1157-1174) et le premier essai d'autocratie.

Après la chute de la grande-principauté de Kief, la Russie cesse d'avoir un centre autour duquel elle gravite tout entière. La vie semble s'être retirée à ses extrémités, et, pendant les cinquante-quatre ans qui précèdent l'apparition des Mongols, tout l'intérêt de l'histoire russe se concentre sur la principauté de Sousdalie, sur celle de Gallicie et sur les deux républiques de Novgorod et de Pskof.

Le fondateur de la principauté de Sousdalie avait été Georges Dolgorouki, mais nous le voyons dépenser toute son énergie à s'assurer le trône de Kief. Son fils André Bogolioubski est au contraire un véritable prince sousdalien. C'est de lui que sont descendus les tsars de Moscou; avec lui apparaît dans l'histoire russe un type tout nouveau de prince. Ce n'est plus le *kniaz* chevaleresque, léger, insouciant, en proie tour à tour aux passions les plus opposées, le *kniaz* bon vivant du joyeux pays de Kief; c'est un souverain politique, ambitieux, d'humeur inquiète et impérieuse, marchant à son but sans scrupule et sans pitié. André avait pris en aversion les turbulentes cités du Dniéper, où l'assemblée des citoyens tenait parfois en échec le pouvoir du prince. Dans la sévère Sousdalie du moins, il se trouvait au milieu de colons appelés par le prince et qui ne songeaient point à contester son autorité; il régnait sur des villes qui pour la plupart devaient leur existence à ses ancêtres ou à lui-même. Du vivant de son père Georges, il avait quitté le Dniéper et sa résidence de Vychégorod, emportant avec lui une image grecque de la Mère de Dieu, s'était établi sur la Kliazma, y avait agrandi et fortifié Vladimir, puis fondé une bourgade qu'il appela Bogoulioubovo.

Lorsqu'à la mort de Georges, la grande-principauté de Kief devint vacante, il laissa les princes du sud se la disputer les armes à la main. Il ne voulut d'abord se mêler de leurs querelles que pour faire reconnaître son autorité, non pas à Kief, mais à Novgorod la Grande, que des liens d'intérêt plus étroits rattachaient à la Sousdalie. Il établit comme son lieutenant dans Novgorod un de ses neveux. Une glorieuse campagne contre les Bulgares du Volga accrut sa réputation en Russie. Il méritait plus que personne d'être grand-prince de Kief: nous avons vu qu'il aima mieux la faire saccager, et qu'il préféra un butin sacrilége au trône de Monomaque.

Après avoir détruit la splendeur et la puissance de Kief, guidé par ce sûr instinct qui poussa plus tard contre Novgorod Ivan le Grand et Ivan le Terrible, il voulut assujettir la grande république à une dépendance plus étroite « La chute de Kief, dit Karamsine, semblait présager la perte de la liberté novgorodienne: c'était la même armée et c'était le même prince (Mstislaf, fils d'André) qui la commandait. Mais les Kiéviens accoutumés à changer de maîtres, à sacrifier les vaincus aux vainqueurs, combattaient uniquement pour l'honneur de leurs princes; tandis que les Novgorodiens allaient verser leur sang pour la défense de leurs droits et des institutions établies par leurs ancêtres. » Mstislaf, auquel avaient dû se joindre les princes de Smolensk, de Riazan, de Mourom et de Polotsk, mit à feu et à sang les campagnes de la république et acheva d'exaspérer ces courageux citoyens. Quand on en vint aux mains sous les murs de la ville, les Novgorodiens, pour s'exciter à bien combattre, se rappelèrent les uns aux autres le pillage et les sacriléges dont leurs adversaires venaient de souiller la sainte cité de Kief. Tous jurèrent de mourir pour Sainte-Sophie de Novgorod : leur archevêque Jean prit l'image de la Mère de Dieu et la promena en grande pompe autour des murailles. On raconta qu'une flèche lancée par un soldat soudalien ayant frappé l'image de la Vierge, sa face se tourna du côté de la ville, inondant de larmes miraculeuses les vêtements de l'archevêque. C'est alors qu'une panique se serait emparée des assiégeants. La victoire des Novgorodiens fut complète : ils passèrent au fil de l'épée une multitude d'ennemis, et firent tant de prisonniers que, suivant l'expression méprisante de leur chroniqueur, « on donnait dix Sousdaliens pour une *grivna* (1170). » La dépendance où ils étaient de la Sousdalie pour ses blés, les amena peu de temps après à conclure la paix. Ils n'abandonnèrent aucun des droits de la république, mais, « de leur plein gré, » suivant l'expression consacrée, ils acceptèrent le prince que leur désigna le souverain de Sousdalie.

André, vers ce temps, perdit son fils, son héritier Mstislaf. La certitude de travailler maintenant pour des collatéraux ne lui ôta rien de son ambition, ni de son arrogance. Les princes de Smolensk, Rourik, David et Mstislaf le Brave, ne purent supporter ses façons despotiques, et, malgré ses menaces, s'emparèrent de Kief. Les Olgovitchs de Tchernigof, heureux de voir s'allumer la discorde entre les descendants de Monomaque, excitèrent André à venger cette injure. Alors il dépêcha aux princes de Smolensk un de ses hérauts pour leur dire : « Vous êtes des rebelles, la principauté de Kief m'appartient. J'ordonne à Rourik d'aller retrouver son père à Smolensk, et à David de se retirer à Berlad. Je ne puis supporter plus longtemps en Russie, ni sa présence, ni celle de Mstislaf, le plus coupable de vous. »

Mstislaf le Brave, disent les chroniques, « n'avait d'autre crainte que celle de Dieu. » Quand il reçut le message d'André, il fit raser la barbe et les cheveux du messager : « Va, lui dit-il, retrouver ton prince et répète lui ces paroles : Jusqu'ici nous avons bien voulu te respecter comme un père ; mais puisque tu ne rougis pas de nous traiter comme tes vassaux et des gens du commun, puisque tu as oublié que tu parlais à des princes, nous rions de tes menaces. Exécute-les, nous en appelons au jugement de Dieu. » Le jugement de Dieu fut une rencontre sous les murs de Vychégorod, que plus de vingt princes, alliés ou vassaux d'André de Sousdal, vinrent assiéger. Matislaf réussit à jeter la division dans les assaillants et compléta leur défaite par une sortie victorieuse (1173).

Lorsque André était venu s'établir dans le pays de Sousdal, c'étaient les habitants eux-mêmes qui l'avaient élu pour leur prince à l'exclusion de tout autre membre de la famille. Mais cet ennemi des libertés municipales n'entendait établir sa résidence ni à Rostof, ni à Sousdal, les deux vieilles cités de la Sousdalie, qui elles aussi avaient leurs assemblées de citoyens, leurs *vetché*. Dès le début, il avait conçu le dessein d'élever au-dessus d'elles une ville nouvelle, Vladimir-sur-Kliazma, que Rostof et Sousdal considéraient jusqu'alors comme un simple bourg de leur obéissance. Pour donner à cette résolution un prétexte plausible, il avait fait déployer sa tente à dix verstes de Vladimir, sur la route de Sousdal, et s'y était installé avec son image miraculeuse de la Vierge, qui venait de Constantinople et qui était, assurait-on, l'œuvre de saint Luc. Le lendemain, il annonça que la Mère de Dieu lui était apparue en songe et lui avait ordonné de placer son image non à Rostof, mais à Vladimir. En outre, il devait, sur le lieu de cette apparition, élever une église et un monastère à la Vierge : ce fut l'origine du village de Bogolioubovo. André préférait Vladimir aux vieilles cités, mais c'était surtout dans sa villa de Bogolioubovo qu'il aimait à résider. Cependant il essaya de faire de Vladimir une nouvelle Kief, comme Kief elle-même était une nouvelle Byzance. On retrouvait à Vladimir une Porte d'Or, une église dite de la Dîme consacrée à la Vierge, et de nombreux monastères qu'André y éleva avec le concours d'artistes appelés de l'Occident.

André recherchait l'amitié des prêtres, dans lesquels il pressentait une des grandes forces de l'avenir. Il vivait en prince pieux, se relevant parfois la nuit pour aller brûler des cierges dans les églises et distribuait en public d'abondantes aumônes. Après une victoire sur les Bulgares du Volga, il obtint du patriarche de Constantinople l'établissement d'une fête commémorative : or, le même jour où André triomphait des Bulgares, grâce à l'image de la Vierge, l'empereur Manuel avait battu les Sarrasins, grâce à la vraie croix et à l'image du Christ représentée sur son étendard. Un même anniversaire célébra ces deux victoires de l'orthodoxie : Vladimir se mit à l'unisson de Byzance. André aurait voulu aussi ériger Vladimir en ville métropolitaine : en même temps qu'il dépouillait Kief de la grande-principauté, il l'aurait dépouillée de la suprématie religieuse en Russie, et fait passer à sa nouvelle cité la puissance spirituelle comme la puissance temporelle. Le patriarche cette fois refusa; cette tentative d'André devait être reprise un jour par les grands-princes de Moscou.

Ce qui montre surtout dans ce prince un homme supérieur à son siècle, guidé par un sûr pressentiment de l'avenir, qui de l'idée des apanages s'élevait déjà à l'idée moderne de l'État, c'est qu'il refusa de partager les domaines paternels avec ses frères ou ses neveux. Malgré les dispositions du testament de Georges, il expulsa de la Sousdalie ses trois frères, qui se retirèrent, avec leur mère, une princesse grecque, à la cour de l'empereur Manuel. Il paraît que cette mesure lui fut conseillée par les hommes du pays de Sousdal. Les sujets auraient donc eu les mêmes instincts d'unité que le prince. S'il rompait avec la coutume patriarcale des partages, voulant régner seul dans Vladimir, il rompit également avec la tradition varègue de la *droujina* ; il traita ses hommes, ses boïars, non en compagnons, mais en sujets. Ceux qui refusèrent de plier sous sa volonté durent quitter le pays. On peut dire qu'André Bogolioubski fut trois cents ans à l'avance le créateur de l'autocratie. Dès le douzième siècle il indique tout ce que devront faire au quinzième et au seizième siècle les grands-princes de Mouscou pour arriver au pouvoir absolu. Sa défiance des libertés municipales, son despotisme avec les boïars, ses efforts pour supprimer les apanages, son orgueil avec les autres princes russes, ses tentatives contre l'indépendance de Novgorod, son alliance avec le clergé et son projet de transporter dans le bassin de l'Oka la métropole religieuse de toutes les Russies, sont l'indication d'un programme politique que dix générations de princes ne suffiront pas à remplir. Les temps n'étaient pas encore venus ; André n'avait pas encore assez de puissance, ni la Sousdalie assez de ressources pour subjuguer le reste de la Russie. André réussait contre Kief, mais il éprouva un double échec contre Novgorod la Grande, contre Mstislaf le Brave et les princes du sud. Son despotisme lui fit de terribles ennemis. Ses boïars, qu'il voulait réduire à l'obéissance, l'assassinèrent dans sa résidence favorite de Bogolioubovo (1174).

Georges II (1212-1238) ; guerres contre Novgorod, bataille de Lipetsk (1216) ; fondation de Nijni-Novgorod (1220).

La mort de cet homme remarquable fut suivie de grands troubles. Le bas peuple assaillit les maisons des riches et des magistrats, les livra au pillage et commit tant de meurtres que le clergé fut obligé, pour rétablir le calme, de promener processionnellement les saintes images. Ce qui montre combien la tentative autocratique d'André était prématurée, c'est que ses meurtriers restèrent impunis. Sa succession fut disputée entre ses neveux et ses deux frères Michel et Vsévolod, revenus de la Grèce. Les neveux étaient soutenus par les vieilles cités de Rostof et Sousdal, animées d'une haine violente contre cette cité parvenue de Vladimir, qui leur avait enlevé le titre de capitales et qui soutenait la cause de Michel et Vsévolod. « Les Vladimiriens, disaient les Rostoviens, sont nos esclaves, nos maçons; allons brûler leur ville, nous y établirons de nouveau un gouverneur à nous. » Les Vladimiriens eurent l'avantage dans une première guerre et firent reconnaître, comme grand-prince de Sousdalie, l'aîné des frères d'André, Michel. A la mort de celui-ci, les Rostoviens refusèrent de reconnaître l'autre frère, Vsévolod, surnommé le *Grand-Nid* à cause de sa nombreuse postérité. Ils résistèrent à toute proposition d'accommodement, déclarant que « leurs armes seules leur feraient justice de la vile populace de Vladimir. » Ce fut au contraire la vile populace de Vladimir qui ramena enchaînés les boïars de Rostof. Les deux vieilles cités durent se soumettre : Vladimir resta capitale de la Sousdalie. Vsévolod (1176-1212) acheva de s'affermir en battant les princes de Riazan et de Tchernigof. Il étendit son influence jusque dans la lointaine Gallicie et contracta des alliances matrimoniales avec les princes de Kief et de Smolensk. Il amena les Novgorodiens à lui demander un de ses fils pour prince : « Seigneur et grand prince, lui dirent les envoyés de la république, notre pays est votre patrimoine ; nous vous prions de nous accorder pour nous gouverner le petit-fils de Georges Dolgorouki, arrière-petit-fils de Monomaque. » Les princes de Riazan s'étant attiré sa disgrâce, il réunit leurs États à sa principauté ; Riazan s'étant révoltée, il la réduisit en cendres et en transporta les habitants dans les solitudes de la Sousdalie. Ce prince, à qui l'on a donné aussi le surnom de *grand*, montra la prudence, l'esprit d'épargne, la constance et la fermeté dans les desseins, qui caractérisent les princes de la Russie des forêts.

A sa mort (1212) les troubles recommencèrent. Mécontent de son fils aîné Constantin, prince de Novgorod, Vsévolod avait donné la grande-principauté de Vladimir à son second fils Georges II. Constantin avait dû se contenter de Rostof; un troisième frère, Iaroslaf, prince de Péréiaslavl-Zaliéeski, avait été appelé à Novgorod.

Iaroslaf se brouilla avec ses turbulents sujets, quitta leur ville, s'installa à Torjok, une cité de leur territoire, et se mit à arrêter au passage les boïars et les marchands de Novgorod; interceptant leurs communications avec le Volga, il empêcha les arrivages de blé et affama la grande république. Les Novgorodiens en étaient déjà réduits à manger l'écorce des sapins, la mousse, les feuilles de tilleul. Les cadavres des malheureux encombraient les routes et les chiens les dévoraient. Iaroslaf se montra implacable : il persista à se maintenir à Torjok, refusant de retourner à Novgorod, arrêtant les ambassadeurs qu'on lui dépêchait. Il traitait Novgorod comme son père avait traité Rostof et Sousdal. Mais un secours arriva aux citoyens désespérés : un prince de Smoslenk, Mstislaf le Téméraire, fils de Mstislaf le Brave. « Torjok ne s'élèvera pas au-dessus de Novgorod ! s'écria-t-il ; je délivrerai vos terres et vos citoyens, ou j'y laisserai ma tête. » Mstislaf, devenu prince de Novgorod, vit bien que le grand-prince de Vladimir soutiendrait son frère ; alors, contre le grand-prince, il se chercha un allié dans Constantin de Rostof, mécontent de son héritage. La querelle novgorodienne devint une guerre générale ; Mstislaf trouva moyen d'en transporter le théâtre dans la Sousdalie même. Avant la bataille, *le Téméraire* essaya d'amener un accommodement entre les deux princes de Vladimir et de Rostof. Mais Georges répondit : « Si notre père n'a pu m'accorder avec Constantin, est-ce donc à Mstislaf qu'il appartient de nous juger ? Que Constantin soit victorieux et tout sera à lui. » Cette guerre où les trois fils du *Grand-Nid* s'armaient les uns contre les autres avait tout l'acharnement d'une guerre de frères. Avant la bataille, Georges et Iaroslaf avaient donné l'ordre formel de n'épargner personne dans le combat, de tuer « ceux mêmes qui porteraient des broderies d'or sur l'épaule, » c'est-à-dire les princes de leur sang. Déjà ils se partageaient d'avance la Russie. Mais les troupes de Novgorod, de Pskof, de Smolensk assaillirent avec un tel acharnement celles de Sousdalie et de Mourom que celles-ci durent plier. Ce furent les soldats de Mstislaf qui à leur tour ne firent point de quartier. Ils tuèrent neuf mille hommes et ne conservèrent que soixante prisonniers. Georges, jetant ses habits de prince, creva trois chevaux sous lui et sur le quatrième arriva tout éperdu à Vladimir. (Bataille de Lipetsk, près de Péréiaslavl-Zaliésski, 1215.) Constantin devint alors grand-prince de Vladimir et accorda Sousdal à son frère Georges : Iaroslaf dut renoncer à Novgorod et rendre les citoyens prisonniers.

A la mort de Constantin (1217), Georges remonte sur le trône de Vladimir. Sous son règne, on continuà les expéditions contre les Bulgares du Volga et contre les Mordves. Ces expéditions avaient lieu à la fois par eau et par terre : l'infanterie descendait l'Oka et le Volga dans des barques, la cavalerie suivait sur le rivage. On assaillait, on brûlait les citadelles de bois élevées par les Bulgares, on en détruisait la population.

Dans une expédition conduite le long du Volga par le grand-prince Georges en personne, celui-ci remarqua sur la rive droite du Volga, près de son confluent avec l'Oka, une haute colline. C'est là qu'au milieu des peuplades mordves, il jeta les fondations de Nijni-Novgorod (vers 1220). Une tradition mordve raconte à sa manière cet important événement : « Le prince des Russes naviguait sur le Volga ; sur la montagne, il aperçut la Mordva, en souquenille blanche, qui adorait son dieu, et il dit à ses guerriers : Quel est donc ce blanc bouleau qui se secoue et s'agite là-haut et qui sur la terre nourricière s'incline vers l'Orient ? Il envoya des gens regarder de plus près ; ils revinrent et lui dirent : Ce n'est pas un bouleau qui se secoue et s'agite ; c'est la Mordva qui adore son dieu. Dans des seaux ils ont une bière délicieuse ; à des bâtons pendent des galettes d'œufs ; dans des chaudrons leurs prêtres font cuire de la viande. Les anciens de la Mordva, apprenant l'arrivée du prince russe, envoyèrent des jeunes gens lui porter de la bière et de la viande. Mais en chemin les jeunes gens mangèrent la viande et burent la bière et au prince russe ils n'apportèrent que de la terre et de l'eau. Le prince se réjouit de ce présent, qu'il considéra comme une marque de soumission de la Mordva. Il continua à descendre le Volga : lorsqu'il jetait sur la rive une poignée de cette terre, il y naissait une ville; lorsqu'il jetait une pincée de cette terre, il y naissait un bourg. C'est ainsi que la terre des Mordves fut soumise aux Russes. »

Roman (1188-1205) et son fils Daniel (1205-1264) en Gallicie.

La Gallicie offrait un contraste remarquable avec la Sousdalie. Peuplée de Khórvates ou Croates Blancs, elle avait conservé, malgré sa conquête par les princes varègues, un caractère purement slave. Le prince, dit M. Kostomarof, y était prince suivant les vieilles idées slaves. Il était élu par l'assemblée des hommes du pays, il en dépendait.

L'assemblée elle-même était sous la main des riches et des puissants du pays, les boïars. Sous l'influence des idées hongroises et polonaises, les boïars s'étaient élevés au-dessus de la masse du peuple et formaient une puissante aristocratie qui était la vraie maîtresse du pays. Lorsque Iaroslaf Osmomysl, glorifié par la *Chanson d'Igor*, négligea sa femme légitime Olga pour se livrer à sa maîtresse Anastasie, les grands se soulevèrent, brûlèrent vive Anastasie, obligèrent le prince à éloigner son fils illégitime et à reconnaître comme héritier son fils légitime Vladimir.

Celui-ci, devenu prince, ne tarda pas à s'attirer leur inimitié. On l'accusait de s'adonner à la débauche et à l'ivrognerie, de mépriser les conseils des sages, de déshonorer les filles et les femmes des nobles, d'avoir épousé en secondes noces la femme d'un prêtre. Il n'en fallait pas tant pour épuiser la patience des Galliciens : ils sommèrent Vladimir de leur livrer cette femme pour qu'elle fût punie. Vladimir prit peur et s'enfuit en Hongrie avec sa famille et ses trésors. C'était tout ce que voulaient les boïars : ils offrirent alors le trône à Roman, prince de Volynie (1188). Mais Béla, roi de Hongrie, ramena le prince fugitif avec une armée et entra dans Galitch. Là il changea tout à coup d'idée, se prit à convoiter ce beau pays, riche en salines et en minéraux. Il jeta en prison son protégé Vladimir et proclama son propre fils André. Le joug hongrois parut naturellement plus pesant aux Galliciens que l'autorité de leurs princes débonnaires. Ils chassèrent les étrangers, rappelèrent Vladimir qui avait trouvé moyen de s'évader et s'était réfugié auprès de l'empereur d'Allemagne Frédéric Barberousse.

Quand Vladimir mourut, Roman de Volynie résolut de rentrer à tout prix dans Galitch. Son rival avait autrefois appelé les Hongrois; il s'adressa aux Polonais, et, avec une armée auxiliaire que lui prêta Casimir le Juste, il reconquit la Gallicie. Les turbulents boïars trouvèrent enfin leur maître.

Roman tenait cette fois sa couronne non de l'élection, mais de la conquête. Il résolut de dompter cette fière aristocratie. L'évêque polonais Kadloubek, écrivain contemporain, qui d'ailleurs sympathisait avec les oligarques, fait un tableau effrayant des vengeances qu'exerça Roman contre ses ennemis. Il les faisait écarteler, enterrer vifs, cribler de flèches, livrer à des supplices raffinés. Il promit de pardonner à ceux qui s'étaient enfuis; mais quand ils revinrent, il les accusa de conspiration et les fit périr pour s'emparer de leurs biens : « Pour manger tranquillement un rayon de miel, disait-il cyniquement, il fallait écraser les abeilles. » Les chroniqueurs russes, au contraire, font son éloge. C'était un autre Monomaque, un héros invincible et redoutable qui « marchait dans les voies de Dieu, exterminait les païens, se ruait comme un lion sur les infidèles, furieux comme un loup-cervier, destructeur comme un crocodile, fondant sur sa proie comme un aigle. » Plus d'une fois, il vainquit les peuplades lithuaniennes et les Polovtsi; dans les guerres civiles de la Russie, il fut également victorieux et donna à l'un de ses parents le trône de Kief. Il attira l'attention du grand pape Innocent III qui lui envoya des missionnaires pour le convertir à la foi catholique, promettant de faire de lui un grand roi par l'épée de saint Pierre. Tirant sa propre épée, Roman répondit fièrement aux envoyés d'Innocent : « Le pape en a-t il une semblable? Tant que je la porterai à mon côté, je n'aurai besoin de celle de personne. » En 1205, comme il était engagé dans une guerre avec la Pologne, il s'aventura imprudemment loin de son armée sur les bords de la Vistule et périt dans un combat inégal. Le souvenir de ses exploits se conserva longtemps en Russie et la chronique de Volynie lui décerne le surnom de *grand* et d'*autocrate de toute la Russie*. Un historien de Lithuanie raconte qu'après ses victoires sur les barbares habitants de ce pays, il faisait attacher les prisonniers à la charrue. De là ce dicton populaire : « Tu es terrible, Roman; les Lithuaniens pour toi sont des bœufs de labour. » Roman de Volynie est un digne contemporain de l'*autocrate* du nord-est, André de Sousdalie.

Roman laissait deux fils en bas âge. L'aîné, Daniel, fut reconnu prince de Gallicie (1205-1264). Mais ce n'est pas dans un pays aussi turbulent, aussi déchiré par les factions, qu'un enfant pouvait régner sous la tutelle d'une femme. La Russie Rouge fut en proie à une série de guerres civiles, compliquées d'interventions hongroises et polonaises. La férocité que les Galliciens déployèrent dans ces luttes intestines leur a valu dans les chroniques kiéviennes le surnom d'*athées*. Des princes du sang de saint Vladimir furent torturés et pendus par les boïars. Daniel fut replacé sur le trône, puis chassé, puis rappelé de nouveau. Son enfance fut le jouet d'intrigants factieux. Mstislaf le Téméraire vint chercher aussi aventure de ce côté : il chassa les Hongrois de Galitch, prit le titre de prince et fit épouser sa fille à Daniel. Tous deux furent ensuite obligés de tourner leurs armes contre les Polonais; Daniel, dont le caractère avait été trempé dans de si rudes épreuves, déploya dans ces campagnes une bravoure et une énergie remarquables. Contre les ennemis de l'Occident, les Hongrois et les Polonais tantôt rivaux, tantôt alliés, il fallut invoquer les ennemis de l'Est, les Polovtsi. A la mort du *Téméraire* (1228), Daniel, qui cinq ans auparavant avait pris part à la bataille de la Kalka contre les Tatars, devint enfin prince de Gallicie. Contre les boïars dont la turbulence avait causé la ruine du pays, il reprit la politique salutaire de son père Roman, mais sans déployer les mêmes rigueurs.

La grande invasion mongole le chassa encore une fois de la Gallicie qu'elle couvrit de ruines. Daniel, qui avait dû fuir en Hongrie, fit tous ses efforts pour relever ce malheureux pays. Pour combler les vides que les Mongols avaient faits dans la population, il y appela des Allemands, des Arméniens, des Juifs, qu'il combla de priviléges. La conséquence économique de cette mesure fut un développement rapide du commerce et de l'industrie ; la conséquence ethnographique fut l'introduction en Gallicie d'un élément juif, très-tenace et très-résistant, mais étranger à la nationalité dominante et qui forma comme un peuple à part au milieu du peuple russe. Daniel fut l'un des derniers princes russes qui firent leur soumission à la Horde : « Tu as bien fait de venir enfin ! » lui dit le khan des Mongols : Baty le traita avec distinction, le dispensa des humiliations ordinaires, et, voyant que le lait fermenté que buvaient les Tatars n'était pas de son goût, lui fit donner une coupe de vin. Cependant Daniel ne supportait qu'avec peine le joug de ces barbares.

Se sentant isolé au milieu de l'abaissement général du monde orthodoxe, le prince de Gallicie se tourna vers Rome, promit de faire ses efforts pour la réunion des deux Églises et de joindre son contingent à la croisade que l'on prêchait en Europe contre les Mongols. Innocent IV l'appela son cher fils, lui accorda le titre de roi, lui envoya la couronne et le sceptre. Daniel fut solennellement couronné à Droguitchine par l'abbé de Messine, légat du pape (1254). La croisade contre les Asiatiques, la réconciliation des deux Églises échouèrent également. Daniel brava les reproches et les menaces d'Alexandre IV, mais conserva le titre de roi. Il se mêla aux guerres européennes et remporta de grands succès. « Les Hongrois, dit un chroniqueur, admiraient l'ordre qui régnait parmi ses troupes, leurs armes tatares, la magnificence du prince, son habit grec brodé d'or, son sabre et ses flèches, sa selle enrichie de pierreries et de métaux précieux, richement ciselés. » Encouragé par les Hongrois et les Polonais, il essaya de secouer le joug des Mongols et les chassa de quelques places; bientôt, devant des forces supérieures, il fut obligé de s'humilier et de démanteler ses forteresses. Nul prince n'eût été plus digne d'affranchir la Russie méridionale; son activité et ses talents échouèrent contre la fatalité des circonstances. Il termina en 1264 une des carrières les plus agitées dont les annales russes nous conservent la mémoire. Les guerres civiles dans sa jeunesse, l'invasion tatare dans son âge mûr, les négociations et les guerres avec l'Europe occidentale, ne lui laissèrent jamais de repos. Après lui la Gallicie russe passa à divers princes de sa famille; au quatorzième siècle elle fut englobée dans le royaume de Pologne. Elle était perdue pour la Russie.

CHAPITRE VIII.

LES RÉPUBLIQUES RUSSES : NOVGOROD, PSKOF ET VIATKA (JUSQU'EN 1224).

Novgorod la Grande : luttes contre les princes. — Institutions novgorodiennes, commerce, église nationale, littérature. — Pskof et Viatka.

Novgorod la Grande : luttes contre les princes.

Novgorod est, dès la plus haute antiquité, le centre politique de la Russie du nord-ouest. L'origine des Slaves de l'Ilmen qui la fondèrent n'est pas encore bien certaine. Parmi les savants russes, les uns, comme M. Kostomarof, les rattachent aux Slaves du sud; d'autres, aux Slaves de la Baltique; d'autres encore, comme MM. Biélaef et Ilovaïski, en font une branche des Slaves Krivitches ou de

Smolensk. Aux débuts de l'histoire russe, nous trouvons les Novgorodiens à la tête de cette confédération de peuples qui d'abord chassa les Varègues, puis les appela à régner sur la Russie.

Novgorod, dès les temps anciens, est divisée en deux parties, séparées par le cours du Volkhof qui sort du lac Ilmen pour se jeter dans le Ladoga. Sur la rive droite était le *côté de Sainte-Sophie*, où Iaroslaf le Grand bâtit la célèbre cathédrale, où s'éleva le Kremlin de Novgorod, qui renfermait le palais archiépiscopal et le palais du prince, et où l'on a consacré en 1862 le fameux monument de l'histoire russe; sur la rive gauche, le *côté du Commerce*, avec sa *Cour de Iaroslaf*; le pont qui sépare les deux côtés est célèbre dans les annales de Novgorod. Le côté de Sainte-Sophie comprenait les quartiers Nérévien, d'Outre-Ville, des Potiers (*Nérevski, Zagorodnii, Gontcharnii*); le côté du Commerce comprenait les quartiers des *Charpentiers* et des *Slaves*. D'anciens documents parlent aussi d'un quartier des *Prussiens* (Lithuaniens). Quelques-uns de ces noms sembleraient indiquer que plusieurs races ont concouru, comme pour la ville de Rome, à former l'ancienne population de Novgorod. Gilbert de Lannoy, qui a visité cette république vers 1413, nous en a laissé cette description : « Novgorod est une ville prodigieusement grande, située dans une belle plaine, entourée de vastes forêts; le sol en est bas, sujet aux inondations, marécageux par endroits; la ville est entourée de mauvais remparts, formés de claies qu'on a remblayées de terre; les tours sont en pierres. » Une partie de ces remparts subsistent encore et permettent de se faire une idée de la vaste étendue de l'antique cité. Le Kremlin en forme comme l'acropole. La cathédrale a conservé ses fresques du douzième siècle, les piliers à fond d'or avec les images des saints, le Christ imposant de la coupole, la bannière de la Vierge qui allait ranimer sur les remparts le courage des assiégés, les tombeaux de saint Vladimir Iaroslavitch, de l'archevêque Nikita dont les prières éteignirent un incendie, de Mstislaf le Brave, le dévoué défenseur de Novgorod, et de beaucoup d'autres saints ou personnages illustres. Sans parler des cités tributaires de Novgorod, telles que Pskof, Isborsk, Ladoga, Véliki Louki, Staraïa Roussa (Vieille Russie), Torjek, Biéjitchi, le territoire primitif, l'*ager romanus* de la république, se divisait en cinq *cinquièmes (piatines)*, la *Vodskaïa*, la *Chélonskaïa*, l'*Obonéjskaïa*, la *Biéjétskaïa*, la *Dérévskaïa*, qui comprenaient le territoire au midi des lacs Ladoga et Onéga. Ses conquêtes formaient cinq bailliages ou *volosts* qui occupaient toute la Russie septentrionale et s'étendaient jusque dans la Sibérie. Ces bailliages étaient la *Zavolotchié*, entre l'Onéga et la Mezen, la *Tré* ou Laponie russe, la *Permie* sur la haute Kama, la *Petchora* sur le fleuve de ce nom, la *Iougrie*, de l'autre côté des monts Ourals. Il faut y ajouter l'Ingrie, la Carélie et une partie de la Livonie et de l'Esthonie.

Novgorod, qui avait appelé les princes varègues, était trop puissante, avec ses cent mille habitants et ses trois cent mille sujets pour se laisser tyranniser. Une vieille tradition parle vaguement d'une révolte contre Rourik l'Ancien, sous la conduite du héros Vadim. Sviatoslaf, le conquérant de la Bulgarie danubienne, prétendait la gouverner par de simples agents ; mais Novgorod entendait avoir pour prince l'un de ses fils : « Si vous ne venez pas régner sur nous, dirent les citoyens, nous saurons nous trouver d'autres princes. » Iaroslaf le Grand, en récompense de leur dévouement, leur aurait accordé d'immenses priviléges, dont le texte ne se trouve nulle part, mais qui est constamment invoqué par les Novgorodiens, comme les chartes vraies ou fausses de Charlemagne par les cités allemandes. Ces républicains ne pouvaient se passer d'un prince, mais il était rare qu'ils conservassent le même bien longtemps. C'était l'assemblée des citoyens, la *vetché*, convoquée au son du beffroi, dans la *Cour de Iaroslaf*, qui était la véritable souveraine. Cette république s'intitulait elle-même *Monseigneur Novgorod la Grande* (Gospodine Vélikii Novgorod). « Qui peut s'égaler à Dieu et à Novgorod la Grande? » était un dicton populaire. Comme cette cité était loin de la Russie du Dniéper, et qu'elle était tournée vers la Baltique et l'Europe occidentale, elle prit une faible part aux guerres civiles dont Kief était l'objet et le centre. Elle en profitait en un certain sens, car, au milieu de ces démêlés princiers et des fréquents changements dans la grande-principauté, aucun souverain n'avait assez d'autorité pour lui donner un maître. Elle avait le choix entre les princes des familles rivales. Elle pouvait faire ses conditions à celui qu'elle appelait à régner sur elle. Mécontente de sa gestion, elle expulsait le prince et sa bande d'autrustions. Suivant l'expression consacrée, elle « le saluait et lui montrait le chemin » pour sortir de Novgorod. Quelquefois, pour prévenir ses mauvais desseins, elle le retenait prisonnier dans le palais du prélat, et c'était son successeur qui devait lui rendre la liberté. Fort souvent une révolution était accompagnée d'un pillage général chez tous les partisans du prince déchu, même de noyades dans le Volkhof. Un grand-prince de Kief, Sviatopolk, prétendait leur imposer son fils : « Envoie-le ici, lui dirent des Novgorodiens, s'il a une tête de rechange! » Les princes eux-mêmes contribuèrent à multiplier les changements de règne : comme ils ne se sentaient dans Novgorod souverains qu'à moitié, ils échangeaient avec joie ce trône instable contre un autre apanage. Ainsi fit en 1132 Vsévolod-Gabriel, qui abandonna Novgorod pour régner à Péréiaslavl. Quand ses espérances sur Kief furent déçues et qu'il voulut revenir à Novgorod, les citoyens le repoussèrent. « Tu as oublié le serment que tu avais fait de mourir avec nous ; tu as cherché une autre principauté ; va donc où tu voudras. » Puis ils se ravisèrent et le reprirent. Quatre ans après, ils le chassèrent de nouveau ; dans une grande *vetché* où ils convoquèrent les citoyens de Pskof et de Ladoga, ils le condamnèrent solennellement à l'exil après lecture de chefs d'accusation fort caractéristiques : « Il ne prenait aucun souci du petit peuple ; il avait voulu s'établir à Péréiaslavl ; au combat du mont Idanof contre les Sousdaliens, il s'était retiré le premier du champ de bataille avec sa *droujina* ; il était versatile dans les querelles entre princes, s'était d'abord uni au prince de Tchernigof, puis avait embrassé le parti contraire. »

Le pouvoir d'un prince de Novgorod s'appuyait non-seulement sur sa *droujina* qui suivait toujours sa destinée, sur ses relations de famille avec telle ou telle principauté puissante, mais encore sur un parti qui se formait en sa faveur au sein de la république. C'était lorsque le parti contraire l'emportait qu'il était détrôné, et que les vengeances populaires s'exerçaient sur ses adhérents. Novgorod étant avant tout une grande cité commerçante, ces divisions avaient fréquemment pour cause les divergences d'intérêts économiques. Parmi les citoyens, les uns étaient plus engagés dans le commerce du Volga et de l'Orient, les autres dans celui du Dniéper et de la Grèce. Les premiers recherchaient naturellement l'alliance des princes de Sousdalie, maîtres de la grande artère orientale; les autres, celle des princes de Kief ou de Tchernigof, maîtres de la route du sud. Chacun des deux partis s'efforçait d'établir un prince de la famille dont il recherchait la protection. Quand le prince déchu réussissait à s'échapper de la ville, il tâchait de se rétablir par les armes de sa famille, ou s'installait avec sa *droujina* soit à Pskof, comme fit Vsévolod-Gabriel qui devint prince de cette ville, soit à Torjok, comme Iaroslaf de Sousdalie, et de là bloquait et affamait la grande cité. Le plus redoutable voisin de Novgorod fut bientôt le souverain de Sousdalie : nous avons vu André Bogolioubski envoyer une armée contre elle ; puis son neveu Iaroslaf bloquer ses anciens sujets, jusqu'au moment où Mstislaf le Téméraire les affranchit par la bataille de Lipetsk (1215). Celui-ci était le fils de Mstislaf le Brave, qui une fois déjà était venu à leur secours contre Vsévolod le *Grand-Nid* et qui les avait défendus contre la Sousdalie et contre les Tchoudes. Ce sont les restes du *Brave* qui reposent à Sainte-Sophie dans un sarcophage de bronze. Son fils *le Téméraire* était d'humeur trop nomade pour laisser aussi ses os à Novgorod. Il rétablit l'ordre dans la principauté, puis il réunit les citoyens dans la *Cour de Iaroslaf* et leur dit : « Je salue Sainte-Sophie, le tombeau de mon père et vous, Novgorodiens. Je veux reconquérir Galitch sur les étrangers. Toutefois je ne vous oublierai pas. Puissé-je reposer auprès du tombeau de mon père, à Sainte-Sophie! » Les Novgorodiens le conjurèrent vainement de rester (1218). Nous l'avons vu usant ses dernières armées dans les troubles du sud-est et mourant prince de Galitch.

Après son départ, la république appela au trône son neveu Sviatoslaf de Smolensk. Il ne put s'accommoder avec des magistrats et un peuple également turbulents. Le *possadnik* Tverdislaf fit arrêter un des boïars de Novgorod. Cette mesure fut le signal d'un soulèvement : les uns prirent parti pour le boïar, les autres pour le possadnik. Pendant huit jours le beffroi retentit dans le Kremlin. A la fin les factieux endossèrent les cuirasses et tirèrent l'épée. Tverdislaf, levant les yeux vers Sainte-Sophie, s'écria : « Je tomberai le premier dans le combat, ou bien Dieu me justifiera en accordant la victoire à mes frères. » Dix hommes seulement périrent dans cette échauffourée, puis le calme se rétablit. Le prince, qui accusait Tverdislaf de tout le mal, exigea sa déposition. La *vetché* voulut connaître quel était le crime de Tverdislaf. « Aucun, répondit le prince : je le veux. — Je suis satisfait, s'écria alors le possadnik, puisqu'on ne m'accuse d'aucune faute ; quant à vous, frères, vous disposez des possadniks et des princes. » L'assemblée rendit alors cette décision : « Prince, puisque tu n'accuses d'aucune faute le possadnik, rappelle-toi que tu nous as juré de ne déposer aucun magistrat sans jugement. Il restera notre possadnik, et nous ne voulons pas te le livrer. » Sviatoslaf alors quitta Novgorod (1219); il y fut remplacé par un de ses frères, Vsévolod, qui fut chassé deux ans après (1221).

Le parti sousdalien ayant fait des progrès, on rappela ce même prince Iaroslaf qui avait été vaincu à Lipetsk : mais les princes de Sousdalie étaient trop imbus d'idées absolutistes pour faire bon ménage avec les Novgorodiens. Iaroslaf fut chassé de nouveau, remplacé par Vsévolod de Smolensk, qui fut chassé à son tour. Le grand-prince de

Sousdalie intervient alors, impose une contribution à Novgorod, lui prescrit de prendre un prince de Tchernigof, qui s'empresse de repartir pour la Russie du sud en 1225. En sept ans les Novgorodiens venaient de changer cinq fois de souverains. Iaroslaf lui-même fut rappelé une troisième, puis une quatrième fois. Une famine emporta tant de Novgorodiens que dans deux cimetières seulement on entassa 42 000 cadavres, et que ces fiers citoyens suppliaient les étrangers de les accepter comme esclaves pour un morceau de pain. Un incendie détruisit la même année tout un quartier de Novgorod. Ces calamités domptèrent leur turbulence. Iaroslaf réussit à les gouverner autocratiquement jusqu'au moment où il fut appelé au trône de grand-prince (1236). Il leur laissa pour prince son fils Alexandre Nevski.

Institutions novgorodiennes, commerce, église nationale, littérature.

De ce qu'aucune dynastie de princes ne put s'affermir à Novgorod, de ce qu'aucune bande princière ne put prendre place dans l'aristocratie indigène, il résulte que cette république garda intactes, sous le règne éphémère de ses princes, ses anciennes libertés et coutumes. Sans doute, dans toutes les villes russes, subsistaient le *pays* vis-à-vis du prince, les *boïars* et l'*assemblée* des citoyens vis-à-vis des hommes du prince, la *milice* indigène vis-à-vis de la *droujina* étrangère; mais à Novgorod, le *pays*, la *vetché*, la milice municipale avaient conservé bien plus de force qu'ailleurs. La ville était plus puissante que le prince. Celui-ci ne régnait qu'en vertu d'un pacte, pacte dont on retrouve sans doute la trace dans d'autres pays russes, mais qui à Novgorod apparaît au premier plan. Chaque nouveau venu est tenu de prêter un serment, de s'engager à observer les lois et priviléges d'Iaroslaf le Grand. Ce pacte, comme les *pacta conventa* de la Pologne, est un acte de défiance, destiné à limiter le pouvoir du prince et de ses hommes.

Les revenus auxquels il a droit et qui forment sa liste civile sont soigneusement déterminés, ainsi que ses pouvoirs judiciaires et politiques. Il lève un tribut sur certains *volosts*, perçoit la *vira* (*wehrgeld* des Germains) ainsi que certaines amendes. Dans quelques bailliages, il a son *tioune* ou lieutenant à lui, et Novgorod a le sien. Il ne peut rendre la justice sans l'assistance du possadnik, ni revenir sur la chose jugée, ni surtout évoquer les causes hors de Novgorod. C'est ce que les Novgorodiens redoutaient le plus, et avec raison : le jour où le petit peuple de Novgorod s'avisa qu'on pouvait réclamer au tribunal du grand-prince de Moscou, l'indépendance de la république fut perdue. Dans les conflits entre les hommes du prince et ceux de la ville, c'était un tribunal mixte qui jugeait. Le prince, pas plus que ses hommes, ne pouvait ni acquérir des villages sur le territoire de Novgorod, ni créer de colonies. Il ne pouvait chasser dans les bois de Staraïa Roussa qu'à l'automne, couper ses foins qu'à une certaine saison. Tout en se défiant du prince, les Novgorodiens avaient besoin de ses services pour modérer l'antique anarchie slave. Comme au temps de Rourik, « les familles s'armaient contre les familles, et il n'y avait pas de justice. »

La *vetché* avait des pouvoirs plus étendus et fonctionnait plus régulièrement que dans n'importe quelle autre cité russe. C'était elle qui appelait les princes, qui les chassait, qui les enfermait dans la maison archiépiscopale, qui les mettait en accusation, qui élisait et déposait les archevêques, décidait de la paix et de la guerre, jugeait les criminels d'État. Suivant l'antique principe slave qui s'est conservé chez les Polonais jusqu'à la chute de leur république, les décisions se prenaient, non à la majorité, mais à l'unanimité des voix. C'était une sorte de *liberum veto*. La majorité avait la ressource de noyer les dissidents dans le Volkhof. Le prince comme le possadnik, les boïars comme le peuple, avaient droit de convoquer la *vetché*. On se réunissait soit dans la *Cour de Iaroslaf*, soit à Sainte-Sophie. De même que la Pologne eut ses confédérations, ses diètes sous le bouclier, Novgorod vit quelquefois se réunir sur les deux rives de son fleuve deux *vetchés* rivales et ennemies qui parfois en venaient aux mains sur le pont du Volkhof. Avant d'être soumises à l'assemblée générale, les questions étaient quelquefois délibérées dans une sorte de conseil étroit, composé des citoyens notables, des magistrats en exercice ou des anciens magistrats.

Les principales magistratures novgorodiennes étaient : 1° le *possadnik*, que les écrivains allemands de l'époque appelaient le *bourgmestre*, et qui était remplacé presque aussi souvent que le prince. Le possadnik était choisi dans certaines familles influentes : une seule d'entre elles en fournit douze à Novgorod. Le premier magistrat de la cité était chargé de défendre les priviléges de Novgorod ; il partageait avec le prince le pouvoir judiciaire et le droit de distribuer les charges. Il administrait la cité, commandait sa milice, dirigeait sa diplomatie, scellait les actes de son sceau ; 2° le *tysatski* (de *tysatch*, mille) porte dans les documents allemands le titre de *dux* ou *heerzog* : c'était donc un chef militaire, un chiliarque qui avait sous ses ordres les *centeniers* de la milice bourgeoise. Il avait un tribunal particulier, et semble avoir eu pour mission de défendre les droits du peuple ; il rappelait ainsi les tribuns de Rome ; 3° outre les *centeniers*, il y avait un *staroste*, sorte de maire d'arrondissement, pour chacun des quartiers de la ville.

Le principal document du droit novgorodien, c'est la *Lettre de justice* (*Soudnaïa gramota*) dont la rédaction définitive remonte à 1471. On y retrouve les mêmes principes que dans la *Rousskaïa Pravda* de Iaroslaf le Grand. Comme dans les anciennes lois germaniques et scandinaves, on y consacre le droit de vindicte privée, la fixation du prix du sang, le rachat du dommage, le serment admis comme preuve, le jugement de Dieu, le duel judiciaire, qui se maintint à Novgorod, même après sa décadence, jusqu'au seizième siècle. On y voit cependant apparaître les châtiments corporels : le voleur sera marqué ; à la seconde récidive, il sera pendu. La propriété territoriale y acquiert une plus grande importance, et, trace évidente de l'influence moscovite, on admet une seconde instance judiciaire, l'appel au tribunal du grand-prince.

La constitution de Novgorod présente, au point de vue social, d'autres analogies avec la constitution polonaise : d'abord une grande inégalité entre les diverses classes de la société. Une aristocratie des boïars avait fini par se constituer, et c'était ses querelles intestines qui agitaient la ville. Au-dessous des boïars, venaient les *enfants-boïars*, sorte de petite noblesse, puis les différentes classes de bourgeois, les marchands, le *noir peuple* et les *smerdes* ou paysans. Les marchands formaient une association particulière, une sorte de *ghilde*, autour de l'église de Saint-Jean. Il existait aussi des sociétés militaires, bandes d'aventuriers indépendants ou *droujines* de quelque boïar, qui, poussées par la faim ou l'inquiétude d'esprit, allaient au loin courir les aventures sur les grands fleuves de la Russie septentrionale, pillant parfois amis et ennemis, ou s'établissant en colonies militaires au milieu des tribus tchoudes ou finnoises.

Le sol de Novgorod était sablonneux, marécageux, improductif. De là ces famines et ces pestes qui dépeuplent si souvent le pays. Pour vivre, Novgorod était obligée de s'étendre : elle fut donc un peuple de commerçants et de colonisateurs. Dès le dixième siècle, Constantin Porphyrogénète nous montre les Slaves partant de *Nemogard* (Novgorod) descendant le Dniéper par *Milinisca* (Smolensk), *Telioutza* (Loubetch), Tchernigof, Vychégorod, Kief, Vititchévo, franchissant les cataractes du Dniéper, dépassant les stations navales de Saint-Grégoire et Saint-Éthère, aux embouchures de ce fleuve, et se répandant sur tous les rivages de l'empire grec. Les monnaies orientales, les bijoux trouvés dans les *kourganes* de l'Ilmen montrent que les Novgorodiens faisaient anciennement un commerce étendu avec l'Orient. Nous les voyons échanger du fer et des armes contre les métaux précieux que les Iougres extrayaient des mines de l'Oural. Ils commerçaient avec les Slaves de la Baltique : lorsque ceux-ci perdirent leur indépendance et qu'un centre florissant, Visby, se forma dans l'île de Gothland, les Novgorodiens se tournèrent de ce côté. Au douzième siècle, il y a un comptoir gothique et une église varègue à Novgorod; à Gothland il y a une église novgorodienne. Quand les Allemands commencèrent à disputer aux Scandinaves le commerce de la Baltique, Novgorod eut un comptoir allemand qui finit par absorber le comptoir gothique. Quand la Hanse germanique devient la maîtresse du Nord, on trouve des Allemands établis nonseulement à Novgorod, mais à Pskof et à Ladoga, à tous les débouchés du réseau des lacs novgorodiens. Ils y obtiennent des priviléges considérables, même le droit d'acquérir des prairies. Ils sont les maîtres chez eux, dans leur comptoir fortifié, dans leur enceinte d'épais madriers, où aucun Russe n'a le droit de pénétrer sans leur permission. Cette association de commerce allemande est dirigée par les idées les plus étroites et les plus exclusives. aucun Russe ne peut faire partie de la compagnie, ni transporter les marchandises d'un Allemand, d'un Anglais, d'un Wallon ou d'un Flamand. La compagnie n'autorise le commerce qu'en gros : pour maintenir ses marchandises à haut prix, elle défend d'en importer au delà d'une certaine somme. En un mot, dit un écrivain allemand, « pendant trois siècles, la Hanse concentra en ses mains tout le commerce extérieur de la Russie septentrionale. Si l'on demande quel profit ou quel dommage elle a apporté à ce pays, il faut bien reconnaître que, grâce à elle, Novgorod et Pskof furent privées d'un libre commerce avec l'Occident. La Russie, pour satisfaire à ses premiers besoins de civilisation, tomba dans une dépendance complète. Elle fut livrée au bon plaisir, à l'égoïsme impitoyable des marchands allemands. » (Riesenkampf, *Der deutsche Hof.*)

La constitution ecclésiastique de Novgorod présente un caractère tout particulier. Dans le reste de la Russie, le clergé est russe-orthodoxe. A Novgorod, il est novgorodien avant tout. C'est au douzième siècle seulement que les Slaves de l'Ilmen, qui avaient été les derniers à se convertir, purent avoir un archevêque sorti, non de la Grèce ou de la Russie kiévienne, mais de leur propre race. Dès lors l'archevêque de Novgorod est élu par les citoyens, par la *vetché* : sans attendre l'investiture du métropolite de Kief, on installe le nouvel élu dans son palais archiépiscopal. Il est un des grands personnages, le premier en dignité, de la république. Dans les actes publics son nom est cité avant tous les autres : « Bénédiction de la part de l'archevêque Moïse, dit une lettre patente; salut du possadnik Daniel et du *tysatski* Abraham. » Sur le prince il a cette supériorité d'être un enfant du pays, tandis que le descendant de Rourik est un étranger. En revanche les revenus du prélat, le trésor de Sainte-Sophie, sont au service de la république. Au quatorzième siècle, nous voyons deux archevêques élever à leurs frais, l'un des tours, l'autre un kremlin de pierre. Au quinzième siècle, les richesses de la cathédrale sont employées au rachat des prisonniers russes enlevés par les Lithuaniens. C'est une église essentiellement nationale que celle de Novgorod : les ecclésiastiques se mêlent des affaires temporelles, et les laïques des affaires spirituelles. Au quatorzième siècle, la *vetché* fait mettre à mort les hérétiques *strigolniks*, proscrit d'anciennes superstitions, fait brûler des sorciers. Comme elle élevait l'archevêque, elle pouvait le déposer. Avec la colonisation novgorodienne s'étendait parmi les tribus païennes la propagande orthodoxe : vis-à-vis des Finnois, l'Église et la république avaient des intérêts identiques. C'était la religion qui contribuait à la splendeur de la cité et qui profitait surtout de ses richesses. Novgorod était pleine d'églises et de monastères fondés par la piété des particuliers. Novgorod, qui s'était affranchie de la suprématie politique de Kief, aurait voulu secouer aussi sa suprématie religieuse, se dispenser de chercher sur le Dniéper l'investiture de son archevêque, faire de celui-ci un métropolite indépendant. Elle n'y réussit pas. Quand Moscou commença à grandir, ce n'était pas seulement l'indépendance politique, mais l'indépendance spirituelle de Novgorod qu'elle menaça. La religion était dans les mains des princes moscovites un instrument de règne. Le prélat novgorodien fit toujours cause commune avec ses concitoyens et partagea avec eux les éclats de la colère du maître.

La littérature dans cette cité est nationale comme l'Église elle-même. Les pieux chroniqueurs des couvents novgorodiens épousent toutes les passions, toutes les querelles de leurs concitoyens. Leur style même, dit M. Bestoujef, reflète vivement le caractère actif, négociant des Novgorodiens. C'est court, économe de mots; mais leurs récits embrassent plus complètement que ceux des autres pays russes toutes les faces de la vie réelle. Ils sont les historiens non pas seulement des princes et des boïars, mais de la cité tout entière. Les vies de saints sont des vies de saints novgorodiens. Les miracles qu'ils racontent sont à la gloire de la cité. On racontera, par exemple, que le Christ est apparu à l'artiste chargé de le peindre sous la coupole de Sainte-Sophie et lui a dit : « Ne me représente pas avec la main étendue pour bénir, mais avec la main fermée, parce que dans cette main je tiens Novgorod, et quand elle s'ouvrira, ce sera la fin de la ville. » On propagera le récit de la panique jetée parmi les soldats d'André Bogolioubski par l'image de la Vierge, blessée d'une flèche sousdalienne. Novgorod a son cycle particulier de chansons épiques, de *bylines*. Ses héros ne sont pas ceux de l'épopée kiévienne. C'est d'abord Vassili Bouslaévitch, ce boïar téméraire qui, avec sa fidèle droujina, tient en échec au pont du Volkhof, ayant du sang jusqu'aux genoux, tous les moujiks de Novgorod, qu'il a défiés au combat. Vassili Bouslaévitch est le vrai type de ces orgueilleux aventuriers, qui ne connaissent ni ami ni ennemi, un véritable oligarque novgorodien, un héros de guerre civile. Plus populaire encore est Sadko, le riche marchand, espèce d'Ulysse ou de Sindbad novgorodien, digne représentant d'un peuple de négociants et d'aventuriers, qui va chercher fortune sur les flots. Une tempête s'élève; on tire au sort pour savoir qui l'on sacrifiera au courroux des dieux. Ses compagnons jettent à l'eau des baguettes de fer, Sadko une baguette de bois : ô prodige! les autres surnagent, c'est la sienne qui s'enfonce. Il obéit à la destinée et se précipite dans les flots; mais il est accueilli dans les palais du Roi de la mer, qui le soumet à diverses épreuves et veut lui faire épouser sa fille. Puis Sadko se retrouve tout d'un coup sur le rivage avec d'immenses trésors. Mais qu'est-ce que cela auprès des trésors de la cité ? « On voit bien que je suis un riche marchand de Novgorod, — mais Novgorod est encore plus riche que moi[1]. »

Pskof et Viatka.

Des villes sujettes de Novgorod, la plus considérable était celle de Pskof : sur la pointe formée par le confluent de la Pskova et de la Vélikaïa, s'élève son Kremlin, aux remparts croulants, aux tours et aux portes ruinées. Ces murailles fameuses autrefois sont aujourd'hui des amas de décombres, et les gamins de la ville s'amusent à en faire dégringoler les moellons dans la Pskova pour effrayer les lavandières. Pskof n'est plus qu'une pauvre bourgade de 10 000 âmes. De sa splendeur passée, il ne lui reste guère que sa cathédrale de la Trinité à l'une des extrémités du Kremlin, où reposent, dans des châsses métalliques, les restes des princes les plus aimés : Vsévolod-Gabriel, Dovmont, un Lithuanien converti qui au treizième siècle vint défendre la république contre ses propres compatriotes. Comme cette vieille ville a conservé beaucoup d'églises et de monastères, elle offre encore de loin un aspect imposant, et, les jours de fête, cette cité morte semble s'éveiller au carillon de ses cloches innombrables, qui retentissent avec autant d'éclat que dans les jours de sa gloire passée.

Nestor fait de Pskof la patrie de sainte Olga. Toute son histoire se résume en ces deux faits : lutte contre les Tchoudes, puis contre les Allemands de Livonie; efforts pour s'affranchir de Novgorod. C'est le développement de son commerce et de ses richesses qui finit par assurer son indépendance. Son premier prince particulier fut Vsévolod-Gabriel, qui, chassé par les Novgorodiens, fut accueilli avec d'autant plus d'enthousiasme par les Pskoviens. Quand le

[1]. A. Rambaud, *la Russie épique*, p. 130.

parti sousdalien domine à Novgorod, c'est ordinairement le parti contraire qui triomphe dans Pskof. Vers 1214, la petite république contracte avec les Allemands une alliance offensive et défensive : elle devait les secourir contre les Lithuaniens, et ils devaient la soutenir contre Novgorod. Elle jouait là un jeu assez dangereux : en 1240, un certain Tverdillo livra Pskof aux chevaliers porte-glaives. Elle ne fut affranchie qu'en 1242. A partir de ce moment Pskof cesse de se mêler aux guerres civiles de Novgorod. Elle avait assez de ses propres affaires et de sa lutte contre les Allemands, les Suédois, les Lithuaniens. Elle s'intitule aussi « Monseigneur Pskof la Grande »; mais c'est seulement en 1348 que les Novgorodiens, ayant besoin de son secours contre Magnus, roi de Suède, reconnaissent formellement son indépendance par le traité de Bolotof et concluent avec elle un lien fraternel : Novgorod devient le *frère aîné*, et Pskof le *jeune frère*. L'organisation de Pskof est à peu près celle de son ancienne métropole. On y retrouve le prince, la *vetché*, et la division en *quartiers*, au nombre de six, qui avaient chacun leur staroste.

Au douzième siècle, entre la Kama et son affluent la Viatka, se forme une nouvelle colonie novgorodienne, qui resta en république jusqu'au milieu du quinzième siècle. Cette contrée lointaine, dit M. Bestoujef-Rioumine, encore aujourd'hui est toute novgorodienne : « Quand le voyageur a passé la Viatka, il rencontre un mode particulier de construction des chaumières. Ce ne sont plus ces longues lignes d'*isbas* ajoutées l'une à l'autre, comme de ce côté-ci du fleuve : c'est une haute maison, où la cour et les corps d'habitations sont entourés d'un rempart de madriers et sont réunis sous le même toit : en un mot c'est la maison novgorodienne. On entend le patois de Novgorod, on revoit le bonnet novgorodien. C'est la colonisation de Novgorod toute vivante encore. » En 1174, des aventuriers de la grande république vinrent de la Kama vers la Viatka, en s'avançant de l'est à l'ouest, et sur cette rivière fondèrent une première colonie, qui est aujourd'hui le village de Nikoulitsyne. Une autre bande battit les Tchérémisses et sur leur territoire éleva Kochkarof, aujourd'hui Kotelnitch. Puis les deux bandes se réunissant pénétrèrent dans le pays des Votiaques; sur la rive droite de la Viatka, au sommet d'une haute montagne, ils aperçurent une cité, entourée d'un rempart et d'un fossé et où se trouvait un des sanctuaires de ce peuple. Aussi pieux que les compagnons de Cortez ou de Pizarre, les aventuriers russes se préparèrent à l'assaut par un jeûne de plusieurs jours, puis invoquant saints Boris et Glèbe, ils enlevèrent la ville. Alors, non loin de là, à l'embouchure de la Khlynovitsa dans la Viatka, ils bâtirent la cité de Khlynof, qui, sous le nom de Viatka, devint la capitale de tous leurs établissements. Elle n'avait pas de murailles : c'étaient les maisons qui serrées l'une contre l'autre présentaient à l'ennemi comme un rempart continu, leur mur de derrière. A la nouvelle de leurs succès, d'autres colons accoururent de Novgorod et des forêts du nord et fondèrent d'autres centres de population. Ces hardis pionniers durent se réunir plus d'une fois, tantôt contre les indigènes finnois ou les envahisseurs tatars, tantôt contre les prétentions de Novgorod ou du grand-prince de Moscou. On retrouvait chez eux, comme dans la métropole, des boïars, des marchands et des bourgeois. Ils avaient pour chefs militaires des voïévodes ou des *atamans*. Leur esprit d'indépendance religieuse égalait leur indépendance politique. Le métropolite de Moscou Jonas constatait avec dépit l'indocilité de leur clergé et s'en vengeait en accusant leurs mœurs : « Vos fils spirituels, écrivait-il aux prêtres de Viatka, vivent contre la loi : ils ont jusqu'à cinq, jusqu'à six, jusqu'à sept femmes. Et vous osez bénir de tels mariages! »

CHAPITRE IX.

LES PORTE-GLAIVES. CONQUÊTE DES PROVINCES BALTIQUES PAR LES ALLEMANDS.

Trois races d'hommes nouvelles, trois invasions, du douzième au treizième siècle, allaient modifier le développement historique des diverses parties de la Slavie : la Russie du nord-ouest allait faire connaissance avec les Allemands, celle de l'est et du midi avec les Tatars-Mongols, celle de l'ouest avec les Lithuaniens.

Une partie des peuples tchoudes ou lettons de la Baltique étaient considérés par les princes et les républiques russes du nord-ouest comme leurs sujets ou leurs tributaires. Si le Danois Canut le Grand avait conquis l'Esthonie, Iaroslaf le Grand avait fondé Iourief (Dorpat) sur l'Embach, qui se jette dans le Péïpous et qui séparait alors les possessions danoises et russes : il sépare aujourd'hui le pays de langue finnoise en deux dialectes, celui de Revel et celui de Dorpat. Un Mstislaf, fils de Vladimir Monomaque, avait conquis sur les Tchoudes la ville d'Odenpach (*tête d'ours*, en finnois). Au pays letton, les princes de Polotsk s'étaient emparés des forteresses indigènes de Gersiké et Kokenhusen sur la Düna, et, le long de ce fleuve, étendu leur influence jusqu'à Thoréïda et Ascheraden.

Avec les marchands allemands arrivent bientôt sur la Baltique les missionnaires latins. Le moine Meinhard, envoyé par l'archevêque de Brême, évangélisa les Lives et fut nommé évêque de Livonie. Ce que les Allemands apportaient aux Lettons et aux fils du héros tchoude Kalévy, comme à tant de peuples slaves, lithuaniens ou finnois aujourd'hui disparus, c'était, sous prétexte de christianisme, la ruine de leur indépendance nationale et la servitude. Le marchand allemand, le missionnaire allemand, le guerrier allemand apparurent presque en même temps sur la Düna. L'apôtre Meinhard construisit à Uexküll une église, et aussitôt après, autour de l'église, s'éleva une forteresse (1187). C'est de ce jour fatal que date pour ces braves populations la perte de leurs terres et de leur liberté. Les Lives virent bientôt à quoi tendait cette propagande. Ils se soulevèrent contre les missionnaires, et en 1198 le second évêque de Livonie périt dans une bataille. Les indigènes retournèrent à leurs dieux, se plongèrent dans la Düna afin de laver le baptême qu'ils avaient reçu et de le renvoyer en Allemagne. Alors Innocent III prêcha contre eux une croisade et Albert de Buxhœwden (1798-1229) leur troisième évêque, le véritable fondateur de la domination tudesque en Livonie, entra dans la Düna avec une flotte de 23 navires et bâtit la ville de Riga, dont il fit sa capitale (1200). L'année suivante il installa l'ordre des *Frères de la milice du Christ* ou des *Porte-glaives*, auxquels le pape donna les statuts des Templiers. Ils portaient le manteau blanc avec la croix rouge sur l'épaule. Le plus grand nombre étaient originaires de la Westphalie et de la Saxe. Vinno de Rohrbach fut leur premier grand-maître. Les Lives, après avoir demandé le secours des princes de Polotsk, marchèrent sur Riga et éprouvèrent une défaite complète (1206). Le prince de Polotsk, à son tour, assiégea la ville pendant une absence de l'évêque, mais elle fut sauvée par l'arrivée d'une flottille allemande.

Trois circonstances surtout favorisèrent les succès des Porte-glaives : la faiblesse des princes de Polotsk, les querelles intestines de Novgorod, qui ne lui permettaient pas de veiller à la sauvegarde des intérêts russes, enfin les divisions des indigènes qui n'avaient pu encore s'élever de l'idée de tribu à celle de nation. Les chevaliers leur étaient d'ailleurs fort supérieurs par leur armement, leur tactique. Les forteresses germaniques étaient solidement bâties de pierres cimentées, tandis que celles des indigènes étaient des remparts de terre, de bois ou de pierres sèches. Ceux-ci essayaient vainement, avec leurs cordes, d'arracher la crête des remparts allemands. Les Porte-glaives dirigèrent une série de campagnes d'abord contre les Lives et les Sémigalles de la Düna, puis contre les Tchoudes au nord et les Lettons au sud-est.

Tant que la tribu refusait le baptême et l'obéissance, on mettait chez elle tout à feu et à sang ; quand elle se soumettait, on lui prenait des otages et on bâtissait sur son territoire des châteaux, qui n'étaient souvent que les anciennes forteresses des indigènes, reconstruits à la manière allemande.

C'est ainsi que s'élevèrent sur la Düna, Riga, Kirchholm, Uexküll, Lennewarden, Ascheraden, Kreuzburg ; sur l'Aa, Volmar, Venden, Segevold, Kremon ; Neuhausen près du Péipous ; Fellin, Weissenstein chez les Tchoudes du nord. Aux princes de Polotsk, ces étrangers enlevèrent Kokenhusen et Gersiké, aux Novgorodiens Odenpach et Dorpat ; Pskof fut menacé. Au nord, après de vives querelles avec le roi de Danemark, ils lui achetèrent Kolyvan, sous le rocher duquel repose Kolyvan, un titan de la mythologie finnoise : c'est la ville qui s'appela Revel.

Le pays conquis fut divisé en fiefs : les uns appartenaient à l'Ordre, qui les distribuait à ses chevaliers, les autres formaient la part de l'évêque qui les inféodait à des hommes à lui. Les villes nouvelles reçurent la constitution des cités marchandes de Lübeck, Brême ou Hambourg : Riga resta la plus puissante d'entre elles. L'archevêque de Riga, son chapitre, la ville et le grand-maître de l'Ordre, étaient souvent en conflit pour leurs droits respectifs ; leurs divisions devaient amener un jour la décadence de l'institution.

Vers 1225, s'établit chez les Prussiens-Lithuaniens une autre confrérie militaire, l'*Ordre teutonique*, qui, sur les débris des tribus païennes asservies, éleva Thorn, Marienberg, Elbing, Kœnigsberg. Les Teutoniques de Prusse et les Porte-glaives de Livonie étaient faits pour s'entendre : la croix noire fraternisa avec la croix rouge, et en 1237 les deux ordres se réunirent en une seule association. Le *landmeister* prussien Hermann de Balk devint *landmeister* de Livonie. Au-dessus des divers *landmeister* s'élevait le *grand-maître* de l'ordre teutonique. Fortifiés par cette alliance, les « frères de la milice du Christ » purent faire peser sur les indigènes lettons, lives et finnois la plus cruelle servitude. Ces vaillants barbares devinrent bientôt des paysans attachés à la glèbe. La noblesse allemande leur a bien rendu au commencement de ce siècle la liberté personnelle; elle ne leur a pas restitué leurs terres.

La race conquérante et les races conquises sont toujours séparées. Pour le Tchoude le mot *saxa* (Saxon, Allemand) signifie toujours *le maître*. Une chanson du pays tchoude de Pskof, intitulée *les Jours d'asservissement*, déplore le temps où « flottèrent les bannières des étrangers, où les intrus firent de nous des esclaves, nous enchaînèrent comme les serfs des tyrans, nous forcèrent à être leurs valets. Frère, que dois-je chanter? Tristement retentit le chant des larmes. Le sort de l'esclave est par trop dur. » Un autre chant originaire du Wierland (Esthonie) est intitulé *les Jours du passé*. « Le passé, ce fut le temps du massacre, un long temps de souffrance.... Les esprits exterminateurs étaient déchaînés contre nous; les prêtres nous étranglaient avec leurs chapelets, les avides chevaliers nous pillaient, les troupes de brigands sévissaient, les glaives meurtriers taillaient en pièces.... *Le père de la croix* ravissait nos richesses, enlevait le trésor de sa cachette, s'attaquait à l'arbre, à l'arbre sacré, à la source, à la fontaine de salut. La hache s'abattait sur le chêne de Tara, la cognée plaintive sur l'arbre de Kiro. » (Richter, *Geschichte der deutschen Ostseeprovinzen.*)

CHAPITRE X.

LES TATARS-MONGOLS : ASSERVISSEMENT DE LA RUSSIE.

Origine et mœurs des Mongols. — Batailles de la Kalka, de Riazan, de Kolomna et de la Sita : conquête de la Russie. — Alexandre Nevski. — Le joug mongol : influence des Tatars sur le développement russe.

Origine et mœurs des Mongols.

Jusqu'alors les destinées de la Russie avaient présenté quelque analogie avec celles de l'Occident : la Slavie, comme la Gaule, avait reçu des pays du midi la civilisation romaine avec le christianisme; des hommes du nord y avaient apporté une organisation qui rappelait celle des Germains; elle avait eu sous Iaroslaf, comme l'Occident sous Charlemagne, une certaine unité factice; elle s'était ensuite démembrée et morcelée, comme la France à l'époque féodale. Mais au treizième siècle, la Russie éprouva une infortune inouïe : elle fut envahie et subjuguée par les hordes asiatiques. Ce funeste événement contribua tout autant que les désavantages du sol et du climat à retarder de plusieurs siècles son développement. La nature, comme l'a dit M. Solovief, avait été une marâtre pour la Russie : l'histoire fut une autre marâtre.

En ces temps-là, disent les chroniqueurs russes, « pour nos péchés arrivèrent des nations inconnues : personne ne savait quelle était leur origine, d'où elles venaient, ni quelle religion elles professaient.... Dieu seul les connaît, et peut-être encore les sages hommes qui sont versés dans les livres. » Quand on songe de quel effroi l'Europe tout entière tressaillit à l'arrivée des Mongols, et de quelle angoisse furent saisis un Frédéric II, un saint Louis, un Innocent IV, on peut s'imaginer la terreur des Russes. Ils étaient les premiers exposés aux coups de ces ennemis inconnus, qu'on disait être Gog et Magog, lesquels « doivent venir à la fin dou monde quant Antechrist venra pour tout destruire. » (Joinville.)

Les *Ta-ta* ou *Tatars* semblent avoir été une peuplade de la grande race mongole, établis au pied de l'Altaï, et qui, malgré leurs discordes séculaires, trouvèrent moyen, à plusieurs reprises, de désoler la Chine par leurs invasions. Le portrait qu'on fait d'eux rappelle assez bien celui que les auteurs chinois, latins ou grecs nous ont déjà tracé des Huns, des Avars et autres peuples nomades des premières invasions. « Les *Ta-tzi* ou les *Da*, dit un écrivain chinois du treizième siècle, s'occupent exclusivement de leurs troupeaux ; ils se transportent sans cesse de pâturages en pâturages, de rivière en rivière. Ils ne savent ce que c'est qu'une ville ou qu'une muraille. Ils ne connaissent ni l'écriture, ni les livres : ils concluent les traités de vive voix. Dès l'enfance, ils s'exercent à monter à cheval, à tirer des flèches contre les oiseaux et les rats, et acquièrent ainsi la bravoure qui leur est nécessaire dans cette vie de guerres et de rapines. Ils n'ont ni cérémonies religieuses, ni institutions judiciaires. Depuis le prince jusqu'au dernier des hommes du peuple, tous se nourrissent de la chair des animaux qu'ils écorchent et dont ils revêtent la peau et les fourrures. Les plus forts reçoivent dans les festins les plus gros morceaux et les plus gras : les vieillards mangent et boivent leurs restes. Ils n'ont de considération et de respect que pour la force et la bravoure ; ils méprisent la vieillesse et la faiblesse. Quand le père meurt, son fils épouse ses plus jeunes femmes. » Un écrivain musulman nous les montrent adorant le soleil à son lever, pratiquant la polygamie et la communauté des femmes. Ce peuple pasteur ne connaissait d'autre phénomène intéressant dans la nature que la pousse de l'herbe ; les noms qu'ils donnaient aux mois leur étaient inspirés par les divers aspects de la prairie. Nés cavaliers, à la guerre ils n'avaient pas d'infanterie. Ils ignoraient l'art des sièges. Mais, dit un auteur chinois, « quand ils veulent prendre une ville, ils tombent sur les villages des environs. Chaque cavalier s'empare d'une dizaine d'hommes ; chacun des prisonniers est tenu de porter une certaine quantité de bois, de pierres et d'autres matériaux. Ils s'en servent pour combler les fossés ou creuser des tranchées. Pour enlever une ville, ils ne regardent pas à perdre dix mille hommes. Aussi aucune place ne leur résiste. Après l'avoir prise, ils massacrent toute la population, sans distinguer ni vieux ni jeunes, ni riches ni pauvres, ni beaux ni laids, ceux qui résistent ou ceux qui se rendent. Aucune personne de distinction n'échappe à la mort si on a tenté de faire une défense. »

Ce sont ces tribus grossières que Témoutchine, dit Gengis-Khan (1154-1227), après quarante années de luttes obscures, parvint à réunir en un corps de nation. Alors, dans un congrès général de leurs princes, il se proclama empereur et déclara que, comme il n'y avait qu'un soleil dans le ciel, il ne devait y avoir qu'un empereur sur la terre. A leur tête, il conquit la Mandchourie, le royaume de Tangout, la Chine septentrionale, le Turkhestan et la Grande Boukharie, qui ne s'est jamais relevée de ce désastre, les plaines de l'Asie occidentale jusqu'à la Crimée. En mourant, il partagea entre ses quatre fils le plus vaste empire qui ait jamais existé.

Ce fut pendant sa conquête de la Boukharie que ses lieutenants, Tchépé et Souboudaï-bagadour, entraînant sur leur passage une multitude de peuplades turques, tournèrent la mer Caspienne par son rivage méridional, envahirent la Géorgie et le Caucase, et, dans les steppes méridionales de la Russie actuelle, vinrent se heurter aux Polovtsi.

Batailles de la Kalka, de Riazan, de Kolomna et de la Sita ; conquête de la Russie.

Les Polovtsi, ces ennemis héréditaires des peuples russes, demandèrent secours aux princes chrétiens contre ces Mongols et ces Turcs qui étaient leurs frères d'origine. « Ils ont pris notre pays, dirent-ils aux descendants de saint Vladimir; demain ils prendront le vôtre. » Mstislaf le Téméraire, alors prince de Galitch, décida tous les dynastes de la Russie méridionale à prendre les armes contre les Tatars : son gendre Daniel, prince de Volynie, Mstislaf Romanovitch, grand-prince de Kief, Oleg de Koursk, Mstislaf de Tchernigof, Vladimir de Smolensk, Vsévolod, naguère prince de Novgorod, répondirent à son appel. Pour cimenter son alliance avec les Russes, Basti, khan des Polovtsi, embrassa l'orthodoxie. L'armée russe était déjà arrivée sur le bas Dniéper, lorsque se présentèrent dix ambassadeurs tatars : « Nous sommes venus poussés par Dieu, contre nos esclaves et nos palefreniers, les maudits Polovtsi. Acceptez donc notre paix; nous n'avons aucune guerre avec vous. » Les Russes, avec l'irréflexion et la soudaineté qui caractérisent les hommes de ce temps, mirent à mort les ambassadeurs. Ils continuèrent à s'enfoncer dans la steppe et rencontrèrent les hordes asiatiques sur le Kalka, petite rivière qui se jette dans la mer d'Azof. La chevalerie russe, dans cette mémorable journée, montra le même désordre et le même élan déraisonnable que la chevalerie française au début de nos guerres anglaises. Mstislaf le Téméraire, Daniel de Galitch et Oleg de Koursk se lancèrent les premiers au milieu des infidèles, sans attendre les princes de Kief et sans même leur en donner avis, uniquement pour s'assurer tout l'honneur de la victoire. Au milieu du combat, les Polovtsi, saisis de panique, se rejetèrent sur les rangs des Russes et y portèrent le désordre. La déroute du premier corps d'armée entraîna un désastre général. Les chefs essayèrent de regagner le Dniéper de toute la vitesse de leurs cour-

-iers. Six princes et soixante-dix des plus illustres boïars ou voiévodes restèrent sur le champ de bataille. Ce fut comme le Crécy et le Poitiers de la chevalerie russe. Un dixième à peine de l'armée put se sauver : les Kiéviens, à eux seuls, eurent dix mille morts. Cependant le grand-prince de Kief, Mstislaf Romanovitch, était resté dans un camp fortifié sur les rives de la Kalka. Abandonné par le reste de l'armée, il essaya de s'y défendre. Les Tatars lui firent offrir une capitulation : le grand-prince pourrait se retirer librement à condition de payer une rançon pour lui et pour sa droujina. Il se rendit, la capitulation fut violée. Sa garde fut massacrée; lui-même et ses deux gendres étouffés sous des planches. Les Tatars célébrèrent leur festin de victoire sur leurs corps inanimés (1224).

Après ce coup de foudre qui épouvanta la Russie tout entière, les Tatars s'arrêtèrent et retournèrent vers l'Orient. On n'entendit plus parler d'eux. Treize ans se passèrent, pendant lesquels les princes revinrent à leurs éternelles discordes. Ceux du nord-est n'avaient donné aucun secours à la Russie du Dniéper; peut-être que le grand-prince Georges II de Sousdalie se félicitait de l'humiliation des Kiéviens et des Galliciens. On oubliait les Mongols; toutefois les chroniques de ce temps sont remplies de funestes présages : au milieu des disettes, des famines, des maladies contagieuses, des incendies dans les villes et de fléaux de toutes sortes, on remarqua la comète de 1224, le tremblement de terre et l'éclipse de soleil de 1230.

Les Tatars étaient occupés à achever la conquête de la Chine; puis un des fils de Genghis, Ougoudeï ou Oktaï, reconnu comme le khan suprême des Mongols, envoya son neveu Baty dans les régions de l'Occident. Comme le reflux des Polovtsi avait annoncé l'invasion de 1224, celui des Saxins, nomades apparentés aux Kirghiz, qui se réfugièrent sur les terres des Bulgares du Volga, fit prévoir la nouvelle irruption des Tatars, et en indiqua la direction. Ce n'était plus la Russie méridionale, mais la Russie sousdalienne qui était directement menacée. Baty en 1237 conquit la *Grande Ville*, capitale de ces Bulgares à demi civilisés, qui étaient comme les Polovtsi de vieux ennemis de la Russie et qui allaient être enveloppés avec elle dans une même ruine : Bolgary fut donc livrée aux flammes et les habitants passés au fil de l'épée. Les Tatars s'enfoncèrent alors dans les profondes forêts du Volga et envoyèrent aux princes de Riazan, en manière d'ambassadeurs, une sorcière et deux officiers. Les trois princes de Riazan, ceux de Pronsk, de Kolomna, de Moscou, de Mourom, s'avancèrent au-devant d'eux. « Si vous voulez la paix, dirent les Tatars, donnez-nous la dîme de vos biens. — Quand nous serons morts, répondirent les princes russes, vous pourrez les prendre tout entiers. » Quoique abandonnés par les princes de Tchernigof et le grand-prince Georges II, auxquels ils avaient demandé du secours, les dynastes de Riazan acceptèrent une lutte inégale. Ils furent écrasés : presque tous ces princes restèrent sur le champ de bataille. La légende a embelli leur chute : on raconte que Feodor aima mieux mourir que de laisser voir sa jeune épouse à Baty, et que sa femme Euphrasie en apprenant sa mort se précipita des fenêtres de son *terem* avec son fils ; qu'Oleg le Rouge, retrouvé sur le champ de bataille encore vivant, repoussa les caresses, les soins et la religion du khan et fut aussitôt mis en pièces. Riazan fut ensuite prise d'assaut, saccagée, brûlée ; toutes les villes de la principauté eurent le même sort.

C'était maintenant le tour du grand-prince : car la Russie du nord-est n'eut même pas l'honneur de succomber dans une bataille générale comme la Russie du sud-ouest, en se réunissant une fois au moins contre l'ennemi commun. L'armée sousdalienne, commandée par un fils de Georges II, fut battue dans la journée de Kolomna, sur l'Oka. Les Tatars brûlèrent Moscou, puis assiégèrent Vladimir-sur-Kliazma, que Georges II avait abandonnée pour aller chercher du secours dans le nord. Ses deux fils étaient chargés de défendre la capitale. Princes et boïars, sentant qu'il n'y avait pas d'autre alternative que la mort ou la servitude, se préparèrent à mourir. Les princesses et tous les grands prièrent donc l'évêque Mitrophane de leur accorder la tonsure monacale, puis lorsque les Tatars se furent rués dans la ville par toutes les portes, les vaincus se retirèrent dans la cathédrale où ils périrent, hommes et femmes, dans une conflagration générale. Sousdal, Rostof, Iaroslavl, quatorze villes, une multitude de villages, dans la grande-principauté, furent également livrés aux flammes (1238). Les Tatars allèrent ensuite chercher le grand-prince qui était campé sur la Sita, presque à la frontière des possessions novgorodiennes. Georges II ne put venger ni son peuple ni sa famille: après la bataille, l'évêque de Rostof releva son cadavre décapité (1238). Son neveu Vassilko, fait prisonnier, fut égorgé pour avoir refusé de servir Baty. L'immense armée tatare, après avoir saccagé Tver, prit Torjok; là « les têtes russes tombaient sous l'épée des Tatars comme l'herbe des champs sous la faux. » Le territoire de Novgorod était entamé : la grande république trembla, mais les forêts profondes, le débordement des fleuves, arrêtèrent Baty : le flot envahisseur arriva jusqu'à la *croix d'Ignace*, à environ cinquante lieues de Novgorod, puis reflua vers le sud-est. En chemin, la petite place de Kozelsk (près de Kalouga) arrêta si longtemps les Tatars et leur fit éprouver tant de pertes qu'ils la surnommèrent la *méchante ville*. Sa population fut exterminée et son prince Vassili, encore enfant, fut « noyé dans le sang. »

Les deux années suivantes (1239-1240) furent employées par les Tatars à ravager la Russie méridionale. Ils brûlèrent Péréiaslaf, Tchernigof, que ses princes défendirent avec une énergie désespérée. Puis Mangou, petit-fils de Genghis-Khan, marcha contre cette fameuse ville de Kief, dont le nom retentissait dans tout l'Orient et dans les livres des écrivains arabes. De la rive gauche du Dniéper, le barbare admira cette grande cité qui se dressait sur les hauteurs de la rive droite, dominant le large fleuve de ses blanches murailles, de ses tours embellies par les artistes byzantins, de ses innombrables églises aux coupoles d'or et d'argent. Mangou proposa aux Kiéviens une capitulation : le sort de Riazan, de Vladimir, de Tchernigof, capitales de puissants États, annonçait aux habitants ce qui les attendaient s'ils refusaient, et cependant les Kiéviens massacrèrent les envoyés du khan. Leur grand-prince Michel s'enfuit; son compétiteur Daniel de Galitch n'osa rester. Sur le rapport de Mangou, Baty vint assaillir Kief avec le gros de son armée. Le grincement plaintif des chariots de bois, le mugissement des buffles, le cri des chameaux, le hennissement des chevaux, les hurlements des Tatars permettaient à peine, assure l'annaliste, de s'entendre dans la ville. Les Tatars assaillirent la porte de Pologne et brisèrent les murailles à coups de bélier. « Les Kiéviens, soutenus par le brave Dmitri, un boïar gallicien, défendirent jusqu'à la fin du jour les remparts ébranlés, puis ils firent retraite sur l'église de la Dîme qu'ils entourèrent d'une palissade. Les derniers défenseurs de Kief se trouvèrent groupés autour du tombeau de Iaroslaf. Ils périrent le lendemain. Le khan fit au boïar Dmitri grâce de la vie, mais « la mère des villes russes » fut saccagée : ce troisième sac fut le plus terrible. Les tombeaux mêmes ne furent pas respectés. De l'église de la Dîme, il ne reste aujourd'hui que quelques fragments de mosaïque dans les musées de Kief. Sainte-Sophie et le monastère des Catacombes furent livrés au pillage (1240).

Restaient la Volynie et la Gallicie : leurs princes ne purent les défendre. La Russie se trouva alors tout entière, sauf Novgorod et le pays du nord-ouest, sous le joug tatar. Les princes étaient morts ou en fuite; des centaines de mille hommes étaient traînés en captivité. On voyait des femmes de boïars « qui jamais n'avaient connu le travail, qui naguère étaient couvertes de riches vêtements, parées de colliers d'or et de bijoux, entourées d'esclaves, réduites maintenant à être les esclaves des barbares et de leurs femmes, tournant la meule du moulin et apprêtant leur grossière nourriture. »

Si l'on cherche les causes qui valurent à la brave nation russe une défaite aussi complète, on peut avec Karamsine indiquer les suivantes : 1° Les Tatars n'étaient pas plus avancés au point de vue militaire que les Russes : ceux-ci avaient fait leurs preuves en Grèce et en Occident contre les peuples les plus belliqueux et les plus civilisés de l'Europe ; mais les Tatars avaient une énorme supériorité numérique : Baty traînait peut-être avec lui 500 000 guerriers. 2° Cette immense armée agissait comme un seul homme : elle put écraser successivement les *droujines* des princes ou les *milices* des villes qui ne se présentèrent que successivement à ses coups. Les Tatars avaient trouvé la Russie divisée contre elle-même. 3° Quand même elle aurait eu l'intention de se confédérer, la soudaineté des irruptions d'une armée entièrement composée de cavaliers ne lui en aurait pas laissé le temps. 4° Dans les peuples que commandait Baty, tout homme était soldat ; en Russie, les nobles et les bourgeois seuls avaient des armes ; les paysans, qui formaient la masse de la population, se laissaient égorger ou enchaîner sans résistance. 5° Ce n'était point par un peuple méprisable que les Russes furent vaincus : les Tatars-Mongols, sous Genghis-Khan, avaient rempli l'Orient de la gloire de leur nom, conquis l'Asie presque entière ; ils arrivaient orgueilleux de leurs exploits, animés par le souvenir de cent victoires, renforcés d'innombrables peuples qu'ils avaient vaincus et qu'ils précipitaient avec eux vers l'Occident.

Lorsqu'en Pologne et en Hongrie on vit arriver, en fugitifs, les princes de Gallicie, de Volynie, de Kief, l'Europe fut épouvantée. Le pape, dont le prince de Gallicie avait réclamé l'appui, appela aux armes la chrétienté. Louis IX se préparait à la croisade. Frédéric II, en sa qualité d'empereur, écrivait aux souverains de l'Occident : « Voici le moment d'ouvrir les yeux de l'esprit et du corps, maintenant que les braves princes sur lesquels nous comptions sont morts ou esclaves. » Les Tatars envahirent la Hongrie, livrèrent la bataille de Liegnitz, en Silésie, contre les princes polonais, furent arrêtés longtemps par la courageuse défense du voiévode tchèque Iaroslaf dans Olmütz (Moravie) et s'arrêtèrent en apprenant qu'une grande armée, commandée par le roi de Bohême et les ducs d'Autriche et de Carinthie, approchait. La nouvelle du trépas d'Oktaï, second empereur de tous les Tatars, qui mourut en Chine, rappela Baty de l'Occident. D'ailleurs, en approchant de l'Allemagne, son armée diminuait nécessairement de nombre ; on n'y retrouvait plus les grandes plaines et les pâturages de l'Asie et de l'Europe orientale; on se voyait dans un pays coupé, accidenté, hérissé de forteresses, défendu par une population plus dense et une chevalerie plus nombreuse qu'en Russie. En somme, toute la fureur de l'ouragan mongol s'abattit sur les peuples slaves : c'étaient des Russes qui combattaient à la Kalka, à Kolomna, à la Sita, des Polonais et des Silésiens à Liegnitz, des Bohémiens et des Moraves à Olmütz. De l'invasion mongole, les Allemands n'eurent que la peur; elle sévit principalement sur ces plaines de la Russie qui semblent une continuation des grandes steppes de l'Asie. C'est dans l'histoire russe seulement qu'elle eut des conséquences historiques considérables.

Vers ce temps, Baty éleva sur un des bras du bas Volga, l'Aktouba, une cité qu'il appela Saraï (le château) et qui devint la capitale d'un puissant empire tatar, la *Horde d'or*, qui s'étendait de l'Oural et de la Caspienne aux embouchures du Danube. La Horde d'or était peuplée non-seulement de Tatars-Mongols, qui se sont conservés dans la Crimée méridionale, mais surtout de débris des anciens nomades, tels que les Petchenègues et les Polovtsi, dont les Kalmouks et les Bachkyrs semblent aujourd'hui les héritiers, de populations turques, qui tendaient quelquefois à devenir sédentaires, comme aujourd'hui les Tatars de Kazan et d'Astrakhan, et enfin de populations finnoises déjà établies dans le pays et qui se fusionnèrent avec les envahisseurs. Ce vaste empire barbare, qui enserrait la Russie au sud et à l'est, pendant deux siècles la tint sous la terreur et dans la servitude. Les trois premiers successeurs de Genghis-Khan, Oktaï, Kouïouk, Mangou, élus par tous les princes mongols, avaient le titre de grands-khans, et la Horde d'or reconnaissait leur autorité; mais sous son quatrième successeur, Khouboulaï, qui usurpa le pouvoir et s'établit en Chine, ce lien de vassalité fut rompu. La Horde d'or devint un État indépendant (1260). Unie et puissante sous le terrible Baty, qui mourut en 1255, elle se démembra sous ses successeurs ; mais au quatorzième siècle encore, le khan Ousbek, en réunissant de nouveau toutes ses tribus, devait donner à la Horde une seconde période de prospérité. Les Tatars, arrivés païens en Russie, embrassèrent, vers 1272, la foi de l'islam, et en devinrent de redoutables apôtres.

Alexandre Nevski (1252-1263).

Iaroslaf, le vaincu de Lipetsk, était entré dans la Sousdalie, après la mort tragique de son frère, le grand-prince Georges II. Iaroslaf (1238-1246) trouva son héritage dans la plus déplorable situation : les villes et les villages étaient brûlés, les campagnes et les routes couvertes de cadavres sans sépulture ; les survivants se cachaient dans les bois. Il rappela les fuyards, commença à rebâtir. Baty, qui avait complété la dévastation de la Russie méridionale, somma Iaroslaf de venir lui présenter ses hommages dans sa capitale de Saraï sur le Volga. Iaroslaf y fut accueilli avec distinction : Baty lui confirma le titre de grand-prince, mais l'invita à se rendre en personne à la cour du grand-khan, chef suprême de la nation mongole, qui avait sa résidence sur les bords du fleuve Sakhalian ou Amour. C'était la Russie et l'Asie tout entières à traverser. Iaroslaf plia les genoux devant le nouveau maître du monde, Oktaï, réussit à se disculper des accusations portées contre lui par un boïar russe, et obtint une nouvelle confirmation de son titre. Au retour, il mourut d'épuisement dans le désert et ses fidèles rapportèrent son corps dans Vladimir. Iaroslaf eut pour successeur dans la Sousdalie son fils André (1246-1252). Son autre fils Alexandre régnait à Novgorod la Grande.

Alexandre était aussi brave qu'intelligent ; il fut le héros du nord, et pourtant, mieux que personne, il sut accepter les humiliantes nécessités d'une situation terrible. Dans sa jeunesse, nous le voyons bataillant contre tous les ennemis de Novgorod, Porte-glaives et Tchoudes, Suédois et Finnois. Les Novgorodiens se trouvaient en conflit avec les Scandinaves, à cause de leurs possessions de la Néva et du golfe de Finlande. Comme ils aidaient les indigènes à résister à la propagande latine, le roi Jean obtint du pape Grégoire IX qu'une croisade, avec promesse d'indulgences, serait prêchée contre la grande république russe et contre ses protégés, les païens de la Baltique. Son gendre Birger, avec une armée de Scandinaves, de Finlandais et de croisés occidentaux, prit le commandement de l'armée et envoya dire au prince de Novgorod : « Défends-toi, si tu le peux. Sache que je suis déjà dans tes provinces. » Les Russes, de leur côté, entendaient combattre pour la défense de l'orthodoxie, opposer une croisade grecque à la croisade latine. Alexandre s'humilia dans Sainte-Sophie, reçut la bénédiction de l'archevêque Spiridon et adressa une harangue énergique à ses guerriers. Il n'avait pas le temps d'attendre les secours de la Sousdalie. Il assaillit le camp suédois, établi sur l'Ijora, un des affluents méridionaux de la Néva, qui a donné son nom à l'Ingrie. Il remporta une éclatante victoire, qui lui valut son surnom de Nevski et l'honneur de devenir sous Pierre le Grand, cet autre vainqueur des Suédois, un des patrons de Saint-Pétersbourg, où ses ossements, par les soins du grand empereur, reposèrent dans le monastère d'Alexandre Nevski. La bataille de la Néva fut dramatisée par la légende. Un chef ingrien racontait à Alexandre que la veille du combat il avait vu glisser dans la nuit un canot mystérieux, monté par deux guerriers au front radieux. C'étaient Boris et Glèbe qui venaient au secours de leur jeune parent. D'autres récits nous ont conservé les exploits individuels des héros russes, Gabriel, Skylaf de Novgorod, Jacques de Polotsk, Sabas, qui abattit la tente de Birger, Alexandre Nevski lui-même, qui, d'un coup de lance, lui « imprima son sceau sur la figure » (1240). Malgré l'éclat d'un tel service, Alexandre ne put s'accommoder avec les Novgorodiens; peu de temps après, il se retira à Péréiaslavl-Zaliésski.

Les fiers républicains eurent bientôt à regretter l'exil de cet autre Camille. L'ordre des Porte-glaives, infatigable ennemi de l'orthodoxie, s'était emparé de Pskof, leur alliée. Les Allemands imposèrent un tribut aux Vojanes, vassaux de Novgorod, construisirent la forteresse de Koporié sur ses domaines de la Néva, prirent la ville russe de Tessof en Esthonie, pillèrent les marchands de Novgorod jusqu'à trente verstes de leurs remparts. Pendant ce temps, les Tchoudes et les Lithuaniens enlevaient les paysans et le bétail des citadins. Alexandre se laisse fléchir enfin par les prières de l'archevêque et des citoyens, rassemble une armée, chasse les Allemands de Koporié, puis de Pskof, fait pendre comme traîtres les Vojanes et les Tchoudes pris dans les rangs ennemis et mettre à mort six chevaliers qui lui sont tombés entre les mains. C'était une guerre cruelle et impitoyable qui se poursuivait entre les deux races et les deux religions. A peine si on reconnaissait encore un droit des gens. Plus d'une fois, Allemands et Russes égorgèrent les ambassadeurs de l'autre parti. Alexandre Nevski livre enfin bataille aux Porte-glaives sur la glace même du lac Péïpous, leur tue quatre cents chevaliers, en prend cinquante, extermine une multitude de Tchoudes. Telle fut la *bataille des Glaces* (1242). Il rentra en triomphe dans Novgorod traînant après lui ses prisonniers bardés de fer. Le grand-maître croyait voir Alexandre aux portes de Riga et implorait le secours du Danemark. Le prince de Novgorod, satisfait d'avoir délivré Pskof, conclut la paix moyennant la restitution de quelques districts et consentit à l'échange des prisonniers. A cette époque, Innocent IV, trompé par de faux renseignements, adressa une bulle à Alexandre comme à un fils dévoué de l'Église, lui assurant que son père Iaroslaf en mourant à la Horde avait désiré se soumettre au trône de saint Pierre. Deux cardinaux lui apportèrent cette lettre du pape (1251).

C'est pourtant ce héros de la Néva et du lac Péïpous, ce vainqueur des Scandinaves et des Porte-glaives, que nous allons voir ramper aux pieds d'un barbare. Alexandre Nevski avait compris qu'en présence de cette force brutale et énorme des Mongols toute résistance était folle, tout orgueil pernicieux. Les braver, c'était compléter la ruine de la Russie. Cette conduite pouvait n'être pas chevaleresque : elle fut sage et humaine. Alexandre dédaigna de faire le brave aux dépens de son peuple, comme son frère André de Sousdalie, qui ensuite dut s'enfuir, abandonnant ses sujets aux vengeances des Asiatiques. Le prince de Novgorod était le seul de la Russie qui eût gardé son indépendance, mais il savait que Baty pouvait bien étendre ses mains jusqu'à l'Ilmen. « Dieu m'a soumis beaucoup de peuples, lui écrivait le barbare; toi seul refuseras-tu de reconnaître mon pouvoir? Si tu veux conserver ta terre, viens à moi ; tu verras la splendeur et la gloire de mon empire. » Alexandre se rendit donc à Saraï avec son frère André, qui disputait à leur oncle Sviatoslaf la grande-principauté de Vladimir. Baty déclara que la renommée n'avait point exagéré le mérite d'Alexandre et qu'il sortait en effet du commun des princes russes. Toutefois il enjoignit aux deux frères de se rendre, comme avait fait leur père Iaroslaf, à la grande Horde : ils en revinrent en 1257. Koulouk avait confirmé l'un dans la possession de Vladimir, l'autre dans celle de Novgorod, en y ajoutant même toute la Russie méridionale avec Kief.

L'année 1260 mit à l'épreuve la patience d'Alexandre et sa politique de résignation vis-à-vis des Tatars. Oulavtchi, auquel le khan Berkaï avait confié les affaires de la Russie, exigea que Novgorod se soumît au dénombrement et payât le tribut. C'était le héros de la Néva qu'il chargeait de l'humiliante et dangereuse mission de décider les Novgorodiens. Quand le possadnik de Novgorod émit, dans la *vetché*, l'avis qu'il fallait se soumettre à la loi du plus fort, le peuple poussa un cri terrible et massacra le possadnik. Vassili même, le fils d'Alexandre, se déclara contre un père « qui apportait la servitude à des hommes libres » et se retira chez les Pskoviens. Il fallait une âme énergiquement trempée pour résister à l'universelle désapprobation et conseiller aux Novgorodiens une lâcheté nécessaire. Alexandre fit arrêter son fils et punit de mort ou de mutilation les boïars qui l'avaient engagé à la révolte. La *vetché* avait décidé qu'on refuserait le tribut et renvoyé les ambassadeurs mongols avec des présents. Pourtant, sur le bruit qu'une armée tatare approchait, il y eut un revirement, et Alexandre put annoncer aux Mongols que les Novgorodiens se soumettaient au dénombrement. Puis, quand on vit à l'œuvre les fonctionnaires du khan, la population se souleva de nouveau, et le prince fut obligé de les faire garder jour et nuit. Vainement les boïars conseillaient aux bourgeois de se soumettre : rassemblé autour de Sainte-Sophie, le peuple déclarait qu'il voulait mourir pour la liberté et l'honneur. Alexandre alors fit mine de quitter la ville avec ses hommes et de l'abandonner aux vengeances du khan. Cette menace dompta la fierté des Novgorodiens. Les Mongols et leurs agents, un registre à la main, purent aller de maison en maison dans la cité humiliée et silencieuse, pour faire le relevé des habitants. « Les boïars, dit Karamsine, pouvaient encore tirer vanité de leur rang et de leurs richesses, mais les simples citoyens avaient perdu, avec l'honneur national, leur bien le plus précieux » (1260).

Dans la Sousdalie aussi, Alexandre se trouvait en présence de vainqueurs insolents et de vaincus exaspérés. En 1262, les habitants de Vladimir, de Sousdal, de Rostof, se soulevèrent contre les collecteurs de l'impôt tatar : ceux de Iaroslavl massacrèrent un renégat, nommé Zozime, ancien moine qui était devenu un musulman fanatique. On pouvait s'attendre à de terribles représailles. Alexandre courut à la Horde avec des présents, au risque d'y laisser sa tête. Il avait d'ailleurs à s'excuser d'avoir refusé aux Mongols un corps d'auxiliaires russes, voulant du moins ménager le sang et les scrupules religieux de ses sujets. Chose remarquable, sur les plus profondes humiliations de la nationalité russe, l'histoire de ce temps laisse toujours tomber un reflet de gloire : au moment où Alexandre allait se prosterner à Saraï, l'armée de Sousdalie, réunie à celle de Novgorod et conduite par son fils Dmitri, battait les Portes-glaives et enlevait d'assaut Dorpat. Le khan

Berkaï reçut bien Alexandre, agréa ses explications, le dispensa de fournir un contingent, mais le retint près d'une année à sa cour. La santé d'Alexandre était épuisée : au retour, il mourut avant d'avoir atteint Vladimir. Quand cette nouvelle parvint dans sa capitale, le métropolite Cyrille, qui achevait la liturgie, se tourna vers les fidèles : « Mes chers enfants, apprenez qu'il s'est couché, le soleil de la terre russe ! ». — « Nous sommes perdus ! » s'écria le peuple qui éclata en sanglots. Alexandre, par cette politique de résignation, que son héroïsme chevaleresque ne permet pas de mépriser, avait rendu un peu de repos à la Russie épuisée. Par ses victoires sur les ennemis d'Occident, il lui avait donné un peu de gloire et l'avait empêchée de désespérer d'elle-même sous le plus formidable écrasement matériel et moral qu'ait jamais subi un peuple européen.

Le joug mongol : influence des Tatars sur le développement russe.

Les khans mongols, après avoir dévasté et maté la Russie, n'y introduisirent directement aucun changement politique. A chaque pays ils laissèrent sa constitution, ses lois, ses cours de justice, ses chefs naturels. La maison d'André Bogolioubski continue à régner en Sousdalie, celle de Daniel Romanovitch en Gallicie et Volynie, les Olgovitchs à Tchernigof, les descendants de Rogvolod le Varègue à Polotsk ; Novgorod put continuer à chasser et à rappeler ses princes et les dynastes du sud à se disputer le trône de Kief. Les États russes se trouvèrent sous le joug mongol à peu près dans la même situation que, trois siècles plus tard, les états chrétiens de la péninsule gréco-slave sous le joug ottoman. Les Russes restèrent en possession de toutes leurs terres, que dédaignaient leurs vainqueurs nomades, cantonnés dans les steppes de l'est et du sud ; ils furent, comme leurs congénères danubiens, des espèces de raïas, sur lesquels s'exerçaient avec plus ou moins d'intensité l'autorité des khans, mais que leurs conquérants ne cherchaient en aucune façon à *tatariser*. Voyons en quoi consistaient précisément les obligations des vaincus et leurs rapports avec les vainqueurs, pendant la période du *joug mongol* ou *tatarchtchina*.

1° Les princes russes étaient tenus de se rendre à la Horde, soit pour témoigner de leur soumission, soit pour soumettre aux khans le jugement de leurs différends. Nous avons vu qu'il leur fallait visiter non-seulement le khan de la Horde d'or, mais souvent aussi le grand-khan à l'extrémité de l'Asie, sur les bords du Sakhalian ou Amour. Là, ils se rencontraient avec les chefs des hordes mongoliques, tatares, thibétaines, boukhariennes, parfois avec les ambassadeurs du khalife de Bagdad, du pape romain ou du roi de France. Les grands-khans essayaient de terrifier l'un par l'autre les envoyés de tous ces peuples, étonnés de se rencontrer à sa cour. Mangou-Khan enjoignait à saint Louis de le reconnaître pour maître du monde, car, disait-il, « lorsque l'univers m'aura salué comme souverain, on verra renaître sur la terre une heureuse tranquillité »; en cas de refus, « ni les mers profondes ni les montagnes inaccessibles » ne mettraient le roi de France à l'abri de son courroux. Aux princes de l'Asie et de la Russie il montrait les présents du roi de France, affectant de les considérer comme un tribut de soumission. « Nous l'enverrons chercher pour vous confondre », leur disait-il, et Joinville assure que cette menace et la « paour du roy de France » en décidèrent beaucoup à se rendre à merci. C'était un terrible voyage que celui de la grande Horde : la route ne traversait que des déserts ou des pays jadis opulents que les Tatars avaient changés en déserts. Bien peu en revenaient : Plan Carpin, l'envoyé du pape Innocent IV, a vu dans les steppes des Kirghiz les ossements desséchés des boïars du malheureux Iaroslaf, morts de soif dans les sables. Plan Carpin nous décrit ainsi la cour de Baty sur le Volga : « Elle est brillante et nombreuse. Son armée compte 600 000 hommes, dont 150 000 Tatars et 450 000 étrangers, tant chrétiens qu'infidèles. Le vendredi de la semaine sainte, nous fûmes conduits à sa tente entre deux feux, parce que les Tatars prétendent que le feu purifie tout et ôte même la force à un poison caché. Il nous fallut faire plusieurs prosternations et entrer dans la tente sans en toucher le seuil. Baty était sur son trône, avec une de ses femmes ; ses frères, ses enfants et les seigneurs tatars étaient placés sur des bancs : le reste de l'assemblée assis par terre, les hommes à droite, les femmes à gauche... Le khan et les seigneurs de sa cour vidaient de temps en temps des coupes d'or et d'argent, tandis que des musiciens faisaient retentir les airs de leurs mélodies. Baty a le teint animé ; il met de l'affabilité dans ses relations avec les siens, mais il inspire une terreur générale. » La cour du grand-khan était encore plus magnifique. Plan Carpin y retrouva un Russe nommé Koum qui était le favori et l'orfévre de Gaïouk ou Kouïouk, et Rubruquis un orfévre parisien nommé Guillaume. Pour réussir soit à la cour de Baty, soit à celle du grand-khan, il fallait beaucoup d'argent. Il fallait d'abord distribuer des présents aux princes tatars, aux favoris, surtout aux femmes et à la mère du khan. A ce terrible tribunal les princes russes venaient lutter d'intrigues et de corruption : la tête des plaideurs était souvent leur enjeu dans ce procès redoutable. Les plus dangereux ennemis qu'ils rencontraient à la cour tatare, ce n'étaient pas les barbares, mais les Russes, leurs concurrents et leurs envieux. C'est une tragique histoire que celle des princes russes à la Horde : ainsi périrent à la Horde de Saraï, en 1246, le prince Michel de Tchernigof, et en 1319 le prince Michel de Tver, assassinés, l'un par le renégat Doman, l'autre par le renégat Romanetz, ce dernier à l'instigation et sous les yeux du grand-prince de Moscou.

2° Les vaincus étaient astreints à payer un impôt par tête ou capitation qui pesait aussi lourdement sur les pauvres que sur les riches. Le tribut se soldait soit en argent, soit en fourrures : ceux qui ne pouvaient payer devenaient esclaves. Les khans avaient d'abord affermé ce revenu à des marchands de Khiva qui le percevaient avec la dernière rigueur, et qu'ils protégeaient en les faisant soutenir d'agents supérieurs appelés *baskaks* et accompagnés ordinairement d'une force imposante. Les excès de ces publicains excitèrent plusieurs fois des révoltes : en 1262, celle de la Sousdalie; en 1284, celle de Koursk; en 1318, celle de Kolomna; en 1327, celle de Tver, dont les habitants massacrèrent le *baskak* Chevkal et attirèrent sur eux d'effroyables représailles. Plus tard, les princes de Moscou prirent à forfait l'impôt non-seulement de leurs propres sujets, mais encore des pays voisins. Ils se firent les fermiers-généraux des envahisseurs. Ce fut l'origine de leurs richesses et de leur puissance.

3° Outre le tribut, les vaincus devaient à leurs maîtres l'impôt du sang, un contingent militaire. Au temps des Huns et des Avars, on avait déjà vu les Slaves et les Goths accompagner les hordes asiatiques, former leur avant-garde, être comme les chiens de chasse de Baïan. Au treizième siècle, les princes russes fournissaient aux Tatars des troupes d'élite, surtout une solide infanterie, et marchaient dans leurs armées à la tête de leurs *droujines*. C'est ainsi qu'en 1276 Boris de Rostof, Glèbe de Biélozersk, Feodor d'Iaroslavl, André de Gorodetz, suivirent le khan Mangou dans une guerre contre les peuples du Caucase, saccagèrent Dédiakof, la capitale des Iasses, dans le Daghestan. Les Mongols leur réservèrent scrupuleusement leur part de butin. Les mêmes princes russes prirent part à l'expédition contre un aventurier nommé Lachan dans les sources grecques, ancien gardeur de pourceaux, qui avait soulevé la Bulgarie. Plus déshonorante était la conduite des descendants de Monomaque dans les troubles intérieurs de la Russie. C'était contre leurs compatriotes qu'ils accompagnaient, qu'ils excitaient les Mongols. Le prince André, fils d'Alexandre Nevski, saccagea, en 1281, de concert avec les Tatars, les provinces de Vladimir, Sousdal, Mourom, Moscou, Péréiaslavl, qu'il disputait à Dmitri, son frère aîné. Il aida les barbares à profaner les églises et les monastères de femmes. En 1327, ce sont les princes de Moscou et de Sousdal qui dirigent l'exécution militaire contre Tver. En 1284, deux Olgovitchs régnaient au pays de Koursk : l'un d'eux, Oleg, fait mourir l'autre au nom du khan. La servitude avait tellement abaissé les caractères que l'aplatissement général se communique aux annalistes : celui qu'ils blâment, ce n'est pas Oleg, le meurtrier, mais Sviastoslaf, la victime : n'était-ce pas sa conduite peu mesurée qui avait attiré sur lui la colère du khan?

4° Aucun prince ne pouvait monter sur le trône sans avoir reçu l'investiture et le *iarlikh* ou lettres patentes du khan. Les fiers Novgorodiens eux-mêmes, en 1304, repoussaient leur prince Michel en disant : « Nous avons choisi Michel, il est vrai, mais à condition qu'il nous montrerait le *iarlikh* ».

5° Aucun État russe n'osait entreprendre une guerre sans en avoir obtenu l'autorisation. En 1269, les Novgorodiens demandent la permission de marcher contre Revel. En 1303, dans une assemblée des princes, en présence du métropolitain Maxime, on lut un décret du khan Tokhta qui enjoignait aux princes de mettre un terme à leurs dissensions et de se contenter de leurs apanages, la volonté du khan étant que la grande-principauté jouît de la paix. Quand les ambassadeurs mongols apportaient une lettre de leur souverain, les princes russes étaient obligés de se rendre à pied au-devant d'eux, de se prosterner, d'étendre sous leurs pieds des tapis précieux, de leur présenter une coupe pleine de pièces d'or, d'écouter à genoux la lecture du *iarlikh*.

6° Les Tatars, tout en assujettissant les Russes, estimaient leur bravoure. Ils contractèrent avec leurs princes des alliances matrimoniales. Vers 1272, Glèbe, prince de Biélozersk, épouse une femme de la famille du khan, qui professait déjà le christianisme, et Feodor de Riazan devient le gendre du khan des Nogaïs, qui assigne au jeune couple un palais dans Saraï. En 1318, le grand prince Georges épouse Kontchaka, sœur du khan Ouzbek, qui prend au baptême le nom d'Agathe. Vers la fin du quatorzième siècle, les Tatars n'étaient déjà plus les grossiers pasteurs des steppes. Mêlés à des populations sédentaires et plus cultivées, ils avaient bâti des villes sur les ruines de celles qu'ils avaient détruites : Krym en Crimée, Kazan, Astrakhan, Saraï. Ils avaient pris goût pour le luxe et la magnificence, honoraient les poëtes nationaux qui chantaient leurs exploits, se piquaient de chevalerie et même de galanterie. Malgré la différence de religion, un rapprochement s'opéra entre l'aristocratie des deux pays, entre les *kniazes* russes et les *mourzas* tatars.

Les historiens russes ne sont pas entièrement d'accord sur la nature et le degré d'influence exercée par le joug mongol sur le développement russe. Karamsine et M. Kostomarof croient qu'elle fut considérable : « Peut-être, dit le premier, notre caractère national présente-t-il encore aujourd'hui des taches qui lui sont venues de la barbarie mongole ». M. Solovief affirme au contraire que ces nomades eurent à peine plus d'influence que les Petchenègues et les Polovtsi. M. Bestoujef-Rioumine estime que cette influence s'exerça surtout sur l'administration financière et l'organisation militaire. D'une part, les Tatars établirent l'impôt par tête ou capitation, qui est resté dans le système financier de la Russie ; d'autre part, les vaincus eurent une tendance naturelle à adopter l'armement de leurs vainqueurs. Les princes russes ou mongols formèrent comme une même caste militaire, désormais séparée de la chevalerie occidentale, à laquelle se rattachaient les héros russes du douzième siècle. Les guerriers de Daniel de Gallicie étonnèrent, dit-on, les Hongrois et les Polonais par le caractère oriental de leur équipement. Courts étriers, selle très-élevée, long cafetan ou robe flottante, une sorte de turban surmonté d'une aigrette, des sabres et des poignards à la ceinture, un arc et des flèches, tel est le costume militaire d'un prince russe du quinzième siècle.

En revanche, beaucoup des particularités dans lesquelles on a cru voir la trace d'une influence mongole peuvent s'attribuer aussi bien, et même beaucoup mieux, à des traditions purement slaves ou à des imitations byzantines. Si les princes moscovites visent à l'autocratie, ce n'est pas pour se modeler sur les grands-khans, mais par le développement naturel des idées absolutistes importées de Constantinople : c'est toujours l'empereur romain de *Tsargrad* et non le chef des pasteurs de l'Asie qui reste le monarque-type. Si, à partir de cette époque, la pénalité russe fait un usage plus fréquent de la peine de mort et des châtiments corporels, ce n'est pas uniquement à l'imitation des Tatars, mais sous l'influence chaque jour plus grande des lois byzantines, par le triomphe progressif de leurs principes sur ceux de l'ancien droit de Iaroslaf; or, ces lois admettent trop aisément la torture, la flagellation, les mutilations, le bûcher, etc., pour qu'il soit nécessaire d'invoquer les usages mongols. L'habitude de se prosterner, de *battre du front*, d'affecter une soumission servile, est sûrement orientale, mais elle est aussi bien byzantine. La réclusion des femmes était en vigueur dans l'ancienne Russie, façonnée par les missionnaires grecs, et le *terem* russe procède plus certainement du *gynécée* hellénique que du *harem* oriental : d'autant plus que les femmes tatares, avant la conversion des Mongols à l'islamisme, ne semblent pas avoir été soumises à la réclusion. Si les Russes nous paraissent étranges au dix-septième siècle avec leurs longs vêtements et leurs modes orientales, il faut se souvenir que les Français et les Italiens du quinzième siècle, habillés par les marchands de Venise, étaient vêtus dans le même goût : seulement la mode avait progressé chez nous, tandis que dans la Russie, isolée du reste de l'Europe, elle était restée stationnaire.

Au point de vue social, deux expressions russes semblent remonter à l'invasion tatare : *tcherne* ou le *peuple noir* pour désigner le bas peuple, et *krestianine* pour désigner le paysan, c'est-à-dire le *chrétien* par excellence, qui restait étranger à tous les usages mongols, un moment adoptés par l'aristocratie. Quant à la quantité de sang mongol ou tatar mêlé au sang russe, elle a dû être très-faible : l'aristocratie des deux pays peut avoir contracté des mariages, un certain nombre de *mourzas* ont pu devenir des princes russes par leur conversion à l'orthodoxie, mais les deux peuples sont, en masse, restés étrangers l'un à l'autre. Aujourd'hui encore, si les autochthones finnois continuent à se russiser, les cantons tatars, même convertis au christianisme, restent tatars.

Si le joug mongol a influé sur le développement russe, c'est surtout indirectement : 1° En séparant la Russie de l'Occident, en faisant d'elle une dépendance politique de l'Asie, elle a perpétué dans le pays cette demi-civilisation byzantine dont l'infériorité vis-à-vis de la civilisation européenne s'accusait chaque jour davantage : si les Russes du dix-septième siècle sont si différents des Occidentaux, c'est surtout parce qu'ils en sont restés au commun point de départ. 2° Indirectement encore la conquête tatare a favorisé l'établissement du pouvoir absolu : les princes moscovites, responsables, vis-à-vis du khan, de la tranquillité publique et de la perception de l'impôt, à la fois surveillés et soutenus par les *baskaks*, ont pu anéantir plus facilement l'indépendance des villes, la résistance des princes de second ordre, la turbulence des boïars, les priviléges des paysans libres. Le grand-prince de Moscou fut sans ménagements pour ses sujets parce qu'on n'aurait pas eu de ménagements pour lui et qu'il y allait de sa tête. La terreur mongole pesa d'un poids épouvantable sur toute la hiérarchie russe pour assujettir plus étroitement les nobles au prince et les paysans aux seigneurs. Les princes de Moscou, dit Karamsine, « prirent l'humble titre de serviteurs des khans, et c'est par là qu'ils devinrent de puissants monarques. » Sans doute, les principautés russes auraient toujours fini par se fondre dans une même domination, mais l'unité russe se serait faite, comme l'unité française, sans détruire entièrement les autonomies locales, les priviléges des villes et les droits des sujets : c'est l'écrasement de la domination mongole qui a étouffé tout germe de liberté politique. On peut dire avec M. Wallace que « les premiers tsars de Moscovie furent les descendants politiques, non des princes russes, mais des khans tatars. » 3° Un troisième résultat indirect de la conquête fut l'accroissement de la puissance et des richesses de l'Église. En dépit des légendes hagiographiques sur le martyre de certains princes, les Tatars étaient un peuple tolérant. Rubruquis a vu, en présence du grand-khan Mangou, des nestoriens, des musulmans et des chamans célébrer chacun leur culte particulier.

Kouïouk avait une chapelle chrétienne près de son palais; Khoubilaï assistait régulièrement aux fêtes de Pâques. En 1261, le khan de Saraï autorisa l'érection d'une église et d'un évêché orthodoxes dans sa capitale. Les Mongols n'avaient aucune haine de sectaires contre les évêques et les prêtres. Avec un sûr instinct politique, les khans tatars, comme les sultans de Stamboul, comprirent que ces hommes étaient les plus propres à agiter le peuple, ou à le calmer. Dès que la première furie de la conquête fut passée, ils s'appliquèrent à les ménager. Ils exceptèrent de la capitation les prêtres et les moines; ils les accueillaient bien à la Horde et accordaient des grâces à leur intercession. Ils jugeaient les différends des prélats orthodoxes et mirent la paix dans l'Église comme ils l'imposaient dans l'État. En 1313, le khan Ousbek, à la prière de Pierre, métropolite de Moscou, confirma tous les priviléges de l'Église et défendit de l'inquiéter dans ses biens, « car, disait le rescrit, ces biens sont sacrés, puisqu'ils appartiennent à des hommes dont les prières nous conservent la vie et fortifient notre armée. » Le droit de justice était formellement reconnu à l'Église. Le sacrilége était puni de mort.

Aussi voyons-nous les couvents croître en nombre et en richesse. Ils se peuplèrent immensément : n'étaient-ils pas les plus sûrs asiles? ils virent se multiplier leurs paysans et leurs serviteurs : leur protection n'était-elle pas la plus efficace? Les donations de terres pleuvent en leur faveur, comme en Occident, sous la terreur de l'an Mil. C'est alors que se constitua le grand patrimoine ecclésiastique de la Russie, opulente réserve de revenus et de capitaux, où plus d'une fois les souverains, dans les grandes crises nationales, furent heureux de puiser. L'Église qui, même lorsqu'elle était faible, avait constamment tendu à l'établissement de l'unité et de l'autocratie, allait mettre au service de cette cause une puissance devenue énorme. Les métropolites de Moscou seront presque constamment les plus fidèles alliés des grands princes.

CHAPITRE XI.

LES LITHUANIENS : CONQUÊTE DE LA RUSSIE OCCIDENTALE (1240-1430).

Les Lithuaniens : conquêtes de Mindvog (1240-1263), de Gédimine (1315-1340) et d'Olgerd (1345-1377). — Jagellon : union de la Lithuanie avec la Pologne (1386). — Le grand-prince Vitovt (1392-1430) : batailles de la Vorskla (1399) et de Tannenberg (1410).

Les Lithuaniens : conquêtes de Mindvog (1240-1263), de Gédimine (1315-1340) et d'Olgerd (1345-1377).

Les tribus lithuaniennes avaient déjà été fortement entamées par la conquête allemande : Prusses, Korses, Sémigalles, Lettons, avaient été asservis soit par les chevaliers teutoniques, soit par les Porte-glaives. Deux de leurs nations, les Jmoudes et les Lithuaniens proprement dits, avaient conservé, dans les profondes forêts et les marécages du Niémen, leur fière indépendance, leur férocité, leurs anciens dieux. Une tradition russe affirme seulement qu'autrefois ils avaient payé aux Russes le seul tribut qu'on pût prélever sur leur pauvreté : des balais et de la tille. Jmoudes et Lithuaniens étaient divisés, comme les anciens Slaves, en tribus rivales et ennemies. Bien que plus d'une fois ils fussent sortis de leurs forêts, soufflant dans de longues trompettes, chevauchant de rudes bidets du pays, et qu'ils eussent fait nombre d'incursions sur le territoire russe, ils n'étaient point dangereux. Ce vieux peuple aryen, que n'avaient point modifié les influences européennes, avait conservé de l'Asie une puissante caste sacerdotalo, les *vaïdelotes*, au-dessus desquels s'élevaient les *krivites*, dont le chef, le *krive-krivéïto*, était grand-prêtre de toute la nation. Leur principale divinité était Perkoun, le dieu du tonnerre, analogue au Péroun des Russes. Devant son idole brûlait constamment le feu sacré, le *znitch*. Ils avaient aussi des prêtresses, de sauvages Vellédas, comme cette Birouta qui, enlevée par Kestout, devint la mère du grand Vitovt. Les temps étaient venus où les Lithuaniens allaient périr comme les Prusses ou les Lettons, s'ils ne parvenaient à se réunir contre l'Allemand. Les émigrés des pays déjà conquis vinrent sans doute leur apporter des forces et une énergie nouvelle. Un rusé barbare, Mindvog, au commencement du treizième siècle, créa l'unité lithuanienne par des moyens à la Clovis, l'extermination des princes. « Il commença, dit une chronique, à exterminer ses frères et ses fils, chassa du pays les survivants et régna seul sur la terre de Lithuanie. » Puis il mena ses féroces guerriers contre les principautés russes, affaiblies par l'invasion mongole, et conquit Grodno et Novogrodek. La Russie occidentale avait heureusement deux grands hommes à sa tête : Alexandre Nevski et Daniel de Volynie. Menacé d'un côté par eux, de l'autre par les Porte-glaives de Livonie, il s'avisa de recourir au pape et d'embrasser la foi catholique. Un légat d'Innocent IV et le *landmeister* de l'Ordre teutonique vinrent à Grodno, escortés d'une suite brillante de chevaliers ; en présence d'un immense concours de peuple, Mindvog reçut le baptême avec sa femme et fut consacré roi de Lithuanie (1252). Le danger passé, il oublia Rome. Ses nouveaux coreligionnaires ne le ménageaient guère : il fut contraint de céder aux Porte-glaives le pays des Jmoudes. Partageant l'irritation de ses sujets, il lava son baptême comme avaient fait les malheureux Lives, rétablit le paganisme, envahit la Mazovie, ravagea les terres de l'Ordre et battit le *landmeister* en personne. Il avait enlevé la femme d'un de ses princes, nommé Dovmont, et l'avait épousée. Celui-ci l'attendit sur un chemin et l'assassina (1263). Fuyant la vengeance du fils de la victime, Dovmont s'enfuit chez les Pskoviens, fut nommé leur prince, devint chrétien et les défendit énergiquement contre ses compatriotes païens, jusqu'au moment où il mourut et fut enseveli à l'église de la Trinité. Le fils de Mindvog, Voïchel, dans la première ferveur d'un christianisme éphémère, s'était fait moine : en apprenant le meurtre de son père, il jeta le froc aux orties et fit aux conjurés une guerre d'extermination. La Lithuanie retomba dans l'anarchie pendant les luttes des descendants de Mindvog contre les autres princes qui refusaient d'accepter leur suprématie.

Elle se releva sous l'entreprenant et énergique Gédimine (1315-1340), le véritable fondateur de sa puissance. Il mit à profit l'épuisement et les divisions de la Russie méridionale, et aux conquêtes de ses prédécesseurs, Grodno, Pinsk, Brest, Polotsk, ajouta bientôt Tchernigof, la Volynie tout entière avec Vladimir, sous les murs de laquelle il battit les Russes, bien qu'appuyés par une armée d'auxiliaires tatars (1321). Quant à Kief, on ne sait pas en quelle année elle tomba en son pouvoir : dans le désordre universel, ce mémorable événement passa presque inaperçu. Pourtant la vieille capitale de la Russie allait rester pour quatre cents ans, jusqu'à Alexis Romanof, en des mains étrangères. Les populations russes accueillirent volontiers ce nouveau maître qui les affranchissait du pesant joug des Mongols et de guerres civiles sans cesse renaissantes. Comme il respectait leur constitution intérieure et les droits du clergé orthodoxe, il paraît que beaucoup de villes lui ouvrirent volontairement leurs portes. Gédimine chercha à légitimer ses conquêtes en contractant des alliances avec la maison de saint Vladimir, permit à ses fils d'embrasser la foi orthodoxe, autorisa la construction d'églises grecques dans ses résidences de Vilna et de Novogrodek. Au nord, il soutenait une lutte sans relâche contre les mortels ennemis de sa race, les moines militaires de Prusse et de Livonie. Comme Mindvog, il s'adressa au pape, alors Jean XXII, lui exposa qu'il voulait conserver son indépendance, qu'il ne demandait qu'à protéger la religion, qu'il était entouré de franciscains et de dominicains auxquels il laissait pleine liberté d'enseigner leur doctrine, qu'il était prêt à reconnaître le pape comme le chef suprême de l'Église, s'il voulait arrêter les déprédations des Allemands. Le pape français lui dépêcha Barthélemy, évêque d'Alais, et Bernard, abbé du Puy. Dans l'intervalle, de nouvelles attaques des Teutoniques l'avaient exaspéré; il chassa outrageusement ces deux légats. Il avait transporté sa capitale à Vilna, sur la Vilia : ce sont les ruines de son château royal qu'on aperçoit encore sur la hauteur qui domine la citadelle. Il y attira par des immunités des artistes et des artisans d'Allemagne et leur donna le droit civil de Riga et des villes hanséatiques. Un quartier russe se forma aussi dans sa capitale. Il mourut et fut enseveli suivant le rite païen : son corps fut brûlé dans une chaudière avec son coursier de guerre et son écuyer favori.

Après sa mort, ses fils Olgerd (1345-1377) et Kestout chassèrent deux de leurs frères qui avaient reçu des apanages et gouvernèrent ensemble la Lithuanie réunie en un seul État. Olgerd humilia Novgorod la Grande qui avait accueilli un autre de ses frères fugitifs, ravagea son territoire et l'obligea à faire périr le possadnik qui avait été l'auteur de cette guerre. Il arrondit ses États à l'est et au sud, conquit Vitepsk, Mohilef, Briansk, Novgorod-Séverski, Kamenetz et la Podolie, se rendit maître ainsi de presque tout le bassin du Dniéper et prit pied sur la mer Noire entre l'embouchure de ce fleuve et celle du Dniester. Avec la république de Pskof, il fut en relations tantôt amicales, tantôt hostiles, lui donna du secours contre les Allemands, envoya pour la gouverner son fils André, quelquefois aussi arrêta ses marchands et dévasta son territoire. Les Polonais lui disputaient la Volynie, opprimaient la religion orthodoxe et changeaient les églises grecques en églises latines. Olgerd se rapprocha alors du grand-prince de Moscou, Siméon le Superbe, et, quoique païen, épousa Julienne, princesse de Tver. Sous les successeurs de Siméon, trois fois les armées lithuaniennes prirent le chemin de Moscou, et, sans les embarras que lui causaient les Polonais et les deux Ordres germaniques, Olgerd aurait peut-être fait la conquête de la Russie orientale. En 1368, il avait détruit les hordes mongoles qui infestaient le bas Dniéper et, plus destructeur encore que ces barbares, achevé la ruine de Chersonésos en Crimée.

Jagellon : union de la Lithuanie avec la Pologne (1386).

Olgerd, qui avait pourtant reconstitué l'unité lithuanienne, retomba dans les vieux errements et partagea ses États entre ses fils et son frère, le brave Kestout qui avait été son fidèle associé. L'un de ses fils, *Iagaïlo* ou *Jagellon* (1377-1434), répara cruellement la faute paternelle. Il fit prisonnier en trahison son oncle Kestout, fit périr ce héros de la Lithuanie. Ses frères et ses parents n'échappèrent à la mort qu'en fuyant dans les États voisins. Ce sanguinaire païen fut pourtant l'apôtre de la Lithuanie. Depuis longtemps le christianisme cherchait à y pénétrer par deux voies différentes, de Pologne sous la forme latine, de Russie sous la forme grecque. La guerre acharnée que les Lithuaniens soutenaient contre les moines militaires du nord leur avait rendu le catholicisme particulièrement odieux. Sous Olgerd, le peuple de Vilna s'était soulevé et avait égorgé quatorze franciscains. D'autre part, la plus grande partie des conquêtes lithuaniennes se composant de pays russes, la Lithuanie subissait l'influence de leur religion comme de leur langue. Le russe devenait langue officielle; il semblait bien que l'orthodoxie allait devenir la foi dominante et que les vainqueurs allaient être absorbés par les vaincus, russisés par leur conquête. Un événement imprévu détourna le cours naturel de l'histoire. En Pologne, la dynastie angevine et française venait de s'éteindre en la personne de Louis de Hongrie, qui ne laissait après lui que sa fille Edvige. Les grands de la Pologne imaginèrent que le meilleur moyen d'en finir avec les éternelles guerres lithuaniennes était de faire épouser à leur reine le puissant prince de Vilna. Le cœur d'Edvige était, dit-on, engagé ailleurs; le clergé catholique lui fit un devoir de consentir à cette union qui allait assurer, dans la

Lithuanie propre, le triomphe de la foi latine et la séparer ainsi de ses provinces russes-lithuaniennes, restées orthodoxes.

En 1386, Jagellon se rendit à Cracovie, et y reçut avec le baptême la couronne royale.

Les Lithuaniens furent alors convertis d'une façon aussi sommaire que l'avaient été les Russes au temps de Vladimir. On les rangeait par groupes qu'un prêtre aspergeait d'eau bénite en prononçant un nom du calendrier latin : à une troupe entière on donnait le nom de Pierre, à une autre celui de Paul ou de Jean. Jagellon renversa l'idole de Perkoun, fit éteindre le feu divin qui brûlait dans le château de Vilna, tuer les serpents sacrés et couper les bois fatidiques. Le peuple conserva plus longtemps le culte de ses dieux; comme les Northmans que catéchisaient nos Carolingiens, beaucoup de Lithuaniens se présentèrent plusieurs fois au baptême, afin de recevoir plusieurs fois la tunique blanche du néophyte. Jagellon, en transférant sa capitale à Cracovie par complaisance pour ses nouveaux sujets, devait mécontenter les anciens. Aux païens obstinés se joignaient les orthodoxes qu'irritait la propagande du roi en faveur du catholicisme. La Lithuanie croyait, en s'unissant avec la Pologne, avoir perdu son indépendance.

Le grand-prince Vitovt (1392-1430) : batailles de la Vorskla (1399) et de Tannenberg (1410).

Vitovt, fils du héros Kestout et de la prêtresse Birouta, se mit à la tête des mécontents. Il s'allia avec les Teutoniques et deux fois assiégea, dans le château de Vilna, la garnison polonaise. De guerre lasse, Jagellon finit par lui céder la Lithuanie avec le titre de grand-prince (1392).

Vitovt (1392-1430), beau-frère d'un grand-prince de Moscou (Vassili Dmitriévitch), reprit cependant contre la Russie du nord-est les plans de conquête d'Olgerd. Sviatoslaf, avant-dernier prince de Smolensk, s'était rendu odieux, même dans ce siècle de fer, par ses cruautés. Guerroyant dans les pays russes, il prenait plaisir à empaler, à brûler vifs des femmes et des enfants. Il avait été tué en 1387 dans un combat contre les Lithuaniens, et son fils Iouri n'était que l'ombre d'un grand-prince de Smolensk, sous la tutelle de Vitovt. Celui-ci, qui à la bravoure et à l'énergie de son père savait joindre la perfidie, se rendit maître de cette ville par un stratagème digne de César Borgia. Il engagea le prince et ses frères à venir le trouver dans sa tente, les embrassa et les serra dans ses bras, puis les déclara prisonniers de guerre, tandis que son armée surprenait et pillait Smolensk. Cette cité-reine du haut Dniéper était perdue pour la Russie. L'empire lithuanien confinait maintenant à l'ancienne Sousdalie et à la principauté de Riazan. Ces deux pays étaient les seuls, avec Novgorod et Pskof, qui eussent conservé leur indépendance. Il suffisait d'une campagne pour anéantir le nom russe. Mais Vitovt nourrissait d'immenses projets, dans lesquels la conquête de Moscou n'était qu'un incident. Il avait déjà guerroyé contre les Mongols, et de prisonniers, amassés aux environs d'Azof, il avait peuplé plusieurs villages auprès de Vilna, où leur postérité a subsisté. Il prit sous sa protection le khan Tokhtamych, que Timour Koutlouï avait chassé de Saraï, et résolut de subjuguer la Horde d'or, d'y installer un vassal, puis d'ajouter à la conquête de l'empire tatar celle de Moscou et Riazan. L'armée qu'il rassembla sous les murs de Kief était peut-être la plus importante qu'on eût vue, depuis la première croisade, marcher contre des infidèles. A ses troupes lithuaniennes il avait réuni les forces polonaises que lui avait confiées Jagellon sous les fameux voiévodes Spitko de Cracovie, Jean de Mazovie, Sandivog d'Ostorog, Dobrogost de Samotoul, puis les droujines des princes russes ses vassaux, Glèbe de Smolensk, Michel et Dmitri de Volynie, les Mongols de Tokhtamych et enfin cinq cents chevaliers, richement armés, des hommes de fer qui lui avaient envoyé le grand-maître de l'Ordre teutonique. Il rencontra l'armée ennemie sur les bords de la Vorskla, un affluent du Dniéper qui coule près de Poltava.

C'était presque le champ de bataille où se heurtèrent en 1709 les deux héros du nord. Aux propositions de paix de Timour, il répondit que Dieu l'avait désigné pour être le maître du monde et que le khan devait le reconnaître pour *son père*, lui payer tribut et mettre ses armes sur les monnaies mongoles. Le khan ne négociait que pour gagner du temps, jusqu'à l'arrivée de la grande armée tatare commandée par Édigée. Celui-ci à son tour somma ironiquement Vitovt de le reconnaître pour son père et de mettre ses armes sur les monnaies lithuaniennes. Vitovt, qui espérait l'emporter sur le nombre, grâce à ses bombardes et à ses arquebuses, donna le signal du combat. Une manœuvre des Tatars sur les derrières de l'ennemi leur assura la victoire. Les deux tiers de l'armée lithuanienne, avec les princes de Smolensk et de Volynie, restèrent sur le champ de bataille. Timour en poursuivit les débris jusqu'au Dniéper et frappa une contribution de guerre sur Kief et le monastère des Catacombes (1399.) Ainsi tomba le prestige de Vitovt : les princes de Riazan eux-mêmes crurent pouvoir insulter ses frontières. Il restait encore redoutable et le grand-prince de Moscou, après avoir essayé de l'attaquer, jugea plus prudent de rétablir la paix.

Lorsque Vitovt commença à se relever de ce désastre, il dirigea contre l'Ordre teutonique une expédition plus fameuse encore. Le grand-prince de Lithuanie s'était trouvé plus d'une fois aux prises avec les deux chevaleries allemandes. L'Ordre teutonique vers cette époque avait perdu de son énergie première, grâce au développement du système des fiefs et au progrès des villes commerçantes. En 1409, les Jmoudes de la Prusse orientale, après avoir lancé une protestation contre la dureté du joug que l'on faisait peser sur eux, comptant sur l'appui de Vitovt, se soulevèrent. Un nouveau grand-maître, le belliqueux Ulrich de Jungingen, refusa la médiation du roi de Pologne, suzerain de Vitovt. Alors les forces réunies de Pologne et de Lithuanie, avec 40 000 Tatars et 21 000 guerriers soldés de Bohême, Hongrie, Moravie, Silésie, au total 97 000 fantassins, 66 000 cavaliers et 60 canons, entrèrent en Prusse. Le grand-maître ne put leur opposer que 57 000 fantassins et 26 000 cavaliers. La bataille de Tannenberg (1410), principalement gagnée par Vitovt, qui enfonça la gauche et le centre des Allemands, brisa pour toujours la puissance des Teutoniques. Le grand-maître et presque tous les grands dignitaires, 200 chevaliers de l'ordre, 400 chevaliers étrangers, restèrent sur le champ de bataille avec 4000 soldats. Presque tous les princes de la Russie occidentale avaient pris part au combat : le contingent de Smolensk s'y distingua tout particulièrement. Le pays des Jmoudes fut affranchi de la domination tudesque et réuni à la Lithuanie.

Trois ans après (1413) eut lieu, entre Jagellon, accompagné des *pans* polonais, et Vitovt, accompagné des nobles lithuaniens, le congrès de Horodlo sur le Boug. Les Lithuaniens catholiques y reçurent les droits et priviléges de la *schliachta* polonaise; il fut convenu que les représentants des deux pays se réuniraient dans une diète commune pour y élire les rois de Pologne, les grands-ducs de Lithuanie, et décider sur les affaires les plus importantes. Vitovt eut bientôt maille à partir avec ses propres sujets: les Jmoudes, si réfractaires à la puissance teutonique, étaient restés païens et lithuaniens dans l'âme. Ils haïssaient le catholicisme et la domination polonaise. Ils se soulevèrent et chassèrent les moines. Vitovt ne put les dompter que par la force.

Les provinces russes de la Lithuanie étaient orthodoxes. Elles dépendaient du métropolite de Moscou. Vitovt voulut s'affranchir de cette suprématie religieuse et demanda au patriarche de Constantinople un métropolite particulier pour cette Russie occidentale. Malgré le refus du patriarche, il convoqua un concile de ses évêques orthodoxes : un savant moine bulgare, Grégoire Tsamblak, fut élu métropolite de Kief. La Russie eut ainsi deux chefs religieux, comme elle avait deux grands-princes, celui de la Russie orientale et celui de la Russie occidentale, l'un à Moscou, l'autre à Kief. Vitovt voulait aussi s'affranchir du côté de l'Occident et soustraire la Lithuanie à la suprématie politique de la Pologne. Il eut en 1429 une entrevue avec l'empereur d'Allemagne Sigismond, qui promit de le créer roi de Lithuanie. Vitovt, âgé de quatre-vingts ans, était alors à l'apogée de sa puissance. On voyait réunis, dans ses fêtes de Troki et de Vilna, son petit-fils Vassili Vassiliévitch, grand-prince de Moscou, qu'accompagnait le métropolite moscovite Photius, les princes de Tver et de Riazan, le roi de Pologne Jagellon, le khan de Crimée, l'hospodar exilé de Valachie, le grand-maître de Prusse et le *landmeister* de Livonie, les ambassadeurs de l'empereur d'Orient. On y dévorait par jour 700 bœufs, 1400 moutons et du gibier à proportion. Au milieu de ces fêtes, l'ambitieux vieillard eut un amer déboire : les Polonais avaient intrigué auprès du pape, qui lui défendit de songer à la royauté; ils arrêtèrent les ambassadeurs de Sigismond qui lui apportaient le sceptre et la couronne. De dépit, Vitovt tomba malade et mourut (1430).

Après lui la Lithuanie perdit de sa redoutable puissance. Tour à tour nous la voyons gouvernée par un grand-prince particulier, réunie à la Pologne sous Vladimir, séparée de nouveau, puis réunie définitivement sous le même sceptre que la Pologne à partir de 1501. Quoiqu'elle eût dès lors le même souverain que la Pologne, elle forma toujours un État à part : la grande-principauté ou le grand-duché de Lithuanie. Toutefois, ses provinces lithuaniennes et russes se polonisaient peu à peu, et les princes issus de Rourik et de saint Vladimir, ou de Mindvog et Gédimine, prenaient les manières et le langage de l'aristocratie polonaise.

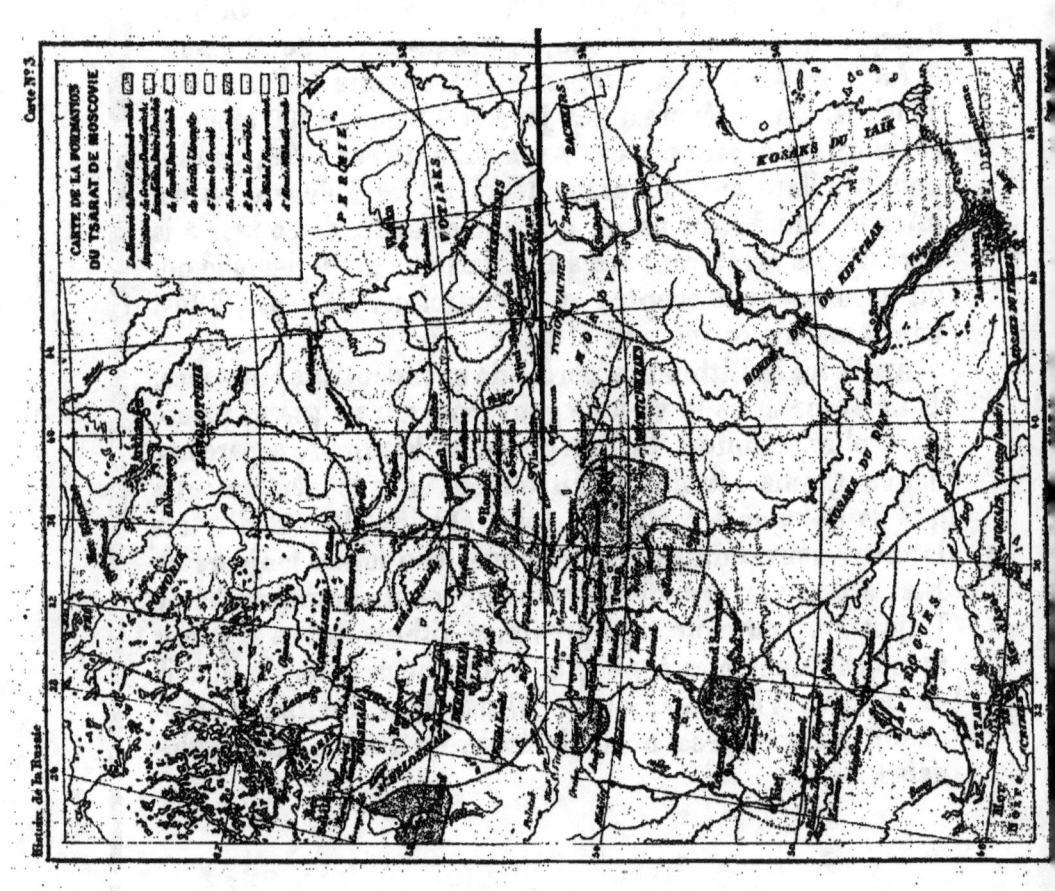

CHAPITRE XII.

LES GRANDS-PRINCES DE MOSCOU : ORGANISATION DE LA RUSSIE ORIENTALE (1303-1462).

Origines de Moscou : Daniel. — Georges Danilovitch (1303-1325) et Ivan Kalita (1328-1341) : lutte contre la maison de Tver. — Siméon le Superbe et Ivan le Débonnaire (1341-1359). — Dmitri Donskoï (1363-1389) : bataille de Koulikovo. — Vassili Dmitriévitch et Vassili l'Aveugle (1389-1462).

Origines de Moscou : Daniel.

Tandis que la Russie occidentale se groupe autour de l'État lithuanien qui donne aux provinces russes conquises une capitale étrangère, Vilna, et les entraîne bientôt dans sa propre réunion avec la Pologne, la Russie orientale se groupe autour de Moscou. Quand ce double travail de concentration, sur la Moskova et sur la Vilia, se sera accompli, alors se dresseront l'une en face de l'autre la Grande-Russie, fière de son unité nationale et religieuse, et la Russie lithuanienne, ou plutôt un État étrange composé de trois races (Russie, Lithuanie, Pologne) et de trois religions (orthodoxie, catholicisme, protestantisme, sans compter les Juifs). La lutte de ces deux sœurs ennemies remplira plusieurs siècles de l'histoire du nord. A d'autres souverains, à d'autres siècles reviendra la tâche de reconstituer l'unité russe dans sa plus grande extension. L'honneur des princes de Moscou, c'est d'avoir créé ce noyau vivace, qui fut la Grande-Russie.

Autour de Moscou, acheva de se former, sous le joug mongol, une race résignée, patiente, énergique, entreprenante, faite pour endurer la mauvaise fortune et profiter de la bonne, et qui à la longue devait avoir le dessus sur la Russie occidentale et sur la Lithuanie. Là grandit une dynastie de princes politiques et persévérants, prudents et impitoyables, de triste et terrible mine, marqués au front du sceau de la fatalité. Ils furent les fondateurs de l'empire russe, comme les Capétiens le furent de la monarchie française.

Leurs moyens furent tout autres. Là nous ne retrouverons pas les figures sympathiques d'un Louis VI, chevauchant fièrement dans les étroits domaines de France, enlevant les châteaux rebelles à la face du soleil, d'un Louis IX, vrai miroir de chevalerie, la plus noble incarnation de l'idée royale. Les princes de Moscou ont surtout agi par l'intrigue, la corruption, l'achat des consciences, la bassesse devant les khans, la perfidie avec leurs égaux, le meurtre et la délation. Ils furent à la fois les publicains et les policiers des khans. Mais ils ont créé et fait grandir le germe d'une Russie nouvelle. Désormais nous avons un centre fixe autour duquel va se rassembler cette histoire si dispersée de la Russie, que nous avons dû suivre en tant de lieux divers, à Novgorod et à Pskof, en Livonie et en Lithuanie, à Smolensk et en Gallicie, à Tchernigof et à Kief, à Vladimir et à Riazan. La mutilation de la Russie, conquise à l'ouest par les Lithuaniens, asservie à l'est par les Mongols, va faciliter l'œuvre de réorganisation. Dans cette patrie amoindrie, les souverains de Moscou rempliront plus aisément leur rôle de grands-princes.

Ce qui avait échappé à la conquête lithuanienne se réduisait, vers le milieu du quinzième siècle, à bien peu de chose. En négligeant Smolensk dont les jours étaient comptés, c'étaient les principautés : 1° de *Riazan*, avec les apanages de Pronsk et Péréiaslavl-Riazanski; 2° de *Sousdalie*, avec les villes de Vladimir, Nijni-Novgorod, Sousdal, Galitch-de-Sousdalie, Kostroma, Gorodetz; 3° de *Tver*, située sur le haut Volga, constituée en majeure partie de bailliages enlevés à Novgorod par les grands-princes de Sousdalie, avec les villes de Rjef, Kachine, Zoubtsof; 4° de Moscou resserrée, au nord par Tver, à l'est par la

Sousdalie, au sud par Riazan, étouffant presque entre ces puissants voisins, comme la petite France des Capétiens entre les redoutables États de Normandie-Angleterre, de Flandre et de Champagne.

Le nom de *Moscou* apparaît pour la première fois dans les chroniques à la date de 1147. Il y est dit que le grand-prince, Georges Dolgorouki, étant arrivé sur le domaine d'un boïar nommé Étienne Koutchko, le fit périr pour quelque faute, et que, frappé du site d'un de ses villages qui se trouvait sur la hauteur baignée par la Moskova, là où se dresse aujourd'hui le Kremlin, il bâtit la ville de Moscou. Dans le Capitole de la Rome ancienne, son fondateur Romulus aurait trouvé une tête d'homme; celui de Moscou, destiné à devenir le centre d'un empire plus vaste que l'empire romain, fut arrosé de sang humain à ses origines. Le nom d'une église, qui subsiste encore, celle du Sauveur-des-Pins (*Spass na Borou*), conserve le souvenir des profondes forêts qui couvraient alors les deux rives de la Moskova, et sur l'emplacement desquelles s'élève aujourd'hui une immense capitale. Pendant le siècle qui suivit sa fondation, Moscou resta une médiocre et obscure bourgade de la Sousdalie. Les chroniqueurs ne s'en occupent que pour nous dire qu'elle fut brûlée par les Tatars (1237), ou qu'un frère d'Alexandre Nevski, Michel de Moscou, y fut tué dans un combat contre les Lithuaniens (1248). Le véritable fondateur de la principauté de ce nom fut un fils d'Alexandre Nevski, Daniel, qui avait reçu en apanage cette bourgade avec quelques villages. Il agrandit son État d'une ville importante qu'il trouva dans l'héritage d'un de ses neveux, Péréiaslavl-Zaliésski, et de Kolomna, qu'il conquit sur les Riazanais. A sa mort (1303) il fut, le premier, enseveli dans l'église de Saint-Michel-Archange, qui resta jusqu'à Pierre le Grand la sépulture royale des princes russes. Il eut pour successeurs, l'un après l'autre, ses deux fils Georges et Ivan.

Georges Danilovitch (1303-1325) et Ivan Kalita (1328-1341) : lutte contre la maison de Tver.

Le début de Georges Danilovitch (1303-1326) fut d'enlever Mojaïsk au prince de Smolensk : il emmena prisonnier le possesseur de cet apanage. Presque aussitôt après commença contre la maison de Tver cette lutte acharnée qui, transmise par les pères aux fils, dura vingt-quatre ans. Lorsqu'André Alexandrovitch, grand-prince de Sousdalie, mourut en 1304, deux compétiteurs se présentèrent : l'un cousin germain du défunt, Michel de Tver, l'autre son neveu, Georges de Moscou. Le droit de Michel était incontestable : n'était-il pas l'*aîné* de toute la famille? Les boïars de Vladimir, les citoyens de Novgorod n'hésitèrent pas à le reconnaître comme grand-prince ; à Saraï le khan Tokhta se déclara pour lui et ordonna de procéder à son installation. Michel, qui avait pour lui le droit national, la volonté souveraine des Mongols, sut également employer la force, assiégea deux fois Moscou et contraignit le fils de Daniel à le laisser en repos ; mais il avait dans ce jeune homme un ennemi implacable. Les chroniqueurs, indignés de cette révolte de Georges contre la vieille coutume héréditaire, se sont prononcés unanimement contre lui. En tenant compte de leurs efforts pour le noircir, on voit qu'il était homme à ne reculer devant aucun crime. Son père avait fait prisonnier le prince de Riazan ; il le fit assassiner dans son cachot et se serait emparé de ses États, si le khan n'avait fait respecter les droits du jeune prince son fils. Puis Georges se fit, au préjudice de Michel, reconnaître prince de Novgorod ; mais l'armée de Tver et de Vladimir battit celle de la république. Un événement imprévu vint changer la face des choses. Le khan Tokhta mourut : Georges sut gagner à tel point les bonnes grâces de son successeur Ouzbek que celui-ci lui donna en mariage sa sœur Kontchaka, et, revenant sur la décision de Tokhta, lui adjugea la grande-principauté. Le fils de Daniel revint en Russie avec une armée mongole, commandée par le baskak Kavgadi. Michel consentait, assurent les chroniqueurs, à sortir de Vladimir pourvu qu'on respectât son apanage héréditaire; mais Georges se mit à ravager les campagnes de Tver et il fallut en venir aux mains. Michel fut complétement vainqueur : la femme tatare de Georges, son frère Boris, le général mongol Kavgadi et presque tous les officiers du khan tombèrent entre ses mains. Michel combla ses prisonniers d'égards dictés par la prudence; Kavgadi, remis en liberté avec des présents, jura d'être son ami ; mais la sœur du khan étant venue à mourir, les ennemis du prince de Tver firent courir le bruit qu'elle avait été empoisonnée. La cause des deux princes ennemis fut évoquée de nouveau au tribunal du khan. Tandis que le remuant Moscovite courait en personne à la Horde les mains pleines de présents, Michel eut l'imprudence d'y envoyer son fils, un enfant de douze ans. Pendant que Georges accuse, intrigue, corrompt, Michel se décide enfin à partir. Sentant peut-être le sort qui l'attendait, il avait fait son testament et distribué des apanages à ses enfants. Il était prévenu d'avoir tiré l'épée contre un baskak, un envoyé du khan, et d'avoir empoisonné Kontchaka. Ces accusations étaient si absurdes qu'Ousbek laissait traîner les choses en longueur. Ce n'est pas ainsi que l'entendait Georges : à force de démarches, il obtint qu'on arrêtât son parent. Le khan partit à cette époque pour une grande chasse de plusieurs mois dans le Caucase; Michel fut traîné à la suite de la cour, chargé de fers, depuis Saraï jusqu'auprès de Dédiakof dans le Daghestan. Un jour il fut mis au carcan, sur le marché d'une ville populeuse, et les spectateurs s'attroupaient en disant : « Ce prisonnier était, il n'y a pas longtemps, un prince puissant dans son pays. » Des boïars de Michel lui avaient proposé de fuir : il refusa, ne voulant pas exposer son peuple à payer pour lui. Georges se donna tant de mouvement, répandit tant d'argent, qu'enfin l'ordre de mort arriva. Un des pages de Michel entra tout effrayé dans la tente qui lui servait de cachot, pour lui dire que Georges et Kavgadi approchaient, suivis d'une multitude de peuple. « Je sais pourquoi, » répondit le prince, et il envoya son jeune fils Constantin chez l'une des femmes du khan qui devait le prendre sous sa sauvegarde. Ses deux ennemis mirent pied à terre près de la tente, dispersèrent les boïars de Tver et envoyèrent leurs sicaires assassiner le prince. On le terrassa, on le foula aux pieds ; comme pour Michel de Tchernigof, ce ne fut pas un Mongol qui le poignarda et lui arracha le cœur, mais un renégat nommé Romanetz. Alors Georges et Kavgadi entrèrent et contemplèrent le cadavre complétement nu : « Eh quoi! dit le Tatar au prince de Tver, laisserez-vous outrager le corps de celui qui fut votre oncle ? » Un serviteur de Georges jeta un manteau sur la victime (1319). Michel fut pleuré par les Tvériens. Son corps, incorrompu comme celui d'un martyr, fut plus tard déposé à la cathédrale de Tver dans une châsse d'argent. Il est devenu un bienheureux et le patron de sa cité. Sur les murailles de la cathédrale, des peintures anciennes et modernes rappellent son martyre et flétrissent le crime du Moscovite. Tous les chroniqueurs du temps ont pris avec passion son parti contre l'assassin. Karamsine s'est fait l'écho de leurs apologies et de leurs anathèmes. Mais, en même temps que Michel devenait un saint, Georges devenait le souverain tout-puissant de Moscou, de la Sousdalie et de Novgorod. Le sort tragique de Michel annonçait la ruine de Tver.

Quelques années après, il y eut à la Horde un revirement ; Dmitri *aux yeux terribles*, fils du malheureux Michel, obtint le titre de grand-prince, et le baskak Séventch Bonga fut chargé de l'installer sur le trône de Vladimir. Georges se vit obligé de courir encore une fois à Saraï : là les deux rivaux, Dmitri de Tver et Georges de Moscou, se rencontrèrent. Dmitri avait un père à venger : l'épée sortit toute seule du fourreau et le prince de Moscou tomba blessé à mort (1326). Tout ce que purent obtenir ses amis, ce fut une condamnation à mort contre Dmitri. Celui-ci eut pour successeur, dans Vladimir, son frère Alexandre.

Par malheur pour la maison de Tver, l'année suivante

les Tvériens, exaspérés par le baskak Chevkal, se soulevèrent et l'égorgèrent avec toute sa suite. Alexandre, au lieu d'imiter la ferme prudence de ses voisins de Moscou, se laissa entraîner par la passion populaire. C'est lui qui donna l'assaut au palais du baskak et qui y alluma l'incendie. Après un tel coup, il n'y avait plus de pitié à attendre du khan. Si Ousbek eût oublié de venger sa majesté insultée, les princes de Moscou l'en auraient fait souvenir. Le frère de Georges, Ivan Kalita, s'offrit à compléter la ruine de Tver. Ousbek lui promit le titre de grand-prince et lui donna une armée de 50 000 Tatars, à laquelle se joignirent les contingents de Moscou et de Sousdal. Alexandre, qui n'avait pas eu la sagesse de résister à son peuple, n'eut pas le courage de le défendre ou de mourir avec lui. Ses frères et lui s'enfuirent à Pskof et à Ladoga. Cruelle fut la vengeance du khan, la vengeance de Moscou. Tver, Kachine, Torjok furent saccagés. Novgorod même dut se racheter par une contribution de guerre. Non content de l'extermination des Tvériens, Ousbek fit périr à la même époque le prince de Riazan, fils de ce prince Iaroslaf que Georges Danilovitch avait fait tuer en prison. La Horde et Moscou semblaient avoir mêmes ennemis ; elles frappaient de concert. Il est remarquable que c'est dans le sang des martyrs, Michel de Tver et Dmitri aux *yeux terribles*, qu'a grandi la « sainte Russie ».

Ivan Kalita (1328-1340), devenu grand-prince, fit le voyage à la Horde avec Constantin, fils de Michel, qui venait de remplacer sur le trône de Tver Alexandre fugitif. Ivan fut bien reçu, mais Ousbek lui enjoignit de faire comparaître devant lui Alexandre. Les ambassadeurs du grand-prince se rendirent à Pskof pour conjurer Alexandre de comparaître ou sommer les Pskoviens de le livrer. « N'exposons pas, disaient-ils, le peuple chrétien au courroux des infidèles ! » Mais les Pskoviens, touchés des prières du Tvérien, s'écrièrent : « Ne va pas à la Horde, seigneur, quoi qu'il advienne nous mourrons avec toi ! » Magnanimes comme les Novgorodiens au temps d'Alexandre Nevski, héroïquement absurdes, ils ordonnèrent aux ambassadeurs de s'éloigner, prirent tous les armes et élevèrent une nouvelle forteresse à Isborsk. Ivan rassembla une armée ; en même temps, il engagea le métropolite Théognoste à jeter l'interdit sur Alexandre et les Pskoviens. On voyait un prince chrétien poursuivre un de ses parents sur l'ordre des Tatars et un métropolite excommunier des chrétiens pour les obliger à obéir au khan. Les Pskoviens, quoique effrayés, ne cédèrent point. C'est Alexandre qui les quitta pour se réfugier en Lithuanie. Alors ils firent dire au grand-prince : « Alexandre est parti ; Pskof tout entière t'en fait serment, du plus petit au plus grand, les popes, les moines, les religieuses, les orphelins, les femmes et les petits enfants » (1329).

Alexandre revint plus tard chez eux et fut reconnu comme leur prince. Pourtant il avait regret de sa bonne ville de Tver. La protection du Lithuanien Gédimine était trop dangereuse et trop pesante. Il crut plus facile de fléchir le terrible Ousbek. Il se rendit à la Horde avec ses boïars. « Seigneur, tout-puissant tsar! dit-il à Ousbek, si j'ai fait quelque chose contre toi, voici que je viens recevoir de toi, ou la vie, ou la mort. Fais comme Dieu t'inspirera : je suis prêt à tout. » Le khan pardonna, Alexandre revint à Tver. Ivan Kalita avait compté être pour jamais débarrassé de lui. En son absence, il était le maître de la Russie, avait mis la main dans les affaires de Tver, marié une de ses filles à Vassili de Iaroslavl, une autre à Constantin de Rostof, frère du prince banni ; il affectait la suprématie sur tous les États russes. Le retour d'Alexandre donna contre lui un chef à tous les mécontents. Au lieu de lui déclarer la guerre, il préféra recourir à ses armes ordinaires. Ivan se rendit à la Horde et y représenta Alexandre comme le plus dangereux ennemi des Mongols. La conséquence de ces insinuations fut qu'Alexandre fut sommé d'y comparaître : cette fois, il fut décapité avec son fils Feodor. La rivalité avec Moscou avait déjà coûté la vie à quatre princes de la maison de Tver. Ousbek, qui n'avait de confiance que dans Moscou et qui voulait contenir le reste de la Russie par la terreur, fit périr vers cette époque le prince de Starodoub. Les princes Constantin et Vassili de Tver, fils, frères et oncles des victimes, sentirent bien qu'ils ne se maintiendraient qu'à force de complaisance pour leur terrible beau-père. En témoignage de soumission, ils envoyèrent à Kalita la grosse cloche de la cathédrale de Tver. Les princes de Riazan et de Sousdal furent également obligés de combattre sous ses étendards. Novgorod, menacée par lui, s'engagea dans la voie qui devait lui être si funeste, et qui pouvait être la ruine de la Russie : l'alliance avec la Lithuanie. Elle accepta pour prince un fils de Gédimine, Narimant, et lui constitua en apanage héréditaire les possessions novgorodiennes du Ladoga et de la Carélie. Elle essaya aussi de se rapprocher du grand-prince de Moscou ; mais Ivan n'aspirait qu'à restreindre ses libertés et prétendit, au nom du khan, doubler le chiffre de sa capitation.

Ce prince peu belliqueux, en même temps qu'il affirmait sa suprématie, acquérait à prix d'argent les villes d'Ouglitch, Galitch, Biélozersk et des territoires aux environs de Kostroma, Vladimir et Rostof. Il était à la fois prince de Moscou et grand-prince de Vladimir : mais Moscou était son héritage, dont le khan ne pouvait légalement le dépouiller, tandis que Vladimir pouvait être transporté à une autre maison. C'est ainsi que chez nous, au onzième siècle, le duché de France était héréditaire, tandis que le titre de roi de France pouvait légalement passer à une autre famille. On conçoit alors que Kalita ait sacrifié Vladimir à Moscou, comme les Hapsbourg ont sacrifié Francfort à Vienne. Ses rivaux tvériens, les deux grands-princes ses prédécesseurs, avaient agi de même : Michel et Dmitri de Tver n'avaient guère paru à Vladimir que pour s'y faire couronner dans la cathédrale : ils résidaient habituellement dans leurs villes d'apanage, l'un à Tver, l'autre à Péréiaslavl. Sous Kalita, Vladimir resta la capitale légale de la Russie : Moscou fut la capitale de fait ; Kalita prépara les voies pour qu'elle fût bientôt capitale de droit comme de fait. Le métropolite de Vladimir, Pierre, qui avait pris Moscou en affection, y résidait souvent : son successeur Théognoste s'y établit complétement. Alors la suprématie religieuse, qui avait appartenu jadis à Kief, puis à Vladimir, passa à Moscou. Kalita fit tous ses efforts pour lui donner tout le prestige d'une métropole. Il bâtit dans le Kremlin de magnifiques églises, entre autres l'Assomption, l'*Ouspienski sobor*. Les premiers métropolites de Moscou, grâce à ses successeurs et à lui, devinrent des bienheureux : saint Alexis et saint Pierre comptent parmi les patrons de la Russie. On raconte que le métropolite Pierre avait lui-même désigné la place de son cercueil dans la nouvelle église et qu'il avait dit à Ivan : « Dieu te bénira, t'élèvera au-dessus de tous les autres princes, et agrandira cette ville au-dessus de toutes les autres villes. Ta race régnera sur ce lieu pendant de longs siècles; ses mains dompteront tous ses ennemis; les saints feront ici leur demeure et mes os y reposeront. »

Ce qui avait fait la gloire de Kief, l'ancienne métropole, c'était cet illustre monastère de Petcherski, avec ses saintes catacombes et les tombeaux de tant d'ascètes et de thaumaturges. Cet héritage de vertus et de glorieuse austérité, Moscou l'eut aussi en partage. Sous le successeur de Kalita, non loin de la capitale, dans une profonde forêt où il n'eut d'abord pour compagnon qu'un ours, sur des cours d'eau qui n'avaient d'autres riverains que les castors, saint Serge fonda ce monastère de Troïtsa (*la Trinité*), qui devait devenir l'un des plus vénérés et des plus opulents de la Russie orientale. Par la suite, en effet, ses richesses s'accroissant, il dut s'entourer de remparts; et ses épaisses murailles de briques, avec un triple étage d'embrasures, ses neuf tours de guerre, toutes ses fortifications encore aujourd'hui subsistantes devaient braver plus tard les assauts des catholiques et des infidèles. Les princes de Moscou, malgré leur politique perfide et impitoyable, étaient des princes aussi pieux que le bon roi Robert, dévots, aumôniers, infatigables à bâtir des églises et des monastères, à honorer les ecclésiastiques, à secourir les indigents. Le surnom de *Kalita* donné à Ivan, vient de la *kalita* ou aumônière, qu'il portait toujours à sa ceinture : cette *kalita* pourrait être aussi bien la bourse de Shylock, le sac de ce prince fermier et usurier, qui demandait à Novgorod le double de ce qu'il comptait payer pour elle à Ousbek. Ivan aimait à converser avec les moines de son couvent de la Transfiguration. Comme tous les princes de sa maison, il eut soin, étant sur le point de mourir, de se faire donner la tonsure monacale, une robe de religieux et un nom nouveau.

Si les princes de Moscou travaillaient énergiquement et âprement à *rassembler la terre russe*, ils continuaient cependant à la partager de nouveau en apanages entre leurs fils. Plusieurs causes empêchèrent le retour de l'ancienne anarchie : ces princes avaient presque tous très-peu de fils; ils s'habituèrent peu à peu à ne donner aux cadets que de très-faibles apanages, sous la condition d'une dépendance absolue vis-à-vis de leur aîné. Ivan, par exemple, n'eut que trois fils : il donna la plus forte part (Mojaïsk et Kolomna) à Siméon et disposa que Moscou resterait indivise. L'idée de l'État impartageable devait finir par se faire jour.

Siméon le Superbe et Ivan le Débonnaire (1340-1359).

A Kalita succédèrent l'un après l'autre ses deux fils, Siméon le Superbe (1340-1353) et Ivan II (1353-1359). Ils sont avec leur père les contemporains de nos deux premiers Valois. A la nouvelle de la mort d'Ivan, plusieurs princes entreprirent de disputer à ses fils le trône de Vladimir. Constantin de Tver et Constantin de Sousdal surtout étaient appuyés par tous les autres princes, qui ne se souciaient pas de voir le titre de grand-prince se perpétuer dans la maison de Moscou. Ils allèrent à la Horde tandis que Siméon s'y rendait de son côté avec ses deux frères. Ce ne furent ni l'éloquence, ni les raisons de Siméon qui lui assurèrent le succès : il avait trouvé dans l'épargne de son père de plus puissants arguments pour séduire les infidèles.

Après avoir pris le diadème dans la cathédrale de Vladimir, il jura de vivre en bonne harmonie avec ses deux cadets, exigea d'eux le même serment. Tout en poussant jusqu'à la bassesse la soumission envers les khans, il commandait aux princes russes avec une fierté qui lui valut son surnom de *Superbe* ou d'*Orgueilleux*. Il contraignit Novgorod à lui payer une contribution, et, en sa qualité de chef suprême de la Russie, il confirma les libertés de la république. C'est lui le premier qui osa prendre le titre de *grand-prince de toutes les Russies*, que l'état réel de la Russie justifiait très-peu, car, en 1341, Olgerd de Lithuanie vint assiéger la ville de Mojaïsk, apanage particulier de Siméon. L'amitié de saint Alexis, troisième métropolite de Moscou, lui donna une grande puissance d'opinion. Sous son règne, un artiste russe, Boris, fond des cloches pour les cathédrales de Moscou et de Novgorod; trois églises du Kremlin sont ornées de peintures nouvelles : l'*Assomption*, par des artistes grecs; *Saint-Michel-Archange*, par les *peintres de la cour*; la *Transfiguration*, par un étranger nommé Goïten. Le papier remplace le parchemin; c'est sur du papier qu'est écrit le testament de Siméon. La Russie restait donc en rapports avec Byzance et commençait à entrer en relations avec l'Europe. Siméon mourut de cette fameuse *mort noire* ou *peste noire* qui, à cette époque, désolait la France et l'Occident.

Ivan II, frère et successeur du *Superbe*, mérite au contraire le surnom de *Débonnaire*. On ne retrouve plus chez lui le type sinistre des princes de Sousdal. C'est un homme pacifique et doux. Ce qui montre combien ces vertus étaient peu de ce siècle, c'est l'anarchie dans laquelle retomba la Russie pendant ses six années de règne. Sans en tirer vengeance, Ivan laisse Oleg de Riazan insulter son territoire, incendier ses villages de la Lopasnia, maltraiter son lieutenant; il laisse les Novgorodiens méconnaître son droit et obéir à Constantin de Sousdal; il laisse le grand-prince Olgerd occuper Rjef et André de Lithuanie insulter Pskof. Il n'intervient ni dans les guerres civiles des princes de Riazan, ni dans celles de la principauté de Tver, ni dans les troubles suscités à Novgorod par la rivalité des quartiers slavons et de Sainte-Sophie, ni dans les dissensions excitées dans l'Église par le patriarche de Constantinople, qui ose consacrer métropolite un rival de saint Alexis. Le meurtre d'un de ses officiers, Alexis, gouverneur militaire de Moscou, reste impuni. Dans cette faiblesse du prince, les hommes d'Église apparaissent naturellement au premier plan et reprennent le rôle abandonné par lui : Moïse, archevêque de Novgorod, apaise une émeute dans la république; saint Alexis s'emploie à réconcilier les princes de Tver et acquiert, par une guérison miraculeuse, une grande considération à la Horde : il en profite pour protéger son peuple et son prince. A la mort d'Ivan II, le titre de grand-prince, que ses trois prédécesseurs avaient maintenu avec tant d'efforts dans la maison de Moscou, passe à celle de Sousdalie. Dmitri de Sousdal (1359-1362), muni du *iarlikh*, fait son entrée solennelle dans Vladimir. C'est encore saint Alexis qui sauva la suprématie de Moscou : après avoir béni le grand-prince dans Vladimir, fidèle au vœu de saint Pierre, il retourna dans Moscou un moment décapitalisée, auprès des enfants en bas âge d'Ivan II. C'est par ses conseils que Dmitri Ivanovitch, lorsqu'il fut âgé de douze ans, osa se déclarer le concurrent de Dmitri de Sousdal et l'assigna au tribunal du khan. La Horde d'or était alors déchirée par les guerres civiles : le féroce Mamaï harcelait Mourout; comme celui-ci trônait dans Saraï, et qu'il semblait le légitime successeur de Baty, c'est à lui que s'adressèrent les boïars moscovites et sousdaliens. Mourout adjugea la grande-principauté au petit-fils de Kalita, qu'une armée moscovite mena sacrer dans Vladimir.

Dmitri Donskoï (1363-1389) : la bataille de Koulikovo.

Dmitri Ivanovitch (1363-1389) se distingue de presque tous les princes sousdaliens par une humeur batailleuse et un caractère chevaleresque qui rappelle l'Occident. Il montra que l'âme russe avait été seulement comprimée, mais non dépravée et asservie par la terreur tatare, et que la chevalerie slave n'attendait qu'une occasion pour pousser le cri de guerre et faire luire les épées comme les preux de Louis IX ou de Jean le Bon. Dmitri eut d'abord à soutenir une série de guerres contre les princes voisins, notamment contre Dmitri de Sousdal, Michel de Tver et Oleg de Riazan. Comme les changements se succédaient à la Horde, Dmitri de Sousdal obtint du khan Mourout une décision tout opposée à la première et rentra dans Vladimir : le prince de Moscou, qui ne craignait plus ce faible khan, n'hésita pas à prendre les armes pour chasser de Vladimir son rival. Un traité intervint entre eux. L'apanage sousdalien de Nijni-Novgorod étant venu à vaquer, Dmitri soutint son ancien ennemi contre son compétiteur Boris. Comme son aïeul Kalita, qui fit excommunier Novgorod, Dmitri Ivanovitch pria saint Serge, le fondateur du monastère de Troïtsa, d'aller jeter l'interdit sur Nijni-Novgorod. Alors Boris céda, et Dmitri de Sousdal, devenu prince de Nijni-Novgorod, donna au prince de Moscou la main de sa fille Eudoxie et resta son ami jusqu'à la fin. Dmitri Ivanovitch dépouilla de leurs apanages les princes rebelles de Starodoub et de Galitch, força Constantin de Boris à reconnaître sa suprématie. Il fit, sous la garantie de saint Alexis, un traité avec son cousin germain, Vladimir Andréévitch, par lequel il lui garantissait l'apanage que Kalita avait assuré au père de ce prince, et par lequel Vladimir s'engageait à le reconnaître comme *son père* et son grand-prince. Vladimir tint parole et fut toujours le plus brave lieutenant et le bras droit de Dmitri.

La lutte recommençait avec la maison de Tver. Michel, fils d'Alexandre, tué à la Horde, disputait le trône à un de ses oncles. Le grand-prince, le métropolite de Moscou s'étaient déclarés pour ce dernier. Michel ne tint compte de cette décision, s'empara de Tver avec une armée lithuanienne, assiégea son oncle dans Kachine et l'obligea de renoncer à ses prétentions. Il prit alors le titre de grand-prince de Tver: c'était surtout son alliance avec Olgerd de Lithuanie, mari de sa sœur Juliane, qui le rendait redoutable. Trois fois, en 1368, en 1371, en 1372, il amena son beau-frère, pillant et brûlant tout sur son passage, jusque sous les murs du Kremlin de Moscou. Les deux armées lithuanienne et moscovite, aucune de ces trois fois, n'en vinrent à une action décisive. Les boïars de Dmitri sentaient bien qu'une bataille perdue serait la ruine de la Russie : Olgerd avait trop d'âge et d'expérience pour livrer sa fortune au hasard d'un combat. Enfin en 1375, après la mort de son beau-frère, Michel se vit assiégé dans Tver par les forces réunies de tous les vassaux et alliés de Dmitri et par les Novgorodiens qui avaient à venger sur lui le sac de Torjok et le ravage de leur territoire. Réduit aux extrémités, abandonné par la Lithuanie, il fut contraint de signer un traité par lequel il s'engageait à regarder Dmitri comme son *frère aîné*, à renoncer à toute prétention sur Novgorod et sur Vladimir, à ne pas inquiéter les alliés de Moscou, à imiter en tout la conduite de Dmitri à l'égard des Tatars, soit que celui-ci continuât à leur payer tribut, soit qu'il leur déclarât la guerre.

Un autre ennemi non moins dangereux, c'était Oleg de Riazan, qui avait déjà commencé à braver Ivan le Débonnaire. En 1371, les Moscovites battirent Oleg et installèrent dans sa capitale un prince de Pronsk, qui d'ailleurs ne réussit pas à s'y maintenir. Si Tver s'appuyait parfois sur la Lithuanie, Riazan avait souvent la Horde pour alliée.

L'empire du Kiptchak se disloquait de plus en plus. Plusieurs compétiteurs se disputaient le trône de Saraï. Les chefs tatars agissaient à leur guise et envahissaient sans ordre les territoires russes. Il est vrai que les princes chrétiens ne se faisaient plus scrupule de leur résister. Oleg de Riazan lui-même, réuni aux princes de Pronsk et de Kozelsk, défit le mourza Tagaï, qui avait brûlé Riazan. Dmitri de Sousdal, prince de Nijni-Novgorod, avait battu Boulat-Témir qui, à son retour à la Horde, fut désavoué et mis à mort. Dmitri de Moscou, enfin, avait plusieurs fois désobéi au terrible Mamaï. Il eut pourtant le courage de se rendre à la sommation du khan et la bonne fortune ou l'habileté de revenir à Moscou sain et sauf (1371). En 1376, il envoya par le Volga une grande expédition contre Kazan, et deux princes tatars durent se soumettre au tribut. Entre les chrétiens et les infidèles se multipliaient les conflits. Ainsi les princes de Sousdal exterminèrent une bande de Mordves et donnèrent leurs chefs à déchirer aux chiens dans Nijni-Novgorod ; sur quoi, Mamaï envoya brûler cette ville. En 1378, Dmitri de Moscou en personne remporta sur les bords de la Voja, dans le pays de Riazan, une brillante victoire sur un lieutenant de Mamaï ; dans la première ivresse de son succès il s'écria : « Leur temps est passé et Dieu est avec nous ! » Le khan, dans sa fureur aveugle, fit tomber sa colère sur le rival de Dmitri Ivanovitch, Oleg de Riazan, qui s'enfuit abandonnant ses campagnes aux ravages de l'ennemi.

Mamaï mit deux années à mûrir une vengeance plus complète et rassembla en silence une immense multitude de Tatars, de Turcs, de Polovtsi, de Tcherkesses, de Iasses, de Bourtaniens ou Juifs du Caucase. Même les Génois de Kaffa, établis en Crimée et sur les terres du khan, lui envoyèrent un contingent. Ce fut dans ces circonstances critiques pour la Russie qu'Oleg de Riazan, oubliant ses griefs contre les Tatars, ne gardant que ses défiances et sa jalousie contre Moscou, trahit la cause commune. Tout en faisant bonne mine à Dmitri, en l'avertissant même de ce qui se préparait, il négociait secrètement une alliance entre les deux plus formidables ennemis de la Russie, Jagellon de Lithuanie et Mamaï. L'armée du grand-prince devait être écrasée entre ces deux colosses. Dmitri ne perdit pas courage. Le désir de la vengeance se réveillait dans le cœur des Russes avec l'enthousiasme religieux. A l'appel du grand-prince, les princes de Rostof, de Biélozersk, de Iaroslavl, de Starodoub, de Kachine, avec leurs droujines, les boïars de Vladimir, de Nijni-Novgorod, de Sousdal, de Péréiaslavl-Zaliésski, de Kostroma, Mourom, Dmitrof, Mojaïsk, Zvénigorod, Ouglitch, Serpoukhof, à la tête de leurs contingents, firent successivement leur entrée dans le Kremlin aux acclamations des Moscovites. A Kostroma, Dmitri devait être rejoint par deux princes lithuaniens, André et Dmitri, fils d'Olgerd, qui lui amenaient les troupes de Pskof et de Briansk. Le grand-prince, avec son cousin Vladimir, se rendit à l'ermitage de Troïtsa pour demander la bénédiction de saint Serge. Celui-ci lui aurait prédit qu'il remporterait la victoire, mais que cette victoire serait sanglante. Il lui donna pour l'accompagner deux de ses moines, Alexandre Péresvet et Osliaba, qui avait été un brave boïar de Briansk. Sur leurs bonnets de religieux il fit le signe de la croix. « Voilà, dit-il, une arme qui ne périt pas. » Le prince de Tver s'était bien gardé d'envoyer son contingent, et l'on venait d'apprendre la trahison du prince de Riazan. Le cœur de tous les autres Russes tressaillait de joie et d'enthousiasme à l'idée d'une revanche. Malgré les jalousies particulières, les princes étaient animés de la même ardeur que les rois d'Espagne marchant contre les Maures, ou les compagnons de Godefroi de Bouillon en route pour la Terre-Sainte. Jamais on n'avait vu une si belle armée : Dmitri avait, dit-on, cent cinquante mille hommes.

On traversa les terres de Riazan, dont le prince trembla, et l'on arriva sur les bords du Don. Les princes discutèrent pour savoir s'il fallait immédiatement passer le fleuve ; mais il était urgent de se débarrasser des Mongols avant d'avoir sur les bras Jagellon qui était déjà arrivé à Odoef, à quinze lieues de là. Une lettre que Dmitri reçut de saint Serge, et où celui-ci lui recommandait « d'aller en avant », acheva de le décider. On passa le Don et l'on se trouva dans la plaine de Koulikovo (le *Champ des Bécasses*), arrosé par la Népriavda. Au centre se trouvaient les princes de Lithuanie et celui de Smolensk, avec la droujina de Dmitri ; la droite était formée par les princes de Rostof et de Starodoub ; la gauche par ceux de Iaroslavl et de Vologda ; la réserve par le prince Vladimir, le brave Dmitri de Volynie, les princes de Briansk et de Kachine. Les Mongols furent bientôt en présence et la bataille commença. Elle fut sanglante et disputée : l'ennemi avait déjà entamé la droujina du grand-prince, lorsque Vladimir et

Dmitri de Volynie, qui se tenaient en embuscade, assaillirent tout à coup les Mongols. Mamaï, du haut d'un kourgane, put contempler la fuite de son armée. On prit son camp, ses chariots, ses chameaux; on poursuivit les Mongols jusqu'à la Métcha, où un grand nombre se noyèrent. Si les barbares perdirent, à ce qu'on raconte, cent mille hommes, les pertes des Russes furent cruelles. On ramassa parmi les morts les deux moines de saint Serge: l'un d'eux, Péresvet, se retrouva dans les bras d'un géant petchenègue, qui, luttant corps à corps avec lui, avait rendu en même temps le dernier soupir. Dmitri fut quelque temps introuvable: on le découvrit enfin, évanoui, l'armure sanglante et fracassée. Il avait bien fait son devoir de preux; la vue des drapeaux conquis le fit revenir à lui. Cette mémorable bataille de Koulikovo a été racontée par les historiens russes de plus d'une manière. Chez les annalistes proprement dits, historiographes officiels du grand-prince, c'est Dmitri qui est le héros. Dans les récits poétiques qui se sont inspirés de la relation du pope Sophronii, le héros du Don, c'est saint Serge qui, à chaque pas, a besoin de relever le courage de Dmitri, qu'on représente avec un peu trop d'humilité pour un général en chef. La bataille du Don, qui valut à Dmitri le surnom de *Donskoï* et à Vladimir celui de *Brave*, est restée aussi fameuse en Russie que celle de Las Navas de Tolosa en Espagne. Elle montra aux Russes qu'ils pouvaient vaincre les invincibles; et le joug mongol, même après qu'il fut retombé sur eux, ne leur parut plus inéluctable. Dmitri avait héroïquement brisé la prescription de l'esclavage; il annonçait l'affranchissement définitif (1380).

Malheureusement, l'événement donna tort à la politique chevaleresque contre la politique de résignation, à la bravoure du héros du Don contre la patience du héros de la Néva. A la tête des Mongols venait d'apparaître un homme aussi redoutable que Genghis-Khan: Tamerlan, le conquérant des deux Boukharies, de l'Indoustan, de l'Iran et de l'Asie Mineure. Tokhtamych, un de ses généraux, fit périr Mamaï, et annonça à Dmitri qu'il venait de triompher de leur ennemi commun; puis il envoya sommer les princes russes d'avoir à se rendre à la Horde. Dmitri refusa. Était-ce donc en vain que le sang des chrétiens avait coulé à Koulikovo? Le khan rassembla une immense armée. Dmitri ne retrouva plus chez ses conseillers la même sagesse ou la même énergie. Ne sachant que faire, il sortit de Moscou et alla rassembler une armée à Kostroma. Tokhtamych marcha droit sur la capitale et pendant trois jours donna l'assaut aux murs du Kremlin. Puis il usa de ruse et affecta d'entrer en négociation. Enfin les Tatars surprirent les portes et mirent tout à feu et à sang dans Moscou. Un calcul assez précis établit qu'il mourut vingt-quatre mille hommes. Là périrent de précieux documents et les premières archives de la principauté. Vladimir, Mojaïsk, Iourief et d'autres villes de Sousdalie éprouvèrent le même sort. Quand Tokhtamych se fut retiré, Dmitri vint pleurer sur les ruines de la capitale : « Nos pères, s'écria-t-il, qui n'ont pas triomphé des Tatars, furent moins malheureux que nous. » Amer lendemain de la victoire! Pourtant, quoique la Russie dût se résigner à revoir les percepteurs tatars, on sentait que la Horde ne recouvrerait jamais son ancienne puissance.

Dmitri voulut du moins se venger du perfide Oleg. Celui-ci s'échappa; mais Riazan, qu'on regardait comme un repaire de traîtres, fut saccagée. Michel de Tver aurait mérité le même châtiment; il avait refusé de combattre Mamaï et fut l'un des premiers à courir à la horde de Tokhtamych. La guerre continuait avec Oleg de Riazan, qui ravageait le territoire de Kolomna. Saint Serge intervint cette fois encore, alla trouver Oleg, pria et menaça, l'amena enfin à conclure avec Dmitri une paix *éternelle*, cimentée par le mariage de son fils Oleg avec Sophia, fille de Dmitri.

Les aventuriers novgorodiens, les *bons compagnons*, commirent à cette époque de nombreux dégâts sur les terres de la grande-principauté; ils insultèrent Iaroslavl et Kostroma en 1371, Kostroma et Nijni-Novgorod en 1375, poussant leurs ravages jusqu'à Saraï et Astrakhan, ne connaissant ni infidèles ni chrétiens. Novgorod continuait à fournir des apanages aux princes lithuaniens, à méconnaitre l'autorité politique du grand-prince, la suprématie religieuse du métropolite. Dmitri marcha contre la république avec les contingents de vingt-cinq provinces. Novgorod dut payer des indemnités pour les hauts faits des *bons compagnons* et s'engager à verser le tribut annuel.

Quand Dmitri mourut, la principauté de Moscou était de beaucoup la plus considérable des États du nord-est, puisqu'elle comprenait au nord-est Biélozersk et Galitch, et qu'au sud elle s'étendait jusqu'à Kalouga et Kasimof. Quant à Vladimir, Dmitri, dans son testament, l'appelle déjà *son patrimoine*. On lui a reproché de s'être borné à saccager les principautés de Tver et de Riazan, sans avoir su hâter leur annexion définitive. Si Dmitri ne renonça pas au système des apanages pour ses cinq fils cadets, du moins il substitua le principe de l'hérédité en ligne directe à l'ancien principe des successions collatérales. Il avait signé un traité avec son cousin germain Vladimir, par lequel celui-ci renonçait à ses droits comme *aîné de la famille*, s'engageant au contraire à considérer Vassili, le fils aîné de Dmitri, comme son *frère aîné*. Sous le règne du *Donskoï*, le moine Étienne fonda la première église dans le pays des Permiens, confondit leurs prêtres et leurs sorciers, renversa les idoles de Voïpel et de la *Vieille femme d'or*, qui tenait deux enfants sur ses bras, fit cesser les sacrifices de rennes, créa des écoles et mourut évêque de Permie. Un certain André, probablement Génois d'origine, s'établit dans la Petchora. La Russie entre en rapport avec l'Occident par les Génois de Kaffa et d'Azof. Des monnaies d'argent et de cuivre, avec un cavalier en effigie, remplacent les *kounis* ou peaux de martres. Vers 1389 apparaissent les premiers canons dans l'armée russe. Moscou continue à s'embellir, et l'on voit s'élever les monastères du Miracle, d'Andronii et de Siméon.

Vassili Dmitriévitch et Vassili l'Aveugle (1389-1465).

Vassili Dmitriévitch (1389-1425), contemporain de Charles VI de France, succéda sans contestation à son père comme grand-prince de Moscou et de Vladimir. La prépondérance de la première de ces villes sur la seconde s'accusait de plus en plus. La situation de toutes deux était également avantageuse : l'une sur la Moskova, l'autre sur la Kliazma, deux affluents de l'Oka. Vladimir, comme Moscou, avait son kremlin sur une haute colline d'où l'on découvre également une vaste étendue de pays. Les deux cités étaient en communication avec la grande artère russe, le Volga ; elles en étaient assez éloignées pour n'être pas exposées directement aux pirateries des *bons compagnons*. Vladimir avait d'abord été aussi favorisée que Moscou : André Bogolioubski s'était appliqué à embellir la première, comme Ivan Kalita à embellir la seconde. Vladimir, à laquelle était attaché le titre de la grande-principauté, semblait même mieux indiquée que Moscou pour devenir la capitale de la Russie. C'est presque un hasard historique qui a décidé en faveur de la seconde ; Vladimir n'en est pas moins aujourd'hui un simple chef-lieu de gouvernement, avec quatorze mille habitants, tandis que Moscou est une métropole de six cent mille âmes.

Vis-à-vis de Novgorod, le grand-prince de Moscou commençait à se considérer comme un souverain et appelait volontiers cette ville *son patrimoine* ; de leur côté, les Novgorodiens invoquaient la charte de Iaroslaf le Grand, qui leur concédait le droit formel de choisir leurs princes. Sous les derniers règnes, on avait pris l'habitude de recourir à une transaction. Ces républicains reconnaissaient le souverain de Moscou comme leur prince, mais celui-ci consentait à se laisser faire certaines conditions, dernier hommage rendu à l'ancienne liberté slave. Depuis la chute d'Alexandre de Tver (1328), aucun prince russe ne pouvait rivaliser avec la maison de Moscou pour le trône de Novgorod. Les seuls concurrents possibles, c'étaient les grands-princes de Lithuanie. Or, avec la Lithuanie, ce n'était plus seulement une compétition de prétendants, c'était un grand débat national et religieux. Pour Moscou, il valait mieux ruiner Novgorod que de la laisser passer aux mains du plus dangereux ennemi de la Russie orthodoxe. On peut dire que Novgorod, depuis 1328, n'avait plus de prince à elle : c'était un boïar de Moscou qui y tenait la place du grand-prince. Le pouvoir de celui-ci s'exerçait parfois avec rigueur. Novgorod s'étant soulevée contre Moscou, en 1393, Vassili fit marcher des troupes, et soixante-dix habitants de Torjok, accusés d'avoir massacré un de ses hommes, furent coupés tout vifs en morceaux.

Vassili Dmitriévitch arrivait donc au pouvoir avec un accroissement de pouvoir très-considérable, puisque Vladimir-sur-Kliazma et Novgorod la Grande, ces deux objets de tant de luttes sanglantes entre les princes russes, faisaient en quelque sorte parties intégrantes de sa domination. S'il se rendit à la Horde, en 1392, ce fut moins pour se faire confirmer cette triple couronne que pour acquérir des territoires nouveaux. Au khan Tokhtamych il acheta un *iarlikh* qui le mettait en possession des trois apanages de Mourom, Nijni-Novgorod et Sousdal. Les boïars de Moscou et l'ambassadeur du khan se rendirent à Nijni. Boris, dernier titulaire de ces deux derniers apanages, fut trahi par ses hommes, qui lui persuadèrent d'ouvrir les portes et le livrèrent aux gens du grand-prince. Alors, au son de toutes les cloches de la ville, Vassili de Moscou fut proclamé prince de Nijni et de Sousdal.

Ce prince, qui vivait en si bonne intelligence avec la Horde, vit cependant deux fois les Tatars envahir la Russie. Tamerlan, vainqueur à Ancyre des Turcs Ottomans, venait d'attaquer son ancien favori Tokhtamych et de saccager la Horde d'or. Il continua son chemin vers l'occident, mettant les campagnes russes à feu et à sang. Moscou était menacée d'une invasion aussi terrible que celle de Baty. On fit venir solennellement à Moscou cette fameuse vierge de Vladimir, qu'André Bogolioubski avait rapportée de

Vychégorod. Les Tatars arrivèrent jusqu'à Eletz, sur le Don, dont ils firent les princes prisonniers. Là ils s'arrêtèrent et tout à coup rebroussèrent chemin vers la mer d'Azof. Habitués au riche butin de la Boukharie et de l'Indoustan, rêvant de Constantinople et de l'Égypte, ils trouvaient sans doute que les steppes désertes et les profondes forêts de la Russie n'offraient qu'une maigre proie. Ils se dédommagèrent par le sac d'Azof, où les marchands égyptiens, vénitiens, génois, catalans, biscayens avaient accumulé de grandes richesses, et détruisirent Astrakhan et Saraï (1395).

L'irruption de Tamerlan eut pour résultat de hâter la désorganisation de la Horde d'or. Nous avons vu que Vitovt en profita pour organiser contre les Mongols sa grande croisade de la Vorskla (1399). Vassili Dmitriévitch s'était bien gardé d'intervenir dans la guerre entre la Lithuanie et le Kiptchak. Ses voisins de l'ouest lui semblaient même plus dangereux que ceux de l'est : avec ceux-ci, on s'en tirait encore en payant le tribut; ceux-là en voulaient à l'existence même de la Russie. Vassili profita de la défaite des uns, de la désorganisation des autres, prenant soin de n'irriter aucun des deux partis. Comme la Horde était alors disputée entre plusieurs prétendants, il se dispensait de payer le tribut, affectant d'ignorer quel était le khan légitime. Édigée, le vainqueur de Vitovt, résolut de faire rentrer les vassaux russes dans l'obéissance. Il endormit la prudence des Moscovites, en faisant répandre que s'il rassemblait des troupes, c'était contre la Lithuanie. On apprit tout à coup qu'il était entré sur les terres de la grande-principauté. Vassili imita la conduite de son père en pareille occurrence. Il se retira à Kostroma pour assembler une armée, et confia la défense de Moscou à son oncle Vladimir le Brave. Défendu par de l'artillerie, le Kremlin pouvait braver une attaque de vive force; mais l'entassement de la population faisait craindre la famine. Édigée brûlait les villes du plat pays tout en bloquant Moscou. Le prince de Tver, Ivan, montra, en cette occasion, plus de grandeur d'âme ou de sagesse politique que son père Michel; il s'abstint de venir en aide aux Tatars contre son redoutable suzerain. Sur ces entrefaites, Édigée apprit que son maître Boulat craignait d'être attaqué lui-même à la Horde par ses ennemis orientaux. Pour couvrir une retraite nécessaire, il adressa au grand-prince une lettre orgueilleuse, où il le sommait de payer tribut; il obtint des boïars moscovites une contribution de guerre de trois mille roubles (1408).

Un ennemi plus dangereux, c'était Vitovt de Lithuanie, dont Vassili avait épousé la fille Sophie. C'était envers lui surtout qu'il fallait user de politique. Vassili retrouvait partout la main de son dangereux beau-père, dans les troubles de Novgorod, à Pskof, où Vitovt avait pris le titre de prince, à Smolensk, qu'il réunissait à la Lithuanie, à Tver, où il soutenait Michel contre le grand-prince. Trois fois, comme avait fait Olgerd, Vitovt se mit en marche contre Moscou. Chacun des deux rivaux avait trop d'autres ennemis sur les bras pour risquer, sur une bataille, la fortune de Moscou ou de la Lithuanie. En 1408, ils signèrent un traité qui fixait à l'Ougra la limite des deux grandes-principautés, laissant Smolensk à Vitovt, restituant Kozelsk à la Russie.

Vassili, outre Mourom et la Sousdalie, avait réuni à ses domaines plusieurs apanages du pays de Tchernigof, tels que Toroussa, Novossil, Kozelsk, Pérémysl. Dans ses démêlés avec Novgorod, dont les exploits des *bons compagnons* ou la rivalité commerciale étaient ordinairement l'occasion, il s'était approprié de vastes territoires sur la Dvina, entre autres Vologda. Dans une expédition contre la république de Viatka, il l'avait obligée à la soumission et lui avait donné pour prince un de ses frères. Il avait imposé à Feodor, prince de Riazan et fils d'Oleg, un traité par lequel celui-ci s'engageait à le regarder comme *son père*, à n'avoir pas d'alliances à son insu; Vassili, de son côté, lui cédait Toula et lui reconnaissait le titre de grand-prince. L'Oka formait la limite des deux États. Il avait sans doute un traité analogue avec Ivan, prince de Tver. Une de ses filles avait épousé l'empereur Jean Paléologue.

Le règne de Vassili l'Aveugle (1425-1462), contemporain de Charles VII, marque un temps d'arrêt dans le développement de la grande-principauté. Une guerre civile de vingt années s'allume au sein même de la famille du *Donskoï*. Un des fils de celui-ci, Georges ou Iouri, qu'il avait fait prince de Roussa et de Zvénigorod, prétendit revenir à l'ancien droit national, et, contre son neveu Vassili Vassiliévitch, invoqua le droit de l'*aîné*. Tous les autres oncles de Vassili se déclarèrent en faveur du jeune prince. En 1431, il fallut porter à la Horde cette contestation. Chacune des deux parties fit valoir son droit devant le khan Oulou-Makhmet. Vsévolojski, boïar du prince de Moscou, trouva en faveur de son maître le meilleur des arguments : « Seigneur tsar! dit-il à Makhmet, accorde-moi la parole, à moi l'esclave du grand-prince. Mon maître le grand-prince demande le trône de la grande-principauté, qui est ton domaine à toi, sans autre titre que ta protection, ton investiture et ton *iarlikh ;* tu es maître d'en disposer suivant ton bon plaisir. Monseigneur le prince Georges Dmitriévitch, son oncle, réclame au contraire la grande-principauté d'après l'acte et le testament de son père, mais non pas comme une faveur de ta toute-puissance. » Dans ce concours de bassesse, le prix fut adjugé au prince de Moscou. Le khan ordonna à Georges de mener le cheval de son neveu par la bride. Un baskak mongol assista au couronnement du grand-prince qui pour la première fois eut lieu, non à Vladimir, mais à l'Assomption de Moscou. Dès ce moment, Vladimir perdit ses droits de capitale, quoique, dans l'énumération de leurs titres, les grands-princes continuassent à inscrire celui de Vladimir avant celui de Moscou.

Vassili était surtout redevable de son trône à l'habile boïar Vsévolojski. Il avait promis d'épouser sa fille, mais sa mère Sophie, l'orgueilleuse Lithuanienne, la fille du grand Vitovt, lui fit contracter mariage avec la princesse Marie, petite-fille de Vladimir le Brave. Le boïar irrité quitta le service du prince et se retira chez son ennemi Georges, dont il excita le ressentiment contre son neveu. Une autre circonstance acheva d'exaspérer Georges : ses deux fils Vassili le Louche et Chémiaka assistaient au festin de noces du grand-prince. La princesse Sophie reconnut autour des reins de Vassili le Louche une ceinture d'or qui avait appartenu à Dmitri Donskoï. Elle eut l'imprudence de l'arracher avec éclat et scandale au fils de Georges. Les deux princes, sur cet affront, quittèrent aussitôt la salle du banquet et se retirèrent chez leur père. Celui-ci prit aussitôt les armes et arriva d'emblée à Péréiaslavl. Le prince de Moscou put à peine rassembler quelques troupes; à Kostroma, il tomba entre les mains de son oncle (1433). Vassili essaya vainement de l'attendrir par ses larmes : le *Louche* et Chémiaka voulaient qu'on fît périr le prisonnier; sur les conseils intéressés de son boïar Morozof, Georges laissa la vie à son neveu avec l'apanage de Kostroma et s'empara de la grande-principauté. Les Moscovites avaient tant d'affection pour leur prince qu'ils abandonnèrent en masse leur cité et allèrent encombrer Kostroma. Georges vit que son ennemi était resté bien puissant : il reprocha à Morozof son perfide conseil et le laissa égorger par ses deux fils. « Tu as perdu notre père! » lui dirent-ils. L'usurpateur, en effet, ne put se maintenir à Moscou; il fit dire à son neveu qu'il pouvait en reprendre possession. Autour de Vassili rentré dans sa capitale, on vit les boïars et le peuple s'empresser « comme les abeilles s'empressent autour de leur reine. » La guerre continua; grâce à la pusillanimité de Vassili, Georges reprit encore une fois le Kremlin, y fit prisonnières la mère et la femme du grand-prince, tandis que le *Louche* et Chémiaka occupaient Vladimir et marchaient sur Nijni-Novgorod.

Georges venait d'arriver à se faire reconnaître comme grand-prince de Moscou lorsqu'il mourut subitement. Ses fils firent alors leur paix avec Vassili, mais presque aussitôt reprirent les armes. Dans une des nombreuses surprises de cette guerre civile, Vassili le Louche tomba entre les mains du grand-prince et celui-ci, dans un accès de fureur, lui fit crever les yeux (1436). Ensuite, par un de ces revirements familiers à ces natures violentes et irréfléchies, il passa de la colère à la stupeur, et, pour se faire pardonner son crime envers son cousin, remit en liberté Chémiaka qu'il avait également fait prisonnier. Chémiaka promit de le servir, mais le servit fort mal; dans un combat contre des Tatars, sa défection entraîna la déroute de l'armée russe (siége de Biélef, en Lithuanie).

En 1441, la guerre se ralluma entre le grand-prince et Chémiaka. Celui-ci, avec quelques milliers de *vagabonds* et de *bons compagnons*, vint tout à coup assiéger Moscou : Zénobii, supérieur du monastère de Troïka, parvint encore une fois à les réconcilier. Chémiaka montra sa duplicité ordinaire à l'occasion d'une algarade des Tatars de Kazan : le grand-prince attendit vainement le secours qu'on lui avait promis et c'est avec 1500 hommes seulement qu'il put se mesurer avec les agresseurs : tant les discordes entre les descendants de Dmitri Donskoï avaient affaibli la grande-principauté, relâché les liens de l'obéissance parmi ses vassaux, et fait déchoir cette Russie qui avait armé 150 000 hommes contre Mamaï! Vassili, couvert de quinze blessures, tomba aux mains des barbares et fut emmené prisonnier à Kazan.

Moscou était dans la désolation : le prince de Tver insultait son territoire, Chémiaka intriguait à la Horde pour se faire nommer grand-prince. Le *tsar* de Kazan s'avisa tout à coup de relâcher son prisonnier moyennant une faible rançon; Vassili put rentrer dans sa capitale aux acclamations du peuple. Chémiaka en avait assez fait pour redouter la vengeance du grand-prince; dans l'intérêt de sa sûreté, il n'était que temps de le renverser. Vassili, à l'exemple de son père et de son aïeul, était allé au monastère de Troïtsa rendre grâce à saint Serge de sa délivrance. Il était faiblement accompagné. Chémiaka avec d'autres conjurés surprend, en son absence, le Kremlin, s'empare de sa femme, de sa mère et de ses trésors. Puis il court à Troïtsa, où son complice Ivan de Mojaïsk découvre le prince qui s'était caché dans l'église principale, auprès du tombeau de saint Serge. On l'emmène à Moscou et, dix ans après le supplice de Vassili le Louche, Chémiaka venge son frère en faisant crever les yeux au grand-prince (1446).

Pendant son court règne à Moscou, Chémiaka se fit haïr du peuple et des boïars, restés fidèles au fond du cœur à leur malheureux prince. Dans le langage populaire, un « jugement à la Chémiaka » devint synonyme d'iniquité criante. Bientôt les partisans de Vassili réunirent des troupes en Lithuanie, y joignirent celles de deux *tsarévitchs* tatars et marchèrent contre l'usurpateur. A cette époque, la Russie était infestée de bandes armées, débris des grandes guerres tatares et lithuaniennes, aventuriers lithuaniens, *tsarévitchs* bannis de la Horde, *bons compagnons* novgorodiens, *vagabonds* de toute origine. Ils ravageaient le plat pays, s'attaquaient aux plus fortes villes, et parfois leurs chefs se créaient quelque principauté éphémère. Comme l'élément asiatique y dominait, on pourrait les appeler les *grandes compagnies mongoles*, analogues à ces *grandes compagnies anglaises*, ou françaises, que, vers ce même temps, en l'an 1444, Charles VII expédiait en Alsace et en Suisse. Comme elles servaient indifféremment toutes les causes, tantôt Chémiaka et tantôt le grand-prince, elles ont sûrement contribué à éterniser leur querelle. Chémiaka voulut marcher contre ses ennemis; à peine sorti de Moscou, il vit cette ville se révolter et recevoir Vassili en triomphe. Chémiaka s'enfuit, accepta une réconciliation avec sa victime (1447). Incapable de repos, il reprit les armes, fut complétement battu auprès de Galitch par les Moscovites et les Tatars (1450) et s'enfuit à Novgorod, où trois ans après il mourut, empoisonné, dit-on. Tous ses apanages furent réunis au domaine.

Débarrassé de ce dangereux ennemi, Vassili l'Aveugle s'empressa de reprendre l'œuvre de ses prédécesseurs. Novgorod n'avait cessé de donner asile à ses ennemis, de mépriser l'autorité de ses lieutenants, de contester son droit d'appel ainsi que la suprématie du métropolite. Une armée moscovite la mit à la raison : elle dut annuler tous les actes de la *vetché* qui tendait à limiter l'autorité du grand-prince, lui payer une forte indemnité et promettre de n'apposer sur ses actes que le sceau de Vassili. Pskof reçut pour prince un de ses fils. La république de Viatka dut payer le tribut et fournir le contingent militaire. Le prince de Riazan venait de mourir : Vassili amena son jeune héritier à Moscou sous prétexte de le faire élever, et envoya ses lieutenants gouverner l'apanage. Vassili de Borovsk, petit-fils de Vladimir le Brave, lui avait rendu d'importants services : il ne l'en fit pas moins emprisonner pour s'emparer de ses possessions. L'autorité du grand-prince commença à s'exercer sur ses subordonnés avec une rigueur toute nouvelle : contre les rebelles ou prétendus tels, on employa le knout, les tortures, les mutilations et les supplices raffinés. Vassili, qui avait tant souffert des princes apanagés Georges et Chémiaka, qui mettait tant d'énergie à détruire les apanages autour de lui, ne put secouer le joug de la coutume et recommença à démembrer la principauté, agrandie par lui, en faveur de ses quatre fils cadets. Toutefois, pour empêcher toute contestation à propos du titre de grand-prince et en assurer l'hérédité en ligne directe, dès l'année 1449, il avait associé au trône son fils aîné Ivan.

Sous son règne, de mémorables événements avaient agité le monde orthodoxe. En 1439, le pape Eugène IV réunissait le concile de Florence pour aviser à la réunion des deux Églises. L'empereur grec, Jean Paléologue, qui espérait avoir le secours du pape contre les Ottomans, y avait appelé les prélats de sa communion. Isidore, métropolite de Moscou, s'y était également rendu. Ce fut en vain que l'empereur de Constantinople signa l'acte d'union, ainsi que trois vicaires des patriarcats d'Orient, dix-sept métropolites et une multitude d'évêques. Le monde grec donna raison à l'énergique protestation du vieux Marc, évêque d'Éphèse, et repoussa l'accord avec Rome. Isidore vint annoncer à Kief et à Moscou qu'il avait signé l'acte de réconciliation : l'apparition de la croix latine à l'Assomption du Kremlin, le nom du pape Eugène dans les prières publiques, la lecture de l'acte d'union étonnèrent les Russes. Vassili, qui se piquait de théologie, éleva aussitôt la voix, entama une polémique avec Isidore et l'accabla de tant d'injures que le « faux pasteur » crut prudent de fuir à Rome. L'échec de l'union annonçait un désastre à l'empire grec. En 1453, Mahomet II entrait à Constantinople. Il n'y avait plus de *tsar* chrétien : Moscou devenait la grande métropole de l'orthodoxie. Elle héritait de Constantinople. Bientôt les moines, les artistes, les lettrés de Byzance allaient lui apporter, comme au reste de l'Europe, la Renaissance.

CHAPITRE XIII.

IVAN LE GRAND, LE RASSEMBLEUR DE LA TERRE RUSSE (1462-1505).

Soumission de Novgorod; réunion des principautés de Tver, Rostof Iaroslavl. — Guerres contre la Grande Horde et contre Kazan : fin du joug tatar. — Guerres contre la Lithuanie : la Russie occidentale reconquise jusqu'à la Soja. — Mariage avec Sophie Paléologue : les Grecs et les Italiens à la cour de Moscou.

Soumission de Novgorod; réunion des principautés de Tver, Rostof, Iaroslavl.

A la mort de Vassili l'Aveugle, la Russie est comme comprimée entre le grand empire lithuanien et les vastes possessions des Mongols. Au nord, elle a deux voisins inquiétants : l'Ordre livonien et la Suède. Malgré les travaux des huit premiers princes moscovites, le petit État russe n'a pas encore pu réaliser son unité : Riazan et Tver, quoique affaiblis, subsistent. Novgorod et Pskof hésitent entre le grand-prince de Moscou et celui de Lithuanie. Les héritiers de Kalita détruisent sans cesse par de nouveaux apanages l'unité qu'ils réalisent par une impitoyable politique. La Moscovie, qui ne touche à aucune mer, n'a que des rapports intermittents avec les foyers de la civilisation européenne. Et pourtant, c'est le temps où les nations de l'Occident commencent à s'organiser : Charles VII et Louis XI en France, Ferdinand et Isabelle en Espagne, les Tudors en Angleterre, Frédéric III et Maximilien en Autriche, travaillent à constituer de puissants États sur les ruines de l'anarchie féodale. La civilisation européenne prend un essor inouï : la Renaissance commence, l'imprimerie se répand, Christophe Colomb et Vasco de Gama découvrent des mondes nouveaux. La Russie n'allait-elle pas, elle aussi, achever son unité, se mêler au grand mouvement européen? L'homme qui la rendrait à elle-même, l'affranchirait du joug mongol, la mettrait en relations avec l'Occident, cet homme était attendu. On l'avait même prédit. Quand un fils nommé Ivan naquit en 1440 à Vassili l'Aveugle, un vieux moine en eut la révélation à Novgorod la Grande : il vint dire à son archevêque : « C'est véritablement aujourd'hui que le grand-prince triomphe. Dieu lui a donné un héritier. Je vois cet enfant s'illustrer par des faits d'armes glorieux. Il soumettra les princes et les peuples. Mais malheur à nous! Novgorod tombera à ses pieds et ne se relèvera plus. »

Ivan III, à qui un règne de quarante-trois ans allait permettre de réaliser ce que la Russie attendait de lui, était un prince impérieux, froid, calculateur, le type accompli des princes sousdaliens et moscovites. Nullement belliqueux, il laissa douter s'il avait du courage. Il fut victorieux en Lithuanie, en Livonie et jusqu'en Sibérie, sans presque sortir de son Kremlin. Son père avait couru les grandes routes et y avait rencontré maintes fâcheuses aventures ; mais Étienne de Moldavie disait d'Ivan : « Ivan est un homme étrange ; il est tranquille chez lui et triomphe de ses ennemis, et moi, continuellement à cheval, je ne puis défendre mon pays. » C'est le mot d'Édouard III à propos de notre Charles V. Ivan lassait, épuisait ses ennemis par les négociations et par l'attente, n'employait la force qu'au dernier moment. Sa dévotion se mélangeait d'une bonne dose d'hypocrisie. Il pleura sur ses parents mis à mort par lui, comme Louis XI sur la mort du duc de Guyenne. Né despote, il « avait, dit Karamsine, pénétré le secret de l'autocratie et devint comme un dieu redoutable aux yeux des Russes. » Un regard de lui faisait évanouir les femmes. Quand il s'endormait après son repas, c'était merveille de voir le respect effrayé des boïars pour le sommeil du maître. Il était prodigue de supplices et de tortures pour les rebelles, même du plus haut rang : il fit mutiler les conseillers de son fils, fouetter en place publique l'archimandrite d'un puissant monastère et le prince Oukhtomski, brûler vifs dans une cage de fer sur la Moskova deux Polonais qui avaient conspiré contre lui. On lui donnait déjà ce surnom de *Terrible* que son petit-fils devait porter encore plus justement.

Son premier effort fut dirigé contre Novgorod la Grande. La république de l'Ilmen se mourait dans l'anarchie aristocratique, dans les dissensions du peuple, de l'Église et surtout des boïars. C'est de cette époque que M. Biélaef a pu dire que « les partis novgorodiens étaient arrivés à une telle complication que souvent il est difficile d'apercevoir pour quel motif telle ou telle faction suscite le trouble et la révolte. » On crut pouvoir mépriser l'autorité d'un nouveau prince, on eut l'imprudence de négliger les plaintes et les réclamations faites sur un ton assez mesuré par Ivan III. Alors il fit prévenir les Pskoviens qu'ils eussent à le seconder dans une expédition contre les rebelles. Les Pskoviens ne se souciaient point de l'aider, prévoyant que la chute de Novgorod entraînerait celle de leur liberté. Ils offrirent leur médiation à leur *sœur aînée*; elle la rejeta et ils furent obligés de marcher. Ivan III reçut cependant plusieurs fois à Moscou l'archevêque novgorodien Théophile ; il continuait à négocier. Il avait à Novgorod un parti nombreux ; mais le parti opposé était plus audacieux. La veuve du possadnik Boretski, Marfa, mère de deux fils d'un âge mûr, s'était mise hardiment à la tête de la faction antimoscovite. Une parole facile, d'immenses richesses, une audace à toute épreuve, lui avaient assuré une grande influence sur le peuple et les boïars.

Cette femme intrépide fut la dernière incarnation de la liberté novgorodienne. Pour la sauver, elle voulait jeter la république dans les bras du roi de Pologne, Casimir IV. Elle entendait aussi que l'archevêque de Novgorod fût nommé par le métropolite de Kief, et non par celui de Moscou. Par dévouement pour la patrie novgorodienne, elle trahissait ainsi la cause de la Russie et de l'orthodoxie. Les séances de la *vetché*, sous la pression des deux partis, dégénéraient en violents tumultes. Les uns criaient : « Vive le roi! » les autres : « Vive l'orthodoxe Moscou! vive le grand-prince Ivan et notre père le métropolite Philippe! » Les amis de Marfa finirent par l'emporter. Novgorod se donna au roi de Pologne par un acte formel, où elle stipulait les mêmes *conditions* que dans les pactes avec ses anciens princes. Ivan III essaya encore de ramener les citoyens à l'obéissance et leur dépêcha un ambassadeur : le parti de Marfa se trouva toujours ou le plus nombreux ou le plus bruyant. Ivan se décida enfin à commencer la guerre : les voïévodes d'Oustiougue et de Viatka firent la conquête du territoire de la Dvina ; les Moscovites, appuyés par la cavalerie tatare, ravagèrent cruellement le territoire des *perfides* Novgorodiens; après le combat de Korostyne, ils coupèrent le nez et les lèvres à leurs prisonniers. Les républicains étaient déchus de leur ancienne valeur : Marfa avait enrôlé tumultuairement des artisans mal exercés. Au combat de la Chélona, 5000 Moscovites battirent 30 000 Novgorodiens. A Roussa, le grand-prince fit décapiter plusieurs de leurs boïars, dont un fils de Marfa, et déporta les autres prisonniers dans la Moscovie. Ivan III avançait toujours, combattant et négociant. Les Novgorodiens se soumirent, payèrent une contribution de guerre, et, s'ils restèrent encore une république, ce fut une république dépendante du bon plaisir du prince (1470).

Dès lors Ivan travailla à l'entière réduction de cette ville ; son parti augmentait dans Novgorod. Si l'on se plaignait des dénis de justice de ses lieutenants, il en accusait l'insuffisance des anciennes lois de la cité. Il s'appliquait à entretenir contre les boïars l'animosité des autres classes. C'est à l'invitation de celles-ci qu'en 1475 il vint tenir solennellement sa cour à Novgorod. Aussitôt grands et petits accoururent à son tribunal pour y demander justice les uns contre les autres. Il vit combien ces divisions le rendaient fort. Un acte d'autorité qu'il tenta lui réussit complétement : le second fils de Marfa, le possadnik et plusieurs boïars furent chargés de chaînes et envoyés à Moscou. Personne n'osa protester. De retour dans sa capitale, il y vit accourir une infinité de plaignants : il obligea les parties à comparaître devant lui. Depuis Rourik, assurent les annalistes, on n'avait jamais vu pareille violation des libertés novgorodiennes. Profitant d'une erreur de chancellerie des envoyés de la ville, il se déclara *souverain* (gospodine) de Novgorod et non plus seulement son *seigneur* (goçoudar). Or, si l'on acceptait cette interprétation, l'assujettissement de la république, qui n'était que de fait, devenait de droit. Le parti de Marfa tenta un dernier effort pour rejeter cette *souveraineté ;* les amis du grand-prince furent massacrés. Ivan déclara que les Novgorodiens, après lui avoir accordé dans un acte le titre de *gospodine*, osaient lui donner un démenti. Alors le métropolite, les évêques, les boïars, tout Moscou, lui conseillèrent de faire la guerre. Elle fut prêchée comme une guerre sainte contre les alliés du pape et de la Lithuanie. Toutes les forces de la Russie se mirent en mouvement : plusieurs boïars novgorodiens se rendirent au camp du grand-prince. La ville fut bloquée et affamée. Vainement les partisans de Marfa poussèrent-ils le vieux cri de guerre : « Mourons pour la liberté et pour Sainte-Sophie! » Il fallut capituler. Ivan n'accorda à ses sujets que la garantie de leurs biens et de leurs personnes, leur ancienne juridiction, l'exemption du service moscovite. Mais il n'y eut plus ni *vetché*, ni possadnik. Le beffroi fut réduit au silence. La république de Novgorod avait cessé d'exister (1478). Marfa et les principaux oligarques furent transportés à Moscou et leurs biens confisqués. Plusieurs fois, par la suite, les partis s'agitèrent. Ivan III et son successeur les domptèrent par de nouvelles transportations. En l'année 1481, des boïars furent torturés et suppliciés. 8000 Novgorodiens furent transplantés dans les villes de la Sousdalie. Ivan III porta un coup plus funeste encore à la prospérité de sa nouvelle ville lorsqu'en 1495, à la suite d'un démêlé avec les gens de Revel, il fit arrêter à Novgorod les marchands de quarante-neuf villes hanséatiques, piller le *marché des Allemands* et transporter pour un million de marchandises à Moscou. L'avide grand-prince ne vit pas sans doute qu'il tuait la poule aux œufs d'or. Il fallut bien des années avant que les marchands d'Occident reparussent à Novgorod. Pskof, plus docile que Novgorod, avait conservé sa *vétché* et ses anciennes institutions.

Pendant qu'il détruisait la liberté de Novgorod, Ivan lui enlevait ses colonies ou reprenait pour son propre compte la conquête de la Russie septentrionale. La Moscovie s'étendait maintenant jusqu'à la Finlande, à la mer Blanche, à l'océan Glacial, et déjà prenait pied en Asie. En 1472, Ivan avait conquis la Permie : il devint alors maître de « l'argent d'au delà de la Kama », que les Novgorodiens se procuraient jusqu'alors par le commerce. En 1489, Viatka, qui un moment était tombée au pouvoir des Tatars de Kazan, fut conquise et perdit son organisation républicaine. En 1499, les voïévodes d'Oustiougue, de la Dvina et de Viatka s'avancèrent jusqu'à la Petchora, sur les bords de laquelle ils bâtirent une forteresse. En plein hiver, sur des traîneaux attelés de chiens, ils passèrent, malgré les vents et les ouragans de neige, les défilés de l'Oural, tuèrent cinquante hommes aux Samoyèdes et leur prirent deux cents rennes, envahirent le territoire des Vogouls et Ougres, ces frères finnois des Magyars, enlevèrent quarante enceintes de palissades firent prisonniers cinquante princes, et revinrent à Moscou, après avoir réduit ce pays inconnu, où les géographes de l'antiquité plaçaient tant de monstres et de merveilles. La Russie, comme les nations maritimes de l'Occident, avait découvert un Nouveau-Monde.

Les provinces cultivées de la Russie centrale avaient une autre importance que les déserts du Nord. Ici on ne conquérait pas d'immenses territoires, mais on cherchait à réunir l'un après l'autre les États des petits princes apanagés. Ivan III aurait pu détrôner le jeune prince de Riazan que son père avait amené à Moscou : il préféra le renvoyer dans ses États en lui donnant la main de sa sœur Anna (1464). La réunion des principautés de Riazan et de Novgorod-Séverski était réservée à son successeur. Il montra d'abord la même modération vis-à-vis de Tver : mais en 1482, le prince Michel, qui ne s'était jusqu'alors maintenu qu'à force de déférence, eut l'imprudence de s'allier à la Lithuanie. Ivan saisit ce prétexte avec joie et marcha en personne contre Tver avec le fameux Aristote Fioraventi de Bologne, le grand-maître de son artillerie. Michel prit la fuite ; Ivan ordonna de ménager ses nouveaux sujets. Une principauté qui pouvait armer jusqu'à 40 000 hommes fut réunie sans coup férir à ses États. Il réunit de même les apanages de Véréia, de Biélozersk, dépouilla de leur droit de souveraineté les princes de Rostof et de Iaroslavl.

Son père, en apanageant ses frères, lui avait préparé une nouvelle et ingrate besogne. Il s'en chargea sans aucun scrupule. Quand son frère Georges mourut, il le pleura beaucoup, mais il mit la main sur ses villes de Dmitrof, Mojaïsk et Serpoukhof, et laissa murmurer ses autres frères qui avaient compté partager avec lui (1468). André, accusé d'intelligence avec la Lithuanie, fut jeté dans une prison où il mourut (1493). Le grand-prince convoqua dans son palais le métropolite et les évêques, se présenta à eux les yeux baissés, le visage triste et baigné de larmes, s'accusa humblement d'avoir été trop cruel envers son malheureux frère, se soumit à leurs remontrances pastorales ; mais il s'empara de l'apanage d'André, et, à la mort de son frère Boris, peu de temps après, se trouva réunir tous les domaines de son père. Il acquit le surnom de *rassembleur de la terre russe*, surnom également mérité par ses huit prédécesseurs. C'est à leurs travaux antérieurs qu'Ivan dut peut-être d'être le plus grand et le plus puissant de ces *rassembleurs*. Il ne tomba plus dans les mêmes errements ; si plus tard il apanagea ses enfants, ce fut à condition qu'ils resteraient les sujets de leur aîné et qu'ils n'auraient ni le droit de battre monnaie, ni une diplomatie séparée.

Guerres contre la Grande Horde et contre Kazan. Fin du joug tatar.

L'empire de la Horde était enfin dissous. Les principaux États qui s'élevèrent sur ses débris furent le tsarat de Kazan, celui de Saraï ou d'Astrakhan, la horde des Nogaïs, et le khanat de Crimée. Kazan et la Crimée surtout présentent un amalgame ethnographique fort remarquable. Le tsarat de Kazan avait été fondé sur les ruines de l'ancienne Bulgarie du Volga, autrefois florissante et civilisée, par un prince banni de la Horde sous le règne de Vassili l'Aveugle. C'était ce même Makhmet, qui avait essayé de s'établir à Bélef en Lithuanie et qui y avait battu Chémiaka. Les Mongols s'étaient mélangés avec les anciens Bulgares et avaient reconstitué un centre important de commerce et de civilisation. Le tsarat étendait son empire sur les tribus finnoises des Mordves, des Tchérémisses, des Tchouvaches, ainsi que sur les Bachkyrs et les Méchtchéraks. Le khanat de Crimée avait été fondé, presque à la même date, par un descendant de Genghis-Khan nommé Asi. Arraché à la mort par un paysan, il avait, dit-on, ajouté à son nom celui de son bienfaiteur, Ghiréi, nom qui s'ajouta désormais à celui de tous les khans de Crimée. Les Mongols, en arrivant dans la péninsule, y trouvèrent les débris des anciennes peuplades tauriques, gothiques, helléniques, des Arméniens, des Juifs, les Juifs kharaïtes surtout, qui prétendent s'être établis, cinq cents ans avant Jésus-Christ, sur les rochers et dans les cités troglodytes de Tchoufout-Kalé et Mangoup-Kalé, enfin les Génois établis à Kaffa. A part les Juifs et les Italiens, une grande partie de l'ancienne population se laissa absorber par les envahisseurs asiatiques. Aussi, tandis que les Tatars des steppes de la Crimée septentrionale sont de purs Mongols, ceux des montagnes du sud semblent être surtout des Taures, des Goths et des Grecs islamisés. Quant à la grande Horde de Saraï, elle se composait presque uniquement de nomades, tels que les Kalmouks, les Kirghiz, les Nogaïs, et autres peuplades turques-tatares.

Au sein de chacun de ces États régnaient les compétitions et l'anarchie. Des princes de Kazan, de Saraï, de Crimée venaient demander asile au grand-prince de Moscou, qui se servait d'eux pour perpétuer les divisions. En 1473, Ivan III constituait en fief pour un Moustapha la ville de Novgorod-de-Riazan. D'autres servaient dans ses armées et l'aidèrent contre Novgorod et la Lithuanie. Vis-à-vis des khans et des tsars, surtout ceux de la grande Horde ou de Saraï, le souverain de Moscou se tenait sur la défensive, repoussant les attaques des aventuriers, mais se gardant de les provoquer; se dispensant de payer le tribut, mais disposé à envoyer quelques présents. En même temps il se ménageait des alliances contre le khan de Saraï et envoyait au Turcoman Hassoun-Hassan, maître de la Perse et ennemi des Mongols, son ambassadeur italien Marco Ruffo (1477). Une amitié plus efficace fut celle qui l'unit à Mengli-Ghiréi, khan de Crimée, et qui dura toute leur vie. Mengli lui était aussi utile contre la Lithuanie que contre la grande Horde.

En 1478, ayant bien pris toutes ses mesures, il fit un éclat. Quand le khan Akhmet envoya ses ambassadeurs, avec son image, pour réclamer le tribut, Ivan III foula aux pieds l'image du khan et fit périr tous les envoyés, sauf un seul qui devait porter cette nouvelle à la Horde. Ce récit, qui ne s'accorde guère avec la prudence bien connue d'Ivan, n'est pas reproduit par tous les chroniqueurs. Quand Akhmet se mit en campagne, Ivan prit une forte position sur l'Oka avec une armée plus nombreuse et mieux organisée qu'au temps de Dmitri Donskoï. Ses 150 000 hommes et sa puissante artillerie ne l'empêchaient pas de réfléchir beaucoup sur le hasard des batailles. Il revint même réfléchir à Moscou; il fallut les clameurs du peuple pour l'en faire sortir. « Comment! s'écriaient les Moscovites, il nous a surchargés d'impôts sans payer le tribut à la Horde et maintenant qu'il a irrité le khan, il refuse de combattre ! » Ivan voulut consulter sa mère, ses boïars, ses évêques : « Marche donc courageusement à la rencontre de l'ennemi ! » fut la réponse unanime. « Convient-il aux mortels de redouter la mort ? lui dit le vieil archevêque Vassian : on ne peut échapper à sa destinée. » Il voulut du moins renvoyer son fils Ivan dans Moscou ; mais le jeune prince désobéit héroïquement. Le grand-prince se décida enfin à retourner à l'armée, béni par sa mère, béni par le métropolite, qui lui promettait la victoire comme à un David ou à un Constantin, lui rappelant « qu'un bon pasteur doit sacrifier ses jours pour ses brebis. » Ivan, qui ne se sentait pas l'étoffe d'un Constantin, maintenait l'armée immobile sur l'Oka et l'Ougra : d'une rive à l'autre on se contentait de se lancer des flèches et des injures. Ivan fermait l'oreille aux conseils belliqueux de ses boïars, écoutait plutôt les conseils prudents de deux favoris, « seigneurs gras et puissants, » dit la chronique. Toutefois il refusa les propositions du khan qui offrait de pardonner s'il venait baiser son étrier ou si seulement il envoyait quelqu'un des siens. A la fin, les moines et les évêques à cheveux blancs perdirent patience. Vassian adressa au grand-prince une lettre belliqueuse, invoquant le souvenir des Igor, des Sviatoslaf, des Vladimir Monomaque, des Dmitri Donskoï. Ivan assura que cette lettre « lui remplissait le cœur de joie, de courage et de force ; » mais quinze jours se passèrent encore dans l'inaction. Au quinzième jour, les fleuves étant couverts de glace, le grand-prince donna l'ordre de se reporter en arrière. A ce moment une panique inexplicable s'empara des deux armées ; la russe et la tatare fuyaient l'une devant l'autre sans être poursuivies (1480). Le khan se sauva jusqu'à la Horde. Telle fut la dernière grande invasion des cavaliers du Kiptchak. Ce fut de cette façon peu héroïque que se brisa le joug mongol, sous lequel la Russie avait gémi pendant près de trois siècles. Ivan III avait eu comme Louis XI sa bataille de Montlhéry. Il y combattit beaucoup moins que lui, mais sut en tirer bien plus d'avantages. La Horde, attaquée par les khans de Crimée, devait survivre bien peu de temps à sa déchéance. Akhmet fut massacré par un des siens.

Entre Kazan et Moscou, les hostilités se multipliaient. En 1467 et en 1469, Ivan III avait ordonné deux expéditions contre la *Bulgarie*. En 1487, sept ans après avoir secoué la suprématie de la grande Horde, les voïévodes moscovites marchèrent contre cette même Kazan, où le père de leur grand-prince avait été captif; après sept semaines de siége, ils enlevèrent la cité et firent prisonnier le souverain Alégam. On vit alors prisonnier dans Moscou un tsar de Kazan! Ivan III ajouta à ses titres celui de *prince de Bulgarie*; mais, ne croyant pas que la cité musulmane fût déjà mûre pour l'annexion, il donna la couronne à un neveu de son ami le khan de Crimée. Le peuple dut lui prêter un serment de fidélité. La conquête du pays d'Arsk, dans la Bulgarie même, l'établissement d'une garnison russe dans cette forteresse, lui permirent de surveiller de plus près ce qui se passait à Kazan. Le khan de Crimée n'avait garde de réclamer contre la captivité du tsar Alégam, l'ennemi de son neveu. Mais les princes du Chiban et des Nogaïs, qui se trouvaient en relations de parenté avec Alégam et qui voyaient l'islamisme humilié en sa personne, envoyèrent des ambassadeurs au grand-prince. Celui-ci refusa à la vérité de relâcher son prisonnier, mais il répondit si gracieusement qu'on ne pouvait guère s'en fâcher. Il envoya à ces parents zélés des draps de Flandre, des gerfauts, des dents de poisson, et n'oublia pas les femmes des mourzas, qu'il appelait ses sœurs. En même temps, voulant faire sentir à ces Asiatiques que les temps étaient changés, il eut soin de ne jamais se compromettre personnellement avec les envoyés des Nogaïs, ne leur adressant jamais la parole que par l'organe de trésoriers, secrétaires, et autres officiers de second ordre.

Guerres contre la Lithuanie : la Russie occidentale reconquise jusqu'à la Soja.

La Lithuanie, réunie à la Pologne, restait toujours le grand ennemi. Cet État composite joue le même rôle dans l'histoire de Russie que, dans la nôtre, la Bourgogne de Philippe le Bon et de Charles le Téméraire. Formé de populations russes, en même temps que de populations polonaises et lithuaniennes, il faillit plusieurs fois anéantir la Russie, de même que la Bourgogne, composée de populations françaises en même temps que de provinces allemandes ou bataves, faillit détruire la nationalité française. La Lithuanie se souda à la Pologne, comme les États de Bourgogne se sont soudés, pour notre malheur, à la maison d'Autriche.

Le roi Casimir IV était, au commencement du règne d'Ivan, souverain des deux États réunis, et ne négligeait rien pour inquiéter le grand-prince : celui-ci, de son côté, excitait son allié Mengli à envahir les possessions lithuaniennes ; les Tatars de Crimée pillèrent en effet Kief et le monastère des Catacombes (1482). Lorsque, dix ans après (1492), Casimir mourut, laissant la Pologne à son fils aîné Albert, et qu'Alexandre, son second fils, devint grand-prince de Lithuanie, Ivan III résolut de profiter de ce que ce dernier pays était abandonné à lui-même. Il s'était ménagé l'amitié du sultan des Turcs, Bajazet II, de Mathias Corvin, roi de Hongrie, enfin l'alliance plus active d'Étienne de Moldavie, ennemi déterminé des Lithuaniens ; avant tout il comptait sur Mengli. Mengli avait tenu la Lithuanie en arrêt, pendant qu'Ivan se débarrassait des Mongols ; il allait tenir la Horde en échec, pendant que le grand-prince réglerait ses comptes avec Alexandre : sans préjudice des incursions tatares en Ukraine. La découverte, à Moscou, d'un complot polonais contre la vie du grand-prince, fit courir les premiers bruits de guerre. De même qu'Ivan III avait pu utiliser contre la Horde les transfuges mongols, il vit les princes vassaux de la Lithuanie et d'autres personnages considérables entrer en relations avec lui. C'est alors que les Belski, les Glinski, si fameux depuis, s'établissent en Russie, que le prince de Mazovie envoie une ambassade à Ivan III, que les princes de Viasma, Vorotinsk, Bélef, Mézetsk, lui transportent leur hommage.

Cette guerre était populaire en Moscovie : il s'agissait de briser le joug que les Polonais catholiques faisaient peser sur des populations russes et orthodoxes. Dans la Russie Blanche, les Moscovites allaient réveiller d'anciennes sympathies nationales et religieuses. « La Lithuanie, disaient les ambassadeurs d'Ivan III aux plénipotentiaires d'Alexandre, la Lithuanie a profité des malheurs de la Russie pour s'emparer de nos pays, mais les circonstances sont changées aujourd'hui ! » Après une courte guerre une paix s'ensuivit (1494). La frontière de la Moscovie fut portée jusqu'à la Desna, et comprit les apanages des princes qui avaient passé au service d'Ivan, avec Mstislavl, Obolensk, Kozelsk, Vorotinsk, Pérémysl, etc.

La paix parut cimentée par le mariage d'Alexandre avec Hélène, fille d'Ivan III. Cette union princière était au contraire le germe d'une nouvelle guerre. Le souverain de Moscou avait stipulé que sa fille ne pourrait dans aucun cas changer de religion, qu'elle aurait une église grecque dans le palais et un aumônier orthodoxe. Ivan lui-même fit à sa fille les recommandations les plus pressantes, lui défendant de paraître à l'église catholique, lui faisant les descriptions les plus détaillées sur sa toilette, sa table, sa façon de voyager, sa manière d'être avec ses nouveaux sujets. Il lui remit à son départ un assortiment de livres de piété. Sa politique était d'accord avec sa conviction. Il fallait que l'orthodoxie, en Lithuanie, relevât sa tête humiliée et régnât avec sa fille. Peu de temps après, il se plaignit que sa fille fût contrainte dans sa conscience, qu'on lui imposât le costume polonais, qu'on éloignât ses domestiques et son aumônier orthodoxe pour l'entourer de catholiques, que la religion grecque fût persécutée, que l'assassinat du métropolite de Kief fût resté impuni, qu'on voulût lui donner pour successeur un homme dévoué au pape. La Lithuanie, à l'approche de la guerre, fut affaiblie par de nouvelles défections. Les princes de Bielsk, de Mossalsk, de Khotatof, les boïars de Mtsensk et de Serpéïsk, puis les princes de Tchernigof et Starodoub, de Rylsk et de Novgorod-Séverski se déclarèrent pour le grand-prince de Moscou. Tout le pays, entre la Desna et la Soja, passa entre les mains des Russes, avec Briansk, Poutivle et Dorogobouge. Ils n'eurent qu'à se montrer pour tout conquérir. Alexandre ne pouvait abandonner sans coup férir les conquêtes d'Olgerd, de Vitovt, de Gédimine; mais à la bataille de la Védrocha son armée fut taillée en pièces; son voïévode, Constantin Ostrojski, tomba aux mains des Moscovites, qui cherchèrent à le gagner à leur cause. Les Lithuaniens se maintinrent du moins dans les fortes places de Vitepsk, Polotsk, Orcha, Smolensk.

Cette lutte prolongée entre Alexandre et Ivan III avait mis en feu toute l'Europe orientale. Alexandre avait fait alliance avec l'Ordre livonien et la grande Horde. Le khan de Crimée dévastait impitoyablement la Gallicie et la Volynie. Les Russes battirent encore une fois les troupes lithuaniennes auprès de Mstislavl, mais échouèrent au siège de Smolensk. Au nord, le grand-prince de Moscou avait arrêté les Allemands de Livonie en bâtissant la forteresse d'Ivangorod en face de Narva : il avait saisi à Novgorod les marchandises hanséatiques. Le grand-maître Hermann de Plettenberg répondit avec joie à l'appel des Lithuaniens et à la bataille de la Siritsa, près d'Isborsk, écrasa de sa formidable artillerie allemande une armée de quarante mille Russes (1501). Ceux-ci, l'année suivante, prirent leur revanche sur les *hommes de fer* auprès de Pskof. Schig-Akhmet, khan de la grande Horde, voulut faire une diversion ; mais le khan de Crimée l'assaillit avec fureur, et en 1502 anéantit si complètement cette domination que les ruines de Saraï, la capitale de Baty, où les princes russes avaient rampé devant les khans, sont depuis ce temps abandonnées aux reptiles.

Alexandre venait d'être élu roi de Pologne ; il eût voulu

en finir avec une guerre ruineuse. Le fameux pape Alexandre VI et le roi de Hongrie interposèrent leur médiation. Comme aucun des deux partis ne voulait rien céder de ses prétentions, on convint seulement d'une trêve de six ans, pendant laquelle la Soja servirait de frontière, laissant à la Russie les territoires des princes et des villes qui s'étaient donnés à elle (1503). Ce qui montre la bonne foi d'Ivan III, c'est qu'après la signature de cette trêve il engagea le khan de Crimée à poursuivre ses attaques contre la Lithuanie.

Mariage avec Sophie Paléologue (1472) : les Grecs et les Italiens à la cour de Moscou.

L'acquisition des possessions novgorodiennes, la réunion des apanages, la prise de Kazan, la chute de la Horde, la conquête de la Lithuanie jusqu'à la Soja avaient doublé l'étendue de la grande-principauté, sans parler des immenses possessions boréales. Un événement non moins important par ses suites fut le mariage d'Ivan III avec une princesse byzantine. Un frère du dernier empereur, Thomas Paléologue, s'était réfugié à la cour de Rome. Il y mourut, laissant une fille nommée Sophie. Le pape lui cherchait un époux. Le cardinal grec Bessarion, qui était du rite oriental, conseilla à Paul II de proposer sa main au grand-prince russe. Un Grec nommé Iouri et les deux Friazini, parents de Friazine, monnayeur d'Ivan III, furent chargés de l'ambassade à Moscou. Ivan et ses boïars acceptèrent avec enthousiasme cette proposition : c'était Dieu sans doute qui lui envoyait une si illustre épouse, « ce rejeton d'un arbre impérial qui couvrait jadis toute la chrétienté orthodoxe de son ombre. » Sophie, dotée par le pape, qui avait toujours ses deux préoccupations, la croisade contre le Turc et la réunion des deux Églises, se rendit de Rome à Lübeck, de Lübeck par mer à Revel, et fut reçue en triomphe à Pskof, Novgorod et autres villes de l'obéissance de Moscou. Cette fille des empereurs devait avoir sur Ivan une influence énorme. C'est elle sans doute qui lui apprit à « pénétrer le secret de l'autocratie. » Elle supportait plus impatiemment que les Russes, habitués à la servitude, l'humiliation du joug mongol. Elle poussait Ivan à le secouer : « Serai-je longtemps encore l'esclave du khan des Tatars? » lui disait-elle souvent. Avec Sophie, une multitude d'émigrés helléniques accoururent à Moscou, non-seulement de Rome, mais de Constantinople et de la Grèce. Tels furent Démétrios Ralo, Théodore Lascaris, Démétrios Trakhaniote. A la Russie ils donnèrent des hommes d'État, des diplomates, des ingénieurs, des artistes, des théologiens. Ils lui apportaient les livres grecs, précieux héritage de la civilisation antique : ces manuscrits formèrent le premier fonds de la bibliothèque actuelle des patriarches.

Ivan III était l'héritier des empereurs de Byzance et des Césars romains : il prit pour armes nouvelles de la Russie l'aigle à deux têtes que, sous sa forme archaïque, on retrouve encore au « Palais à facettes » du Kremlin. Moscou succédait à Byzance, comme Byzance avait succédé à Rome. Devenue l'unique métropole de l'orthodoxie, il lui incombait la mission de protéger les chrétiens grecs dans l'Orient tout entier et de préparer la revanche de 1453 contre l'islamisme. Avec les Grecs, étaient venus les Italiens : Aristote Fioraventi de Bologne, qui fut l'architecte, l'ingénieur militaire, le maître de l'artillerie d'Ivan III; Marco Ruffo, son ambassadeur en Perse; Piétro Antonio, qui construisit son palais impérial; le fondeur Paul Bossio, des architectes, des arquebusiers.

Ivan entra en relations avec Venise à l'occasion de Trévisani, envoyé de la république, qui, se rendant à la Horde, ayant essayé de traverser incognito les États du grand-prince, fut arrêté et condamné à mort. Le sénat intervint et obtint la mise en liberté de l'imprudent diplomate. Ivan à son tour lui envoya un ambassadeur russe, Siméon Tolbouzine, chargé de lier amitié et de ramener d'Italie quelque habile architecte; plus tard, en 1499, Démétrios Ralo et Golokhvastof. Contarini, ambassadeur vénitien, revenait de Perse avec un ecclésiastique français nommé Louis, qui se disait ambassadeur du duc de Bourgogne et patriarche d'Antioche : il s'arrêta à Moscou et fut très-bien reçu par Ivan. Lui-même fut frappé du mérite de ce prince. « Lorsqu'en parlant je me reculais par respect, raconte Contarini, le grand-prince s'approchait toujours de moi et prêtait une attention singulière à tout ce que je disais. » Ivan III, soit pour s'assurer des alliés contre la Pologne, soit pour obtenir qu'on lui envoyât des artistes et des maîtres de métiers, échangea plus d'une fois des ambassades avec Frédéric III et Maximilien d'Autriche, Mathias de Hongrie, le pontife de Rome. Attaqué un moment par la Suède, il négocia une alliance avec le Danemark. Pléchtchéef fut le premier ambassadeur de Russie à Constantinople sous Bajazet II. De l'Orient, il vint à Ivan III des envoyés de la Géorgie et même du Djagataï (Turkestan et Sibérie tatares).

Ce prince qui, né vassal d'un peuple nomade, fonda la grandeur de la Russie, peut se comparer à l'un de nos plus grands rois, Louis XI. Ce que celui-ci avait fait contre la féodalité apanagée, Ivan le fit contre les apanages princiers, et, comme lui, frappa l'ancien système dans sa propre famille. Il fut impitoyable pour les petits dynastes russes, comme le roi de France pour les Armagnac ou les Saint-Pol. Il réussit à entamer la Lithuanie, comme son contemporain d'Occident à entamer la Bourgogne. Il mit fin aux invasions mongoles, comme celui-ci aux guerres anglaises ; il repoussa sans coup férir la dernière incursion des khans, comme Louis XI éconduisit avec des caresses le dernier débarquement des Anglais sous Édouard IV. Ils eurent le même goût pour les étrangers, surtout pour les industrieux Italiens, pour les arts utiles. Tous deux firent rechercher les richesses métalliques de leurs États. Ils créèrent également une diplomatie, l'un avec Comynes, l'autre avec des Grecs et des Russes aussi souples que les Grecs. Ils fortifièrent l'armée nationale et lui donnèrent un caractère permanent : ils durent à leur artillerie leurs succès contre les petits princes : Ivan III eut ses frères Bureau dans Aristote Fioraventi. Louis XI, qui voulait mettre fin à l'anarchie des lois et aux pilleries de la chicane, méditait un véritable code, un *grand coustumier*, qui eût mis les anciennes lois en harmonie avec l'ordre de choses nouveau : c'est précisément ce que fit Ivan III dans son *Soudebnik* (1497), dont la comparaison avec la *Rousskaia Pravda* de Iaroslaf donna la mesure de la transformation apportée dans le droit national par l'influence des lois byzantines, l'exemple des Tatars, les progrès de l'autocratie : les peines corporelles notamment ont pris un grand développement : pour les homicides, la mort ; pour le vol, la flagellation en place publique. La torture fait son chemin dans la procédure. Le duel judiciaire est encore admis, seulement il ne peut guère être mortel : chacun des combattants a une cuirasse et n'est armé que d'un gourdin. Les femmes, les mineurs, les ecclésiastiques peuvent se faire remplacer par un champion. De même que la politique d'Ivan III a eu pour but la suppression des apanages, son code a pour objet d'effacer les priviléges, les particularités légales et judiciaires des diverses provinces.

L'hérédité du trône était établie depuis trois générations en ligne directe. Pourtant lorsque Jean, le fils aîné d'Ivan III, mourut, celui-ci hésita longtemps entre son petit-fils Dmitri, né de Jean, et son second fils Vassili. Sa femme tenait pour Vassili ; sa bru Hélène, veuve de Jean, tenait naturellement pour son fils. La cour était partagée et les deux partis faisaient assaut d'intrigues. Ivan III avait d'abord fait proclamer Dmitri, jeté Vassili en prison, disgracié sa femme. Puis il s'était ravisé ; il avait emprisonné à leur tour sa bru et son petit-fils et déclaré Vassili son héritier. Le droit héréditaire de l'Occident ne s'établissait pas en Russie sans beaucoup de luttes.

CHAPITRE XIV.

VASSILI IVANOVITCH (1505-1533).

Réunion de Pskof, Riazan et Novgorod-Séverski ; guerres contre la Lithuanie ; acquisition de Smolensk ; — Guerres contre les Tatars; relations diplomatiques avec l'Europe.

Réunion de Pskof, Riazan, Novgorod-Séverski. Guerres contre la Lithuanie, acquisition de Smolensk (1526).

Le règne de Vassili Ivanovitch pourra sembler un peu pâle entre celui des deux Ivans, des deux *Terribles*, son père et son fils. Il eut d'ailleurs une durée moindre, vingt-huit années seulement (1505-1533). Mais il fut la continuation de celui-là et la préparation de celui-ci : le mouvement qui emportait la Russie vers l'unité et l'autocratie ne se ralentit pas sous Vassili Ivanovitch.

Il ne restait plus que trois États qui eussent gardé en Russie une certaine indépendance : la république de Pskof, les principautés de Riazan et de Novgorod-Séverski. Les discordes continuaient à Pskof entre l'aristocratie et les classes inférieures, entre les citadins et les paysans : Pskof était en conflit avec le *namiéstnik* ou lieutenant du prince. Vassili vint tenir sa cour à Novgorod la Grande et somma les magistrats de Pskof d'avoir à comparaître devant lui. Une fois arrivés, il les fit garder prisonniers. Un marchand de Pskof qui était en route vers Novgorod courut porter cette nouvelle à ses compatriotes. On sonna aussitôt la cloche de la *veîché* et l'on commença à crier : « Levons le bouclier contre le grand-prince ! Fermons les portes de la ville ! » Les plus prudents continrent le peuple : « Que faire ? Nos frères, nos magistrats et nos boïars et tous les notables sont entre les mains du prince ! » Les Pskoviens arrêtés à Novgorod envoyèrent un messager pour conjurer leurs concitoyens de ne pas tenter une résistance inutile et d'éviter l'effusion du sang. Ceux-ci dépêchèrent alors au grand-prince un des leurs, chargé de lui dire : « Nous ne sommes pas tes ennemis, seigneur ! Après Dieu, c'est toi, seigneur, qui as tout pouvoir sur tes sujets. » Vassili Ivanovitch leur envoya un de ses *diaks* ou secrétaires qui, admis dans l'assemblée des citoyens, les salua au nom du grand-prince et leur dit que son maître leur imposait deux conditions : la première était que les villes de l'obéissance de Pskof recevraient ses *namiéstniks*; la seconde, c'était la suppression de l'assemblée et l'enlèvement de la cloche de la *vetché*. Il fut longtemps sans recevoir de réponse : les larmes et les sanglots des citoyens, amoureux de leur liberté, leur coupaient la parole. A la fin ils lui dirent qu'ils demandaient vingt-quatre heures pour délibérer sur cette proposition. La journée et la nuit se passèrent en lamentations : « Les enfants à la mamelle, dit l'annaliste, étaient seuls à ne pas verser des larmes. » On s'assembla encore le lendemain, pour la dernière fois, et le premier magistrat de la cité parla ainsi au *diak* du grand-prince, Dalmatof : « Il est écrit dans nos chroniques que nos aïeux ont prêté serment au grand-prince. Les Pskoviens s'engageaient à ne jamais faire défection à notre seigneur qui est à Moscou, à ne se liguer ni avec la Lithuanie, ni avec la Pologne, ni avec les Allemands ; autrement la colère de Dieu serait sur nous, et avec elle la famine, les incendies, les inondations, l'invasion des infidèles. Si le grand-prince n'observait pas son serment, les mêmes imprécations pesaient sur lui. Maintenant notre ville, notre cloche sont en la puissance de Dieu et du prince. Pour nous, nous n'avons pas forfait à notre serment. » Dalmatof fit descendre la grande cloche, symbole de l'indépendance républicaine, et l'emmena à Novgorod, au milieu de la désolation générale. Alors Vassili Ivanovitch vint rendre visite à *son patrimoine de Pskof*. Il installa ses hommes et ses boïars dans la ville haute, déporta trois cents familles de l'aristocratie dans les villes de l'intérieur et établit à leur place trois cents familles moscovites. En partant, il laissa à Pskof une garnison de 5000 *enfants-boïars* et de 500 artilleurs novgorodiens (1510). « Hélas ! s'écrie l'annaliste, glorieuse cité de Pskof la Grande ! pourquoi cette désolation et ces larmes ? » Et la noble ville de Pskof répond : « Comment ne pas s'abandonner à la désolation et aux larmes ? Un aigle aux ailes nombreuses, aux griffes de lion, a fondu sur moi. Il m'a enlevé ces trois cèdres du Liban : ma beauté, ma richesse, mes enfants. Notre terre est déserte, notre ville ruinée, nos marchés détruits. On a emmené nos frères là où n'ont jamais vécu ni nos pères, ni nos grands-pères, ni nos aïeux. »

Ivan, prince de Riazan, fut accusé, vers 1521, d'avoir contracté alliance avec le khan de Crimée. Il fut appelé à Moscou et emprisonné. Il réussit à fuir en Lithuanie où il mourut obscurément. Ce pays fertile, dont les riches moissons « offraient l'aspect de forêts touffues, » se trouva réuni au domaine. Un certain nombre de Riazanais furent déportés aux pays moscovites. Vassili Chémiakine régnait à Novgorod-Séverski : c'était le petit-fils de ce Chémiaka qui avait crevé les yeux à l'aïeul de Vassili. Vers 1523, accusé d'intelligences avec la Pologne, il fut jeté en prison. Il y périt. Il n'y avait maintenant plus qu'une Russie. Un bouffon du grand-prince avait prédit la chute du dernier prince apanagé. On l'avait vu parcourir les rues de Moscou, armé d'un balai, criant « qu'il était temps de nettoyer l'empire de ce qui restait de cette ordure. » Vassili, comme tous ses prédécesseurs, ne fut pas tendre pour sa famille. Son neveu Dmitri, à qui son grand-père avait un moment destiné le trône et à qui les lois occidentales l'eussent assuré, mourut en prison. Un frère de Vassili, trouvant trop dur le joug de son aîné, essaya de s'enfuir et fut repris.

Le fils d'Ivan le Grand continua la lutte contre la Lithuanie. Il avait essayé, à la mort d'Alexandre, de se faire nommer grand-prince à Vilna : la réconciliation de la Russie moscovite et de la Russie lithuanienne eût changé les destinées du Nord. Sigismond Iᵉʳ réunit les deux couronnes de Vilna et de Pologne. Une première guerre sans importance se termina en 1509 par une *paix éternelle*; Vassili renonça à toutes prétentions sur Kief et Smolensk. La paix éternelle dura trois années, que remplirent les récriminations des deux parties. Vassili accusait Sigismond de n'avoir pas rendu tous les prisonniers, de dépouiller les marchands moscovites, de maltraiter la veuve d'Alexandre, fille d'Ivan III, d'avoir engagé Siméon, frère du grand-prince, à fuir en Pologne, d'avoir excité les Tatars de Crimée à ravager la Russie. Il déclara que « tant que son cheval serait en état de marcher, tant que son glaive ne serait pas émoussé, il ne laisserait ni paix ni trêve à la Lithuanie. » Smolensk fut aussitôt attaquée : une partie de ses habitants tenaient pour la Russie et criaient au grand-prince qu'ils voulaient se soumettre. Une artillerie imposante écrasa les remparts de son kremlin qui domine de si haut le Dniéper. Le voiévode polonais fut contraint par les bourgeois à capituler. « Épargne ton patrimoine! » dirent ceux-ci au grand-prince. L'évêque de Smolensk bénit Vassili et les habitants lui prêtèrent le serment de fidélité (1514). « La prise de Smolensk, dit un chroniqueur russe, fut pour la Russie comme un brillant jour de fête; car s'emparer du bien d'autrui ne peut flatter qu'un prince ambitieux; mais on peut se livrer à la joie quand on reprend son bien. » Toutefois, beaucoup de Lithuaniens restaient hésitants : le nom de Russes et la foi orthodoxe les rapprochaient de Moscou; mais les Moscovites leur semblaient bien barbares à côté des Polonais, et leur turbulente noblesse s'accommodait mieux de l'anarchie polonaise que de l'autocratie russe. Un de ces Glinski qui s'étaient donnés à Ivan III trahit à cette époque. Constantin Ostrojski, qu'on avait voulu gagner à la cause orthodoxe, s'était enfui de Moscou : c'est lui qui en 1514 infligea aux voiévodes russes la sanglante défaite d'Orcha. « Le lendemain, dit Karamsine, il célébra la victoire qu'il venait de remporter sur un peuple de même religion que lui et c'est en langue russe qu'il rendit grâce à Dieu d'avoir détruit des Russes. » Même les contemporains sentaient vaguement qu'une lutte entre la Russie lithuanienne et Moscou était une sorte de guerre civile. Vassili n'avait-il pas essayé de réunir les deux grandes-principautés ?

Comme au temps d'Ivan III, le duel des deux États ébranlait l'Europe et donnait lieu à un grand mouvement diplomatique. Sigismond avait cette fois pour lui les Tatars de Crimée : Vassili leur opposait ceux d'Astrakhan. Sigismond comptait sur la Suède : Vassili négociait avec le Danemark. Le roi avait gagné à sa cause les Kosaks du Dniéper, dont le nom commence à retentir dans l'histoire et que leur chef Dachkovitch avait puissamment organisés : mais Vassili s'assurait l'amitié de l'Ordre teutonique, qui un moment consentit à envahir la Prusse polonaise, de Maximilien d'Autriche, qui signa un traité de partage des possessions polonaises, de l'hospodar valaque, et enfin du sultan Sélim auquel il envoyait ambassade sur ambassade. Constantin Ostrojski ayant échoué devant Smolensk et ayant été battu dans le combat d'Opotchka, on en vint à des négociations. Maximilien d'Autriche se porta médiateur : son ambassadeur Herberstein, le même qui nous a laissé le curieux livre intitulé *Rerum Moscovitarum commentarii*, engagea Vassili à céder Smolensk : il lui cita en exemple le désintéressement du roi Pyrrhus et d'autres grands hommes de l'antiquité. Le pape Léon X intervint sans plus de succès, bien qu'il conseillât à Vassili de laisser en paix la Lithuanie et de songer plutôt à Constantinople, l'héritage de sa mère Sophie Paléologue. Enfin en 1522 des négociations s'ouvrirent et aboutirent à la trêve de 1526. Vassili prononça à ce sujet un discours où il exprimait son amitié pour ses hauts médiateurs, le pape, l'empereur d'Allemagne et l'archiduc d'Autriche (Clément VII, Charles-Quint et Ferdinand); mais la Russie gardait Smolensk.

Guerres contre les Tatars; relations diplomatiques avec l'Europe.

Les Tatars étaient encore dangereux. Mengli-Ghiréi, l'ancien allié d'Ivan III, s'était prononcé pour la Lithuanie contre Vassili. Peut-être aussi le khan vieilli n'avait-il plus l'autorité nécessaire pour contenir ses fils et ses mourzas, qui ne demandaient qu'à piller la terre russe. Avec Makhmet-Ghiréi, son successeur, la Crimée devint pour la Russie un ennemi irréconciliable. Kazan, chassant le protégé d'Ivan III, s'était donné un prince hostile à Moscou. Deux expéditions dirigées contre la cité rebelle échouèrent complétement. A la mort du tsar de Kazan, cette principauté devint la pomme de discorde entre le khan de Crimée et le grand-prince. Les Russes avaient d'abord réussi à y installer leur client, Chig-Aleï, un musulman abruti d'oisivité et de plaisirs, auquel son ventre énorme donnait un air grotesque; mais les intrigues du khan de Crimée l'en chassèrent, un parent de Ghiréi fut porté au trône. Pour appuyer leur candidat, les *Tauriens* firent en 1521 une immense invasion en Russie. Ils écrasèrent les voiévodes russes sur les bords de l'Oka, ravagèrent la grande-principauté, contemplèrent Moscou du haut de la colline des Moineaux et s'enivrèrent d'hydromel trouvé dans les caves du grand-prince. Au Kremlin, on avait une formidable artillerie, mais pas de poudre. Herberstein assure que le puissant fils d'Ivan III s'humilia, comme au temps d'Ivan Kalita, pour sauver sa capitale, envoya des présents au khan, signa un traité par lequel il se reconnaissait son tributaire; mais dans sa retraite, Makhmet-Ghiréi fut reçu à coups de canon par le voiévode de Riazan, qui lui reprit l'humiliant traité. Si l'honneur russe était sauvé par la canonnade de Riazan, cette invasion coûtait cher à la Russie. Tout le pays plat avait été livré aux flammes. Une multitude d'habitants, surtout des femmes et des enfants, avaient été emmenés par les barbares. Beaucoup périrent en chemin : le reste fut vendu par troupes entières sur les marchés de Kaffa et d'Astrakhan. L'année suivante Vassili réunit sur l'Oka une armée formidable avec une imposante artillerie et envoya son défi au khan de Crimée, le sommant d'accepter un combat honorable en rase campagne. Le Tatar répondit qu'il connaissait le chemin de la Russie et qu'il ne consultait jamais ses ennemis pour savoir quand il fallait combattre. Makhmet, peu de temps après, s'empara du tsarat d'Astrakhan, mais fut assassiné par Mamaï, prince des Nogaïs.

Les Tatars de Crimée étaient, grâce aux steppes immenses du sud, presque à l'abri des entreprises de la Russie : mais on pouvait atteindre Kazan. Pour profiter des dissensions des hordes méridionales, deux nouvelles expéditions furent dirigées en 1523 et 1524 contre cette ville : elles furent encore infructueuses. Vassili trouva un moyen plus sûr de ruiner ses ennemis : il établit une foire à Makarief sur le Volga et par là fit tomber celle de Kazan. C'est cette foire de Makarief qui fut transportée par la suite à Nijni-Novgorod et qui attire d'Europe ou d'Asie plus de cent mille étrangers.

La Russie prenait chaque jour plus d'importance en Europe. Vassili échangea des ambassades avec tous les souverains de l'Occident, sauf ceux de France et d'Angleterre. Il fut le correspondant de Léon X et de Clément VII, de Maximilien et de Charles-Quint, de Gustave Wasa, fondateur d'une dynastie nouvelle, du sultan Sélim, conquérant de l'Égypte, et de Soliman le Magnifique. En Orient, le grand-mogol des Indes, Babour, descendant de Tamerlan, rechercha son amitié. L'autocratie s'affirmait chaque jour plus énergiquement. Vassili gouvernait sans consulter son conseil de boïars. *Moltchi, smerd!* (Tais-toi, rustre!) disait-il à un grand seigneur qui osait lui faire une objection. Le prince Vassili Kholmski, marié à une de ses sœurs, fut jeté en prison pour cause d'indocilité. Le boïar Béklémychef s'étant plaint que le grand-prince décidât seul de toutes les questions, « enfermé lui troisième dans sa chambre à coucher, » eut la tête tranchée. Le métropolite Varlaam fut déposé et relégué dans un monastère. Herberstein constate déjà que nul souverain en Europe n'est obéi comme le grand-prince de Moscou. Cette puissance croissante se manifestait extérieurement par la splendeur de la cour, qui naturellement n'excluait pas le mauvais goût le plus barbare. Dans les réceptions d'ambassadeurs, Vassili déployait un luxe inouï. A la chasse, plusieurs centaines de cavaliers l'accompagnaient. Le trône du prince était gardé par de jeunes nobles, les *ryndis*, coiffés de hauts bonnets de fourrures blanches, vêtus de longs cafetans de satin blanc, armés de haches d'argent. Longue est déjà la nomenclature de ses écuyers, échansons, chambellans, etc. Les étrangers, quoique en petit nombre, continuaient à venir à Moscou. Le plus illustre de tous fut un moine du mont Athos, Maxime, surnommé le Grec, originaire d'Arta en Albanie. Dans sa jeunesse, il avait étudié à Venise et à Florence, avait été l'ami de Lascaris et d'Alde Manuce. Il était resté le sincère admirateur de Jérôme Savonarole. Vassili l'avait appelé avec d'autres Hellènes pour traduire en slavon les livres grecs et mettre en ordre sa bibliothèque. Maxime s'étonna, dit-on, de voir au Kremlin un si grand nombre de manuscrits anciens, assurant que ni en Italie, ni en Grèce, on n'en trouverait une si riche collection. Après avoir achevé la traduction du Psautier, il voulait retourner au mont Athos : Vassili le retint, fit de lui son favori, lui accorda souvent la grâce de boïars condamnés. Ses travaux, sa science, aussi bien que son crédit, excitèrent la haine de moines ignorants et fanatiques. Le métropolite Daniel se déclara contre lui. Quand Vassili répudia malgré elle, pour cause de stérilité, sa femme Solomonie, le *philosophe* se permit, semble-t-il, de blâmer le prince, qui alors l'abandonna à ses ennemis. Traduit devant un tribunal ecclésiastique, accusé d'hérésie et de fausse interprétation des livres saints, il fut relégué dans un monastère de Tver. Plus tard il obtint de se retirer à celui de Troïtsa, où l'on montre aujourd'hui le tombeau de l'homme qui fut en Russie un des apôtres de la Renaissance.

CHAPITRE XV.

IVAN LE TERRIBLE (1533-1584).

Minorité d'Ivan IV : il prend le titre de tsar (1547). — Conquête de Kazan (1552) et d'Astrakhan (1554). — Lutte contre l'ordre livonien, la Pologne, les Tatars, la Suède et l'aristocratie russe. — Les Anglais en Russie ; conquête de la Sibérie.

Minorité d'Ivan IV. Il prend le titre de tsar (1547).

Le rôle et le caractère d'Ivan ont été et sont encore très-diversement appréciés par les historiens russes. Karamsine, qui d'ailleurs n'a pas soumis à une critique assez sévère les récits et les documents dont il s'est inspiré, a vu en lui un prince qui, né vicieux et cruel, ramené miraculeusement dans le chemin de la vertu, donna, sous la tutelle de deux ministres vertueux, quelques années de repos à la Russie, puis, s'abandonnant à la fureur de ses passions, épouvanta l'empire et l'Europe de ce que l'historien appelle les « sept époques des massacres. » M. Kostomarof en revient aux appréciations de Karamsine. Une autre école, représentée par MM. Solovief et Zabiéline, a montré plus de défiance à l'égard des récits partiaux d'un Kourbski, chef du parti oligarchique, d'un Guagnini, courtisan du roi de Pologne, d'un Taube et d'un Kruse, traîtres au souverain qui les avait pris à son service. Surtout, ils ont tenu compte du temps et du milieu où a vécu Ivan le Terrible. Ils se sont préoccupés moins de sa moralité comme individu que de son rôle comme agent dans le développement historique de la Russie. Nos historiens nationaux n'ont-ils pas longtemps méconnu les immenses services rendus par Louis XI dans le grand œuvre de l'unité française et de la création de l'État moderne? Sa justification est sortie enfin d'un examen plus attentif des documents et des circonstances.

Au moment où Ivan IV succède à son père, la lutte du pouvoir central contre les forces du passé a changé de caractères. Les vieux États russes, qui avaient si longtemps tenu en échec la puissance nouvelle de Moscou, les principautés de Tver, Riazan, Sousdalie, Novgorod-Séverski, les républiques de Novgorod, Pskof, Viatka, ont perdu leur indépendance : leurs possessions sont venues agrandir celles de Moscou. Toute la Russie du nord et de l'est est donc unifiée sous le sceptre du grand-prince. Aux luttes sans cesse renaissantes contre Tver, Riazan, Novgorod, va succéder la grande guerre étrangère, la guerre sainte contre la Lithuanie, les Tatars, les Suédois, les Porte-glaives.

Précisément parce que l'œuvre de l'unité grande-russienne est accomplie, les résistances que l'autorité du prince rencontrait à l'intérieur vont devenir plus vives. Les descendants des familles souveraines dépossédées à prix d'argent ou par la force des armes, les serviteurs de ces anciennes maisons régnantes, sont venus servir le maître de Moscou. La cour de celui-ci est pleine de princes sans couronne, les Belski, les Chouïski, les Kourbski, les Vorotinski, descendants des anciens princes apanagés, fiers du sang de Rourik qui coule dans leurs veines. D'autres princes descendent du Lithuanien Gédimine ou des mourzas tatars baptisés. Tous ces princes, ainsi que les puissants boïars de Tver, Riazan, Novgorod, sont devenus les boïars du grand-prince. Pour tous, il n'y a plus qu'une cour où ils puissent servir : celle de Moscou. Quand la Russie était divisée en États souverains, les boïars mécontents étaient libres de changer de maître, de passer du service de Tchernigof à celui de Kief, ou du service de Sousdal à celui de Novgorod. Maintenant où pourraient-ils aller? En dehors de Moscou, il n'y a plus que les souverains étrangers, ennemis de la Russie. User de l'ancien droit de *changer de maître*, c'est passer à l'ennemi, c'est trahir. *Changer* et *trahir* sont devenus synonymes : du mot russe *izmiénit*, *changer*, est venu le mot *izmiénik* qui veut dire traître. Le boïar russe ne peut aller ni chez les Allemands, ni chez les Suédois, ni chez les Tatars; il ne peut aller que chez le souverain de la Lithuanie; mais cela précisément est la pire espèce de *changement*, la plus pernicieuse des *trahisons*. Le prince de Moscou sait fort bien que la guerre avec la Lithuanie, cet État qui, polonais à l'ouest, par ses provinces russes de l'est, exerce une dangereuse attraction sur les sujets de Moscou, est une guerre pour l'existence. La Lithuanie n'est pas seulement un ennemi extérieur, c'est un ennemi intérieur, qui a des intelligences et des sympathies au cœur de l'État russe, dans le palais même du tsar, et dont la main redoutable se trouve dans toutes les intrigues et toutes les conspirations. La lutte extérieure contre la Lithuanie, la lutte intérieure contre l'oligarchie russe, sont les deux faces différentes d'une même lutte, la plus lourde et la plus périlleuse de toutes celles que soutient le grand-prince de Moscou. Les princes dépossédés, les boïars des anciens États indépendants ont renoncé à lutter contre lui sur les champs de bataille; ils continuent à lutter contre son autorité dans sa propre cour. Ce ne sont plus des guerres d'État à État : c'est une guerre intestine, celle de l'oligarchie contre le pouvoir autocratique. Résignés à n'être plus des princes souverains, les nouveaux *princes-boïars* de Moscou ne se résignent pas encore à n'être que des sujets. La lutte s'est donc circonscrite dans un terrain plus étroit : elle n'en est que plus acharnée. La cour de Moscou est un champ clos, dont on ne peut plus sortir sans *changer* le maître moscovite pour le maître lithuanien, sans trahir : de là le caractère passionné de la lutte des deux principes sous Ivan IV. En outre, les souverains de Moscou, après avoir détruit, au prix de tant d'efforts, les États russes qui tenaient Moscou en échec, ont commis la même faute que nos Capétiens et nos premiers Valois : en constituant des apanages à leurs fils cadets, ils réédifiaient d'une main ce qu'ils anéantissaient de l'autre : aux princes souverains du onzième siècle succèdent les princes du sang, les princes apanagés du quinzième et du seizième siècle. Eux aussi ont leurs domaines, leurs boïars, leurs enfants-boïars (hommes d'armes). Contre le grand-prince, ce sont ses propres frères, oncles, cousins, qui se font les chefs de l'oligarchie vaincue, organisent la coalition des forces du passé. A son égard ils jouent le même rôle que les Capétiens de Bourgogne, de Berry, de Bourbon, d'Orléans, à l'égard des rois capétiens, Charles VII, Louis XI, Charles VIII.

Vassili Ivanovitch laissait après lui deux fils, Ivan et Iouri, sous la tutelle de sa seconde femme Hélène Glinska. Elle était venue en Russie avec une famille de nobles lithuaniens, proscrits par Alexandre et accusés d'avoir comploté contre sa vie. Hélène Glinska avait séduit son vieux mari Vassili non-seulement par sa beauté, mais par une liberté d'allures, une fermeté d'esprit et de caractère, une variété de connaissances qu'on ne pouvait rencontrer chez des femmes russes de ce temps, condamnées à la reclusion. Elle était presque une Occidentale. Vassili pouvait lui laisser en mourant, avec la tutelle de ses fils, le soin d'affermir son œuvre et celle de ses ancêtres : cette régente énergique sut dompter toute tentative de réaction princière et oligarchique contre l'autocratie du grand-prince. Un frère de son mari, Iouri Ivanovitch, convaincu de rébellion, fut arrêté et jeté en prison : il y mourut. L'oncle même d'Hélène, Michel Glinski, ambitieux et remuant Lithuanien, après avoir joui quelque temps de sa confiance, fut arrêté et mourut également en prison. Un autre frère du feu tsar, André Ivanovitch, essaya de fuir en Pologne pour y demander l'appui de Sigismond : il fut repris en chemin et emprisonné. La Lithuanie essaya de venir en aide par une prise d'armes aux rebelles de l'intérieur : cette guerre, peu importante d'ailleurs, se termina en 1537 par une trêve. Les Tatars de Crimée et de Kazan furent battus à plusieurs reprises. Pour mettre Moscou à l'abri d'un coup de main, Hélène fit enclore de remparts le quartier qu'on appela le *Kitaï-gorod*. Comme elle ne pouvait se fier complétement ni aux boïars, ni aux princes, ni même à ses propres parents, elle donna toute sa confiance au grand-écuyer Télépnef, que la voix publique lui assignait pour amant. Un gouvernement aussi énergique contre ses ennemis du dedans que contre ceux du dehors donnait peu de satisfaction au parti oligarchique : en 1538 Hélène mourut empoisonnée.

Ce furent les boïars qui s'emparèrent du gouvernement, après avoir fait périr le grand-écuyer et enfermé sa sœur Agraféna, nourrice du jeune Ivan. Deux familles surtout se disputèrent le pouvoir, les Chouïski et les Belski. La Russie fut alors en proie à l'anarchie, les gouvernements et les voiévodies donnés tour à tour aux créatures des deux maisons, le peuple cruellement foulé ; les factieux élevèrent et déposèrent à leur gré le métropolite même de Moscou. A la fin, André Chouïski pénétra à main armée dans la ville sainte et dans le Kremlin, renversa le gouvernement des Belski et déposa encore une fois le métropolite.

Pendant que les nobles s'arrachaient ainsi le pouvoir, les deux fils de Vassili se trouvaient livrés à eux-mêmes. Le cadet Iouri était faible d'esprit ; mais Ivan était, comme plus tard Pierre le Grand, admirablement doué. Il souffrait du mépris où de turbulents sujets osaient le tenir. « Nous et notre frère Iouri, écrivait-il plus tard, nous étions traités comme des étrangers, comme des enfants de mendiant. Nous étions mal vêtus, nous avions faim et froid. » Ils voyaient les boïars piller le trésor et le mobilier de la couronne ; Chouïski se permettait en sa présence d'étendre ses jambes sur le lit du feu tsar. L'empire était à sac comme le palais. « Ils se jetèrent partout, continue Ivan IV, sur les villes et sur les villages, tourmentant cruellement les gens, leur infligeant toutes sortes de maux, rançonnant sans miséricorde les habitants. De tous nos sujets, ils avaient fait leurs esclaves ; de leurs esclaves, les grands de l'État. » Il avait vu arracher de ses bras ceux qu'il aimait, sa nourrice Agraféna, l'écuyer Télépnef, qu'on fit périr. Son favori Voronzof fut soufileté et presque assommé par les boïars. Il suffisait qu'un courtisan prît soin de lui plaire pour qu'il fût aussitôt victime de la méfiance des oligarques. Ivan, comme un enfant abandonné, mal instruit, point élevé, fut à lui-même son propre maître. Il lisait beaucoup, au hasard, la Bible, les Vies des saints, les chroniqueurs byzantins traduits en slavon. Surtout il réfléchissait. Il avait puisé dans ses lectures une haute idée de ce que c'était qu'un roi, et il savait bien qu'il était le maître légitime. Ces mêmes boïars, si insolents avec lui dans l'intimité, ne les voyait-il pas, dès qu'il s'agissait d'une cérémonie publique, d'une réception d'ambassadeurs, rivaliser devant lui de respects affectés et d'empressement servile? C'était lui qui assis sur son trône recevait le compliment des envoyés étrangers : on lui demandait sa signature pour donner force de loi aux actes les plus contraires à sa volonté. Ce n'étaient point là de vaines formes, elles supposaient une puissance réelle. Ivan cependant dissimulait. Après les fêtes de Noël 1543, tout à coup il fit appeler devant lui les boïars, leur parla sur un ton menaçant, leur fit de sanglants reproches sur leur manière de gouverner. Parmi eux, ajouta-t-il, il y avait beaucoup de coupables : pour cette fois il se contenterait d'un exemple. Il fit aussitôt saisir par ses piqueurs André Chouïski, le chef du gouvernement, et séance tenante le fit déchirer par les chiens de chasse. Quelques-uns des plus turbulents et des plus compromis furent relégués dans « les villes éloignées. » L'auteur de ce coup d'État avait treize ans.

Suivant l'usage invariable des souverains moscovites, Ivan s'entoura de ses parents du côté maternel, les parents paternels étant naturellement suspects. Alors commença ce qu'on appelait un *vrémia*, c'est-à-dire un *temps* de faveur. Les *proches* du prince, les hommes du *temps* (*vrémenchtchiki*), c'est-à-dire les Glinski, furent chargés de pourvoir à l'administration de l'empire. En janvier 1547, Ivan requit le métropolite Makarie de procéder à son couronnement. Il y prit non-seulement le titre de grand-prince, mais celui de *tsar*. Le premier titre ne répondait plus à la puissance nouvelle du souverain de Moscou qui avait parmi ses *domestiques* des princes et même des grands-princes. Le nom de *tsar* est celui que les livres en langue slavonne, lecture habituelle d'Ivan IV, donnent aux rois de la Judée, de l'Assyrie, de l'Égypte, de Babylone, aux empereurs de Rome et de Constantinople. Or, Ivan n'était-il pas en quelque sorte l'héritier du *tsar* Nabuchodonosor, du *tsar* Pharaon, du *tsar* Assuérus, du *tsar* David, puisque la Russie était le sixième empire dont il est question dans l'Apocalypse? Par son aïeule Sophie Paléologue, il était entré dans la famille des *tsars* de Byzance. Par son ancêtre Vladimir Monomaque, il se rattachait aux Porphyrogénètes et par Constantin le Grand à César. Si Constantinople avait été la seconde Rome, Moscou était la troisième Rome, l'héritière actuelle de la Ville Éternelle. On peut imaginer quel prestige ajoutait à la dignité du souverain russe ce titre éblouissant, emprunté à l'antiquité biblique, à la majesté romaine, aux souverains orthodoxes de Byzance. Il rappelait en même temps l'affranchissement récent de la Russie : les auteurs slavons donnaient également ce titre auguste aux khans mongols, suzerains des princes moscovites. Maintenant que la fortune revenait à la Russie, c'était à son prince à porter le titre de *tsar*. Peu de temps après, Ivan, dont la jeunesse abandonnée avait été souillée de débauches, affirmait son retour à la vertu par son mariage avec Anastasie, de cette famille des Romanof qu'attendaient de si brillantes destinées. Sa cour s'augmenta de *vrémenchtchiki* choisis parmi les parents de la tsarine.

Il était impossible que le parti vaincu n'essayât pas de prendre une revanche. La fortune vint bientôt la lui offrir. Depuis quatre ans Ivan gouvernait autocratiquement, appuyé sur ses parents, les Glinski et les Romanof, et, depuis longtemps, la Russie n'avait été aussi tranquille. Tout à coup, en 1547, éclata un formidable incendie qui détruisit la plus grande partie de Moscou, et coûta la vie à 1700 personnes. Le tsar dut s'enfuir à Vorobief, et de là contempla avec terreur la destruction de sa capitale. On ouvrit une enquête : les boïars en profitèrent pour insinuer au peuple que c'étaient les Glinski qui avaient brûlé Moscou. « C'est la princesse Anne Glinska, répétaient des voix dans la foule, qui, avec ses deux fils, a fait des enchantements : elle a pris des cœurs humains, les a plongés dans l'eau ; avec cette eau elle a aspergé les maisons :

voilà pourquoi Moscou a brûlé. » *La multitude enragée se rua sur les palais des Glinski.* L'un d'eux, Iouri, fut égorgé sur le parvis même de l'Assomption. Puis les émeutiers se portèrent à Vorobief et demandèrent que le tsar livrât son aïeul, le vieux Glinski. La vie même du souverain était en danger ; on dut employer la force pour dissiper les rassemblements.

Les événements qui suivent sont inintelligibles dans le récit dramatisé de Karamsine, fort clairs si l'on tient compte de la logique des faits. Ivan ne pouvait guère ignorer quelles mains avaient soulevé cette émeute : il n'était pas homme à se livrer à ses anciens tuteurs. Mais sa nature nerveuse, impressionnable, avait été vivement frappée du spectacle qu'il avait eu sous les yeux. Sous l'empire de cette terreur, il fit son examen de conscience et résolut de s'amender personnellement. Il prit pour son directeur spirituel le pope Silvestre, qui habitait le palais depuis plus de neuf années, et qui avait une grande réputation de vertu : en même temps il lui donna l'administration des affaires ecclésiastiques. Un homme de petite noblesse, Alexis Adachef, fut chargé de recevoir les requêtes et de veiller à l'intérieur et à la guerre. Tant que les deux nouveaux favoris surent se renfermer dans leurs attributions, la cour fut paisible. C'est l'époque la plus heureuse du règne d'Ivan IV. A l'intérieur, on réorganise l'administration municipale (1551), on prépare un nouveau Code (*Soudebnik*), on assemble un concile qui, dans les *Cent Articles* (*Stoglaf*), s'attache à la réforme de l'Église. A l'extérieur, la Russie devenait la maîtresse de ses anciens maîtres.

Conquête de Kazan (1552) et d'Astrakhan (1554).

Le royaume de Kazan continuait à être tiraillé entre deux influences ennemies : celle de la Russie, celle du khan de Crimée. Cette dernière semblait l'emporter, et Safa-Ghiréi, candidat de la Crimée, inaugurait sa prise de possession en ravageant les pays russes ; le khan concourait à ces incursions en s'avançant lui-même avec toute la horde de Crimée jusqu'à l'Oka. Quand Safa mourut, laissant un fils en bas âge, le parti moscovite reprit le dessus dans Kazan et donna la couronne à Chig-Alei. Celui-ci se fit détester de ses nouveaux sujets : les choses en vinrent au point que les Kazanais parurent préférer la domination directe de Moscou à cette subordination déguisée. Ivan, sur la demande des habitants, rappela Chig-Alei et leur envoya un vice-roi moscovite, Mikoulinski. Tout à coup le bruit se répand dans Kazan que Mikoulinski arrive avec des troupes russes, dans le dessin d'exterminer la population. Une émeute éclate : on ferme les portes aux Moscovites et l'on demande un prince aux Tatars Nogaïs. Édiger-Makhmet est proclamé tsar de Kazan.

Ivan résolut d'en finir avec la cité musulmane. En juin 1552, l'année même où Henri II s'emparait des Trois-Évêchés, le tsar se mit en campagne. Au début il fut arrêté par la nouvelle que le khan de Crimée, voulant sauver Kazan par une diversion, avait envahi la Moscovie. Ivan s'avança contre lui jusqu'à l'Oka ; là il apprit que les barbares, n'ayant pu prendre Toula, s'étaient retirés précipitamment. Alors, avec 150 000 hommes et 150 pièces de canon, l'infanterie descendant le Volga sur des barques, la cavalerie suivant les rives du fleuve, il se dirigea sur Kazan. Des créations successives de postes avancés avaient diminué la distance qui séparait Kazan de Nijni-Novgorod ; son père avait fondé sur le Volga Makarief et Vassilsoursk ; lui-même avait établi en 1551 la belliqueuse colonie de Sviajsk sur la Sviaga. Plus tard il constituera celles de Kosmodémiansk et Tchéboksary.

Au commencement de septembre, Ivan campait sous Kazan et l'entourait d'une ligne de circonvallation pour couper toute communication entre la ville et la cavalerie du mourza Iapantcha qui tenait la campagne. Les défenseurs de Kazan, au nombre de 30 000 Tatars et 2500 Nogaïs, se défendirent énergiquement et ne cessèrent, par leurs sorties, d'inquiéter les travaux des assiégeants. Plusieurs fois le tsar leur offrit une capitulation honorable : il fit même attacher ses prisonniers à des poteaux pour qu'ils décidassent les Kazanais à rendre la ville ; mais les assiégés lancèrent aussitôt des flèches contre ces malheureux, criant qu'il « valait mieux pour eux recevoir la mort des mains pures de leurs compatriotes que de périr par les mains impures des chrétiens. » L'armée russe eut à lutter non-seulement contre ses ennemis, mais contre les éléments déchaînés. Une tempête engloutit la flottille qui portait les provisions et le matériel des Russes : les voiévodes voulaient lever le siége ; ce fut Ivan qui ranima leur courage. Des pluies prolongées inondèrent le camp moscovite : c'était, assurait-on, les sorciers de Kazan qui, debout sur les murailles, leurs robes retroussées, insultant de leurs paroles et de leurs gestes les assiégeants, appelaient sur eux tous ces fléaux : Ivan fit venir de Moscou une croix miraculeuse : son apparition détruisit aussitôt la force de leurs enchantements.

Ivan s'était assuré les services d'un ingénieur allemand : celui-ci creusa des mines sous les murailles mêmes de la ville. Les remparts de bois et de briques sautèrent sur plusieurs points avec fracas, et l'armée russe se précipita dans la ville par plusieurs brèches. Une lutte acharnée s'engagea dans les rues et autour du palais. Les plus braves des Kazanais, après avoir essayé de défendre leur prince, firent une trouée : poursuivis par la cavalerie légère, bien peu échappèrent. Le massacre fut grand dans la ville : on n'épargna que ce qui pouvait se vendre aux marchands d'esclaves. Quand le tsar fit au milieu de ces ruines sanglantes son entrée triomphale, il éprouva, comme Scipion à Carthage, un mouvement de pitié pour ce grand désastre : « Ils ne sont pas chrétiens, dit-il en pleurant, et pourtant ce sont des hommes. » La ville fut repeuplée de Russes : aujourd'hui encore la population tatare est reléguée dans les faubourgs. Dans le kremlin, Ivan anéantit tous les monuments du passé mongol : il les remplaça par des églises et des monastères qui attestaient sa reconnaissance envers Dieu et le triomphe de la croix sur l'islam.

Ces faits sont déjà lointains : ils se sont pourtant conservés vivants dans la mémoire du peuple russe. Maintes chansons épiques sont consacrées à célébrer cette grande victoire. Ce n'est pas seulement, comme le dit Karamsine, parce que Kazan est la première forteresse que les Russes aient prise après un siége en règle : c'est parce que la prise de Kazan marque le point culminant dans l'histoire de la longue lutte des Slaves contre les Tatars, lutte qui avait commencé par l'asservissement total de la Russie aux Mongols, lutte qui se continue encore de nos jours, et qui ne se terminera vraisemblablement que par l'asservissement des races tatares à l'empire russe. La victoire d'Ivan le Terrible est la première grande revanche des vaincus contre les vainqueurs, la première conquête aux dépens des conquérants, la première étape accomplie par la civilisation européenne reprenant enfin l'offensive contre l'Asie. Dans les annales russes, l'expédition de Kazan occupe la même place glorieuse que la défaite d'Abdérame dans l'histoire des Francs ou Las Navas de Tolosa dans les chroniques d'Espagne. C'était plus qu'une conquête, c'était une croisade. Pendant l'assaut, Ivan ne cessa de tenir déployé l'étendard de la sainte foi. On remarqua que, lorsque les remparts sautèrent, le tsar était à l'église, et que le diacre lisait ce verset de l'Évangile du jour : « Il ne doit plus exister qu'un troupeau et qu'un pasteur. » C'est au cri de *Dieu est avec nous!* que les Russes se précipitèrent dans la ville. Le triomphe de Moscou se confondit avec celui du christianisme et de l'orthodoxie.

Les conséquences politiques de la prise de Kazan furent considérables. Les cinq peuples finnois ou mongoliques qui avaient obéi à cette cité royale, les Tchérémisses, les Mordves, les Tchouvaches, que M. Radlow considère comme les descendants des Bulgares de Bolgary, les Votiaks, les Bachkyrs, après une résistance de plusieurs années, furent obligés de se soumettre à Moscou. Ivan envoyait chez eux ses missionnaires en même temps que ses voiévodes.

La chute du royaume d'Astrakhan suivit de près celle de Kazan. Cette grande cité était également partagée entre deux partis : en 1554, le prince Iouri Pronski descendit le Volga avec 30 000 hommes et établit sur le trône Der-Lych, le protégé de la Russie. Celui-ci, peu de temps après, fut accusé d'entretenir des intelligences avec la Crimée : Astrakhan fut conquise une seconde fois et définitivement réunie à la Russie. Les Nogaïs et les Kalmouks qui parcouraient les steppes des environs durent accepter le protectorat moscovite. Ainsi le Volga, ce fleuve fameux, sur les bords duquel tant de cités en ruine, Itil, capitale des Khazars, Bolgary, capitale des Bulgares, Magyary, capitale des Magyars, Saraï, capitale de la Horde d'Or, conservent le souvenir des anciens peuples émigrés en Occident ou disparus de l'histoire, le Volga, cette grande artère du commerce oriental, coulait maintenant tout entier, de ses sources à son embouchure, sous les lois du tsar.

Par la Caspienne, l'Asie persane était ouverte à l'influence russe, et déjà les petits princes du Caucase, en luttes continuelles soit entre eux, soit avec les Tatars de Crimée, briguaient à l'envi l'alliance du successeur des Césars grecs. Pour mieux tenir en bride la horde de Tauride, Ivan prenait sous sa protection une des deux républiques guerrières qui s'étaient constituées dans le voisinage de la Crimée : les Kosaks du Don se reconnaissaient sujets de Moscou ; les Kosaks du Dniéper restaient soumis à la Pologne.

Lutte contre l'ordre livonien, la Pologne, les Tatars, la Suède et l'aristocratie russe.

La Russie, qui sentait croître ses forces, sentait également la nécessité de s'ouvrir la Baltique en même temps que la mer Noire. La Baltique était même plus nécessaire aux Russes : par elle seulement ils pouvaient communiquer avec l'Europe occidentale, recevoir ses vaisseaux, ses artisans, ses ingénieurs. C'est de là que la Moscovie attendait l'accroissement de puissance que la civilisation pouvait seule lui donner. Entre la Baltique et la Moscovie, il y avait plus d'un ennemi : la Suède, les Porte-glaives, la

Lithuanie, la Pologne. En 1554 une guerre éclatait entre Ivan le Terrible et le grand Gustave Wasa à propos d'un règlement de frontières. Le fondateur de la dynastie suédoise n'étant pas soutenu par ses voisins, la guerre dura peu. Elle se termina par un traité de commerce qui ouvrait aux marchands suédois l'Inde et la Chine par la Russie, aux marchands russes les Flandres, l'Angleterre et la France par la Suède. La Moscovie ne communiquait encore avec l'Occident que par un jaloux intermédiaire.

Ivan le Terrible, s'inspirant de la même pensée politique et civilisatrice que Pierre le Grand, voulait comme lui *ouvrir une fenêtre* sur l'Europe, convoitait les ports de Narva, Revel et Riga. Ils étaient aux mains de l'Ordre livonien. Celui-ci donnait au tsar de sérieux griefs. Ivan avait envoyé vers 1547 le Saxon Schlitte en Allemagne, avec mission d'y engager un certain nombre d'ingénieurs et d'artisans. Schlitte avait ainsi réuni une colonie de près de cent personnes. La jalousie des Allemands s'éveilla : ils craignirent que la Russie ne devînt forte en devenant civilisée. L'Ordre livonien demanda à l'empereur Charles-Quint l'autorisation d'arrêter au passage ces étrangers. Aucun ne parvint à Moscou. Ivan, occupé alors contre Kazan, ne put se venger; mais en 1554 lorsque les envoyés de l'Ordre vinrent à Moscou solliciter le renouvellement de la trêve, il les somma de lui payer tribut pour Iourief (Dorpat), antique patrimoine des princes russes. Une telle demande conduisait à la guerre. En 1558, l'armée russe envahit la Livonie, enleva Narva, Neuhausen, Dorpat et dix-sept autres places. Le grand-maître Kettler demanda secours à ses voisins : la Pologne seule répondit à son appel; Sigismond II Auguste conclut avec l'Ordre livonien un traité d'alliance offensive et défensive.

A ce moment une révolution importante s'opérait dans le palais du tsar. Les rapports de celui-ci avec ses deux conseillers Silvestre et Adachef s'étaient singulièrement altérés. Il était en désaccord avec eux au sujet de la guerre de Livonie : ils auraient voulu qu'après la prise de Kazan et d'Astrakhan on se tournât de préférence contre le troisième État musulman, le khanat de Crimée. M. Kostomarof donne d'excellentes raisons de cette préférence : mais les raisons qui militaient en faveur de l'autre opinion ne sont pas moins bonnes. En conquérant la Crimée, on assurait la sécurité de l'empire, on vengeait trois siècles de brigandages, on empêchait l'entière conversion à l'islamisme, la complète *tatarisation* des anciennes tribus de la presqu'île qui professaient encore le christianisme ; mais en conquérant la Livonie, on recouvrait un ancien patrimoine des princes russes, on entrait en relations directes avec l'Europe civilisée. Égales étaient les chances de succès : la horde était alors décimée par une épidémie, mais l'Ordre livonien était en pleine dissolution par suite de la lutte entre le catholicisme et le protestantisme. Égales étaient les difficultés des deux entreprises : en attaquant la Livonie on allait se heurter à la Suède, au Danemark, à la Pologne, à l'Allemagne ; mais derrière la Crimée on allait trouver l'hostilité des Turcs alors à l'apogée de leur puissance et fort irrités déjà par la conquête de Kazan et d'Astrakhan. Pierre le Grand n'a conquis la Livonie qu'après vingt années d'une guerre terrible contre les puissances du nord ; mais combien d'expéditions russes contre la Crimée n'ont pas été arrêtées par la distance, la difficulté des communications, les déserts de sable, les températures extrêmes ! Catherine la Grande n'a conquis la Tauride que dans la décadence de l'empire turc, après maintes campagnes, où elle eut non-seulement à déployer des armées sur le Danube, mais à faire apparaître une flotte dans l'Archipel. Au fond les deux entreprises étaient également prématurées : la Russie n'était pas encore de force à les mener à bien. Ni le tsar, ni ses conseillers n'avaient complétement raison, mais l'obstination de ceux-ci eut une conséquence fatale : pour contenter tout le monde on fit les deux guerres à la fois : c'était courir plus certainement à un double échec.

La mésintelligence du tsar et de ses deux ministres datait de plus loin. Silvestre abusait de son influence spirituelle sur le tsar pour multiplier ses ingérences. Il avait fini par ne lui laisser aucune liberté; quand son fils favori mourut, il lui dit brutalement que c'était un châtiment du ciel pour son indocilité. Il s'était rapproché des boïars les plus justement suspects à Ivan; il prenait leur parti contre la tsarine Anastasie, qu'il représentait comme une autre impératrice Eudoxie, persécutrice de Chrysostome, contre les Glinski, contre les Romanof. Adachef suivait les mêmes errements. Comme les Barmécides, favoris d'Haroun-Al-Raschid, ces deux ministres avaient fini par s'approprier toute la puissance de leur maître. Ivan patientait, croyant du moins à leur fidélité. En 1553 il tomba dangereusement malade; on crut qu'il allait mourir. Alors les boïars reprirent leur arrogance; ils refusèrent obstinément de prêter serment au fils du tsar, au jeune Dmitri, déclarant qu'ils ne voulaient pas obéir à ses parents maternels les Romanof. Des discussions bruyantes s'élevèrent jusque dans la chambre du malade : ses prières furent méprisées. On vit les boïars se rapprocher de Vladimir, cousin d'Ivan IV, qui refusait également le serment, et l'on apprit que la mère de cet ambitieux prince faisait à ses hommes d'armes des distributions d'argent. Silvestre prenait contre les boïars fidèles le parti du prince Vladimir et la famille d'Adachef se joignait aux mutins. Les boïars fidèles craignirent même pour la vie du tsar; Ivan ne put conserver aucune illusion sur le sort qui attendait son fils et sa femme s'il venait à mourir :

« Quand Dieu aura fait de moi sa volonté, disait Ivan aux boïars restés fidèles, je vous en prie, n'oubliez pas que vous avez prêté serment à mon fils et à moi; ne le laissez pas tomber entre les mains des boïars; fuyez avec lui en terre étrangère, n'importe où Dieu vous conduira. » — « Et vous, continuait-il en s'adressant aux Romanof, pourquoi ces terreurs? Pensez-vous que les boïars vous épargneront? Vous serez les premiers assassinés. Mourez donc plutôt pour mon fils et pour sa mère, n'abandonnez pas ma femme aux fureurs des boïars. » Ivan IV guérit, mais il conserva de ces jours d'angoisse une indélébile impression. Quand on le verra, dans la suite de son règne, se livrer à des vengeances, à des fureurs qui semblent inexplicables, souvent il faut se reporter à ses terribles insomnies de 1553, aux scènes de violence et de rébellion qui troublèrent la paix de sa chambre de malade, aux refus obstinés de serment, aux déclarations de haine contre la tsarine et ses parents, aux intrigues ourdies autour de Vladimir contre le tsarévitch Dmitri.

Il n'avait plus confiance en ses favoris. Tous deux furent éloignés de la cour : Silvestre se retira au monastère de Saint-Cyrille et fut plus tard envoyé à Solovetski ; Adachef fut nommé voiévode à Fellin en Livonie et plus tard interné à Dorpat. Mais ils laissaient derrière eux toute une administration, toute une armée de clients. Ils avaient peuplé de leurs créatures la cour, les gouvernements, les voiévodies. Leurs partisans ne pouvaient manquer de s'agiter, de comploter pour assurer le retour de leurs chefs. Jusqu'où allèrent ces complots? Peu après la disgrâce d'Adachef, cette Anastasie qu'il avait détestée mourut tout à coup. Ivan a prétendu plus tard qu'on l'avait empoisonnée. Depuis les belles études de M. Zabiéline sur la *Vie privée des tsarines de Russie*, cette allégation et d'autres semblables ne paraissent plus aussi invraisemblables qu'elles ne le parurent à Karamsine. Les intrigues des amis d'Adachef obligèrent plusieurs fois Ivan IV à sévir : mais à cette époque il est relativement clément :

« Lorsque se découvrit la trahison de ce chien d'Alexis Adachef et de ses complices, écrivait plus tard Ivan IV, nous n'avons fait sentir notre colère qu'avec miséricorde; nous n'avons pas édicté de peines capitales contre les coupables; nous les avons seulement relégués dans différentes villes.... D'abord nous n'avons infligé à personne le dernier supplice. Ceux qui étaient du parti de Silvestre et d'Adachef, nous leur avons ordonné de se séparer d'eux et de ne plus les reconnaître pour chefs. Cette promesse, nous la leur avons fait confirmer par serment; mais ils ne tinrent aucun compte de notre injonction, foulèrent aux pieds leur serment; non-seulement ils ne se séparèrent pas des traîtres, mais les aidèrent par tous les moyens possibles et mirent tout en œuvre pour leur rendre leur ancien pouvoir et ourdir contre nous la plus perfide conjuration. Alors seulement, voyant leur méchanceté opiniâtre et leur indomptable esprit de rébellion, j'infligeais aux coupables la peine de leurs fautes. » En effet, les exécutions capitales sont encore rares à cette époque. Ivan se contente le plus souvent d'exiger un nouveau serment de ceux qu'on a rattrapés sur la route de Lithuanie; il se fait donner caution par eux et par leurs amis qu'ils ne chercheront plus à passer en Pologne. Quelquefois il condamne les coupables à la reclusion peu rigoureuse des monastères.

Ce qui poussa le tsar dans une voie nouvelle de rigueurs, ce fut la défection du prince André Kourbski. Celui-ci était le rejeton d'une famille autrefois souveraine et descendait de Rourik. Sur l'Oka et à Kazan, il s'était distingué contre les Tatars. Zélé partisan d'Adachef et de Silvestre, leur chute lui causa une vive irritation. Nommé général en chef de l'armée de Livonie, il essuya par sa faute une défaite honteuse : 15 000 Russes furent battus par 4000 Polonais et même, si on en croit l'historien polonais Martin Belski, 40 000 Russes par 1500 Polonais. Kourbski avait lieu de craindre le courroux du tsar. Depuis quelque temps déjà il négociait avec le roi de Pologne, désireux d'obtenir en Lithuanie un commandement, des domaines et des avantages égaux à ceux qu'il quittait. Enfin, abandonnant sa femme et ses enfants à la vengeance du tsar, il s'enfuit de Venden et passa dans le camp polonais. De là, il adressa à Ivan IV une lettre par son serviteur Chibanof, dont le tsar, suivant la tradition, avec son épieu à pointe de fer, cloua le pied sur une marche de l'*Escalier rouge*, tandis qu'il écoutait la lecture du message :

« Tsar autrefois glorifié par Dieu ! écrivait Kourbski; tsar qui autrefois resplendissais comme un flambeau de l'orthodoxie, mais qui aujourd'hui, à cause de nos péchés, t'es révélé sous un aspect tout opposé, avec une conscience souillée et lépreuse comme il ne s'en rencontre pas chez les barbares infidèles! En butte à ta cruelle persécution, le cœur tout pénétré d'amertume, je veux cependant te faire entendre quelques mots. O tsar! pourquoi as-tu fait périr les forts d'Israël? Pourquoi as-tu fait mourir de divers supplices les vaillants voiévodes que Dieu t'avait donnés? Pourquoi as-tu répandu leur sang victorieux, leur sang sacré, sur le pavé profané des églises de Dieu, pendant les cérémonies augustes? Pourquoi as-tu rougi du sang des martyrs les parvis du temple? De quoi étaient-ils coupables devant toi, ô tsar? N'est-ce pas leur intrépidité qui a renversé, qui a mis à tes pieds les royaumes orgueilleux du Volga, où nos ancêtres furent esclaves? N'est-ce pas à leur zèle, à leur intelligence qu'après Dieu tu dois les fortes villes des Allemands? Et la voilà, ta reconnaissance envers ces infortunés! Tu nous extermines par familles entières. Te crois-tu donc immortel, ô tsar? Ou penses-tu, séduit par quelque hérésie, que tu pourras échapper au Juge incorruptible, à Jésus notre Dieu? Non! il entend juger l'univers entier, à plus forte raison un orgueilleux persécuteur. Mon sang, qui pour toi a jadis coulé comme de l'eau, criera contre toi auprès de notre Seigneur. Dieu voit les consciences! » Kourbski évoquait ensuite les victimes d'Ivan, les montrait debout auprès du trône de Dieu, demandant justice contre leur bourreau. « Est-ce que, dans ton orgueil, tu te rassures sur tes légions pour continuer, en cette vie éphémère, à inventer contre le genre humain des engins nouveaux de supplices, afin de déchirer et défigurer le corps de l'homme, cette image des anges? Comptes-tu sur tes flatteurs serviles, sur tes compagnons d'orgie, sur tes boïars querelleurs, qui perdent ton âme et ton corps, te poussent aux débauches de Vénus, te font, avec leurs enfants, des sacrifices dignes de Saturne? Quand viendra mon dernier jour, j'entends que cette lettre, trempée de mes larmes, soit placée avec moi dans mon cercueil. Avec elle, je paraîtrai devant le tribunal de Dieu. » Il finissait en se déclarant le sujet du roi Sigismond-Auguste, « *mon souverain*, qui, je l'espère, me comblera de faveurs et de consolations dans mes infortunes. » Ainsi, Kourbski parlait au nom des forts d'Israël, des vivants et des morts, c'est-à-dire au nom de tous les amis d'Adachef; il se faisait l'organe de leurs colères et de leurs revendications; il formulait, en les exagérant, leurs griefs; il demandait compte au tsar de sa conduite envers eux, le menaçait d'une justice plus haute que la sienne et osait lui demander *s'il se croyait immortel*; il refusait toute part à Ivan dans la gloire acquise à Kazan et en Livonie, diffamait son entourage de boïars et se faisait gloire du crime le plus impardonnable aux yeux de ce prince : la reconnaissance de la souveraineté polonaise.

La lettre de Kourbski était un véritable manifeste. Elle contribua à irriter les soupçons du tsar, déjà disposé à ne voir partout que des complots. Ivan, qui se piquait de bel esprit et qui était en effet un des hommes les plus instruits de son empire, crut devoir répondre à la lettre de Kourbski par une longue apologie, émaillée de citations, tant des livres saints que des auteurs profanes. Plusieurs fois le tsar et le sujet rebelle échangèrent des messages de ce genre. Ivan, qui commence dès lors à justifier son surnom de *Terrible*, fit au manifeste de Kourbski une autre réponse : le châtiment de ses complices présumés.

Ivan comprit qu'il ne pouvait plus gouverner avec une cour, un conseil d'État (*douma*), une administration, qui étaient remplis des amis d'Adachef et de Kourbski. La conduite de Kourbski montrait jusqu'à quel excès de trahison pouvait se porter leur rancune : il devait revenir dévaster la Russie avec une armée polonaise. La vie du tsar était-elle en sûreté au milieu d'eux? En décembre 1564, Ivan quitta Moscou avec tous ses amis, ses domestiques, ses trésors, et se retira à la Slobode Alexandra. Il écrivit ensuite à Moscou deux lettres : l'une au patriarche, dans laquelle il se plaignait des conspirations et de l'infidélité des grands, de la complicité du clergé, qui, abusant du *droit d'intercession*, empêchait le souverain de châtier les coupables; l'autre dans laquelle il rassurait les bourgeois et le peuple de Moscou en leur disant qu'ils n'étaient pas compris dans sa disgrâce. La terreur fut grande dans la capitale : le peuple trembla à l'idée de retomber sous le gouvernement des oligarques; les boïars furent effrayés à l'idée de ce que pouvait oser le peuple contre eux. Ni les uns, ni les autres ne pouvaient se résigner à la disgrâce du souverain. Les boïars et le clergé résolurent alors de demander grâce et s'il le fallait d'*apporter leurs têtes* au tsar. On se rendit en procession à la Slobode Alexandra pour le supplier de revenir sur son abdication. Ivan consentit à régner, mais il fit ses conditions. Comme il ne pouvait ni gouverner avec l'administration actuelle, ni détruire cette administration, puisqu'il était tenu de respecter les droits acquis, il opéra une sorte de partage de la monarchie. La majeure partie de l'empire continuait à être administrée par la *douma* des boïars et constitua la *zemchtchina*, c'est-à-dire le *régime du pays* : sur cette partie de la Russie, Ivan ne se réservait que la haute surveillance et le droit de châtier les trahisons; l'autre partie fut placée sous le *gouvernement personnel et particulier* du tsar et constitua l'*opritchnina*. Laissant subsister l'ancienne cour, l'ancienne *douma*, l'ancienne administration, Ivan IV se forma, de créatures à lui, une nouvelle cour, un nouveau conseil et une nouvelle administration à laquelle il confia les villes et les provinces qui lui étaient tombées en partage. Il s'entoura d'une garde particulière, qu'on appela le *millier du tsar* ou les *opritchniki*, qui avaient adopté pour armes parlantes une tête de chien et un balai suspendus à l'arçon de leur selle : ils étaient prêts à mordre les ennemis du tsar et à *balayer la trahison de la terre russe*. Cet étrange régime dura sept années (1565-1572).

Ivan usa largement de son droit de châtier les traîtres ou ceux qu'il regardait comme tels. Une véritable terreur plana sur l'aristocratie russe, avec des alternatives d'accalmie et de fureurs nouvelles. Les noms de ses victimes nous sont connus : mais nous ne savons pas toujours pour quels crimes elles furent frappées. Les écrivains hostiles à Ivan IV, Kourbski, l'Italien Guagnini, alors au service du roi de Pologne, les transfuges allemands Taube et Kruse, ne sont pas toujours d'accord entre eux.

Pour les faits dont nous pouvons clairement nous rendre compte, nous voyons qu'Ivan avait contre les nobles suppliciés de réels griefs. Du côté des oligarques, la lutte, pour être sourde et silencieuse, n'en était pas moins acharnée. Leurs démonstrations d'humilité et de soumission ne doivent pas nous faire illusion : le front dans la poussière, ils pouvaient conspirer. Il faut se garder de croire que les ennemis d'Ivan fussent meilleurs que lui : ils étaient aussi cruels pour leurs inférieurs que le tsar pouvait être cruel pour eux-mêmes; cette aristocratie de maîtres d'esclaves, habitués sous le joug tatar à un insolent mépris de la vie et de la sensibilité humaine, ne devait pas être supérieure en moralité à son tyran. Elle devait présenter plus d'un type analogue aux types français de Gilles de Retz ou du sire de Giac. Sous des apparences fort diverses, en Russie comme en France, c'est le même combat qui se livrait: mais en France on luttait à ciel ouvert sur les champs de bataille de la Praguerie ou de la Ligue du Bien public : en Russie aux sourds complots, aux silencieux attentats par le poison et le sortilège répondait la hache du bourreau. Dans ce sinistre dialogue entre le maître et les sujets, c'est le maître naturellement qui parle le plus haut. En l'absence d'un nombre suffisant de documents authentiques, on ne risque rien à se montrer un peu plus sceptique que ne l'a été Karamsine.

Les principaux épisodes de cette terreur autocratique sont : 1° la déposition et peut-être le meurtre de saint Philippe, archevêque de Moscou, noblement coupable d'avoir intercédé pour les condamnés et d'avoir haï les *opritchniki*; — 2° l'exécution d'Alexandra, veuve d'Iouri et belle-sœur d'Ivan, du prince Vladimir et de sa mère l'ambitieuse Euphrosyne qui expièrent ainsi leurs intrigues de 1553 : il est à remarquer qu'Ivan, quoi qu'en dise Kourbski, épargna les enfants de Vladimir et les pourvut largement. — 3° le châtiment de Novgorod, où le parti aristocratique avait, semble-t-il, projeté d'ouvrir les portes au roi de Pologne et où le tsar, d'après son propre témoignage, fit périr 1505 personnes; — 4° la grande exécution sur la Place Rouge en 1571, où un certain nombre de Novgorodiens et de Moscovites furent suppliciés et où plusieurs des nouveaux favoris d'Ivan, notamment Viazemski et les Basmanof, subirent le même sort que ses vieux ennemis.

Des vengeances du *Terrible* nous est resté un très-curieux monument : c'est le *synodique* du monastère de Saint-Cyrille, dans lequel il demande nominativement pour chacune de ses victimes les prières de l'Église. Cette liste donne un total de 3470 victimes dont 986 noms propres. Plusieurs des noms sont suivis de cette mention sinistre : « avec sa femme », — « avec sa femme et ses enfants », — « avec ses filles », — « avec ses fils ». C'est ce que Kourbski appelait « des exterminations par familles entières », *vsiorodno*. La constitution de la famille russe était si forte à cette époque que la mort du chef devait fatalement entraîner celle de tous les siens. D'autres indications collectives ne donnent pas moins à penser. Par exemple : « Kazarine Doubrovski et ses deux fils, plus dix hommes qui étaient venus à son secours », — « vingt hommes du village de Kolomenskoé », — « quatre-vingts de Matvéiché » : c'étaient sans doute des paysans ou des enfants-boïars qui avaient voulu défendre leurs seigneurs. Voici la mention relative à Novgorod : « Souviens-toi, Seigneur, des âmes de tes serviteurs, au nombre de 1505 personnes, Novgorodiens ». Louis XI n'avait-il pas des tendresses de ce genre? il priait avec ferveur pour l'âme de son frère le duc de Berry.

D'autres monuments prouvent qu'Ivan le Terrible croyait avoir des motifs sérieux de craindre pour sa vie. C'est d'abord sa curieuse correspondance avec la reine Élisabeth d'Angleterre, où il obtient de celle-ci promesse formelle qu'en cas de malheur il trouvera en Angleterre un asile assuré et le libre exercice de son culte (1570). C'est ensuite son testament de 1572, qui prévoit le cas où « proscrit par ses boïars, chassé par leur révolte de son trône, il sera obligé d'errer de pays en pays », et qui recommande à ses fils de vivre en bon accord après lui, d'apprendre à contenir et à récompenser leurs sujets, et surtout *de se garder d'eux*.

Pendant cette terrible lutte intestine, la guerre continuait contre la Livonie et son allié le roi de Pologne.

Malgré le secours de celui-ci, les Porte-glaives étaient partout battus, leurs forteresses enlevées par les troupes russes.

A la fin, sous tant de coups, cet ordre fameux se disloqua. L'île d'Œsel se vendit au Danemark; Revel se donna aux Suédois; la Livonie fut cédée par le grand maître à la Pologne; Kettler lui-même se réserva la Courlande et la Sémigallie, érigées en duché héréditaire. Il n'y avait plus de Porte-glaives; mais la Pologne, nantie de la Livonie, était devenue plus ardente à la lutte. Les Russes soutinrent leur réputation nouvelle. En 1563 Ivan le Terrible en personne, avec une nombreuse armée et beaucoup d'artillerie, assiégea et prit Polotsk, point fort important par sa proximité de la Livonie et sa situation sur la Düna, la grande voie commerciale de Riga. Malgré une victoire à Orcha, le roi de Pologne demanda une trêve (1566.)

A ce moment Ivan offrit à la Russie un singulier spectacle. Pour délibérer sur la demande de Sigismond, il réunit un conseil composé du haut clergé, des boïars, des nobles possessionnés sur les frontières de la Lithuanie et bien au fait de la topographie locale, enfin des marchands de Moscou et de Smolensk. Ce despote, qui fonda dans le sang l'autocratie, convoquait de véritables états généraux : il faisait appel à l'opinion comme il l'avait fait plusieurs fois déjà, lorsque, du haut de la tribune de pierre du *Lobnoé miésto*, il haranguait le peuple. L'assemblée décida que les conditions du roi de Pologne étaient inacceptables et offrit de l'argent et des hommes pour continuer la guerre. Celle-ci se prolongea quatre ans encore et aboutit à une trêve. Le tsar, qui voyait s'accumuler les difficultés en Livonie, imagina un expédient : n'espérant plus réunir directement à son empire les ports de la Baltique, il offrit au prince danois Magnus le titre de roi de Livonie et lui fit épouser une fille de ce même prince Vladimir qu'il avait fait périr. Magnus, roi nominal de Livonie, s'aperçut bientôt qu'il n'était qu'un instrument de la politique moscovite. Il intrigua contre le tsar et fut détrôné; Ivan le Terrible en personne prit Venden, où Magnus avait mis garnison, et fit massacrer jusqu'au dernier homme ses soldats allemands.

Malheureusement la guerre avec la Pologne se compliquait des incursions des Tatars de Crimée. Sigismond ne cessait d'exciter le khan : celui-ci comprenait d'ailleurs que sa cause était liée à celle du roi de Pologne : le tsar accablerait d'abord celui-ci, s'emparerait de Kief, établirait des villes sur le Dniéper, et qu'y gagneraient les Tatars? Ivan n'avait-il pas déjà renversé deux royaumes mongols? Le sultan de Stamboul, Sélim II, était prêt à s'associer à la guerre sainte pour Kazan et Astrakhan. En 1569, 17,000 Turcs sous la conduite de Kassim-Pacha et 50,000 Tatars commandés par le khan mirent le siége devant Astrakhan. Les opérations traînèrent en longueur : le pacha entendait passer l'hiver, mais une sédition éclata dans l'armée. Il fut obligé de lever le siége et perdit beaucoup d'hommes dans les steppes désertes. Deux ans après, le khan Dévlet-Ghireï envahissait la Russie avec 120,000 hommes. La trahison des voiévodes lui vint-elle en aide? Il franchit l'Oka, apparut tout à coup sous les murs de Moscou. Des faubourgs, l'incendie allumé par lui gagna la ville. Elle brûla tout entière à l'exception du Kremlin. Un auteur étranger donne le chiffre évidemment exagéré de 800,000 victimes. Le khan se retirait avec plus de 100,000 prisonniers et adressait à Ivan cet insolent message : « Je brûle, je ravage tout à cause de Kazan et d'Astrakhan. Je suis allé à toi, j'ai brûlé ta ville de Moscou. Je voulais ta couronne et ta tête, mais toi, tu ne t'es pas montré, tu n'as pas accepté le combat et tu oses te donner pour un tsar de Moscou! Veux-tu vivre en paix avec moi? rends-moi mon Kazan et mon Astrakhan. Si tu n'as que de l'argent à m'offrir, eusses-tu les richesses du monde entier, c'est inutile. Ce que je veux, c'est Kazan et Astrakhan. Quant aux routes de ton empire, je les ai vues, je les sais. » Il revint l'année suivante (1572) : mais le prince Michel Vorotinski l'arrêta sur les bords de la Lopasnia et lui infligea une défaite complète.

La même année, — celle de la Saint-Barthélemy, — mourut le roi de Pologne Sigismond II Auguste. Son règne fut mémorable surtout par l'union de Lublin (1569) en vertu de laquelle la Pologne et la Lithuanie ne formèrent plus qu'un seul État sous un prince désormais électif. Ainsi la Pologne affaiblissait chez elle le pouvoir souverain au moment où il arrivait en Russie à un degré extrême d'énergie. A Varsovie s'était formé un parti de seigneurs disposés à élire roi de Pologne le fils même d'Ivan le Terrible. C'était préparer la réunion des deux grands empires slaves, divisés bien moins par la langue que par la religion, et dont l'antagonisme croissant ne devait se terminer que par la ruine de l'un d'eux, au grand profit de la race allemande. Ivan voulait la couronne non pour son fils, mais pour lui-même. Nous le voyons courtiser les ambassadeurs polonais, essayer de se défendre contre les accusations de cruauté et de tyrannie que les bannis moscovites colportaient partout contre lui :

« Si vos *pans*, qui sont maintenant sans roi, disait-il à l'ambassadeur polonais Voropaï, veulent de moi pour leur souverain, ils verront quel protecteur et quel bon maître ils trouveront en moi. Beaucoup disent chez vous que je suis cruel ; c'est vrai que je suis cruel et irascible, je ne le nie pas ; mais pour qui, je vous prie, suis-je cruel ? Je suis cruel pour celui qui est cruel pour moi. Les bons, ah ! je leur donnerais sans balancer et la chaîne et l'habit que je porte ! Rien d'étonnant si vos princes aiment leurs sujets, c'est que leurs sujets les aiment. Les miens, ils m'auraient livré aux Tatars de Crimée. Mes voïévodes ne m'ont même pas averti de l'arrivée de l'ennemi. Peut-être leur était-il difficile de vaincre un ennemi à ce point supérieur en nombre, mais s'ils avaient perdu quelques milliers d'hommes et qu'ils m'eussent apporté un fouet ou une cravache des Tatars, je leur en aurais été reconnaissant. Ce n'est pas l'ennemi que je craignais, c'était la trahison des miens. Ils ont laissé brûler Moscou ; on eût pu la défendre avec un millier d'hommes ; mais quand les grands ne veulent pas se défendre, comment les petits le pourraient-ils ? Songe à l'énormité de leur trahison envers moi. Si quelqu'un a été châtié ensuite, c'est pour son crime qu'il a été châtié. Je te le demande à toi-même : est-ce chez vous qu'on épargne les traîtres ? » Ivan revenait ensuite sur ses griefs contre Kourbski, sur l'empoisonnement de sa première femme et terminait en promettant d'observer les lois, de respecter et même d'étendre les libertés et franchises de la Pologne ».

Enfin l'ambassadeur de France à Varsovie l'emporta à force de présents et de promesses et ce fut Henri de Valois, duc d'Anjou, qui fut proclamé roi. Il ne resta pas longtemps en Pologne : après sa fuite en Occident, une nouvelle diète se réunit, les intrigues des cours rivales recommencèrent.

Etienne Batory, voïévode de Transylvanie, fut élu. C'était un prince jeune, énergique et ambitieux. On ne pouvait susciter à Ivan le Terrible, vieilli, un ennemi plus redoutable. Non-seulement la conquête de la Livonie, qui se poursuivait si péniblement au milieu de tant de traverses, était remise en question : mais Batory, en ceignant la couronne, avait juré de rendre à la Pologne les villes conquises par les grands-princes moscovites. On allait voir aux prises l'armée demi-barbare de la Russie, ses milices quasi féodales, sa cavalerie tatare, sa tactique routinière, sa faible artillerie avec une armée vraiment européenne, une artillerie savamment dirigée, les solides régiments de mercenaires allemands, les vieilles bandes hongroises aguerries dans maints combats. Ivan attendait son ennemi en Livonie, lorsque Batory apparut tout à coup sous Polotsk et l'enleva malgré une vigoureuse résistance : les canonniers russes de désespoir se pendirent à leurs pièces. Cette année et les suivantes furent marquées par l'enlèvement d'une multitude de forteresses russes. Le héros du Nord, Batory, ce Charles XII du siècle d'Ivan le Terrible, semblait près d'anéantir tous les résultats d'un long règne et de briser le premier effort de la Russie pour sortir de l'état barbare. Les Suédois de leur côté, commandés par de la Gardie, prenaient Kexholm en Carélie et envahissaient l'Esthonie. La vieille Russie pskovienne et novgorodienne était entamée : en 1581, Batory assiégeait

Pskof, tandis que de la Gardie enlevait Narva, Ivangorod, Iam, Koporié. Mais Pskof marqua le terme des succès de Batory : cette petite ville fut défendue avec tant d'énergie par Ivan Chouïski' qu'après trois mois de siége et maint assaut repoussé Hongrois et Polonais durent s'avouer vaincus.

Ivan avait cessé de paraître à la tête de ses troupes, estimant qu'un prince qui n'est pas sûr de sa noblesse a tort de se risquer dans une bataille ; Louis XI l'avait déjà éprouvé à Montlhéry. Il lui restait sa diplomatie à diriger. Menacé par Batory, il s'avisa d'un expédient. Il implora la médiation du pape Grégoire XIII entre le roi catholique et lui. Le pontife dépêcha à Moscou le jésuite Antoine Possevino, avec mission de négocier en même temps l'union des deux Églises. La relation de Possovino nous présente Ivan le Terrible sous son vrai jour: avec un esprit libre, curieux et parfois humoristique, avec des idées de tolérance remarquables pour le temps. Si l'envoyé du pape échoua dans la partie religieuse de sa mission, il réussit du moins à faire conclure une trêve entre les deux souverains: Ivan dut rendre Polotsk et toutes ses conquêtes en Livonie. Cette audacieuse entreprise pour s'ouvrir la mer Baltique, qui devançait de 150 ans celle de Pierre le Grand, avait donc échoué misérablement. Le fruit de trente ans d'efforts et de sacrifices était perdu (1582).

Les Anglais en Russie ; conquête de la Sibérie.

Les écrivains hostiles à Ivan IV opposent volontiers la fin de son règne, son gouvernement personnel, à ses premières années, c'est-à-dire au gouvernement de Silvestre et Adachef. Dans la première période, rien que des succès : Kazan, Astrakhan, sont conquis. Dans la seconde période, la Russie est vaincue par les Polonais et les Suédois ; on est chassé de la Livonie, on perd Polotsk, le khan de Crimée vient brûler Moscou. Cela revient à dire en somme que sous Ivan IV les armes russes furent heureuses en Orient, contre des barbares ignorants de la science militaire, malheureuses en Occident, quand elles eurent à combattre l'artillerie, la tactique, la discipline de troupes européennes. Il fallut plus de talents à Ivan pour être vaincu en Livonie, qu'il ne lui en avait fallu pour être vainqueur à Kazan. Il n'est pas déshonorant pour la Russie du seizième siècle d'avoir échoué dans cette tâche, puisque Pierre le Grand, avec tout son génie, y consuma vingt-cinq années de sa vie.

Cette période malheureuse du règne d'Ivan ne fut pas inféconde pour la grandeur et la civilisation de la Russie. Les Allemands lui fermaient la mer Baltique : les Anglais lui ouvrirent la mer Blanche. En 1553, un vaisseau britannique, l'*Édouard Bonne-Aventure*, parti pour un voyage de découverte dans les régions polaires, abordait à l'embouchure de la Dvina, après avoir perdu les deux vaisseaux qui l'accompagnaient : son capitaine, Chancellor, partait pour Moscou avec une lettre de Marie Tudor et nouait les premières relations commerciales entre les deux États. Le tsar les entretint avec le plus grand soin.

En 1568, Ivan recherchait l'alliance de la grande Élisabeth contre la Pologne et la Suède ; il lui offrait en échange le droit exclusif pour les marchands anglais de commercer avec la Russie, bien que ce droit, suivant sa propre appréciation, fût plus onéreux à son empire qu'un véritable tribut. Mais ni l'alliance ni le traité de commerce ne se réalisèrent : Ivan fut privé du concours des vaisseaux anglais pour la conquête de Riga. Des négociants français apportèrent également une lettre de Henri III et s'établirent à Moscou. D'autres marchands arrivèrent de Hollande, d'Espagne et d'Italie.

En 1558, le tsar avait concédé à Grégori Strogonof 146 verstes de terres désertes sur les bords de la Kama. Les Strogonof y créèrent une multitude de centres de population et commencèrent l'exploitation des richesses minérales de l'Oural. Leurs colons passèrent même les *monts de la ceinture* et vinrent se heurter au royaume tatar de Sibérie. Les Strogonof, audacieux comme des Espagnols, rêvèrent la conquête de ce vaste empire et demandèrent au tsar l'autorisation de prendre l'offensive contre les Tatars. Pour guerroyer, il fallait une armée. La Russie était si pleine de sève que ses éléments les plus impurs devenaient à l'occasion les agents de sa sécurité et de son progrès. Les *bons compagnons* du Don avaient plus d'une fois excité le courroux du tsar en détroussant les voyageurs et les bateaux sur la voie tsarienne du Volga : ils n'avaient pas toujours respecté le bien de la couronne. Un chef de ces brigands, le kosak Irmak Timoféévitch, obtint le pardon du tsar et passa au service des Strogonof. A la tête de 850 hommes, Russes, Kosaks, Tatars, prisonniers allemands et polonais, il franchit l'Oural, terrifia les indigènes par la nouveauté des armes à feu, traversa les immenses forêts vierges de la Tobol, battit le khan Koutchoum en plusieurs rencontres, s'empara de Sibir, sa capitale, fit prisonnier son cousin Mametkoul. Puis il subjugua les bords de l'Irtych et de l'Obi et consola les dernières années du tsar par la nouvelle qu'il lui avait conquis un royaume et ajouté à toutes ses couronnes celle de Sibérie. Ivan envoya aussitôt des évêques et des prêtres dans ses nouveaux États. Irmak, après avoir achevé la conquête et ouvert les communications avec la riche Boukharie, survécut peu à Ivan : un jour il se laissa surprendre par ses ennemis, et, en voulant traverser l'Irtych à la nage, il fut entraîné au fond des eaux par le poids de la cuirasse de fer qu'il devait à la libéralité du tsar (1584). Cet émule des Pizarre et des Cortez, le *conquistador* d'un monde nouveau, est resté un saint pour l'Église orthodoxe et un héros pour le peuple : des miracles s'accomplirent sur sa tombe ; des chansons épiques célèbrent ses exploits; les Tatars eux-mêmes lui ont créé toute une légende.

Si Adachef avait donné à la Russie en 1551 ses premières libertés municipales, Ivan avait réuni en 1566 ses premiers états généraux composés des trois ordres. La réforme de l'Église sous Silvestre fut complétée par le concile de 1573 qui défendit aux couvents riches d'acquérir de nouvelles terres et par le concile de 1580 qui étendit cette défense à tous les couvents : l'extension des biens d'église était arrêtée. Ivan le Terrible restreignit un abus qui troublait toutes les cérémonies publiques, perpétuait les haines de familles et compromit plus d'une fois le succès des batailles : on sait combien puissante était, dans la Russie du seizième siècle, la constitution de la famille. Quand un noble venait à s'élever ou à déchoir, tous les siens s'élevaient ou tombaient avec lui : la mémoire même des ancêtres et l'avenir des derniers neveux s'y trouvaient intéressés. Voilà pourquoi un noble russe ne consentait jamais à occuper une place inférieure à celle d'un autre, s'il n'existait pas de précédents sur ce point. La cour et les camps étaient constamment troublés par les *querelles de préséance* (*miéstnitchestvo*). Ni les verges, ni la hache du bourreau, ne pouvaient venir à bout des résistances : on aimait mieux mourir que de déshonorer ses ancêtres. En toute occasion on consultait *les livres des rangs* pour savoir quelle était la situation respective des diverses familles. Ivan IV défendit de *disputer sur les rangs* à tout noble qui n'était pas le chef de sa famille : c'était restreindre le mal, en attendant qu'on pût l'extirper.

Le *Terrible* peut être considéré comme le fondateur des milices nationales des *streltsi* ou *strélitz* qui pendant cent années devaient rendre tant de services à l'empire. Il organisa également, sur les frontières menacées par les Tatars, une série de postes et de camps, où les milices du pays venaient s'exercer.

Il appela les étrangers auprès de lui. Il autorisa à Moscou les prédications du ministre Wettermann de Dorpat, écouta celles d'Eberfeld, refusa de discuter avec Rosvita, alléguant ce texte des Écritures : « Ne jetez pas des perles au nez des pourceaux. » Il permit d'abord l'érection à Moscou d'un temple calviniste et d'un temple luthérien, annonçant ainsi la tolérance du dix-huitième siècle ; puis, devant l'émotion du peuple, il les fit transporter à deux verstes de la capitale.

Le caractère d'Ivan était un étrange composé de grandeur et de barbarie. Cruel, débauché, superstitieux, on le voyait tour à tour avec ses favoris se livrer aux plus honteuses orgies ou revêtu d'une soutane de moine les diriger dans des processions et autres exercices de piété. Comme Henri VIII, il eut plusieurs femmes : après Anastasie Romanof, il épousa une barbare, la Tcherkesse Marie ; puis deux autres femmes légitimes ; puis deux autres dont l'Église refusa de sanctionner l'union. De sa septième femme, Marie Nagoï, il eut le tsarévitch Dmitri, le deuxième de ce nom. Sur la fin de ses jours, nous le voyons chercher une alliance à l'étranger et demander tantôt une sœur du roi de Pologne, tantôt une cousine d'Élisabeth d'Angleterre. Ses habitudes de brutalité, la facilité avec laquelle il se servait de son épieu de fer, amenèrent une scène tragique. Dans une altercation avec son fils aîné Ivan, il le frappa de son bâton ; le coup se trouva être mortel. Immense et farouche fut la douleur du tsar. En tuant son fils bien-aimé, c'était son œuvre qu'il avait tuée. Il n'avait plus de successeur, puisque de ses deux autres fils, l'un Feodor était faible d'esprit et de corps, l'autre Dmitri n'était qu'un petit enfant. C'était pour des successeurs étrangers, pour quelqu'un de ces boïars détestés, qu'au prix de tant de sang versé et de périls encourus il avait fondé l'autocratie. Il ne survécut que trois années à son fils et mourut en 1584. Sans se laisser effrayer par tant d'actes de cruauté, l'historien, pour bien juger Ivan, doit le comparer aux hommes de son temps ; il ne doit pas oublier que le seizième siècle est celui de Henri VIII, de Ferdinand le Catholique, de Philippe II, de Catherine de Médicis, celui de l'Inquisition, de la Saint-Barthélemy et des estrapades. Encore l'Europe de ce temps est-elle fort en avance sur cette Russie asiatique, à peine échappée au joug mongol. Du moins Ivan le Terrible en décimant, en matant, en terrorisant l'aristocratie, rendit impossible même après lui l'établissement de cette anarchie nobiliaire, écueil des peuples slaves, qui en Pologne, sous le nom de *pospolite*, après avoir affaibli la royauté, finit par anéantir la nation.

CHAPITRE XVI.

LA RUSSIE MOSCOVITE ET LA RENAISSANCE.

Gouvernement moscovite : les *proches* et les *gens* du tsar, les *prikazes.* — Classes rurales, bourgeoisie des villes, commerce. — Esclavage domestique, reclusion des femmes. — La Renaissance : littérature, chants populaires, cathédrales. Moscou au XVIe siècle.

Gouvernement moscovite : les proches et les gens du tsar, les prikazes.

La Russie du seizième et du dix-septième siècle est un État oriental, presque sans relations avec l'Europe. Les chevaliers livoniens, les Polonais, les Suédois et les Danois, comprenant que sa barbarie seule assurait son infériorité vis-à-vis de voisins plus faibles, faisaient bonne garde pour empêcher que les hommes, les armes et les sciences de l'Occident ne pussent y pénétrer. Sigismond menaçait de mort les navigateurs anglais de la Baltique, n'entendant pas que « le Moscovite, qui n'est pas seulement notre adversaire d'aujourd'hui, mais l'éternel ennemi de toutes les nations libres, pût s'approvisionner de canons, de boulets et de munitions, mais surtout d'artisans qui continuent à lui fabriquer ces armes, jusqu'alors inconnues dans cette barbarie ». La Moscovie, grâce à ces jalouses précautions, grâce aussi à la haine des Russes pour les *musulmans* et les *hérétiques* de l'Occident, restait ce que l'avaient faite les invasions tatares, un empire asiatique. Le régime patriarcal de l'ancienne Slavie et l'exemple des souverains orientaux contribuaient à y maintenir le principe despotique dans toute sa force. Le tsar était à la fois le père et le maître de ses sujets, plus absolu que les khans des Tatars ou le sultan de Constantinople. La personne et les biens de ses sujets étaient sa propriété; les plus grands seigneurs, les princes issus de Rourik, n'étaient que ses esclaves, *kholopy*. Une pétition s'appelait en russe « un battement de front » (*tchélobitié*). Les grands de l'empire signaient leurs suppliques, non de leur nom, Ivan ou Pierre, mais d'un nom de laquais, d'un diminutif servile, Vania ou Pétrouchka. La formule byzantine : « Puis-je parler et vivre? » se retrouvait dans celle-ci : « N'ordonne pas de me châtier, ordonne-moi de dire un mot. » On n'approchait du tsar qu'en tremblant; on se prosternait sous les coups du terrible épieu de fer dont Ivan marchait toujours armé. L'empire était considéré comme sa chose domestique; il l'administrait avec ses *gens* à lui, qui avaient succédé à la droujina des anciens grands-princes; il le gouvernait avec ses proches ou les parents de sa femme. Les fils des plus puissants seigneurs se faisaient gloire de le servir en qualité de *spalniki*, ou gens de la chambre à coucher, de *stolniki*, gens de la table tsarienne. Ces fonctions domestiques conduisaient au rang de boïars ou d'*okolnitchié* (entours du prince). Les principaux boïars formaient la *douma* ou conseil de l'empire, réuni dans la chambre du prince et présidé par lui. Dans les graves occasions on convoquait le *Sobor* ou assemblée générale, composée de députés de tous les ordres, espèce d'états généraux de l'ancienne Russie. Ce n'était pas sans résistance que la fière aristocratie russe s'était laissé réduire à cette dépendance; mais les *kniazes*, dispersés comme gouverneurs de provinces ou de villes jusqu'en Sibérie, à Kazan et Astrakhan, ou soumis dans la capitale à une rigoureuse surveillance, étaient devenus impuissants. Les successeurs d'Ivan IV, pour assurer les résultats de sa cruelle politique, en vinrent à défendre le mariage aux porteurs de certains noms trop illustres.

Lorsque le tsar voulait se marier, il adressait aux gouverneurs des villes et des provinces une circulaire qui leur enjoignait d'envoyer à Moscou les plus belles filles de l'empire, celles du moins qui appartenaient à la noblesse.

comme Assuérus dans la Bible, comme l'empereur Théophile dans les chroniques de Byzance, comme Louis le Débonnaire dans le récit de l'*Astronomie*, il faisait son choix entre toutes ces beautés. Pour Vassili Ivanovitch on réunit 1500 jeunes filles; après un premier concours, 500 furent envoyées à Moscou; le grand-prince fit un nouveau triage de 300, puis de 200, puis de 100, puis de 10, qui furent d'ailleurs examinées par des médecins et des sages-femmes. La plus belle de toutes et la plus saine devenait la souveraine: elle prenait un nouveau nom, en signe qu'elle commençait une nouvelle existence; son père, devenu beau-père du tsar, changeait aussi de nom; ses parents devenaient les *proches* du prince, constituaient son *entourage*, s'emparaient de toutes les charges et gouvernaient les États comme la maison de leur impérial allié. Les ministres et les entours évincés essayaient en secret de reconquérir le pouvoir en faisant périr la nouvelle souveraine et n'hésitaient pas à recourir au poison et à la magie. Beaucoup de ces fiancées impériales ne survécurent pas à leur triomphe et, attaquées tout à coup de maladies mystérieuses, moururent avant le jour du couronnement. Tous les successeurs de Vassili Ivanovitch, jusqu'à Alexis Mikhaïlovitch inclusivement, instituèrent ces concours de beauté pour choisir leurs épouses. C'était le privilége des souverains de Moscou et des princes de leur sang.

Les hommes de la *droujina* ou de l'*entourage* du prince regardaient comme au-dessous de leur dignité, ou au-dessus de leur science, de le servir autrement que dans la guerre ou dans la justice. Le travail de plume dut être confié à des fils de prêtres ou de marchands, les *diaks*, qui eurent des commencements aussi humbles que nos légistes capétiens, assis aux pieds des pairs de France; ils finirent comme eux par prendre la place des grands seigneurs. L'administration de l'État était confiée à trente ou quarante *prikazes* ou bureaux dont le nombre et les attributions variaient suivant les époques. Il y avait notamment le *prikaz* des vivres, celui des boissons, celui de la panneterie, qui veillaient à l'entretien de la cour; c'était une grosse affaire, car non-seulement le tsar, la tsarine et les princes du sang tenaient table ouverte, mais, conformément aux idées patriarcales et familiales, le prince était censé nourrir de sa table les nobles et les fonctionnaires logés hors du palais : il fallait donc leur envoyer quotidiennement des mets tout préparés, des vins, des fruits. Il y avait le *prikaz* de la vaisselle d'or et d'argent, celui de la garde-robe, celui de la pharmacie, celui des chevaux, celui de la fauconnerie, celui des jeux, auquel ressortissaient les comédiens, les bouffons, les nains, les fous, les montreurs d'ours et les chiens dressés aux combats d'ours, la ménagerie d'animaux curieux, les échiquiers, les jeux de cartes et en général tout ce qui servait à l'amusement du tsar. Le *prikaz kazennyi* ou de la couronne avait en sa dépendance les manufactures où se fabriquaient les étoffes d'or et de soie dont le prince avait le monopole, le dépôt des fourrures précieuses venues de Sibérie ; on s'adressait à lui pour les cadeaux à distribuer au clergé, aux boïars, aux ambassadeurs des puissances étrangères, aux moines grecs venus de Byzance ou du mont Athos pour demander des aumônes. Le *prikaz* du grand palais, celui du *quart*, celui du grand revenu, celui de l'impôt sur les boissons, s'occupaient des finances. Il y avait ceux de la famille impériale, des affaires secrètes, des pétitions, des postes, de la police, des bâtiments tsariens, des esclaves, des monastères, des streltsi, des ambassades, de l'artillerie. Les *prikazes* d'Oustiougue, de Kazan, de Galitch, de Kostroma, de la Petite-Russie, de la Sibérie, avaient une compétence territoriale. Ordinairement, pour subvenir aux dépenses de tel ou tel bureau, on lui assignait le produit des impôts de telle ville ou de telle province.

Les revenus de l'État se composaient : 1° de celui du *domaine*, qui comprenait trente-six villes et leur territoire et dont les habitants payaient leur redevance en nature ou en argent ; 2° de la *tagla*, impôt annuel sur chaque soixante mesures de blé ; 3° de la *podate*, somme fixe établie sur chaque *dvor* ou feu ; 4° du produit des douanes et de l'excédant des octrois municipaux ; 5° de la taxe sur les bains oubliés ; 6° de la ferme des cabarets de la couronne ; 7° des amendes, des frais de justice, des confiscations prononcées par le *tribunal des brigands*. Fletcher, qui visita la Russie au temps de Boris Godounof, évalue l'ensemble de ces revenus à 1 223 000 roubles du temps. En outre le tsar recevait chaque année de Sibérie, de la Permie, de la Petchora, des fourrures et d'autres objets : il les échangeait lui-même avec les marchands turcs, persans, arméniens, boukhariens ou occidentaux, qui venaient dans les foires ou abordaient aux ports de l'empire. De plus, la couronne, après avoir laissé les fonctionnaires se gorger quelque temps aux dépens du peuple, se réservait de les appeler en justice et de leur reprendre tout ou partie de leur butin. Le tsar, qui avait déjà monopolisé certaines branches de commerce, comme les anciens despotes de l'Égypte ou de l'Orient, faisait à ses propres sujets une déloyale concurrence. Il envoyait dans certaines provinces des agents qui accaparaient toutes les productions du pays, les fourrures, la cire, le miel, contraignait les propriétaires à les leur vendre à vil prix, forçait ensuite les Anglais d'Arkhangel et les marchands de l'Asie à les acheter à une très-haute estimation ; de même, on accaparait les denrées apportées par ces marchands et on obligeait les négociants russes à les payer fort cher, avec défense de s'adresser à d'autres, avant que les magasins du tsar ne fussent vidés. Fletcher expose bien d'autres procédés d'extorsion, auxquels recourait périodiquement le gouvernement tsarien.

Pour la justice civile, il y avait trois instances : 1° les tribunaux du staroste de district, du centenier, magistrat établi pour chaque centaine de charrues ; 2° le tribunal du voïévode dans chaque chef-lieu de province ; 3° la cour suprême de Moscou. Malgré les codes d'Ivan III et d'Ivan IV, la loi était si confuse et si incertaine que Fletcher a pu dire : « qu'il n'y a pas de loi écrite en Russie ». La procédure était celle de notre moyen âge carolingien : si l'on ne pouvait produire de témoins ou de preuves par écrit, le juge pouvait déférer le serment à l'une des parties. Souvent la valeur du serment devait être confirmée par le duel judiciaire. Les champions, dit Herberstein, se surchargeaient d'armes et d'armures pesantes Ils étaient si embarrassés de toute cette ferraille qu'un Russe était toujours vaincu par un étranger: aussi Ivan III fit-il défense de laisser les étrangers combattre contre ses sujets. Souvent les parties se faisaient représenter par des champions à gages et alors le combat devenait une comédie, ces mercenaires ne songeant qu'à s'épargner.

La législation en matière de dettes égalait en rigueur la loi romaine des Douze Tables. Le débiteur insolvable était soumis au *pravége*, c'est-à-dire attaché demi-nu sur une place publique et battu trois heures par jour; ce supplice pouvait se répéter pendant trente ou quarante jours : si personne n'était ému par ses cris lamentables et ne se décidait à payer pour lui, on l'autorisait à vendre, à louer ou à mettre en gage sa femme et ses enfants : s'il n'en avait pas, il devenait l'esclave du débiteur. La législation pénale était atroce. Dans les accusations de vol, de meurtre, de lèse-majesté, l'accusé était soumis à toutes les tortures qu'aurait pu rêver un inquisiteur espagnol. Les supplices étaient infiniment variés : on pouvait être pendu, décapité, roué, empalé, noyé sous la glace, knouté à mort. La femme qui avait tué son mari était enterrée vive jusqu'au cou; les hérétiques montaient sur le bûcher, les sorciers étaient brûlés vifs dans une cage de fer, les faux monnayeurs avaient le gosier arrosé de métal fondu. N'oublions pas le supplice des dix mille morceaux, les côtes arrachées avec des crochets de fer et toutes les variétés de mutilations. En revanche, le noble qui tue un mougik en est quitte pour une amende ou pour les verges. Le noble qui tue son esclave n'encourt aucune peine : l'esclave est sa propriété.

Avant l'érection du patriarcat, la plus haute dignité de l'Église russe était celle de métropolite de Moscou; puis venaient les six archevêques de Novgorod, Rostof, Smolensk, Kazan, Pskof et Vologda; puis les six évêques de Riazan, Tver, Kolomenskoé, Vladimir, Sousdal et Kroutiski ou Saraï, dont les diocèses étaient immenses. Cette église était aussi dépendante du tsar que celle de Byzance l'aait été de ses empereurs : il n'en coûtait que quelques formalités pour faire ou défaire un prélat, ou pour ériger un nouveau siége. Les évêques étaient choisis dans le *clergé noir*, c'est-à-dire parmi les moines du monastère, astreints au vœu de chasteté. Leurs revenus étaient considérables, leurs cérémonies imposantes : « Quant à exhorter et instruire leurs ouailles, dit Fletcher, ils n'en ont ni l'habitude, ni le talent, car tout le clergé est profondément ignorant de la parole de Dieu et de toute autre science. » Pour le *clergé blanc* ou les prêtres des paroisses, le mariage était non-seulement un droit, mais un devoir ; leurs mœurs et leur éducation les distinguaient à peine des paysans, et ils étaient à l'occasion soumis comme eux aux châtiments les plus dégradants. Les couvents étaient nombreux, très-peuplés, très-riches : celui de Saint-Serge, à Troïtsa, possédait 110000 âmes ou paysans mâles. Tous les misérables y cherchaient un refuge : en revanche les conciles fulminent contre les moines vagabonds qui courent le pays. Les monastères, plus d'une fois, servirent de prisons aux nobles disgraciés qui y menaient joyeuse et bruyante vie, comme autrefois les nobles francs dans les cloîtres de nos églises mérovingiennes. De la table du tsar, on leur envoyait des mets recherchés : des esturgeons, des sterlets, des figues, du raisin sec, des oranges, du poivre, du safran, des clous de girofle. Dans sa lettre aux moines de Saint-Cyrille sur le lac Blanc, Ivan IV blâme avec un mélange de sévérité et d'ironie leurs complaisances pour les boïars détenus : « Dans ma jeunesse, leur écrit-il, lorsque nous étions à Saint-Cyrille, s'il nous arrivait d'être en retard pour le dîner et si l'intendant demandait au cellérier un sterlet ou quelque autre poisson, le cellérier répondait : « Je n'ai pas d'ordre à ce sujet ; j'ai préparé ce qu'on m'a ordonné ; maintenant c'est la nuit, et je ne dois rien vous donner ; je crains le souverain, mais je crains Dieu plus encore. » Voilà, continue Ivan, quelle était la rigueur de la règle. On accomplissait la parole du prophète : « Dis la vérité, et n'aie pas honte devant le tsar. » Aujourd'hui, mon boïar Chérémétief trône dans sa cellule, comme un tsar ; mon boïar Khabarof lui rend visite avec les moines; ils boivent, comme dans le monde. Est-ce une noce? est-ce un baptême? Le captif distribue des tablettes de gelée aux fruits, des pains épicés, des confitures. Hors du monastère, il a une maison remplie de provisions. Quelques-uns disent qu'on s'est mis peu à peu à porter des liqueurs fortes dans la cellule de Chérémétief. Or, dans les monastères, s'il est blâmable d'avoir des vins étrangers, à plus forte raison des liqueurs fortes. »

La religion orthodoxe, privée du stimulant de la liberté et de l'instruction, tendait à devenir toute de pratique : on faisait son salut en entendant de longues liturgies, en multipliant les oraisons slavonnes, en faisant des centaines de prosternations et de génuflexions, en égrenant des chapelets, en fréquentant les pèlerinages. De ces derniers, les plus célèbres étaient celui des catacombes de Kief, où dorment les corps incorruptibles des saints et où vivent, sans jamais voir la lumière du jour, leurs successeurs; ceux du monastère de Saint-Cyrille, sur le lac Blanc; de Saint-Serge à Troïtsa; de Sainte-Sophie à Novgorod. On allait se prosterner aux tombeaux de saint Pierre et saint Alexis de Moscou, devant les vierges thaumaturges de Vladimir, Smolensk, Tischvin et Pskof. Les plus pieux poussaient jusqu'à la sainte montagne de l'Athos, à la cité-reine de Constantinople, pleine de reliques bienheureuses, mais souillée par la présence du Turc; plus loin encore, au tombeau du Christ, au Golgotha, au mont Sinaï, partout où les communautés orthodoxes disputaient la place aux communautés catholiques.

L'armée nationale se composait principalement, comme les armées tatares, de cavalerie. Les *stolniki*, *spalniki* et autres jeunes courtisans formaient une garde impériale d'environ 8000 hommes. Tous les gentilshommes de l'empire, *dvorianes* ou *enfants-boïars*, étaient tenus au service à cheval : le revenu de leurs terres était censé servir de solde à ces *gens de service* (*sloujilié lioudi*); l'ancienne distinction entre les *pomiestié* (fiefs) et les *votchiny* (francs-alleux) était presque abolie. C'était à peu près le

[…]ime des fiefs d'Occident ou des *siams* et *timars* de
[Tu]rquie. Cette chevalerie noble pouvait former 80 000 cava-
[liers]; avec l'appel des paysans libres, elle s'élevait à
[…]000. Il faut y joindre la cavalerie irrégulière, composée
[de] kosaks du Don et du Térek, de Tatars, de Bachkyrs.
[L']infanterie nationale était constituée : 1° par les *datot-
[ch]nii lioudi*, paysans des monastères, des églises, des domaines ; 2° par les *streltsi*, francs archers ou milices communales, organisées dès le temps d'Ivan IV, et qui, pour
Moscou seulement, formaient un corps de 12 000 hommes.
Puis venaient l'artillerie et les soldats préposés au *goulaï-
ород*, la *ville qui marche*, remparts mobiles en bois qui
servaient dans les siéges et même en rase campagne, où
les troupes russes, quand elles n'étaient pas abritées, montraient peu de solidité. Au quinzième siècle, on commença
à enrôler des mercenaires étrangers, armés et disciplinés à
l'européenne, Polonais, Hongrois, Grecs, Turcs, Écossais,
Scandinaves, sous le nom de *reîtres*, *soldats*, *dragons*.
L'histoire a conservé les noms de quelques-uns de leurs
chefs, l'Allemand Rosen, le Français Margeret, qui a laissé
de curieux mémoires sur le faux Dmitri.

L'armement des troupes nationales était tout oriental :
longs vêtements, hautes selles, courts étriers, riches capa-
raçons, armures formées de pièces de fer articulées. Le tsar
lui-même allait en guerre avec la lance, l'arc et le carquois.
L'armée se divisait habituellement en cinq divisions, la
grosse bataille, l'*aile gauche*, l'*aile droite*, l'*avant-garde*,
l'*arrière-garde*, à la tête de chacune desquelles se trouvaient deux voïévodes de dignité inégale, sans compter le
voïévode de l'artillerie, celui du camp mobile, les *atamans*
des streltsi et des kosaks. Les grades de l'armée régulière
étaient ceux de *tyssatski* ou chiliarque, de centenier, cin-
quantenier, *déciatski* ou dizainier. Tous obéissaient au
grand *voïévode* ou général en chef. Chaque soldat apportait des vivres pour quatre mois, le tsar ne lui fournissant
rien, sauf quelquefois du blé. Il subsistait presque uniquement de biscuit, de poisson sec ou de lard, et se montrait dur à la fatigue. Les campagnes ne se prolongeaient

jamais bien longtemps, une partie de l'armée seulement étant permanente.

La Russie cherchait dès lors à entretenir des relations régulières avec les autres puissances; ses traditions diplomatiques étaient celles de l'Orient ou de Byzance. Ses premiers ambassadeurs furent le Grec Dmitri Trakhaniote, l'Italien Marco Ruffo, envoyé en Perse. Ce n'étaient pas les États les plus puissants que l'on traitait avec le plus de déférence, mais bien les plus voisins. Tandis qu'on n'expédiait qu'un simple courrier (*gonets*) à l'empereur d'Allemagne, aux rois de France, d'Angleterre et d'Espagne, on envoyait en Suède, en Danemark, en Pologne, des boïars accompagnés de *diaks*. Le *prikaz* des ambassades, sous les ordres duquel on trouvait 50 traducteurs et 70 interprètes en toutes langues, leur remettait le sauf-conduit, des instructions détaillées, les lettres pour le souverain étranger, les présents, deux années de traitement, plus un certain nombre de fourrures ou de draps précieux du *prikaz* de la couronne, qu'ils devaient tâcher de vendre de leur mieux. L'ambassadeur russe, comme ceux de Byzance et des Tatars, était doublé d'un commis-voyageur pour le compte du tsar. Il était recommandé aux envoyés d'éviter toute insolence, de surveiller leurs gens, mais de déployer le plus grand faste, d'exiger que tous les honneurs leur fussent rendus, et, sur leur tête, de ne jamais souffrir qu'on *diminuât les titres* du tsar: titres assez compliqués puisqu'ils énuméraient tous les États soumis à sa domination. Les préoccupations mercantiles des ambassadeurs moscovites et leurs éternelles chicanes d'étiquette les rendaient insupportables à toutes les cours européennes. A leur retour ils étaient appelés devant le tsar, lui rendaient un compte détaillé de leur mission, lui remettaient le journal de leur voyage et la note de tout ce qu'ils avaient observé dans les pays lointains. Dès le seizième siècle on trouve dans leurs relations un esprit sagace et observateur qui n'est pas indigne de la sagesse de leurs maîtres, les Vénitiens.

Quand les ambassadeurs étrangers venaient en Russie, on

les traitait avec magnificence et défiance. Dès qu'ils avaient passé la frontière, ils étaient nourris, défrayés, voiturés, eux et leurs gens; mais un *pristaf*, attaché à leurs personnes, veillait à ce qu'ils ne pussent s'entretenir avec aucun indigène, ni se renseigner sur l'état du pays. On les faisait passer par les provinces les plus riches et les villes les plus populeuses : les citadins étaient partout requis de se trouver sur leur passage dans leurs plus riches costumes. A Moscou, on leur assignait pour résidence un palais et le tsar leur envoyait des plats de sa table. Leur première audience avait lieu en grande pompe dans le *Palais à facettes* (*Granavitaïa palata*). Les murs de la salle étaient tendus de magnifiques tapisseries; la vaisselle d'or et d'argent, aux formes fantastiques, resplendissait sur des estrades de velours; le tsar, couronne en tête, sceptre en main, assis sur le trône de Salomon, dont les lions mécaniques faisaient entendre des rugissements, entouré de ses *ryndis* en longs cafetans blancs et armés de la grande hache d'argent, de ses boïars somptueusement vêtus, de son clergé au costume sévère, recevait les lettres de créance. Il demandait à l'ambassadeur des nouvelles de son maître et comment s'était passé le voyage. Si l'on était mécontent de lui, son palais devenait une prison où nul indigène n'osait pénétrer et l'on s'étudiait par des avanies calculées à lui arracher des concessions ou à lui faire abréger son séjour.

Classes rurales, bourgeoisie des villes, le commerce.

Les basses classes de la Moscovie se composent de trois éléments : 1° l'esclave proprement dit ou *kholop*, le *mancipium* des Latins, l'homme pris à la guerre, vendu par lui-même ou par autrui, ou né d'un *kholop*; 2° le *paysan inscrit* sur le domaine d'un noble, le *colonus adscriptius* de l'empire romain, légalement libre de sa personne, mais qu'une législation de plus en plus rigoureuse va réduire à la condition de *krépostnyi* ou serf de la glèbe; 3° le cultivateur libre qui vit comme fermier sur la terre d'autrui, conserve le droit de changer de maître, mais qui ne tardera pas à être confondu dans la classe précédente.

C'étaient les *paysans inscrits* qui constituaient la presque totalité des masses rurales. Dans les anciennes provinces, le paysan pouvait se considérer comme l'habitant primitif du sol. On ne l'avait soumis au gentilhomme qu'afin d'assurer à celui-ci un revenu suffisant pour qu'il pût faire le service militaire; il continuait donc à se regarder comme le vrai propriétaire. Dans ces masses rurales, s'étaient conservés dans toute leur vigueur les traits primitifs de l'organisation slave. C'était la commune ou *mir* qui possédait la terre, et non les individus; c'était la commune qui était responsable de l'impôt vis-à-vis du tsar, de la corvée et des redevances vis-à-vis du seigneur. Cette responsabilité armait la commune d'un pouvoir énorme sur la totalité de ses membres et cette puissance s'incarnait dans dans le *staroste*, assisté des anciens. Au sein de la commune, la famille n'était pas organisée moins sévèrement, moins tyranniquement que le *mir*; le père de famille avait sur sa femme, sur ses fils même mariés, sur les femmes de ses fils, une autorité presque aussi absolue que le staroste sur la commune ou le tsar sur l'empire. L'autorité paternelle s'endurcissait, se dépravait au contact du servage et du régime despotique. L'antique barbarie était encore intacte dans ces populations ignorantes : les coutumes gracieuses ou les mœurs sauvages, les superstitions poétiques ou atroces des anciens Slaves s'y perpétuaient. Le paysan russe restait païen sous son écorce d'orthodoxe. Ses chants de funérailles semblent destitués de toute espérance chrétienne. Ses chants de mariage conservent la tradition de l'achat ou du rapt de la fiancée. Le triste sort du paysan allait s'aggraver pendant trois siècles encore du progrès même accompli par les classes supérieures. Pour l'Etat comme pour le propriétaire, il tend de plus en plus à n'être qu'une bête de somme, une force productrice dont on peut user et abuser.

Les villes russes se composaient, d'abord d'une forteresse ou *kreml* où l'on envoyait au besoin une garnison de *gens de service* et dont les murailles étaient en bois le plus souvent, puis de faubourgs ou *possads* habités par les bourgeois ou *possadskié*. Elles étaient administrées par des voïévodes nommés par le prince ou par un *staroste* ou maire, élu par la réunion des habitants, nobles, prêtres ou bourgeois, mais qui était toujours un gentilhomme. Le staroste gouvernait la ville et le district qui en dépendait. Comme c'étaient les bourgeois qui payaient le plus d'impôts, il leur était défendu de quitter leur ville; ils étaient, comme aux derniers jours de l'empire romain, attachés à la glèbe de la cité; Alexis Mikhaïlovitch allait donner à cette défense la peine de mort pour sanction. Pour établir l'assiette de l'impôt, le staroste convoquait à la fois les députés de la ville et ceux des communes rurales. L'impôt de la *tayla* se payait en bloc par la ville à raison du nombre de feux et tous les habitants étaient solidaires vis-à-vis du fisc.

Dans la classe des bourgeois, se distinguaient les marchands, dont le nom russe *gosti* (hôtes et étrangers) montre combien le commerce se sentait encore dépaysé sur cette terre et sous ce régime. La Moscovie produisait en abondance les cuirs de bœuf, les fourrures de renard bleu et de renard noir, de zibeline, de castor, d'hermine, la cire, le miel, le chanvre, le suif, l'huile de phoque, les poissons secs. De la Chine, de la Boukharie, de la Perse, elle recevait les soieries, le thé, les épices. Le peuple russe est naturellement intelligent et industrieux, et cependant le commerce languissait. L'Anglais Fletcher donne pour raison de ce marasme l'insécurité créée par l'anarchie et le despotisme. Le mougik ne se souciait ni d'amasser, ni d'épargner. Il affectait d'être pauvre et misérable pour échapper aux exactions du prince et aux rapines de ses agents. S'il avait de l'argent, il l'enfouissait comme lorsque l'on craint une invasion. Souvent, dit l'écrivain anglais, « vous les verrez trembler de crainte qu'un boïar ne sache ce qu'ils ont à vendre. J'en ai vu quelquefois, quand ils avaient étalé leurs marchandise pour qu'on fît son choix, regarder derrière eux et du côté des portes, comme s'ils craignaient qu'un ennemi ne les surprît et ne mît la main sur eux. Si je leur en demandais la cause, ils me disaient : « J'avais peur qu'il n'y eût ici quelque no-« ble ou quelque enfant-boïar ; il me prendrait de force ma marchandise. » — « Les marchands et les bourgeois, dit M. Leroy-Beaulieu, pouvaient difficilement être une classe influente dans un pays coupé de l'Europe et de la mer, coupé de toutes les grandes voies commerciales par la Lithuanie, l'Ordre teutonique et les Tatars. » Le bourgeois, comme l'habitant de nos villes du onzième siècle, n'était qu'une variété de manant; il portait le costume du paysan et vivait presque comme lui. Les marchands n'étaient guère, suivant l'expression d'Ivan le Terrible, que des *moujiks de commerce*.

L'esclavage domestique, la reclusion des femmes.

Deux faits achevaient de donner à la société russe le même caractère asiatique qui se manifeste déjà dans le despotisme tsarien et dans le communisme rural : c'était l'esclavage domestique et la reclusion des femmes.

En dehors des paysans plus ou moins attachés à la glèbe, tout propriétaire russe entretenait, dans son château domanial ou dans son hôtel de Moscou, une multitude de serviteurs comme ceux qui encombraient les palais des sénateurs de la Rome impériale. Un grand seigneur avait toujours autour de lui plusieurs centaines de ces *dvorovié*, hommes et femmes, enlevés à la culture de la terre ou nés dans la maison, qu'il ne payait pas, qu'il nourrissait médiocrement, qui faisaient un mauvais service, mais dont la multitude donnait une idée de l'opulence du maître. Le cortége d'un noble qui se rendait au Kremlin peut se comparer à celui d'un daïmio japonais : une longue file de traîneaux ou de chariots, une centaine de chevaux, des estafettes en avant du cortége, qui faisaient ranger le peuple à coups de fouet, un gros de gentilshommes armés qui lui faisaient cortége, et en arrière une nuée de *dvoro-rii*, souvent pieds nus sous leur magnifique livrée, emplissaient de leur vacarme les rues du *Biélyi-gorod*. Ces esclaves domestiques étaient astreints, sans distinction de sexe, à la plus rigoureuse discipline, soumis à tous les caprices cruels ou voluptueux de leurs maîtres, exposés, comme ceux de l'antiquité, aux plus affreux châtiments : tandis que le colon *inscrit* était un immeuble par destination, les *kholopy* étaient des meubles que l'on pouvait vendre par famille ou par tête, sans souci de séparer les femmes de leurs maris ou les enfants de leurs parents.

L'usage d'enfermer les femmes est antérieur à l'invasion tatare; les Slaves russes étaient des Asiatiques avant même d'avoir été soumis par les Mongols. D'ailleurs Byzance avait eu sur les mœurs russes bien plus d'influence que Kazan ; or, dans l'ancienne Athènes et dans la Constantinople du moyen âge, la matrone ou la jeune fille devait rester dans le gynécée, qui, à Moscou, est devenu le *terem* ou le *verkh* (appartement supérieur). En Russie, comme dans la Rome des Douze Tables, la femme était une mineure perpétuelle : c'était là une conséquence de l'organisation patriarcale de la famille; elle vivait sous la tutelle de son père, du père de son mari, d'un oncle, d'un frère aîné, d'un aïeul. Les moines russes traduisirent à son usage les sermons des moines du Bas-Empire qui enjoignaient à la femme « d'obéir à son mari comme l'esclave obéit à son maître, » de se considérer comme « la chose de l'homme », de ne pas se laisser appeler *gospoja* ou maîtresse, mais de considérer son époux comme son *gospodine* ou seigneur. Le père de famille a droit de correction sur elle comme sur ses enfants ou des esclaves ; le prêtre Silvestre, dans son *Domostroï*, recommande seulement de ne pas employer de bâtons trop gros ou des épieux à pointe de fer, de ne pas l'humilier en la frappant devant ses gens, mais de la prendre en particulier et de lui appliquer, sans colère ni violence, une correction modérée. Aucune femme n'aurait osé se soustraire à ce châtiment ; la plus robuste se laissait battre par un mari débile. Le proverbe russe disait : « Je t'aime comme mon âme et je te bats comme ma pelisse. » Herberstein cite une Moscovite qui, ayant épousé un étranger, ne s'en croyait pas aimée parce qu'elle n'en était pas battue. Chez elle, la femme russe était cachée par les voiles du *terem*; dans la rue, par ceux de sa litière; sur son visage tombait la *fata*, semblable au voile des religieuses. C'était un outrage que de lever les yeux sur la femme d'un noble et un crime capital que d'apercevoir le visage de la femme du tsar : on se serait cru à Stamboul ou à Ispahan. Il paraissait tellement indispensable que cet être fragile restât à la maison, qu'on la dispensait d'aller à l'église. Son église, c'est sa propre maison, où elle doit être occupée de prières, de pieuses lectures, de prosternations, de génuflexions, d'aumônes, entourée de mendiants, de moines et de religieuses. Le prêtre Silvestre entend aussi qu'elle veille au bon ordre de la maison, qu'elle se lève la première, qu'elle éveille ses serviteurs et ses servantes, qu'elle leur distribue la tâche et travaille de ses propres mains, comme la Lucrèce antique ou la femme forte de l'Écriture. En réalité, elle avait encore d'autres manières d'employer son temps. La toilette des boïarines russes était fort compliquée : « Elles se peignent de toutes les couleurs, dit Pétréï, non-seulement le visage, mais les yeux, le cou et les mains. Elles mettent du blanc, du rouge, du bleu, du noir. Les cils noirs, elles les teignent en blanc, les blonds en noir ou autre couleur sombre. Elles s'appliquent le fard si maladroitement que cela saute aux yeux de tout le monde. A l'époque de mon séjour à Moscou, la femme d'un boïar illustre, qui était admirablement belle, ne voulait d'abord pas se farder, mais elle fut en butte aux censures des autres dames. Elle méprise donc les coutumes de son pays, disaient-elles. Les maris portèrent plainte au tsar et obtinrent un ordre impérial pour l'obliger à se farder. » L'idéal de la beauté turque et tatare étant l'embonpoint, elles mettaient tous leurs efforts à déformer leur taille élancée : elles y parvenaient à force d'oisiveté et de médicaments. Quant aux hommes, ils portaient toute leur barbe : longue barbe et longs vêtements. Raser sa barbe comme le faisaient les gens d'Occident, c'était, assurait Ivan le Terrible, un péché que le sang de tous les martyrs ne pouvait effacer. N'était-ce pas défigurer le visage de l'homme créé à l'image de Dieu ?

L'influence du monachisme byzantin se retrouve encore dans l'interdiction des amusements les plus innocents : le jeu de cartes, même le jeu d'échecs étaient proscrits; la musique, les chansons à la gloire des anciens héros de la Russie, condamnées comme « chansons et mélodies diaboliques »; le noble exercice de la chasse défendu tout aussi bien que la danse. « Si l'on se livre à table à de vilains discours, dit le *Domostroï*, si l'on joue du rebec, de la goussla, si l'on danse, si l'on saute, si l'on bat des mains; alors, comme la fumée chasse les abeilles, les anges de Dieu sont chassés d'une telle table, par de tels propos démoniaques, et ce sont les démons qui prennent leur place. Ceux qui se livrent à des chansons diaboliques, ceux qui jouent du rebec, du tambourin, de la trompette, ceux qui se plaisent aux ours, aux chiens, aux faucons, ceux qui s'amusent aux dés, aux échecs, au tric-trac, iront tous ensemble aux enfers, tous ensemble seront damnés. »

Grâce à l'ignorance générale, il n'y avait pas en Russie de vie intellectuelle; grâce à la réclusion des femmes, pas de vie de société. Comparée à la galante et spirituelle société polonaise, la Russie semblait un vaste monastère. Le diable au fond n'y perdait rien : les nobles, vivant au milieu d'esclaves soumis à leurs caprices, se dépravaient en les dépravant; la débauche et l'ivrognerie étaient des vices nationaux. Riches ou pauvres, jeunes ou vieux, femmes et enfants se vautraient parfois ivres-morts dans les boues de la rue, sans que personne s'en étonnât. Les prêtres, dans leurs tournées chez leurs ouailles, buvaient théologalement. Même chez les grands seigneurs, dit M. Zabiéline, « un festin n'était gai et joyeux que lorsque tout le monde était ivre. C'était précisément dans l'ivresse que consistait la gaîté. Les hôtes n'étaient pas gais, donc ils n'étaient pas ivres. Encore aujourd'hui, être en gaieté, signifie avoir bu. » Les sermonnaires, tout en prenant corps à corps ce vice national, le traitent cependant avec des ménagements visibles. « Mes frères, dit l'un d'eux, qu'y a-t-il de plus vilain que l'ivrognerie? Vous êtes là ayant perdu le souvenir et la raison, comme un furieux qui ne sait ce qu'il fait. Est-ce là de la gaieté, mes frères, cette gaieté selon la loi et à la gloire de Dieu? L'ivrogne n'a plus de sentiment, il est couché comme un cadavre; si vous lui parlez, il ne répond pas. Il bave, il sent mauvais, il pousse des soupirs comme une brute. Songez à cette pauvre âme qui se salit dans ce corps souillé comme dans une prison ténébreuse. L'ivrognerie fait fuir notre ange gardien tout en pleurs et met le diable en gaieté. S'enivrer, c'est faire des sacrifices à Satan. Le diable se réjouit et dit : Non, jamais les sacrifices des païens ne m'ont causé autant de joie et de félicité que l'ivresse d'un chrétien. Fuyez donc, mes frères, la malédiction de l'ivrognerie! Boire est selon la loi, boire est à la gloire de Dieu, car Dieu nous a donné le vin pour nous réjouir. Il s'en faut que le vin ait été défendu par les Pères, mais il ne faut pas boire jusqu'à être ivre. »

Les seuls divertissements étaient, en dépit du *Domostroï*, les lazzis des bouffons, qui, pas plus que nos fabliaux, n'épargnaient les gens d'Église, les grossières plaisanteries des fous et des folles, inséparables compagnons des grands, que l'on retrouvait jusque dans les monastères, les chasses aux faucons et aux chiens, les combats d'ours. La musique accompagnait tous les festins; parfois un chanteur aveugle venait y célébrer les *bogatyrs* de la vieille Russie. Les gens riches ne s'endormaient volontiers que lorsque quelque conteur populaire les berçait de ses histoires : Ivan le Terrible en avait toujours trois qui se relayaient auprès de son lit. Bientôt vont commencer, sous Alexis Mikhaïlovitch, les représentations théâtrales à l'imitation de l'Europe.

Toutes les superstitions de l'Occident avaient cours dans la Russie, qui d'ailleurs y ajoutait du sien. On croyait aux horoscopes, aux devins, à la sorcellerie, à la magie, à la vertu miraculeuse de certaines herbes ou de certaines formules, aux maléfices produits en relevant *la trace des* pas de son ennemi, à l'ensorcellement des épées, aux philtres qui font aimer, aux loups-garous, aux revenants, aux vampires, qui jouent un rôle si terrible dans les contes populaires de la Russie. La terreur qu'on avait des sorciers se manifeste dans les atroces supplices qu'on leur infligeait. Les tsars les plus éclairés partageaient cette faiblesse et Boris Godounof faisait jurer à tous ses serviteurs « de ne pas recourir aux sorciers, aux sorcières, ou à tout autre moyen qui puisse nuire au tsar, à sa tsarine ou à ses enfants, de ne pas faire de conjuration avec *la trace de leurs pas ou de leur voiture* ». On avait plus de confiance dans les recettes de bonne femme, dans l'eau bénite où l'on faisait infuser des reliques, que dans les médecins, que l'on regardait d'ailleurs comme une variété de sorciers. Rien n'était plus difficile et dangereux à ses débuts que l'exercice de cette profession. Si le médecin ne guérissait pas son malade, on le punissait comme un enchanteur malveillant. Sous Ivan III, l'un d'eux, un Juif, fut exécuté en place publique pour avoir laissé mourir un tsarévitch. Un autre, Antoine, Allemand de nation, fut accusé d'avoir fait périr un prince tatar et livré à ses parents pour subir la peine du talion : il fut égorgé. La situation des médecins s'améliore à la fin du seizième siècle : mais quand on avait une tsarine ou quelque grande dame à soigner, qu'on n'était pas même admis à voir son visage et qu'on ne pouvait lui tâter le pouls qu'à travers une mousseline, quel moyen d'établir sûrement un diagnostic ?

Telle était l'ancienne Russie, cette Chine européenne qu'ont découverte et décrite les voyageurs européens du seizième et du dix-septième siècle, Herberstein, Mayerberg, Cobenzel, envoyés d'Autriche, Chancellor, Jenkinson, Fletcher, envoyés d'Angleterre, les Vénitiens Contarini et Marco Foscarini, le marchand romain Barberini, le Danois Ulfeld, le Suédois Pétréi, les Allemands Heidenstein, Éric Lassota, Oléarius, le jésuite Possevino, le capitaine français Jacques Margeret, le médecin anglais Collins, etc. Il nous reste à parler de la littérature et des arts.

CHAPITRE XVI.

La Renaissance : littérature, chants populaires, cathédrales, Moscou au XVIe siècle.

La littérature ecclésiastique se composait surtout de recueils d'enseignements empruntés aux Pères, de « lectures pour tous les jours de l'année » et qu'on appelait *Flots d'or*, *Bouches d'or*, *Émeraudes*, etc., ou bien de collections de *Vies des Saints* de l'Eglise grecque et russe : le monument le plus considérable appartenant à ce dernier groupe sont les *Tchétiminéi*, vaste menologium dû au métropolite Makarie, un des directeurs de la conscience d'Ivan le Terrible. On continuait à rédiger des chroniques, parmi lesquelles la *Stepennaïa kniga*, relation officielle des premières années de ce règne. Outre les grands monuments législatifs du *Code* et du *Stoglaf*, il faut nommer le *Domostroï* du pope Silvestre, le ministre d'Ivan IV. C'est un recueil de préceptes pour bien tenir sa maison et pour assurer le salut de son âme. Il indique à quel jour il convient de servir les cygnes, les grues, les chapons, les pâtés aux œufs et au fromage; il donne des recettes pour faire l'hydromel, le kvass, la bière, pour préparer le gruau, les confitures; il rédige des menus, et en même temps il enseigne au maître de maison comment il doit gouverner sa femme, ses enfants, ses gens, éviter le péché et les mauvais propos, plaire à Dieu, honorer le tsar, les princes et tous les gens en dignité, se bien tenir à table, « se moucher et cracher sans bruit, en ayant soin de se détourner des gens et d'essuyer avec son pied ». Le *Domostroï* donne la caractéristique de la civilisation russe comme le *De re rustica* du vieux Caton donne celle de la vieille civilisation romaine. De Caton à Silvestre, il y a un progrès évidemment. Tandis que le Romain recommande de vendre les vieux bœufs, la vieille ferraille et les vieux esclaves, le pope Silvestre conseille « de continuer à nourrir et vêtir les vieux serviteurs, qui ne sont plus bons à rien, en considération de leurs anciens services: c'est utile au salut de l'âme et il faut craindre la vengeance de Dieu ». — « Les maîtres, dit-il encore, doivent avoir de la bienveillance pour leurs gens, leur donner à boire, à manger, les chauffer convenablement; car s'ils retiennent par force leurs *dvorovié* auprès d'eux, s'ils ne les entretiennent pas suffisamment, ils en font de mauvais serviteurs qui mentent, volent, se débauchent, gâtent tout et s'enivrent au cabaret. Ces maîtres insensés pèchent contre Dieu, sont méprisés de leurs esclaves, sont mal avec leurs voisins. »

« Lorsqu'on envoie son serviteur chez d'honnêtes gens, il doit frapper doucement à la grande porte; lorsque l'esclave viendra lui demander ce qu'il veut, il répondra : Ce n'est pas à toi que j'ai affaire, mais à celui auprès duquel on m'envoie. Il dira seulement de la part de qui il vient, afin qu'on le dise au maître. Sur le seuil de la chambre, il essuiera ses pieds sur la paille; avant d'entrer, il se mouchera, crachera, et fera une prière. Si on ne lui répond amen, il fera une seconde prière; si l'on se tait, une troisième, d'une voix plus haute que les précédentes. Si l'on se tait encore, il frappera à la porte. En entrant, il s'inclinera devant les saintes images, puis il exposera au maître sa mission, et, pendant ce temps, il aura soin de ne pas fourrer ses doigts dans son nez, de ne pas tousser, ni cracher, ni se moucher; il se tiendra convenablement, sans regarder à droite ni à gauche; si on le laisse seul, il ne fouillera pas dans les effets du maître de la maison, ne touchera à rien, ne goûtera ni à la nourriture ni à la boisson. Si on l'envoie porter quelque chose, il ne découvrira pas ce qu'il porte et, si cela se mange, il n'y portera ni la langue ni les doigts. »

À la tête du mouvement littéraire du temps, Ivan le Terrible et son ennemi Kourbski occupent une place d'honneur. Ils échangèrent plusieurs lettres, où ils déployèrent l'un une grande connaissance des lettres sacrées et profanes, une dialectique serrée, une ironie sanglante, l'autre une éloquence indignée et tragique. Ivan adressa en outre une admonestation pleine de verve et de gravité moqueuse aux moines du monastère de Saint-Cyrille. Le même Kourbski a écrit en huit livres une histoire passionnée du tsar qui persécuta « les forts d'Israël, » les héros aristocratiques de la Russie ; dans son exil en Lithuanie, il défendit l'orthodoxie contre les envahissements du protestantisme et du jésuitisme, rédigea l'histoire du concile de Florence et apprit le latin pour traduire en russe les Pères de l'Église.

Ivan le Terrible fut en Russie, comme en France son émule Louis XI, le protecteur de l'imprimerie, que le peuple abhorrait comme un art impie et sacrilége. Mstislavets et le diacre Feodorof imprimèrent la *Description de Moscou*, les *Actes des Apôtres* et un *livre d'Heures*; plus tard ils durent, devant la haine de la populace et les accusations d'hérésie, s'enfuir en Lithuanie.

Il y avait une littérature qui pouvait se passer de l'art de Gütenberg et qui atteignait à ce moment son plus splendide développement : c'était celle qui, depuis les premiers siècles de la Russie, se conservait vivante sur les lèvres du peuple, dans la mémoire des paysans, et qui, perpétuée, par la tradition orale, n'a été recueillie que de nos jours par les Rybnikof, les Afanasief, les Schein, les Sakharof, les Kiriéevski, les Bezsonof, les Hilferding, les Kostomarof, les Koulich, les Tchoubinski, les Dragomanof. Le peuple avait sa poésie lyrique, chansons de mariage, complaintes de funérailles, ses rondes champêtres, ses hymnes de Noël ou *koliadki*, de l'Épiphanie, de Pâques, de la S. Georges et de S. Jean, celles où il célébrait la mort de l'hiver, la naissance du printemps, la moisson, et où se conservait le souvenir des anciennes religions et des anciennes divinités des Slaves. Il avait ses chansons épiques où il exaltait les exploits légendaires des anciens héros de la Russie, demi-dieux du paganisme primitif; Volga Vséslavitch, Sviatogor, Mikoula Sélianinovitch, Polkane, Dounaï, etc. Dans ces chansons, le prince Vladimir, le *Beau Soleil* de Kief, groupe autour de soi, comme le Charlemagne des chansons de gestes, comme le roi Arthur des romans bretons, toute une pléiade de bogatyrs. Elles ont immortalisé Ilia de Mourom, le héros-paysan, Dobryna Nikititch, le héros-boïar, Alécha Popovitch, vainqueur du dragon gigantesque Tougarine, Solovéï Boudimirovitch, qui navigua sur le vaisseau-faucon, Potyk, que la perfidie d'une enchanteresse fit descendre tout vivant dans le tombeau, Diouk Stépanovitch, qui franchissait le Dniéper d'un seul bond de son cheval, Stavre Godinovitch, le guerrier musicien que sa femme tira par ruse des prisons de Vladimir, Thomas Ivanovitch, que la princesse Apraxie calomnia comme un autre Joseph, mais pour qui Dieu fit un miracle, Vassili, le héros-ivrogne qu'il fallait chercher au cabaret pour sauver la Russie, Sadko, le riche marchand de Novgorod, dont les aventures maritimes forment une odyssée, la princesse Apraxie, qui trône à côté de son époux Vladimir, les héroïnes Nastasia et Marina, qui furent la Pénélope et la Circé de l'épopée russe, Maria le Blanc-Cygne, qui appartient au cycle des femmes-oiseaux, Vassilissa qui se fait passer pour un bogatyr et qui estropie tous les athlètes de Vladimir. Tels étaient les héros des cycles de Kief et de Novgorod.

Au cycle de Moscou se rattachaient des héros historiques : Dmitri, le vainqueur des Tatars, Michel de Tchernigof, Alexandre Nevski, Ivan le Terrible, autour duquel se groupent les chansons sur la prise de Kazan, la conquête de la Sibérie, et les fameuses bylines intitulées : *le tsar veut tuer son fils, le tsar envoie la tsarine au couvent* et *comment la trahison s'est introduite en Russie*. Ce courant épique se continue jusqu'au dix-neuvième siècle et d'autres chansons, nées du choc des événements sur l'imagination populaire, célébreront les exploits de Skopine Chouïski, les guerres de Pierre le Grand, les victoires d'Élisabeth et de Catherine II, les campagnes de Souvorof, même l'invasion en Russie du « roi Napoléon ».

Des récits tantôt en prose et tantôt en vers glorifiaient les héros des épopées orientales, Akir de Ninive, Salomon le Sage, Alexandre de Macédoine, Rousslan Lazarévitch. Des contes merveilleux entretenaient le paysan d'Hélène la Belle, du Tsar de la mer et de Vassilissa la Sage, des Sept Siméons, des aventures d'Ivan le fils de roi et de la belle Nastasia, de la Baba-Yaga, du Roi des serpents.

Des vers pieux, que les *kaliéki* aveugles colportaient de village en village, chantaient les louanges des saints de la Russie : saint Georges le Brave, saint Dmitri de Solun, vainqueurs des dragons et des infidèles, Boris et Glèbe, fils de Vladimir le Baptiseur, saint Théodose, le créateur des catacombes de Kief, Daniel le Pèlerin, qui visita Jérusalem, et d'autres personnages qui appartiennent presque autant à la mythologie slave qu'à l'hagiographie chrétienne. Des contes satiriques, lestes et mordants comme nos fabliaux, tournaient en ridicule l'avidité des popes et les calculs intéressés de leurs femmes.

Du quinzième au dix-septième siècle, sous les mêmes influences que l'Occident, grâce aux Grecs chassés de Constantinople et aux Italiens leurs élèves, qui furent nos maîtres à tous, la Russie a une sorte de Renaissance artistique. La révolution fut cependant moins complète en Moscovie qu'en Russie ; on n'eut pas à substituer en architecture le plein-cintre à l'ogive, puisque la Russie n'a jamais eu d'églises gothiques et que le style roman-byzantin, emprunté au onzième siècle par Sainte-Sophie de Kief ou de Novgorod à Sainte-Sophie de Constantinople, s'est perpétué sous l'empire d'idées religieuses, comme un legs de Byzance et par une tradition non interrompue. On n'eut pas à innover en peinture, car les exigences hiératiques font qu'aujourd'hui encore, dans les couvents de la Russie, on peint les images des saints et de la Mère de Dieu comme Panselinos eût pu les peindre dans les églises du mont Athos au dixième siècle. La Renaissance se manifesta surtout par le nombre et la magnificence des temples orthodoxes dont les artistes italiens *enluminèrent* alors la vieille Russie et par une perfection plus grande des procédés de construction. C'est alors que Moscou devint digne, par ses nouvelles splendeurs monumentales, d'être la capitale d'un grand empire ; c'est alors qu'elle fut « la ville sainte », aux « quarante fois quarante églises », aux innombrables coupoles d'or, d'argent et d'azur, que le pèlerin russe salue de loin, agenouillé sur la *Colline des Prosternations*.

Moscou se composait alors : 1° du Kreml ou Kremlin, enceinte fortifiée, ayant la forme d'un triangle dont le plus petit côté s'appuie sur la Moskova et dont la pointe est tournée vers le nord ; 2° du *Kitaï-gorod*, ou ville des fascines (et non pas, comme traduisent tant de voyageurs, la *ville chinoise*), renfermant le bazar et les palais des seigneurs, séparée du Kremlin par un vaste espace qu'on appelle la Place-Rouge ou la Place-Belle ; 3° du *Biélyi-gorod*, ou ville blanche, qui entoure ce double noyau du Kremlin et du Kitaï-gorod, comme l'enveloppe d'une amande enserre ses deux cotylédons ; 4° du *Zemlianyi-gorod*, ou ville aux remparts de terre, qui enveloppe à son tour la ville blanche, renfermant des faubourgs, des jardins, des bois, des étangs, de vastes espaces non construits, où se trouvaient alors les *slobodes* des streltsi ; 5° sur le pourtour extérieur de Moscou, comme des forts détachés, s'élevaient des couvents fortifiés, aux blanches murailles, qui soutinrent plus d'une fois l'assaut des Polonais et des Tatars. Cette vaste cité asiatique était la ville des contrastes : les constructions s'y groupaient presque au hasard, le long de rues immenses, larges, fangeuses, tortueuses, à peine dessinées. A côté des palais des nobles, s'élevaient des *isbas* de sapin, semblables à celles des villages russes : on allait les choisir soi-même dans les chantiers ou les commander sur mesure : les charpentiers les reconstruisaient en deux jours sur l'emplacement désigné ; elles ne coûtaient que quelques roubles.

Moscou est située dans la région de la Russie où la pierre manque totalement, où les forêts étaient alors les plus épaisses. En somme, c'était une ville de bois, qu'une étincelle pouvait allumer Elle avait été brûlée presque totalement sous Dmitri Donskoï, deux fois sous Ivan le Terrible ; elle brûlera encore pendant l'invasion polonaise de 1612 et l'invasion française de 1812. Les oukazes des tsars prescrivaient certaines précautions sous les peines les plus graves : tous les feux devaient être éteints une fois la nuit tombée ; en été, défense absolue d'en allumer dans les maisons, on devait cuire les aliments en plein air ; les moyens d'éteindre les incendies manquaient et, quand un désastre se produisait, les Moscovites montraient l'impassibilité fataliste des Orientaux.

C'est surtout le Kremlin qui profita des embellissements entrepris par les deux Ivans et leurs successeurs. L'enceinte, de bois avant l'incendie de Tokhtamych, était maintenant de solides pierres blanches, taillées en facettes (de là le nom poétique de la « sainte mère Moscou aux blanches murailles »); de hauts et étroits créneaux en forme de dents la surmontaient : dix-huit tours la protégeaient et cinq portes donnaient accès à l'intérieur. Ces cinq portes présentent beaucoup d'originalité et de variété. Celle du Sauveur fut construite en 1491 par Piétro Solario de Milan : c'est la porte sacrée, qu'on ne peut franchir qu'en se découvrant : autrefois on faisait agenouiller de force cinquante fois les récalcitrants; c'est devant l'image du Sauveur que les criminels étaient admis à faire leur dernière prière; c'est par là que le nouvel empereur fait son entrée pour aller se faire couronner à l'Assomption. Un autre Italien, à la même époque, éleva la porte de saint Nicolas de Mojaïsk, le punisseur des parjures, devant l'image duquel les plaideurs venaient prêter serment. Celle de la Trinité fut élevée, au dix-septième siècle, par Christophe Galloway.

L'enceinte du Kremlin, comme celle de l'ancien palais impérial de Byzance, renferme quantité d'églises, de palais, de monastères. La plus célèbre de ces églises est l'*Ouspienski Sobor* ou cathédrale de l'Assomption, où depuis le quinzième siècle les tsars et les empereurs de Russie ont toujours tenu à honneur de se faire couronner. C'est leur cathédrale de Reims. Son architecte fut Aristote Fioraventi qui avait déjà travaillé pour Cosme de Médicis, François Ier, Jean Galéas de Milan, Mathias Corvin, le pape Sixte IV et que Tolbousine, ambassadeur d'Ivan III, rencontra à Venise et engagea au service du tsar. On a peine à croire que l'Assomption soit de la même époque et des mêmes artistes que les lumineuses églises de la Renaissance. L'architecte ou ceux qui l'ont inspiré ont cherché à reproduire ici la mystérieuse obscurité des vieux temples d'Égypte et d'Orient. Cette cathédrale n'a pas de fenêtres, mais plutôt des meurtrières, d'étroites fentes grillées, qui ne laissent tomber dans l'intérieur qu'un jour douteux comme celui qui filtre par le soupirail d'un cachot. Cette pâle lumière vient effleurer alors les massifs piliers couverts d'un or bruni sur le sombre éclat duquel se détachent, sévères et graves, des figures de saints et de docteurs ; elle accroche çà et là les saillies de l'*iconostase* d'or, couverte d'images miraculeuses, parsemée de diamants et de pierreries ; elle éclaire à peine les représentations du Jugement dernier et de la Fin du monde qui occupent les parois de l'église. Toute la partie supérieure du temple est en quelque sorte enveloppée d'ombres comme les hypogées pharaoniques ; on ne distingue que vaguement les peintures qui décorent la voûte ; l'artiste évidemment les a faites pour l'œil de Dieu, non pour celui de l'homme ; car l'œil de l'homme ne peut guère les contempler que dans les rares occasions, comme le jour de l'Assomption ou un jour de couronnement, lorsque l'église s'illumine tout entière et se laisse pénétrer jusque dans ses derniers recoins par la lumière des cierges innombrables. Il paraît bien que c'est sur un plan antérieur à lui qu'Aristote bâtit cette église ; on dit seulement qu'il ne trouva pas assez solides les constructions déjà commencées, qu'avec un bélier perfectionné par lui il en renversa les murailles, qu'il fit creuser plus profondément de nouvelles fondations, et qu'enfin il enseigna aux Russes une meilleure manière de cuire les briques. A l'Assomption sont les tombeaux de saint Pierre et de saint Alexis, premiers métropolites de Moscou, et l'on y vient s'incliner devant les vierges miraculeuses de Vladimir et de Iaroslavl. La cathédrale de Michel Archange, élevée en 1505, est le Saint-Denis des tsars de Russie : c'est là que, dans un cercueil de sapin recouvert de drap rouge, dort Ivan le Terrible entre ses deux fils. Dans l'église de l'Annonciation, au pavé d'agate, se célébraient les mariages des princes. Dans celle de l'Ascension sont les tombeaux des souveraines. La tour d'Ivan le Grand, de 325 pieds de haut, coiffée d'une coupole d'or et que des inscriptions slavonnes en lettres d'or signalent au loin, dont 34 cloches forment le carillon, fut bâtie en 1600 par Boris Godounof.

De la demeure impériale élevée en 1487, il ne reste que quelques bâtiments : le petit *Palais d'or* où les tsarines recevaient les membres du clergé ; le *Palais à facettes*, où se donnaient les audiences solennelles aux ambassadeurs ; l'*Escalier rouge* du haut duquel le tsar admettait le peuple à contempler « la lumière de ses yeux » ; enfin le *Terem* au toit bigarré, où l'on retrouve encore la salle à manger, la salle du conseil, celle de l'oratoire : salles voûtées, assez petites, où resplendissent partout sur les fonds d'or les images des saints qui protégeaient le tsar. Le palais à facettes fut commencé en 1487, par l'Italien Mario et achevé par Piétro Antonio. Les autres palais sont l'œuvre du Milanais Aleviso. Dans les appartements tsariens se mêlaient déjà aux anciens meubles russes les raretés importées d'Occident. En 1594, l'ambassadeur d'Allemagne offrait au tsar Feodor une horloge en bronze doré où l'on voyait les planètes et le calendrier, et en 1597 une autre horloge où de petits personnages, munis de trompettes, de nacaires et de guimbardes, jouaient de leurs instruments chaque fois que sonnait l'heure.

L'édifice le plus étrange de Moscou est peut-être l'église de Vassili le Bienheureux sur la Place Rouge et qu'Ivan le Terrible fit construire en 1554 par un architecte italien en mémoire de la prise de Kazan. La légende veut qu'il ait fait crever les yeux à l'artiste pour l'empêcher de bâtir pour d'autres une semblable merveille. Qu'on imagine une église surmontée de huit ou dix coupoles bulbeuses, dont pas une n'a la même hauteur, la même forme, « les unes martelées à facettes, les autres côtelées, celles-ci taillées en pointe de diamant comme des ananas, celles-là rayées de stries en spirale, d'autres enfin imbriquées d'écailles, losangées, gaufrées en gâteau d'abeille[1]. » Une

---

1. Théophile Gautier, *Voyage en Russie*.

fantaisie puissante a bravé toute symétrie; de la base au sommet, l'église est enluminée de couleurs voyantes et même criardes. Ce monstre polychrome a le don de stupéfier le voyageur le plus blasé. « On pourrait la prendre, dit Haxthausen, pour un immense dragon aux écailles brillantes, accroupi et dormant. » Supposez l'oiseau le plus bigarré des forêts tropicales prenant tout à coup figure de cathédrale, et vous aurez *Vassili-Blagennoï*.

Ce n'est pas seulement des architectes que l'Italie envoyait à la Russie. Aristote Fioraventi frappa des monnaies pour Ivan III, lui construisit un pont de bateaux sur le Volkhof lors de l'expédition contre Novgorod, fondit les canons qui tonnèrent contre Kazan, organisa son artillerie. Paul Bossio de Gênes fondit pour lui le *tsar-pouchka*, le roi des canons, la pièce géante du Kremlin. Piétro de Milan lui fabriqua des arquebuses. L'art du fondeur jeta son plus grand éclat sous Boris Godounof dont l'effigie se retrouve sur la *reine des cloches* (*tsar-kolokol*), ce titan de bronze du poids de 288 000 livres que nul clocher ne peut contenir, qui a brisé tous les échafaudages et qui repose sans voix, comme une pyramide d'airain, sur le piédestal de maçonnerie construit au début de ce siècle par Montferrand.

CHAPITRE XVII.

LES SUCCESSEURS D'IVAN LE TERRIBLE : FEODOR IVANOVITCH ET BORIS GODOUNOF (1584-1605).

Feodor Ivanovitch (1584-1598). Le paysan attaché à la glèbe. Le patriarcat. — Boris Godounof (1598-1605). Apparition du faux Dmitri.

Feodor Ivanovitch (1584-1598). Le paysan attaché à la glèbe. Le patriarcat.

Feodor, fils d'Ivan IV et d'Anastasie Romanof, n'avait rien du père auquel il succédait : il n'avait ni ses instincts

CHAPITRE XVII.

de débauche et de cruauté, ni sa vive intelligence, ni sa volonté de fer. Sur le trône du *Terrible*, c'était un saint, un moine qui venait s'asseoir. Le pouvoir passait naturellement à la *douma* des boïars. Cinq d'entre eux, surtout, allaient avoir de l'influence sur le gouvernement : le prince Ivan Mstislavski, un descendant de Gédimine ; le prince Ivan Chouïski, un descendant de Rourik, rejeton d'une famille disgraciée dans les premières années d'Ivan IV, célèbre lui-même par la défense de Pskof ; le prince Bogdan Belski, autre descendant de Rourik. Après ces trois chefs de familles princières venaient immédiatement deux chefs de familles de boïars. Toutes deux devaient devenir souveraines, toutes deux devaient leur élévation à des femmes : l'importance de Nikita Romanof venait de sa sœur, première épouse du *Terrible*; Boris Godounof devait sa situation à sa sœur Eudoxie, femme du tsar Feodor. Ministre d'Ivan IV, beau-frère du souverain actuel, Godounof était dévoré d'une ambition insatiable. Des sorciers échappés aux persécutions d'Ivan IV lui avaient, dit-on, prédit qu'il serait tsar, mais qu'il ne régnerait que sept ans. Son rôle consista dès lors à écarter tous ses rivaux, à renverser ou à tourner les obstacles qui le séparaient du trône.

Le tsar Feodor avait un frère, Dmitri, fils de la septième femme d'Ivan. La *douma* des boïars craignit les intrigues dont cet enfant pouvait devenir le centre : sur le conseil de Godounof, on le relégua à Ouglich, son apanage, avec sa mère et tous ses parents maternels, les Nagoï. L'un des régents, Belski, intelligent et ambitieux, indisposa le peuple qui se souleva et assiéga le Kremlin pour demander sa tête : Boris profita d'une si bonne occasion pour reléguer ce rival à Nijni-Novgorod. Lorsque Feodor, à son couronnement solennel, eut posé sur sa tête les couronnes de Russie, de Kazan, d'Astrakhan et de Sibérie, ce fut son oncle maternel, Nikita Romanof, qui gouverna sous son nom ; mais à sa mort tout le pouvoir passa au chef naturel d'un *vrémia* nouveau, à Boris Godounof. Il restait à celui-ci deux rivaux dans le conseil : Mstislavski se laissa impliquer dans un complot et fut obligé de se faire moine ;

le prince Chouïski, qui avait essayé de se créer un parti parmi les marchands, fut accusé de trahison, arrêté avec tous les siens et relégué en différentes villes éloignées. L'archevêque Dionysii, qui avait pris son parti, fut déposé et remplacé par Job, qui était à la dévotion de Godounof. Celui-ci restait seul au pouvoir; il se fit attribuer par son beau-frère le titre de *grand-boïar allié*, les vice-royautés de Kazan et d'Astrakhan, d'immenses domaines sur la Dwina et la Moskova. Il avait d'énormes revenus et pouvait mettre, dit-on, cent mille hommes en campagne. On n'obtenait rien du souverain que par Boris : plus puissant que ne fut jamais Adachef, il avait une armée de clients. C'était lui qui répondait aux ambassadeurs et qui recevait les présents de l'empereur d'Allemagne, de la reine d'Angleterre, du khan de Crimée. Ses ennemis étaient traités en ennemis du prince. Il ne lui manquait de la royauté que le titre.

A l'extérieur, la régence de Godounof affermit le prestige de la Russie. Batory, qui n'avait jamais cessé de la menacer d'une revanche, mourut en 1586. Un nouveau danger apparut de ce côté : Sigismond, fils du roi de Suède, briguait les suffrages des électeurs polonais. Il était à craindre qu'il ne réunît un jour sous le même sceptre les deux nations que la Russie avait le plus à redouter en Europe. L'autre candidat, Rodolphe d'Autriche, était moins dangereux : l'Autriche et la Russie avaient les mêmes intérêts vis-à-vis du Turc et du Tatar, et cette communauté d'intérêt devait fonder un jour l'alliance presque séculaire des deux puissances. Boris remit en avant la candidature de Feodor au trône de Pologne et l'idée de la réunion sous un même prince des deux monarchies slaves. Les Polonais ne voulaient point obéir à un prince non catholique; ils craignaient qu'au lieu d'une réunion fraternelle, le Moscovite ne voulût que « joindre leur monarchie à celle de Moscou, comme une manche à un habit ». Les intérêts de caste se joignirent aux préjugés religieux et nationaux; les nobles qui n'avaient en vue que l'affaiblissement du pouvoir royal pouvaient-ils se donner pour maître un souverain aussi absolu que le tsar moscovite? Enfin, sans l'argent, on ne pouvait rien dans les diètes polonaises : Boris eut le tort de l'épargner. Les négociations échouèrent, et c'est le prince de Suède qui fut élu.

La guerre recommença de plus belle avec les Suédois: la Russie leur reprit ce qu'ils avaient enlevé à Ivan le Terrible : Iam, Ivangorod et Koporié. Les Polonais qui, depuis qu'ils avaient un roi suédois, ne se souciaient pas d'augmenter la puissance de la Suède, ne lui prêtèrent aucun secours. A la vérité, Sigismond Wasa succéda, en 1592, à son père et se vit un moment roi des deux pays ; mais son zèle pour le catholicisme, qui le rendait supportable aux Polonais, le fit haïr des Suédois. Ceux-ci voulurent une administration séparée sous la régence de Charles Wasa, et bientôt après ils offrirent à celui-ci la couronne. Cette union, tant redoutée des Russes, aboutissait à une rupture : jamais la Suède et la Pologne n'avaient été à ce point ennemies; l'inimitié des deux peuples et des deux religions se compliquait encore de la haine personnelle que se portaient les deux rois. L'occasion était bonne pour la Russie de reprendre la Livonie. Boris Godounof n'avait point abandonné cette grande idée d'Ivan le Terrible: seulement il s'y prit mal pour la réaliser : au lieu de s'allier franchement à la Suède contre la Pologne, ou à la Pologne contre la Suède, il négocia avec toutes deux, chercha à les effrayer l'une par l'autre et réussit à se les aliéner également. L'ancien ministre du *Terrible*, l'intrigant *grand-boïar*, aimait trop les voies couvertes.

Pour se frayer le chemin du trône, il ne suffisait pas d'être le maître du palais et de la cour, il fallait se créer un grand parti dans la nation. Boris, qui se sentait haï des princes et des boïars, chercha à s'appuyer sur la petite noblesse et sur le clergé. De là les deux actes législatifs les plus graves du règne de Feodor : le paysan attaché à la glèbe et l'institution du patriarcat.

Le paysan russe était, en fait, livré à l'arbitraire du maître. En droit, il restait un homme libre, puisqu'on lui permettait de passer du service d'un propriétaire à celui d'un vatre. Ce droit de passage entraînait un abus. Les grands propriétaires, qui, étant les plus riches, pouvaient être les plus généreux, tâchaient d'attirer sur leurs terres les paysans des petits propriétaires, en leur assurant toutes sortes de priviléges et d'immunités. Il faut se rappeler qu'à cette époque la population était encore très clair-semée et que la terre n'avait par elle-même aucune valeur; elle valait par le nombre de travailleurs qu'on pouvait y coloniser. Les terres des petits propriétaires risquaient de se dépeupler au profit des grands seigneurs ; s'ils perdaient leurs travailleurs, leurs revenus diminuaient d'autant : or la classe des petits propriétaires, à cette époque, était presque la seule classe militaire de la Russie ; c'était d'eux presque uniquement que se recrutait la cavalerie nationale. Si la source de leurs revenus était tarie, où prendraient-ils l'argent pour s'équiper, pour se rendre à l'appel du tsar, suivant le texte des ordonnances, « montés, armés, accompagnés? » Leur intérêt se confondait ainsi avec celui de l'empire, qui allait bientôt ne plus pouvoir faire vivre ses armées. Boris Godounof trouva moyen de sauver les droits de l'État, tout en s'assurant la reconnaissance d'une classe nombreuse et puissante. Les convenances du paysan ne préoccupaient personne à cette époque; il était une force, un instrument d'agriculture, rien de plus. Un oukaze de Feodor interdit aux paysans de passer désormais d'une terre sur une autre. Le libre *krestianine* russe était maintenant attaché à la glèbe comme le serf d'Occident. Au nom de l'intérêt de l'État et des militaires nobles, on portait atteinte à l'un de ses droits imprescriptibles. Il ne faut pas croire que ces masses silencieuses fussent insensibles : le jour de la *Saint-Georges* est resté longtemps pour le paysan russe un jour néfaste; longtemps il a maudit les auteurs de cet oukase, et ne s'est pas fait faute de protester à l'occasion. Il protestait plutôt par la fuite que par la révolte. Le développement de la *vie kosaque* est en relation intime avec l'aggravation du régime rural; et plus celui-ci pesait sur le paysan pour le clouer au sol, plus l'esprit de révolte s'aigrissait, plus les campements du Don et du

Dniester se remplissaient. Le paysan russe n'a jamais laissé s'établir la prescription de ce nouvel esclavage ; sous une forme ou sous une autre, il a constamment résisté. Boris Godounof revint plus tard sur cet oukaze ; tout en maintenant la défense de passer du service d'un petit propriétaire à celui d'un grand propriétaire, il rendit au cultivateur le droit de passer d'un petit propriétaire à un autre petit propriétaire. Le courant de l'époque n'allait pas à la liberté; plus la Russie tendait à devenir un État moderne, plus ses dépenses augmentaient, plus aussi le gouvernement sentait le besoin d'assurer ses revenus en fixant au sol la population contribuable et corvéable. C'est sur le paysan écrasé que portait tout le poids de la réforme, en attendant le jour, bien éloigné encore, où lui aussi profiterait des progrès accomplis.

L'autre innovation faite sous le nom de Feodor, fut l'établissement du patriarcat. Les ecclésiastiques russes se plaignaient avec raison d'obéir à des patriarches qui étaient eux-mêmes les esclaves des infidèles. L'ancienne Rome était souillée par le papisme ; Constantinople, la seconde Rome, était profanée par le Turc : Moscou, la troisième Rome, n'était-elle pas en droit d'avoir au moins l'indépendance ? Boris encourageait ces réclamations ; il était de son intérêt qu'à la mort du tsar une grande autorité ecclésiastique restât debout, et que cette grande autorité lui dût tout. Il profita du passage à Moscou de Jérémie, patriarche de Constantinople, pour l'engager à fonder le patriarcat russe, et à consacrer l'archevêque Job, une créature de Boris. Celui-ci avait maintenant un ami puissant.

Boris avait beau se créer une grande clientèle: bien des regards se tournaient vers le second fils du *Terrible*, Dmitri. Relégués à Ouglitch, ses parents maternels, les Nagoï, suivaient de l'œil toutes les variations de la santé du tsar et tous les mouvements de Boris. La mort de Feodor rendrait le trône à Dmitri et assurerait le pouvoir à ses parents, le pouvoir de se venger surtout ; elle livrerait Boris aux représailles de ses ennemis. Il ne le comprenait que trop bien. En 1591, on apprit que le jeune Dmitri venait d'être égorgé. La voix publique dénonça Boris. Pour l'étouffer, il ordonna une enquête. Ses émissaires eurent l'audace de déclarer que le jeune prince s'était coupé la gorge dans un accès de folie et que les Nagoï et les gens d'Ouglitch avaient fait périr comme meurtriers des hommes innocents. Le résultat du procès fut l'extermination des Nagoï et la dépopulation d'Ouglitch. Sept années après mourait le pieux Feodor : en la personne de ce pâle et vertueux souverain s'éteignait la race violente et sanguinaire d'hommes de proie qui avait fait la Russie. La dynastie issue d'André Bogolioubski avait accompli sa mission ; elle avait fondé l'unité russe. La tâche de faire rentrer cet État semi-asiatique dans le sein de l'Europe civilisée était dévolue à une autre dynastie.

Boris Godounof (1598-1605). Apparition du faux Dmitri.

Boris Godounof touchait au but de ses désirs, mais à quel prix ? Le meurtre de Dmitri, ce dernier rejeton de saint Vladimir, du Monomaque, des Georges, des Ivan, n'était pas un crime ordinaire. La Russie avait vu bien des horreurs ; jamais elle n'avait rien vu de semblable. Le tsar avait pu faire périr des princes russes, mais ils étaient ses ennemis, ils étaient coupables souvent, enfin il était le tsar. Maintenant un simple boïar immolait à son ambition le fils de son bienfaiteur, l'héritier de son maître, l'unique descendant des fondateurs de la Russie. C'était un de ces crimes qui laissent dans les masses un ébranlement profond : Boris s'imagina vainement l'avoir enfoui dans la terre avec le cadavre du tsarévitch.

Après la mort de Feodor, sa veuve Irène entra au *Diévitchi monastyr* et y prit le voile, accusant sa stérilité, pleurant de ce que « par elle avait péri la race souveraine ». Les grands et le peuple lui prêtèrent serment pour qu'il n'y eût pas d'interrègne. C'était une femme qui allait disposer de la couronne, et cette femme était la sœur de Godounof. Comme elle refusait de gouverner, la *douma* dut expédier les affaires sous la présidence du patriarche Job, qui devait tout à Godounof. Il était impossible que le trône échappât à Boris, et il semblait étrange cependant qu'un simple boïar, une créature d'Ivan IV, passât avant tant de princes qui descendaient en ligne directe de Rourik. Pourtant le patriarche se rendit avec son clergé, les boïars et les bourgeois de Moscou au *Diévitchi monastyr*, dans lequel s'était enfermé Godounof avec sa sœur. Il le supplia d'accepter la couronne : Godounof refusa, en apparence par un excès de modestie, en réalité parce qu'il voulait tenir le trône des mandataires de la nation. On réunit donc les États-généraux : la petite noblesse et le clergé, c'est-à-dire les amis de Boris, y formaient la majorité. Après le despotisme d'Ivan, c'était un spectacle étrange que celui de cette assemblée qui disposait de la couronne. La Russie du *Terrible* avait, comme la Pologne, sa diète d'élection : mais le pli de l'obéissance était si bien pris qu'on n'avait point à craindre l'anarchie. On raconta qu'Ivan IV, en mourant, avait confié à Boris sa famille et son empire, que Feodor lui avait passé au cou une chaîne d'or. On fit valoir cette expérience du gouvernement qu'il avait acquise sous deux règnes, on vanta son habile politique avec la Suède, la Pologne et la Crimée. L'acclamation nationale lui décerna la couronne et les États lui envoyèrent une députation. Il feignit encore de se dérober, de vouloir chasser les *tentateurs* : mais sa sœur le *bénit pour le trône* et sanctionna ainsi le vœu de la nation : Boris régna.

Ce règne ne fut pas sans gloire. Il reprit les desseins de son maître Ivan IV sur la Livonie et, comme le *Terrible* avait eu son fantôme de roi dans Magnus, Boris chercha d'abord un prince suédois, Gustave, puis un prince danois, Christian, pour jouer le rôle de roi de Livonie. Christian allait épouser Xénie, la fille du nouveau tsar, lorsqu'il mourut subitement. Le Danemark publia qu'on l'avait empoisonné : dans la Russie de ce temps tout est croyable. Le khan de Crimée, qui venait de tenter inutilement deux nouvelles incursions et qui d'ailleurs vivait en mauvaise intelligence avec le Turc, rechercha l'amitié de

Boris. On fut moins heureux dans le Caucase : le prince de Kachétie, Alexandre, qui s'était reconnu vassal de Boris, fut assassiné et remplacé par son fils, qui tenait pour le roi de Perse Schah-Abbas et pour l'islamisme. Dans le Daghestan, un corps d'occupation russe fut exterminé par les Turcs. La Russie ne s'était pas encore assez rapprochée de la mer Noire pour agir avec quelque assurance en ces régions lointaines. Dans la Sibérie, le khan détrôné Koutchoum était vaincu : ce fut une bataille décisive, et pourtant les voïévodes russes n'avaient que quatre cents hommes et Koutchoum que cinq cents. Elle n'en régla pas moins le sort de l'Asie. Boris continuait à être recherché par les puissances de l'Occident, l'Autriche, l'Angleterre; la Suède et la Pologne étaient impuissantes à lui nuire. Son ferme gouvernement donnait confiance aux étrangers qui accouraient auprès de lui. Il s'entourait de leurs militaires, de leurs savants, de leurs artistes. Avec leur aide, il élevait des monuments, bâtissait au Kremlin la tour d'Ivan le Grand, faisait fondre la *reine des cloches*. C'est lui le premier qui envoya de jeunes Russes à Lübeck, en Angleterre, en France, en Autriche, pour y étudier les arts de l'Europe. Les modes d'Occident pénétraient à Moscou et quelques nobles commençaient à se raser la barbe.

Toute cette prospérité était factice. Ses services, ses charités même tournaient contre lui. « Il présentait au pauvre, dit un contemporain, dans un vase d'or, le sang des innocents; il les nourrissait d'aumônes impures. » Le parti oligarchique, honteux d'obéir à un simple boïar, s'agitait. Après avoir pardonné à son ancien rival Belski, Boris fut obligé de le jeter en prison. Il sévit avec rigueur contre les Romanof, qui furent exilés, plusieurs après avoir été torturés. L'un d'eux, Feodor, dut se faire moine sous le nom de Philarète et sa femme prit le voile sous le nom de Marfa : le fils de ce moine et de cette béguine devait faire souche d'empereurs.

Se sentant environné de complots, Boris Godounof ne recula devant aucun moyen de police et accueillit les dénonciations des esclaves contre leurs maîtres. De 1601 à

1604, une famine inouïe désola la Russie et fut suivie d'une peste. Les paysans affamés se joignirent aux serviteurs des nobles disgraciés et s'organisèrent en bandes de brigands qui infestèrent les provinces du sud et qui insultèrent les environs mêmes de Moscou. Il fallut envoyer contre eux toute une armée. A ces malheurs se joignait le pressentiment universel de malheurs encore plus grands. On approchait du terme de sept années assigné au règne de Boris par les astrologues. Le crime d'Ouglitch, encore inexpié, avait laissé dans toute la Russie un malaise étrange. Tout à coup le bruit se répandit que Dmitri l'assassiné était vivant et que les armes à la main il se préparait à reconquérir l'empire.

Au monastère du Miracle on avait remarqué un jeune moine, Grégori Otrépief; après avoir longtemps erré de couvent en couvent au gré de son humeur vagabonde, il était enfin arrivé dans ce monastère : le patriarche Job le distingua pour son intelligence et fit de lui son secrétaire. Dans ces fonctions, il surprit plus d'un secret d'État. « Savez-vous, disait-il parfois aux autres moines, que je serai un jour tsar de Moscou? » Ceux-ci lui crachèrent au visage: le tsar Boris Godounof ordonna de l'interner au monastère du lac Blanc. Il réussit à s'échapper, redevient un moine errant, et, bien accueilli à Novgorod-Séverski, il ose écrire aux habitants : « Je suis le tsarévitch Dmitri, et je me souviendrai de vos bienfaits. » Puis, il jette le froc aux orties, s'enrôle parmi les Zaporogues, devient parmi eux un hardi cavalier et un kozak intrépide. Il passe au service du *pan* polonais, Adam Vichnévetski: il tombe ou feint de tomber malade, fait appeler un prêtre et lui révèle, sous le sceau de la confession, qu'il est le tsarévitch Dmitri; il a échappé aux assassins d'Ouglitch, et c'est un autre enfant qui a été enseveli à sa place. Il montre à son cou une croix enrichie de pierreries qu'il tient de Mstislavski, le parrain du tsarévitch. Le jésuite n'ose garder un tel secret pour lui. Otrépief est reconnu par son maître Vichnévetski comme le légitime héritier du *Terrible* : Mnichek, palatin de Sandomir, lui promet son appui et la main de sa fille Marina, qui consent avec joie à être tsarine de Moscou. L'étrange nouvelle se répand dans tout le royaume. Le nonce du pape prend le tsarévitch sous sa protection et le présente au roi Sigismond. Furent-ils réellement trompés? Il est plus probable, au contraire, qu'ils virent en lui un redoutable instrument de troubles; le roi se flatta de pouvoir le tourner contre la Russie, et les jésuites contre l'orthodoxie. Sigismond n'osait prendre sur lui de rompre la trêve conclue avec Boris et de s'exposer aux vengeances moscovites. Il traita Otrépief en tsarévitch, mais seulement en particulier; il refusa de mettre les troupes royales à sa disposition, mais il autorisa les nobles que toucherait l'infortune du jeune prince à le secourir comme ils l'entendraient. Les *pans* n'avaient pas besoin d'une autorisation royale; beaucoup d'entre eux, avec la légèreté et le goût d'aventures qui caractérisaient la noblesse polonaise, prirent les armes en faveur du tsarévitch. Boris reconnut alors, dit Lévêque, « que l'ennemi le plus faible peut faire trembler un usurpateur ».

Aucune révolution, fût-elle la plus sage et la plus nécessaire, ne s'accomplit sans mettre en mouvement les bas-fonds d'une société, sans froisser une masse d'intérêts et créer une multitude de déclassés. La transformation qui s'accomplissait alors en Russie, pour la création de l'État unitaire moderne, y avait engendré de redoutables éléments de désordre. Le paysan, que les lois de Boris venaient d'attacher à la glèbe, était partout sourdement hostile. La petite noblesse, au profit de laquelle avait eu lieu cette innovation, ne vivait qu'à grand'peine de sa terre : le service du tsar était devenu ruineux; beaucoup étaient enclins à corriger l'insuffisance de leurs revenus par le brigandage. Les boïars et la haute noblesse étaient profondément démoralisés : ils étaient prêts à toutes les trahisons. Les républiques guerrières des kozaks du Don et du Dniéper, les bandes de serfs, de paysans fugitifs, qui infestaient les campagnes russes, n'attendaient qu'une occasion pour dévaster la Russie. L'ignorance des masses était profonde et leur esprit avide de merveilleux et de changement : aucune nation ne s'est laissé prendre aussi souvent à la même fable, la soudaine réapparition d'un prince que l'on croyait mort : des aventures comme celles d'Otrépief, le faux Dmitri, et de Pougatchef, le faux Pierre III, ne pourraient se produire dans un autre pays européen. Ce sont surtout ces deux aventuriers qui se sont rendus célèbres; mais les archives de la chancellerie secrète nous montrent qu'il y a eu en Russie, au dix-septième et au dix-huitième siècle, des centaines d'imposteurs, de faux Dmitri, de faux Alexis, de faux Pierre II, de faux Pierre III. On dirait que le peuple russe, le plus asiatique des peuples européens, n'a pas renoncé au dogme oriental des réincarnations et des *avatars*. Le gouvernement était impuissant, dans un pays aussi dénué de communications, à faire justice des bruits les plus absurdes. D'ailleurs, la masse ignorante et superstitieuse était hostile, heureuse de se laisser tromper. Tant d'éléments de trouble ne demandaient qu'à être mis en œuvre par un habile imposteur. L'entrée en Russie du prétendant allait être le signal de la dissolution.

Tant que le pouvoir fut aux mains de l'habile et énergique Godounof, on réussit à maintenir l'ordre, à contenir les artisans de troubles, à décourager le faux Dmitri. Le patriarche Job, Vassili Chouïski, qui avait dirigé l'enquête à Ouglitch, firent des proclamations au peuple et affirmèrent que Dmitri était bien mort, que l'imposteur n'était autre qu'Otrépief. On fit porter au roi et à la diète de Pologne les mêmes affirmations. Enfin, on mit des troupes sur pied et on établit un cordon sur la frontière occidentale. Mais déjà les villes de la Sévérie s'agitaient à l'approche du tsarévitch; des boïars osaient dire publiquement « qu'il était difficile de porter les armes contre son souverain légitime »; à Moscou, on portait dans les festins la santé du tsar Dmitri. En octobre 1604, l'imposteur franchit la frontière avec une troupe de Polonais, de bannis russes des règnes précédents, de mercenaires allemands. La Sévérie se mit aussitôt en insurrection et Novgorod-Séverski lui ouvrit ses portes. Le prince Mstislavski essaya de l'arrêter par une bataille; mais ses soldats étaient frappés de cette idée que l'homme qu'ils combattaient était le vrai Dmitri. « Ils n'eurent pas de mains pour la bataille, ils n'eurent que des pieds pour la fuite. » Vassili Chouïski, successeur de Mstislavski, fit son possible pour relever leur moral : cette fois, malgré toute son intrépidité, l'imposteur fut vaincu aux Dobrynitchi. Boris croyait que la guerre était finie : elle ne faisait que commencer. Après la Sévérie, voici les Ukraines qui s'ébranlent, et quatre mille kosaks du Don qui viennent rejoindre *le brigand*. L'inaction des voiévodes moscovites annonçait que l'esprit de trahison gagnait déjà la haute noblesse.

En 1605, Boris mourait, recommandant son fils innocent à Basmanof, aux boïars, au patriarche, au peuple de Moscou. Tout le monde prêta serment à Feodor Borissovitch. Mais à peine Basmanof eut-il pris le commandement de l'armée de Sévérie qu'il put se convaincre que ni les soldats, ni les chefs n'entendaient se battre pour un Godounof. Plutôt que d'être victime d'une trahison, il préféra en être l'artisan : l'homme en qui Boris mourant avait mis toute sa confiance se réunit aux Galitsyne et aux Soltikof, partisans secrets de l'imposteur. Il annonça solennellement aux troupes que Dmitri était bien le fils d'Ivan le Terrible et le maître légitime de la Russie ; le premier il se jeta aux pieds du prétendant, qui fut aussitôt proclamé par les troupes. Dmitri marcha sur Moscou ; à son approche, ses partisans se soulevèrent : le fils et la femme de Godounof furent massacrés. Telle fut la fin sanglante de la dynastie que Boris avait cru fonder dans le sang d'un tsarévitch.

CHAPITRE XVIII.

LE TEMPS DES TROUBLES (1605-1613).

Meurtre du faux Dmitri. Vassili Chouïski. Le brigand de Touchino. — Vladislas de Pologne. Les Polonais au Kremlin. — Soulèvement national : Minine et Pojarski. Élection de Michel Romanof.

Meurtre du faux Dmitri. Vassili Chouïski. Le brigand de Touchino.

Ce qui se passe alors en Russie est un des événements les plus extraordinaires dont fassent mention les annales du monde. Un moine fugitif faisait son entrée triomphale dans Moscou et dans le Kremlin. Tout le peuple pleurait de joie, croyant revoir le rejeton de tant de princes. Un seul homme osa affirmer qu'il avait vu Dmitri assassiné et que le nouveau tsar était un imposteur : c'était Vassili Chouïski, un de ceux qui avaient dirigé l'enquête d'Ouglitch, et qui, à la bataille des Dobrynitchi, avait vaincu le prétendant. Dénoncé par Basmanof, il fut condamné à mort par une assemblée des trois ordres. Il avait déjà la tête sur le billot, quand le tsar envoya un exprès porteur de la grâce. On ne reconnaissait pas dans cet acte de clémence le fils du *Terrible :* Otrépief eut plus tard à s'en repentir. Job, la créature de Godounof, fut remplacé dans le patriarcat par une créature du nouveau prince, le Grec Ignace. Le tsar eut une entrevue avec sa prétendue mère Marie Nagoï, veuve d'Ivan IV ; soit qu'elle voulût achever l'œuvre vengeresse, soit qu'elle fût heureuse de recouvrer tous ses honneurs, Marie reconnut Otrépief pour son fils et l'embrassa publiquement. Il combla de faveurs les Nagoï qu'il regardait comme ses parents maternels : les

Romanof furent également rappelés de l'exil et Philarète nommé évêque de Rostof.

Le tsar présidait régulièrement la *douma*; les boïars admiraient la justesse de son esprit et la variété de ses connaissances. L'ancien moine était un homme lettré; l'élève des Zaporogues était un chevalier accompli, valeureux, habile à tous les exercices du corps. Il avait du goût pour les étrangers et parlait d'envoyer les nobles russes s'instruire en Occident. Ce goût pour les étrangers n'allait pas sans un certain mépris pour l'ignorance et la grossièreté nationales. Il offensait les boïars par ses railleries; il s'aliénait le peuple et le clergé par son mépris pour les rites religieux et les usages russes. Il mangeait du veau, ne dormait pas après dîner, ne se baignait pas, empruntait de l'argent aux couvents, tournait les moines en ridicule, luttait à la chasse avec des ours, visitait familièrement les bijoutiers et les artisans étrangers, ne tenait aucun compte de la sévère étiquette du palais, pointait lui-même des canons, organisait de petites guerres entre les troupes nationales et les troupes étrangères, prenait plaisir à voir les Russes battus par les Allemands, s'entourait d'une garde européenne à la tête de laquelle on voyait les Margeret, les Knutsen, les Van Dennen. Un conflit ayant éclaté entre le clergé et le légat du pape, lors de son entrée à Moscou, deux évêques furent exilés. On ne lui savait aucun gré de résister au pape et au roi de Pologne, refusant à l'un de s'employer à la réunion des deux Églises, déclarant à l'autre qu'il ne céderait pas un pouce de la terre russe. L'arrivée de sa femme, la catholique Marina, avec une suite de gentilshommes polonais qui affectaient l'insolence envers les Russes, acheva d'irriter les Moscovites. Moins de trente jours après son entrée au Kremlin, les esprits étaient mûrs pour une révolution.

Vassili Chouïski, gracié par Otrépief, était à la tête du complot. L'extrême confiance du tsar le perdit. Une nuit, les boïars assaillirent le Kremlin que personne ne gardait. Otrépief fut précipité d'une fenêtre et égorgé dans la cour du palais. Basmanof, qui essayait de le défendre, fut tué à côté de lui. On prit les deux cadavres, on leur mit un masque de fou sur le visage et on les exposa sur la place des exécutions entre une musette et un chalumeau. La veuve d'Otrépief, les envoyés du roi et les Polonais venus pour assister aux noces impériales furent épargnés, mais retenus prisonniers par les boïars. Le cadavre du « sorcier » fut brûlé, on chargea de ses cendres un canon qui les dispersa au vent (1606).

Restait à élire un nouveau tsar. Deux candidats, deux chefs de familles princières, étaient en présence : Vassili Chouïski et Vassili Galitsyne. Chouïski s'était signalé par sa haine contre l'usurpateur, l'avait vaincu en bataille, avait été par lui condamné à mort, avait joué enfin le premier rôle dans la conjuration. Les boïars auraient désiré réunir, comme on l'avait fait en 1598, les États-généraux; Vassili ne voulut pas attendre leur décision; plus impatient, moins sage que ne l'avait été Boris Godounof, il préféra devoir sa couronne aux seuls Moscovites, et non pas aux délégués de toute la nation. Ce fut le vice originel de la royauté nouvelle : Vassili n'avait pour lui, ni le droit héréditaire, comme les anciens tsars, ni le vote des trois ordres, comme Boris. Au milieu de périls inouïs, son droit à la couronne restait contestable. Le patriarche élevé par l'imposteur, Ignace, fut remplacé par Hermogène. Ainsi à chaque nouveau changement de régime politique répondait un changement dans la première dignité de l'Église.

Vassili, en montant sur le trône, jura solennellement de ne plus mettre aucun boïar à mort sans jugement, de ne plus confisquer les biens des criminels, de châtier les calomniateurs. Les vrais Russes éprouvèrent une douleur profonde en voyant le tsar se dépouiller ainsi de ses droits souverains, aliéner une partie de ses pouvoirs autocratiques au profit des boïars. C'était entrer en effet dans la voie des *pacta conventa* qui, en Pologne, à chaque élection nouvelle, dépouillaient la royauté de quelqu'une de ses attributions et qui amenèrent l'affaiblissement de la couronne et le triomphe de l'anarchie nobiliaire.

Les provinces étaient mécontentes de n'avoir pas été consultées pour le choix d'un souverain ; elles apprenaient presque en même temps que Dmitri était remonté sur le trône de ses pères, puis que ce Dmitri était un imposteur qui avait usurpé le trône avec l'aide du diable, enfin qu'un nouveau tsar régnait sur la Russie. On ne savait plus que croire, ni à qui se fier : tout droit paraissait douteux. Un trouble profond s'empara de la conscience russe, et, dans la démoralisation universelle, la voie resta ouverte aux aventuriers.

Vassili, qui avait cinquante ans, manquait d'énergie et de prestige. Il s'était distingué surtout par ses talents d'intrigue. Ses partisans mêmes lui reprochaient son avarice. Les éléments de désordre mis en mouvement par les deux dernières révolutions ne s'étaient pas encore apaisés. Ni les boïars ambitieux, ni les nobles félons, ni les paysans insurgés, ni les brigands, ni les kosaks et les Zaporogues, ni les écorcheurs et les mercenaires étrangers ne se tenaient encore pour satisfaits. Dans une telle situation, il était inévitable qu'un nouvel imposteur prît la place du premier, pour rouvrir la carrière aux passions mauvaises. Au lieu d'un, on en eut deux; d'une part, un kozak du Térek se donnait pour le tsarévitch Pierre, un prétendu fils du chaste Feodor; d'autre part, on annonçait que Dmitri avait une seconde fois échappé à ses meurtriers. La même fable grossière rencontrait toujours la même crédulité, feinte ou réelle. A Moscou, le peuple se rappela qu'on avait couvert d'un masque le visage du cadavre exposé sur la Place Rouge. Vassili fit de vains efforts pour désabuser le peuple; il ne fut pas plus heureux que Boris : Boris n'avait-il pas accablé de preuves et les Moscovites et le roi de Pologne? La Sévérie et les turbulentes villes des frontières méridionales se mirent une seconde fois en insurrection : contre un nouveau Godounof, les masses mécontentes s'armaient pour un nouvel Otrépief. Dans le sud, un certain Bolotnikof, serf d'origine, appelle sous ses étendards tous les brigands, tous les esclaves et paysans fugitifs, et commence la guerre servile. A côté de lui, le prince Chakovskoï, l'enfant-boïar Pachkof, le voïévode Soundoulof, le noble Procope Lapounof organisent la guerre nobiliaire. Sur les bords du Volga, les tribus tatares et finnoises, sous prétexte de soutenir le fils d'Ivan le Terrible, revendiquent leur indépendance nationale. L'empire est menacé d'une dissolution totale par la réaction de toutes les forces comprimées jusqu'alors sous la main formidable des tsars.

On annonçait dans toute la Russie la réapparition du faux Dmitri; en réalité, personne n'avait encore osé prendre ce rôle; mais l'imposteur était à ce point nécessaire qu'il était reconnu partout avant d'exister. Bolotnikof avec ses paysans menaçait la capitale, agitait le petit peuple de Moscou. Le tsar Chouïski semblait perdu : son neveu Skopine Chouïski le sauva par ses talents militaires. Lapounof et deux autres chefs nobles eurent peur et dégoût de leurs alliés populaires : ils se séparèrent de Bolotnikof, offrirent leur soumission au tsar et furent accueillis à Moscou avec toutes sortes de caresses. Bolotnikof, resté seul, fut rejeté dans Toula et serré de si près qu'il écrivit à Mnichek que tout était perdu si l'on ne trouvait pas le faux Dmitri annoncé. L'homme désiré, attendu par tous les rebelles, parut enfin. Son vrai nom, on l'ignore; son origine est incertaine; il est connu dans l'histoire sous le nom du « deuxième faux Dmitri ». On sait seulement que c'était un homme intelligent, habile, assez lettré et fort brutal. Il parut trop tard pour sauver Toula. Bolotnikof fut noyé et le faux Pierre pendu.

Au secours du faux Dmitri accoururent bientôt deux nobles Polonais de grand renom : Lissovski et Rojinski. Les Zaporogues, les kozaks du Don sous Zaroutski, s'empressèrent de venir prendre part à la curée. Détail curieux : il y avait dans leurs rangs cinq ou six imposteurs, qui se donnaient tous pour des fils ou des petits-fils du *Terrible*. Avec toutes ces forces, l'imposteur s'avança sur Moscou, battant les détachements de l'armée tsarienne, et s'établit à douze verstes de la capitale, au village de Touchino. Ce campement est resté célèbre dans l'histoire des troubles:

c'est ce qui a valu au deuxième imposteur le surnom du *brigand de Touchino* et à ses partisans russes ou polonais la désignation de *touchinistes*. Alors, en face du tsar de Moscou, qui n'avait voulu devoir son élévation qu'aux seuls Moscovites, qui ne semblait pas être le tsar de la Russie, s'éleva le tsar de Touchino. Celui-ci avait, comme son rival, sa cour, son armée, son administration : il distribuait des titres et des dignités; et, ce qui montre combien profonde était la démoralisation, on vit une multitude d'ambitieux passer d'une cour à l'autre, solliciter aux pieds des deux tsars, toucher un double traitement et, rassasiés d'honneurs par Vassili, courir chez Dmitri, pour revenir à Vassili. On inventa un sobriquet pour désigner ces transfuges : les *oiseaux de passage* (*péréléti*).

Pendant que Touchino menaçait et bravait Moscou, malgré les promesses et les assurances perfides de Sigismond, les renforts polonais affluaient au camp du *brigand*. Le célèbre voïévode Jean Sapiéha venait y rejoindre Lissovski : à eux deux ils essayèrent d'enlever le couvent de Troïtsa; ce monastère fameux les tentait par ses richesses; avec ses remparts et ses tours, il était une place d'armes pour les partisans du tsar: ses moines, qui eurent alors la conscience très-nette de ce qu'il fallait pour sauver la patrie, ne cessaient d'appeler aux armes « pour la foi et pour le tsar » toutes les cités environnantes. Ces belliqueux moines, semblables à l'*église militante* de notre Ligue, mais qui défendaient la cause nationale avec celle de l'orthodoxie, repoussèrent tous les assauts des aventuriers catholiques. Après un siège de seize mois, Sapiéha dut s'avouer vaincu. Abraham Palitsyne, trésorier du couvent, nous a raconté les exploits de ses frères. Sousdal, Vladimir, Péréiaslaf, Rostof, dix-huit autres villes du nord, ne pouvant décider qui était le souverain légitime, ouvrirent leurs portes aux *touchinistes*. A Moscou on continuait à ne pas aimer Choulski; mais on savait à quoi s'en tenir sur le compte du deuxième faux Dmitri; les honnêtes gens, qui redoutaient le triomphe du *brigand* et qui ne voyaient d'autre tsar possible que Vassili, s'efforçaient de le soutenir. Ce qui sauva la capitale, ce fut l'indiscipline qui régnait au camp ennemi : contre le rebelle s'élevaient sans cesse de nouvelles rébellions ; les serfs et les mougiks menaçaient leurs maîtres, ravageaient le pays : le *brigand* fut obligé d'employer une partie de ses forces à réprimer ces brigandages.

Le tsar Chouïski s'avisa vers ce temps de demander secours à la Suède : il cédait à Charles IX la ville de Karéla, contractait avec lui une alliance offensive et défensive contre la Pologne, recevait de lui un corps de cinq mille Suédois sous le commandement de de la Gardie. Avec ce renfort, Skopine Chouïski chassa les *touchinistes* des villes du nord, s'avança sur Moscou et obligea l'imposteur à évacuer Touchino. La perfide politique du gouvernement polonais, qui armait les imposteurs contre le tsar, qui laissait ses voïévodes attaquer un pays ami, autorisait amplement Chouïski à chercher un appui dans la Suède. Mais cette intervention étrangère en appelait une autre : le roi de Pologne, affectant de se croire menacé par l'alliance du tsar avec son plus dangereux ennemi, se décida à lever le masque et à intervenir ouvertement. C'est ainsi que s'ouvrit, sous les plus funestes auspices, la longue rivalité entre deux peuples slaves qu'on avait essayé naguère de réunir sous le même sceptre. La Pologne, gouvernée par un instrument des jésuites, fit alors à la Russie un mal effroyable : Sigismond affectait déloyalement du zèle pour un prétendant qu'il savait être un imposteur ; il violait les traités et toutes les règles du droit des gens, laissait attaquer la Russie par ses armées tout en protestant de son humeur pacifique : son invasion en Russie combla la mesure. Cette conduite devait laisser dans le cœur ulcéré des Russes d'ineffaçables souvenirs.

Sigismond, en prenant les armes, entendait assurer à son fils le trône de Russie et restituer à la Pologne les places qu'elle avait perdues au quinzième siècle. Il mit le siége devant Smolensk et écrivit aux habitants pour leur déclarer qu'il ne venait pas pour faire couler le sang des Russes, mais au contraire pour les protéger, et qu'il était prêt à leur garantir le maintien de leur culte et de leurs libertés. Les habitants de Smolensk, qui savaient de quel zèle Sigismond persécutait chez lui l'orthodoxie, repoussèrent toutes ses avances et le voïévode Cheïn se prépara à défendre la ville à outrance. De son camp de Smolensk Sigismond écrivit aux chefs polonais qui servaient sous les ordres de l'imposteur d'avoir à l'abandonner. Les *touchintses* polonais obéirent à regret, se plaignant que le roi vînt ravir le prix de leurs travaux ; les *touchintistes* russes, ne sachant que faire, suivirent leurs alliés et, rompus déjà à toutes les trahisons, firent leur soumission et s'offrirent à reconnaître le fils du roi, Vladislas, comme tsar de Russie. A la tête de ces transfuges, se trouvaient le boïar Michel Soltykof et le corroyeur Andronof.

Chouïski avait maintenant deux ennemis également redoutables : le roi de Pologne et le faux Dmitri qui, menacé lui-même par l'ambition de ce royal concurrent, avait dû faire retraite vers le sud. Son neveu Skopine, qui le sauvait par ses victoires, le faisait aimer par son affabilité, mourut au milieu de ses succès. Le peuple se reprit à haïr le vieux tsar et l'accusa même d'avoir empoisonné son neveu. Certains accusaient un autre des Chouïski, l'ambitieux Dmitri. Dmitri Chouïski, aussi impopulaire à l'armée que dans la capitale, fut trahi dans une bataille par les régiments étrangers, et cette défaite acheva la ruine de Vassili. Le peuple se souleva dans Moscou : une grande assemblée des boïars et des bourgeois se tint dans la plaine de Serpoukhof : on signifia au tsar, par une *humble requête*, qu'il eût à quitter le trône, parce qu'il causait l'effusion du sang chrétien, qu'il n'était pas heureux dans son gouvernement et que les villes des frontières méridionales refusaient de lui obéir. Vassili Chouïski se résigna, abdiqua : peu de temps après, on l'obligea à se faire moine.

Vladislas de Pologne. Les Polonais au Kremlin.

Tout le monde dut prêter à la *douma* des boïars, qui

ressaisissait naturellement le pouvoir, le serment d'obéissance. On songea ensuite à élire un nouveau tsar. Deux candidats s'imposaient au choix des électeurs : Vladislas, fils du roi de Pologne, et le faux Dmitri. Celui-ci était manifestement un imposteur : il effrayait les classes supérieures et moyennes et n'avait pour lui que la populace. Comme on ne pouvait se débarrasser à la fois des Polonais et du *brigand de Touchino*, entre deux maux on choisit le moindre.

Une armée polonaise sous l'hetman Jolkievski était arrivée à Mojaïsk; l'imposteur occupait Kolomenskoé. Les boïars invitèrent Jolkievski à s'approcher de Moscou et l'on commença à négocier. L'hetman promit au nom du jeune prince le maintien de l'orthodoxie, des libertés et priviléges des ordres, le partage du pouvoir législatif entre le roi et la *douma*; personne ne serait exécuté sans jugement, ni dépouillé de ses dignités sans motif; tout Moscovite pourrait aller s'instruire librement à l'étranger. Les Russes commençaient à goûter le système polonais des *pacta conventa*. Les habitants de Moscou jurèrent obéissance au tsar Vladislas. Il restait un point à débattre : les Russes entendaient que Vladislas embrasserait l'orthodoxie; Jolkievski réserva la décision au roi de Pologne. Il engagea les boïars à envoyer des ambassadeurs à Sigismond : le prince Vassili Galitsyne et le métropolite Philarète Romanof partirent immédiatement pour son camp sous Smolensk. Cette crise terrible semblait sur le point de se dénouer d'une façon assez avantageuse pour la Russie : elle allait avoir un souverain étranger, mais un Slave après tout; sa qualité d'étranger était même un gage pour les partisans des réformes et de la civilisation occidentale. La Pologne et la Russie, qui avaient failli un moment se réunir sous le sceptre d'Ivan ou de Feodor, pouvaient se réunir sous un prince polonais. Telle était la confiance des boïars que, trouvant la sécurité de Moscou troublée par le voisinage de l'imposteur, ils proposèrent à Jolkievski d'entrer dans la ville et dans le Kremlin. Résolution peu patriotique, dictée aux nobles par leur défiance des classes inférieures et qui allait attirer sur Moscou d'immenses malheurs ! Jolkievski voulut prendre ses garanties contre les chefs de la nation : Galitsyne et Philarète étaient déjà sous Smolensk à la discrétion du roi ; il se fit remettre en otages le tsar déchu et ses deux frères.

Sigismond méditait contre la Russie une nouvelle trahison. Il entendait avoir conquis la Moscovie, non pour son fils, mais pour lui. Il exigea des ambassadeurs que Smolensk se rendît d'abord au roi de Pologne : ils repoussèrent courageusement cette proposition. Ils demandèrent en outre que Vladislas partît immédiatement pour Moscou : c'était le seul moyen de calmer les défiances que la conduite du roi commençait à faire naître. Sigismond refusa : c'était lui qui voulait être le tsar. Désespérant de vaincre les scrupules des deux ambassadeurs principaux, il s'adressa à ceux de leurs collègues qui avaient un rang inférieur : le secrétaire Tomila, sollicité de faire ouvrir les portes de Smolensk, répondit : « Si je le faisais, non-seulement Dieu et les Moscovites me maudiraient, mais la terre refuserait de me porter ; nous sommes envoyés pour négocier les intérêts du pays, non les nôtres. » Tous les Russes ne montrèrent pas cette probité. On revit au camp de Smolensk le même spectacle écœurant qu'à celui de Touchino. On s'empressait auprès du roi, comme naguère auprès du *brigand*, pour obtenir de lui des charges, des dignités, des terres, de l'argent. Soltykof, Mstislavski et le corroyeur Andronof se distinguèrent par leur bassesse. A Moscou, les boïars se dénonçaient les uns les autres au commandant de la garnison polonaise. Sur l'invitation de Soltykof ils écrivirent au roi pour l'engager à faire son entrée dans Moscou. Le patriarche Hermogène refusa de signer la lettre ; le peuple, plus patriote que les grands, soutint le patriarche. Quelques nobles, André Galitsyne, Ivan Vorotinski eurent l'honneur de se rendre suspects aux Polonais et furent arrêtés par Léon Sapiéha, successeur de Jolkievski. En livrant aux Polonais l'entrée de la ville, les oligarques avaient mis la Russie à la discrétion du roi de Pologne.

Vers ce temps le deuxième imposteur mourut assassiné par un de ses ennemis particuliers. Cette mort eut de graves conséquences. Elle permit de dissiper les malentendus. Puisque l'imposteur était mort, Sigismond n'avait plus de prétexte pour faire entrer ses troupes en Russie. Les nobles n'avaient plus motif de redouter le peuple et pouvaient s'unir à lui contre l'étranger. On commença à dire dans les rues de Moscou qu'il fallait s'entendre contre les Lithuaniens. Soltykof et Andronof dénoncèrent à l'ennemi ces velléités généreuses. Le patriarche Hermogène, suspect de patriotisme, fut jeté dans une prison où plus tard il mourut de faim. Les provinces s'agitaient: les habitants de Smolensk et de Moscou écrivaient à toutes les villes de ne pas accepter pour prince le perfide ennemi de l'orthodoxie. Les bourgeois se cotisaient, les enfants-boïars faisaient leurs préparatifs de guerre, Lapounof réunissait une armée à Riazan. A son approche, Moscou commença à se remplir de rassemblements, les Polonais armèrent les remparts du Kremlin. Tout à coup une rixe éclata entre le peuple et les soldats: du premier coup les Polonais et les Allemands massacrèrent, dit-on, 7000 hommes; mais la résistance s'organisa dans les rues du *Biélyi-gorod*, et les étrangers, repoussés par le prince Pojarski, durent se retrancher dans le Kremlin et le *Kitaï-gorod*: pour en dégager les abords, ils mirent le feu aux rues voisines. Moscou brûla presque entièrement.

En apprenant les armements de Lapounof et l'émeute de Moscou, Sigismond fit arrêter les ambassadeurs moscovites, Galitsyne et Philarète, et les envoya prisonniers à Marienbourg en Prusse. Peu après, Smolensk succomba après une résistance que les Polonais eux-mêmes ont comparée à celle de Sagonte. Le roi n'eut pas honte de torturer le brave voïévode Cheïn qui avait osé lui résister. Il rentra en triomphe dans Varsovie, et l'on vit traîner dans les rues de cette capitale un tsar de Russie prisonnier, le malheureux Vassili Chouïski.

A Lapounof étaient venus se joindre le prince Troubetskoï et Ivan Zaroutski à la tête des kozaks du Don. 100 000 hommes assiégèrent les Polonais enfermés dans le Kremlin, mais il y avait trop d'éléments impurs dans cette grande armée pour que l'entreprise réussît. Les trois chefs se jalousaient mutuellement : Lapounof avait commis plus d'une trahison ; Zaroutski avait été un des premiers à se déclarer pour Otrépief ; les autres n'étaient guère sûrs. Les milices de Lapounof haïssaient les kozaks, qui, de leur côté, ne cherchaient que les occasions de pillage. Les Polonais réussirent à soulever les hommes du Don en inventant une prétendue lettre de Lapounof, où celui-ci aurait écrit : « Partout où vous les prendrez, il faut les tuer ou les noyer. » Une émeute éclata dans le camp, Lapounof périt assassiné. Beaucoup des siens furent massacrés et ce grand armement se dissipa misérablement.

La Russie, en proie à la guerre civile, comme la France du seizième siècle aux guerres de religion, souffrait également de l'intervention étrangère. Chez nous on avait vu les Anglais et les Espagnols suivre le jeu des partis et profiter de toutes les occasions pour s'assurer de quelque place ou de quelque province. La Russie devenait le théâtre où deux puissances rivales, la Pologne catholique, la Suède luthérienne, étaient aux prises. Lorsque Vladislas fut reconnu tsar, la Suède se considéra comme offensée et agit en ennemie : de la Gardie enleva les places de la Baltique ; les boïars de Novgorod la Grande, imitant ceux de Moscou, livrèrent la ville à l'étranger. C'était sous la protection de la Pologne que s'étaient élevés dans l'ouest et le sud les deux premiers imposteurs : sous la protection de la Suède, s'éleva au pays de Pskof un troisième faux Dmitri. De son côté Marina Mnichek, qui après la mort d'Otrépief était passée dans les bras du *brigand de Touchino*, reconnut le kozak Zaroutski comme tuteur de son fils.

Soulèvement national. Minine et Pojarski. Élection de Michel Romanof.

La Russie se trouvait dans une affreuse situation, celle

de la France pendant les guerres anglaises ou les guerres de la Ligue. Le tsar était prisonnier, le patriarche captif, les Suédois à Novgorod la Grande, les Polonais au Kremlin de Moscou, la haute noblesse vendue à l'étranger. Partout des bandes de brigands et de routiers : on pillait les villes, on torturait le paysan, on souillait les églises. La famine sévissait : dans certains cantons, on mangea de la chair humaine. Ce pays habitué à être gouverné autocratiquement n'avait plus de gouvernement. Dans sa détresse suprême, qui sauva la Russie? Ce fut le peuple, par un mouvement semblable à celui qui chez nous produisit Jeanne d'Arc; ce fut le peuple, dans la plus large acception du mot, en y comprenant la noblesse honnête et le clergé patriote. Déjà des bruits miraculeux montraient quelle surrexcitation s'était emparée des esprits : à Nijni-Novgorod, à Vladimir, on eut des apparitions. Les moines de Troïtsa, à leur tête l'igoumène Dionysii et le trésorier-historien Palitsyne, envoyaient lettres sur lettres à toutes les cités russes. Les bourgeois de Kazan soulevaient la lointaine Russie de la Kama. Quand les lettres de Troïtsa arrivèrent à Nijni et que le protopope en fit lecture devant le peuple assemblé, un bourgeois de cette ville, le marchand boucher Kouzma Minine, se leva : « Si nous voulons, dit-il, sauver l'empire de Moscovie, il ne faut épargner ni nos terres, ni nos biens : vendons nos maisons, engageons nos femmes et nos enfants; cherchons un homme qui veuille combattre pour la foi orthodoxe et marcher à notre tête. » Tout donner, s'armer soi-même, tel fut le mot qui courut partout. Minine et d'autres donnèrent le tiers de leurs biens : une femme qui avait 12000 roubles en donna 10000. Ceux qui hésitèrent à contribuer furent imposés de force. Minine n'avait accepté d'être le trésorier de l'insurrection qu'à la condition que ses concitoyens se mettraient absolument à sa discrétion. Il fallait un chef : les bourgeois reconnurent que ce chef devait être un noble. Or, à Starodoub vivait le prince Dmitri Pojarski, encore malade des blessures qu'il avait reçues dans l'émeute de Moscou. Minine alla le trouver et lui *battit du front* pour qu'il prit le commandement de l'armée. Les préparatifs commencèrent aussitôt. On se prépara à la croisade par la prière. La Russie se sentait en état de péché : on avait prêté et violé tant de serments, à Godounof, à son fils Feodor, à Otrépief, à Chouïski, à Vladislas! Trois jours de jeûnes furent ordonnés : tout le monde y fut soumis, même les enfants à la mamelle. Avec l'argent recueilli, on leva des streltsi, on équipa des enfants-boïars. On refusa le concours des éléments impurs qui avaient compromis la cause nationale : on ne voulut du secours ni de Margeret, le mercenaire tant de fois infidèle, ni des kosaks pillards et des meurtriers : on se souvenait de l'assassinat de Lapounof.

Avec l'armée, marchaient des moines et des évêques : des images saintes étaient portées en tête des colonnes. Cette ardeur enthousiaste n'excluait pas la sagesse politique : contre la Pologne on voulut du moins s'assurer l'appui de la Suède; on amusa de la Gardie en négociant pour l'élection d'un prince suédois. Quand les troupes furent complétement réunies à Iaroslavl, on marcha sur Moscou : sous ses murs se tenaient déjà les kosaks de Zaroutski et de Troubetskoï; mais ces deux armées, quoique poursuivant le même but, ne voulurent pas frayer ensemble. Une tentative de meurtre contre Pojarski avait encore aigri les défiances contre les hommes du Don. Pourtant, quand l'hetman Khodkévitch voulut jeter du secours dans Moscou, il fut battu sur la rive gauche de la Moskova par Pojarski, sur la rive droite par les kosaks. Il est vrai que ceux-ci, au moment décisif, refusèrent de combattre : il fallut les prières d'Abraham Palitsyne pour les ramener en ligne et l'intervention de Minine et de ses troupes pour décider la victoire. La garnison polonaise du Kremlin fut alors serrée de si près qu'elle fut réduite à manger de la chair humaine. Elle capitula, à condition d'obtenir la vie sauve et rendit ses prisonniers, parmi lesquels était le jeune Michel Romanof.

Le Kremlin et le *Kitaï-gorod* venaient d'ouvrir leurs portes, lorsqu'on apprit que Sigismond accourait au secours de la garnison polonaise. C'était trop tard : à la nouvelle des événements, il dut rebrousser chemin. Le dévouement du peuple russe avait affranchi la patrie. Cette année 1612 est restée longtemps dans le souvenir de la nation, et, quand l'invasion de 1812 fut venue en renouveler la mémoire, on éleva sur la Place Rouge un monument colossal aux deux libérateurs : le boucher Minine et le prince Pojarski.

La Russie, rendue à elle-même, pouvait procéder librement à l'élection du tsar. Une grande assemblée nationale se réunit à Moscou : elle se composait des grands dignitaires ecclésiastiques, de délégués nommés par les nobles, les enfants-boïars, les marchands, les villes et les districts : les délégués devaient être munis de pouvoirs en règle. On tomba d'accord sur ce point qu'on n'élirait pas un étranger : ni Polonais, ni Suédois. Quand il fallut choisir parmi les Russes, les rivalités et les brigues commencèrent ; mais un nom fut prononcé qui rallia tous les suffrages : celui de Michel Romanof. Il fut élu, non pour lui-même, car il n'était alors qu'un enfant de quinze ans, mais pour ses ancêtres les Romanof, pour son père le métropolite Philarète, alors prisonnier à Marienbourg. Le nom des Romanof, alliés d'ailleurs à la maison d'Ivan IV, était alors la plus haute expression du sentiment national (1613).

La nouvelle royauté avait des chances de stabilité que n'avaient eues ni celle de Godounof, ni celle de Chouïski. On n'avait pas de crimes à lui reprocher : elle avait pour origine un admirable mouvement national ; elle datait de la libération et ne rappelait que de glorieux souvenirs. Aucun fantôme, aucun souvenir, aucun regret du passé ne se dressait devant elle : la maison d'Ivan le Terrible avait été la cause ou l'occasion de trop de souffrances pour la Russie : les faux Dmitri avaient tué le regret du véritable. L'avénement des Romanof coïncidait avec un puissant réveil de patriotisme, avec la passion pour l'unité, avec un désir universel d'ordre et d'apaisement. Déjà ils inspiraient les mêmes dévouements que la plus vieille dynastie. On raconte que les Polonais, apprenant l'élection de Michel, envoyèrent des gens armés pour le saisir dans

Kostroma : un paysan, Ivan Soussanine, égara les Polonais dans l'épaisseur des bois et mourut sous leurs coups pour sauver son prince. C'est le sujet du bel opéra de Glinka, *la Vie pour le tsar*. Le *temps des troubles* était fini.

CHAPITRE XIX.

LES ROMANOF. — MICHEL FEODOROVITCH ET LE PATRIARCHE PHILARÈTE (1613-1648).

Mesures réparatrices : fin de la guerre polonaise. — Relations avec l'Europe. États généraux.

Mesures réparatrices : fin de la guerre polonaise.

La Russie avait un souverain; mais elle était dans la situation où Henri IV trouva la France à son avénement. La grande guerre civile et étrangère était finie, mais il en restait partout d'impurs débris. Henri IV, devenu roi, avait été obligé de reconquérir son royaume, province par province, ville par ville, moitié par les armes, moitié par des négociations, sur les chefs de bande, les Ligueurs, les grands gouverneurs devenus indépendants, sur les étrangers. De même, en Russie, le chef des kozaks du Don, Zaroutzki, vivait en maître dans Astrakhan, avec Marina et le fils qu'elle avait eu du *brigand de Touchino*; le partisan polonais Lissovski ravageait les campagnes du sud-ouest; les kozaks Zaporogues infestaient les régions de la Dvina; presque chaque province était en proie à quelque bande. Sans doute les Polonais étaient sortis du Kremlin, comme les Espagnols de Paris reconquis; mais on devait s'attendre à un retour offensif, et d'ailleurs ils retenaient plusieurs places, notamment l'importante ville de

Smolensk. La Suède avait profité des embarras de la Russie pour mettre la main sur les villes de la Carélie et sur Novgorod la Grande. A l'intérieur, les cités et les villages étaient en ruine, la population diminuée et appauvrie, le brigandage passé à l'état endémique. A la cour, les seigneurs russes avaient désappris l'obéissance; ils n'étaient pas moins turbulents que ces Ligueurs dont Henri IV avait dû s'entourer. Ce qu'il fallait d'abord à la Russie, c'était un règne réparateur.

Michel Romanof n'avait pas le génie du restaurateur de la France : il était presque un enfant : les boïars abusaient de son autorité contre lui-même; on voyait reparaître à sa cour ces sourdes et sanglantes intrigues qu'Ivan IV n'avait contenues qu'à force de supplices; leur féroce dépravation était la honte de la Russie : les hommes pacifiques et les étrangers regrettaient le *Terrible :* « Que Dieu ouvre les yeux du tsar comme il les a ouverts à Ivan, écrivait à cette époque un résident hollandais, autrement la Moscovie est perdue. » Heureusement la bonne volonté de la nation suppléait à tout. Le jour du couronnement, les hommes d'armes présentèrent requête pour se plaindre de n'avoir pas reçu leur solde : leurs fiefs dévastés ne leur donnaient plus aucun revenu. Le tsar et le clergé envoyèrent des lettres aux villes russes pour les supplier de venir en aide à l'État pour payer les troupes, de le secourir d'hommes et d'argent contre l'ennemi du dedans et du dehors. Ce fut Zaroutzki qu'on attaqua le premier : les habitants d'Astrakhan, outrés de ses barbaries, s'étaient soulevés et l'avaient enfermé dans le kremlin, d'où il dut déguerpir à l'approche des voiévodes moscovites. Il fut pris et condamné au supplice du pal; le fils du *brigand de Touchino,* malgré son jeune âge, fut pendu; sa mère, Marina la Polonaise, mourut en prison. Sur le conseil du clergé et des boïars, le tsar essaya de négocier avec Baloven, un autre chef de brigands; pour toute réponse celui-ci attaqua Moscou; mais il fut battu et sa bande détruite. Les habitants de la Dvina firent eux-mêmes justice des Zaporogues. Lissovski était poursuivi à outrance par Pojarski; mais cet habile partisan déjouait tous les efforts du *libérateur*. On ne pouvait en venir à bout qu'en faisant la paix avec la Pologne.

En 1615, un congrès se réunit sous les murs de Smolensk, sous la médiation d'Érasme Handélius, envoyé de l'empereur d'Allemagne. Il fut impossible de s'entendre : les Polonais refusaient d'admettre l'élection de Michel Romanof et voulaient qu'on reconnût d'abord Vladislas comme tsar de Russie. « Autant valait, comme le disait Handélius, vouloir réconcilier le feu avec l'eau. » Les négociations furent rompues. Avec la Suède on eut plus de succès : ici, d'ailleurs, les médiateurs montrèrent plus de zèle et d'énergie que n'avait fait la maison d'Autriche. Ce furent les puissances maritimes, Angleterre et Hollande, qui s'entremirent pour négocier cette paix. Les troubles et l'appauvrissement de la Moscovie étaient une occasion de pertes pour leur commerce ; en pacifiant le Nord, elles voulaient surtout rouvrir la Russie à leurs marchands et s'assurer des avantages plus considérables. Le négociant John Mérik vint à Moscou en qualité de plénipotentiaire de Jacques Ier et proposa sa médiation. Gustave-Adolphe, roi de Suède, avait obtenu quelques succès sur les voiévodes, mais il avait mécontenté les Novgorodiens et n'avait pas réussi à prendre Pskof ; il avait pour ennemis les rois de Danemark et de Pologne ; il pouvait avoir le pressentiment du prodigieux rôle qui l'attendait en Allemagne. Il consentit à ouvrir un congrès, et, en 1617, conclut avec la Russie la paix de Stolbovo : il rendait Novgorod, Roussa, Ladoga, etc., mais gardait Ivangorod, Iam, Koporié, Oréchek (Schlüsselbourg), et recevait 20 000 roubles.

La Russie put tourner toutes ses forces contre son ennemi le plus dangereux, contre l'Espagne slave, instigatrice de tous ses troubles. Les Polonais prirent l'offensive, sous la conduite de Vladislas et de l'hetman Khodkévitch : Dorogobouge et Viasma furent livrées par la trahison ou la faiblesse de leurs voiévodes ; mais Kalouga, défendue par Pojarski, mais Mojaïsk, résistèrent et arrêtèrent l'ennemi. Vladislas, en véritable homme de guerre, résolut en 1618 de marcher droit sur Moscou. Michel Romanof, comme autrefois Ivan le Terrible, redoutait plus la trahison des siens que les armes de l'ennemi. Il résolut d'exiger un nouveau serment de ses sujets. Il réunit donc les Etats, leur dit qu'il était prêt à souffrir encore une fois la faim dans Moscou assiégée et à combattre la Lithuanie; mais il demandait que les grands prissent l'engagement d'en faire autant et de repousser les séductions du *fils du roi*. Tout le monde jura, et de Moscou partirent de nouveau des lettres pour appeler toutes les villes à la guerre sainte. Cependant Vladislas s'était arrêté à Touchino : l'hetman de la Petite-Russie, après avoir ravagé les frontières du sudouest, était venu le rejoindre avec ses kosaks. Les jours du second imposteur et du *touchinisme* semblaient revenus. Les Polonais, après avoir échoué dans une attaque sur Moscou, proposèrent un congrès. Il se réunit à Déoulino, non loin du monastère de Troïtsa, qui dans cette campagne avait eu à soutenir un nouveau siége. On convint d'une trêve de quatorze ans et six mois : la Pologne gardait Smolensk et la Sévérie. Vladislas ne renonçait même pas à son titre de tsar de Russie : on laissait au jugement de Dieu la s   ion de cette difficulté. Une telle paix n'était qu'une trêv   618). Cependant il y eut un échange de prisonniers : le brave voïévode Chéïn et le métropolite Philarète rentrèrent en Russie : ce dernier fut aussitôt nommé patriarche.

Par le retour de son père, le jeune tsar retrouvait enfin le conseiller qui avait jusqu'alors manqué à son inexpérience : c'était plus qu'un conseiller, c'était un collègue et presque un maître. Philarète fut en quelque sorte associé au trône; l'empire eut deux *grands-seigneurs*, deux souverains : le tsar de toutes les Russies et le patriarche de toutes les Russies. Ensemble ils figurèrent sur les actes publics, ensemble ils reçurent les rapports des boïars et les ambassadeurs étrangers. Il n'était que temps que les boïars eussent un maître. Les Soltykof, favoris de Michel, avaient distribué l'empire à leurs créatures, pillé le trésor et la nation. On les accusait d'avoir faussement accusé la première fiancée de Michel, qui fut chassée du palais, et empoisonné la seconde. C'était d'ailleurs un jeu habituel aux grands de Moscovie, ceux qui étaient en faveur craignant par-dessus tout une nouvelle tsarine. Ils ne reculaient devant aucun moyen : leur réputation de scélérats était si bien établie que le roi de Danemark avait refusé à Michel la main de sa nièce, parce que « sous Boris Godounof on avait empoisonné son frère, fiancé à la princesse Xénie, et qu'on empoisonnerait de même la jeune fille. » Philarète fit sentir enfin aux boïars une main tsarienne et exila les plus coupables.

Relations avec l'Europe. États généraux.

La Russie commençait cependant à devenir un État européen De toutes parts on cherchait à contracter avec elle des alliances politiques ou commerciales. Gustave-Adolphe, qui se préparait à son rôle de champion du protestantisme en Allemagne, aurait voulu s'assurer de la Russie contre la Pologne. Il représentait à Michel, avec beaucoup de raison, que l'alliance catholique du pape, du roi de Pologne et de la maison de Hapsbourg était aussi menaçante pour la Russie que pour la Suède, que si le protes[tantis]me succombait, ce serait le tour de l'orthodoxie, que l'armée suédoise était comme la sentinelle avancée de la sécurité russe. « Quand la maison du voisin brûle, écrivait le roi, il faut apporter de l'eau et tâcher de l'éteindre pour garantir la sienne : que Votre Majesté tsarienne songe à aider ses voisins pour se protéger elle-même. » Les terribles événements des dernières années ne donnaient que trop raison au roi de Suède : les intrigues des jésuites avec le faux Dmitri et l'incendie de Moscou par les Polonais étaient présents à la mémoire des Russes. On conclut avec la Suède un traité d'amitié et de commerce ; un ambassadeur suédois parut à la cour.

L'Angleterre avait rendu plus d'un service à la Russie : dans un besoin pressant, Jacques Ier lui avait prêté 20 000 roubles ; la médiation britannique avait amené la paix de Stolbovo. John Mérik se croyait le droit de demander que la Russie ouvrît au commerce anglais la route de la Perse par le Volga et de l'Indoustan par la Sibérie. Le tsar consulta les marchands de Moscou. Ils répondirent unanimement qu'une telle concession serait la ruine pour eux, car jamais ils ne pourraient rivaliser avec les Anglais, plus entreprenants et plus riches : ils étaient prêts cependant à sacrifier leurs intérêts à ceux de l'empire, dans le cas où les droits payés par les étrangers seraient nécessaires au trésor. John Mérik n'entendait payer aucun droit et les négociations furent rompues.

En 1615, le tsar dépêcha en France un envoyé pour annoncer à Louis XIII son avénement, et lui demander secours contre la Pologne et la Suède. En 1629 parut à Moscou l'ambassadeur Duguay-Cormenin, qui venait solliciter pour le commerce français ce qu'on avait refusé aux Anglais, le libre passage pour aller en Perse. Il parla également d'alliance politique. « Sa Majesté tsarienne, disait-il, est la tête des pays orientaux et de la foi orthodoxe. Louis, roi de France, est la tête des pays méridionaux ; que le tsar contracte avec le roi amitié et alliance, il affaiblira d'autant ses ennemis. Puisque l'Empereur ne fait qu'un avec le roi de Pologne, il faut que le tsar ne fasse qu'un avec le roi de France. Ces deux princes sont partout glorieux ; ils n'ont pas leur égal en force et en puissance ; leurs sujets leur obéissent aveuglément, tandis que les Anglais et les Brabançons n'en font qu'à leur tête. Ceux-ci achètent les marchandises en Espagne et les revendent aux Russes à très-haut prix ; les Français leur fourniront tout à bon marché. » Cette négociation pour une alliance franco-russe, la première dont parle l'histoire, n'eut pas de suite. Quant à la route de Perse, les boïars refusèrent, disant que les Français pouvaient bien acheter aux Russes les marchandises de Perse.

Contre la Pologne, un autre allié s'offrit à la Moscovie. Le sultan Osman envoyait à Moscou le prince Thomas Cantacuzène, pour annoncer que la Turquie avait déjà commencé la guerre contre le roi. Les Russes ne demandaient qu'à l'aider. Philarète et Michel réunirent les États généraux pour leur proposer la question : les députés *battirent du front* aux souverains, les priant de « se tenir fermement pour les saintes Églises de Dieu, pour leur honneur tsarien, pour leur État contre ses ennemis : les hommes de guerre étaient prêts à s'armer, les marchands à donner leur argent. » Déjà les troupes se rassemblaient, quand on reçut la nouvelle que la Turquie avait été battue. On ajourna à une meilleure occasion. Les préparatifs de guerre avaient révélé certains vices de l'armée nationale. On résolut d'embaucher des mercenaires étrangers et d'instruire les nationaux dans la tactique occidentale; on donna ordre au dehors d'acheter des armes, d'enrôler des fondeurs, des canonniers. La Russie de Michel et de Philarète annonce déjà la Russie de Pierre le Grand : l'ère de la Réforme est déjà commencée : chaque jour la Moscovie se fortifie contre ses ennemis européens de leur propre civilisation.

On attendit encore onze ans. En 1632, Sigismond III mourait et une diète d'élection se rassemblait à Varsovie. On décida de ne pas laisser échapper cette nouvelle occasion. La seconde guerre de Pologne commença; elle ne tourna pas aussi bien qu'on eût pu l'espérer. Les vices de l'organisation et des institutions anciennes se montrèrent de nouveau. Les deux voïévodes qui commandèrent d'abord l'armée revinrent à la funeste manie de *disputer sur la préséance*. On les destitua, on les remplaça par Cheïn et Ismaïlof. Ceux-ci passèrent la frontière avec trente-deux mille hommes et cent cinquante-huit canons. Vingt-trois villes se rendirent aux Moscovites; mais Smolensk les arrêta huit mois, et, comme elle se disposait à capituler, l'armée polonaise apparut sous la conduite de Vladislas, élu enfin roi de Pologne. A la nouvelle d'une invasion tatare dans le sud, une partie des nobles russes se dispersèrent pour courir au secours de leurs domaines. Cheïn affaibli fut attaqué par le roi, coupé de ses communications. La famine l'obligea à capituler en rase campagne : il obtint une libre retraite en abandonnant son bagage et toute son artillerie. Il n'était coupable que de n'avoir pas su, aussi bien que ses adversaires occidentaux, la stratégie et la guerre moderne.

Il n'était coupable que d'être un Russe, de la Russie non réformée. Ses ennemis le firent cependant traduire en conseil de guerre sous l'accusation de trahison : il eut la tête tranchée ainsi que son collègue. Philarète, mort en 1633, n'était plus là pour obliger les boïars à vivre en paix entre eux. Vladislas, victorieux sous Smolensk, échoua ensuite sous Biélaïa. Un congrès se réunit alors sur la Polianka : les conditions de la trêve de Déoulino furent confirmées; les Russes payèrent 20 000 roubles, Vladislas renonça au trône de Moscou et reconnut même, ce que la Pologne n'avait pas encore fait, le titre tsarien des grands-princes.

A quelque temps de là, une nouvelle occasion de guerre s'offrit. Malgré les traités de paix conclus par la Pologne ou par la Russie avec la Turquie, les kozaks du Dniéper qui dépendaient de la Pologne, ceux du Don, qui dépendaient de la Russie, ne discontinuaient pas la guerre contre l'islam : pour eux, elle était une guerre sainte, elle était aussi le moyen de se procurer des *zipouns*, de larges pantalons en beau drap écarlate. Partisans et pirates déterminés, sur terre et sur mer, ils inquiétaient le khan de Crimée et le Grand-Turc, assaillant avec leurs barques légères les lourdes galères ottomanes, insultant les côtes du Bosphore et de l'Anatolie. Les gouvernements respectifs avaient beau les désavouer, ils étaient l'occasion de récriminations continuelles entre la Porte et les deux États slaves : ils étaient les brigands et les forbans de la chrétienté, comme les Tatars de Crimée étaient ceux de l'islamisme.

En 1627, quatre mille quatre cents kosaks du Don, aidés de mille Zaporogues du Dniéper, surprirent Azof et offrirent d'en faire hommage au tsar de Moscou. Acquérir une place si importante, qui livrait à la Russie les embouchures du Don et l'accès de la mer Noire, était bien tentant. Michel Romanof réunit de nouveau les États. Il est à remarquer que depuis l'assemblée tenue sous Ivan IV, ces réunions d'états devenaient de plus en plus fréquentes: la période parlementaire de l'histoire russe date du *Terrible*. Cette fois, les nobles se déclarèrent disposés à combattre, si on leur donnait l'argent nécessaire pour s'équiper, et prièrent le tsar d'en demander au clergé et aux marchands. Les marchands alléguèrent que le brigandage des fonctionnaires, la prolongation des guerres, la concurrence des Allemands et des Persans, les avaient ruinés. Des militaires envoyés par le tsar à Azof affirmèrent que la place était en trop mauvais état pour qu'on pût la défendre. D'ailleurs la conquête d'Azof, comme au temps d'Ivan celle de la Crimée, était une entreprise prématurée : la colonisation russe n'avait pas encore fait assez de progrès vers le sud. Le tsar ordonna donc aux *Doutsi* d'évacuer Azof : ils n'y laissèrent pas pierre sur pierre.

L'influence occidentale fit sous ce règne des progrès considérables. Les marchands russes demandaient qu'on interdît l'accès de l'intérieur de l'empire à ces étrangers dont la concurrence les ruinait. Ces derniers étaient trop nécessaires à l'État, au progrès général, pour qu'on ne s'efforçât pas au contraire de les attirer par tous les moyens possibles. Sous Michel, on vit à Moscou plus d'étrangers que jamais. Le Hollandais Vinius établit à Toula des fonderies de canons, de boulets et autres objets de fer. L'Allemand Marselein en établit de semblables sur la Vaga, la Kostroma et la Chéksna. On accorda des privilèges à bien d'autres négociants ou industriels étrangers : à tous on leur imposa comme condition de ne rien cacher aux nationaux des secrets de leurs industries. C'est un nouveau point de ressemblance entre ce règne réparateur et celui de Henri IV, qui, lui aussi, dut appeler dans ses États les industriels des Flandres, de l'Angleterre et de Venise. Pourtant il est une importation européenne qui ne trouva pas grâce en Russie : l'usage du tabac y était interdit : on coupait le nez aux priseurs.

On demandait aussi à l'Europe des savants. Adam Oléarius de Holstein, célèbre comme astronome, géographe et géomètre, fut appelé à Moscou. On eût pu pressentir déjà l'Académie des sciences de Pierre le Grand. On traduisait du latin en russe un traité de cosmographie. Le patriarche Philarète avait établi à Moscou une académie où l'on apprenait les deux langues de la Renaissance européenne : le grec et le latin. L'archimandrite Dionysii, de Troïtsa, qui s'était distingué dans la lutte contre les Polonais, entreprenait de corriger le texte des livres slavons : entreprise grosse d'orages, qui valut à Dionysii lui-même un moment de persécution. Les historiens indigènes continuaient à rédiger leurs chroniques : Abraham Palitsyne, cellerier de Troïtsa, racontait le siège fameux du couvent.

CHAPITRE XX.

LA RUSSIE OCCIDENTALE AU XVIIe SIÈCLE.

L'union politique de Lublin et l'*union* religieuse. — Plaintes de la Russie Blanche; soulèvements de la Petite-Russie.

L'union politique de Lublin (1569) et l'union religieuse (1595).

L'Espagne, au seizième siècle, avait eu la main dans tous les troubles de la France; la France, au dix-septième siècle, démembra l'empire espagnol. De même la Pologne expia, elle aussi, sa part dans les guerres civiles de la Russie. Après le règne réparateur de Michel Romanof, son fils Alexis devait inaugurer l'ère des représailles. La Russie avait failli périr par la Pologne, comme la France par la maison de Bourgogne ou d'Autriche; mais elle s'agrandit fortifiée à ses dépens et sur sa ruine fonda sa grandeur. Un coup d'œil sur la constitution de l'empire polonais nous montrera quelles difficultés intérieures préparèrent les progrès de l'ennemi extérieur : le Moscovite, le *Moskal*, comme l'appelaient les hommes de l'ouest.

La Russie Blanche et la Petite-Russie avaient été conquises par les Lithuaniens : avec eux, elles étaient entrées dans l'État polono-lithuanien. Elles gardèrent longtemps cependant les mœurs russes. La langue russe se maintint dans les actes administratifs jusqu'au seizième et même jusqu'au dix-septième siècle. Un moment, sous les premiers Jagellons, elle avait été la langue de la cour lithuanienne. Bientôt l'influence polonaise devint prépondérante sur la classe dominante. La noblesse russe-lithuanienne se partagea, comme la noblesse polonaise, en *magnats*, qui possédaient les grands domaines et occupaient les grandes charges, et en *schliachta* ou petite noblesse, qui formait la clientèle et presque la domesticité des magnats. La classe militaire se réunit dans les *diètes* et les *diétines*; les officiers du roi portaient les titres de *voiévodes*, *castellans* et *starostes*. Les villes russes-lithuaniennes, comme celles de Pologne, reçurent ce qu'on appelait le « droit de Magdebourg ». Elles étaient gouvernées par un *vogt* du roi qui rendait la justice, assisté du *bourgmestre* et des *rathmaënner*. Les gens de métier s'organisèrent à la mode germanique en *zéche*, tribus ou corporations.

Jusqu'alors la Russie-Lithuanie et la Pologne avaient formé, en droit, deux États distincts : à l'extinction des Jagellons qui les avaient maintenues dans une union personnelle, on pouvait craindre de les voir se séparer de nouveau. Ivan IV fondait même sur cette séparation de grandes espérances. Mais les Polonais, sous le règne de Sigismond II, firent un grand effort pour réaliser l'union définitive. Une diète se réunit à Lublin. L'aristocratie russe-lithuanienne répugnait énergiquement à l'union; la différence de religion, l'amour-propre national, l'intérêt de corporation, tout l'éloignait de la Pologne. Pour vaincre les résistances, le gouvernement ne recula devant aucun moyen : on menaça la Lithuanie de ne pas la défendre contre les incursions du tsar et de reprendre aux récalcitrants les terres qu'ils tenaient de la couronne. Le parti polonais se vit pourtant bien près d'un échec : plutôt que de céder, les députés lithuaniens désertaient en masse la diète. A la fin, le roi parvint à gagner deux des membres les plus influents, Constantin Ostrojski, voiévode de Kief, et Alexandre Czartoryski, voïévode de Volynie. Nicolas Radziwill, qui avait tenu si longtemps en échec les tendances polonaises et qui fut le dernier représentant de la Lithuanie indépendante, était mort. Le roi réussit en outre à entraîner la noblesse petite-russienne, moins hostile à la Pologne catholique que la noblesse protestante de Lithuanie. L'*union de Lublin* établissait que les deux couronnes seraient réunies sur la même tête avec des droits égaux; qu'il n'y aurait qu'une diète générale et un sénat; qu'ils siégeraient à Varsovie, ville mazovienne, qui devenait ainsi la capitale du nouvel État; que la Pologne et la Lithuanie conserveraient chacune leurs grands dignitaires, chancelier, vice-chancelier, maréchaux, hetmans, leur armée particulière et leurs lois. Les pays russes proprement dits subissaient un nouveau démembrement : la Petite-Russie fut spécialement réunie à la Pologne.

L'union de Lublin eut pour conséquence naturelle d'accroître encore l'influence polonaise dans les pays russes : d'une part, les nobles polonais avaient obtenu le droit d'acquérir des terres et d'obtenir des charges en Lithuanie; d'autre part, la noblesse russe, en se mêlant plus entièrement à la noblesse du pays voisin, adopta ses idées, ses règles de conduite, ses modes, sa langue même. Elle commença à se *poloniser*, agrandissant ainsi l'abîme qui la séparait des masses populaires, profondément attachées à leur langue, à leur nationalité. La séparation entre l'aristocratie et le peuple s'accrut encore lorsque la propagande catholique pénétra dans l'aristocratie des pays russes.

Un des articles de l'union de Lublin assurait le respect de la religion orthodoxe. Cependant la Pologne et la Lithuanie n'avait pu échapper aux grandes luttes religieuses qui divisaient alors l'Europe occidentale et dont nous retrouverons le contre-coup même en Pologne. Un certain nombre de seigneurs avaient embrassé le protestantisme (luthéranisme, calvinisme, socinianisme). Les jésuites, qui dans toute l'Europe étaient à la tête de la réaction contre la Réforme, et dont on retrouve la main dans toutes les guerres civiles et dans toutes les grandes calamités du seizième et du dix-septième siècle, apparurent bientôt en Pologne. Le protestantisme, qui n'avait que de faibles racines dans le pays, ne les retint pas longtemps; aussitôt ils tournèrent leurs efforts contre la religion véritablement nationale dans les provinces russes-lithuaniennes, l'orthodoxie. Ils employèrent les moyens qui leur avaient partout réussi en Europe, fondant des colléges, s'emparant de la jeunesse, s'insinuant auprès des femmes, occupant l'oreille des rois, comptant encore plus sur les habiletés mondaines que sur les moyens purement ecclésiastiques de la prédication, de la confession, des pèlerinages. Le brave Batory, qui se préoccupait avant tout de la paix publique et de la grandeur nationale, les tint à l'écart. Ils trouvèrent un roi à leur gré dans Sigismond III, médiocre émule des Philippe d'Espagne et des Ferdinand d'Autriche, très-propre à attirer sur l'Orient les calamités qui désolèrent la Germanie et l'Occident. Il protégea les jésuites; il usa de toute l'influence et de toutes les séductions que le trône mettait à sa disposition pour amener au catholicisme la noblesse orthodoxe de ses provinces orientales. Pour agrandir le champ des conversions, les jésuites imaginèrent un compromis : c'était d'obtenir du clergé et du peuple russe la soumission au saint-siége, tout en leur garantissant le maintien de la liturgie en slavon et des usages particuliers à l'Église orientale : c'est ce qu'on appelle l'*union* des deux Eglises. Au reste, l'*union* une fois obtenue, n'était dans leur esprit qu'une transition à l'unité et même à l'uniformité complète : Pierre Skarga, le jésuite qui publia le livre *De l'unité de l'Église de Dieu*, voulait exclure la langue slavonne de l'enseignement et n'admettait que le grec et le latin. Pour mieux faire accepter leur plan par le gouvernement, ils lui représentaient que cette *union* religieuse aurait pour effet de consolider l'*union* politique de Lublin et qu'il n'existerait vraiment un État polonais que lorsque tous les sujets auraient la même foi que le prince.

D'abord l'orthodoxie, menacée par le roi de Pologne, trouva un soutien énergique dans les princes russes, descendants de Rourik ou de Gédimine. Nous voyons le prince

Kourbski, au temps d'Ivan IV, plus tard Constantin Ostrojski défendre de leur plume, de leur parole, de leur influence, la foi de leurs pères, traduire, éditer, répandre les livres en faveur de l'orthodoxie. Peu à peu, la noblesse cède aux influences de la cour : dans sa lutte contre la religion romaine, le peuple se voit abandonner presque entièrement par ses chefs naturels, même par les évêques. Le roi remplissait les siéges lithuaniens de prélats grands seigneurs, fort indifférents aux questions théologiques, fiers surtout de leurs immenses richesses, de leurs nombreux villages et de leurs châteaux forts garnis d'artillerie. Le peuple ne s'abandonna pas. De Novgorod la Grande, de Pskof, de l'Allemagne, le principe d'association s'était répandu surtout dans les villes de la Russie occidentale. Il se forma des sociétés d'assistance mutuelle, qui avaient leurs racines dans le plus lointain passé slave, germain ou scandinave : elles étaient en même temps des confréries religieuses et prirent une part énergique à la lutte contre les jésuites. Ayant leurs chefs élus, leur caisse commune, elles se mirent à fonder des écoles, à créer des imprimeries, à répandre des livres de piété ou de polémique. Elles entrèrent en relation entre elles et avec les patriarches des églises d'Orient : aux évêques du roi, elles opposèrent la force démocratique, les surveillant, les morigénant, dénonçant leur tiédeur religieuse ou leurs déportements à toute la chrétienté orthodoxe. Les plus célèbres de ces confréries furent celles de Lemberg en Gallicie, de Vilna en Lithuanie, de Loutsk en Volynie; celle de Kief fonda la grande académie ecclésiastique de la Petite-Russie.

Sous le stimulant des sociétés populaires, les évêques ne pouvaient plus rester indifférents. Il fallait reprendre leur poste à la tête des croyants ou passer à l'ennemi. Les prélats orthodoxes étaient dans une situation fort difficile : ils étaient en disgrâce près du gouvernement comme défenseurs de l'orthodoxie, et en même temps, comme tièdes, ils étaient harcelés par la démagogie orthodoxe. Terletski, évêque de Loutsk, était précisément dans ce cas : le staroste de Loutsk, converti au catholicisme, dirigeait contre son ancien évêque une persécution acharnée : Terletski fut enlevé, emprisonné, affamé dans son cachot; il se plaignit, mais pour un évêque orthodoxe, nulle justice à espérer. Il ne vit qu'un moyen de sortir de cette humiliation, de désarmer les violences des seigneurs catholiques, de se débarrasser des confréries orthodoxes, de jouir en paix des revenus de son évêché. Il passa à l'*union*. Son voisin Ignace Potiéï, évêque de Vladimir-en-Volynie, et Michel Ragoza, métropolite de Kief, primat de la Russie occidentale, qui croyait avoir à se plaindre du patriarche de Constantinople, suivirent son exemple. Sigismond III accueillit avec joie ces premières défections : Terletski et Potiéï partirent pour Rome et mirent aux pieds du pape Clément VIII l'Eglise de Russie. Le pape fit célébrer ce succès par des solennités pompeuses (1595); mais l'*union* annoncée ne pouvait se réaliser que du consentement de tous les évêques russes : or il n'y en avait encore que trois, le métropolite et les deux Volyniens, qui eussent fait défection. Balaban, évêque de Lemberg, qui cependant soutenait une lutte acharnée contre la confrérie, n'avait point sacrifié la cause nationale à ses haines particulières : avec un laïc, Constantin Ostrojski, il restait l'âme de l'orthodoxie. Un concile se réunit à Brest en Lithuanie (1596) sous la présidence de Nicéphore, envoyé du patriarche de Constantinople. Les trois dissidents refusèrent d'y comparaître. Alors les évêques réunis formulèrent contre eux l'anathème et la sentence de déposition. Les *uniates* ne se firent pas faute de riposter par une excommunication ; mais leur tentative pour faire triompher légalement la cause de Rome venait d'échouer piteusement. Partout le peuple se déclarait contre eux. A Vilna, l'évêque Potiéï faillit être assassiné par les citoyens. A Vitepsk, l'évêque Kountsévitch, qui de renégat s'était fait persécuteur, souleva une émeute terrible : il fut égorgé et jeté dans la Düna. Plusieurs citoyens furent punis et la cité privée du droit de Magdebourg. Les uniates repêchèrent dans le fleuve le cadavre du prélat : son tombeau eut bientôt la réputation d'opérer des miracles. A Kief, un successeur de Ragoza, Véniamine Routski, réorganisa les couvents sur le modèle des monastères latins : les moines prirent le nom de Basiliens. Ils étaient peu populaires : un dicton petit-russien leur attribue le catéchisme suivant : « Pourquoi Dieu t'a-t-il créé et mis au monde ? — Pour faire la corvée seigneuriale. »

L'Église d'Orient ne se laissait pas abattre aussi facilement que l'avaient espéré les jésuites. Elle opposait écoles à écoles, propagande à propagande : elle prêchait, imprimait. L'*uniate* Routski fut remplacé à Kief même par Pierre Mohila, orthodoxe zélé. C'était un rude prélat, comme il en fallait dans ces temps durs, un ancien militaire, prêt à opposer au besoin la force à la force. Un monastère du diocèse résistait à son autorité : il s'y rendit avec des troupes et du canon et fit fouetter les rebelles. Il releva l'école fondée par la *confrérie*, en fit un collége sur le modèle de ceux des jésuites, y appela des professeurs de grec, de latin, de philosophie, en fit le centre intellectuel de la Russie occidentale et l'un des points de départ de la Renaissance russe (1633).

Plaintes de la Russie Blanche; soulèvements de la Petite-Russie.

Dans les diètes de Varsovie, les plaintes du clergé orthodoxe, du peuple des campagnes, plus durement asservi, plus cruellement opprimé depuis qu'il n'avait pas la religion de ses maîtres, ne restaient pas sans écho. Un député de la Volynie, Laurent Drevninski, s'écriait à la diète de 1620 : « Quand Votre Majesté fait la guerre à la Turquie, à qui demande-t-elle la majeure partie de ses troupes ? à la nation russe qui pratique la foi orthodoxe, à cette nation qui, si elle n'obtient pas satisfaction pour ses souffrances et ses prières, ne pourra plus opposer sa poitrine comme un rempart de votre État. Comment pourrait-on lui demander de tout sacrifier pour assurer à la patrie les bienfaits de la paix lorsque, dans nos maisons, elle ne jouit pas de la paix domestique ? Tout le monde voit clairement quelles persécutions souffre pour sa religion cette vieille nation russe.

Dans les grandes villes, on a mis les scellés sur nos églises, leurs biens sont pillés ; dans les monastères, plus de moines, on y enferme le bétail. Les enfants meurent sans baptême ; les restes des défunts, privés des prières de l'Église, sont emportés hors des villes comme des bêtes mortes ; les hommes et les femmes vivent ensemble sans la bénédiction du prêtre ; on meurt sans confession, sans communion. N'est-ce pas offenser Dieu même, et Dieu ne vengera-t-il pas ces attentats ? A Lemberg, quiconque n'est pas *uniate* ne peut vivre dans la cité, commercer librement, entrer dans les *zéche* d'artisans.... Voilà vingt ans que dans chaque diétine, dans chaque diète, nous demandons avec des larmes amères, voilà vingt ans que nous ne pouvons obtenir qu'on respecte nos droits et nos libertés. Nous serons forcés de nous écrier avec le prophète : Mon Dieu, juge-moi et juge mes actions. » La situation des serfs surtout était devenue intolérable : au seigneur polonais ou polonisé, au missionnaire latin, se joignait un troisième fléau : le *juif-arendateur*, auquel le seigneur avait confié l'intendance de ses domaines, donné droit de vie et de mort sur ses sujets, amodié la pêche, la chasse, les routes, les cabarets, amodié même l'église orthodoxe, si bien que le paysan ne pouvait ni se marier, ni baptiser son enfant, sans avoir acheté au mécréant l'accès du sanctuaire.

Les populations de la Russie Blanche souffraient et devaient souffrir longtemps encore sans révolte. Il n'en était pas de même des populations petites-russiennes des Ukraines. Elles avaient colonisé les steppes du sud et conquis le désert sur les Tatars. Pour les attirer sur les concessions royales, les seigneurs polonais avaient offert aux émigrants de l'intérieur vingt ou trente années de liberté absolue. Grâce à la liberté, le désert se peupla avec une rapidité inouïe, et, sur cette terre vierge, se forma une nation nouvelle qui ne connaissait pas le servage, qui ne voulait pas entendre parler de liberté trentenaire, mais bien de liberté perpétuelle. Le roi de Pologne favorisait cette race de hardis pionniers, d'intrépides soldats. Les Ukraines étaient pour lui des espèces de *confins militaires*, le véritable rempart de la Pologne contre le Tatar et le Turc.

Ces populations guerrières étaient organisées en vingt *polks* de kosaks, ceux de Péréiaslaf, de Tcherkask, de Mirgorod, de Poltava, etc. Chaque *polk* avait son *polkovnik* ou colonel : tous obéissaient à un chef suprême, l'*hetman* de la Petite-Russie, nommé par le roi et qui gouvernait la *starchina* ou conseil des anciens[1]. Avec le temps, les kosaks devinrent redoutables à la Pologne elle-même ; ils ne cessaient de la brouiller avec son redoutable voisin, l'empire ottoman. Batory dut punir de mort plus d'un chef kosak pour avoir violé une trêve ou un traité de paix ; surtout il s'efforça de restreindre le chiffre de la population militaire, ne reconnaissant comme kosaks que ceux qui étaient inscrits sur le *registre* au nombre de six mille, renvoyant les autres à la culture, c'est-à-dire au servage. Mais les kosaks ne voulaient ni faire la corvée des *pans*, ni admettre les limitations du roi. En dépit du *registre*, ils restaient en armes, force redoutable, qui, dans la lutte religieuse, était tout acquise à l'orthodoxie, et qui faisait trembler la royauté, l'épiscopat et l'oligarchie uniates.

Outre les kosaks de la population sédentaire ou *kosaks des villes*, il y avait encore les kosaks d'au delà des *porogs* ou cataractes du Dniéper : les Zaporogues. Ils étaient aux kosaks petits-russiens ce que ceux-ci étaient au reste de la population russe-lithuanienne : ils étaient l'avant-garde de l'avant-garde, les enfants-perdus de la nationalité russe. Retranchés dans une île fortifiée du Dniéper, le Grand-Pré, ils y avaient établi une forteresse palissadée, la *sétcha*. On peut dire qu'ils ne reconnaissaient aucune autorité : comme les chevaliers de Rhodes ou de Malte, ils étaient cantonnés sur le territoire enlevé aux musulmans et continuaient la guerre sainte contre le Turc et le Tatar, lors même que toute la chrétienté était en paix avec lui. Ils n'espéraient

---

1. La *starchina* se composait de l'*obosnyi*, préposé au bagage, du juge, du *pisar* ou chancelier, de l'*ésaoul*, du porte-étendard, des *polkovniks*, des *sotniks* ou centeniers, des *atamans*. Quand le roi investissait l'*hetman*, il lui remettait le *boundchouk* ou étendard à queue de cheval, le *bâton* ou masse, et le *sceau*.

pas de quartier et n'en faisaient pas, ne vivaient que du butin fait sur l'infidèle, couraient au-devant des dangers et du « martyre », ne recevaient aucune femme dans leur camp. Ils étaient une sorte de moines guerriers, d'Église militante : les Templiers ou les Hospitaliers du Dniéper. Plus d'un seigneur polonais de grande famille vint vivre avec eux de cette vie d'aventure et de misère héroïque, et prendre chez eux des leçons de vaillance et de chevalerie. Ils étaient tous égaux, tous frères, vivaient comme les Spartiates à des tables communes : le bâton d'*ataman du camp* et ceux d'*atamans des kourènes*, au nombre de dix, étaient à l'élection. En union étroite avec les kosaks du Don, ils étaient sur terre et sur mer le fléau de l'islamisme, les Barbaresques chrétiens de la mer Noire.

La mésintelligence grandissait entre le gouvernement aristocratique de Pologne et la population orthodoxe de la Petite-Russie. Quand les seigneurs polonais voulurent traiter en serfs ces libres colons, ils désertèrent en foule les campagnes de l'Ukraine; les plus hardis allèrent recruter les campements des kosaks du Dniéper ou la *sétcha* des Zaporogues; les *kobzars*, chanteurs aveugles, parcoururent les villages en chantant la chanson de la *Pravda (a justice)* : « Dans le monde, il n'est point de justice; de justice on ne trouvera point; maintenant la justice vit sous les lois de l'injustice. — Aujourd'hui la justice est en prison chez les seigneurs; l'injustice est assise à son aise avec les *pans* dans la salle d'honneur. — Aujourd'hui la justice reste debout près du seuil; l'injustice trône avec les *pans*, et l'on verse à l'injustice l'hydromel dans les coupes. — Oh! justice, notre mère aux ailes d'aigle, où te trouver? — L'homme qui veut encore accomplir la justice, que Dieu lui envoie de là-haut des jours de bonheur! » Ils chantèrent tant, ces poëtes errants, que les villages se dépeuplèrent au profit des camps kosaks, que la justice finit par « déployer ses ailes d'aigle » et que les hommes *qui voulaient accomplir la justice* se montrèrent.

La religion orthodoxe persécutée par les *uniates*, le servage menaçant, l'insolence des seigneurs, les rapines du *juif-arendateur*, le *registre* et sa limitation, amenèrent du seizième au dix-septième siècle une série de soulèvements. Les Zaporogues, zélés orthodoxes malgré leurs brigandages, y jouèrent un grand rôle. Parmi les chefs kosaks se distinguèrent surtout Nalivaïko, Tarass Boulba, Pavliouk, Ostranitsa, et tant d'autres dont les chanteurs errants de l'Ukraine ont gardé la mémoire. Le gouvernement aurait voulu après chaque victoire donner satisfaction aux Petits-Russiens : mais il n'avait aucune autorité et ne pouvait contenir ni les exigences des *pans*, ni l'intolérance des jésuites. Aux rigueurs atroces déployées contre les insurgés, ceux-ci répondaient à chaque insurrection nouvelle par des atrocités encore plus grandes. Le gouvernement était chaque fois victorieux, le joug pesait après chaque défaite plus lourdement sur la Petite-Russie. De ces succès mêmes naissait pour la Pologne un danger nouveau. Les regards des opprimés et des vaincus se tournaient vers le tsar orthodoxe, le tsar russe : les populations démocratiques des Ukraines surmontaient leur répugnance pour l'autorité, en voyant quelle violence anarchique entraînaient avec elles les libertés polonaises. Les kosaks pensaient qu'ils pourraient vaincre s'ils avaient un allié; or, cet allié ne pouvait être qu'à Moscou.

CHAPITRE XXI.

ALEXIS MIKHAILOVITCH (1645-1676) ET SON FILS FEODOR.

Premières années d'Alexis : séditions. — Khmelnitski : conquête de Smolensk et de l'Ukraine orientale. Stenko Razine. — Réforme ecclésiastique de Nicon ; les précurseurs de Pierre le Grand. — Règne de Feodor Alexiévitch (1676-1682).

Premières années d'Alexis : séditions.

Le règne d'Alexis Mikhaïlovitch peut se résumer dans ces trois faits : la revanche contre la Pologne et la réunion de la Petite-Russie, — la lutte entre l'empire et les kosaks — la première tentative de réforme religieuse et l'accroissement de l'influence européenne.

Le nouveau tsar, fils de Michel et d'Eudoxie Stréchnef, avait le caractère bon et facile comme son père : dans ses plus grandes colères, disent les contemporains, il ne se laissait pas emporter au delà des coups de pied et des coups de poing. Avec l'esprit plus vif que son père, il appartenait tout entier à ceux qui l'approchaient, au point de s'en laisser dominer entièrement. Nous avons vu, au contraire, qu'Ivan le Terrible ne laissa jamais longtemps le pouvoir aux mêmes favoris. La complaisance extrême d'un prince pour ses *proches* avait de graves inconvénients : l'exploitation du peuple se poursuivait alors impunément et la plainte même était interdite aux opprimés. Alexis donna toute sa confiance au boïar Morozof, qui avait été chargé de son éducation et qui pendant trente ans ne l'avait pas quitté. Morozof était un homme fier, ambitieux, sans scrupule, mais instruit, intelligent et fort délié : il excella surtout à débrouiller les complications diplomatiques léguées par le dernier règne. Quand Alexis dut se marier, Morozof ne s'effraya point de voir arriver avec la jeune épouse, Maria Ilinitchna Miloslavski, toute une dynastie nouvelle de *proches* et d'*hommes du temps* : au lieu de conspirer, comme on le faisait en pareil cas, contre la santé ou la beauté de la tsarine, il aima mieux associer ses parents à son pouvoir et prendre d'eux une garantie : il épousa une sœur de Maria Ilinitchna, devint le beau-frère de son souverain ; il joignit ainsi au titre de favori ancien le titre nouveau d'un de ses *proches* par sa femme, s'affermit dans le pouvoir au lieu de s'en voir précipité. Plus puissant auprès de son maître que Richelieu auprès de Louis XIII, il eut l'honneur de commencer la revanche des guerres civiles, la guerre contre la Pologne.

Toutefois les débuts d'Alexis furent trop difficiles à l'intérieur pour qu'on pût agir bien énergiquement au dehors. Le peuple russe, pendant le *temps des troubles*, avait désappris l'obéissance passive et résignée qui le distinguait autrefois : on ne savait plus souffrir sans se plaindre, et la plainte menait souvent à la révolte. Il faut reconnaître aussi que l'on souffrait plus qu'autrefois : la Russie était sortie épuisée des guerres civiles, ruinée dans son agriculture et dans son commerce, diminuée dans sa population qu'avaient éclaircie les émigrations, la fuite des paysans au pays kosak. L'État, qui commençait à connaître toutes les charges d'un empire moderne, qui avait à entretenir une armée, des troupes étrangères, un matériel nouveau de guerre, une diplomatie, une administration, se voyait obligé d'accroître sans cesse les impôts, et ceux-ci paraissaient d'autant plus lourds à chacun que le nombre des contribuables avait diminué. L'administration russe avait, en même temps que les exigences modernes, les vices du passé ; la corruption des agents, l'impunité des favoris et de leurs créatures, l'organisation défectueuse de la justice poussaient à bout des populations moins patientes qu'autrefois.

A Moscou, en cette même année 1648 qui vit chez nous

les débuts de la Fronde, une émeute terrible éclata. Le tsar impuissant fut obligé de livrer le juge Pléchtchéef au peuple qui en fit justice sommaire ; le peuple mis en goût demanda ensuite l'*okolnitchii* Trakhaniote, qui lui fut également livré ; enfin sa fureur se tourna contre Morozof, mais le tsar fit évader son beau-frère, qui se réfugia au couvent de Saint-Cyrille d'où il revint tranquillement, comme un autre Mazarin, quand l'émotion publique fut apaisée. A Pskof, le peuple s'insurgea sous prétexte qu'on faisait passer de l'argent et du blé aux *Niémtsi* (Allemands), c'est-à-dire aux Suédois, en vertu du dernier traité avec cette puissance. Le Suédois Nummens fut maltraité et emprisonné par la populace : le voiévode et le prince Volkonski, envoyé de Moscou, pensèrent être massacrés ; l'archevêque Makarie fut deux fois mis à la chaîne. A Pskof l'émeute gagna Novgorod, où un ambassadeur danois fut arrêté par le peuple et laissé pour mort sur la place ; l'archevêque Nicon, qui voulut employer contre la rébellion les armes spirituelles, fut roué de coups : les streltsi firent cause commune avec le peuple. Novgorod ne se soumit qu'à l'approche du prince Khovanski à la tête d'un corps de troupes. Ces troupes furent insuffisantes pour réduire Pskof qui, derrière des remparts éprouvés, se prépara à résister aux Moscovites, comme elle avait résisté aux Polonais. Les Pskoviens firent plusieurs sorties heureuses et ne capitulèrent que sous promesse d'une amnistie générale. Khovanski avait trop peu de troupes pour ne pas accepter leurs conditions. Il était temps de tourner contre l'ennemi du dehors cet esprit de turbulence que la guerre civile avait laissé dans les masses.

Heureusement pour la Russie, la Pologne était encore plus profondément agitée, et une révolte, autrement considérable que celles de Moscou, Pskof ou Novgorod, allait ouvrir aux armées moscovites l'entrée de l'Ukraine.

Khmelnitski. Conquête de Smolensk et de l'Ukraine orientale. Stenko Razine.

Nous avons vu que la Petite-Russie, après tant de soulèvements partiels, n'attendait qu'un chef pour commencer le soulèvement général. Ce chef fut Bogdan Khmelnitski, un kosak brave, habile, énergique et même lettré. Il était propriétaire de Soubbotovo près de Tchighirine. Il fut maltraité et emprisonné par un de ses voisins, le Polonais Tchaplinski : celui-ci s'était en outre emparé du fils de Khmelnitski, âgé de dix ans, et l'avait fait fouetter sur la place publique par ses valets. Khmelnitski ne put obtenir justice ni pour lui, ni pour les plaintes de ses compatriotes contre les juifs et les impôts. Le roi Vladislas lui aurait même dit que les sénateurs ne voulaient plus obéir, et, dessinant un sabre sur un papier, il l'aurait remis à Bogdan en disant : « Voici le signe royal ; si vous avez des sabres au côté, résistez à ceux qui vous insultent et vous pillent : redressez les torts avec vos sabres ; et, quand le temps viendra, vous m'aiderez contre les païens et contre les rebelles de mon royaume. » Dans l'anarchie polonaise de cette époque, il est très-naturel qu'un roi ait pu tenir ce langage et mis lui-même le sabre en main à ceux qu'il était impuissant à protéger. Vladislas reconnut Bogdan ataman des Zaporogues et celui-ci lui promit pour l'année suivante un corps de 12 000 hommes. Le gonfalonier de la couronne, Konétspolski et Potocki essayèrent de se défaire de Bogdan, mais il s'enfuit chez les Zaporogues, passa de là chez le khan de Crimée et revint chez les héros du Dniéper avec une armée musulmane. Aux Tatars et aux Zaporogues se joignirent bientôt tous les mécontents de la Petite-Russie : les kosaks et le peuple étaient également résolus d'en finir. Bogdan battit les généraux polonais, Potocki et Kalinovski, d'abord aux *Eaux-Jaunes*, où les kosaks *enregistrés* abandonnèrent les drapeaux polonais après avoir égorgé leur hetman Barabas, puis à Korsoun, où les Polonais perdirent 8000 hommes et 41 canons. Les deux généraux tombèrent entre les mains de Bogdan, qui les livra au khan de Crimée. Cette double victoire fut le signal d'une insurrection générale : partout le clergé orthodoxe prêcha la guerre sainte contre les jésuites et les uniates ; partout les paysans se soulevèrent contre les pans polonais ou polonisés ; on démolit les châteaux, on massacra les châtelains. Les juifs surtout passèrent un mauvais moment : une chanson populaire conte qu'ils ne demandèrent qu'une chose, « de se sauver en chemise au delà de la Vistule, abandonnant toutes leurs richesses aux kosaks, promettant d'instruire leurs enfants à vivre honnêtement et à ne plus convoiter la terre d'Ukraine » (1648).

A cet instant critique pour la Pologne, le roi Vladislas mourait, et à Varsovie se réunissait, dans toute sa turbulence accoutumée, la diète d'élection. La révolte à cette nouvelle grandit encore dans la Petite-Russie. Où les nobles purent se défendre, ils rendirent cruauté pour cruauté : Jérémie Vichnévetski, un puissant seigneur russe polonisé, prit d'assaut une ville qui lui appartenait et exerça contre les révoltés d'affreuses représailles. « Faites-les souffrir, criait-il aux bourreaux ; il faut qu'ils se sentent mourir ! » Il empalait ses prisonniers kosaks. Les kosaks, qui en l'absence d'un roi n'espéraient justice de personne, faisaient rage. Khmelnitski poursuivait le cours de ses succès : il battit encore les Polonais auprès de Pilava, s'enfonça dans la Gallicie jusqu'à Lemberg, riche cité à moitié juive, qui dut payer une contribution de guerre. Il assiégeait Podmostié lorsqu'il apprit que Jean Casimir venait d'être élu successeur de son frère Vladislas. Le nouveau roi lui envoya aussitôt des commissaires pour négocier sa soumission. Les commissaires lui promettaient satisfaction à ses griefs et à ceux des kosaks ; mais il fallait qu'ils abandonnassent la plèbe insurgée à leur appel : « Que les paysans retournent à leurs charrues, aux kosaks seuls de porter les armes ! » disaient les Polonais. Bogdan ne pouvait abandonner ni les kosaks, qui ne voulaient plus entendre parler de *registre*, ni le peuple des campagnes, dont le soulèvement lui avait donné la victoire et qu'on se proposait de replacer sous le joug des pans. « Le temps de négocier est passé, répondit-i. aux commissaires ; il faut que j'affranchisse la nation russe tout entière du joug polonais. D'abord j'ai pris les armes pour mon injure ; maintenant je combats pour la foi orthodoxe. Tout le peuple sera pour moi jusqu'à Lublin, jusqu'à Cracovie, et je ne le trahirai pas. » La guerre continua : Bogdan appela à son secours le khan de Crimée et marcha à la rencontre de l'armée polonaise commandée par le roi en personne. Jean Casimir se vit à Zborovo complétement cerné par l'innombrable cavalerie ennemie. C'en était fait de lui, sans la défection du khan de Crimée qui accepta une forte somme et la promesse d'un tribut annuel et qui se retira après avoir recommandé son allié à la clémence du roi. Khmelnitski fut réduit à traiter : le *registre* fut rétabli, mais le nombre des kosaks élevé à 40000 ; Bogdan fut reconnu hetman de la Petite-Russie ; on lui assigna pour résidence la ville de Tchighirine ; il fut convenu qu'il n'y aurait pas de troupes de la couronne, ni de juifs dans les localités où vivraient les kosaks, qu'il n'y aurait pas de jésuites dans celles où il existerait des écoles orthodoxes. Le métropolite de Kief aurait un siége au sénat de Varsovie.

Ce que Bogdan avait prévu lorsqu'il refusait de négocier arriva : le traité était inexécutable. Le nombre des guerriers qui avaient pris part à l'insurrection était supérieur à 40 000 : fallait-il donc renvoyer le surplus aux travaux des champs, à la corvée seigneuriale? Le peuple avait aidé les kosaks : fallait-il rendre les paysans à leurs pans ? Bogdan se vit bientôt aux prises avec des difficultés inextricables : d'une part il violait le traité en dépassant le chiffre de 40 000 dans ses inscriptions ; d'autre part, pour l'exécuter, il lui fallait terrifier les récalcitrants par des exécutions capitales. Il usait sa popularité à cette tâche ingrate. Il préféra reprendre les armes, accusant les Polonais eux-mêmes d'avoir violé certaines clauses du traité. Cette seconde guerre fut moins heureuse : le khan de Crimée. appelé une seconde fois au secours des kosaks, les trahit une seconde fois, et les kosaks furent battus à Béresvchtko. La paix de la Blanche-Église (Bélaïa Tcherkov) fut plus rigoureuse que la première : le nombre des kosaks enregistrés fut réduit à 20000 : un nombre égal de kosaks se trouvait donc exclu de la milice, rejeté dans le peuple. La plupart préférèrent émigrer sur les terres moscovites, poussèrent jusqu'au Don, allèrent vivre de brigandage sur le Volga.

Une telle paix n'était qu'une trêve ; pour oser la rompre, les kosaks avaient besoin d'un allié. Bogdan envoya supplier le tsar de prendre la Petite-Russie en son obéissance. Le gouvernement d'Alexis avait depuis longtemps un prétexte de rupture tout trouvé avec la Pologne : la chancellerie polonaise en écrivant au tsar commettait des *diminutions de son titre*. Moscou ne manquait jamais de réclamer ; Varsovie assurait que c'était pure inadvertance : « Alors, disaient les Russes, qu'on fasse un exemple des coupables. » On ne faisait pas d'exemple et à chaque nouvel échange de notes les *diminutions de titre* se reproduisaient. La cour de Russie faisait durer ce *casus belli*, attendant le moment d'en profiter. L'occasion parut bonne quand arriva la requête de Khmelnitski. On convoqua les États ; on leur déféra les outrages répétés à la majesté tsarienne, la persécution dont la religion orthodoxe était l'objet dans la Petite-Russie. On ajouta que les Petits-Russes, si le tsar les repoussait, seraient obligés de se mettre sous la protection du sultan. Les États cette fois se prononcèrent pour la guerre. Alexis envoya le boïar Boutourline recevoir le serment de l'hetman, de l'armée et du peuple de la Petite-Russie.

Il était temps qu'on se décidât à Moscou. Bogdan, trahi une troisième fois par le khan, venait d'être battu sur le Dniester à Jvanetz ; mais il réunit l'assemblée générale à Péréiaslavl pour lui annoncer la bonne nouvelle : « Seigneurs colonels, ésaouls et centeniers, et vous tous, armée des Zaporogues, vous tous, chrétiens orthodoxes ! s'écria l'hetman, vous voyez que nous ne pouvons plus vivre sans un prince. Or nous avons à choisir entre quatre : le sultan de Turquie, le khan de Crimée, le roi de Pologne, le tsar de la Grande-Russie orthodoxe, que depuis six ans déjà nous ne cessons d'implorer pour qu'il devienne notre tsar et notre seigneur. Le sultan est musulman : nous savons quelles souffrances endurent de lui nos frères, les Grecs orthodoxes. Le khan aussi est musulman : nos alliances avec lui n'ont causé que des malheurs. Ce que nous avons enduré sous les pans polonais, inutile de le rappeler. Mais le tsar chrétien, le tsar orthodoxe d'Orient est de la même religion que nous. Nous ne trouverons pas un meilleur appui que sa main tsarienne. Que celui qui n'est pas de notre avis aille où il voudra : la route est libre. » Les applaudissements éclatèrent; on prêta le serment demandé par Boutourline; une ambassade se rendit à Moscou pour demander le maintien des libertés ukrainiennes. Le tsar accorda libéralement tout ce qu'on voulut : l'armée s'élèverait toujours au chiffre de 60 000 hommes; les kosaks éliraient l'hetman; les droits de la schliachta et des bonnes villes seraient maintenus; l'administration des villes et la levée des impôts seraient confiées à des indigènes; l'hetman aurait le droit de recevoir des ambassadeurs étrangers, sauf à en donner avis au tsar; il lui était interdit, sans l'autorisation tsarienne, de recevoir les ambassadeurs de Turquie et de Pologne.

En mai 1654, le tsar Alexis déclara solennellement à l'Ouspienski Sobor qu'il avait résolu de marcher en personne contre son ennemi le roi de Pologne. Il ordonna que pour cette campagne il n'y aurait pas lieu pour les généraux de *disputer sur la préséance*. Les voiévodes polonais constatèrent que cette fois « Moscou faisait la guerre d'une manière toute nouvelle et qu'elle se gagnait les habitants par la douceur et la clémence du tsar. » Cette humanité, si opportune dans une guerre dont on voulait faire une guerre de délivrance, facilita les succès des Moscovites. Polotsk, Mohilef, toutes les villes de la Russie Blanche ouvrirent leurs portes l'une après l'autre. Smolensk ne résista que cinq semaines (1654). L'année suivante le prince Tcherkasski battait l'hetman Radzivill et commençait la conquête de la Lithuanie proprement dite : Vilna, capitale de cette grande-principauté, Grodno, Kovno tombèrent successivement. Pendant ce temps Khmelnitski et les Moscovites envahissaient la Pologne méridionale et prenaient Lublin. L'Orient tout entier retentit du bruit des victoires russes : à Moscou on racontait que les Grecs priaient pour le tsar et ne voulaient plus obéir qu'à un empereur orthodoxe, que les hospodars de Moldavie et de Valachie demandaient qu'Alexis les prît sous sa protection.

La Pologne semblait aux abois : un troisième ennemi venait de fondre sur elle : le roi de Suède Charles X prenait Posen, Varsovie, Cracovie, les trois capitales polonaises. Ce fut précisément ce conflit d'ambitions qui cette fois sauva la *pospolite* : le conquérant suédois menaçait les conquêtes russes et revendiquait la Lithuanie; il entrait en relations avec Khmelnitski, qui oubliait le serment prêté : c'était plus d'un demi-siècle à l'avance la situation de Charles XII et de Mazeppa. Le tsar Alexis craignit de n'avoir ébranlé la Pologne que pour fortifier la Suède et ne voulut pas risquer une réunion de ces deux redoutables monarchies sous le même sceptre. Il se hâta de négocier avec les Polonais : ceux-ci lui promirent la succession de leur roi actuel; puis il tourna ses armes contre la Suède. Celle-ci était sur la Baltique l'héritière de l'Ordre livonien : Alexis retrouvait la trace d'Ivan le Terrible; comme lui, il eut d'abord des succès rapides, puis les résultats s'en allèrent en fumée. Il prit Dünabourg, Kokenhusen, les vieux châteaux des *ritter;* mais les Russes attaquèrent vainement Riga. Ils ne réussirent ni devant Oréchek, ni devant Kexholm. L'occupation de Dorpat termina la première campagne (1656); puis les hostilités languirent et Alexis conclut une trêve de vingt ans qui lui laissait Dorpat et une partie de ses conquêtes. Enfin les affaires de Pologne et de Petite-Russie se compliquant terriblement, la trêve devint la paix de Cardis, par laquelle Alexis abandonnait toute la Livonie (1661).

L'hetman Khmelnitski avait donné plus d'un mécontentement à son nouveau suzerain. Contre son serment, il négociait avec la Suède, avec la Pologne. Au fond, après s'être débarrassé de l'ancien maître, il aurait voulu ne pas se livrer au nouveau, rester le souverain indépendant de la Petite-Russie, créer entre la Pologne et la Moscovie un troisième État slave. Les kosaks partageaient cette manière de voir. Ils s'étaient insurgés contre la Pologne parce que le souverain y était trop faible et ne savait pas faire respecter leurs droits par son aristocratie; ils craignirent que le souverain moscovite ne fût trop fort. Tout gouvernement, toute autorité était un fardeau pour le libre kosak.

Bogdan du moins conservait les apparences de la soumission; sa mort fut le signal des troubles. Le chancelier de l'armée kosaque Vygovski prit le bâton d'hetman; mais le polkovnik de Poltava, Martin Pouchkar, et les Zaporogues refusèrent de le reconnaître. Vygovski, Pouchkar et l'ataman zaporogue se dénoncèrent mutuellement à Moscou. Vygovski fit assassiner Pouchkar, et, pour s'assurer un allié contre le tsar, se rapprocha de la Pologne; il appela le khan de Crimée et battit le prince Troubetskoï à Konotop; mais, après la retraite du khan, la majorité des kosaks se prononça pour Moscou et obligea le rebelle à fuir en Pologne. Georges Khmelnitski, le fils du libérateur, fut élu hetman.

Les troubles de la Petite-Russie rendirent courage aux Polonais: ils réussirent à chasser les Suédois et refusèrent d'exécuter le traité avec Moscou. La guerre recommença: les Russes n'y furent pas heureux. L'excès de leurs malheurs semblait avoir rappelé les Polonais à la concorde. Après quelques succès, une armée russe fut battue à Polonka par le voiévode Tcharnétski, le vainqueur des Suédois; une autre, commandée par le boïar Chérémétief et l'hetman Georges Khmelnitski, se laissa envelopper près de Tchoudnovo par les Tatars et les Polonais, fut abandonnée par les kosaks et dut mettre bas les armes. Dans le nord, on perdit Vilna et toute la Lithuanie.

Khmelnitski s'était fait moine: son successeur Tétéria prêta serment au roi; mais la rive gauche du Dniéper refusa de le reconnaître pour hetman et élut Brioukhovétski, avoué à la Russie. Jean Casimir passa le fleuve et fut sur le point de reconquérir toute l'Ukraine; repoussé au siége de Gloukhof, il perdit, par le froid et la faim, dans les steppes désertes, la meilleure partie de son armée. Les deux empires s'étaient épuisés par une guerre qui durait depuis dix ans : la Pologne avait été envahie tout entière par les Suédois, les Russes ou les kosaks; la Russie n'avait plus d'argent pour payer l'armée; on donna cours forcé à une monnaie de bronze qui avait la même valeur nominale que l'argent; partout on se plaignait de la disette; à Moscou une émeute éclata contre les Miloslavski, parents de la tsarine, et la multitude se porta au palais de Kolomenskoé, pour en arracher de force ses ennemis. Il fallut tirer sur les rebelles, dont 7000 furent tués ou pris.

Cependant ni les Polonais, ni les Russes ne voulaient poser les armes sans avoir assuré ce qu'ils avaient conquis par tant de sacrifices. Deux nouveaux malheurs vinrent frapper la Pologne : la révolte du prince Lubomirski, qui avait à se plaindre de la reine, la mort de Tétéria, dont le successeur Dorochenko se donna au sultan et par là mit sur les bras du gouvernement une nouvelle guerre avec le Turc et le Tatar. Il fallut traiter avec la Russie : à Androussovo on conclut une trêve de treize ans : Alexis renonçait à la Lithuanie, mais gardait Smolensk et Kief sur la rive droite du Dniéper et toute la rive gauche petite-russienne (1667).

La paix avec la Pologne ne rendit pas le calme à la Petite-Russie. Ni les kosaks du Dniéper, ni les kosaks du Don ne pouvaient s'accommoder de l'obéissance et de la régularité qui sont nécessaires à un État moderne. Plus la Russie entrait dans les voies de la civilisation et de la centralisation, plus le divorce devait s'accuser entre l'empire et les hommes de la steppe; plus la frontière de cette Russie civilisée s'avançait vers le sud, plus le conflit inévitable se trouvait rapproché. Le règne d'Alexis, qui débute par les émeutes des cités moscovites, se continue par les révoltes des kosaks.

L'hetman Brioukhovétski était dévoué à la Russie; mais il y avait autour de lui bien des mécontents. Comme toujours, le petit peuple n'avait pas retiré de la révolution tout ce qu'il s'en était promis; cependant il voyait dans l'autorité absolue du tsar une garantie contre l'oligarchie petite-russienne de la *starchina*, des polkovniks et contre la turbulence des kosaks : « Dieu, disait-il à ces derniers, nous a délivrés de vous ; vous ne pourrez plus nous piller et dévaster nos maisons. » Les kosaks et la *starchina*, en d'autres termes le parti militaire et aristocratique, étaient d'autant plus mécontents de voir des voiévodes moscovites s'établir dans les villes. La république des Zaporogues tremblait déjà de s'être donné un maître. Le métropolite de Kief, Méthode, ameutait une partie du clergé qui voulait rester soumis au patriarche de Constantinople et non à celui de Moscou. Ce fut Méthode qui prépara le soulèvement; il se rapprocha de l'hetman, le mit en rapport avec l'ataman de la rive droite, Dorochenko, qui s'engagea à déposer le bâton et à reconnaître pour chef de toute la Petite-Russie celui qui consentirait à l'affranchir. Le faible Brioukhovétski se laissa gagner : l'assemblée de Gadatch, en 1668, décida de faire défection au tsar et de se donner comme la rive droite au sultan des Turcs. Deux voiévodes et cent vingt Moscovites furent égorgés. Peu de temps après, Brioukhovétski fut mis à mort par ordre de Dorochenko, qui devint l'hetman des deux rives. Mais des deux partis qui se divisaient la Petite-Russie, le parti de l'indépendance, ou parti turc et polonais, et le parti de Moscou, c'était ce dernier qui dominait sur la rive gauche. Elle ne tarda pas à se rapprocher du tsar, et, moyennant quelques concessions, se donna à lui pour la seconde fois : le nouvel hetman, Mnogogréchnyi, s'établit à Batourine.

La rive droite n'eut pas à se louer de la politique où l'avait engagée Dorochenko. Elle devint le théâtre d'une guerre terrible entre la Turquie et la Pologne, et fut cruellement ravagée par Mahomet IV. Abandonnée un moment par le faible roi Michel Vichnévétski, elle fut reconquise par son énergique successeur Jean Sobieski. La rive gauche, ou moscovite, eut moins à souffrir, bien que le sultan la revendiquât également comme sa propriété : les habitants n'eurent à y combattre que leurs vieux ennemis les Tatars.

Les kosaks du Don, à cette époque, furent en masse assez tranquilles; mais l'un d'eux, Stenko Razine, bouleversa la Russie orientale. L'immigration des populations du Dniéper, chassées de leurs pays par la guerre, avait amené dans les pauvres campagnes du Don une véritable disette. Stenko rassembla un certain nombre d'aventuriers affamés et voulut recommencer la tentative sur Azof. Il en fut empêché par la *starchina* des *Dontsi* et se tourna vers l'Orient, vers le Volga et le Jaïk (Oural). Sa réputation s'étendit au loin : on publiait qu'il était sorcier, et que ni le sabre, ni les balles, ni les boulets ne pouvaient rien contre lui : les brigands de tout pays accoururent en masse autour de lui. Il écuma la mer Caspienne, ravagea les rivages de la Perse. Le gouvernement russe, impuissant à le combattre, lui fit offrir son pardon, s'il rendait les canons et les barques enlevés à la couronne. Il accepta; mais ses exploits, les richesses acquises par le pillage, sa libéralité princière lui créèrent un parti immense dans le bas peuple, chez les kosaks et même chez les streltsi des villes. Les campagnes du Volga étaient toujours prêtes à un bouleversement social : de là les succès de Razine, comme plus tard de Pougatchef. Les brigands y étaient populaires et honorés : d'honnêtes marchands, venus sur le Don pour leur commerce, apprirent que Stenko commençait une croisière de pirate : ils n'hésitèrent pas à se joindre à lui.

En 1670, Stenko, ayant dépensé l'argent de ses rapines, remonta le Don avec une armée de vagabonds et de là passa sur le Volga. Tout se souleva à l'approche du chef déjà fameux. Les habitants de Tsaritsyne lui ouvrirent leurs portes. On envoya une flottille contre lui; mais les mariniers et les streltsi lui livrèrent leurs commandants. Astrakhan s'insurgea et lui livra ses deux voïévodes, dont l'un fut précipité du haut d'un clocher. Remontant le Volga, il prit Saratof, Samara, insurgea les campagnes de Nijni-Novgorod, de Tambof et de Pensa. Partout, dans la Russie du Volga, les serfs se soulevèrent contre leurs maîtres, les Tatars, Tchouvaches, Mordves, Tchérémisses, contre la domination russe. Ce fut un effroyable bouleversement. Près de Simbirsk, Stenko Razine fut battu par Georges Baratinski. Son prestige tomba : il fut traqué dans la steppe, arrêté sur le Don, exécuté à Moscou (1671).

Sa mort n'arrêta pas immédiatement la rébellion : des bandes s'obstinaient à tenir la campagne. A Astrakhan, Vassili Ouss gouvernait despotiquement et faisait précipiter l'archevêque du haut d'un clocher. A la fin, tous ces émules de Razine furent tués ou pris, le Volga affranchi et le Don pacifié comme le Dniéper.

Réforme ecclésiastique de Nicon. Les précurseurs de Pierre le Grand.

Si Alexis, le père de Pierre le Grand, ne fit pas la réforme, son règne en fut la préparation. Qui peut savoir ce que le grand homme dut à l'exemple de son père et de sa mère Nathalie, à l'influence de Matvéef, aux idées de Nicon, de Polotski et de Nachtchokine? Nicon était fils d'un simple paysan du gouvernement de Novgorod. L'Église tira le jeune homme du néant et peu à peu lui donna rang parmi les puissants. Prêtre à Moscou, pieux solitaire sur le lac Blanc, archimandrite du *Novospasski monastyr*, un des couvents du Kremlin, devenu par là le commensal du tsar, il est nommé archevêque à Novgorod, où nous l'avons vu apaiser une révolte au péril de ses jours. Le tsar l'aime et l'admire, l'appelle au patriarcat, lui permet de prendre à ses côtés ce même titre de *grand-seigneur* et de *souverain* qu'avait porté Philarète. Un homme, qui s'était élevé si haut et de si bas, était peu capable de maîtriser son ambition : fier, impérieux, il se fit dans la noblesse et le clergé une multitude d'ennemis et les dédaigna.

Nicon reprit l'œuvre commencée par Dionysii de Troïtsa : la correction des livres saints. Il s'était glissé dans les manuscrits slavons nombre de fautes grossières et même d'interpolations qui avaient passé dans les livres imprimés.

Nicon, avisé de ces fautes par des prélats grecs venus à Moscou, assembla un concile, où l'on décida qu'il fallait corriger ces livres conformément aux anciens manuscrits slavons et grecs. Nicon rassembla de toutes parts des textes, de savants ecclésiastiques, et se mit à l'œuvre. Cette tentative, qui dénote un esprit scientifique et vraiment moderne, fut l'origine d'un schisme. Pour le peuple, pour une partie du clergé et des moines, tout était sacré dans les livres sacrés, même les fautes des copistes. Certains textes altérés ou interpolés avaient à leur tour consacré certains usages qui étaient en opposition avec ceux que suivait généralement l'Église. C'était sur eux que des sectaires s'appuyaient pour défendre, sous peine de péché mortel, de raser sa barbe, pour prescrire le signe de la croix avec deux doigts et non avec trois, la liturgie avec sept *prosphires* et non avec cinq. Des fanatiques étaient disposés à mourir plutôt que de lire *Iisous* pour *Isous* (Jésus). Outre les hommes qu'un respect excessif pour les anciens textes et les vieux usages allait entraîner dans le schisme, il faut signaler de véritables hérétiques qui s'autorisaient de textes falsifiés ou apocryphes, et qui, après avoir été longtemps confondus et comme ignorés dans le sein de l'Église orthodoxe, durent se démasquer tout à coup en se déclarant contre les livres corrigés. La réforme de Nicon fit donc éclater le *raskol* latent dans l'Église russe avec son infinie multiplicité de sectes, *vieux croyants, buveurs de lait, champions de l'esprit, flagellants, skoptsi* ou eunuques volontaires, et tant d'autres dont l'origine remonte au gnosticisme alexandrin, au manichéisme persan ou peut-être même au panthéisme indou (1654).

Le tsar soutint énergiquement son patriarche : il poursuivit les *fous religieux* (*iourodiwié*) et les prophètes errants qui ameutaient le peuple, disgracia les hommes et les femmes de sa cour qui s'obstinèrent à se signer avec deux doigts, incarcéra les moines et les ecclésiastiques rebelles, traqua les assemblées de récalcitrants. Un des ennemis de Nicon fut brûlé vif. L'épisode le plus curieux de cette guerre religieuse fut la révolte des saints monastères de la mer Blanche : les moines, passionnément attachés aux anciens usages, entraînèrent les streltsi et les enfants-boïars qui tenaient garnison dans le couvent fortifié de Solovétski. Il fallut envoyer contre eux toute une armée (1668); le monastère ne succomba qu'après huit années de résistance : il fut pris d'assaut et les émeutiers pendus.

Dans le même temps qu'Alexis assurait à Nicon la victoire sur ses ennemis religieux, il le livrait à ses ennemis politiques. Le caractère orgueilleux et emporté du patriarche avait fini par le rendre insupportable au souverain. C'était une reproduction de la rivalité du patriarche Kéroularios et de l'empereur Isaac Comnène au onzième siècle byzantin. Les courtisans s'appliquèrent à cultiver cette mésintelligence. Nicon, au lieu de combattre leurs menées, dédaigna de se défendre et redoubla d'orgueil. Ses ennemis lui ménagèrent dans une cérémonie publique une avanie qui le mit hors de lui. Il déposa solennellement sur l'autel ses insignes pontificaux, au milieu des larmes du peuple, et se retira dans un couvent qu'il avait fondé hors de Moscou. C'était livrer le champ de bataille à ses adversaires. Il attendait que le tsar vînt le supplier de reprendre le patriarcat : mais le tsar ne se dérangea pas pour son ancien favori. Cet exil volontaire dura huit ans (1658-1666). On profita alors du passage à Moscou des deux patriarches d'Antioche et d'Alexandrie pour réunir un concile : le concile approuva la réforme de Nicon et sa correction des livres; mais, pour sa désertion volontaire du patriarcat, ses propos audacieux contre le tsar et les prélats, ses abus de pouvoir contre le clergé inférieur, on le condamna à être enfermé dans un monastère du lac Blanc.

A côté de Nicon, parmi les promoteurs de la réforme, il faut citer Siméon Polotski, précepteur des fils d'Alexis, qui rédigea contre les *raskolniks* le *Bâton de gouvernement*, écrivit des vers légers, des panégyriques, des sermons, des compositions dramatiques, des maximes et exemples tirés des Ecritures, et qui ne cessait de rappeler au tsar l'exemple d'un de nos rois : « Il y avait, écrivait-il, un roi de France qu'on appelait François Ier; comme il aimait les belles-lettres et la science (tandis que ses ancêtres ne les aimaient pas et vivaient dans l'ignorance comme des barbares), on vit aussitôt les fils de familles illustres chercher à s'instruire pour complaire au monarque. C'est ainsi que la science s'est répandue dans ce pays; car la coutume des sujets est d'imiter le prince; tous aiment ce qu'il aime; heureux le royaume dont le roi donne le bon exemple pour l'amendement de tous ! » Siméon était de la Russie Blanche ; d'autres, comme Slavinétski et Satanovski, chargés par Nicon de traduire les livres étrangers, venaient de la Petite-Russie, de Kief la savante. Ces deux Russies occidentales servirent d'abord d'intermédiaires entre la Moscovie et l'Europe.

Deux écrivains de ce temps méritent surtout une mention spéciale. L'un, Grégori Kotochikhine, sous-secrétaire du *prikaz des ambassades*, forcé, à la suite d'une querelle avec le voiévode Dolgorouki, de fuir en Pologne, puis en Suède, rédigea dans ce dernier pays un curieux travail intitulé « La Russie sous le règne d'Alexis Mikhaïlovitch », qui parut vers l'année 1666. Il ne s'occupe dans son livre ni du clergé ni des basses classes; mais il fait un tableau effrayant de l'ignorance, de la grossièreté, de la brutalité des boïars et de la noblesse; si bien, dit Polévoï, qu'on se pose involontairement cette question : « Dans quel état devaient donc se trouver les classes inférieures ? » Il ne parle qu'avec horreur et dégoût de la manière dont se rend la justice en Russie, compare les institutions de l'étranger avec celles de son pays, fait ressortir la supériorité des premières et déplore que ses compatriotes n'envoient pas leurs enfants s'instruire au dehors.

L'autre, Iouri Krijanitch, Serbe d'origine, prêtre catholique, était un de ces Slaves lettrés qui vinrent en Russie chercher un emploi de leurs talents. De son propre aveu, il se proposait trois choses en venant à Moscou : 1° relever la langue slave, en rédigeant pour elle une grammaire et un lexique, afin d'apprendre aux Slaves à écrire et à parler correctement et de mettre à leur disposition une abondance de locutions qui leur permît d'exprimer toutes les pensées de l'esprit humain, toutes les idées politiques et générales ; 2° écrire l'histoire des Slaves et réfuter les mensonges et les calomnies des Allemands ; 3° dévoiler les fourberies et les sophismes dont les nations étrangères se servent pour tromper les Slaves. Dans son livre, « l'Empire russe au milieu du XVII° siècle », dédié à Alexis Mikhaïlovitch et récemment publié par M. Bezsonof, il touche à toutes les parties de la morale, de la politique et de l'économie politique. Comme Kotochikhine, c'est à l'ignorance et à la barbarie qu'il s'attaque, et c'est l'instruction, l'étude, la civilisation qu'il invoque comme remède aux maux de la Russie. Krijanitch est le premier des *slavophiles*, des *panslavistes*, comme l'on dirait aujourd'hui. Il appelle à lui toutes les nations slaves : « *Borysthénites* ou Petits-Russiens, Polonais, Lithuaniens, Serbes ». Il recommande aux Russes une égale défiance des Allemands et des Grecs. Ses sorties contre le clergé grec établi en Russie l'auraient même fait, en 1660, exiler à Tobolsk.

Ordine-Nachtchokine, fils d'un petit gentilhomme de Pskof, se distingua comme diplomate dans les négociations pour la paix d'Androussovo qui donnèrent à la Russie Kief et Smolensk. Appelé dans les conseils du tsar, son activité s'appliqua à toutes les branches de l'administration : l'armée qu'il fallait réformer, le commerce qu'il fallait affranchir des vexations des voïévodes, la diplomatie pour laquelle il cherchait des agents dignes de représenter la Russie et qui fussent au fait des langues étrangères. Il voulait faire de la Moscovie le centre du commerce asiatique et européen : il instituait une compagnie arménienne pour le négoce des soies de Perse, projetait une flotte sur la mer Caspienne, construisait sur l'Oka le premier vaisseau russe, faisait traduire régulièrement, pour éclairer le souverain, des extraits des gazettes étrangères, et fondait ainsi, mais uniquement pour l'usage du prince, le premier journal russe.

Comme il était obligé de louer beaucoup ce qui se faisait au dehors, de critiquer d'autant ce qui se faisait en Russie, il se suscita quantité d'ennemis. Sa moralité était à la hauteur de ses talents : incorruptible, infatigable, maître de lui-même, il fut le premier grand Européen qu'ait produit la Russie. En louant l'Europe, il restait Russe : il se fit moine sur ses vieux jours.

Quand il dut quitter les affaires, il eut pour successeur le boïar Matvéef, avec lequel le tsar Alexis vivait familièrement. Un jour qu'il venait dîner chez lui, il vit une jeune fille qui servait à table et qui lui plut par son air de modestie et d'intelligence. C'était l'orpheline Natalie Naryckine pour laquelle son oncle était un second père : « J'ai trouvé un mari pour elle, dit le tsar à Matvéef quelques jours après. » Le mari, c'était le tsar. Ce mariage resserra encore les liens qui l'attachaient à Matvéef. Or, ce boïar était, comme Nachtchokine, tout acquis aux idées européennes. Sa maison était meublée, ornée à l'occidentale. Les hôtes choisis qu'il rassemblait chez lui ne se livraient pas aux orgies autorisées par la coutume nationale : ils s'entretenaient courtoisement comme dans un salon français. Sa femme était la seule Russe de la cour qui ne mit pas de fard et, au lieu de se tenir enfermée comme les autres dames à l'étage supérieur du palais, se mêlait à la conversation des hommes. On conçoit quelle influence le boïar et sa femme durent exercer sur leur fille adoptive : est-il étonnant que Natalie ait été la première princesse russe qui fit relever les rideaux de sa litière et laissa apercevoir son visage par ses sujets? Matvéef protégea les artistes étrangers, « les maîtres en écrits perspectifs », comme on les appelait. Dans la *slobode* allemande de Moscou, il établit une espèce de conservatoire dramatique, où vingt-cinq fils de marchands apprenaient à jouer la comédie. Le tsar prit goût aux plaisirs du théâtre. Likatchof, son envoyé à la cour de Florence, écrivait à son souverain des lettres enthousiastes sur les merveilles dont il avait été le témoin à l'opéra de cette ville : des palais qui paraissaient et disparaissaient, la mer qui s'enflait sur la scène et se remplissait de poissons, des hommes à cheval sur des monstres marins ou qui se poursuivaient dans les nuages. Moscou entreprit de rivaliser avec Florence. Dans un théâtre en planches, on représenta devant le tsar des ballets et des drames tirés de la Bible: Joseph vendu par ses frères, l'Enfant prodigue, une *Esther* qui précéda de 17 ans celle de Racine; à Moscou comme à Saint-Cyr, la pièce donna prétexte à mainte allusion: Esther était ici Natalie Narychkine; Mardochée, c'était Matvéef le protecteur de sa jeunesse; le *vrémianchtchik* Aman, qui fut pendu sur la *tchélobitié* de la tsarine Esther, était sans doute l'homme du *moment* précédent, Khitrovo. Ces pièces sacrées étaient relevées de fortes plaisanteries: dans *Holopherne*, quand Judith a décapité le *voiévode* assyrien, la servante s'écrie: « Voilà un pauvre homme qui sera bien étonné, en s'éveillant, de voir qu'on lui a emporté sa tête! »

Sous ce règne, lorsque l'on courait au-devant d'un rapprochement avec l'Europe, la diplomatie prit naturellement un grand développement. On fut en rapports plus ou moins réguliers avec toutes les cours de l'Occident.

En 1645, on envoya à Charles Ier d'Angleterre Gérasime Doktourof. L'envoyé russe tomba en pleine révolution d'Angleterre. Il demanda où était le roi: on lui dit qu'il tenait la campagne contre Londres. On eut grand'peine à lui faire entrer dans la tête que le peuple anglais avait été de tout temps un peuple libre, que le Parlement avait une autorité égale à celle du roi, qu'il se composait de deux chambres, l'une où siégeaient les grands boïars, l'autre où siégeaient les délégués des villes, de la noblesse, du commerce. Doktourof s'obstinait, suivant le texte de ses instructions, à remettre la lettre au roi lui-même. Charles Ier fut l'année suivante amené prisonnier à Londres: on refusait toujours de lui présenter l'envoyé russe, vu qu'il avait cessé d'être le souverain de l'Angleterre. Doktourof repartit fort mécontent, et, sur son rapport, les marchands anglais en Russie se virent retirer l'exemption de droits. Alexis ne comprenait rien à la révolution d'Angleterre, pas plus que son envoyé. Quand Charles Ier périt sur l'échafaud, on chassa de toutes les villes russes les négociants britanniques, en punition de ce régicide, on ne leur permit plus de négocier qu'à Arkhangel.

Au début de la guerre de Pologne, Alexis imagina d'en donner avis aux souverains de l'Occident. En 1653, il dépêcha à Louis XIV un certain Matchékine, qui fut aussi présenté à Anne d'Autriche. En 1668, Pierre Potemkine fut chargé de visiter la cour d'Espagne, ensuite celle de France : c'était au lendemain de la paix d'Aix-la-Chapelle : le Russe sut fort bien démêler que la guerre recommencerait. Son but était d'amener Louis XIV à entrer en relations régulières avec la Russie et à envoyer des vaisseaux français à Arkhangel. Il eut des conférences avec Colbert et les six corps des marchands de Paris : cette ambassade n'eut guère plus de résultats que la précédente. La relation de Potemkine renferme de curieux détails et de curieuses réflexions sur l'Espagne et la France du dix-septième siècle, mais elle est remplie des difficultés soulevées par lui sur des questions d'étiquette.

Règne de Feodor Alexiévitch (1676-1682).

A la mort d'Alexis, son fils aîné Feodor lui succéda. Les parents maternels de Feodor, les Miloslavski, profitèrent de son avénement pour renverser leur ennemi Matvéef, qui fut accusé de magie, dépouillé de ses biens et de son titre de boïar et relégué à Poustozersk. Sous ce règne la question petite-russienne reçut une solution : l'hetman Samoïlovitch et le prince Romodanovski battirent Doroehenko et l'obligèrent à déposer le bâton d'ataman. Ils eurent ensuite à lutter contre les Turcs et les Tatars qui deux fois envahirent l'Ukraine et s'avancèrent jusqu'à Tchighirine.

Le pays, suivant le récit d'un contemporain, était couvert de villes et de châteaux en ruine et de tas d'ossements humains qui blanchissaient au soleil. A la fin le sultan conclut à Bakhtchi-Séraï une trêve de vingt ans, qui laisserait à la Russie l'Ukraine et la Zaporogie. Feodor envoya en 1681 une nouvelle ambassade à Louis XIV, et son envoyé, Potemkine le fils, sut, d'après l'historien diplomatique Flassans, donner par sa sagesse et sa bonne éducation une idée avantageuse de la nation qu'il représentait.

Ce fut sous ce règne encore qu'on réunit une assemblée du haut clergé et des boïars pour statuer sur les *querelles de préséance* (*miéstnilchestvo*) qui continuaient à être une des plaies de la Russie. L'assemblée ordonna qu'elles n'eussent plus lieu : en sa présence et en présence du tsar on apporta les fameux *livres des rangs* et on les livra aux flammes. Celui qui *disputerait* à l'avenir serait privé de sa noblesse et de ses biens.

Pour défendre l'Église orthodoxe contre les hérésies de l'Occident, pour resserrer ses liens avec l'Église orientale, Feodor fonda « l'Académie slavo-gréco-latine » de Moscou. On y enseignait les langues grecque et latine, la philosophie chrétienne et la théologie. On remarqua parmi les professeurs les deux frères Likhoudis, appelés de Grèce. Cette école, qui était, quoique tout ecclésiastique, un progrès sur tous les établissements d'instruction que possédait la Russie, donna de brillants élèves : le mathématicien Magnitski sous Pierre le Grand, le poëte Lomonossof sous Élisabeth, l'historien Bantych-Kamenski et le métropolite Platon sous Catherine II. Elle a été transférée depuis au monastère de Troïtsa.

CHAPITRE XXII.

PIERRE LE GRAND. — PREMIÈRES ANNÉES (1682-1700).

Régence de Sophie (1682-1689). Pierre Ier. — Expéditions d'Azof (1695-1696), premier voyage en Occident (1697). — Révolte et destruction des streltsi. — Lutte contre les kosaks : révolte du Don (1706). Mazeppa (1709).

Régence de Sophie (1682-1689). Pierre Ier.

Alexis Mikhaïlovitch avait eu de sa première femme Maria Miloslavski deux fils, Feodor et Ivan, et six filles; de sa seconde femme Natalie Narychkine, un fils qui fut Pierre Ier et deux filles. Comme il avait eu deux épouses, dont chacune avait *approché* du trône ses parents et ses alliés, il y avait deux factions dans le palais; la mort de Feodor les mit en présence. Les Miloslavski avaient pour eux l'ancienneté, le nombre des enfants tsariens issus de Marie, surtout cette circonstance qu'Ivan était l'aîné des deux fils survivants; malheureusement pour eux, Ivan était notoirement imbécile de corps et d'esprit. Les Narychkine avaient pour eux l'intérêt qu'excitait la précoce intelligence de Pierre et la situation de chef légal de toute la famille tsarienne que donnait à Natalie Narychkine, suivant les idées et les lois russes, son titre de veuve-mère. Les deux factions depuis longtemps avaient pris leurs mesures et recruté leurs partisans. Qui succéderait à Feodor? Serait-ce le fils de la Miloslavski ou le fils de la Narychkine? Les Miloslavski furent d'abord battus sur le terrain légal : eu égard à l'incapacité d'Ivan, les boïars et le patriarche Joakhim proclamèrent tsar le jeune Pierre alors âgé de neuf ans. Les Narychkine triomphaient : Natalie devenait tsarine-tutrice, elle rappelait de l'exil son père nourricier Matvéef, elle s'entourait de ses frères et de ses oncles.

Les Miloslavski ne pouvaient chercher leur revanche que dans l'émeute, mais il leur manquait un chef. Ivan ne pouvait jouer ce rôle. L'aînée de ses six sœurs avait trente-deux ans, la plus jeune dix-neuf ; la plus énergique était Sophie, qui avait vingt-cinq ans. Ces six princesses se voyaient condamnées à la triste destinée des *tsarévni* russes, forcées de renoncer à toute espérance de mariage, condamnées à vieillir au fond du *terem*, soumises par surcroît à l'autorité d'une belle-mère. Toute cette jeunesse était pleine de vie et avait le cloître en perspective. Elle ne respirait que l'action ; or, l'étiquette impériale, les mœurs, les préjugés, les traditions byzantines leur défendaient de se produire en public. Mais ces traditions de Byzance offraient elles-mêmes des modèles à suivre. Pulchérie, fille d'un empereur, n'avait-elle pas régné à Constantinople sous le nom de son frère, l'incapable Théodose? N'avait-elle pas, tout en gardant sa virginité, épousé le brave Marcien qui avait été son épée contre les barbares? Voilà l'idéal que pouvait se proposer Sophie : être un *tsardiévitsa*, un empereur-fille. Pour s'émanciper des lois rigoureuses du terem, pour oser forcer les « vingt-sept serrures » de la chanson, soulever la *fata* qui cachait son visage, paraître en public, affronter les regards des hommes, il fallait à la fois de l'énergie et de la ruse, ne rien brusquer, procéder par efforts successifs. D'abord Sophie osa paraître aux funérailles de Feodor, tandis qu'on ne voyait ordinairement aux obsèques d'un prince que sa veuve et son héritier. Sa litière y rencontra celle de Natalie Narychkine et sa présence força la tsarine-tutrice à la retraite. Elle s'entoura d'une cour de lettrés, qui la prônaient au dehors, l'encourageaient, l'excitaient à l'action. Siméon Polotski et Silvestre Medviédef écrivaient des vers en son honneur, lui rappelaient les exemples de Pulchérie et d'Olga, la comparaient à la reine-vierge Élisabeth d'Angleterre, même à Sémiramis : on eût cru entendre Voltaire s'adressant à Catherine II. Ils jouaient sur son nom de Sophie (la Sagesse) et proclamaient que « la chose lui avait été donnée avec le nom ». Polotski lui dédiait la *Couronne de la foi* et Médviédef ses *Dons de l'Esprit-Saint*. Le terem offrait les contrastes les plus étranges ; on y jouait *le Malade imaginaire* et l'on y retrouvait cette cohue de popes, de moines, de religieuses, de bonnes femmes, de bons pauvres, qui formaient la cour des anciennes tsarines. Il y avait dans cette foule grouillante d'utiles artisans d'intrigues. Les bons pauvres, tout en égrenant leur chapelet, servaient d'émissaires entre le palais et la ville, agissaient auprès du bas peuple, portaient des messages et des présents aux turbulents streltsi, ménageaient l'entente entre les vierges tsariennes et les soudards. Des bruits sinistres furent habilement semés dans Moscou : Féodor, le fils aîné d'Alexis, était mort victime des méchants ; Ivan était sans doute réservé au même sort : que deviendraient les pauvres *tsaréveni*? que deviendrait le sang des rois? Enfin on annonça publiquement qu'un frère de la Narychkine venait de saisir le diadème, s'était assis sur le trône et qu'Ivan était mort étranglé. L'amour, la pitié pour le fils d'Alexis, l'indignation excitée par la nouvelle de l'usurpation, soulevèrent immédiatement tout le peuple de Moscou, et les meneurs affidés s'emparèrent habilement de la direction du mouvement. Le tocsin sonna aux 400 églises de la ville sainte, les régiments des streltsi prirent les armes et, au nombre de vingt mille, suivis d'une immense multitude, coururent au Kremlin, tambours battants, mèches allumées, traînant du canon. Natalie Narychkine n'eut qu'à se montrer sur l'Escalier rouge accompagnée de Pierre, son fils, et d'Ivan, que l'on disait mort. Cette simple apparition suffisait pour confondre les calomnies. Les streltsi voyant qu'on les avait trompés, hésitaient. Une harangue habile de Matvéef, qui avait été autrefois leur commandant, les exhortations du patriarche, achevaient de les ébranler. La révolte était presque apaisée, les Miloslavski avaient manqué leur coup, car ils n'avaient encore réussi à faire égorger aucun de ceux qui les gênaient. Tout à coup le prince Michel Dolgorouki, chef du *prikaz* des streltsi, se met à invectiver les séditieux dans les termes les plus violents. Ce discours malencontreux réveille leur fureur ; ils se jettent sur Dolgorouki et du haut de l'Escalier rouge le précipitent sur les piques. Sous les yeux de la tsarine, ils égorgent Matvéef ; puis ils parcourent le palais, exterminant tout ce qui leur tombe sous la main : un frère de Natalie, Athanase Narychkine, est jeté par une fenêtre sur la pointe des lances. Le lendemain l'émeute recommence : on arrache des bras de la tsarine son père Cyrille et son frère Ivan; celui-ci est torturé et coupé en morceaux, celui-là est cruellement maltraité, tondu et envoyé dans un monastère. Les historiens nous montrent Sophie intercédant à genoux pour les victimes, mais l'entente entre les rebelles et la tsarévna est certaine ; les streltsi obéissaient à un mot d'ordre. Les jours suivants furent consacrés par eux à épurer le palais et l'administration, et, le septième jour de la révolte, ils envoyèrent leur commandant, le prince-boïar Khovanski, déclarer qu'ils voulaient deux tsars : Ivan en premier, Pierre en second ; en cas de refus l'émeute recommencerait. Les boïars de la *douma* délibérèrent sur cette proposition ; la plus grande partie des nobles y étaient opposés : on n'avait jamais vu en Russie le pouvoir partagé ; mais les orateurs du *terem* citèrent des exemples tirés des histoires sacrées et profanes : Pharaon et Joseph, Arcadius et Honorius, Basile II et Constantin VIII : le meilleur argument, c'étaient les piques des streltsi (1682).

Sophie triomphait : sous le nom de ses deux frères, Ivan et Pierre, elle régnait. Elle affectait de se montrer en public, aux processions, aux offices, aux promenades d'images, aux dédicaces d'églises. A l'*Ouspienski Sobor*, tandis que ses frères occupaient la place du tsar, elle occupait celle de la tsarine : seulement elle faisait relever les rideaux et hardiment se laissait encenser par le patriarche. Quand les *raskolniks* défièrent à un colloque les chefs de l'Eglise orthodoxe, elle entendit présider le concile; elle voulait même le convoquer en plein air, au *Lobnoé miésto*, sur la Place Rouge. L'opposition fut si vive qu'elle se réduisit à réunir l'assemblée au Palais à Facettes : elle y assista, derrière le fauteuil de ses deux frères, invisible et présente. On conserve encore au musée de Moscou le trône à deux siéges qui servait en ces occasions : dans le dossier du trône est pratiquée une ouverture que dissimule un voile de soie : c'est derrière ce voile que s'asseyait Sophie. Ce meuble singulier est le symbole de ce gouvernement inouï en Russie, composé de deux tsars visibles et d'une souveraine invisible.

Cependant les streltsi sentaient se réveiller en eux les préjugés populaires contre la royauté des femmes. Ils étaient froissés du mépris qu'affichait la tsarévna pour les anciennes mœurs. Sophie était déjà pour eux un *personnage scandaleux* (*pozornoé litso*). Une autre cause de mésintelligence, c'était l'appui qu'elle donnait à l'Église officielle, réformée par Nicon, tandis que les streltsi, avec une grande partie du peuple, tenaient pour la *vieille foi*. Elle avait fait arrêter ceux des *vieux croyants* qui avaient provoqué, au colloque du Palais à Facettes, le patriarche et les prélats orthodoxes : le principal meneur Nikita avait eu la tête tranchée. Khovanski, le chef des streltsi, soit par sympathie pour le *raskol*, soit qu'il voulût complaire à ses subordonnés, affectait de partager leur mécontentement. La cour commença à ne plus se trouver en sûreté dans Moscou. Sophie se réfugia avec la tsarine mère et les deux jeunes princes au couvent fortifié de Troïtsa et appela auprès d'elle les gentilshommes en armes. Khovanski, invité à s'y rendre, fut arrêté en chemin et mis à mort avec son fils. Les streltsi tentèrent un nouveau soulèvement ; mais, avec la mobilité ordinaire au peuple et aux milices populaires, ils passèrent tout d'un coup de l'extrême insolence à l'extrême abattement. Ils se rendirent à Troïtsa, cette fois en suppliants, la corde au cou, apportant des billots et des haches pour leur supplice. Le patriarche consentit à intercéder en leur faveur ; Sophie se contenta de l'exécution des meneurs.

Sophie, débarrassée de ses complices, gouverna en s'ap-

puyant sur Chaklovity, le nouveau commandant des streltsi, qui, tiré par elle du néant, lui était absolument dévoué, et sur le prince Vassili Galitsyne, son favori. Galitsyne
est devenu le héros d'une école historique qui s'est plu à
opposer son génie à celui de Pierre le Grand, comme chez
nous on a exalté le duc Henri de Guise aux dépens de
Henri IV. Il était le favori, l'intime de Sophie, en même
temps le directeur de sa politique étrangère et son bras
droit dans les affaires militaires. Sophie et Galitsyne tra-
vaillèrent à organiser contre le Turc et le Tatar la sainte
ligue de la Russie, de la Pologne, de Venise et de l'Autriche. Ils essayèrent d'y intéresser les puissances catholiques d'Occident, et, en 1687, Jacob Dolgorouki et Jacob
Mychétski débarquèrent à Dunkerque pour se rendre à la
cour de Louis XIV. Ils y furent assez mal reçus : le roi de
France se souciait fort peu de faire la guerre au Turc ;
il était au contraire l'allié de Mahomet IV qui allait assiéger Vienne pendant que lui-même bloquait Luxembourg :
l'intervention des Russes et de Jean Sobieski en faveur de
l'Autriche dérangeait tout son plan de campagne contre
cette puissance. Les envoyés de Sophie reçurent l'ordre de
s'embarquer au Havre sans traverser la France du sud.

Le gouvernement de la tsarévna n'en persista pas moins
dans ses projets belliqueux. En échange d'un concours
actif contre les Ottomans, la Pologne avait consenti à ratifier les conditions du traité d'Androussovo et à signer une
paix perpétuelle (1686). Cent mille Moscovites, sous le
commandement de Galitsyne, et cinquante mille kosaks
petits-russiens, sous les ordres de l'hetman Samoïlovitch,
marchèrent contre la Crimée (1687). L'armée souffrit
beaucoup dans les steppes du sud, dont les Tatars avaient
incendié les plaines herbeuses. Galitsyne dut revenir sans
avoir pu joindre l'ennemi. Samoïlovitch, accusé de trahison, fut destitué et envoyé en Sibérie ; Mazeppa, qui lui
devait son élévation au rang d'*écrivain de l'armée* et dont
les dénonciations avaient surtout contribué à sa chute, fut
nommé son successeur. Au printemps de 1689, les deux
armées moscovite et ukrainienne, sous Galitsyne et Ma-

zeppa, reprirent le chemin de la Crimée. La seconde expédition ne fut guère plus heureuse que la première ; on arriva jusqu'à Pérékop, mais on fut obligé de rebrousser chemin, sans avoir même emporté cette forteresse. Ce double insuccès n'empêcha pas Sophie de préparer à son favori une entrée triomphale à Moscou. Vainement Pierre lui défendit de sortir du palais : elle brava sa défense, se rendit processionnellement, accompagnée du clergé et des images, au-devant de l'armée de Crimée, admit les généraux au baise-main et distribua des verres d'eau-de-vie aux officiers. Pierre, de dépit, avait quitté Moscou et s'était retiré au village de Préobrajenskoé. La politique extérieure de la tsarévna fut marquée encore par un autre aveu de faiblesse : au traité de Nertchinsk, elle restituait à l'empire chinois les régions fertiles du fleuve Amour, conquises par une poignée de kosaks, et rasait la forteresse d'Albazine où ces aventuriers avaient bravé toutes les forces de l'Orient. La Russie semblait reculer partout contre les barbares.

Pierre grandissait. Ses facultés précoces, sa vive intelligence, sa forte volonté, éveillaient les espérances de ses partisans et les craintes de ses ennemis. Enfant, il n'aimait que les tambours, les sabres et les fusils. On lui enseignait l'histoire au moyen d'images coloriées venues d'Allemagne. Son maître Zotof, dont il fit plus tard l'*archipope des fous*, lui apprit à lire. Parmi les héros qu'on lui proposait en exemples, on n'est pas étonné de retrouver Ivan le Terrible, avec le caractère et le rôle duquel le sien offre tant d'analogie : « Quand le tsarévitch était fatigué de lire, dit M. Zabiéline, Zotof lui prenait le livre des mains et, pour le récréer, lui lisait les belles actions de son père, le tsar Alexis Mikhaïlovitch, et du tsar Ivan Vassiliévitch, leurs courageuses entreprises de guerre, leurs lointaines expéditions, leurs batailles et prises de villes, et comment ils supportaient, plus que le simple soldat, les fatigues et les privations, et quels avantages ils ont ainsi acquis à l'empire et comment ils ont reculé les frontières de la Russie. » Pierre apprit aussi le latin, l'allemand, le hollandais. Il lut beaucoup et sans choix, apprit beaucoup et sans méthode. Il fut, comme Ivan le Terrible, un autodidacte. Plus tard il se plaindra de n'avoir pas été « instruit selon les règles. » Ce fut peut-être là un bonheur. Son éducation fut négligée comme celle d'Ivan IV; mais du moins il ne reçut pas l'éducation énervante du *terem;* il ne fut pas coulé dans ce moule uniforme qui faisait tant d'idiots dans la famille royale. Il « prit le large et alla vagabonder dans la rue avec les bons compagnons. » La rue, suivant l'observation de M. Zabiéline, était, dans la Moscou d'alors, la pire école de dévergondage et de débauche qu'on pût imaginer; elle valait encore mieux que l'école du palais. Pierre n'y rencontra pas seulement des drôles; il y rencontra aussi des éléments nouveaux qui n'avaient pas encore accès dans le terem et qui devaient être le ferment de la régénération russe. Il y rencontra les Russes qui avaient le moins de scrupules, mais aussi le moins de préjugés, et qui devaient l'aider dans ses entreprises hardies contre l'ancienne société. Il y rencontra les aventuriers français, anglais, allemands, les Lefort, les Gordon, les Timmermann, qui l'initièrent à la civilisation européenne. Sa cour se composait de Léon Narychkine, de Boris Galitsyne, qui s'était engagé à ne jamais le flatter, d'André Matvéef, qui avait un goût marqué pour l'Europe, de Dolgorouki, chez lequel il vit pour la première fois un astrolabe. Il jouait au soldat avec ses jeunes amis, ses palefreniers et en forma le *bataillon d'amuseurs* qui manœuvrait à l'européenne et qui fut le premier noyau de la future armée régulière. Il apprit les éléments de la géométrie et de la fortification : il construisit de petites citadelles qu'il prenait ou défendait avec ses jeunes guerriers dans des luttes acharnées où il y avait parfois des blessés et des morts, et où le tsar de Russie n'était pas toujours épargné. Un canot anglais, échoué sur la grève de Yaousa, fut pour lui une occasion de faire venir Frantz Timmermann qui lui apprit comment on pouvait faire marcher des navires à voiles même contre le vent. Lui qui naguère, en vrai fils des boïars de Moscou, avait horreur de l'eau et n'osait passer sur un pont, devint un marin déterminé ; il fit manœuvrer son canot d'abord sur la Yaousa, puis sur le lac de Péréiaslavl. Le Hollandais Brandt lui construisit toute une flottille de barques, et déjà, malgré les terreurs de sa mère Natalie, Pierre rêvait de voir la vraie mer.

« L'enfant s'amuse, » affectaient de dire les courtisans de Sophie ; mais ces amusements l'inquiétaient. Chaque jour qui s'ajoutait aux années de Pierre semblait la rapprocher du cloître. Vainement elle s'intitulait fièrement *autocratrice* ; elle voyait sa belle-mère, sa rivale, relever la tête. Galitsyne se bornait à regretter qu'on n'eût pas su mieux profiter de l'émeute de 1682 ; mais Chaklovity, qui se sentait perdu avec sa maîtresse, disait hautement : « Il vaut mieux faire périr la tsarine que de périr par elle. » Sophie ne pouvait se sauver qu'en s'emparant de la couronne ; mais qui l'aiderait à la prendre ? Les streltsi ? mais l'issue de leur dernier soulèvement les avait singulièrement refroidis. Sophie elle-même, en voulant asservir cette force redoutable, l'avait brisée ; ils se souvenaient de leurs chefs décapités à Troïtsa. Or, que leur proposaient les émissaires de Sophie ? de donner au palais un nouvel assaut, de faire périr Léon Narychkine, Boris Galitsyne et autres partisans de Pierre, d'arrêter la tsarine mère, de destituer le patriarche. On espérait que Pierre et Natalie périraient dans la bagarre. Les streltsi restaient indifférents : quand Sophie affecta de se croire menacée, s'enfuit au *Diévitchi Monastyr* et leur envoya des lettres suppliantes. « Si tes jours sont en péril, répondirent tranquillement les streltsi, qu'on fasse une enquête. » A grand'peine Chaklovity put en réunir quatre cents au Kremlin.

La lutte était engagée entre Moscou et Préobrajenskoé, ce village au nom fatidique (la *Transfiguration* ou la *Régénération*). Ce furent deux streltsi qui avertirent Pierre des menées de sa sœur. Pour la seconde fois, il chercha un asile dans l'enceinte de Troïtsa. On vit bien alors qui était le vrai tsar : tout le monde courut se ranger autour de lui, sa mère, les gentilshommes armés, le *bataillon d'amu-*

seurs, les officiers étrangers, même les streltsi du régiment de Soukharef. Le patriarche se rendit également auprès du tsar, lui apportant la force morale comme les militaires étrangers lui apportaient la force matérielle. Les partisans de Sophie étaient froids et irrésolus : les streltsi eux-mêmes demandaient qu'on livrât au tsar son favori Chaklovity. Elle dut implorer la médiation du patriarche. Chaklovity fut mis à la torture pour avouer son complot contre la vie du tsar, et décapité. Medviédef n'avait d'abord été condamné qu'au knout et à la relégation pour crime d'hérésie, mais il se découvrit qu'il devait remplacer le patriarche et marier Sophie; on le déshonora en l'associant à deux sorciers qu'on brûla vifs dans une cage, et il fut décapité. Galitsyne fut simplement dépouillé de ses biens et exilé à Poustozersk. Sophie resta enfermée au *Diévitchi Monastyr*, soumise à une dure captivité. Ivan continuait à régner conjointement avec son frère, mais Pierre, âgé de dix-sept ans seulement, gouvernait seul, entouré de sa mère, des Narychkine, des Dolgorouki et de Boris Galitsyne (1689).

Sophie s'était émancipée de la reclusion du terem comme Pierre s'était émancipé de la reclusion du palais pour courir les rues et naviguer sur les fleuves. Tous deux avaient tenu une conduite *scandaleuse*, d'après les idées du temps, l'une haranguant les soldats, présidant des conciles, marchant la *fata* levée, l'autre maniant la hache comme un charpentier, ramant comme un simple kosak, frayant avec les aventuriers étrangers, se colletant avec des palefreniers dans les combats simulés. Mais pour l'une cette émancipation n'est qu'un moyen pour arriver au pouvoir; pour l'autre l'émancipation de la Russie comme la sienne, c'est le but. Il veut dégager la nation des antiques entraves qu'il a brisées pour lui-même. Sophie reste une Byzantine, Pierre aspire à être un Européen. Dans le conflit entre la tsarévna et le tsar, ce n'est pas du côté du *Diévitchi Monastyr* qu'est le progrès.

Expéditions d'Azof (1695-1696), premier voyage en Occident (1697).

Le premier usage que fait le tsar de sa liberté nouvelle, c'est de courir à Arkhangel. Là, sourd aux recommandations et aux prières de sa mère, étonnée de ce goût inattendu pour l'eau salée, il contemple cette mer qu'aucun tsar n'a vue avant lui ; il mange chez les marchands et les officiers de marine étrangers ; il aspire ces effluves qui arrivent de l'Occident ; il établit un chantier, construit des barques, affronte les flots courroucés de cet Océan inconnu, manque de périr dans une tempête, ce qui n'empêche pas « le skiper Pierre Alexiévitch » de se remettre en mer et de reconduire les vaisseaux hollandais jusqu'au cap Sacré. Malheureusement cette mer Blanche, par laquelle les Anglais sont arrivés en Russie dès le temps d'Ivan IV, est une mer qui gèle. Pour ouvrir de sérieuses communications avec l'Occident, avec les pays civilisés, il faudrait s'établir sur la Baltique ou sur la mer Noire ; or, la première est aux Suédois, la seconde est aux Turcs, comme la Caspienne est aux Persans. A qui s'attaquer d'abord? Les traités conclus avec la Pologne et l'Autriche, la politique, la religion, tout poussait le tsar contre les Turcs. Constantinople reste l'éternelle attraction de la Russie orthodoxe. Pierre partage tous les sentiments de son peuple : vis-à-vis du Turc, il a l'enthousiasme d'un croisé. Malgré son vif désir de voyager en Occident, il prend la résolution de ne se montrer aux peuples étrangers qu'après une grande victoire. Galitsyne avait deux fois échoué contre la Crimée : Pierre entreprit d'attaquer les barbares par le Don et d'assiéger Azof. L'armée était commandée par les trois généraux Golovine, Gordon et Lefort, qui devaient toutefois se concerter avec « le bombardier du régiment Préobrajenski, Pierre Alexiévitch. » Ce régiment, ainsi que trois autres régiments réguliers issus des *amusements* de Préobrajenskoé, le Séménovski, le Boutositski et celui de Lefort, formaient le noyau principal de l'expédition. Elle échoua parce que le tsar n'avait pas de flotte pour investir Azof par mer, que la nouvelle armée et ses nouveaux chefs manquaient d'expérience, et que l'ingénieur allemand, Jansen, maltraité par Pierre, passa à l'ennemi. Après deux assauts repoussés, le siége fut levé. Cet échec était d'autant plus grave que le tsar en personne s'était trouvé à l'armée; que le premier essai pour passer des *amusements* de Préobrajenskoé à la guerre sérieuse, avait manqué; que cet insuccès donnait des armes contre les innovations, contre les *Allemands* et les *hérétiques*, contre la nouvelle tactique. Il pouvait compromettre aux yeux du peuple l'œuvre même de la régénération (1695).

Pierre, quoiqu'il eût à l'exemple de Galitsyne triomphé à Moscou, sentit qu'il avait une revanche à prendre. Il demanda de bons officiers à l'étranger. L'Autriche et la Hollande lui envoyèrent des officiers d'artillerie, la Prusse des ingénieurs, Venise l'amiral Lima. Pierre poussa avec une impatience fiévreuse la création d'une flottille; avec du bois vert on construisit vingt-deux galères, cent radeaux, dix-sept cents barques ou canots; tous les petits ports du Don furent métamorphosés en chantiers; vingt-six mille ouvriers y furent rassemblés de tous les points de l'empire. C'était comme un camp de Boulogne. Les contre-temps, les désertions d'ouvriers, les incendies de chantiers, la maladie même du tsar, rien ne ralentit son activité. Pierre pouvait écrire que « suivant la recommandation de Dieu à Adam, il mangeait son pain à la sueur de son front ». Enfin la « caravane marine », l'Armada russe, descendit le cours du Don. Des glacis d'Azof il écrivait à sa sœur Natalie[1] : « D'après tes conseils je ne m'approche plus des boulets et des balles : ce sont eux qui s'approchent de moi, mais assez courtoisement ». Azof fut bloqué par terre et par mer, une brèche fut ouverte par les ingénieurs. On se préparait à donner l'assaut lorsque la place capitula. La joie fut grande en Russie et la jalousie des streltsi contre ce succès dû à l'art des étrangers put céder à leur enthou-

---

1. Sa mère était morte en 1694, son frère Ivan en 1696.

siasme de chrétiens pour cette victoire sur l'islamisme, pour cette conquête qui rappelait celle de Kazan et d'Astrakhan. L'effet produit en Europe fut considérable; à Varsovie le peuple cria : « Vive le tsar! » L'armée rentra dans Moscou sous des arcs de triomphe, où étaient représentés Hercule foulant aux pieds un pacha et deux Turcs, Mars terrassant un mourza et deux Tatars. Lefort, amiral, et Schein, généralissime, figuraient dans le cortége, assis dans de magnifiques traîneaux, tandis que Pierre, promu au grade de capitaine, suivait à pied. Jansen, destiné à la potence, se traînait parmi les captifs (1676).

On voulut profiter de ce grand succès pour fonder la puissance maritime de la Russie. Par décision de la *douma*, on établit à Azof trois mille familles, quatre cents Kalmouks et une garnison de stroltsi moscovites. Le patriarche, les prélats et les monastères s'imposèrent la construction d'un vaisseau par huit mille âmes de serfs. Les seigneurs, les fonctionnaires, les marchands, pris de la fièvre de la guerre sainte, apportèrent leur contribution à la marine naissante. On projeta de réunir par un canal le Don et le Volga. On fit un nouvel appel aux artisans et aux marins d'Europe. Cinquante jeunes nobles de la cour furent envoyés à Venise, en Angleterre et aux Pays-Bas pour y apprendre la marine et la construction. Mais il fallait que le tsar lui-même s'instruisît pour juger de la science de ses sujets; il fallait réagir contre l'indolence et les préjugés russes en donnant un grand exemple, et Pierre, après avoir commencé sa carrière dans la flotte par le grade de skipper, dans l'armée par celui de bombardier, allait devenir le charpentier de Saardam. Il se décernait, comme récompense du succès d'Azof, le voyage tant désiré d'Occident.

En 1697 l'amiral Lefort, les généraux Golovine et Vosnitsyne se préparèrent à partir pour les contrées de l'Ouest avec le titre de « grands ambassadeurs du tsar ». Leur suite se composait de deux cent soixante-dix personnes, jeunes nobles, soldats, interprètes, marchands, farceurs et bouffons. Dans le cortége se dissimulait un jeune homme qui se faisait appeler Pierre Mikhaïlof. Cet *incognito* devait procurer au tsar plus de facilités, soit pour les études personnelles, soit pour les négociations délicates. En passant à Riga, Pierre se laissa insulter par le gouverneur suédois et en prit bonne note pour l'avenir. A Kœnigsberg, le colonel prussien Sternfeld délivra à « M. Pierre Mikhaïlof » un brevet en forme de maître ès artillerie. Les grands ambassadeurs et leur compagnon de voyage furent reçus cordialement par les cours de Courlande, de Brandebourg et de Hanovre. Sophie-Charlotte de Hanovre, plus tard reine de Prusse, nous a laissé de curieux mémoires sur le tsar alors âgé de vingt-sept ans. Il l'étonna par sa vivacité d'esprit, la promptitude et l'à-propos de ses réponses, non moins que par la grossièreté de ses manières, sa mauvaise tenue à table, sa timidité farouche d'enfant mal élevé, ses grimaces et ce tic effrayant qui par moments lui bouleversait la figure. Pierre était alors un très-beau brun, avec de grands yeux perçants, mais ses traits portaient déjà la trace d'excès de travail et de débauche. « Il doit être très-bon et très-méchant, » disait la jeune électrice, et en cela il représentait assez bien la Russie d'alors. « S'il avait reçu une meilleure éducation, ajoutait la princesse, il serait un homme accompli. » La suite du tsar n'était pas moins étonnante que le maître : les Moscovites dansèrent avec les dames de la cour et prirent pour leurs os les baleines de leurs corsets : « Ces Allemandes ont des os durs en diable, » disait le tsar.

Laissant en chemin la grande ambassade, Pierre prit les devants et courut à Saardam. Le jour même de son arrivée, il prit son logement chez un forgeron, se procura un costume complet de compagnon hollandais et commença à manier la hache. Il marchanda un canot, l'acheta et but avec le vendeur la pinte de bière traditionnelle. Il visita les manufactures, les scieries, les corderies, mettant partout la main à l'œuvre; dans une papeterie, il fit du papier. D'ailleurs, malgré la légende, il ne resta pas plus de huit jours à Saardam. A Amsterdam, ses excentricités ne surprirent pas moins. Il ne prit et ne laissa de repos à personne : il mit sur les dents tous ses cicerones, répétant toujours : « Je dois voir. » Il visitait les collections anatomiques les plus célèbres, embauchait des artistes, des ouvriers, des militaires, des ingénieurs, achetait des modèles de vaisseaux, des recueils de lois maritimes et de traités. Il entrait familièrement chez les particuliers, gagnait les Hollandais par sa bonhomie, pénétrait dans les boutiques et les échoppes, restait en admiration devant un arracheur de dents. Parmi toutes ces occupations, il ne perdait pas de vue le but suprême. « Nous travaillons, écrivait-il au patriarche Adrien, pour conquérir solidement l'art de la mer, afin qu'étant instruit complétement, à notre retour en Russie, nous soyons victorieux des ennemis du Christ et, par sa grâce, libérateur des chrétiens qui sont là-bas : voilà ce que je ne cesserai de désirer jusqu'à mon dernier soupir. » Il s'affligeait de faire si peu de progrès dans la construction, parce qu'en Hollande la construction était empirique : un armateur lui dit qu'en Angleterre elle se faisait par principes et qu'il pourrait s'instruire en quatre mois. Pierre passa donc la mer et resta trois mois à Londres et dans les villes voisines : là encore il prit à son service des orfèvres et batteurs d'or, des architectes, des bombardiers. Il revint en Hollande, et, assailli par une violente tempête, rassura ceux qui tremblaient pour lui : « Avez-vous jamais vu un tsar de Russie se noyer dans la mer du Nord ? » leur demandait-il. La politique marchait de concert avec les études techniques : il avait conversé avec Guillaume III. Il ne visita point la France à ce premier voyage : Louis XIV, raconte Saint-Simon, « l'en fit honnêtement détourner. » On lui savait mauvais gré à Versailles de son alliance avec l'Empereur et de ses guerres contre les Turcs. Il se rendit à Vienne, où il put étudier l'art militaire et où il détourna Léopold de faire la paix avec le sultan : Pierre voulait conquérir Kertch pour s'assurer du détroit d'Iénikalé. Il se préparait à partir pour Venise lorsque de fâcheuses nouvelles lui arrivèrent de Moscou

CHAPITRE XXII.

Révolte et destruction des streltsi.

Les premières réformes de Pierre Ier, les premières atteintes portées aux usages et aux préjugés nationaux avaient soulevé contre lui un monde d'ennemis. La vieille Russie ne se laissa pas violenter par le hardi novateur sans protestations. A l'intérieur il y aura une résistance sourde et acharnée, qui parfois se traduira en sanglants épisodes. La révolte des streltsi, l'insurrection d'Astrakhan, les soulèvements des kosaks, plus tard le procès de son fils et de sa première femme, ne seront que des épisodes de la grande lutte. Des prêtres enseignaient déjà que l'Antechrist était né; il était dit en effet que l'Antechrist naîtrait d'un adultère; or, Pierre était fils de la *seconde* épouse d'Alexis : sa mère Natalie était la *fausse vierge*, la femme adultère des prophéties. Les charges de plus en plus lourdes qui pesaient sur le peuple étaient un autre signe que les temps étaient venus. D'autres, révoltés du goût que manifestait le tsar pour les habits allemands, les langues étrangères, les aventuriers du dehors, affirmaient qu'il n'était pas le fils d'Alexis, mais celui de Lefort le Genevois, ou qu'il était né d'un chirurgien allemand. Ils se *scandalisaient* de voir un tsar s'exposer aux gourmades dans ses *amusements* militaires comme un autre Grégori Otrépief. Le bas peuple était indigné de voir proscrire les longues barbes et les longs vêtements nationaux, les *raskolniks* de voir autoriser « l'infection sacrilége du tabac ». Le voyage d'Occident acheva de troubler les esprits et les cœurs. Avait-on jamais vu un tsar de Moscou sortir de la sainte Russie pour courir les royaumes des étrangers? Quelles aventures l'attendaient chez les *niemtsi* et les *bousourmanes?* car le peuple russe savait à peine distinguer entre les Turcs et les Allemands, ignorait la France et l'Angleterre. Sous un ciel inconnu, aux extrémités du monde, sur les rivages de la « mer Océan », quels dangers ne courait-il pas? Alors se forma sur le voyage du tsar une singulière légende. On raconta qu'il était allé se promener à Stockholm déguisé en marchand et que la reine l'avait reconnu et avait tenté, mais en vain, de le prendre. Suivant une autre version, elle l'aurait plongé dans un cachot et livré à ses ennemis, qui avaient voulu l'enfermer dans un tonneau hérissé de pointes de fer à l'intérieur et le précipiter à la mer; un strélctz le sauva en prenant sa place dans son lit et en se laissant enfermer dans le tonneau. Certains assuraient que Pierre était encore retenu là-bas : en 1705, les streltsi et les raskolniks d'Astrakhan répéteront encore que c'était un faux tsar qui était revenu à Moscou : le vrai tsar était prisonnier à *Stekoln*, attaché à un poteau[1].

Au milieu de cette fermentation universelle qu'entretenait l'absence de Pierre, il y avait des symptômes particulièrement inquiétants. La milice moscovite était de plus en plus hostile à l'ordre de choses nouveau. En 1694, Pierre avait découvert une nouvelle conspiration qui avait pour but de délivrer Sophie; au moment de partir pour l'Occident, il avait dû sévir contre un complot de streltsi et de kosaks dont le colonel Tsykler était le chef. Ceux des streltsi qu'on avait envoyés en garnison à Azof, regrettaient leurs femmes, leurs enfants, leur commerce qu'ils avaient laissés à Moscou. Lorsque d'Azof, en l'absence du tsar, on les expédia aux frontières de Pologne, ils commencèrent à murmurer : « Quelle destinée est la nôtre; ce sont les boïars qui font tout le mal; voilà trois ans qu'ils nous tiennent hors de chez nous. » Deux cents désertèrent et coururent à Moscou: la *douma*, inquiète de leur présence dans une capitale déjà troublée, les en fit expulser de force. Ils rapportèrent à leurs régiments une lettre de Sophie : « Vous souffrez, écrivait-elle; plus tard ce sera pire. Marchez sur Moscou, qu'attendez-vous? du tsar, point de nouvelles. » On répéta dans les régiments que le tsar avait péri dans les pays d'outre-mer, que les boïars voulaient faire périr son fils Alexis. Il fallait marcher sur Moscou et exterminer les nobles. La sédition militaire se compliquait du fanatisme religieux des raskolniks et des passions démagogiques de

---

1. A. Rambaud, *la Russie épique*, p. 303.

cette milice populaire. Quatre régiments s'ébranlèrent et se mirent en route. Les généraux Schein et Gordon, avec les troupes régulières, coururent au-devant d'eux, les rencontrèrent sur les bords de l'Iskra et les engagèrent à rentrer dans le devoir. Les streltsi répondirent par une pétition où ils exposaient leurs griefs : « on avait fait périr beaucoup d'entre eux dans l'expédition d'Azof conseillée par Lefort, un Allemand, un hérétique; on leur avait infligé des marches pénibles dans la steppe brûlante, ne les nourrissant que de viandes gâtées; on les avait épuisés de travaux de terrassement, relégués dans les garnisons lointaines; il se commettait des horreurs à Moscou; les étrangers avaient introduit l'usage de raser les barbes et de fumer le tabac; on disait que ces *niemtsi* voulaient s'emparer de la ville : sur ce bruit les streltsi étaient venus, et aussi parce que Romodanovski avait voulu les disperser et les sabrer sans qu'on sache pourquoi. » Quelques coups de canon suffirent à disperser les rebelles. Un grand nombre d'entre eux furent arrêtés; l'enquête et les tortures commencèrent; cent cinquante furent pendus et les autres dispersés dans les prisons.

Quand Pierre Ier accourut de Vienne, il trouva que ses généraux et sa *douma* avaient été trop doux. Contre les streltsi il avait d'anciens griefs; ils avaient été l'armée de Sophie, opposée à l'armée du tsar; il se souvenait du Kremlin envahi, de ses parents maternels égorgés, des terreurs de sa mère dans Troïtsa, des conspirations qui avaient failli empêcher son départ pour l'Occident; au moment où il voyageait en Europe pour le bien de son peuple, ces incorrigibles mutins l'avaient forcé de renoncer à ses projets les plus chers, arrêté sur la route de Venise. Il résolut de profiter de l'occasion pour écraser en bloc ses ennemis et faire peser sur la vieille Russie une terreur qui rappelât les jours d'Ivan IV. Ce qu'on avait attaqué, c'était ses goûts étrangers, les mentons ras, les courts vêtements; c'est cela même qui allait devenir le signe de ralliement pour la Russie nouvelle. Les longues barbes avaient été l'insigne de la révolte, elles tomberaient partout.

Le 26 août, il ordonna à tous les gentilshommes d'avoir à se raser et lui-même rasa de sa propre main les grands seigneurs. Le même jour, la Place Rouge se couvrit de potences; le patriarche Adrien essaya vainement de conjurer la colère du tsar en se présentant devant lui avec l'image miraculeuse de la mère de Dieu. « Pourquoi as-tu déplacé cette sainte icône? lui cria le tsar. Retire-toi et la reporte à sa place. Sache que je n'ai pas moins de vénération que toi-même pour Dieu et sa mère, mais sache aussi que mon devoir est de protéger le peuple et de punir les rebelles. » Le 30 octobre, on vit arriver à la Place Rouge un premier convoi de deux cent trente prisonniers, traînés dans des charrettes, des cierges allumés dans les mains, presque tous déjà brisés par la torture, suivis de leurs femmes et de leurs enfants qui couraient derrière les voitures en leur chantant les complaintes de funérailles. Ils furent pendus après la lecture de leur sentence; le tsar ordonna à plusieurs officiers d'aider le bourreau; Jean-Georges Korb, agent autrichien, qui nous a laissé, comme témoin oculaire, un récit authentique des exécutions, entendit raconter que « cinq têtes de rebelles venaient déjà d'être abattues à coups de hache par la plus noble main de la Russie. » Le terrible charpentier de Saardam travailla et obligea ses boïars à travailler à cette horrible besogne. Sept autres journées furent consacrées aux supplices : un millier de victimes périrent. Quelques-unes furent dévouées à la roue et à d'autres supplices raffinés. On défendit d'enlever les corps des exécutés, et pendant cinq mois Moscou eut le spectacle de cadavres pendus à tous les créneaux du Kremlin et des autres remparts de la ville, ou exposés sur les places de Moscou; pendant cinq mois des streltsi accrochés aux barreaux de la prison de Sophie lui présentèrent la supplique par laquelle ils l'avaient exhortée à régner. Deux de ses confidentes avaient été enterrées vives; elle-même, ainsi que la femme de Pierre, Eudoxie Lapoukhine, l'épouse répudiée pour son attachement obstiné aux anciennes coutumes, eurent la tête rasée et furent enfermées dans des monastères. Après la révolte des habitants d'Astrakhan, qui massacrèrent leur voiévode, la milice entière fut abolie et la place resta libre pour la création d'une armée nouvelle.

Lutte contre les kosaks : révolte du Don (1706). Mazeppa (1709).

Les streltsi n'étaient pas la seule force militaire de l'ancienne Russie dont l'existence et les priviléges fussent devenus incompatibles avec l'organisation de l'État moderne. Les *armées* (*voïska*) de kosaks, ces républiques guerrières et indisciplinées qui avaient été jadis le rempart de la Russie et ses postes avancés contre les barbares, devaient subir une transformation. L'empire avait contre les kosaks de nombreux griefs : ceux de l'Ukraine et ceux du Don avaient suscité jadis le premier et le second des faux Dmitri; de l'armée du Don était sorti le terrible Stenko Razine.

En 1706 les kosaks du Don se révoltèrent contre le gouvernement tsarien, parce qu'il leur défendait de donner asile aux paysans qui s'enfuyaient de chez leurs maîtres et aux contribuables qui cherchaient dans leurs campements un asile contre l'impôt. L'ataman Boulavine, ses lieutenants Nékrassof, Frolof et Dranyi appelèrent aux armes les « amateurs de promenade ». Ils égorgèrent le prince Georges Dolgorouki, battirent les Russes sur la Liskovata, prirent Tcherkask, menacèrent Azof, tout en protestant de leur fidélité au tsar et accusant les voiévodes d'avoir agi « sans son ordre. » Ils furent battus par Vassili Dolgorouki, le frère du mort. Boulavine fut égorgé par ses propres soldats, Nékrassof avec deux mille hommes seulement se réfugia dans le Kouban. Les campements rebelles furent dépeuplés, et Dolgorouki put écrire : « Les principaux mutins et les traîtres déclarés ont été pendus; des autres, un sur dix a été pendu, et tous ces pendus ont été mis sur des radeaux et abandonnés au fil de l'eau, afin d'imprimer à tous les *Dontsi* une terreur plus efficace et les amener à résipiscence. »

En Ukraine, depuis la destitution de Samoïlovitch, Mazeppa était devenu l'hetman des kosaks petits-russes. Ancien page du roi de Pologne Jean-Casimir, il avait eu dans sa jeunesse l'aventure que le poëme de lord Byron et les tableaux d'Horace Vernet ont rendue célèbre. Détaché du cheval indompté qui l'emportait dans les solitudes de l'Ukraine, il avait pris rang dans l'armée kosaque. Trahissant tour à tour tous les chefs et tous les partis, il avait été élevé successivement aux différents grades de la hiérarchie militaire. Il devait à Galitsyne et à Sophie le bâton d'hetman, mais avait été l'un des premiers à embrasser le parti de Pierre. Son élévation lui fit de nombreux ennemis; mais le tsar, qui admirait son intelligence et qui avait confiance en sa fidélité, lui renvoyait invariablement les dénonciateurs. Il avait fait périr le moine Salomon qui prétendait révéler des intrigues de Mazeppa avec le roi de Pologne et avec Sophie. En 1690, le dénonciateur Mikhaïlof avait eu le même sort et en 1696 le *diak* Souslof.

L'Ukraine cependant était profondément travaillée par les factions : dans l'armée kosaque, il existait toujours un parti russe, un parti qui regrettait la domination polonaise et un parti qui voulait donner le pays aux Turcs : en 1693 Pétrik, un de ses chefs, envahit l'Ukraine avec quarante mille Tatars, mais échoua dans sa tentative. De plus, entre l'*armée* et les populations sédentaires de l'Ukraine subsistaient de profonds dissentiments ; l'hetman rêvait toujours de se rendre indépendant ; les officiers de l'armée ne voulaient rendre compte à personne de leur gestion ; les soldats voulaient vivre aux dépens du pays sans travailler et sans payer d'impôts, reprenant pour leur compte les traditions des anciens *pans;* mais les colons qui avaient créé la prospérité agricole du pays, les bourgeois des villes qui ne trouvaient aucune sécurité dans leur travail, toute la population tranquille et laborieuse, faisaient des vœux pour être débarrassés de cette turbulente oligarchie militaire et appelaient le tsar de Moscou comme un libérateur.

Mazeppa représentait en Ukraine l'élément militaire et se sentait odieux aux classes paisibles. Le tsar l'accablait de preuves de confiance, mais Mazeppa redoutait l'affermissement de l'État russe. Il se rappelait qu'un jour, dans une orgie, le tsar l'avait saisi par la barbe et violemment secoué. Les charges que l'empire imposait à l'État vassal de Petite-Russie devenaient chaque jour plus lourdes : la guerre contre Charles XII les accrut encore. On avait tout à craindre de l'humeur impérieuse et des prétentions autocratiques de Pierre. L'invasion imminente des Suédois devait précipiter la crise ; ou la Petite-Russie se rendrait indépendante avec l'aide des étrangers, ou leur défaite sur son sol porterait le coup mortel à sa prospérité et à son indépendance. Sentant se rapprocher l'heure où il faudrait obéir au tsar blanc, Mazeppa s'était laissé amener à entrer en communication avec le roi de Pologne du parti suédois, Stanislas Leszczinski. La spirituelle princesse Dolskaïa lui avait fait remettre un alphabet chiffré. Jusqu'alors Mazeppa avait livré au tsar toutes les lettres par lesquelles on avait tenté sa fidélité, de même que le tsar lui livrait ses dénonciateurs. Quand il reçut les lettres de la princesse, il sourit et dit : « Méchante femme, elle veut me détacher du tsar. » Il brûla l'épître, mais il ne l'avait pas livrée. Lorsqu'il se vit refuser pour un de ses cousins la sœur de Menchikof, lorsque ce prince s'ingéra de donner directement ses ordres aux commandants de *polks*, lorsque la guerre suédoise et le passage des troupes moscovites vinrent limiter ses pouvoirs et augmenter les charges du pays, lorsque le tsar envoya des injonctions plus pressantes pour l'armement à l'européenne, lorsqu'il sentit grandir autour de lui l'esprit de rébellion contre Moscou, il écrivit à Leszczinski qu'il ne trouvait pas l'armée polonaise assez forte, mais il l'assura de sa bonne volonté. Son confident Orlik était dans le secret de toutes ses menées ; plusieurs de ses subordonnés qui les avaient pénétrées firent une nouvelle démarche auprès du tsar pour le dénoncer : c'était Paléï, si célèbre dans les chansons héroïques de l'Ukraine, Kotchoubey, dont Mazeppa avait enlevé la fille, et Iskra. La dénonciation était très-précise et révélait les conciliabules secrets avec les émissaires du roi et de la princesse Dolskaïa. Elle échoua comme les précédentes devant la confiance obstinée de Pierre Ier : Paléï fut envoyé en Sibérie, Iskra et Kotchoubey torturés, forcés de s'avouer calomniateurs, livrés à l'hetman et décapités. Mazeppa sentit qu'un bonheur aussi insolent n'était pas durable : les mécontents l'adjuraient de songer au salut commun. A ce moment Charles XII arriva dans le voisinage de la Petite-Russie : « C'est le diable qui l'amène ! » s'écria Mazeppa ; et il essaya, entre les deux puissants ennemis, de sauver à force d'habileté l'indépendance de son petit État, sans se livrer complètement ni à Charles XII ni à Pierre le Grand. Quand celui-ci l'invita à rejoindre l'armée, il se prétendit malade et reçut même l'extrême-onction ; mais Menchikof se rapprochait, Charles XII également. Il fallait choisir : Mazeppa sortit de son lit, rassembla ses kosaks les plus dévoués et passa la Desna pour opérer sa jonction avec l'armée suédoise. Alors Pierre le Grand lança une proclamation où il flétrissait la trahison de Mazeppa, son alliance avec les hérétiques, son complot pour asservir de nouveau l'Ukraine à la Pologne et remettre les temples de Dieu et les saints monastères aux uniates. L'anathème retentit contre lui dans toutes les églises de Russie. Batourine, sa capitale, fut emportée par Menchikof, saccagée et rasée ; ses complices, abandonnés par lui, périrent par la roue et le gibet ; lui-même, après la bataille de Poltava, s'enfuit au pays turc et périt misérablement à Bender. Un nouvel hetman, Skoropadski, fut élu pour le remplacer ; la masse du peuple et de l'armée kosaque se prononça énergiquement pour le tsar, et les Suédois eurent à combattre en Ukraine le soulèvement de la population. Néanmoins c'en était fait de l'indépendance de la Petite-Russie. On ne tint plus compte des priviléges des kosaks et douze cents d'entre eux allèrent travailler au canal du Ladoga. Un fonctionnaire moscovite fut adjoint à Skoropadski afin de gouverner « de concert avec le conseil de l'hetman ». Les sujets moscovites furent admis à posséder des biens-fonds en Ukraine au même titre que les Petits-Russes : Menchikof et Chafirof y reçurent de Skoropadski des domaines considérables ; sa fille épousa un autre

Moscovite, Tolstoï, qui reçut le commandement du *polk* de Niéjine. En 1722, la Petite-Russie, dont les affaires avaient ressorti jusqu'alors au collége des relations extérieures, dépendit d'un collége spécial fondé à Moscou sous la rubrique : Affaires petites-russiennes. C'était dire clairement que l'Ukraine avait cessé d'être un État autonome. Enfin, lorsque Skoropadski mourut, Pierre ne lui donna pas de successeur, déclarant que « les trahisons des précédents hetmans ne permettaient pas de prendre à la légère une décision en cette grave affaire de l'élection et qu'il fallait se donner le temps de trouver un homme dont la fidélité fût assuré. »

Depuis cette époque les institutions de l'Ukraine furent modifiées au gré de Pierre le Grand et de ses successeurs. L'hetmanat fut aboli ou rétabli jusqu'au moment où le dernier titulaire, qui n'était qu'un courtisan de Catherine II, abdiqua en 1789. L'Ukraine ressortit tantôt au collége de Petite-Russie, tantôt au collége des relations extérieures, jusqu'au moment où elle devint sous Catherine II partie intégrante de l'empire. Quant aux Zaporogues, après la prise de leur *sétcha* par Pierre le Grand, ils émigrèrent en Crimée, obtinrent sous Anna leur réintégration sur le bas Dniéper, trouvèrent la contrée environnante déjà toute transformée et, comme leur existence semblait incompatible avec la sécurité de la colonisation, furent décidément expulsés en 1775.

Dès l'année 1709, on peut dire qu'il n'existe plus dans l'empire une force militaire qui puisse à la volonté souveraine du tsar opposer ses priviléges.

CHAPITRE XXIII.

PIERRE LE GRAND. — LUTTE CONTRE CHARLES XII (1700-1709).

Narva (1700); conquête des provinces baltiques. — Charles XII envahit la Russie : Poltava (1709).

Narva (1700); conquête des provinces baltiques.

Pierre Ier avait navigué sur la mer Blanche, conquis un port sur la mer d'Azof; mais la Baltique seule pouvait lui assurer des communications rapides et régulières avec les nations occidentales; c'était seulement en prenant position sur la Baltique que la Russie cesserait d'être un État oriental pour entrer dans le système européen; mais la Baltique appartenait alors à la Suède qui, par la Finlande, la Carélie, l'Ingrie, l'Esthonie, la Livonie, la Poméranie, occupait tous ses rivages. Elle était vraiment une Méditerranée suédoise. Stockholm se trouvait au centre même de la monarchie des Wasa, au lieu d'être situé, comme aujourd'hui, sur sa frontière maritime. Pour « percer une fenêtre » sur l'Occident, il fallait rompre en quelque point la chaîne des possessions suédoises. Les circonstances semblaient favorables. La lutte continuait en Suède entre l'aristocratie et la royauté; le dernier roi Charles XI avait, en 1680, rendu son autorité absolue et ordonné aux gentilshommes de restituer à la couronne toutes les terres aliénées par le domaine royal depuis l'année 1609 : cet édit de *réduction*, mitigé à peine par une promesse d'indemnité, ruinait l'aristocratie. En Livonie surtout, la noblesse allemande, les descendants des Porte-glaives protestèrent énergiquement.

Elle envoya au roi Charles XI une députation à la tête de laquelle se trouvait Jean Reinhold Patkul. C'était un homme fier, intelligent, énergique, d'un caractère ardent et vindicatif. La hardiesse de ses représentations déplut au souverain, et, comme ses collègues le soutenaient, ils furent arrêtés, traduits devant un conseil de guerre et condamnés à mort. Patkul réussit à s'échapper; la rage dans le cœur, il chercha partout des ennemis à Charles XI, puis à son jeune fils Charles XII. C'est lui qui proposa au roi de Pologne, Auguste de Saxe, un plan d'après lequel la Suède devait être attaquée par tous ses voisins : la Pologne lui reprendrait la Livonie et l'Esthonie, la Russie conquerrait l'Ingrie et la Carélie, le Danemark envahirait le Holstein qui appartenait à un beau-frère de Charles XII. Pierre accepta avec enthousiasme les ouvertures du roi de Pologne: il ne demandait qu'à reprendre les desseins d'Ivan IV et de son père Alexis. La jeunesse du nouveau roi de Suède, sa réputation d'incapacité, pouvaient faire espérer un prompt succès. Pierre Ier accéda à la coalition en vertu du traité de Préobrajenskoé. Dans son manifeste pour la déclaration de guerre, il eut soin de rappeler ses griefs, assez puérils, contre le gouverneur de Riga.

Quand Pierre parut sous les murs de Narva, Patkul applaudit d'abord, puis s'inquiéta. D'après son plan, il eût voulu écarter les Russes de cette ville. Il conseilla cependant à Auguste de ne pas soulever la question. Presque aussitôt la coalition fut atteinte de deux coups inattendus : le roi de Danemark, menacé dans Copenhague, avait été contraint de signer le traité de Traventhal, et le roi de Pologne, à l'approche des Suédois, avait dû lever précipitamment le siége de Riga. Sans s'arrêter à poursuivre les Polonais, Charles XII se tourna aussitôt contre les Russes.

La complaisance envers le vainqueur a exagéré la disproportion numérique entre les deux armées. Voltaire lui-même a dû rectifier dans l'*Histoire de Pierre le Grand* les chiffres qu'il avait donnés dans l'*Histoire de Charles XII*. Celui-ci n'avait guère que 8430 hommes; les Russes comptaient 63500 hommes, dont 40000 seulement prirent part à l'action. L'armée se composait de régiments réguliers, mais aussi de streltsi, de kosaks, de troupes nobles (enfants-boïars), d'habitants levés à la hâte. En l'absence du tsar, qui s'était éloigné la veille pour presser l'arrivée des renforts, ils étaient placés sous le commandement d'un ancien général de l'empereur d'Allemagne, le duc de Croï, que sa qualité d'étranger rendait suspect aux troupes. Comme ils assiégeaient Narva, ils avaient à dos la Narova, ou rivière de Narva, et occupaient une ligne fortifiée de sept verstes (près de deux lieues), qu'il était impossible de garnir dans toute son étendue ; par endroits il n'y avait qu'une ligne de soldats, placés à près d'une toise l'un de l'autre. Sur leur front, à peu près au centre, ils avaient élevé une grande batterie. En avant des retranchements, sur la route de Revel, des postes avancés s'élevant à quatre mille hommes.

Le 30 (19) novembre 1700, la bataille s'engagea par une canonnade qui dura jusqu'à deux heures de l'après-midi. À ce moment, les Suédois, à la faveur d'une neige épaisse, qui empêchait les Russes de voir à vingt pas devant eux, arrivèrent, presque sans être aperçus, au pied des retranchements. En un instant, ils eurent franchi le fossé et le parapet ; la panique se mit aussitôt dans le camp des Russes. « Les Allemands nous ont trahis ! » crièrent les soldats qui commencèrent à égorger les officiers étrangers ; le duc de Croï et tout son état-major ne virent d'autre refuge contre leurs propres soldats que de fuir chez les Suédois. Chérémétief, commandant de la cavalerie, se précipita vers la rivière de Narva et réussit à la passer, en perdant plus de mille hommes dans les flots. Un seul corps se défendit avec une énergie désespérée : le Préobrajenski et le Séménovski, les régiments favoris de Pierre le Grand, organisés par lui à l'européenne, se retranchèrent à la hâte dans une enceinte formée de chariots d'artillerie et repoussèrent toutes les attaques des Suédois, dirigées par le roi en personne. Néanmoins, par la prise de la grande batterie centrale, l'armée russe était coupée en deux ; la nuit vint et augmenta encore le désordre. L'aile droite, commandée par Dolgorouki, Golovine, Boutourline et Alexandre, le tsarévitch d'Imérétie, entra en négociations avec le roi : elle signa une capitulation qui lui assurait une libre retraite avec armes, étendards et bagages, mais abandon de l'artillerie, sauf six pièces de canon. Les gardes Préobrajenski et Séménovski abandonnèrent leur citadelle de chariots et se retirèrent en bon ordre. Les Suédois, pour hâter leur retraite, construisirent eux-mêmes un pont sur la Narova. L'aile gauche plus compromise fut obligée de signer une capitulation plus rigoureuse; elle put se retirer, mais en déposant ses armes. Charles XII laissa donc l'armée russe repasser la rivière, non par dédain ou par générosité, comme on l'a dit, mais par prudence. Le général suédois, Wrède, écrivait : « Si le général russe Weide, qui avait six mille hommes sous les armes, avait eu le courage de nous attaquer, nous étions sûrement perdus ; nous étions épuisés, n'ayant pris ni repos, ni nourriture depuis plusieurs jours ; nos soldats étaient tellement ivres du vin qu'ils avaient trouvé dans le camp russe, que nous aurions été incapables de les remettre en ordre. » Le roi de Suède, en forçant un peu les termes de la capitulation, retint prisonniers Croï et les officiers qui s'étaient réfugiés dans son camp. Beaucoup restèrent vingt années captifs en Suède. Outre les prisonniers, les Russes avaient perdu six mille hommes, et les Suédois près de deux mille.

Il y a des défaites salutaires et des victoires funestes. L'Europe entière combla Charles XII de flatteries. On frappa des médailles en son honneur avec ces inscriptions : *superant operata fidem*, ou encore : *tres uno contudit ictu*. Le jeune roi ne put se défendre entièrement de l'enivrement d'un tel succès : « Il ne rêve plus que guerre, écrivait son général Stenbock ; il n'écoute plus les conseils ; il prend l'air que c'est Dieu qui lui inspire directement ce qu'il y a à faire. » Il méprisa des ennemis vaincus si facilement et, comptant pour rien l'armée russe, s'acharna à la perte de l'inoffensif roi de Pologne. Pendant cinq années il ne va plus s'occuper que de son détrônement, se consumant dans les intrigues des diètes polonaises, s'attachant à écraser les partisans d'Auguste, comme si l'élévation et le maintien de Stanislas Leszczinski eût été réellement d'une importance vitale pour la Suède, au même titre que la possession de ses provinces maritimes. Pierre comprit qu'il fallait occuper son rival en Pologne ; il aida Auguste de Saxe de ses troupes et de ses finances, afin de se garder les mains libres dans les régions baltiques. Il lui suffisait de savoir l'impétueux roi de Suède « enlisé » pour quelque temps dans les marécages et dans les intrigues de Pologne.

Pierre avait repris courage après Narva. Rien n'était perdu puisque la plus grande partie de son armée lui revenait intacte ; il n'avait qu'à mettre à profit cette rude leçon d'art militaire. Il augmenta les fortifications de Pskof, Novgorod et des places frontières : tout le monde dut se mettre aux travaux de terrassement. Il effraya par des exemples terribles les voleurs du trésor et les fonctionnaires prévaricateurs. Avec les cloches des églises, il fondit trois cents canons ; il créa dix nouveaux régiments, chacun de mille dragons. Il envoya 250 enfants aux écoles militaires.

L'année même qui suivit Narva, Chérémétief attaqua le général suédois Slipenbach auprès d'Ehresfer, en Livonie. Les Russes étaient plus nombreux, mais c'était un progrès que de vaincre les Suédois à trois contre un ; Slipenbach perdit 3500 hommes sur 7000, et, ce qui montre l'acharnement de cette guerre, on ne fit que 350 prisonniers. Cette « aînée des victoires russes » fut célébrée à Moscou par un triomphe où défilèrent les armes, les canons et les étendards conquis ; Chérémétief fut créé feld-maréchal, et Pierre s'écria : « Gloire à Dieu ! nous pourrons un jour battre les Suédois » (1701). La même année, sept vaisseaux suédois étaient repoussés par la flottille du tsar. En 1702, Chérémétief battit encore Slipenbach à Hümmelsdorff, lui prit toute son artillerie, lui fit perdre 6000 hommes sur 8000.

L'objectif de Pierre, c'était la Néva qu'avaient possédée les anciens princes russes, et où saint Alexandre Nevski avait conquis son glorieux surnom sur ces mêmes ennemis. Il enleva Noteburg, l'ancien Oréchek (*la noix*) des Novgorodiens, qui commandait la Néva à sa sortie du lac Ladoga ; il l'appela Schlüsselbourg (*forteresse de la clef*), parce que ce poste devait le rendre maître du large fleuve. Près de l'embouchure de la Néva, les Suédois tenaient la petite forteresse de Nienschantz ; il la prit, la démolit et, dans une île voisine, fonda la citadelle autour de laquelle s'élèverait sa future capitale ; l'îlot de Cronslott devint Cronstadt, qui interdira aux Scandinaves l'accès du côté de la mer. La Néva était à lui. La même année 1703, il captura dans ses eaux deux vaisseaux suédois : « une victoire inouïe ! » écrivait-il à Moscou. Puis Koporié, Iam, Dorpat, qui avaient appartenu à la république de Novgorod, tombèrent entre ses mains ; il prit sa revanche de la défaite de Narva en enlevant cette ville (1704), et en protégeant les bourgeois contre ses soldats ivres de sang. Pendant ce temps, les provinces de l'héritage de Charles XII, la Livonie et l'Esthonie étaient livrées à une épouvantable dévastation, auprès de laquelle pâlit celle du Palatinat sous Louis XIV. Les jours d'Ivan le Terrible semblaient revenus. Atroce fut ce retour des Russes en leur ancien patrimoine. Volmar, Marienbourg, Venden, Vesenberg furent saccagées ; Chérémétief n'épargna que Riga, Pernau et Revel, que les Tchoudes appellent Kolyvan. On fit des campagnes letto-finnoises un désert ; les kosaks, Kalmouks, Bachkyrs, Tatars ne savaient que faire de leurs prisonniers. Les Zaporogues, à eux seuls, emmenèrent quatre mille captifs, hommes, femmes ou enfants, sur le bas Dniéper. La prise de ses forteresses, l'incendie de ses villes, l'extermination de ses peuples, rien ne put distraire Charles XII acharné à la ruine d'Auguste.

En 1705, le tsar sentit qu'il fallait surveiller les agissements du Suédois en Pologne et ne pas laisser écraser entièrement son allié Auguste : c'était assez de lui avoir pris sa part du butin, l'Esthonie et la Livonie. Les Russes passèrent la Düna, occupèrent la Courlande et Vilna, se concentrèrent en un camp retranché à Grodno. Pierre, comme Ivan le Terrible, n'avait pas seulement à lutter contre l'ennemi du dehors ; les factions intérieures n'étaient pas encore domptées. C'est au moment où il se préparait à joindre son ennemi que la révolte d'Astrakhan l'obligea à détacher sur le bas Volga une partie de ses forces et l'un de ses meilleurs généraux, Chérémétief ; il était temps que celui-ci arrivât ; déjà les streltsi d'Astrakhan faisaient appel aux kosaks. L'armée russe de Lithuanie se trouva un moment fort compromise ; Schulenbourg, général d'Auguste, avait été battu à Frauenstadt (1706) et obligé de se mettre en retraite sur la Saxe. Grâce aux habiles dispositions de Pierre, l'armée russe put se retirer sans encombre sur Kief. Vers la fin de 1706, Menchikof infligea au général suédois Mardefelt, presque à nombre égal cette fois, une sanglante défaite auprès de Kalisch.

Charles XII envahit la Russie : Poltava (1709).

Charles XII avait poursuivi jusqu'en Saxe l'armée du roi de Pologne. Pour punir sa nouvelle entreprise contre Stanislas Leszczinski et sa rentrée dans Varsovie, il écrasa de contributions et de réquisitions ses Etats électoraux. Etabli dans son camp sous les murs de Leipsig, il faisait trembler l'Europe. Il avait traversé la Silésie sans daigner en demander l'autorisation à l'empereur Joseph, méprisant les protestations de la diète de Ratisbonne ; il accueillait les plaintes des protestants de cette province, persécutés par l'Autriche, et apparaissait aux mécontents de Hongrie comme le grand redresseur de torts. On était précisément au moment le plus critique de la guerre de la succession d'Espagne. La France, vaincue à Hochstedt, à Ramillies, à Turin, tournait les yeux vers la Suède victorieuse ; l'Angleterre, la Hollande, l'Autriche, le Brandebourg, le Hanovre, toutes les puissances lancées à l'assaut de nos frontières, tremblaient que la coalition ne fût prise à revers par l'invincible armée suédoise. La Suède n'était-elle pas l'alliée de la France depuis le temps des Gustave-Adolphe et des Oxenstiern ? N'était-elle pas la compagne de ses jours de gloire, ne lui devait-elle pas sa grande position en Allemagne? n'avait-elle pas à craindre d'être ébranlée de sa défaite? Charles XII à ce moment même ne recevait-il pas les subsides du grand roi? n'était-il pas sollicité par ses envoyés? Le sort du monde semblait entre les mains du jeune vainqueur. S'il tournait à l'ouest, s'il faisait valoir ses propres griefs et ceux du protestantisme contre l'Autriche, la France était sauvée et la Suède, que de terribles aventures attendaient dans les plaines de Russie, était sauvée avec nous. Il y eut un moment d'anxieuse et solennelle attente, d'autant plus grande que le taciturne et orgueilleux monarque ne laissait rien deviner de ses projets. La situation parut si grave qu'en avril 1707 le grand Marlborough se résolut à aller le trouver dans son camp. Peu de paroles furent échangées entre ces deux fameux capitaines, de caractère si différent; mais l'habile Anglais sut deviner l'antipathie et la jalousie de Charles XII contre la France; il vit que ses yeux lançaient des éclairs quand on lui parlait du tsar; il remarqua, étalée sur sa table, une carte de la Moscovie. Marlborough repartit plein d'espérances. Ceux qui redoutaient Charles XII se plièrent à tout ce qu'il voulut leur imposer : Auguste accepta le dur et humiliant traité d'Altranstadt; il livra Patkul, que le tsar avait accrédité auprès de lui comme ambassadeur et que, malgré le caractère sacré dont il était revêtu, le fils de Charles XII fit périr sur la roue. L'empereur accorda cent églises aux protestants de Silésie, renvoya un chambellan dont le roi croyait avoir à se plaindre, livra 1500 réfugiés moscovites, rappela 400 officiers allemands qui étaient passés au service du tsar. L'électeur de Brandebourg signa un traité de paix perpétuelle. Charles XII put alors lever son camp de Leipsig : il ne se voyait plus qu'un ennemi, le tsar de Russie.

L'adversaire de Pierre le Grand était un admirable coureur d'aventures plutôt qu'un souverain. Le pouvoir absolu, qui lui échut dans un âge si tendre, laissa sans contre-poids son humeur altière et son caractère obstiné, sa *tête de fer*, comme disaient les Turcs à Bender. Voltaire remarque qu'il a porté toutes ses vertus à un excès où elles sont aussi dangereuses que les vices opposés. La vertu et le vice dominant chez lui, c'était la passion de la gloire. La gloire, la gloire seule, était pour lui le but de la guerre ; il ne semble pas avoir compris qu'on pût en acquérir dans les arts de la paix ; jusqu'au moment où la nouvelle de la coalition formée contre lui vint lui révéler sa vocation militaire, il avait paru le plus insignifiant des princes de l'Europe. Il semblait se gouverner dans sa conduite non par les principes politiques qui avaient cours au dix-huitième siècle, mais par je ne sais quel point d'honneur étrange et archaïque. Il ne connaissait d'Alexandre le Grand que le héros romanesque de Quinte-Curce, et c'était ce fantôme qu'il avait pris pour son idéal. Il était nourri de la lecture des antiques sagas scandinaves et l'on peut dire que l'âme et l'esprit des vieux wikings revivaient en lui ; il avait sans cesse leurs merveilleux exploits devant les yeux et les maximes versifiées des skaldes présentes à la mémoire. Charles XII était un héros de l'Edda égaré dans un siècle tout positif ; un historien russe, M. Guerrier, l'appelle « le dernier Varègue ; » il fut le dernier de ces aventuriers scandinaves qui jadis avaient parcouru les plaines russes de Novgorod à Kief, mais auxquels les routes du sud étaient désormais fermées. Impitoyable aux autres et à lui-même, on le voit rechercher les dangers et les fatigues inutiles, courir l'aventure comme un « roi de mer » qui n'a que sa tête à risquer ; considérant une guerre comme un combat singulier entre les deux champions et qui ne peut se terminer que, sinon par la mort, au moins par le détrônement du vaincu ; combattant non pour prendre les couronnes, mais pour les distribuer ; faisant largesse à ses soldats comme s'il avait toujours les trésors du pillage, « l'or rouge de la bruyère, » à sa disposition ; méprisant toutes les commodités de la vie comme ces Northmans qui se vantaient de ne jamais dormir sous un toit ; fuyant les femmes « dont les cheveux de soie, disent les sagas, sont des filets perfides ; » regardant comme une honte d'opérer un mouvement stratégique rétrograde, comme une faiblesse d'écouter un conseil de prudence; prêt à braver l'eau, comme dans les marais de Lithuanie, ou le feu comme dans l'échauffourée de Bender. Il avait sa garde particulière de drabans, comme les *konungs* ou rois fabuleux avaient leur *droujina*, comme Alexandre avait ses hétaires. Ses compagnons sont aussi des héros de sagas, et la légende s'est emparée de leurs exploits : on raconte en Suède qu'Hinstersfelt, l'un d'eux, chargeait sur son épaule les canons enlevés à l'ennemi, que passant sous une porte à la voûte de laquelle pendait un anneau, de son doigt recourbé, il se suspendit à cet anneau, lui et le cheval qu'il serrait entre ses jambes. « Quand j'ai avec moi neuf de mes drabans, disait Charles XII, aucune force ne peut m'empêcher de passer où je veux. » Il était donc porté à rechercher les lointaines aventures et, comme les anciens braves, à parcourir le monde « par la force de son bras. » Il avait envoyé des officiers en Asie et même en Égypte pour lever des plans et recueillir des renseignements.

Le poëte Pouchkine a mis dans la bouche de Mazeppa désabusé l'appréciation suivante: « Je me suis trompé sur le compte de ce Charles ; sans doute c'est un jeune garçon hardi et audacieux; il peut bien gagner deux, trois batailles; il peut tomber à l'improviste sur un ennemi, manger son déjeuner, répondre à une bombe par un éclat de rire: comme le premier tirailleur venu, il peut se glisser de nuit dans le camp ennemi, démonter comme aujourd'hui quelque kosak, rendre coup pour coup, blessure pour blessure; mais il n'est pas de taille à conduire la lutte avec le tsar-géant ; il veut contraindre la fortune à manœuvrer, comme un régiment, au signal de son tambour. Il est aveugle, obstiné, impatient, il est léger et présomptueux, il croit à Dieu sait quelle étoile ; il mesure par le succès passé les forces nouvelles de son ennemi. Il en faudra rabattre! J'ai honte, en mes vieux ans, de m'être laissé séduire par un vagabond militaire, de m'être laissé éblouir, comme une timide jeune fille, par son audace et sa fortune d'aventurier. »

Les deux adversaires allaient enfin se joindre. Charles quitta la Saxe avec 43 000 hommes, enrichis des dépouilles du pays ; il en laissa dix mille à Stanislas pour le maintenir sur le trône et marcha sur le Niémen. Il pénétra le premier dans Grodno avec six cents hommes seulement et dut à des prodiges de valeur de ne pas être enlevé par l'arrière-garde moscovite (1708). Le tsar, suivant une tactique qui devait être renouvelée en 1812, ordonnait à ses troupes de se retirer vers la Russie en ravageant sur leur passage la Lithuanie. La terreur du nom suédois subsistait encore presque entière : outre les 33 000 hommes qui suivaient Charles XII, Lewenhaupt devait de Pologne en amener 18 000. Nulle force russe ne semblait en état de résister à l'armée la plus aguerrie de l'Europe. Les affaires intérieures de la Russie inspiraient au tsar d'autres inquiétudes : c'est à ce moment décisif que se place la révolte de Boulavine dans les campements du Don et les premières agitations parmi les kosaks du Dniéper. Pierre, avant de risquer la sécurité de son empire, au sein duquel fermentaient encore tant d'éléments de désordre, avant d'exposer ses créations naissantes aux terribles épreuves de l'invasion, essaya de négocier avec son ennemi ; il offrit de se contenter d'un seul port sur la mer Baltique : « Je traiterai avec le tsar dans Moscou, » répondit Charles XII.

Du Niémen, à travers la forêt de Minsk, où les Suédois étaient obligés de se frayer un chemin à coups de hache, Charles XII se porta sur la Bérésina qu'il franchit en passant sur le corps à 3000 hommes. A Hollosin, il rencontra 20 000 Russes : avec une solidité qui eût dû le faire réfléchir, ils ne cédèrent qu'à la septième charge aux efforts personnels du roi. Il atteignit le Dniéper à Mohilef et le remonta jusqu'à Mstislaf ; au midi de Smolensk, à Dobroé, il attaqua un corps de 10 000 Russes et 6000 Kalmouks : cette fois il eut un cheval abattu sous lui, deux aides de camp tués à ses côtés, se trouva seul avec cinq hommes, tua douze ennemis de sa main et ne se dégagea que par miracle. La Russie ne se laissait pas entamer si aisément. Il se trouvait alors sur la route de Moscou, que devait suivre Napoléon, à cent lieues seulement de la capitale russe. On était à la fin de septembre ; l'hiver approchait et promettait d'être rigoureux : les vivres manquaient ; on lui conseillait de rétrograder de Mstislaf sur Mohilef, d'y attendre Lewenhaupt qui lui amenait 18 000 hommes et un convoi de provisions ; il se laissa tenter par les offres de Mazeppa qui lui promettait 30 000 kosaks et par l'espoir de trouver l'abondance dans les fertiles plaines du sud. D'ailleurs, comme il l'avouait à Gyllenkruk épouvanté de cette confidence, « il n'avait aucun plan. » Il se tourna donc vers l'Ukraine. Alors le tsar et ses généraux s'attachèrent comme des loups aux flancs de Lewenhaupt qui se trouvait isolé et sans appui dans les plaines du Dniéper ; à Lesna sur les bords de la Soja, ils lui livrèrent une bataille acharnée de trois jours, où cette fois les deux armées combattaient à nombre égal : le général suédois perdit près de 12 000 hommes sur 18 000, fut obligé d'enclouer son canon et de brûler mille chariots de vivres ; les Russes en capturèrent 6000 ; tout son convoi qui était l'unique espérance de l'armée royale était détruit. Il n'amenait à Charles XII que les épaves du désastre.

Cependant l'hiver était venu, le terrible hiver de 1709 ; dans les marches forcées que le roi de Suède eut l'imprudence d'imposer à son armée, les hommes, dépourvus de vêtements d'hiver, les chevaux affamés périssaient par milliers ; faute d'attelages, on était réduit à jeter les canons dans les rivières ; les corbeaux eux-mêmes tombaient morts par la rigueur du temps : les chirurgiens n'étaient occupés qu'à amputer les doigts des pieds et des mains brûlés par le froid. Charles XII allait toujours, s'informait de la distance qui le séparait de l'Asie, consolait ses soldats deminus en leur assurant qu'il les mènerait si loin qu'ils pourraient recevoir des nouvelles de Suède trois fois seulement en un an. Un soldat osa lui présenter l'horrible pain moisi dont se nourrissait l'armée : Charles le prit, le goûta et dit tranquillement : « Il n'est pas bon, mais il peut se manger. »

Le printemps ne mit pas un terme aux souffrances de

l'armée. Le prince Menchikof saccageait Batourino, la capitale de l'hetman fugitif, et rasait la *sétcha* des Zaporogues mai 1709). Charles XII arriva sous les murs de Poltava et s'y arrêta. Il y attendait les Turcs, les Polonais de Leszczinski, qui ne devaient jamais arriver. Tout en les attendant, « pour se donner un divertissement, » disait Rehnskold, il résolut d'attaquer Poltava. On lui représenta vainement l'inutilité de l'entreprise et l'impossibilité du succès. A quoi bon dépenser la poudre et les munitions de guerre qui se faisaient rares dans son camp? « Oui, répondait à Gyllenkruk la *tête de fer*, nous sommes obligés d'accomplir des choses extraordinaires pour acquérir l'honneur et la gloire. » Et aux représentations de Piper : « Un ange descendrait du ciel avec l'ordre de partir d'ici que je ne m'en irais pas. » Quand donc a-t-on vu les héros, dans les Eddas, opérer un mouvement de retraite? Il se faisait réciter par son serviteur Gutman la saga de Rolf Hétrikson qui « vainquit le sorcier russe dans l'île de Rétusari, conquit toute la Russie et le Danemark, si bien que son nom a été honoré et glorifié dans tout le nord. » Menchikof survint et montra qu'on avait profité des leçons des Suédois en faisant une fausse attaque qui lui permit de jeter du secours dans Poltava.

Le tsar était arrivé (4-15 juin 1709) avec 60 000 hommes qu'il couvrit d'un retranchement élevé en une seule nuit; Charles n'avait plus que 29 000 hommes manquant de tout, souffrant de l'extrême chaleur comme naguère du froid extrême, épuisés de souffrances et de privations. Il n'avait que quatre pièces de campagne contre les 72 canons du tsar. Dans une reconnaissance de nuit, en voulant houspiller les avant-postes ennemis, le roi avait reçu au talon une blessure qui nécessita une cruelle opération : le jour où se livra la fameuse bataille (27 juin-8 juillet 1709), Charles XII dut se faire traîner en litière; les généraux sur lesquels retombaient la responsabilité du commandement ne surent pas s'entendre. Lui-même contrariait les dispositions de Rehnskold nommé général en chef.

Pierre avait confié le centre à Chórémétief, la droite à

Renne, la gauche à Menchikof, l'artillerie à Bruce. Il harangua les troupes : « Le moment est venu! leur disait-il, le sort de la patrie va se décider. Vous ne devez pas penser : c'est pour Pierre que nous nous battons ; non! c'est pour l'empire, confié à Pierre, c'est pour la patrie, c'est pour notre foi orthodoxe, pour l'Église de Dieu. Quant à Pierre, sachez seulement qu'il est prêt à sacrifier sa vie pourvu que la Russie vive glorieuse et prospère. »

Les Suédois prirent l'offensive. « Tous ceux qui ont servi dans les troupes suédoises, dit Voltaire, savent qu'il était presque impossible de résister à leur premier choc. » Ils voyaient dans la victoire une fin à leurs souffrances et se battirent comme les enragés *bersakiers* des légendes. Ils chargèrent *avec furie* la cavalerie placée à la droite des Russes, blessèrent Renne, qui dut céder le commandement à Bauer, enlevèrent deux redoutes. Pierre, en voulant rallier sa cavalerie, reçut une balle dans son chapeau, Menchikof eut trois chevaux tués sous lui.

Malheureusement pour Charles le corps de Kreutz, qui devait par un détour tomber dans le flanc de l'ennemi, s'égara, ne parut point. L'artillerie supérieure des Russes arrêta l'élan des Suédois. Menchikof alla se poster audacieusement sur leurs derrières, sépara ainsi le gros de l'armée du camp qu'ils occupaient sous Poltava ; il finit par pénétrer dans le camp. Sur le front des Suédois le feu de l'artillerie russe était si violent que tous les chevaux qu'on attelait à la litière de Charles furent tués ; ses drabans se relayaient alors pour le porter, mais vingt et un d'entre eux, sur les vingt-quatre, restèrent sur le carreau. La cavalerie russe ralliée, l'infanterie russe s'ébranlant à son tour, achevèrent d'enfoncer la ligne des Suédois. Attaqués en tête par Pierre le Grand, en queue par Menchikof, le désordre se met dans leurs rangs. Tout fuit et Charles désespéré est placé de force sur un cheval par ses gardes, obligé de suivre le torrent. Peu s'en fallut qu'il ne fût pris : accompagné de Mazeppa et du Polonais Poniatovski, il parvint après deux jours de fuite aux bords de ce fameux Borysthène, que tant de fois avaient descendu au dixième siècle les flottilles scandinaves. Il passa le Dniéper dans une petite barque avec Mazeppa et put continuer sa route sur Otchakof : c'est ainsi que le dernier des Varègues et le dernier des kosaks libres arrivèrent en fugitifs sur les terres du sultan. Les Suédois avaient perdu près de 10 000 hommes; 3000 furent pris sur le champ de bataille; le gros de l'armée, qui avec Lewenhaupt avait continué sa marche sur le Dniéper, se trouva arrêté sur ses bords; Menchikof, que le tsar avait dépêché en toute hâte, obligea là encore 16 000 Suédois à poser les armes (capitulation de Pérévolotchna). De cette magnifique armée qui à Leipsig avait fait trembler l'Europe, pas un bataillon n'échappa.

Le soir de Poltava, le tsar avait reçu dans sa tente et à sa table ces généraux suédois dont les noms étaient cités parmi ceux des premiers capitaines de l'époque. Il traita courtoisement ces glorieux captifs et but à la santé « de ses maîtres dans l'art de la guerre. » Il accepta les grades de général et de vice-amiral; les églises russes retentirent des chants de triomphe; on glorifia le tsar dans des sermons éloquents, et Kourbatof lui écrivait : « Réjouis-toi, parce que, suivant la parole de Dieu, tu as exposé ta vie pour tes serviteurs; réjouis-toi, parce que tu as forgé ton armée par ta bravoure comme on éprouve l'or dans la fournaise; réjouis-toi, parce que tu peux espérer la réalisation de ton plus cher désir : la domination de la mer des Varègues. » Pierre après Poltava, comme Charles après Narva, put savourer à son tour les douceurs de la gloire. Mais Poltava était un autre succès que Narva; Narva n'avait été qu'une victoire; Poltava marque une ère nouvelle dans l'histoire universelle. La Suède qui, sous Gustave-Adolphe, et encore sous Charles XI, avait joué en Europe le rôle d'une grande puissance, qui avait obtenu même une importance hors de toute proportion avec ses ressources réelles, fut tout à coup reléguée au troisième rang des États. La place qu'elle laissait vide dans le Nord fut prise par une nation qui s'en empara avec des ressources matérielles et une force d'expansion autrement considérables. Les rivages de la Baltique allaient passer entre ses mains. La Russie s'annonçait déjà, non-seulement comme une puissance du Nord, mais comme une grande puissance européenne ; la Moscovie, que naguère la petite Suède, la Pologne anarchique, la Turquie décrépite, ou même simplement le khan des Tatars suffisaient à tenir en échec, allait devenir redoutable même à la France, à l'Angleterre et à la maison d'Autriche. Avec la Russie, la race slave longtemps humiliée faisait une triomphale entrée sur la scène du monde. Enfin, Poltava ne fut pas seulement une victoire, elle fut le gage de la régénération de la Russie ; elle justifiait le tsar, ses auxiliaires étrangers, son armée régulière ; elle lui laissait les mains libres pour ses réformes, donnait à l'empire une nouvelle capitale et promettait à l'Europe un nouveau peuple civilisé. « Maintenant, écrivait du champ de bataille de Poltava le tsar à Apraxine, la première pierre pour la fondation de Saint-Pétersbourg est posée avec l'aide de Dieu »

CHAPITRE XXIV.

PIERRE LE GRAND. — LES RÉFORMES.

Caractères généraux des réformes, les collaborateurs de Pierre le Grand. — Réformes sociales, le *tchin*, émancipation des femmes. — Réformes administratives, militaires, ecclésiastiques. — Réformes économiques, manufactures. — Caractère utilitaire des établissements d'instruction. — Fondation de Saint-Pétersbourg (1703).

Caractères généraux des réformes, les collaborateurs de Pierre le Grand.

1° Les réformes de Pierre le Grand avaient été préparées par celles d'Alexis et par tout le mouvement du dix-septième siècle : sous les Ivan, sous les Godounof, sous les premiers Romanof, la Russie s'était progressivement ouverte aux étrangers. Il s'en fallait cependant que le pays tout entier fût disposé à suivre Pierre le Grand dans ses innovations. Il avait contre lui ceux qui n'avaient pas voulu accepter la réforme de Nicon et beaucoup de ceux qui, en l'acceptant, n'entendaient pas aller au delà: le parti du raskol et certains des partisans de l'Église officielle étaient ses ennemis; le peuple russe était le plus hostile à toute innovation qu'il y eût en Europe : « nouveauté vaut calamité » est un dicton populaire; la noblesse n'était pas moins opposée à tout ce qui pourrait favoriser la centralisation autocratique.

Pierre le Grand trouva donc dans la majorité de la nation une vive résistance; pour la vaincre, où l'exemple du tsar et la persuasion ne suffisaient pas, il déploya l'énergie de son caractère à demi barbare et l'appareil terrible d'un pouvoir absolu; il traîna de vive force la nation dans la voie du progrès; à chaque page de ses oukazes de réformation, on trouve le knout et la peine de mort.

2° Ces innovations, accomplies par le prince, n'étaient pas faites d'ailleurs pour préjudicier à son autorité, et on peut dire que leur ensemble n'avait d'autre but que la constitution d'un État patriarcal en un État moderne, mais toujours despotique. La force du gouvernement devait s'accroître sans que son essence s'altérât. Le tsar restait aussi autocrate qu'un Ivan le Terrible, mais son autorité allait s'exercer au moyen d'instruments plus parfaits et d'agents soumis à la discipline et aux règles usitées en Occident.

3° L'immense masse du peuple restait attachée à la glèbe du servage, vingt millions d'êtres humains étaient la propriété d'une oligarchie territoriale, et cependant la nation russe allait être pourvue des organes nécessaires pour entrer en communications régulières avec les peuples libres de l'Europe. La Russie allait offrir l'illusion d'un État centralisé et civilisé suivant le type offert par la France de Louis XIV; et cependant le principe patriarcal et asiatique qui, confondant l'autorité paternelle et domaniale avec l'autorité politique, présidait aux rapports du père avec ses enfants, du tsar avec ses sujets, des propriétaires avec leurs esclaves, du supérieur avec ses inférieurs, n'avait encore reçu aucune atteinte. Sur une organisation sociale qui semblait remonter au onzième siècle, on allait édifier une diplomatie, une armée régulière, une hiérarchie bureaucratique, des industries de luxe, des écoles, des académies.

4° Un quatrième caractère de la réforme de Pierre le Grand, c'est que, pour transporter de toutes pièces en Russie la civilisation européenne, il dut tout emprunter aux étrangers, sans avoir toujours le temps d'opérer un travail de critique, un triage. Ce qu'on appelle la *civilisation*, c'était et c'est encore la civilisation d'Occident; voilà pourquoi Pierre s'entoura de Hollandais, d'Anglais, d'Ecossais, de Suisses, de Germains; pourquoi il importa en bloc industries, métiers et artisans; pourquoi il fit traduire les livres occidentaux et sema sa terminologie administrative de mots empruntés à la Suède ou à l'Allemagne; pourquoi lui-même se fit Hollandais et Allemand, proscrivit les longs vêtements qui rappelaient l'Asie, voulut prendre de l'Europe jusqu'aux culottes courtes, aux chapeaux à cornes et aux souliers à boucles.

5° Pourtant cette imitation n'avait rien de servile; c'était celle d'un homme de génie qui voulait devancer le temps et hâter de cent années les réformes; il entendait que les Russes fussent les élèves et non les sujets des Allemands; comme il restait sous l'habit allemand un patriote russe, il réserva aux indigènes les premiers postes dans l'armée et dans l'Etat. Sans doute on peut citer parmi ses grands collaborateurs le Genevois Lefort, son amiral; l'Ecossais Gordon, créé général; Bruce, Ecossais né en Westphalie, qui organisa l'artillerie, dirigea la diplomatie et, après la publication de l'almanach, passa dans le peuple pour un sorcier et un magicien; Ostermann, fils d'un pasteur du comté de la Marck, habile négociateur, dont Pierre disait qu'il n'avait jamais fait de fautes en diplomatie; Münich, du comté d'Oldenbourg, bon ingénieur, dont la Russie fera plus tard un feld-maréchal, et qui en attendant exécutait pour Pierre Ier le canal du Ladoga. Mais parmi les compagnons de Pierre le Grand, dans la nichée des « aiglons de Pierre » comme les appelle Pouchkine, nous trouvons déjà et surtout des Russes : Menchikof, un homme nouveau, sorti de rien pour devenir prince, feld-maréchal, amiral, un vainqueur, mais dont la probité n'était pas à la hauteur de ses talents; Boris Chérémétief, un grand seigneur dont le nom et les exploits se sont conservés dans les chansons populaires, qui, avant Pierre le Grand, voyagea en Occident et revint aux pays russes en habits allemands, aussi honnête que vaillant, le premier en date des maréchaux russes; Dmitri Mikhaïlovitch, chef de la famille princière des Galitsyne, qui se dévoua au réformateur tout en détestant les hommes nouveaux; son frère Michel Galitsyne, qui devenu feld-maréchal continuait à témoigner à son aîné la déférence des temps antiques et n'osait s'asseoir à la même table que lui; Jacob Dolgorouki, qui savait braver le courroux de Pierre le Grand et lui faire entendre la vérité; Golovine, grand-amiral et diplomate; Apraxine, amiral, vainqueur sur mer des Suédois; les diplomates Golovkine, grand-chancelier, Chafirof, vice-chancelier de l'empire, Grégori et Vassili Dolgorouki, André Matvéef, les Kourakine, ambassadeurs de père en fils dans les cours d'Occident; Iagoujinski, intelligent et colérique, devenu procureur général du sénat; Tolstoï, un complice de Sophie, gracié pour sa haute intelligence, excellent négociateur et redoutable justicier; Romodanovski, le cruel directeur de l'inquisition d'État; Kourbatof, le financier du nouveau régime; puis trois Petits-Russiens, trois ecclésiastiques, trois brillants élèves de l'académie de Kief: saint Dmitri de Rostof, Stéphane Iavorski, Féofane Prokopovitch, auxquels il faut ajouter l'évêque Féofilakte Lopatinski. Tels furent les *hommes russes* du *vrémia* de Pierre le Grand.

Réformes sociales, le tchin, émancipation des femmes.

La classe la plus nombreuse, celle sur laquelle l'État

pesait chaque jour plus lourdement à mesure qu'il se réformait, qui de sa sueur et de son sang subvenait aux frais de la régénération, c'était la classe rurale. Elle se subdivisait en *odnovortsi*, paysans libres et même nobles d'origine; en *métayers* (polovniki), qui cultivaient la terre des nobles à charge de livrer la moitié des produits et qui avaient conservé la liberté personnelle; en *paysans* de la couronne, des monastères et des propriétaires, tous attachés à la glèbe. Les oukazes de Pierre confondirent toutes ces situations, assujettirent tous les cultivateurs à la capitation et à la résidence fixe: ce qui équivalait au servage. Les motifs qui avaient amené Godounof à légaliser l'asservissement à la glèbe subsistaient dans toute leur rigueur et ne pouvaient qu'aggraver la législation. L'impôt sur les *feux* devint l'impôt sur les *âmes*: les propriétaires furent chargés, avec une augmentation considérable de leur autorité seigneuriale, de le percevoir sur tous. Pierre le Grand promulgua seulement un édit qui cherchait à réglementer la vente mobilière des esclaves: « Si l'on ne peut l'abolir complétement, il faut vendre les esclaves par familles, sans séparer les maris et les femmes, les parents et les enfants, et non plus comme des têtes de bétail, chose qui ne se fait pas dans le monde entier. » Cet édit, au moins dans ses dispositions philanthropiques, n'avait pas de sanction: Anna Ivanovna devait légaliser ce honteux abus en percevant des droits sur la vente des esclaves.

Les habitants des villes furent partagés en trois catégories: à la première appartenaient les banquiers, manufacturiers, riches commerçants, médecins, pharmaciens, capitalistes, marchands, orfévres et batteurs de métaux, artistes; à la seconde, les petits commerçants et maîtres de métiers; à la troisième, le bas peuple des journaliers et artisans. Les deux premières catégories prirent le nom germanique de *première* et *deuxième ghildes* et furent investies de certains priviléges.

Les étrangers obtinrent le droit de vaquer librement au commerce et à l'industrie, d'acquérir des immeubles, de contracter mariage avec les Russes, d'entrer au service de l'État, de pratiquer leurs cultes respectifs, de sortir à volonté de l'empire sous condition d'abandonner le dixième de leurs biens.

La noblesse russe prit le caractère d'une *noblesse de service*. Ces deux idées, service du tsar et noblesse, devinrent corrélatives. Tout noble devait servir, et quiconque, Russe ou étranger, entrait au service devenait gentilhomme. Pierre le Grand se montra aussi rigoureux que Louvois dans ses exigences de service vis-à-vis de l'aristocratie : tout *dvorianine* était à la disposition du gouvernement jusqu'à sa mort ; ainsi acheva de s'effacer la distinction entre les deux espèces de terres nobles, les *pomiestia* ou fiefs, les *votchiny* ou alleux ; les unes et les autres ne furent plus possédées que comme *tenues* du tsar et obligeant au service. Jusqu'alors les hiérarchies aulique, militaire, maritime, ecclésiastique n'offraient aucune mesure commune : Pierre établit des équivalences entre les différents grades et, confondant la noblesse héréditaire et la noblesse de service, distribua les serviteurs de l'État entre les quatorze degrés du *tchin* : ils s'espaçaient, dans l'ordre civil, du *registrateur de collège* au *chancelier d'empire*; dans l'ordre militaire, de la cornette ou porte-enseigne au feld-maréchal; dans la flotte, de l'enseigne au grand-amiral; à la cour, du *tafel-decker* au grand-chambellan; dans l'Église même, du diacre au métropolite.

Pierre Ier emprunta aux lois allemandes une disposition absolument antipathique aux lois russes, amies de l'égalité de partage : le majorat. En vertu de ce droit nouveau, la terre noble appartenait exclusivement à l'aîné ou à celui des fils que le père de famille aurait désigné. Pierre le Grand trouvait dans cette disposition, qui devait lui survivre peu de temps, les avantages suivants : les familles nobles ne pourraient plus déchoir en s'appauvrissant par des partages répétés ; les paysans seraient plus heureux sous la domination d'un seul héritier riche que sous celle de cohéritiers besogneux ; les cadets, ne comptant plus sur la terre paternelle, seraient obligés de chercher leur vie dans l'industrie ou le service de l'État, « oisiveté étant mère de tous les vices. » D'ailleurs les cadets de noblesse ne seraient admis au service que sous certaines conditions d'instruction élémentaire ou spéciale et de préparation technique. Le mariage même était interdit au gentilhomme ignorant. La fondation des ordres de Saint-André et de Sainte-Catherine achevait de faire tomber les barrières des castes.

La reclusion des femmes était un usage asiatique auquel Pierre fit une guerre acharnée. Il ne voulut plus de *terem* clos « à vingt-sept serrures, » de *fata* sur les visages, de litières fermées de rideaux. Six semaines avant tout mariage, des fiançailles devaient avoir lieu ; à partir de ce moment le fiancé verrait librement sa fiancée ; les deux promis avaient le droit de rompre s'ils ne se plaisaient pas. Les pères et les tuteurs durent jurer qu'ils ne marieraient pas les jeunes gens malgré eux et les maîtres qu'ils ne forceraient pas le consentement de leurs esclaves. Il fut défendu aux sages-femmes de faire périr les nouveau-nés contrefaits. Du cloître domestique Pierre le Grand traîna les femmes et les filles dans la vie des salons européens. Il institua des *assemblées*, « réunions libres qui ont lieu dans une maison quelconque, » où les hommes et les femmes figuraient en costumes européens, où l'on prenait ensemble des rafraîchissements, où l'on dansait les danses allemandes et polonaises, où des Français et des Suédois prisonniers servaient de professeurs de maintien. Les *assemblées* de Pierre le Grand n'étaient encore qu'une parodie des soirées de Versailles : Bergholtz se plaint que les hommes s'y permissent de fumer en présence des femmes; que les dames se tinssent assises à part, empruntées, endimanchées, muettes et se regardant; que les nobles cavaliers en sortissent souvent ivres, emportés par leurs laquais ivres. Pierre le Grand lui-même n'avait-il pas institué comme punition des fautes de bon ton l'obligation de vider le *grand aigle*, coupe herculéenne remplie d'eau-de-vie? Pour égayer la société nouvelle et donner de l'animation à sa capitale, il imagina des mascarades, des cavalcades de seigneurs et dames déguisés, la fête des fous, le *grand-conclave* présidé par le *prince-pape* entouré de cardinaux ivres morts. Il interdit l'usage des diminutifs serviles et les prosternations devant le tsar. Il habituait à coups de canne ses gentilshommes à se sentir des hommes libres et des Européens.

Réformes administratives, militaires, ecclésiastiques.

L'ancienne *douma* des boïars fut remplacée par le *sénat dirigeant*. D'abord il ne fonctionnait qu'en l'absence du prince et ne se composait que de neuf membres. Puis leur nombre s'accrut et il devint permanent, à la fois grand conseil de gouvernement, comité supérieur des finances et cour suprême de justice. Pierre ordonna d'obéir au sénat comme à lui-même, mais le sénat devait sur toutes les questions importantes faire au tsar son *rapport*. Il institua auprès de ce corps un *procureur général*, chargé de requérir l'application des lois. Souvent il reprocha aux nouveaux sénateurs de traiter les affaires « à l'ancienne mode », de faire traîner les délibérations, d'accepter de l'argent, et il dut dresser un règlement en vertu duquel il était interdit aux sénateurs, sous différentes peines, de crier, de se battre et de se traiter de voleurs.

Pierre supprima les anciens *prikazes* moscovites. Par les conseils de Leibnitz et sur le modèle allemand, il institua des *collèges* de gouvernement analogues à ceux dont le régent d'Orléans fit l'essai pour remplacer les ministères de Louis XIV. Ces *collèges* étaient au nombre de dix : affaires étrangères, guerre, amirauté, trésor, revenus, justice, terres nobles, manufactures, mines, commerce. On fit traduire à leur usage des recueils d'édits suédois. Comme les gens capables manquaient, on employa des étrangers, à raison d'un par collège; souvent ils ne pouvaient se faire entendre que par interprètes. On vit des officiers et des dragons suédois prisonniers administrer l'empire. Pierre appela des Slaves de Bohême, Silésie et Moravie, comme plus capables d'apprendre le russe promptement. On envoya à Kœnigsberg quarante jeunes gens y étudier les éléments de l'administration et de la comptabilité. Ce despote admettait dans ses *colléges* le principe de l'élection pour les présidents. En 1722, la charge de président du *collége de justice* étant vacante, il réunit au palais les membres de ce collége, les sénateurs, les généraux, les officiers, cent membres de la noblesse et, après avoir reçu le serment de ces électeurs, fit procéder, en sa présence, à l'élection.

Avant Pierre le Grand la confusion des pouvoirs régnait dans l'administration provinciale. Les gouverneurs de provinces et les voiévodes s'occupaient à la fois de guerre, de finances, de justice et d'édilité. Pierre divisa l'empire en douze gouvernements, subdivisés en quarante-trois provinces : les premiers étaient administrés par des gouverneurs et vice-gouverneurs, les secondes par des voiévodes. Ces représentants du souverain étaient assistés d'un conseil ou *landrath* élu par les gentilshommes. Les villes reçurent une administration autonome et municipale : les citadins élisaient des *bourgmestres*, et ceux-ci un *président* ou *maire*; les bourgmestres et le président formaient le *rathaus* ou le *magistrat* de la cité. Dans les grandes circonstances, les bourgeois de première et deuxième ghildes étaient appelés en conseil. Tous les *magistrats* de Russie étaient soumis à un *magistrat principal*, pris dans le conseil municipal de Saint-Pétersbourg; or, la moitié de celui-ci se composait d'étrangers. Le *magistrat principal* veillait sur la prospérité du commerce et de l'industrie, sanctionnait les condamnations à mort prononcées par les municipalités de province, jugeait des litiges entre le *rathaus* et les citoyens, confirmait les élections municipales, faisait des rapports au sénat. Il était nommé par le tsar. Les villes avaient leur *landmiliz*. La constitution patriarcale et socialiste des communes rurales ne fut pas modifiée.

Les vices de la nouvelle administration étaient l'ignorance, l'inexpérience et la corruption. Les fonctionnaires avaient toujours présente à l'esprit la formule d'investiture des anciens tsars : « Vis de ta charge et rassasie-toi. » Pierre sévit avec fureur contre cet abus enraciné et dont les premiers personnages de l'empire, à commencer par Menchikof, donnaient l'exemple. Les exactions du gouverneur provoquèrent la révolte d'Astrakhan. Un autre gouverneur de la même ville fut condamné par Pierre à être traîné par des porcs. Gagarine, pour la Sibérie, Lapoukhine, pour Revel, furent décapités. Chafirof fut gracié sous la hache. Nestérof, après avoir fait métier de dénoncer les voleurs, fut roué comme voleur. Pierre le Grand se fit un jour montrer par un grand de l'empire ses livres de dépense, lui prouva qu'il était volé par son intendant et que lui-même volait l'État ; de sa main tsarienne il le rossa et lui dit : « Maintenant, va trouver ton intendant et règle de même tes comptes avec lui. » On dit que Menchikof lui-même ne fut pas à l'abri des corrections impériales. C'était principalement sur les recrues que s'exerçaient les rapines : les malheureux, arrachés au village natal, enchaînés comme des galériens, mis en prison en arrivant à l'étape, nourris des champignons que leurs capitaines les menaient *paître* dans les bois, mouraient par centaines avant d'arriver au régiment. Pierre fut obligé d'inviter ses sujets à dénoncer les voleurs en promettant au dénonciateur le *tchin* et la fortune du dénoncé.

Le code d'Alexis Mikhaïlovitch ne convenait plus à la Russie de Pierre le Grand. Celui-ci voulait adopter le code suédois en modifiant ce qu'il avait d'inapplicable à la Russie au moyen d'anciennes lois moscovites ou de nouvelles dispositions. Ce projet ne put être réalisé. En matière criminelle, il conserva la torture, en réduisant ses applications. Il remplaça l'antique *pravège* par l'envoi aux travaux de la couronne. Il introduisit dans les tribunaux la procédure écrite, qui a tous les inconvénients d'une procédure inquisitoriale. La justice était rendue, suivant les lieux, par les tribunaux proprement dits, par les voiévodes, par les *landrichter* ou par les magistrats des villes. A Pétersbourg siégeait la cour suprême, délégation du sénat.

La police se concentrait à Pétersbourg entre les mains du *general-politzeimeister*, à Moscou dans celles de l'*ober-politzeimeister*. Dans les grandes villes il y avait un inspecteur de police par dix maisons; tous les citoyens âgés de vingt ans étaient astreints au service du guet. Les gouverneurs, voïévodes, commissaires de pays, commandants, et tous les dépositaires de l'autorité étaient responsables de la sûreté publique. La Russie d'alors avait besoin d'être rigoureusement surveillée. Moscou, dont les rues étaient des cloaques, commença à se paver en bois. Les domestiques, sous peine d'amendes, des verges ou du knout, furent tenus de veiller à la propreté devant les maisons. Les mendiants pullulaient; les bourgeois aisés n'avaient pas honte de tendre la main ou d'envoyer leurs enfants dans la rue : ordre de les arrêter et de les conduire à la police. De faux employés, munis de faux oukazes, exploitaient la crédulité des paysans : ils furent recherchés et punis. On établit des hôpitaux pour les malades, des maisons de travail pour les vagabonds; on ramassa les possédés; on sévit contre les falsificateurs de monnaies ou d'assignats. Ce qu'il y avait de plus difficile à déraciner, c'était le brigandage. Endémique en Russie, il y était favorisé par l'immensité des espaces, les forêts profondes, l'humeur passive des paysans, qui n'osaient s'armer pour défendre un des leurs et qui le laissaient dépouiller et torturer, en présence de tout le village, par quelques bandits. Les brigands se formaient par grandes troupes, armés et disciplinés à l'européenne, munis d'artillerie et de cavalerie, pillant les cabarets de la couronne, brûlant les villages, envahissant les demeures seigneuriales, prenant d'assaut de petites villes. Ils se recrutaient de kosaks, de paysans fugitifs, de soldats déserteurs, de prêtres défroqués : on voyait des gentilshommes et même de nobles dames chevaucher à leur tête, accroître ainsi leurs revenus. Il fallut livrer de véritables combats pour ramener un peu de sécurité.

L'opposition sourde ou patente aux réformes amena Pierre le Grand à créer une inquisition d'État. Cette opposition se faisait jour en toute occasion. Les dames de Moscou revêtaient le costume européen quand le tsar était présent et le rejetaient avec mépris dès qu'il était reparti. Des placards insultants s'affichaient sur les murs. Au sein même de sa famille, le tsar trouvait la lutte et l'hostilité. Il institua le *bureau de la réformation* (*Préobrajenski prikaz*) ou *chancellerie secrète* qui a laissé un terrible souvenir. Pour perdre son ennemi, on n'avait qu'à pousser le cri de *slovo i diélo* (parole et action), sur lequel le dénonciateur et le dénoncé étaient immédiatement arrêtés et conduits à la salle de la question, d'où le second sortait rarement innocent.

En matière de finances, Pierre remplaça l'*impôt par feux*, qui donnait lieu à d'éternelles contestations, par l'*impôt de capitation*. On n'en exempta que les ecclésiastiques, les nobles, les soldats congédiés, les habitants des provinces baltiques, les Bachkyrs et les Lapons. Même les paysans libres y furent soumis. Kourbatof introduisit l'impôt du *papier à l'aigle* (*gerbovaïa boumagha*) ou papier timbré. Mais au milieu des terribles nécessités de la guerre, Pierre recourut à bien d'autres expédients. On retrancha souvent aux employés une partie de leur traitement. Les raskolniks furent soumis à la double taxe. Les porteurs de barbe durent payer de 30 à 100 roubles d'impôt, suivant leur fortune. Les paysans étaient astreints à un droit de deux deniers pour leur barbe lorsqu'ils entraient dans les villes. On établit des taxes sur les bains, sur les cabanes, sur les moulins, sur les abeilles. Un jour Pierre ordonna de saisir tous les cercueils de chêne chez les fabricants et de les vendre à son profit. La couronne avait depuis longtemps monopolisé le commerce de la soude, de la potasse et du goudron, produits de l'exploitation des forêts du nord. Les revenus de l'État, en quinze années seulement, de 1710 à 1725, montèrent de trois millions à dix millions de roubles.

Après la dissolution des streltsi, l'armée régulière se composa de *fantassins*, de *dragons*, reçut des uniformes européens et fut portée à 210 000 hommes. Les paysans étaient soumis à un système de recrutement qui pendant longtemps devait être une source d'arbitraire et de tyrannie : à cette époque s'est formée toute une littérature populaire de *Chants de lamentations sur le service.* Les troupes irrégulières des kosaks et des tribus de l'est fournissaient un nombre illimité de guerriers. On établit la conscription maritime parmi les riverains de la mer, des lacs et des rivières. La flotte russe compta bientôt 48 vaisseaux de ligne, 800 bâtiments d'ordre inférieur et 28 000 matelots.

Lorsque mourut le patriarche Adrien, peu sympathique aux réformes (1700), Pierre conféra à Stéphane Iavorski le titre de « surveillant du trône patriarcal ». Pierre avait résolu d'abolir cette institution de Godounof et de donner à l'Église elle-même l'organisation collégiale dont à cette époque il était entiché. Le préambule de l'édit qui institua le saint-synode et que rédigea Féofane Prokopovitch est fort curieux : « L'organisation collégiale ne saurait faire redouter à la patrie les troubles et les séditions qui peuvent survenir quand c'est un homme seul qui se trouve à la tête de l'Église. Le simple peuple est inhabile à saisir la distinction entre le pouvoir spirituel et le pouvoir impérial ; frappé de la vertu et de la splendeur dont brille le suprême pasteur de l'Église, il s'imagine que celui-ci est un second souverain, égal en puissance à l'autocrate et même supérieur à lui ; s'il survient un désaccord entre le patriarche et le tsar, il est disposé à se ranger du côté du premier, s'imaginant qu'il embrasse ainsi la cause même de Dieu. » Cette défiance vis-à-vis du pouvoir spirituel se traduit encore dans l'oukaze où l'on recommande aux évêques d'éviter le faste et l'orgueil, de ne point, en marchant, se faire soutenir sous les bras à moins qu'ils ne soient malades, de ne point permettre qu'on se prosterne devant eux. De même que Pierre avait supprimé l'hetmanat et établi le collège de la Petite-Russie, il supprima le patriarcat et fonda le saint-synode. Il voulait être seul empereur à Moscou comme en Ukraine.

Le saint-synode se composait d'un certain nombre d'évêques auprès desquels un *procureur général*, assez souvent un militaire, représentait le tsar. Le saint-synode dut être l'instrument de la réforme dans l'Eglise. Il prescrivit à chaque évêque d'entretenir une école dans son palais ; les fils de popes qui ne s'instruiraient pas seraient pris comme soldats. La grave question des couvents fut reprise ; mais on n'osa encore entreprendre la liquidation de leurs biens. Comme la Russie avait besoin de se peupler, on défendit à tout Russe de se faire moine avant trente ans. Aucun serviteur de l'État ne pouvait entrer dans un cloître sans une autorisation. Comme les moines se montraient les plus hostiles aux réformes, il leur fut interdit de s'enfermer pour écrire, d'avoir de l'encre ou des plumes dans leurs cellules. On exigea qu'ils travaillassent à quelque métier. On mit à leur charge l'entretien d'hospices et d'écoles et aussi celui des vieux soldats estropiés qui trouvaient là un asile honorable. Au contraire Pierre encourageait les évêques à écrire : Stéphane Iavorski publia pour réfuter Talitski, lequel avait vu dans les réformes de Pierre les sinistres présages de la fin du monde, son livre intitulé « des Signes précurseurs de l'Antechrist » ; comme le raconte Voltaire, Talitski fut mis à mort et Iavorski récompensé. Un autre de ses ouvrages, *la Pierre de la foi*, était dirigé contre le protestantisme, tandis que saint Dmitri de Rostof écrivait ses *Recherches sur l'église raskolnike de Brynsk*.

Il fallait bien que l'Église orthodoxe se défendît, assaillie qu'elle était à la fois par les religions d'Occident et par les sectes du raskol. Celui-ci se partagea vers cette époque en communautés *avec prêtres* et communautés *sans prêtres* (*bezpopovchtchina*). Les plus convaincus des raskolniks fuyaient dans les forêts profondes, y fondaient des ermitages et même des centres d'habitation qui échappaient longtemps à la connaissance de l'administration. Traqués et poussés à bout, certains fanatiques se brûlaient eux-mêmes dans des espèces d'auto-da-fé. Plusieurs de ces pasteurs du désert, comme Daniel Vikoulof, les frères Dénissof, se signalèrent par des œuvres de polémique.

Pierre entendait faire trêve au système des régimes précédents. Il protégea ceux qui restaient paisibles et ne faisaient pas de politique. Passant dans les déserts de la Vyga, il y trouva d'industrieux raskolniks, ordonna de les laisser vivre en paix, les engagea à prier pour lui. « Dieu, disait-il, a donné aux tsars puissance sur les nations, mais le Christ seul a puissance sur la conscience des hommes. » Il se contenta d'imposer à ceux de Moscou un doublement de taxe et un costume particulier. Cependant, véritablement croyant, il regardait le raskol comme une erreur et n'entendait pas qu'il se répandît. Aussi des peines furent-elles portées contre ses propagateurs et des précautions furent prises à l'égard du peuple: l'assistance à l'église tous les dimanches et la communion pascale tous les ans devinrent une stricte obligation.

Il suivit la même politique vis-à-vis des religions d'Occident, permit aux étrangers d'avoir leurs temples dans Saint-Pétersbourg, assista même à l'office de l'église française, où l'on conserve encore son fauteuil. La Perspective Nevski, bordée d'églises dissidentes, fut la « Perspective de la tolérance ». Il protégea les capucins établis à Astrakhan, essaya de vivre même avec les jésuites. Comme ceux-ci faisaient œuvre de propagande, ils furent classés en 1689, puis rappelés, enfin définitivement expulsés en 1718. « Il souffrait les capucins, dit Voltaire, comme des moines sans conséquence et regardait les jésuites comme des politiques dangereux. » L'ami des Hollandais et des Anglais poursuivit les protestants étrangers qui insultaient en paroles ou en actes la religion orthodoxe. Une Russe, Nastasia Zima, s'étant ingérée de propager les principes de Luther, fut conduite à la terrible chancellerie avec son mari et six autres néophytes, et y fut cruellement torturée.

Réformes économiques, manufactures.

Pierre le Grand n'avait déployé tant d'efforts pour s'établir sur la Baltique que parce qu'il comprenait que la mer Blanche, avec ses glaces, était insuffisante pour assurer à la Russie des communications régulières avec l'Occident. Saint-Pétersbourg fondé, il voulut supprimer, au profit du nouveau port, celui d'Arkhangel et fit défense de conduire des marchandises au havre de la Dvina. Son projet rencontra la plus vive opposition. Apraxine lui assura qu'une telle mesure était la ruine du commerce russe. Les négociants de Hollande et des villes hanséatiques représentèrent qu'ils en seraient pour leurs frais d'établissement à Arkhangel, qu'il fallait construire des vaisseaux d'un tout autre modèle pour la Baltique, qu'ils avaient à payer un droit de passage par le Sund et que, vu la guerre du Nord, le moindre navire marchand devait y être convoyé par les vaisseaux de guerre. Les Russes, habitués à se rendre à Arkhangel, montraient la plus grande répugnance pour le voyage de Saint-Pétersbourg, à travers d'immenses espaces où le fourrage manquait, où l'on ne retrouvait plus les étapes ménagées depuis des siècles sur la route de la mer Blanche. Il fallait bouleverser totalement les habitudes du commerce russe, la disposition des centres industriels et des villes d'entrepôts. Les conducteurs de convois, désespérés de la longueur du voyage, désertaient souvent en abandonnant leurs voitures ou en pillant les marchandises. Pierre le Grand céda et laissa au temps le soin de justifier sa préférence pour la nouvelle cité: il autorisa le commerce à la fois par Arkhangel et Saint-Pétersbourg, se contentant de hausser d'un quart le tarif des douanes dans la première ville. Surtout il s'efforça de rattacher la ville de la Néva à la grande artère fluviale de la Russie, le Volga. A cet effet, il créa le canal du Ladoga, projeta de faire communiquer la mer Blanche avec le golfe de Finlande, de réunir la mer Noire à la Caspienne au moyen d'un canal du Don au Volga.

Pierre négocia avec plusieurs des États européens des traités de commerce, s'efforça de réveiller l'agriculture nationale, entravée par l'esclavage du peuple, promulga l'oukaze qui enjoignait de moissonner, non plus avec les serpes, mais avec des faux, encouragea la culture de la vigne et du mûrier dans les régions du sud-est, ordonna de planter du tabac, introduisit dans les provinces du centre des espèces bovines nouvelles, comme celle de Kholmogory, stimula l'élève du mouton, qui lui était nécessaire pour ses draperies, fit venir des bergers silésiens, envoya des Russes apprendre le métier d'éleveur en Silésie, créa des dépôts de haras. Il prit des mesures pour préserver les forêts, fit rechercher partout les gisements de combustible minéral. Pour secouer l'indolence des nobles qui auraient des mines dans leurs domaines, il déclara qu'à leur défaut les étrangers mêmes seraient libres de les exploiter, moyennant une indemnité au propriétaire, et décréta les verges et la peine de mort contre quiconque oserait les entraver dans leurs recherches et leurs travaux. Sous lui commença la fortune des Démidof, les grands métallurgistes, comme sous Ivan IV avait commencé celle des Strogonof. Il fonda, il encouragea ses courtisans à fonder des fabriques de produits chimiques, des manufactures de draps, auxquelles il fit des commandes pour l'habillement des troupes, de toiles à voiles, qui trouvèrent un débouché dans sa marine. Les Français excellaient surtout à se servir de la laine russe : on leur doit les premières fabriques de tapisseries. Le Français Manvriou créait à Moscou une fabrique de bas. L'Anglais Humphree introduisit un perfectionnement dans la fabrication du cuir de Russie : le tsar requit dans chaque ville de l'empire un certain nombre de cordonniers pour aller prendre de ses leçons à Moscou, les menaçant, dans le cas où ils persisteraient à employer l'ancien procédé, de la confiscation et des galères. L'amiral Apraxine essaya de monter une fabrique de brocarts de soie. Un mougik parvint à produire une laque meilleure que toutes celles d'Europe, autres que la vénitienne. Grâce à la souplesse du génie national, le progrès économique aurait pris un immense développement si le tsar eût pu assurer aux négociants russes protection contre l'avidité des grands et les exactions des fonctionnaires, fléau signalé déjà au seizième siècle par Fletcher. Néanmoins plus de deux cents fabriques s'élevèrent sous ce règne.

Caractère utilitaire des établissements d'instruction.

Pierre le Grand s'occupa de l'éducation nationale. C'était le plus sûr moyen de s'assurer des auxiliaires et des continuateurs, d'initier peu à peu ses sujets aux idées nouvelles, de les réconcilier avec sa réforme. C'est surtout aux fils de nobles et aux fils de prêtres qu'il fit une obligation étroite de l'instruction : les moyens devaient manquer longtemps encore pour instruire la masse du peuple. Pourtant un certain nombre d'écoles élémentaires furent fondées dans toutes les provinces : on y envoya comme maîtres les élèves des écoles mathématiques de Saint-Pétersbourg. Les créations scolaires de Pierre eurent toutes un caractère pratique et d'utilité présente. Il négligea les études classiques et ne se soucia pas de créer des succursales à l'académie gréco-latine de Moscou. Dans sa lutte acharnée contre les forces du passé, il avait hâte d'ouvrir largement la Russie à ses auxiliaires naturels, les idées et les sciences de l'Occident. Aussi les établissements qu'il multiplia furent-ils des écoles spéciales, académie maritime, école des ingénieurs, école de comptabilité. La littérature qu'il encouragea fut une littérature de traduction, qui permettait d'importer en bloc une masse énorme d'idées européennes, ou bien une littérature de polémique, pour plaider la cause des réformes devant l'opinion russe et étrangère. C'est ainsi qu'il fit traduire une infinité de livres techniques, employant à cette tâche les professeurs de l'académie gréco-latine, les frères Likhoudis retirés à Novgorod, même des membres du synode : on en traduisait à Moscou, on en faisait traduire à l'étranger, quelques-uns en langue tchèque d'abord, afin que les Moscovites eussent ensuite plus de facilité à les reproduire en leur langue. Histoire, géographie, jurisprudence, économie politique, navigation, sciences militaires, agriculture, linguistique, furent bientôt représentées en Russie par d'innombrables livres traduits de l'Occident. Pierre lui-même donnait à sa brigade d'écrivains des conseils qui révèlent en lui le sens pratique et même le goût littéraire le plus sûr. « Il faut, disait-il à Zotof, se garder de traduire mot à mot sans avoir l'intelligence complète du texte ; il faut le lire avec soin, se pénétrer de son sens, arriver à penser en russe les idées de son auteur, et alors seulement s'efforcer de les reproduire. » Il recommandait aussi de se garder des longs développements, des digressions inutiles « dont les Allemands remplissent leurs livres afin de les faire paraître plus gros et qui ne sont bons qu'à perdre le temps et à dégoûter le lecteur. » En revanche il défendait de supprimer certains passages de Puffendorff où l'on dénonçait la barbarie russe : il fallait que ses sujets apprissent à en rougir pour s'en corriger. Il faisait imprimer en Hollande des livres où il s'efforçait d'apprendre aux Européens à mieux connaître la Russie, à mieux apprécier les réformes, tandis qu'il en publiait en Russie pour faire mieux connaître l'Europe à ses sujets. Non-seulement il avait recours à saint Dmitri, à Féofane, à Féofilakte, qui, par leurs écrits de polémique, combattaient les superstitions et les sectes hostiles à l'État ; mais d'autres écrivains tournaient en ridicule sur le théâtre, dans ce qu'on appelait des *intermèdes*, tous les ennemis des réformes : les fanatiques du raskol, le diacre qui pleure de ce qu'on lui prend ses fils pour les envoyer au séminaire, les employés qui pêchent en eau trouble, les partisans des anciennes coutumes qui regrettent le « bon vieux temps » où l'on ne connaissait pas l'habit allemand et où l'on pouvait porter de longues barbes. La sœur de Pierre, Natalie, s'associait à son œuvre en composant des pièces russes. Le marchand Passochkof rédigeait son livre sur *la pauvreté et la richesse*, sorte de *domostroï* où l'on peut suivre tout le changement qui s'est accompli dans les mœurs depuis celui du prêtre Silvestre. Passochkof ose réclamer en faveur du paysan opprimé, demander l'établissement d'un tribunal devant lequel tous les sujets russes seraient égaux, une organisation régulière de la justice et de l'administration qui protége le peuple contre ceux qui le volent en public (brigands et larrons) et ceux qui le volent en secret (employés et fonctionnaires). Il attend tout de Pierre : « Malheureusement, dit-il, notre grand monarque est presque seul, lui dixième, à tirer en haut, tandis que des millions d'individus tirent en bas: comment espérer un bon résultat? »

Pierre avait besoin d'une publicité énergique; or, la typographie russe avait fait peu de progrès depuis le seizième siècle; elle s'était surtout proposé d'imiter les anciens manuscrits slavons et ses procédés étaient fort lents. Pierre abandonna l'alphabet slave qui ne servit plus que pour les livres d'église; il fut le créateur de l'alphabet russe proprement dit, l'alphabet civil. Il fit perfectionner les machines et les procédés, appela des ouvriers de Hollande, fit de l'imprimerie un instrument de puissante et rapide propagande. Sous son règne, il y eut deux typographies, au lieu d'une, à Moscou, quatre à Saint-Pétersbourg, d'autres à Tchernigof, Novgorod la Grande et Novgorod-Séverski. Avant lui on ne possédait pas de feuilles publiques en Russie : il créa la *Gazette de Saint-Pétersbourg*.

Ce prince, qui avait étudié en Occident la médecine et la chirurgie et qui se piquait parfois de pratiquer sur ses courtisans, d'arracher une dent ou de faire une ponction, ne pouvait négliger un art si nécessaire à ce vaste empire, où la mortalité des enfants était une entrave au développement de la population. Il confia au docteur Bidloo la direction des hôpitaux et l'instruction de cinquante jeunes gens. En 1718, il rendit un oukaze qui prescrivait de recueillir les minéraux singuliers, les ossements extraordinaires qui se rencontreraient dans les champs, les inscriptions antiques sur la pierre ou sur les métaux, de donner avis des cas de naissances tératologiques qui viendraient à se produire dans l'espèce humaine et chez les animaux. Il ne peut manquer de s'en produire, disait l'ordonnance, mais « les ignorants en font mystère, croyant que la naissance de ces monstres est due à quelque influence diabolique : cela ne peut être, car c'est Dieu, et non le démon, qui est le créateur de toutes choses. Pierre avait du goût pour la géographie; en 1719, il envoyait une mission au

Kamtchatka pour résoudre cette question posée par Leibnitz : l'Asie est-elle soudée à l'Amérique ? En 1720, il créait une école de cartographie. La science historique ne lui a pas moins d'obligations : en 1722, il ordonna de faire rechercher dans toutes les archives des monastères les chroniques, les lettres des anciens princes ou tsars et d'en prendre copie. Polykarpof écrivait une histoire de Russie depuis le seizième siècle, pour laquelle le tsar lui accorda une gratification de deux cents roubles. Enfin, en 1724, Pierre le Grand, déjà correspondant de l'Académie des sciences de Paris, fonda celle de Saint-Pétersbourg, lui assigna vingt-cinq mille roubles sur le revenu des douanes de Narva, Dorpat et Pernau, lui demandant surtout de lui faire des traductions et de lui former des élèves dans les langues et dans les sciences pratiques. Le caractère utilitaire de toutes ses créations se retrouve encore dans celle-ci. On ne pouvait à cette époque compter sur les Russes pour former un corps savant : les premiers académiciens furent nécessairement des étrangers. On appela d'Allemagne Wolff et Hermann, de France Bernouilli et de l'Isle. On eut une académie dans un pays qui ne possédait encore ni écoles secondaires, ni universités.

Fondation de Saint-Pétersbourg (1703).

Saint-Pétersbourg achevait de se fonder. Sa situation, suivant l'observation de Gœthe, rappelle celle d'Amsterdam ou de Venise, cette Amsterdam italienne. C'est là que la large et majestueuse Néva, puissant exutoire des grands lacs du Nord, se divise en quatre bras : la grande Néva, la petite Néva, la grande Névka, la petite Névka ; ajoutez-y de nombreux affluents, la Fontanka, l'Okhta, les deux Tchernaïa, ce qui donne aujourd'hui quatorze cours d'eau, un lac, huit canaux et dix-neuf îles. C'est la cité aquatique par excellence, exposée à de terribles inondations quand se déversent sur elles les prodigieux réservoirs du Ladoga et de l'Onéga. On n'y élève aucune construction qu'après avoir raffermi le sol en y enfonçant des forêts de pilotis. Lorsque

Pierre le Grand jeta les yeux sur ce pays après la prise de Nienschantz, ce n'était que forêts obscures, vastes marais, landes maussades, où, suivant l'expression du poëte, on voyait de loin en loin « un pêcheur tchoude, triste fils de la nature marâtre, solitaire sur le rivage fangeux, jeter dans ces flots sans nom son filet usé. » Les noms finnois que portaient alors les îles où devaient s'élever tant de palais sont assez significatifs : c'étaient l'*île aux broussailles*, l'*île aux bouleaux*, l'*île aux chèvres*, l'*île aux lièvres*, l'*île aux buffles*, l'*île Michel* (sobriquet de l'ours), l'*île sauvage*. Dans Éniçary ou *île aux lièvres*, Pierre, en 1703, bâtit la nouvelle forteresse (Saint-Pierre-Saint-Paul). Il y rassembla des soldats réguliers, des kosaks, des Tatars, des Kalmouks, des indigènes ingriens ou caréliens, des paysans de l'intérieur, plus de quarante mille hommes. Pour les premiers travaux, on n'avait pas d'outils ; le moujik creusait le sol avec des bâtons ou ses ongles, emportait la terre dans un pan de son cafetan. Il fallait dormir en plein air parmi ces marécages ; les vivres manquaient souvent, les travailleurs mouraient par milliers. On mit ensuite plus de régularité dans le service : Pierre lui-même s'installa dans la célèbre petite maison de bois de la rive droite, surveillant les constructions, tantôt pilotant lui-même les premiers vaisseaux hollandais qui se hasardèrent en ces parages, tantôt donnant la chasse aux navires suédois qui venaient insulter la capitale naissante. Dans l'*île aux buffles*, devenue le Vassili-Ostrof, sur la rive septentrionale de la Néva, s'élevèrent d'innombrables constructions ; la rive méridionale, devenue depuis la vraie ville, semblait alors négligée ; on y bâtit seulement l'Amirauté qu'Anna Ivanovna devait surmonter d'une flèche, l'église de Saint-Isaac, aujourd'hui de marbre et de bronze, alors de bois, celle de Saint-Alexandre Nevski, où Pierre le Grand apporta les reliques du premier vainqueur des Suédois, la maison d'Apraxine, sur l'emplacement de laquelle Élisabeth fera bâtir le Palais d'Hiver, les hôtels déjà élégants de la Millionnaïa, et bientôt s'y ouvrira la Perspective Nevski, le plus magnifique boulevard de l'Europe. La ville se peuplait et se bâtissait à coups d'oukazes : on y transplantait des Finnois, des Esthoniens, des Tatars, des Kalmouks, des prisonniers suédois, des marchands de Novgorod; en 1707, trente mille journaliers de la campagne. Pour y faire affluer tous les maçons de l'empire, on défendait, sous peine d'exil et de confiscation, de bâtir des maisons de pierre ailleurs qu'à Saint-Pétersbourg. Tout propriétaire possédant cinq cents âmes de paysans devait élever une maison de pierre à deux étages : les moins riches se cotiseraient pour en bâtir une à frais communs. Tout bâtiment qui voudrait aborder devait amener un certain nombre de moellons : car la pierre même manquait dans ces landes. Le fourrage faisait également défaut : pour l'épargner, Pierre proscrivit en quelque sorte les voitures et encouragea la navigation du fleuve et des canaux; tout habitant devait avoir son bateau; on ne pouvait venir à la cour que par eau.

En 1706, Pierre écrivait à Menchikof que tout marchait à ravir et qu'il « lui semblait ici être en paradis. » Il décorait l'église de la forteresse d'ouvrages en ivoire, œuvre de ses mains, la tapissait des drapeaux conquis sur les Suédois, y consacrait son petit canot, « l'aïeul de la flotte russe, » et, rompant avec la tradition qui voulait qu'on ensevelît les princes à Saint-Michel de Moscou, marquait à Saint-Pierre-Saint-Paul son tombeau et ceux de ses successeurs. « Devant la nouvelle capitale, dit Pouchkine, Moscou s'est inclinée de la tête, comme s'incline devant la jeune tsarine une veuve impériale. »

Saint-Pétersbourg avait un autre ennemi que les Suédois : les inondations. Le sol ne s'était pas encore exhaussé par un entassement incessant de matériaux; des quais de granit n'endiguaient pas encore le fleuve formidable. En 1705, la ville presque entière fut envahie; en 1721, toutes les rues furent navigables et Pierre manqua de se noyer sur la Perspective Nevski. Les ennemis des réformes, exaspérés de l'abandon de Moscou, se réjouissaient de ces désastres et prédisaient que cette ville allemande, bâtie par des mains étrangères, souillée par la présence de temples hérétiques, disparaîtrait sous les flots : un jour on chercherait en vain a place où s'éleva la cité maudite. Même à la fin du règne de Pierre, l'opinion commune était qu'après sa mort la cour et la noblesse reviendraient à Moscou, qu'on renoncerait à la flotte et à la ville créées par le tsar. Il n'en eut pas le démenti : la cité qu'il avait jetée en enfant perdu sur le sol nouvellement conquis est restée le siége de l'empire. La Russie est presque le seul État qui se soit bâti, sur ses frontières mêmes, sa capitale. Saint-Pétersbourg ne sera pas seulement « la fenêtre » ouverte sur l'Occident; ce sera aussi le centre où s'accomplira la régénération russe. Plus librement, plus complétement qu'à Moscou la Sainte, où tout rappelait les traditions et les souvenirs du passé, Pierre pourra faire triompher à Saint-Pétersbourg les sentiments de tolérance pour les religions protestante ou catholique, de sympathie pour les étrangers, toujours détestés à Moscou; plus librement il pourra amener sa noblesse à prendre les modes d'*Allemagne*, à parler les langues d'Occident, à cultiver les sciences et les arts utiles, à dépouiller avec le cafetan national les vieux préjugés russes. A Moscou, la ville des tsars, les étrangers étaient confinés dans leur *slobóde allemande;* à Saint-Pétersbourg, la ville des empereurs, le Russe et l'étranger se mêlent et se pénètrent.

CHAPITRE XXV.

PIERRE LE GRAND. — DERNIÈRES ANNÉES (1708-1725).

Guerre contre la Turquie : traité du Pruth (1711).—Voyage à Paris (1717). Paix de Nystad (1721). Conquêtes sur la Caspienne. — Affaires de famille : Eudoxie, procès d'Alexis (1718), Catherine.

Guerre contre la Turquie : traité du Pruth (1711).

Charles XII, qui, pendant les cinq années qui suivirent Narva, s'était *enlisé* en Pologne, allait, pendant les cinq autres années qui suivirent Poltava, languir à Bender (1709-1714). Pierre profita de ce nouveau répit avec autant d'énergie que du premier. Le roi polonais de Charles, Leszczinski, dut se retirer en Poméranie et Auguste de Saxe rentra dans Varsovie. Au nord, Pierre achevait la conquête de l'Esthonie et de la Livonie, entamait la Finlande, donnant à droite et à gauche un plus large dégagement à l'issue qu'il se ménageait sur la mer Baltique, prenait Riga, Dünamünde, Pernau, Revel, Vyborg, Kexholm (1710). Il ne pouvait conquérir la Courlande, vassale de Pologne; il en préparait la réunion en faisant épouser à son duc une fille de son frère Ivan, Anna Ivanovna.

Les agents suédois, ceux de Stanislas, l'ambassadeur de France Désaleurs, le khan des Tatars, poussaient le divan à la guerre. Achmet III voulait reprendre Azof. Pierre apprit que son ambassadeur venait d'être enfermé aux Sept-Tours; le nouveau vizir Baltagi-Méhémet rassemblait dans les plaines d'Andrinople une immense armée. Pierre reçut presque avec joie cette déclaration de guerre; la Russie tout entière tressaillit d'allégresse à l'idée de reprendre la trace des anciens princes russes, de marcher sur la *Ville-Souveraine* (*Tsargrad*), d'affranchir les chrétiens d'Orient, d'exterminer les vieux ennemis du nom slave et d'éclipser la gloire d'Ivan le Terrible. Le monde oriental s'émut jusque dans ses profondeurs : Kantémir, hospodar de Valachie, Cantacuzène, hospodar de Moldavie, les Serbes, les Monténégrins, les Grecs, appelaient de leurs vœux un libérateur. Pierre, emporté par son enthousiasme, commit en 1711 la même faute que Charles XII en 1709. Il compta sur les secours douteux qu'il pourrait trouver en des pays barbares et dépeuplés et n'attendit pas un secours plus effectif, trente mille hommes, que lui promettait le roi Auguste. Il passa le Dniester, trouva la Moldavie presque vide d'habitants, les campagnes dévastées par les sauterelles, nuls magasins formés, l'hospodar indécis et impuissant comme l'avait été Mazeppa. Kantémir, abandonné par une partie de ses boïars, se rendit presque seul au camp des Russes. Un nouvel hospodar de Moldavie,

Brankovane, se déclara pour le sultan. Pierre, sur les bords du Pruth, avec trente-huit mille soldats harassés et affamés, se trouva cerné par deux cent mille Turcs ou Tatars. Pourtant la bravoure que déploya cette poignée d'hommes, dans une première journée où périrent sept mille janissaires, fit réfléchir le grand-vizir. Il apprit qu'un lieutenant de Pierre, Renne, venait de prendre Braïlof et menaçait les ponts jetés sur le Danube. La plus grande consternation régnait cependant dans le camp des Russes, encombré de blessés et de femmes. Ce fut Catherine, la future impératrice, qui releva les courages. Elle réunit l'argent et les bijoux qu'elle put trouver, en constitua un présent pour le grand-vizir et engagea le tsar à lui envoyer des négociateurs. Ceux-ci avaient ordre d'accorder tout ce que demanderaient les Turcs : la restitution d'Azof, celle de la Livonie, même celle de l'Esthonie et de la Carélie, mais pas celle de l'Ingrie, car c'était livrer la nouvelle capitale ; plutôt sacrifier Pskof. Pierre était prêt à céder sur la question polonaise. Si les Turcs exigeaient qu'on se rendît à discrétion, « on était résolu à forcer le passage et à périr jusqu'au dernier. » Le vizir n'en demandait pas tant : il se contenta de la restitution d'Azof, de la destruction des forteresses élevées sur le territoire turc et de la promesse de ne pas inquiéter Charles XII lors de son retour dans ses États. Tel fut le célèbre traité du Pruth qui causa dans l'armée russe une joie universelle, mais qui laissa pour toujours à Pierre le Grand une ombre de tristesse. Être venu pour délivrer le monde chrétien d'Orient et subir une capitulation, livrer Azof, sa première conquête, anéantir sa flotte de la mer Noire, qui lui avait coûté tant d'efforts ! Il prit sa revanche d'un autre côté.

Voyage à Paris (1717). Paix de Nystad (1721). Conquêtes sur la Caspienne.

En 1712 et 1713, pendant que la France traversait une crise suprême dans la guerre de la succession espagnole, les Russes, avec leurs alliés danois et saxons, chassaient les

Suédois de la Poméranie. En mai 1713, une flotte de deux cents vaisseaux russes, commandée par Apraxine et sur laquelle Pierre le Grand faisait fonctions de vice-amiral, sortit de la Néva, prit Helsingfors, capitale de la Finlande, Abo, dont la bibliothèque fut envoyée à Saint-Pétersbourg, et mit à terre une armée de débarquement qui battit les Suédois à Tammersfors. L'année suivante, les Russes battirent, à Hanköl, la flotte ennemie et occupèrent les îles d'Aland. Stockholm même se trouva menacée; les Russes n'étaient plus qu'à quinze milles de la capitale suédoise. La prise de Nyslott acheva la conquête de la Finlande. Charles XII, accouru de Bender, ne put sauver Stralsund, ni Wismar. Le roi de Prusse, après avoir beaucoup hésité, s'était joint à ses ennemis; ses dernières forteresses, en Poméranie, succombèrent. L'électeur de Hanovre, roi d'Angleterre, fit de même et s'empara de Werden, possession de Charles XII sur le Wéser. La Suède dépouillée de ses provinces dans l'empire allemand, c'étaient les résultats des traités de Westphalie qui étaient en péril. La guerre du Nord, localisée naguère dans la Baltique orientale, devenait une guerre européenne et compromettait l'équilibre du continent. Les armées russes, pour la première fois, inondaient la Germanie septentrionale. Pierre, qui avait marié une de ses nièces au duc de Courlande, faisait épouser l'autre, Catherine Ivanovna, au duc de Mecklembourg et prêtait son appui à ce prince pour réduire sa noblesse à l'obéissance. L'Allemagne du nord semblait près de passer sous le joug moscovite, comme au dix-septième siècle elle avait passé sous le joug suédois. Les alliés du tsar commencèrent à redouter son ambition; les nobles du Mecklembourg se vengeaient en lui cherchant partout des ennemis : Bernsdorff décidait Georges de Hanovre à se séparer de l'alliance du tsar; deux autres Mecklembourgeois engagèrent le roi de Danemark à lui fermer les portes de Wismar. Pierre sentit qu'il fallait chercher ailleurs son appui et, dans une question devenue européenne, se ménager des alliances européennes. C'est alors que le baron Gœrtz entreprit de le réconcilier avec Charles XII et d'employer l'héroïsme de ce dernier à renverser le roi d'Angleterre pour lui substituer la dynastie des Stuarts. En outre, Pierre le Grand aurait voulu se rapprocher de la France. Dès 1711, il avait envoyé à Louis XIV Grégori Volkof pour lui demander sa médiation. Mais le grand roi se trouvait trop engagé dans cette alliance suédoise, dont Charles XII avait cependant si mal rempli les obligations. Après la mort de Louis XIV, le duc d'Orléans avait pris la régence. Pierre se décida à faire le voyage de Versailles : son agent auprès de la cour de France, Zotof, l'assurait des bonnes dispositions du régent. Le tsar pouvait donc espérer conclure une alliance étroite avec un puissant royaume, peut-être marier sa fille Élisabeth au jeune Louis XV. Pierre allait accomplir son second voyage d'Occident dans de tout autres conditions que le premier. Ce n'était plus un jeune prince, à demi barbare, maître d'un État presque inconnu de l'Europe orientale; c'était le vainqueur de Poltava et de Hankūt, le dominateur de la Baltique et de l'Allemagne du nord, le réformateur d'un grand peuple, le fondateur d'une nouvelle capitale et d'un nouvel empire, le chef d'une des grandes nations de l'Europe.

« Ce monarque, nous dit Saint-Simon, se fit admirer à Paris par son extrême curiosité toujours tendante à ses vues de gouvernement, de commerce, d'instruction, de police; et cette curiosité atteignit à tout et ne dédaigna rien. Tout montrait en lui la vaste étendue de ses lumières et quelque chose de continuellement conséquent. Il allia d'une manière tout à fait surprenante la majesté la plus haute, la plus fière, la plus soutenue et en même temps la moins embarrassante. Il avait une sorte de familiarité qui venait de liberté; mais il n'était pas exempt de cette ancienne barbarie de son pays qui rendait toutes ses manières promptes, même précipitées, ses volontés incertaines, sans vouloir être contredit sur pas une. Sa table souvent peu décente, beaucoup moins ce qui la suivait. Souvent aussi avec un découvert d'audace et de roi partout chez soi. Le désir de voir à son aise, l'importunité d'être en spectacle, l'habitude d'une liberté au-dessus de tout lui faisait préférer les carrosses de louage, les fiacres mêmes; le premier carrosse qu'il trouvait sous sa main, de gens qui étaient chez lui et qu'il ne connaissait pas, il sautait dedans et se faisait conduire par la ville ou dehors. C'était un fort grand homme, très-bien fait, assez maigre, le visage assez de forme ronde, un grand front, de beaux sourcils, le nez assez court sans rien de trop, gros par le bout; les lèvres assez grosses; le teint rougeâtre et brun; de beaux yeux noirs, grands, vifs, perçants, bien fendus; le regard majestueux et gracieux quand il y prenait garde, sinon sévère et farouche, avec un tic qui ne revenait pas souvent, mais qui lui démontait les yeux et toute la physionomie et qui donnait de la frayeur. Cela durait un moment avec un regard égaré et terrible, et se remettait aussitôt. Tout son air marquait son esprit, sa réflexion et sa grandeur, et ne manquait pas d'une certaine grâce. Il ne portait qu'un col de toile, une perruque ronde, brune, comme sans poudre, qui ne touchait pas ses épaules; un habit brun juste au corps, uni, à boutons d'or; veste, culottes, bas, point de gants, ni de manchettes; l'étoile de son ordre sur son habit et le cordon par-dessous, son habit souvent déboutonné tout à fait, son chapeau sur une table et jamais sur sa tête, même dehors. Dans cette simplicité, quelque mal voituré et accompagné qu'il pût être, on ne pouvait s'y méprendre à l'air de grandeur qui lui était naturel. »

Pierre visita le régent et le roi, prit Louis XV dans ses bras, au grand ébahissement des courtisans, et écrivit à sa femme Catherine : « Le petit roi n'a que deux doigts de plus que notre nain Louki; il est distingué de taille et de visage, et assez intelligent pour son âge. » Il dédaigna tout ce qui était mode et luxe improductif, s'occupa surtout de gouvernement, de commerce, de sciences, d'art militaire. Il négligea de faire visite aux princes du sang, mais entra dans les boutiques des charrons et des orfévres. Il goûta la soupe des Invalides, but à leur santé, leur frappa sur l'épaule et les traita de camarades. Les Gobelins, l'Observatoire, le Jardin du Roi, la collection des plans en relief des places fortes, les travaux du Pont-Tournant, la machine de Marly captivèrent son attention. A la Monnaie, on frappa devant lui une médaille à son effigie, avec cette devise : *Vires acquirit eundo*. Il assista à une séance de l'Académie des sciences, qui l'élut au nombre de ses membres. Il corrigea de sa main une carte de ses États qu'on lui présentait. Il embrassa le buste de Richelieu à la Sorbonne et voulut voir Mme de Maintenon, comme une relique du grand règne.

Sur l'affaire principale qui l'amenait, il n'eut pas satisfaction entière. Il cherchait un allié contre Georges Ier; or l'alliance anglaise était alors la base de notre politique étrangère. « Le tsar, dit Saint-Simon, avait une passion extrême de s'unir à la France. Rien ne convenait mieux à notre commerce, à notre considération dans le Nord, en Allemagne et par toute l'Europe. Ce prince tenait l'Angleterre en brassière par le commerce et le roi Georges en crainte pour ses États d'Allemagne. Il tenait la Hollande en grand respect et l'Empereur en grande mesure. On ne peut nier qu'il ne fît une grande figure en Europe et en Asie et que la France n'eût infiniment profité d'une alliance étroite avec lui.... On a eu lieu depuis d'un long repentir des funestes charmes de l'Angleterre et du fol mépris que nous avons fait de la Russie. »

Malgré « l'ensorcellement » du régent pour l'abbé Dubois, les plénipotentiaires de Pierre le Grand, après le retour du tsar dans ses États, conclurent cependant à Amsterdam un traité de commerce avec la France (1717). Les deux puissances, unies à la Prusse, déclaraient, en outre, s'unir pour la garantie des traités d'Utrecht et la garantie de la paix éventuelle du Nord; elles posaient les bases d'une alliance défensive, sur les voies et moyens de laquelle on s'entendrait ultérieurement. Plus tard Pierre le Grand se trouva quelque peu compromis dans les plans de Gœrtz et d'Albéroni, ce qui dut amener un refroidissement. Des relations régulières furent cependant inaugurées entre les deux pays : Kourakine, puis Dolgorouki furent nommés ambassadeurs à Paris; Campredon représenta la France à Saint-Pétersbourg. Plus d'une fois, des négociations furent ébauchées, soit pour le mariage d'Élisabeth avec Louis XV, soit pour son mariage avec le duc de Bourbon ou quelqu'un des princes français. La France rendit quelques bons offices à la Russie pour la paix avec la Suède.

Gœrtz était sur le point de réconcilier Pierre avec Charles XII, un congrès s'était déjà ouvert aux îles d'Aland entre Bruce et Ostermann, d'une part, et Gœrtz et Gyllenborg, de l'autre, lorsque le roi de Suède se fit tuer en Norwége (1718). Une réaction nobiliaire éclata à Stockholm: le neveu de Charles XII, Charles-Frédéric de Holstein-Gottorp, fut exclu du trône; on y appela, comme devant être plus maniable, la plus jeune sœur du feu roi, Ulrique-Éléonore, mariée à Frédéric de Hesse-Cassel. On établit une constitution aristocratique qui dépouillait la couronne de presque toutes ses prérogatives et inaugurait pour la Suède cinquante-trois ans d'anarchie et d'impuissance; l'autorité passa entre les mains de la diète composée des députés des quatre ordres (nobles, clergé, bourgeois, paysans), mais dans laquelle l'ordre nobiliaire avait une influence décisive. Gœrtz, rappelé à Stockholm, fut condamné à mort; ses plans politiques furent abandonnés; la diète renoua au contraire l'alliance avec le Hanovre, la Prusse et le Danemark, et résolut de continuer la guerre contre la Russie, avec l'appui probable des flottes du roi Georges. Pierre accepta le défi et fit à ses ennemis une guerre d'extermination : en 1719, ses armées débarquaient sur le rivage même de Suède et y brûlèrent deux villes et cent vingt-neuf villages. Apraxine étendit ses ravages jusqu'à sept milles de Stockholm. En 1720, la dévastation recommença, en présence même de la flotte anglaise qui n'osa poursuivre les Russes dans les bas-fonds de la côte suédoise. En 1721, la diète se décida à traiter : Pierre conserva la Livonie, l'Esthonie, l'Ingrie, partie de la Finlande et de la Carélie. Telle fut la paix de Nystad qui vengeait Ivan le Terrible et Alexis Mikhaïlovitch.

Quand le tsar sentit ses épaules soulagées du fardeau

énorme de cette guerre de vingt-deux ans, il vint lui-même à Saint-Pétersbourg annoncer au peuple l'heureuse nouvelle de la paix, et, monté sur une estrade, but à la santé de ses sujets. Pendant toute une semaine les fêtes et les mascarades se succédèrent; Pierre le Grand, dans sa joie, brûla pour 12 000 roubles de poudre, se costuma, dansa sur la table et « chanta des chansons ». Le sénat, réuni en grand conseil avec le saint-synode, décerna au tsar les titres « de Grand, de Père de la Patrie et d'empereur de toutes les Russies ». C'est ainsi que le fils d'Alexis devint, suivant l'expression des chansons populaires, « le premier empereur dans le pays ». Féofane Prokopovitch prononça à cette occasion un de ses plus beaux sermons.

Pierre songeait toujours à faire de la Russie le centre des communications entre l'Asie et l'Europe. Il avait conquis les rivages de la Baltique, mais il fallait trouver un dédommagement à la perte d'Azof, se rouvrir au moins l'une des mers d'Orient. La Perse, maîtresse de la Caspienne, était alors en proie à l'anarchie sous un prince impuissant qu'assaillaient de toutes parts les rebelles. Des négociants russes avaient été dépouillés; Pierre saisit ce prétexte pour s'emparer de Derbent : lui-même commanda l'expédition qui descendit le Volga, de Nijni à Astrakhan 1722). Après son départ, les opérations continuèrent; les Russes prirent Bakou, s'immiscèrent dans les affaires intérieures de la Perse, promirent secours au shah contre ses ennemis et occupèrent le Daghestan, le Ghilan et le Mazandéran avec Recht et Astérabad.

Affaires de famille : Eudoxie, procès d'Alexis (1726), Catherine.

Les dernières années de Pierre le Grand furent attristées par de terribles tragédies domestiques. A dix-sept ans, on l'avait marié à Eudoxie Lapoukhine, d'une famille dévouée à l'ancien ordre de choses. Comme elle partageait les idées de ses parents, Pierre ne tarda pas à la prendre en haine. Après la prise d'Azof, il signifia qu'il ne voulait pas la retrouver au palais et qu'elle eût à se retirer au monastère Pokrovski, à Sousdal. Plus tard il obtint le divorce pour épouser Catherine. Reléguée et divorcée, Eudoxie était encore une puissance : aux yeux du peuple et d'une partie du clergé, elle restait la seule épouse légitime; elle était mère d'un tsarévitch, d'Alexis, sur le caractère et l'esprit duquel elle avait eu, pendant les fréquentes absences du tsar, la plus fâcheuse influence. Après le renvoi d'Eudoxie, Pierre prit plus à cœur l'éducation de son héritier et lui donna des maîtres étrangers. Il était trop tard; Alexis était déjà un jeune homme aux idées étroites, indolent, paresseux, obstiné et de faible intelligence; le fils du réformateur n'était plus qu'un Lapoukhine. Pendant que Pierre se prodiguait sur les champs de bataille de Finlande, de Lithuanie et d'Ukraine, Alexis s'entourait de moines, de dévots, de visionnaires; on lui faisait sa cour en dénigrant les réformes et les lois nouvelles. Malgré lui, il épousait à Torgau Charlotte de Brunswick, se promettant de faire un jour couper la tête aux auteurs de ce mariage. Comme son confident lui faisait craindre qu'il ne s'aliénât les grands : « Je crache sur eux, répondit-il, j'ai pour moi le peuple; quand mon père mourra, je dirai quelque chose à l'oreille des archevêques, ceux-ci le rediront aux prêtres qui le répéteront à leurs paroissiens, et l'on me fera tsar, fût-ce malgré moi. » Il n'avait rien voulu apprendre dans son voyage d'Allemagne, il se perçait la main pour n'être pas obligé de dessiner, il alléguait sa faible santé pour vivre dans l'oisiveté. Pierre essayait de le ramener : « L'inquiétude de l'avenir détruit la joie que me causent mes succès présents; je vois que tu méprises tout ce qui peut te rendre digne de régner après moi. Ce que tu appelles incapacité, je l'appelle rébellion, car tu ne peux t'excuser sur l'insuffisance de ton esprit et la faiblesse de ta santé. C'est uniquement par les travaux de la guerre que nous sommes sortis de l'obscurité, que nous avons appris aux autres nations à nous connaître et à nous respecter, et toi tu ne veux même pas entendre parler d'exercices militaires. Si tu ne changes de conduite, sache que je te priverai de ma succession : pour la patrie et pour mes sujets je n'ai ménagé ni ne ménagerai ma vie ; crois-tu que je ménagerais la tienne? J'aime mieux pour héritier un étranger qui soit bon, que mon propre sang qui ne vaut rien. » Alexis persista à dire qu'il n'avait ni mémoire, ni santé, et qu'il préférait être moine. Son confident Kikine lui donnait le conseil de dissimuler, de se laisser même enfermer au couvent : « On en sort, lui disait-il, on ne vous cloue pas la *khlobouque* sur la tête. » Pendant le voyage de son père en Occident, le tsarévitch s'enfuit en Allemagne avec sa maîtresse, la serve Euphrosine ; il se rendit à la cour de Vienne et obtint qu'on lui assurât le secret et un asile impénétrable. C'est ainsi qu'il fut enfermé successivement au château d'Ehrenberg, dans le Tyrol, et de Saint-Elme, près de Naples. Pourtant les agents de son père, lancés à sa poursuite, finirent par retrouver sa piste et Tolstoï obtint une entrevue avec le tsarévitch ; il l'assura du pardon et le décida à le suivre à Moscou. Le tsar réunit aussitôt une grande assemblée des trois ordres au Kremlin, fit comparaître le prisonnier et l'obligea à signer un acte formel de renonciation à la couronne. Il devait en outre dénoncer ses complices : au cours de l'interrogatoire, Pierre apprit de terribles choses. Son fils était le centre d'une conspiration permanente contre ses réformes, l'espoir de tous ceux qui à sa mort voulaient anéantir son œuvre. S'il avait consenti à entrer au cloître, c'était dans l'espoir d'en sortir ; sa renonciation au trône ne pouvait être sincère ; Alexis ne s'appartenait pas, il appartenait aux ennemis de son père qui sauraient bien le relever de ses engagements. Pierre sut en outre qu'Alexis avait sollicité à Vienne la protection armée de l'empereur, qu'il avait noué des intrigues avec la Suède, que, lors d'une sédition militaire dans l'armée russe du Mecklembourg, il était entré en rapports avec les meneurs et n'attendait qu'une lettre pour accourir au camp. Il avait désiré la mort de son père et son confesseur Varlaam avait dit : « Nous la désirons tous. » Bientôt on saisit les fils du complot qui allaient du palais du tsarévitch au monastère de la tsarine divorcée : Eudoxie, dans son couvent, était traitée non en religieuse, mais en tsarine; elle y tenait sa cour de mécontents, portait le costume séculier, se faisait nommer dans les prières comme une souveraine. Dosithée, l'archevêque de Rostof, lui avait prédit la mort prochaine du tsar; l'archimandrite Pierre, pour hâter cet événement, faisait devant les saintes images des centaines de prosternations. D'autres détails nous montrent la vieille Russie, dans ce qu'elle avait de plus dissolu et de plus superstitieux. Un certain Glébof, qui avait échangé un alphabet chiffré avec la tsarine et qui préparait des écrits pour soulever le peuple, avoua qu'il était son amant et qu'après la mort du tsar il devait l'épouser. Ses parents, entre autres son frère Abraham Lapoukhine, étaient de moitié dans ces intrigues et ces espérances. Pierre écrasa sous un orage de supplices ce nid de conspirateurs. Glébof fut empalé, Dosithée roué, Lapoukhine torturé et décapité, trente personnes suppliciées ou exilées, Eudoxie fouettée et enfermée au Nouveau-Ladoga. Après toutes ces révélations, l'affaire du tsarévitch changeait de caractère; il ne pouvait plus être question de clémence. Pierre n'avait plus en face de lui un fils insoumis et paresseux, mais un traître, qui était devenu le chef des ennemis du dedans, l'allié de ceux du dehors, qui avait invoqué l'intervention étrangère. Pierre avait à choisir entre son fils et le salut de ses réformes, car Alexis avait promis hautement d'abandonner Saint-Pétersbourg, la marine, les conquêtes suédoises et de revenir à Moscou. Il n'y avait plus espoir de le mettre hors d'état de nuire après la mort de son père : Alexis savait qu'on ne lui « clouerait pas la *khlobouque* sur la tête » et la reclusion du monastère n'avait pas garanti Eudoxie des préoccupations séculières. Dès lors Alexis n'eut plus dans son père qu'un juge inexorable. Deux fois on le soumit à la torture par le knout; un tribunal composé des plus hauts fonctionnaires de l'État condamna le tsarévitch à la peine de mort. Le difficile semblait être d'appliquer cette peine : deux jours après on apprit qu'il avait cessé de vivre. Sur la manière dont il périt, ont circulé dans les mémoires du temps les bruits les plus divers : on le fait mourir, tantôt d'apoplexie foudroyante ou de dérangement d'entrailles après une émotion trop vive, tantôt décapité avec la hache, assommé d'un gourdin, étouffé sous des coussins, étranglé avec sa cravate; l'un le fait périr par le poison, l'autre lui ouvre les veines. Ce qu'il y a de certain, c'est que le matin du jour fatal le tsar fit comparaître son fils devant une commission de neuf des plus grands de l'Etat; sur ce qui se passa alors, ces neuf hommes ont gardé le secret le plus inviolable; il paraît établi que, pour arracher de nouveaux aveux au tsarévitch, on l'appliqua de nouveau à la torture par le knout et qu'il mourut des suites de ce supplice.

Pierre avait une autre famille déjà. En 1702, au sac de Marienbourg, les Russes avaient fait prisonnière une jeune fille, sur la condition, l'origine et la nationalité de laquelle les documents originaux ne sont pas d'accord. Il semble plus probable qu'elle était Livonienne, d'une famille de serfs, du nom de Skavronski, qu'elle était servante chez le pasteur Glück et qu'elle avait été fiancée à un dragon suédois. C'est dans l'obscurité et dans l'opprobre que commence cette impériale destinée. La captive passa de main en main, successivement maîtresse de Chérémétief, de Menchikof, cédée par celui-ci à Pierre le Grand. Quoique ignorante et complétement illettrée, elle séduisit le tsar par la vivacité de son esprit, la sûreté de son jugement et quelque chose de libre et d'aventureux qui contrastait avec les mœurs du terem russe et qui désignait cette esclave luthérienne comme la future impératrice de la Russie réformée. Leur mariage, contracté secrètement, reçut une consécration définitive sous le feu des batteries ottomanes du Pruth. En mémoire des services que Catherine rendit alors au tsar et à la patrie, Pierre fonda l'ordre *pour l'amour et la fidélité*, et l'épousa solennellement en 1712. Pourtant, lors de son voyage d'Occident, il n'osa l'emmener en France : le contraste eût été trop violent à Versailles entre les dames de notre fière noblesse et cette esclave étrangère, entre le bel esprit des Sévigné et des Deffand et cette impératrice qui ne savait pas signer son nom, entre le raffinement des élégances françaises et cette maritorne que nous dépeint la margrave de Baireuth : « La tsarine, dit la princesse allemande, était petite et ramassée, fort basanée, elle n'avait ni air, ni grâce. Il suffisait de la voir pour deviner la bassesse de son extraction. On l'aurait prise à son accoutrement pour une comédienne allemande. Son habit avait été acheté à la friperie; il était fait à l'antique et fort chargé d'argent et de crasse. Elle avait une douzaine d'ordres et autant de portraits de saints ou de reliquaires attachés tout le long de son habit, de façon que lorsqu'elle marchait on aurait cru entendre un mulet ». En 1721, Pierre promulgua l'oukaze célèbre qui reconnaissait au souverain russe le droit de désigner son successeur, dérogeant ainsi au principe héréditaire qui semble l'essence même de la monarchie. Pierre invoquait le précédent d'Ivan le Grand et rappelait la « révolte absalonienne » d'Alexis. Féofane Prokopovitch écrivit, pour justifier cette mesure du tsar, son livre intitulé : *Le bien fondé de la volonté souveraine (Pravda voli monarchéï)*. De Catherine, Pierre avait eu deux fils qui ne vécurent pas, Pierre et Paul, et deux filles, Anna, qu'il maria au duc de Holstein, et Élisabeth, qui fut tsarine. De plus Alexis avait laissé de Charlotte de Brunswick un tsarévitch, qui fut Pierre II, mais qui alors n'était nommé que le dernier dans les prières publiques. En 1723, Pierre le Grand publiait un manifeste où il rappela les services rendus par Catherine et la couronnait solennellement impératrice. Ce fut l'apogée de cette étrange destinée. Presque aussitôt elle faillit être brisée; l'empereur crut avoir la preuve de l'infidélité de sa femme et parla de la répudier. En tout cas, il n'avait pas encore fait usage du droit revendiqué en 1721 et n'avait pas désigné son successeur. Sa santé était ébranlée par les travaux et les excès : il ne s'en ménageait pas davantage ; un jour, il se jeta dans l'eau glacée jusqu'à la ceinture pour sauver un bateau en détresse, ressentit une première attaque du mal, se refroidit de nouveau à la *Bé-*

nédiction *des eaux*, et mourut sans avoir pu dicter ni écrire ses dernières volontés. Il n'avait que cinquante-trois ans.

Il fut avant tout un homme de lutte, taillé pour la lutte, avec sa haute taille, ses membres robustes, son tempérament à la fois nerveux et sanguin, sa forte main de charpentier. Sa vie fut un combat contre les forces du passé : contre la noblesse ignorante, contre les fanatiques du clergé, contre le peuple qui se complaisait dans sa barbarie et son isolement national, contre le kosak et le stréletz, représentants de l'ancienne armée, contre le raskol, représentant de l'antique superstition. Cette lutte, dont la Russie et le monde furent ébranlés, il la retrouva au sein de sa famille : elle commença avec sa sœur Sophie, continua par sa femme Eudoxie et son fils Alexis. Tout entier à sa terrible besogne, Pierre, toute sa vie, dédaigna le faste, le luxe et toute sorte de recherche; le premier empereur de Russie, le fondateur de Saint-Pétersbourg, oublia de se construire un palais : sa résidence favorite de Péterhof est la villa d'un bourgeois aisé de Saardam. Sa table était frugale : dans ses orgies de bière ou d'eau-de-vie, il cherchait surtout un stimulant ou un délassement. Le peuple a conservé sa mémoire dans ses chansons ou ses traditions populaires : il aime à répéter qu' « il travaillait pire qu'un *bourlak* ». Cette vie si bien employée fut comme une fièvre perpétuelle d'activité, où Pierre le Grand haletait et se surmenait comme la Russie. Est-il étonnant qu'il n'ait point ménagé ce qui se trouvait sur son chemin? Il avait le geste prompt et la main pesante: le terrible bâton d'Ivan IV semblait avoir passé entre ses mains. On l'a vu rosser avec sa canne les plus grands seigneurs et jusqu'au prince Menchikof. Il violenta les hommes, les choses, la nature, le temps; il réalisa le progrès à coups de despotisme. Longtemps encore les historiens russes ou étrangers hésiteront à porter sur lui un jugement définitif ou feront assaut d'opinions contradictoires.

CHAPITRE XXVI.

LA VEUVE ET LE PETIT-FILS DE PIERRE LE GRAND. CATHERINE Ire (1725-1727) ET PIERRE II (1727-1730).

L'œuvre de Pierre le Grand maintenue par Catherine.
Menchikof et les Dolgorouki. — Maurice de Saxe en Courlande.

A la mort de Pierre le Grand, deux partis sérieux se trouvaient en présence : les uns tenaient pour son petit-fils Pierre Alexiévitch, alors âgé de douze ans; les autres pour la Livonienne Catherine. Les Galitsyne, les Dolgorouki, Repnine et toute la vieille Russie auraient voulu proclamer le fils du tsarévitch Alexis; mais ceux qui devaient leur élévation à Pierre Ier, ceux qui s'étaient compromis dans le procès de son fils, le prince Menchikof, l'amiral Apraxine, Boutourline, colonel de la garde, le grand-chancelier Golovkine, le procureur général du sénat Iagoujinski, l'Allemand Ostermann, Tolstoï, qui avait été relancer Alexis au fort Saint-Elme, l'évêque Féofane, qui avait écrit la *Pravda voli monarchéi*, les membres du tribunal qui avait condamné le tsarévitch, sentaient qu'il n'y avait de salut pour eux que dans l'élévation de Catherine. Ils étaient les plus capables et les plus éclairés; ils détenaient encore le pouvoir, dirigeaient l'administration, commandaient l'armée. Leurs adversaires sentirent qu'il fallait se contenter d'une transaction : Dmitri Galitsyne proposa de proclamer Pierre II, mais sous la tutelle de l'impératrice-veuve. Tolstoï combattit cette proposition en montrant que c'était le plus sûr moyen d'armer les partis l'un contre l'autre, de faire naître des troubles, de fournir aux factions hostiles un prétexte pour soulever le peuple contre la régente. Il prouva que, en l'absence de toute disposition testamentaire, c'était elle qui avait le plus de droit de succéder à Pierre Ier : elle avait été couronnée solennellement, avait reçu le serment de ses sujets; elle était initiée à tous les secrets d'État et avait appris de son époux l'art de régner. Les officiers et les régiments des gardes se déclarèrent énergiquement en faveur de l'héroïne du Pruth. Il fut décidé qu'elle régnerait seule, autocratiquement, au même titre que le tsar défunt. Sans doute, c'était une nouveauté en Russie, une nouveauté plus grande que la régence de Sophie : Catherine n'était pas seulement une femme, mais une étrangère, une captive, une épouse en secondes noces, à peine considérée comme une femme légit... Il y eut plus d'une protestation contre une décision qui écartait du trône le petit-fils de Pierre le Grand, et des raskolniks subirent la torture plutôt que de prêter serment à une femme.

Menchikof, un des premiers amants de Catherine, se trouva tout-puissant. Il put arrêter le procès en concussion que le feu tsar avait commencé contre lui et obtint le don de Batourine, l'ancienne capitale de Mazeppa, ce qui équivalait à la principauté de l'Ukraine. Son humeur despotique, son mauvais caractère le rendirent odieux à ses compagnons; la discorde se mit parmi les « aiglons » de Pierre le Grand : Iagoujinski alla gémir publiquement sur le tombeau du tsar; Tolstoï fut plus tard envoyé en Sibérie. Catherine réussit cependant à contenir l'ambition de son favori et refusa de lui sacrifier ses autres conseillers.

Ce régime fut la continuation de celui de Pierre. Il donna un démenti aux prédictions pessimistes qui annonçaient l'abandon de Saint-Pétersbourg et de la flotte, le retour à Moscou. La plupart des plans ébauchés par le tsar réformateur furent mis à exécution : l'Académie des sciences fut inaugurée en 1726; on veilla à l'exacte publication de la *Gazette*; l'ordre d'Alexandre Nevski fut fondé; le capitaine danois Béhring fut mis à la tête de l'expédition scientifique du Kamtchatka; Chafirof, rappelé de l'exil, fut chargé de rédiger l'histoire de Pierre le Grand ; Anna Pétrovna épousa solennellement le duc de Holstein à qui son père l'avait fiancée. En revanche, le sénat et le saint-synode perdirent leur titre de *dirigeants* et les affaires d'État durent être traitées dans le *Haut Conseil secret*, qui se composa de Menchikof, de l'amiral Apraxine, du chancelier Golovkine, de Tolstoï, de Dmitri Galitsyne, du vice-chancelier Ostermann, et qui se réunit sous la présidence de l'impératrice.

Catherine, en mourant, désigna pour son successeur Pierre Alexiévitch, petit-fils de son mari ; à défaut de Pierre, ses deux filles Anna de Holstein et Elisabeth ; en attendant la majorité du jeune empereur, la régence serait exercée par un conseil composé des deux *tsarévni*, du duc de Holstein, de Menchikof et de sept ou huit des principaux dignitaires de l'empire.

Menchikof avait pris ses mesures pour conserver et pour accroître sous le nouveau règne sa haute situation. Il avait obtenu de Catherine qu'elle autorisât les fiançailles de sa fille avec le jeune prince, bien qu'elle fût plus âgée que lui de deux ans. Il assigna pour résidence à l'empereur son propre palais de la rive droite et l'entoura de gens dévoués à ses intérêts. Il se fit nommer généralissime et signa ses lettres au souverain de ces mots : *Votre père*. Il fit inscrire dans l'almanach les membres de sa famille avec ceux de la famille impériale et nommer sa fille dans les prières publiques. Lui-même projetait d'épouser Natalie Alexiévna afin de devenir le beau-frère de l'empereur en même temps que son beau-père. Pierre II commença à trouver bien lourde la tutelle du généralissime. Celui-ci lui avait imposé pour précepteur le vice-chancelier Ostermann, mais le jeune prince détestait l'étude, préférait chasser avec son favori Ivan Dolgorouki ; l'habile Ostermann eut soin de rejeter sur Menchikof l'odieux de son rôle pédagogique et de s'en excuser auprès du souverain. Un jour l'empereur envoya un présent de neuf mille ducats à sa sœur Natalie ; Menchikof osa les reprendre à la princesse, disant que « l'empereur était jeune et ne savait pas encore employer l'argent comme il convient. » Pierre II cette fois se cabra et le prince eut bien du mal à l'apaiser. Ivan Dolgorouki faisait honte à son maître de sa docilité. Un autre ennemi du généralissime, et qui en se jouant minait son crédit, c'était la jeune tante de Pierre II, la fille de Pierre le Grand, Élisabeth; alors âgée de dix-sept ans, gaie, vive, sans souci, un teint vermeil, des yeux bleus, en riant elle tuait l'insupportable tuteur. Une maladie que fit Menchikof, en l'éloignant de la cour, prépara sa chute. Pierre II s'était accoutumé à l'idée d'être débarrassé de lui. Quand le prince revint et recommença à contrarier ses volontés, à reprendre les dons qu'il faisait, Pierre II quitta la maison de Menchikof, la fit dépouiller des meubles de la couronne pour remeubler le palais impérial, traita sa fiancée avec une froideur marquée et finit par ordonner aux gardes de ne plus prendre d'ordres que de leurs colonels. C'était le prélude d'une disgrâce éclatante : en septembre 1727, Menchikof fut arrêté, dépouillé de toutes ses dignités et décorations et exilé sur ses terres.

Les Dolgorouki profitèrent de la révolution qu'ils avaient préparée. Ils reprirent d'ailleurs tous les errements de Menchikof et environnèrent le prince des mêmes soins et des mêmes obsessions; comme Menchikof, ils éloignèrent ceux qui leur portaient ombrage, même Ostermann, auquel Pierre commençait à s'attacher, même la vieille tsarine Eudoxie Lapoukhine, rappelée de sa prison de Ladoga. Prenant prétexte de placards injurieux où l'on rappelait les services de Menchikof, ils l'exilèrent à Bérézof, en Sibérie, où il mourut dans l'année 1729. Peu instruits par son exemple, ils imposèrent au prince une nouvelle fiancée, Natalie Dolgorouki, la sœur de son favori Ivan. Leur administration prit d'ailleurs le caractère d'une réaction contre les réformes de Pierre le Grand : Ostermann, les étrangers et les fidèles du « tsar-géant » virent avec chagrin la cour revenir à Moscou, se désintéresser absolument des affaires européennes. Les Dolgorouki, pour mieux isoler leur maître, flattaient ses goûts de frivolité et de dissipation, l'emmenaient dans de grandes parties de chasse qui duraient des semaines entières. Pierre n'eût pas manqué de se lasser d'eux comme de Menchikof; à sa tante Élisabeth, qui se plaignait qu'on la laissât sans argent, il disait déjà : « Ce n'est point ma faute ; on n'exécute point mes ordres, mais je trouverai moyen de briser mes fers. » La crise se produisit autrement qu'on ne s'y attendait. En janvier 1730, le jeune empereur de dix-sept ans prit froid à la cérémonie de la *Bénédiction des eaux* et mourut subitement de la petite vérole.

Les deux règnes de Catherine et de Pierre II, qui ne durèrent en tout que cinq ans, furent pacifiques.

La Russie avait conclu en 1726 un traité d'alliance avec la cour de Vienne et faillit se trouver entraînée en 1727 dans la guerre de la quadruple alliance. Malgré les efforts de Kourakine et de Campredon, l'échec du projet de mariage entre Louis XV et Élisabeth avait amené un refroidissement entre les cours de France et de Russie. L'épisode le plus curieux des relations extérieures fut la tentative de Maurice de Saxe, fils illégitime du roi Auguste, pour s'emparer du duché de Courlande. Il avait fait agréer à la duchesse Anna Ivanovna, devenue veuve, l'offre de sa main et avait été élu à Mittau par les députés de la noblesse. Sans s'arrêter aux protestations de la diète polonaise, de la Prusse et de la Russie, il leva des troupes avec l'argent que produisit la vente des diamants d'une abbesse de Quedlimbourg et d'une comédienne française, sa mère Aurore de Kœnigsmark et Adrienne Lecouvreur, et s'occupa de mettre son duché en état de défense. Il fut désavoué par son père; le cardinal Fleury n'osa le soutenir même indirectement. Menchikof, devenu plus libre par la mort de Catherine Ire, prétendait lui-même au duché et peut-être à la main de la duchesse. Il envoya Lascy à la tête de huit mille hommes chasser l'aventurier saxon : le futur vainqueur de Fontenoy ne put réunir que deux cent quarante-sept hommes dans l'île d'Usmaüs et fut obligé de fuir en traversant à la nage un bras de mer. Son élection fut annulée, son père le traita publiquement de *galopin* et la Courlande retomba sous l'influence russe.

Sous Pierre II fut signé un traité avec la Prusse, en vertu duquel les deux puissances s'engageaient, à la mort d'Auguste II, à soutenir le candidat qu'ils choisiraient pour la Pologne. L'empereur Charles VI et le *roi-sergent* firent sonder la Russie sur un démembrement éventuel de la république polonaise. C'est la première fois qu'on voit poindre l'idée de partage.

En Asie, Ragoujinski conclut sur la Boura avec le Céleste-Empire, au nom de Pierre II, un traité de commerce : tous les trois ans des caravanes russes pourraient se rendre à Péking et trafiqueraient sans payer de droits; la Russie pourrait entretenir à Péking quatre prêtres et six jeunes gens pour apprendre le chinois; Kiakhta sur le territoire russe et Maïmaïtchine sur le territoire chinois seraient les entrepôts autorisés.

CHAPITRE XXVII.

LES DEUX ANNA. — RÈGNE D'ANNA IVANOVNA ET RÉGENCE D'ANNA LÉOPOLDOVNA (1730-1741).

Tentative de constitution aristocratique (1730). La *Bironovchtchina*. — Succession de Pologne (1733-1735) et guerre de Turquie (1735-1739). — Ivan VI : régences de Biren et d'Anna. Révolution de 1741.

Tentative de constitution aristocratique (1730). La Bironovchtchina.

La mort imprévue du dernier rejeton mâle de Pierre Ier avait pris tout le monde à l'improviste : aucun parti n'avait pu se former pour aviser à l'éventualité de la succession. Le grand tsar avait laissé deux filles, Élisabeth et Anna, duchesse de Holstein, qui elle-même avait un fils, lequel fut plus tard Pierre III. De son frère Ivan V, restaient également deux filles, la duchesse de Courlande, Anna Ivanovna, et la duchesse de Mecklembourg, Catherine Ivanovna. Quelques-uns pensaient même à l'aïeule du dernier empereur, la tsarine Lapoukhine. Alexis Dolgorouki, le père du favori de Pierre II, eut une idée encore plus hardie : il réclamait le trône pour sa fille Catherine, bien qu'elle fût non la femme, mais seulement la fiancée du défunt empereur, et osa parler d'un « certain testament » du souverain qui l'aurait instituée héritière. Cette réclamation n'eut aucun succès dans le *Haut Conseil secret* et fut repoussée avec mépris par une partie même de la famille Dolgorouki, dont les chefs ne voulaient pas être sujets de leur nièce. On s'arrêta à un autre parti : le *Haut Conseil secret*, par l'adjonction des maréchaux Dolgorouki et Galitsyne, en l'absence du prudent Ostermann qui invoquait sa qualité d'étranger et une prétendue maladie, se trouvait composé presque exclusivement de grands seigneurs russes. Principal organe du gouvernement, il se voyait investi du pouvoir supérieur et maître de la position. Il résolut de profiter des circonstances pour fixer des limites à l'autorité souveraine, donner à l'aristocratie russe une sorte de charte constitutionnelle et imposer au souverain qui serait élu des espèces de *pacta conventa*, comme dans la république de Pologne. Élisabeth et la duchesse de Holstein, se trouvant les plus rapprochées du trône, montreraient sans doute le plus de répugnance à accepter ces conditions : il fallait donc recourir à une autre branche de la famille Romanof, à la lignée d'Ivan, et offrir la couronne à une princesse qui, n'ayant presque aucune espérance d'arriver au trône, en passerait par tout ce qu'on voudrait. Les membres du *Haut Conseil* résolurent donc de s'adresser à Anna Ivanovna et de lui proposer les *points* suivants : 1° le *Haut Conseil* se composerait toujours de huit membres, se renouvellerait par cooption et la tsarine le consulterait dans toutes les affaires du gouvernement ; 2° sans son consentement, elle ne ferait ni la paix, ni la guerre, n'établirait aucun impôt, n'aliénerait aucun domaine de la couronne, ne nommerait à aucune charge, à aucun grade au-dessus de celui de colonel ; 3° elle ne ferait condamner et exécuter aucun membre de la noblesse, ne confisquerait les biens d'aucun noble, avant qu'il eût été jugé régulièrement ; 4° elle ne se marierait, ni ne choisirait un successeur sans l'avis du Conseil. « Et, ajoutait le projet de lettre soumis à sa signature et contenant les points précités, dans le cas où je ne remplirais pas cette promesse, je serais privée de la couronne de Russie. » C'était bien le *sinon non* des cortez d'Aragon. Si cette constitution avait été réalisée, la Russie serait devenue, d'empire autocratique une république oligarchique, une sorte de *pospolite* où rien n'eût survécu de l'œuvre des Ivan et de Pierre le Grand. Le Haut Conseil se proposait d'ailleurs de fixer à Moscou le siége du gouvernement.

Cette constitution, qui assurait aux nobles russes l'inviolabilité de leurs personnes et de leurs biens, l'*habeas corpus* des Anglais et l'impôt consenti, souleva cependant une protestation générale. Quoi donc ! on voulait imposer à la Russie ces mêmes institutions anarchiques que les trois puissances du Nord s'efforçaient de maintenir en Pologne ! Toutes les garanties, tous les droits, toute l'autorité étaient en somme réservés aux membres du Haut Conseil : au lieu d'un tsar, on en aurait huit. Et qui étaient ces huit ? à part Golovkine et Ostermann, il n'y avait là que des Galitsyne et des Dolgorouki : deux Galitsyne et quatre Dolgorouki : l'empire allait être la chose de deux familles. Si l'instinct monarchique du plus grand nombre, si les jalousies nobiliaires de beaucoup étaient soulevés, les partisans des réformes s'inquiétaient de ne voir dans le conseil souverain que des membres de la vieille aristocratie, des partisans de l'ancien ordre de choses. Le mécontentement éclata en murmures et en manifestations : le Haut Conseil fut obligé de prendre des mesures sévères contre les rassemblements : singulière inauguration d'un régime de liberté et qui prouvait combien peu de sympathie cette tentative rencontrait dans la nation.

Peu de jours après, le Haut Conseil convoqua l'assemblée générale pour lui lire la lettre où Anna Ivanovna déclarait accepter tous les *points*. « Il n'y eut personne des assistants, écrit l'évêque Féofane, qui, en entendant cette lecture, ne frémît de tous ses membres ; ceux mêmes qui avaient espéré beaucoup de bien de cette réunion baissèrent les oreilles comme de pauvres ânes ; il y eut un chuchotement et un murmure dans l'assistance, mais nul n'osa se récrier et prendre la parole. » Les cinq cents personnes présentes apposèrent sans mot dire leur signature. Cependant la nouvelle impératrice fit son entrée solennelle dans Moscou. Vassili Loukitch Dolgorouki et ses partisans faisaient bonne garde autour de l'impératrice, l'entouraient jalousement, veillaient à ce qu'aucun ennemi de la constitution ne pût se glisser auprès d'elle. Les mécontents, Féofane en tête, agitaient le clergé et le peuple. Ils trouvèrent moyen de faire passer à l'impératrice quelques billets où on la mettait au courant de la situation, l'engageant à agir énergiquement ; un enfant, des femmes de chambre servirent d'intermédiaires. Le 25 février 1731, les membres du Haut Conseil étaient à délibérer, lorsque tout à coup on les appela chez l'impératrice : ils furent très-étonnés d'y trouver déjà réunies huit cents personnes appartenant au sénat, au clergé, à la noblesse, aux différentes administrations, qui présentaient à Anna une requête tendant à examiner les plaintes adressées au Haut Conseil sur la nouvelle constitution. Au fond de la salle, les officiers des gardes s'écrièrent en tumulte : « Nous ne voulons pas qu'on prescrive des lois à l'impératrice ! qu'elle soit autocratrice au même titre que ses prédécesseurs ! » D'autres lui offraient « d'apporter à ses pieds les têtes de ses ennemis. » Elle calma l'agitation, fit suspendre la séance et donna rendez-vous à l'assemblée dans l'après-midi. Cette fois les députés présentèrent une requête en forme pour le rétablissement de l'autocratie. L'impératrice fit l'étonnée et dit : « Comment donc ? Les *points* qu'on m'a apportés à Mittau n'ont donc pas été envoyés du consentement de la nation tout entière ? » — « Non ! » cria-t-on. — « Mais alors, dit-elle en s'adressant à Vassili Loukitch, tu m'as trompée ! »

Tel fut l'échec du premier essai de constitution libérale qui ait été tenté en Russie. « La table était préparée, disait le prince Dmitri Galitsyne, mais les invités ne s'en sont pas montrés dignes : je sais que je payerai cette entreprise manquée; soit! je souffrirai pour la patrie, je n'ai d'ailleurs plus longtemps à vivre et ceux qui aujourd'hui me font pleurer auront un jour à pleurer plus que moi. » Les Galitsyne et les Dolgorouki devaient en effet cruellement expier cette tentative généreuse, mais où ils n'avaient tenu compte ni du temps, ni du pays. La vengeance d'Anna fut cauteleuse, méthodique, raffinée, procéda par degrés. Elle commença par les exiler sur leurs terres; puis, voyant que personne ne protestait, elle en envoya plusieurs en Sibérie; enfin, encouragée par le silence universel, elle mit le sceau à sa vengeance; les maréchaux Dolgorouki et Galitsyne moururent en prison; Vassili Loukitch et deux autres Dolgorouki furent décapités; l'ancien favori, Ivan, roué vif à Novgorod. A ces supplices, se rattache la tragique et touchante histoire de Natalie Chérémétief, la fiancée du favori, qui, ayant accepté sa main dans les jours de prospérité, voulut partager toutes ses infortunes.

Anna Ivanovna avait alors trente-cinq ans : sa jeunesse s'était écoulée tristement dans la maussade cour de Mittau, fiancée qu'on recherchait pour son duché, jouet de la politique des quatre cours du Nord, bravée par Menchikof, recevant de Moscou des ordres et des remontrances. L'amertume de ses regrets et de ses déceptions se peignait sur son visage sévère, se reflétait dans son caractère aigri et froidement cruel. Plus grande de la tête que tous les hommes de sa cour, d'une beauté masculine et dure, avec une grosse voix d'homme, elle était à la fois imposante et effrayante. La tentative aristocratique de 1730 l'avait mise en défiance des Russes : elle sentait qu'un projet moins exclusif et plus habile que celui du Haut Conseil aurait eu des chances d'être accepté par toute la noblesse russe. Par précaution et par goût, elle s'entoura d'Allemands : d'abord Biren ou Biron, Courlandais de basse condition, que la noblesse du duché avait refusé d'admettre dans son sein et qu'elle devait faire duc de Courlande et prince du Saint-Empire ; elle donna la direction de la cour à Lœwenwold, les affaires étrangères à Ostermann, les ambassades à Korff et Kayserling, les armées à Lascy, à Münich, à Bismark, à Gustave Biren ; c'est en Allemagne qu'elle ira chercher pour lui succéder la princesse de Mecklembourg, Anna, fille de Catherine Ivanovna, avec son mari le duc de Brunswick-Bevern et leur petit empereur allemand Ivan VI. Les Russes n'occupent plus que des postes secondaires dans le gouvernement. Biren, insolent et grossier, leur fait sentir tout son mépris, se glorifie devant eux de sa qualité d'étranger, de son titre de duc de Courlande. C'est maintenant la domination des Allemands, comme autrefois c'était celle des Tatars : sur le modèle du vieux mot *Tatarchtchina*, on a fabriqué celui de *Bironovchtchina* qui restera à ce régime. Mais si les Allemands triomphent, la faute n'en est-elle pas aux Russes eux-mêmes ? Les « aiglons » de Pierre le Grand se sont déchirés entre eux : Menchikof a voulu perdre Tolstoï et Iagoujinski ; à son tour il a été détruit par les Dolgorouki, tombés eux-mêmes avec les Galitsyne sous la haine nationale. Aussi sont-ce les étrangers qui ont pris leurs places, rempli les vides laissés par eux, étant d'ailleurs plus laborieux, plus minutieux, plus exacts que les nationaux ; les Russes avaient encore à passer par cette dure école pour acquérir les qualités qui leur manquaient.

Ce régime fut impitoyable pour les Russes : Féofilakte Lopatinski, pour avoir édité le livre de Stéphane Iavorski contre les protestants (*la Pierre de la foi*) et pour ses sentiments anti-allemands, fut déposé et enfermé à Vyborg. Volynski, un de ceux qui avaient le plus vivement réclamé en faveur de l'autocratie, eut le malheur de froisser le favori et fut décapité après de cruelles tortures. Des milliers d'exécutions ou de déportations décimèrent les hautes classes ; une recherche impitoyable des impôts arriérés que l'indolence russe avait laissé s'accumuler désola les campagnes, où les paysans voyaient le fisc saisir leur dernier outil et leur dernière tête de bétail. Le despotisme nouveau compléta méthodiquement ses moyens d'oppression: sans doute on supprima le Haut Conseil, pour rendre au sénat l'épithète de *dirigeant*, mais, en réalité, ce fut par le *Cabinet*, composé des ministres et présidé par l'impératrice, que passèrent toutes les affaires. L'ancien *prikaz de réformation* fut rétabli sous le nom de *chancellerie secrète* et confié au cruel Ouchakof. Comme l'impératrice n'avait de confiance que dans la garde, on en créa deux régiments nouveaux, l'*Ismaïlovski* et la *garde à cheval ;* on multiplia dans ses rangs les officiers étrangers ; les frères des favoris allemands s'y distribuèrent les emplois de colonels et de lieutenants-colonels.

Rassurée sur la solidité de son trône, Anna ne songe plus qu'à rattraper le temps qu'elle a perdu à s'ennuyer. Elle s'entoure de bouffons ; comme pour humilier la nation, elle réduit à recevoir des croquignoles ou à couver des œufs de poule deux princesses russes, Nastasia et Anicia, et deux princes russes, un Volkonski et un Galitzyne. Les bals, les fêtes, les mascarades se suivent sans interruption. L'impératrice donne l'exemple d'un luxe effréné, inouï en Russie, ruineux dans un pays pauvre. Jusqu'alors les plus grands seigneurs et les plus grandes dames ne prenaient aucun souci des caprices de la mode : on changeait de vêtements quand ils devenaient vieux ; on portait sans honte ceux des parents et des grands-parents. Sous Anna, Manstein nous dit qu'un courtisan ne fait pas grande figure avec 2 ou 3000 roubles de revenu ; les marchands de modes s'enrichissent en deux ou trois ans ; on porte son patrimoine, le prix de villages entiers, sur son dos ; on joue gros jeu au pharaon et au *quinze ;* on court entendre les comédiens italiens envoyés par le roi de Pologne. Dans ce luxe dont la cour d'Anna éblouissait la Russie, il y avait un mélange de barbarie antique et de mauvais goût allemand qui faisait sourire les étrangers venus d'Occident. Pour une femme bien mise, dix étaient ridiculement ajustées. Chez les hommes, dit Manstein, « l'habit le plus riche était souvent accompagné de la perruque la plus mal peignée, une très-belle pièce d'étoffe se trouvait gâtée par un tailleur maladroit, ou, si tout réussissait dans l'habillement, on manquait par les équipages : un homme superbement vêtu arrivait dans un méchant véhicule traîné par deux rosses. » — « Le favori Biren, raconte le prince Dolgoroukof, aimait les couleurs voyantes : aussi les habits noirs étaient-ils proscrits à la cour; tout le monde portait des vêtements de couleurs voyantes ; l'on n'apercevait que bleu-clair, vert pâle, jaune, rose. Des vieillards, comme le prince Tcherkasski ou le vice-chancelier Ostermann, arrivaient au palais en habit couleur rose tendre. » N'importe ! avec le temps, le goût russe se formera, surtout quand il sera à une autre école. Les Allemands préparaient la voie aux Français. Au point de vue du vêtement et de l'économie domestique, la *Bironovchtchina* marque en Russie une importante révolution.

Les mœurs étaient encore bien grossières. Anna s'amusait d'ignobles bouffonneries ; Manstein dit qu'elle aimait les comédies italiennes et allemandes à cause des coups de bâton. Volynski, un *cabinet-ministre*, soufflotait et battait le poëte Trédiakovski. On se plaignait qu'à l'armée les officiers supérieurs obligeassent les médecins militaires à leur servir de cuisiniers ou de coiffeurs. Pierre II venait seulement de supprimer les poteaux sur lesquels on exposait les têtes ou les quartiers des suppliciés. Iagoujinski, procureur général du sénat, s'enivrait jusqu'à invectiver grossièrement le vieil Ostermann devant l'impératrice, qui en riait aux éclats. Soltykof, gouverneur de Moscou, dénonçait le fonctionnaire Tchikirine qui « oubliant qu'il était dans la maison de Sa Majesté avait refusé de s'enivrer. »

Un point important, c'est que les maîtres allemands de la Russie entendaient maintenir les réformes de Pierre. Aussitôt après son couronnement, Anna revint à Saint-Pétersbourg.

Elle abolit le *majorat*, cet emprunt malencontreux de Pierre le Grand aux législations occidentales, qui avait produit en Russie de fâcheux résultats ; les pères de famille saignaient à blanc leurs paysans pour donner aux cadets leur part; s'ils laissaient la terre aux aînés, ils donnaient le bétail aux puînés. En revanche on détermina plus rigoureusement les années d'instruction et de service militaire pour les jeunes nobles. De sept à vingt ans, le gentilhomme devait étudier; de vingt à quarante-cinq, servir l'Etat. On établissait des examens pour s'assurer que les jeunes gens employaient bien leur temps ; à douze et à seize ans, ils comparaissaient devant un jury ; quiconque, lors du second examen, se trouvait ignorer le catéchisme, l'arithmétique et la géométrie était fait matelot. Ces mesures sévères montrent combien la masse des nobles russes était encore indifférente aux avantages de l'instruction. On ne peut nier que la tutelle des Allemands, ces rudes instituteurs, n'ait eu pour conséquence un progrès de la civilisation russe. Sur la proposition de Münich, on fonda à Saint-Pétersbourg le *corps des cadets* pour 360 jeunes nobles: l'instruction générale tenait plus de place dans son programme que l'instruction purement militaire: on y préparait au service civil comme à l'armée. On y enseignait l'orthographe, le style, la rhétorique, la jurisprudence, la morale, l'art héraldique, l'arithmétique, la fortification, l'artillerie, la géographie, l'histoire générale, l'histoire d'Allemagne (pas celle de Russie). Les élèves les plus laborieux et les plus distingués pouvaient, en sortant de là, suivre les cours de l'Académie des sciences.

Succession de Pologne (1733-1735) et guerre de Turquie (1735-1739).

En Orient, le gouvernement d'Anna Ivanovna résolut l'abandon des provinces persanes conquises sous Pierre le Grand, mais dont leur climat insalubre avait fait un cimetière pour les armées russes.

En 1733, par la mort d'Auguste II, s'ouvrit la succession de Pologne. La Prusse, qui désirait l'affaiblissement de la Pologne, n'aurait voulu ni du candidat français Leszczinski, ni du candidat saxon Auguste III. L'Autriche, qui au contraire voulait une Pologne assez forte pour l'aider contre les Turcs, préconisait Auguste. La Russie, qui voulait rester maîtresse en Pologne et en Courlande, se souciait peu des personnes, pourvu que le candidat ne fût ni un prince très-puissant, ni un client de la France. Or, Louis XV se croyait engagé d'honneur à soutenir son beau-père Stanislas Leszczinski, l'ancien protégé de Charles XII. La puissance dont les intérêts concordaient le mieux avec ceux de la Russie dans l'affaire polonaise, c'était donc la maison d'Autriche. L'alliance austro-russe, inaugurée sous Catherine Ire, dut se resserrer encore sous Anna Ivanovna. La Prusse, dont les projets de partage avaient été écartés, resta neutre. La lutte entre la France et la Russie commença par une rivalité diplomatique ; on retrouvait, à Berlin, La Chétardie contre Iagoujinski ; à Stockholm, Saint-Séverin contre Michel Bestoujef ; à Copenhague, Plélo contre Alexis Bestoujef ; à Constantinople, Villeneuve contre Néplouef ; à Varsovie, Monti contre Lœwenwold. La France espérait appuyer son candidat de diversions suédoises et turques, rendre plus bienveillante encore la neutralité de la Prusse ; en Pologne elle employait autant de moyens pour séduire que la Russie pour intimider.

Même à Saint-Pétersbourg, notre ambassadeur Magnan n'avait rien négligé pour gagner l'impératrice et son favori à une politique plus pacifique, mais le conflit était inévitable. Tandis qu'un faux Leszczinski, le chevalier de Thiange, s'embarquait bruyamment à Brest, le vrai Stanislas, déguisé en commis voyageur, traversa toute l'Europe et entra de nuit à Varsovie. 60 000 nobles se déclarèrent en sa faveur sur le champ d'élection ; 4000 seulement protestèrent. Il était donc le roi légitime de Pologne, mais l'armée russe envahit le territoire de la république. Alors Stanislas appela aux armes la *pospolite* et se retira dans la forteresse maritime de Dantzig pour y attendre les secours de France. Après son départ les mécontents, sous la protection de 20 000 baïonnettes russes, proclamèrent Auguste III. Stanislas se vit assiégé dans Dantzig par le maréchal Münich. Sans attendre son artillerie, Münich prit d'assaut le faubourg de Schotlandia. Le roi de Prusse refusait aux canons russes passage sur son territoire et les frégates françaises croisaient sur mer; mais Münich reçut cependant ses canons et, par la prise de Sommerschantz, coupa les communications de Dantzig avec Wechselmünde et l'embouchure de la Vistule; puis il jeta 1500 bombes dans la ville. Il échoua à la sanglante attaque nocturne du fort de Hagelsberg. Le secours français parut enfin ; le comte de Plélo et Lamothe de la Peyrouse n'amenaient que deux mille hommes. Plélo fut tué et le comte de Lamothe, réfugié dans Wechselmünde, dut capituler. Dantzig ouvrit ses portes. Stanislas avait déjà fui, déguisé en paysan. Tello fut la première affaire entre les Français et les Russes. Lady Rondeau a raconté la présentation du comte de Lamothe et de ses officiers à la tsarine : les soldats furent internés au camp de Koporié en Ingrie et Anna fit son possible pour les pousser à la désertion et les attirer à son service. Monti, notre ambassadeur auprès du roi de Pologne, pris à Dantzig, malgré son caractère diplomatique, fut également retenu prisonnier.

La guerre de la succession polonaise était finie en Pologne; elle commençait sur le Rhin et en Italie, et c'était la maison d'Autriche qui en payait les frais. Les Français soulevaient contre elle les électeurs de Cologne, de Mayence, de Bavière, du Palatinat, prenaient Kehl et Philippsbourg, lui enlevaient le duché de Parme et le royaume de Naples. En vertu du traité d'alliance de 1726, l'empereur demanda du secours à la tsarine. Lascy, à la tête de vingt mille hommes, traversa la Silésie, la Bohême, la Franconie, montrant pour la première fois une armée russe à l'Allemagne occidentale, et, le 15 août 1735, opéra sa jonction avec les troupes autrichiennes, entre Heidelberg et Ladenburg, à deux milles des avant-postes français. La paix de Vienne intervint. Les Français s'étaient vengés de l'Autriche, qui cédait la Lorraine et une partie de l'Italie, non de la Russie qui avait pris Dantzig sous leurs yeux. Les efforts de notre ambassadeur Villeneuve, du renégat Bonneval, du Hongrois Ragotski réussirent à soulever les Turcs; la guerre de Pologne eut pour conséquence une guerre en Orient. Peu s'en fallut même que celle-ci ne fût compliquée d'une guerre suédoise.

En Orient encore, la Russie avait pour alliée l'Autriche. Les campagnes contre les Turcs, à travers les steppes désertes du sud, offraient les mêmes difficultés qu'en 1711. Il fallait tout traîner avec soi, même l'eau et le bois. Malgré les efforts de Münich, la cavalerie russe était médiocre; l'armée, encombrée de matériel, se mouvait lentement dans ces plaines interminables; elle était comme noyée dans l'immensité de ses convois; un simple sergent avait jusqu'à dix chariots, un officier trente, le général Gustave Biren trois cents bêtes de somme. L'armée comptait toujours dix mille malades, et, malgré les dispenses du saint-synode, s'exténuait par une rigoureuse observance des jeûnes et des abstinences.

En 1736, Lascy prit Azof, Münich força les lignes de Pérékop, saccagea Bakhtchi-Séraï, la capitale des khans, et ravagea de telle façon la Crimée occidentale que la prospérité du pays ne s'en est jamais relevée; en 1737, Lascy dévasta la partie orientale de la presqu'île pendant que Münich prenait Otchakof; en 1739, celui-ci remporta une brillante victoire à Stavoutchani, prit Khotin, franchit le Pruth, se vantant d'avoir effacé la honte de Pierre le Grand, et entra dans la capitale de la Moldavie. Pendant ce temps, les Autrichiens étaient constamment battus; ils redoutaient d'ailleurs pour leurs provinces orthodoxes de Transylvanie et d'Illyrie le voisinage des Russes plus encore que celui des Ottomans. Ils insistèrent pour qu'on hâtât la paix; à Belgrade (1739), ils cédèrent aux Turcs toute la Serbie, avec Orsova, et la Valachie; les Russes n'obtinrent qu'un lambeau de territoire entre le Boug et le Dniéper, se contentèrent de la démolition d'Azof, et rendirent toutes leurs conquêtes. Cette guerre leur avait coûté plus de cent mille hommes. Le roi de France venait de prouver qu'il savait atteindre ses ennemis, même séparés de lui par de vastes espaces. Anna Ivanovna était vne obligée d'invoquer sa médiation pour contenir les Suédois et pour conclure la paix avec les Turcs. Sur les instances d'Ostermann et les ordres de Louis XV, Saint-Séverin s'y était employé à Stockholm et Villeneuve à Constantinople. L'impératrice témoigna sa reconnaissance à ce dernier en lui offrant quinze mille thalers; il ne voulut accepter que la croix de Saint-André. Kantémir, ambassadeur russe à Paris, n'en continuait pas moins à avertir sa cour que « la Russie étant la seule puissance qui pût contre-balancer celle de la France, celle-ci ne perdrait jamais l'occasion de diminuer une force qui lui était contraire. »

Ivan VI : régences de Biren et d'Anna. Révolution de 1741.

Cependant le poids des impôts, la rigueur des poursuites, la fréquence des recrutements, désespéraient le paysan, tandis que la disgrâce de Féofilakte, de Tatichtchef, de Roumantsof, de Makarof, vieux serviteurs de Pierre le Grand, en même temps que le supplice de Volynski, de Galitsyne et des Dolgorouki, semblaient une menace pour la nation tout entière. Bien des échos du mécontentement général arrivèrent à la *chancellerie secrète*; le peuple attribuait tous ses maux au règne d'une femme, et répétait le dicton : « Les villes gouvernées par les femmes ne durent pas, les murs bâtis par les femmes ne montent pas haut. » D'autres disaient que le blé ne poussait pas parce qu'une femme régnait. On se prenait à regretter le temps si dur de Pierre Ier, et une chanson populaire l'engageait à sortir de sa tombe pour châtier « Biren, le maudit Allemand. » Les raskolniks avaient prédit qu'en 1733 il y aurait grande terreur par la colère de Dieu, et qu'Anna serait prise et jugée dans Moscou. Elle régna pourtant jusqu'en 1740, époque où sa santé commença à faiblir. Biren songea à se ménager des appuis pour obtenir qu'Anna Ivanovna l'investît de la régence pendant la minorité du petit empereur, Ivan de Brunswick. Alexis Bestoujef, qui lui devait sa fortune, lui assura le concours de

Münich et du *cabinet-ministre* Tcherkasski. Les Allemands de la cour disaient avec Mengden : « Si le duc de Courlande n'est pas nommé régent, nous autres Allemands nous sommes perdus. » L'impératrice signa la nomination de Biren et mourut le lendemain. Son dernier mot au favori avait été : « *Né boïs*, ne crains rien. »

Biren avait des raisons cependant pour ne pas être rassuré. Les Russes s'indignaient d'avoir pour maître un étranger, un hérétique, sans moralité et sans talent, dont le seul titre était une liaison criminelle qui déshonorait la mémoire de leur impératrice. S'il fallait un régent étranger, pourquoi pas le père de l'empereur? Cette longue minorité d'un enfant, qui n'avait que trois mois à la mort d'Anna, effrayait tout le monde; beaucoup pensaient à la fille de Pierre le Grand ou à son petit-fils, Pierre de Holstein. C'était bien le règne des Allemands qui continuait; outre Biren, l'empire obéissait au prince Antoine de Brunswick-Bevern et à sa femme Anna Léopoldovna de Mecklembourg, livrée à son favori, le Saxon Lynar, et à sa favorite Julia Mengden. Heureusement, ces étrangers, maîtres du pouvoir, ne songeaient qu'à s'en précipiter mutuellement. Les parents de l'empereur supportaient impatiemment la tutelle de Biren; celui-ci, mécontent d'eux, parlait d'appeler Pierre de Holstein, de lui faire épouser sa fille et de marier son fils à Élisabeth: les exemples de Menchikof et des Dolgorouki étaient perdus pour lui. Sa nullité encombrante pesait aux Allemands Ostermann et Münich. Celui-ci eut une entrevue avec Anna Léopoldovna, lui promit de la débarrasser du tyran. Son aide de camp, Manstein, a fait le piquant récit de ce coup d'État. Par une nuit de novembre, Biren, qui ne se doutait de rien, et qui le soir avait eu Münich à dîner, fut enlevé dans son lit, la duchesse de Courlande jetée presque nue hors du palais, tous ses amis arrêtés. Il fut envoyé à Pélim, en Sibérie.

Münich avait rendu aux parents de l'empereur la liberté et le pouvoir. Comment pourraient-ils le récompenser? comme Menchikof, il voulait être généralissime, mais le père de l'empereur convoitait cette place; Münich se contenta du titre de premier ministre, mais il fallut dédommager Ostermann, qui fut nommé grand-amiral. Antoine, Anna et Ostermann s'unirent bientôt contre leur libérateur; Münich, abreuvé de dégoûts, donna sa démission. Les Allemands, parvenus au pouvoir, se conduisaient exactement comme les « aiglons » de Pierre le Grand; ils s'épuraient et s'exterminaient réciproquement. Le père et la mère de l'empereur, restés en présence, continuèrent à se disputer l'autorité, à se reprocher leurs mutuelles infidélités. Ostermann tenait pour Antoine contre Anna. L'incapacité de la régente était par trop scandaleuse; sans avoir le courage de s'habiller, un mouchoir sur la tête, couchée sur quelque canapé, Anna Léopoldovna restait des journées entières enfermée avec ses intimes. Ces divisions, cette nonchalance du gouvernement faisaient la partie belle à ses ennemis; or, ceux-ci étaient nombreux; il ne leur manquait qu'un chef énergique pour renouveler contre les Brunswick le coup de main militaire qui avait réussi contre Biren.

La fille de Pierre le Grand, Élisabeth, si étroitement surveillée sous le régime impitoyable d'Anna Ivanovna et de Biren, relevait la tête sous ce faible gouvernement. Fort jolie avec ses vingt-huit ans, de haute stature, d'une grande intelligence, quoique fort ignorante, d'un esprit vif et enjoué, hardie sur l'eau et à cheval, de mœurs soldatesques, elle avait tout ce qu'il fallait à un chef de parti. Ses confidents, Alexandre et Pierre Schouvalof, Michel Voronzof, Razoumovski, Schwartz, le chirurgien Lestocq, la poussaient à agir. La régente la redoutait, mais n'osait mettre à exécution les avis pressants d'Ostermann. On savait au palais qu'après la chute de Biren trois régiments des gardes étaient accourus pour prêter serment, croyant qu'il s'agissait de proclamer la fille de Pierre le Grand, et qu'à Cronstadt les soldats avaient dit : « Est-ce que personne ne se mettra à notre tête en faveur d'Élisabeth Pétrovna? » Elle acceptait d'être marraine des enfants des soldats, visitait les gardes dans leurs casernes, leur donnait des réunions chez elle; quand elle passait en traîneau dans la rue, de simples grenadiers grimpaient derrière la voiture et lui parlaient familièrement à l'oreille. L'ambassadeur de France, La Chétardie, avait ordre de favoriser en Russie toute révolution qui pourrait ôter l'influence aux Allemands et rompre l'alliance avec l'Autriche. Il aidait Élisabeth de ses conseils, de son argent, lui ménageait l'appui d'une diversion suédoise. Les Suédois, qui n'avaient pas remué pendant les dernières guerres de Pologne et de Turquie, s'en repentaient; ils étaient disposés à prendre texte de leurs propres griefs et de ceux d'Élisabeth pour déclarer la guerre à la régente. L'ambassadeur suédois Nolken exigeait seulement que la tsarévna promît à son avénement de restituer une partie des conquêtes de Pierre le Grand. Jamais elle ne voulut s'y engager; les Suédois n'en commencèrent pas moins les hostilités, et lancèrent un manifeste à la « glorieuse nation russe » qu'on voulait délivrer des ministres allemands, de la « pesante oppression et inhumaine tyrannie étrangère » afin de lui rendre « la libre élection d'un gouvernement légitime et juste. » Cette diversion précipita la crise; la cour était maintenant trop au fait des intrigues de conjurés pour qu'on pût tarder; d'autre part, elle allait expédier à la frontière ces régiments des gardes sur lesquels comptait Élisabeth. Elle n'avait plus à choisir qu'entre le trône et le couvent. Dans la nuit du 25 au 26 octobre, elle se rendit avec trois de ses confidents aux casernes du Préobrajenski : « Enfants, leur dit-elle, vous savez de qui je suis la fille. — Mère, nous sommes prêts, nous *les* tuerons tous. » Elle leur défendit de tuer et ajouta : « Je jure de mourir pour vous, jurez-vous de mourir pour moi? » Tous jurèrent. Anna Léopoldovna, le prince Antoine, le jeune empereur au berceau, Münich, Ostermann, Lœwenwold, les Mengden, furent arrêtés dans la nuit; Élisabeth fut proclamée impératrice autocrate; les grands de l'empire se hâtèrent d'adhérer à ce coup de main militaire. Ivan VI fut interné à Schlüsselbourg, Anna enfermée avec son mari et ses enfants à Kholmogory, où elle mourut en 1746.

Une commission fut réunie, et les Dolgorouki figurèrent parmi les juges : elle condamna Ostermann à la roue, Münich à l'écartellement, les autres à la décapitation ; mais l'impératrice leur fit grâce de la vie : Ostermann fut exilé à Bérézof, Münich à Pélim, où il habita la maison dont il avait tracé le plan pour Biren ; beaucoup d'exilés du régime précédent furent rappelés ; les Biren furent autorisés à séjourner à Iaroslavl.

CHAPITRE XXVIII.

ÉLISABETH PÉTROVNA (1741-1762).

Réaction contre les Allemands ; guerre de Suède (1741-1743). — Succession d'Autriche, guerre contre Frédéric II (1756-1762). — Réformes sous Élisabeth. Influence française.

Réaction contre les Allemands; guerre de Suède (1741-1743).

Lorsque Élisabeth fut couronnée à Moscou, elle fit venir de Holstein le fils de sa sœur Anna Pétrovna et du duc Charles-Frédéric. Ce petit-fils de Pierre le Grand embrassa l'orthodoxie, prit le nom de Pierre Feodorovitch et fut proclamé héritier du trône. En 1744, l'impératrice lui fit épouser la princesse Sophie d'Anhalt-Zerbst, qui devait être un jour Catherine II. Ainsi le pouvoir, un moment déféré à la branche ivanienne de la dynastie Romanof, à Anne de Courlande et à son neveu de Brunswick, revint à la branche issue de Pierre le Grand, en la personne d'Élisabeth, comme impératrice, et de son neveu de Holstein, comme héritier du trône.

La révolution de 1741 n'était pas seulement la substitution de la branche pétrovienne à la branche ivanienne ;

c'était surtout le triomphe du parti national sur le parti allemand, la réaction de l'élément russe contre la dure tutelle des étrangers. C'est ainsi que le peuple le comprit. Le clergé orthodoxe, persécuté par les hérétiques, prit sa revanche dans les sermons d'Ambroise Iouchkévitch, archevêque de Novgorod, contre les *émissaires du diable*, contre *Belzébuth et ses anges*. Le poëte Lomonossof salua dans Élisabeth l'Astrée qui avait « ramené l'âge d'or », le Moïse « qui avait arraché la Russie à la nuit de la servitude égyptienne », le Noé « qui la sauva du déluge étranger ». Les bourgeois et les soldats se soulevèrent contre les Allemands; il y eut des émeutes à Saint-Pétersbourg et à l'armée de Finlande contre les officiers étrangers; on voulait leur faire subir le même sort qu'à Ostermann et à Münich. A la cour, Finch, l'ambassadeur d'Angleterre, Botta, celui d'Autriche, Lynar, celui de Saxe, s'étaient compromis sous le régime précédent; toutes les sympathies de la nation et de la tsarine étaient pour Mardefeld, ambassadeur de Prusse, et surtout pour La Chétardie, qu'on regardait comme un des auteurs de la révolution et auquel les officiers des gardes venaient baiser les mains en l'appelant *leur père*. L'alliance austro-russe, consolidée sous Catherine Ire et Anna Ivanovna, semblait rompue.

Ce bon accord des cours de France et de Russie fut compromis par les affaires de Suède. Le cabinet de Versailles n'avait décidé son alliée scandinave à la guerre qu'en lui faisant espérer des concessions de territoire par la nouvelle impératrice. Élisabeth, la fille de Pierre le Grand, ne pouvait renoncer aux conquêtes de son père, qu'Anna Léopoldovna, une princesse étrangère, avait voulu maintenir, fût-ce au prix d'une guerre. Les Suédois, qui prétendaient avoir pris les armes en faveur d'Élisabeth, durent continuer la guerre contre leur ancienne protégée. Cette guerre n'eut d'autre résultat que de révéler l'impuissance de la Suède de Charles XII contre la Russie régénérée. Les armées scandinaves se montrèrent fort au-dessous de leur ancienne réputation. Les généraux d'Élisabeth, Lascy et

Keith, enlevèrent toutes les places de Finlande; à Helsingfors, dix-sept mille Suédois posèrent les armes devant des forces russes à peine plus nombreuses. L'impératrice, par le traité d'Abo, acquit la Finlande méridionale jusqu'à la rivière de Kiümen et fit élire prince royal de Suède un de ses alliés, Adolphe-Frédéric, administrateur du duché de Holstein, de préférence au prince royal de Danemark (1743).

Succession d'Autriche; guerre contre Frédéric II (1756-1762).

En Europe, avait éclaté la guerre de la succession d'Autriche. Pour qui se déclarerait la Russie? pour l'impératrice Marie-Thérèse ou pour la France et ses alliés? Bestoujef-Rioumine, disgracié avec Biren, revenu aux affaires par la protection de Lestocq, vice-chancelier, puis chancelier de l'empire, tenait pour l'alliance autrichienne; Voronzof, vice-chancelier, se ménageait entre les deux politiques; La Chétardie, Mardefeld, ambassadeurs de Louis XV et de Frédéric II, intriguaient avec Lestocq et la mère de Sophie d'Anhalt (devenue la *tsarévna* ou grande-duchesse Catherine), pour attirer Élisabeth dans l'alliance franco-prussienne et renverser Bestoujef. Le chancelier ne négligea rien pour perdre ses ennemis; il avait son *cabinet noir* où l'on *perlustrait* les dépêches des ambassadeurs étrangers; il trouva moyen de mettre sous les yeux de la souveraine des extraits des dépêches de La Chétardie, prouvant que Lestocq recevait une pension de la France et que La Chétardie parlait en termes injurieux d'Élisabeth dans sa correspondance politique. L'ambassadeur français reçut l'ordre de quitter la capitale dans les vingt-quatre heures et la Russie dans les huit jours; la mère de la grande-duchesse fut renvoyée en Allemagne; plus tard Lestocq fut traduit devant une commission, mis à la torture et relégué à Ouglitch. Bestoujef triomphait; il semblait que la Russie allait intervenir en Europe en faveur de Marie-Thérèse; mais, à son tour, Botta, l'ambassadeur d'Autriche, se laissa engager dans une affaire tout aussi fâcheuse; compromis dans des propos de mécontents, il vit sa complice, Mme Lapoukhine, knoutée et mutilée, et fut renvoyé en Autriche. Le temps se passait. La Russie, satisfaite de l'espèce d'intimidation qu'elle exerçait sur toutes les cours européennes, ne se pressait pas d'agir. Bestoujef et le vice-chancelier Voronzof amusaient le tapis de leurs divergences, l'un donnant espoir à l'Autriche, l'autre se laissant cajoler par d'Allion, successeur de la Chétardie.

La France, abandonnée par ses alliés, avait transporté le principal théâtre de la guerre dans les Pays-Bas où l'ancien duc de Courlande, Maurice de Saxe, lui remportait une série de victoires. En 1746 fut conclu un traité d'alliance austro-russe : l'Angleterre promit des subsides à Élisabeth; ce fut en 1748 seulement que trente mille Russes, sous Repnine, traversèrent l'Allemagne et prirent position sur le Rhin; ils ne firent que hâter la paix d'Aix-la-Chapelle (1748) et reprirent le chemin de la Russie, sans avoir tiré un coup de fusil, sans avoir risqué le prestige de l'empire.

D'Allion avait été rappelé en 1747 et n'avait pas eu de successeur à Saint-Pétersbourg. Cependant le même Bestoujef, qui avait fait chasser La Chétardie et conclu l'alliance autrichienne, proclamait dès 1744 que la Prusse était plus dangereuse que la France « à cause du voisinage et de l'accroissement nouveau de ses forces ». Élisabeth haïssait Frédéric : « Le roi de Prusse, disait-elle à mylord Hyndford, est certainement un mauvais prince qui n'a pas la crainte de Dieu devant les yeux; il tourne en ridicule les choses saintes; il ne va jamais à l'église; c'est le Nadir-shah de la Prusse. » Il n'avait pas de religion, il n'avait pas été *sacré*, il ne ménageait pas les épigrammes à l'impératrice. L'*outrecuidant voisin* avait fait le fanfaron à Aix-la-Chapelle, s'était opposé à l'admission d'un plénipotentiaire russe au congrès. D'autres froissements amenèrent une sorte de rupture diplomatique. Enfin, le 6-17 mai 1756, le chancelier lut un mémoire à l'impératrice sur les affaires extérieures : il y rappelait combien le nouvel accroissement de la puissance prussienne était nuisible à la Russie, comment Frédéric II, qui avait porté son armée de quatre-vingt mille hommes à deux cent mille, qui venait d'enlever la Silésie à l'Autriche, qui des « grands revenus » de cette province et des « millions levés sur la Saxe » s'était constitué un trésor de guerre, qui convoitait le Hanovre, la Courlande, qui visait au démembrement de la Pologne, était devenu « le plus dangereux des voisins ». Il concluait à la nécessité de *réduire les forces* du roi de Prusse et de secourir les États menacés par lui. Ces patriotiques inquiétudes de Bestoujef, cette salutaire défiance, eussent mérité de devenir la politique traditionnelle de la Russie.

A ce moment l'on croyait encore à Saint-Pétersbourg que, dans cette guerre comme dans la précédente, la Prusse serait alliée à la France contre l'Autriche et l'Angleterre : on n'avait pas prévu le renversement de nos alliances. Bestoujef se hâtait trop de conclure avec l'Angleterre un traité de subsides : Voronzof conseillait à l'impératrice de prendre garde à ce que les troupes russes ne fussent pas employées précisément en faveur de cette Prusse qu'on voulait combattre. L'événement lui donna raison, confondit les plans et les prévisions de Bestoujef et prépara sa chute. Quand la Prusse se fut alliée à l'Angleterre et l'Autriche à la France, la Russie se trouva par contre-coup l'alliée de celle-ci. Les rapports diplomatiques furent renoués entre les deux cours; c'est alors qu'eurent lieu les missions secrètes de Valcroissant, de l'Écossais Douglas et de l'équivoque chevalier d'Éon; c'est alors que l'Hôpital devint notre ambassadeur en Russie, et qu'une *correspondance secrète* fut échangée entre Louis XV et l'impératrice Élisabeth.

Frédéric fut effrayé en apprenant la décision prise par la Russie; il ne craignait rien tant que l'invasion de ses « hordes indisciplinées »; c'est pour s'assurer l'amitié de « ces barbares » qu'en 1744 il avait ménagé le mariage de Pierre Feodorovitch et de Sophie d'Anhalt. Son invasion en Saxe mit l'armée russe en mouvement. En 1757, l'année de Rosbach, quatre-vingt-trois mille Moscovites, sous le généralissime Apraxine, franchirent la frontière de Prusse, occupèrent la province de Prusse orientale, s'avancèrent lentement dans la direction de l'Oder et écrasèrent à Gross-Jaegersdorff le corps de Lewald : les Prussiens perdirent 4600 tués, 600 prisonniers et 29 canons. Au lieu de poursuivre ses avantages, Apraxine revint sur ses pas et repassa le Niémen : les ambassadeurs de France et d'Autriche crièrent à la trahison, demandèrent sa destitution ; l'examen de ses papiers compromit fortement la grande-duchesse Catherine et le chancelier Bestoujef-Rioumine. Celui-ci fut exilé et remplacé par Voronzof.

En 1758, Fermor envahit de nouveau les États prussiens, prit Kœnigsberg, bombarda Küstrin sur l'Oder. Frédéric II accourut de Silésie, fit sa jonction avec Dohna et se trouva ainsi à la tête de 32 000 hommes en présence de 89 000 Russes, près du village de Zorndorff. Malgré la bravoure stoïque des Moscovites et une première victoire sur l'aile gauche prussienne, leur inexpérience, la faiblesse du commandement, la supériorité de la cavalerie de Zeidlitz amenèrent un désastre. Ils perdirent 20 000 hommes, 100 canons, 30 drapeaux. Mais le but de Frédéric II n'était pas complétement atteint, car ils n'étaient point entamés, et firent une retraite imposante.

En 1759, Soltykof, successeur de Fermor, revint sur l'Oder, battit les Prussiens à Paltzig, près de Züllichau, et fit son entrée à Francfort. Frédéric accourut encore au secours de ses lieutenants et rencontra les Russes auprès de Künersdorff. Cette fois son armée fut littéralement écrasée sous l'énorme poussée des masses moscovites. Il perdit 8000 morts, 172 canons. Lui-même ne se tira qu'à grand'peine du champ de bataille avec une quarantaine de hussards. D'une armée de 48 000 hommes, il lui restait à peine 3000 hommes. « Cruel malheur, écrivait-il à Finkenstein, je n'y survivrai pas. Les suites de la bataille sont pires que la bataille. Je ne vois plus aucune ressource, et, pour dire la vérité, je considère que tout est perdu. » C'est alors qu'il songea au suicide. Le désastre de Künersdorff pesa sur lui pendant toute cette guerre : il ne put désormais que se tenir sur la défensive sans oser descendre en plaine.

Les coalisés n'étaient pas moins épuisés que lui : seule, Elisabeth ne voulait pas entendre parler de paix, avant d'avoir *réduit les forces* de Frédéric et assuré l'annexion de la Prusse orientale. En 1760 les Russes entrèrent dans Berlin après une courte résistance, pillèrent les caisses de l'Etat et les arsenaux, détruisirent les fabriques d'armes et de poudre. L'année suivante ils conquirent la Poméranie et Roumantsof prit Kolberg. Frédéric II était perdu si cette terrible guerre avait continué : la mort subite d'Élisabeth le sauva. Toutefois il était bien affaibli ; l'impératrice laissait la Prusse moins dangereuse et menaçante qu'elle ne l'avait trouvée.

Réformes sous Élisabeth. Influence française.

Le règne d'Élisabeth fut marqué par une recrudescence de zèle orthodoxe. Malgré ses mœurs dissolues, elle subissait l'influence des prêtres, sans renoncer pour cela aux vieilles superstitions. En 1742, le saint-synode ordonna la suppression des églises arméniennes dans les deux capitales. On projeta de supprimer les églises dissidentes situées sur la Perspective Nevski. Dans le pays tatar, on ferma une partie des mosquées avec défense d'en rebâtir de nouvelles. Le zèle intolérant des évêques et des missionnaires poussèrent à la révolte les tribus païennes ou musulmanes des Mordves, des Tchérémisses, des Tchouvaches et des Méchtchéraks. Les Juifs furent chassés dans l'empire comme « les ennemis du Christ, notre sauveur, et comme faisant beaucoup de mal à nos sujets ». Sur l'observation du sénat qu'elle ruinait ainsi le commerce de l'empire, Élisabeth répondit : « Des ennemis du Christ je ne désire aucun gain. » Le fanatisme des raskolniks s'exalta au contact du fanatisme officiel : 53 hommes se brûlèrent d'un seul coup auprès d'Oustiougue et 172 près de Tomsk en Sibérie.

En revanche on s'efforça de corriger les mœurs et d'accroître l'instruction du clergé. On enjoignit aux monastères d'envoyer des élèves à l'académie ecclésiastique de Moscou, qui se plaignait de n'en avoir que cinq en tout; on réprima par les verges et par les chaînes l'ivrognerie ou l'esprit de rébellion des moines; on interdit la *foire aux prêtres* et l'on punit des verges les popes qui viendraient se louer en public. On renouvela les ordonnances de Pierre Ier contre les personnes qui se promèneraient et causeraient dans les églises. On confisqua les tabatières de ceux qui oseraient y prendre du tabac. Des inspecteurs nommés par les évêques enjoignirent aux paysans de nettoyer leurs saintes images, dont la saleté scandalisait les étrangers. Des catéchismes furent distribués dans les diocèses et l'on mit en vente une nouvelle édition corrigée de la Bible. Les études théologiques, quand elles n'étaient pas négligées absolument, étaient encore bien puériles. A l'académie ecclésiastique de Moscou, on discutait pour savoir si les anges pensent par analyse ou par synthèse, et quelle est la nature de la lumière de gloire dans la vie future.

Le sénat fut rétabli dans les attributions que lui avait données Pierre le Grand, et dont l'avaient dépouillé le *Haut Conseil* de Catherine Ire ou le *Cabinet* d'Anna Ivanovna. L'industrie fut encouragée; on distribua des *tchins* ou grades d'assesseurs, de secrétaires de collége, de conseillers d'État à des fabricants de draps, de toiles, de soieries et de cotonnades. En 1753, on supprima les douanes intérieures et beaucoup de droits de péage sur les routes. On fonda des banques agricoles où l'on prêtait aux propriétaires à 6 pour 100, tandis que les particuliers élevaient le taux de l'usure jusqu'à 15 ou 20 pour 100. On envoya des fils de marchands étudier en Hollande le commerce et la comptabilité. De nouvelles mines furent exploitées; le commerce avec l'extrême Orient prit un grand développement. La Sibérie commença à se peupler; on travailla à coloniser la Russie méridionale, garantie maintenant des incursions tatares; de réfugiés slaves des provinces turques et autrichiennes; on fonda, entre le Boug et le Dniéper, dans le territoire acquis par Anna Ivanovna, la colonie agricole et militaire de Nouvelle-Serbie qui fournissait quatre régiments de cavalerie légère.

La législation fut adoucie. Élisabeth s'était promis d'abolir la peine de mort, mais le knout de ses bourreaux tuait tout aussi bien que la hache; ceux qui survivaient à la flagellation étaient envoyés, le nez ou les oreilles coupés, aux travaux de la couronne. L'emploi de la torture fut restreint aux cas les plus graves. Si le code civil n'avançait pas, un code de procédure et un code d'instruction criminelle furent achevés. La police avait fort à faire pour maintenir un peu d'ordre dans cette rude société; Moscou et Pétersbourg ressemblaient à des bois mal famés; les voleurs n'avaient rien perdu de leur audace; l'un d'eux, Vanka Kaïne, le Cartouche russe, est devenu le héros de tout un cycle de chansons. Il fallut des oukazes pour défendre de nourrir des ours dans les deux capitales et de les laisser rôder la nuit dans les villes de province. Les bains publics communs aux hommes et aux femmes furent interdits dans les grandes villes. Le gouvernement restait impuissant contre le brigandage des grandes routes : des pirates capturaient les navires sur le Volga, des bandes armées livraient bataille aux troupes régulières.

Le vrai ministre de la littérature et des beaux-arts sous Élisabeth, ce fut son jeune favori, le comte Ivan Schouvalof. Il fonda, au centre même de l'empire, l'université de Moscou, dont les humbles débuts excitent le dédain des historiens allemands, mais dont Nicolas Tourguénief a pu dire que « jamais, dans n'importe quel pays, aucun établissement n'a été comparativement plus utile et plus fécond en résultats bienfaisants : aujourd'hui même encore (en 1844) il est rare qu'un homme qui écrit sa langue correctement, qu'un fonctionnaire honnête et éclairé, qu'un magistrat probe et ferme ne soit pas sorti de l'université de Moscou. » Schouvalof voulut que tout étudiant, quelle que fût son origine, portât l'épée et eût le dixième rang du *tchin*; tout docteur avait le huitième. Dix professeurs étaient répartis entre les trois facultés de jurisprudence, médecine et philosophie. Il projetait de créer deux autres universités à Saint-Pétersbourg et à Batourine, des gymnases et des écoles dans tous les gouvernements ; il établit des écoles sur les confins militaires du midi, une à Orenbourg pour les enfants des exilés. Il envoya des jeunes gens achever leurs études de médecine à l'étranger. Il fut le créateur de l'Académie des beaux-arts de Saint-Pétersbourg où il appela des maîtres français : le peintre Lorrain, le sculpteur Gilet, l'architecte Valois, plus tard Dévely et Lagrenée.

Saint-Pétersbourg, qui n'avait encore que 74 000 habitants, prenait figure de capitale. L'Italien Rastrelli bâtissait le Palais d'Hiver, le monastère de Smolna pour les filles de la noblesse, le palais de l'Académie des sciences et traçait le plan de Tsarskoé-Sélo, le Versailles russe.

Sous la présidence de Cyrille Razoumovski, fils d'un ancien favori d'Élisabeth, l'Académie des sciences, fondée par Pierre le Grand et Catherine Ire, commençait à faire parler d'elle : malgré les luttes interminables de ses professeurs russes, excités par Lomonossof contre les professeurs allemands, elle publiait des livres et des traductions.

Les académiciens Bauer et Miller s'attaquaient aux origines de la Russie. Tatichtchef, ancien gouverneur d'Astrakhan, écrivait la première histoire de la monarchie. Lomonossof, professeur de physique, se faisait le Vaugelas et le Malherbe de son pays. Fils d'un pêcheur des environs d'Arkhangel, il avait la taille colossale des anciens *bogatyrs* et certains vices du peuple ; envoyé à l'étranger pour compléter ses études, il y avait eu cent aventures : marié à la fille d'un tailleur de Magdebourg, raccolé pour le roi de Prusse, emprisonné. En Russie même, son ivrognerie et sa turbulence lui auraient attiré de fâcheuses affaires sans l'intervention de ses protecteurs. Il publia une *grammaire*, une *rhétorique* et une *poétique*, travailla à dégager la langue russe moderne du slavon d'église ; ses *panégyriques* de Pierre Ier et d'Élisabeth, mais surtout ses *odes* sont les chefs-d'œuvre de l'époque. Soumarokof commençait à écrire des drames, des comédies, des satires et publiait la première revue russe, *l'Abeille laborieuse*. Kniajnine avait beaucoup de succès dans la comédie, moins dans le genre tragique. Le prince Kantémir, fils de l'hospodar de Valachie, ambassadeur à Paris et à Londres, publiait des épîtres et des satires. Trédiakovski, auteur de la tragédie de *Déidamie* et d'une médiocre épopée, imitée de Fénelon, la *Télémakhide*, est surtout connu comme un réformateur de la langue et comme un infatigable traducteur : il traduisit toute l'*Histoire ancienne* de Rollin, l'*Art poétique* de Boileau, des *libretti* d'opéras italiens, des ouvrages de science et de politique. Sa biographie prouverait combien un poëte était alors peu considéré : Anna Ivanovna l'avait employé à rimer des couplets pour ses mascarades et nous avons vu le brutal traitement que lui infligea Volynski; mais un Kantémir ou un Lomonossof savaient se faire respecter.

Élisabeth, comme Anna Ivanovna, aimait le théâtre. La troupe italienne de Locatelli lui jouait des ballets et des opéras-bouffes. Sérigny, directeur d'un théâtre français, touchait 25 000 roubles par an : l'impératrice lui recrutait de gré ou de force des spectateurs, envoyant des estafettes chercher les retardataires, imposant une amende de 50 roubles aux récalcitrants. Le théâtre russe commence : Soumarokof amène ses acteurs, qui sont les élèves du corps des cadets, dans les appartements de l'impératrice. A Iaroslavl, le fils d'un marchand, Volkof, protégé par le voiévode Moussine-Pouchkine, est tout à la fois auteur, acteur, directeur, décorateur, machiniste d'une troupe russe que l'impératrice appelle à Saint-Pétersbourg; Soumarokof en devient le directeur et écrit pour elle vingt-six pièces, parmi lesquelles *Khorev*, *Sinéous et Trouvor*, *Dmitri l'imposteur*, des traductions de Shakespeare et de pièces françaises.

Le trait caractéristique de l'époque d'Élisabeth, c'est l'établissement de relations directes avec la France, qui était depuis le dix-septième siècle le représentant le plus élevé de la civilisation européenne ; jusqu'alors on n'avait connu notre civilisation que par des intermédiaires. On avait été Hollandais sous Pierre Iᵉʳ, Allemands sous Anna Ivanovna. Les Russes s'étaient faits les élèves de ceux qui n'étaient que les élèves des Français. Maintenant les barrières s'abaissent : à l'Académie des sciences, on a des savants français; à l'Académie des beaux-arts, des artistes français; on court aux représentations françaises de Sérigny, et ce sont encore des traductions de chefs-d'œuvre français que Soumarokof fait jouer sur la scène russe; on traduit les ouvrages de Vauban sur les fortifications, de Saint-Remy sur l'artillerie; on apprend à connaître Corneille, Racine et Molière. Le favori Ivan Schouvalof fait venir ses meubles de France, s'habille à Paris, aime tout ce qui est français et fait partager ses goûts à Élisabeth, l'ancienne fiancée de Louis XV. La Chétardie, l'Hopital mettent à la mode les manières de Versailles. Les Russes s'aperçoivent qu'ils ont bien plus d'affinité de caractère et d'esprit avec nous qu'avec les Allemands. Trédiakovski, Cyrille Razoumovski, le futur président de l'Académie, vont se perfectionner à Paris; les étudiants russes y sont assez nombreux déjà pour qu'on y élève une chapelle orthodoxe, sous la protection de leur ambassadeur. Un Voronzof entre au service de Louis XV et monte la garde en uniforme de chevau-léger dans les galeries de Versailles. L'ambassadeur Kantémir est un ami de Montesquieu. Une génération toute française d'idées et de culture grandit à la cour d'Élisabeth : Catherine II, la princesse Dachkof, les Voronzof, écriront aussi facilement en notre langue que dans la langue maternelle. En 1746, de l'Isle fera part à l'Académie des sciences du désir exprimé par Voltaire d'en devenir membre correspondant; l'année suivante, par d'Allion et Cyrille Razoumovski, Voltaire entrera en relations avec Schouvalof, et, d'après les documents fournis par lui, s'inspirant de ses conseils et de ses critiques, entreprendra son *Histoire de Russie sous Pierre le Grand*.

Élisabeth, à l'intérieur, a donc continué les traditions du grand empereur; elle a développé la prospérité matérielle du pays, réformé la législation, créé des centres nouveaux de population; elle a donné une impulsion énergique aux sciences et à la littérature nationale; elle a préparé le rapprochement entre la France et la Russie émancipée des Allemands; à l'extérieur, elle a brisé l'essor menaçant de la Prusse, vaincu et désespéré le premier capitaine du siècle, conclu la première alliance franco-russe contre la monarchie toute militaire des Hohenzollern. Mieux appréciée à la lumière des nouveaux documents, elle tiendra dans l'histoire une place honorable, même entre Pierre le Grand et Catherine II.

CHAPITRE XXIX.

PIERRE III ET LA RÉVOLUTION DE 1762.

Gouvernement de Pierre III, alliance avec Frédéric II.
Révolution de 1762. Catherine II.

Gouvernement de Pierre III, alliance avec Frédéric II.

Le successeur d'Elisabeth fut son neveu, le petit-fils de Pierre le Grand, fils d'Anna Pétrovna et de Charles-Frédéric, duc de Holstein-Gottorp. Il avait alors trente-quatre ans. On redoutait son avénement, parce qu'il affectait de se considérer comme un étranger en Russie et d'agir plus en duc de Holstein qu'en héritier du trône impérial. Sans éducation, sans instruction, il avait passé sa jeunesse dans de puérils amusements; il semblait n'avoir de goût que pour les minuties de caserne, s'occupait à exercer son bataillon de Holsteinois qu'on appelait ses *souffre-douleurs*, se montrait l'admirateur fanatique de Frédéric II et de la tactique prussienne. Sa tante le soupçonnait de livrer à ce prince le secret des délibérations et s'était crue obligée de l'exclure de la *conférence* où se traitaient les affaires de la guerre et du gouvernement.

Les premières mesures de Pierre III causèrent cependant une surprise agréable. En février 1762, il publia un manifeste qui affranchissait la noblesse de l'obligation rigoureuse et absolue que Pierre le Grand lui avait faite de se consacrer au service de l'État. Il rappelait que cette loi de son grand aïeul avait produit de salutaires effets, forcé les nobles à s'instruire et à s'intéresser au bien public, fait naître une génération éclairée, donné à l'État d'habiles généraux et des administrateurs distingués ; mais, maintenant que l'amour du souverain et le zèle pour le service s'étaient partout répandus, il ne croyait plus nécessaire de maintenir cette loi de contrainte. Les nobles russes, pénétrés de reconnaissance, parlèrent de lui élever une statue d'or ; Pierre III répondit que les plus beaux monuments étaient ceux que le prince possédait dans la mémoire de ses peuples. Une autre réforme fut l'abolition de la chancellerie secrète, « un tribunal abominable, écrit l'ambassadeur anglais, aussi mauvais sous tous les rapports et, à quelques égards, pire que l'inquisition d'Espagne. » Pierre III protégea les raskolniks : ils avaient été si cruellement persécutés sous le règne précédent que leur nombre était tombé de quarante mille à cinq mille rien que dans le gouvernement de Nijni-Novgorod, et que des milliers de ces malheureux avaient fui dans les déserts ou émigré dans les pays voisins : il ordonna de les rassurer et de les rappeler en Russie, leur faisant offrir des terres en Sibérie, car, disait l'oukaze, « on tolère dans l'empire même les mahométans et les idolâtres ; or, les raskolniks sont des chrétiens. » Il reprit le projet de son aïeul pour la réunion au domaine des biens des couvents, dont les moines devaient subsister désormais de pensions que leur ferait l'État. Il songea même aux paysans, sur lesquels pesait si durement l'État moderne fondé par Pierre le Grand, proclama une amnistie en faveur de ceux qui, égarés par de fausses nouvelles, avaient cru pouvoir se soulever contre leurs maîtres. La plupart de ses rescrits lui furent inspirés par son secrétaire d'État Volkof. On vit revenir d'exil les disgraciés du règne précédent, les Mengden, Mme Lapoukhine, le vieux maréchal Münich et son fils, Lestocq, le duc de Courlande et tous les Biren.

Malheureusement la conduite personnelle de l'empereur compromettait ce qu'il y avait de sage dans ses lois. Nonseulement il dépouillait le clergé, mais il ne cachait pas son mépris pour la religion nationale qu'il avait dû embrasser en abjurant le luthéranisme ; le peuple avait été scandalisé de son attitude dans la chambre funéraire où était exposé le corps de sa tante : « On le voyait, dit la princesse Dachkof, chuchoter et sourire avec les dames de service, tourner les prêtres en ridicule, chercher querelle aux officiers, aux sentinelles même sur le pli de leur cravate, sur la grandeur de leurs boucles et la coupe de leur uniforme. » L'armée s'irritait des réformes qu'il introduisait dans l'habillement et les exercices afin de l'assimiler à l'armée prussienne ; les régiments des gardes étaient jaloux de la faveur accordée aux bataillons de Holstein qu'il voulait porter à dix-huit mille hommes et qu'il proposait comme modèles à toutes les troupes nationales. La suppression de la *compagnie du corps* qu'Élisabeth avait formée des grenadiers de 1741 semblait annoncer aux régiments Préobrajenski, Séménovski, Ismaïlovski, le sort qui les attendait ; déjà l'empereur avait dit que « les gardes sont dangereuses et qu'elles tiennent le palais assiégé. »

La cour était mécontente des innovations ridicules qu'il introduisait dans l'étiquette, obligeant les dames à faire la révérence à l'allemande. Il semblait avoir pris le contrepied de tous les goûts de sa tante : un de ses premiers soins avait été de renvoyer de la cour la troupe française de comédie. Les mœurs de la haute société avaient déjà pris assez de raffinement pour que les penchants grossiers de Pierre III inspirassent le dégoût : « La vie que l'empereur mène, écrivait l'ambassadeur français de Breteuil, est la plus honteuse ; il passe les soirées à fumer, à boire de la bière et ne cesse ces deux exercices qu'à cinq ou six heures du matin et presque toujours ivre mort.... Il a redoublé d'égards pour Mlle Voronzof ; il faut avouer que c'est un goût bizarre ; elle est sans esprit : quant à la figure, c'est tout ce qu'on voit de pis ; elle ressemble en tout point à une servante d'auberge de mauvais aloi. »

La politique extérieure de Pierre III devait aggraver le dissentiment entre lui et ses sujets. Frédéric II était presque réduit à l'impuissance depuis la bataille de Kūnersdorff : les lenteurs de Boutourline dans la campagne de 1761 lui avait procuré un peu de répit; pourtant il se sentait perdu si la guerre russe se prolongeait. On peut imaginer avec quelle joie et quelle espérance il salua l'avénement de Pierre III. Il adressa ses félicitations au nouvel empereur par l'ambassadeur anglais en Russie : les relations furent bien vite renouées entre le grand roi et son admirateur. Tchernichef reçut l'ordre de se séparer des Autrichiens en Silésie et le roi de Prusse envoya Goltz faire au tsar des propositions de paix. Frédéric II avait autorisé son mandataire à céder même la Prusse orientale si Pierre III l'exigeait, se réservant seulement une indemnité. Goltz, en arrivant, trouva un prince qui ne jurait que par Frédéric II, avait son portrait monté en bague, rappelait ce qu'il avait souffert pour lui sous le règne d'Élisabeth, lorsqu'on l'éloigna de la *conférence*. Il n'était plus question d'annexer la Prusse orientale comme l'avait souhaité la défunte tsarine : Pierre III rendait à son « vieil ami » toutes les conquêtes russes, formait avec lui une alliance offensive et défensive; les deux princes s'assuraient réciproquement un secours de douze mille hommes d'infanterie et huit mille chevaux ; les Russes, qui combattaient naguère les Prussiens, se joignaient à eux contre l'Autriche. Frédéric II garantissait à l'empereur ses États de Holstein, assurait le duché de Courlande à son oncle de Holstein, promettait de s'entendre avec lui pour les affaires de Pologne. Jamais on n'avait vu un changement aussi brusque dans la politique étrangère d'un État : les ambassadeurs de France et d'Autriche, Breteuil et Mercy-d'Argenteau, se trouvèrent du coup en disgrâce ; celui de Frédéric II n'était pas seulement un favori, il était comme le premier ministre de l'empereur de Russie, signalant les suspects, faisant éloigner ses ennemis, accusant Voronzof et les Schouvalof de sympathies françaises. Le traité conclu, Pierre III, dans un grand dîner, porta la santé du roi de Prusse au bruit du canon de la forteresse. Il redoublait d'extravagances pour témoigner son admiration pour le grand homme, au point d'inquiéter Goltz lui-même : « Buvons à la santé du roi notre maître ! criait-il dans une de ses orgies; il m'a fait la grâce de me confier un régiment à son service; j'espère qu'il ne me donnera pas mon congé; vous pouvez l'assurer que, s'il l'ordonne, j'irai faire la guerre à l'enfer avec tout mon empire. »

Révolution de 1762. Catherine II.

Les Russes auraient vu avec plaisir la fin d'une guerre onéreuse, tout en regrettant l'abandon des conquêtes d'Élisabeth; mais une guerre nouvelle succédait à celle-là; l'empire allait s'épuiser à combattre ses alliés de la veille et à guerroyer contre le Danemark pour les prétentions de la maison de Holstein. Ils s'attendrissaient sur les mauvais traitements qu'essuyait l'impératrice Catherine, dont l'intelligence, les grandes démonstrations de piété orthodoxe contrastaient avec l'incapacité et les extravagances de son mari. Pierre III, projetait de divorcer avec elle pour épouser Élisabeth Voronzof; on disait qu'il voulait déshériter son fils Paul au profit d'Ivan VI; une fois déjà il avait donné l'ordre, qui ne fut pas exécuté, d'arrêter sa femme et de l'enfermer dans un couvent.

Sophie d'Anhalt, devenue l'impératrice Catherine, n'était pas femme à pardonner ces menaces, ni à en attendre l'effet. Comme le remarquait Breteuil : « tout cela, joint aux humiliations journalières, doit fermenter dans une tête comme la sienne et n'a besoin que d'une occasion pour éclater. » Elle patientait et agissait.

Il existe de nombreux récits contemporains sur la révolution de juin 1762; on connaît surtout ceux de Rulhière, de la princesse Dachkof dans ses mémoires, de Keith et de Breteuil dans leurs dépêches, de Catherine II elle-même dans sa lettre à Poniatovski. L'ordre donné aux gardes de se préparer à partir pour Holstein hâta la révolution de 1762 comme un ordre semblable avait hâté la révolution de 1741. Pierre III ne se doutait même pas du danger : il ne voyait pas dans le sénat, dans la cour, dans l'armée, se multiplier et se grouper dans l'ombre les conspirateurs. Le nombre en était grand et les buts qu'ils se proposaient souvent différents : les uns voulaient proclamer Paul Ier sous la tutelle de sa mère, d'autres entendaient couronner Catherine elle-même. Le groupe qui avait alors toute la confiance de l'impératrice se composait de jeunes officiers : Grégori Orlof, alors son amant, Alexis Orlof et trois autres Orlof, le jeune Potemkine, Passek. Les Orlof avaient tout le secret de l'affaire et le cachaient avec soin à d'autres conjurés qu'on regardait comme peu discrets, la princesse Dachkof, par exemple. Mise en éveil par l'arrestation de Passek, Catherine résolut d'agir : Pierre III était alors à Oranienbaum avec ses Holsteinois, Catherine à Péterhof, sur le chemin d'Oranienbaum à Saint-Pétersbourg. Elle quitta brusquement sa résidence, accompagnée d'Alexis et Grégori Orlof et de deux domestiques. A son arrivée dans la capitale les trois régiments des gardes à pied s'insurgèrent et lui prêtèrent serment entre les mains de leurs prêtres : l'oncle de Pierre III, Georges de Holstein, fut arrêté par son propre régiment, celui des gardes à cheval. De Notre-Dame de Kazan, Catherine se rendit au Palais d'Hiver, d'où l'on envoya l'amiral Talysine s'assurer de la forteresse de Cronstadt et où l'on rédigea des proclamations au peuple et à l'armée. Puis, à la tête de près de 20 000 hommes, avec de l'artillerie, elle marcha sur Oranienbaum.

Pierre III, tiré subitement de sa quiétude, s'embarqua pour Cronstadt afin de se mettre à la tête de la garnison : « Je suis l'empereur ! » cria-t-il à Talysine. « Il n'y a plus d'empereur ! » répondit l'amiral, et, sous la menace de l'artillerie de la forteresse, Pierre dut revenir à sa résidence. Là, malgré les conseils belliqueux du vieux Münich et l'appui de ses 1500 Holsteinois, il abdiqua docilement, suivant l'expression de Frédéric II, « comme un enfant qu'on envoie se coucher. » Il se rendit auprès de sa femme avec sa maîtresse et ses plus intimes confidents : « Après quoi, raconte l'impératrice, j'envoyai, sous le commandement d'Alexis Orlof, suivi de quatre officiers *choisis* et d'un détachement d'hommes *doux et raisonnables*, l'empereur déposé, à vingt-sept verstes de Péterhof, dans un endroit nommé Ropcha, *très-écarté*, mais très-agréable. » C'est là qu'il mourut quatre jours après, d'une « colique hémorrhoïdale, » assure sa femme, compliquée d'un « transport au cerveau. » Neuf ans après, un diplomate français parlait des remords que l'acte final de cette tragédie domestique inspirait à l'un des principaux acteurs, Alexis Orlof : « Il était bien triste, disait celui-ci, pour un homme qui avait tant d'humanité, d'avoir été contraint de faire ce qu'on avait exigé de lui. »

Catherine II régnait, et un autre diplomate français, Bérenger, écrivait le 23 juillet 1762 : « Quel tableau pour la nation elle-même, jugeant de sang-froid ! d'un côté, le petit-fils de Pierre Ier détrôné et mis à mort ; de l'autre, le petit-fils du tsar Ivan V languissant dans les fers, tandis qu'une princesse d'Anhalt usurpe la couronne de leurs ancêtres en préludant au trône par un régicide. » Le malheureux Ivan VI était toujours enfermé à Schlüsselbourg : tous les témoignages s'accordent sur ce point qu'il était devenu fou.

Les révolutions ont presque toujours une queue : la fréquence de ces coups de main militaires encourageait les téméraires ; deux ans après l'avénement de Catherine, Mirovitch, lieutenant aux gardes, conçut le projet de délivrer Ivan VI ; les gardiens de celui-ci, ne voyant d'autre moyen d'empêcher une évasion, le firent périr au moment où Mirovitch allait pénétrer dans sa chambre : le conspirateur ne trouva qu'un cadavre. Lui-même fut arrêté et condamné à mort : le jour de l'exécution, le peuple, qui pendant les vingt ans du règne d'Élisabeth n'avait pas vu de décapitation, poussa un tel cri et éprouva une telle émotion lorsque le bourreau lui présenta la tête de Mirovitch que le pont sur la Néva, surchargé de foule, manqua de s'abîmer et que les balustrades croulèrent. Catherine n'avait plus de rival pour le trône de Russie, que son propre fils.

« Je sais, écrira plus tard Voltaire en parlant de Catherine II, je sais qu'on lui reproche quelques bagatelles au sujet de son mari ; mais ce sont des affaires de famille dont je ne me mêle point ; et d'ailleurs il n'est pas mal qu'on ait une faute à réparer: cela engage à faire de grands efforts pour forcer le public à l'estime et à l'admiration. » Nous allons voir par quels efforts Catherine II força les Russes à l'oubli des moyens qui lui avaient assuré le trône.

CHAPITRE XXX.

CATHERINE II. — PREMIÈRES ANNÉES (1762-1780).

Fin de la guerre de Sept ans. Intervention en Pologne. — Première guerre de Turquie. Premier partage de la Pologne (1772). Révolution suédoise de 1772. — Peste de Moscou. Pougatchef.

Fin de la guerre de Sept ans. Intervention en Pologne.

Dans le premier moment qui suivit son triomphe, Catherine II avait publié un manifeste où Frédéric II était traité de « perturbateur de la paix publique » et « d'ennemi perfide de la Russie ». Elle revint bientôt à d'autres sentiments. Cette princesse, qui avait puni Pierre III de son alliance avec la Prusse et de ses projets contre les biens d'église, était précisément destinée à réaliser, au dedans comme au dehors, les plans de son mari. Tchernichef avait reçu l'ordre de se séparer des Prussiens, comme il l'avait reçu naguère de se séparer des Autrichiens. Frédéric II obtint cependant que le général russe retardât de trois jours son départ et consentît à occuper, l'arme au pied, une position qui couvrait l'armée prussienne. Frédéric en profita pour remporter sur Daun la victoire de Burkersdorff et Leütmannsdorff. La Russie, en se retirant définitivement de la guerre de Sept ans, hâta la conclusion de la paix. Pendant toute la première partie de son règne, la politique de Catherine II consista en ce qu'on appelait le *système du nord*, c'est-à-dire en une alliance étroite avec la Prusse, l'Angleterre et le Danemark contre les deux grandes puissances du midi, la maison de Bourbon et la maison d'Autriche. La lutte diplomatique avec la France surtout fut très-vive dans les cours secondaires, c'est-à-dire à Varsovie, à Stockholm et à Constantinople.

Le duché de Courlande, dépendance légale de la couronne polonaise, mais devenue en réalité une annexe de l'empire russe, se trouvait alors sans souverain : Anna Léopoldovna avait exilé le duc Biren; Pierre III avait destiné la couronne à Georges de Holstein; Auguste III de Pologne la convoitait pour son fils Charles de Saxe; Catherine mit fin aux compétitions en rétablissant le duc Biren : c'était une réunion déguisée de la Courlande à l'empire.

Une éventualité plus grave attira bientôt toute son attention : la mort prochaine du roi de Pologne et l'ouverture imminente de sa succession. Deux partis se disputaient alors le pouvoir à Varsovie : le parti de la cour avec le ministre Brühl et son gendre Mnichek, le parti qui s'appuyait sur la Russie et dont les chefs étaient les Czartoryski. Les premiers voulaient assurer la succession au prince de Saxe, et c'était aussi le vœu de la France et de l'Autriche; les seconds entendaient élire un *piast*, un noble indigène de leur parti, et ils songeaient à un neveu des Czartoryski, Stanislas Poniatovski. Ainsi la France qui, en 1733, avait fait la guerre pour un *piast* contre le candidat saxon, soutenait cette fois le candidat saxon contre Poniatovski : c'est que les circonstances avaient changé et que la royauté polonaise, chaque jour plus faible, ne pouvait se soutenir que par les forces d'un État allemand, la Saxe. Or précisément, Frédéric II redoutait un accroissement de force pour la Saxe tout autant que pour la Pologne; la Saxe était la vieille rivale de la Prusse dans l'Empire comme la Pologne dans les régions de la Vistule. La Russie, de son côté, qui avait combattu dans Stanislas Leszczinski un beau-père de Louis XV, combattait maintenant dans le Saxon un client de la France et de l'Autriche. De plus, elle ne voulait pas d'un noble polonais qui fût trop puissant: elle entendait écarter les Czartoryski. La candidature de Stanislas Poniatovski, gentilhomme sans puissance personnelle, satisfaisait donc à la fois les désirs de Frédéric II, les intérêts de l'empire russe et les sentiments de Catherine II, heureuse de couronner un de ses premiers amants. Auguste III mort, les diètes de convocation et d'élection agitèrent violemment le pays : les deux partis se disputèrent avec acharnement le pouvoir; les Czartoryski appelèrent les armées russes pour chasser leurs ennemis; sous la protection des baïonnettes étrangères, Poniatovski inaugura ce règne fatal, sous lequel la Pologne fut démembrée trois fois et rayée de la liste des nations.

Trois causes principales devaient amener la ruine de l'antique république royale. 1º Le mouvement national de la Russie qui tendait à se compléter du côté de l'ouest et à *recouvrer*, suivant l'expression de ses historiens, les provinces qui avaient fait partie autrefois du domaine de saint Vladimir : c'est-à-dire la Russie Blanche, la Russie Noire et la Petite-Russie. La question nationale se compliquait de cette même question confessionnelle qui avait déjà amené, sous Alexis Mikhaïlovitch, un premier démembrement de l'État polonais. Les plaintes contre les agissements des *uniates* se multipliaient en Lithuanie : souvent la Russie avait essayé d'intervenir diplomatiquement. En 1718 et en 1720, Pierre le Grand avait écrit à Auguste II pour dénoncer les mauvais traitements essuyés par ses coreligionnaires : Auguste avait publié un édit qui assurait le libre exercice de la religion orthodoxe, mais qui resta sans exécution, car la royauté n'était pas assez forte pour contenir le zèle du clergé et des jésuites, réprimer les abus de pouvoir de ses officiers et protéger les paysans du rit grec contre leurs seigneurs. En 1723, Pierre s'était adressé au pape pour réclamer son intervention, menaçant d'user de représailles contre l'Église romaine dans ses États. Le pape déclina la proposition de Pierre et les vexations continuèrent.

2° La seconde cause de la ruine de la Pologne fut l'âpre convoitise de la Prusse. La Pologne possédait la Prusse occidentale, c'est-à-dire la basse Vistule avec Thorn et Dantzig; elle séparait la Prusse orientale du reste de la monarchie brandebourgeoise; elle faisait de celle-ci un État mal construit dont les deux parties ne pouvaient se relier; elle occupait des pays où la colonisation allemande, dans les villes surtout, avait pris un grand développement. De plus, le gouvernement de Varsovie était assez déraisonnable pour tracasser les dissidents protestants au même titre que les dissidents orthodoxes.

3° La Pologne ne pouvait échapper à l'esprit de réforme qui était celui du dix-huitième siècle : Poniatovski et les plus éclairés des Polonais apercevaient bien le contraste qui éclatait entre l'anarchie nationale et l'ordre qui s'établissait dans les États voisins. Tandis que la Prusse, la Russie, l'Autriche essayaient de constituer chez elles l'État moderne, de fortifier le pouvoir central sur les ruines des pouvoirs du moyen âge, de réaliser les réformes préconisées par les philosophes et les physiocrates français, la Pologne avait jusqu'alors suivi la marche opposée, dépouillant à chaque nouvel avénement la royauté, affaiblissant d'autant la force nationale, s'obstinant dans les traditions de l'âge féodal. La Pologne restait un État du onzième siècle au milieu des monarchies européennes qui atteignaient sur toutes ses frontières à leur maximum de puissance. Elle leur avait laissé prendre sur elle une telle avance que l'effort même pour se réformer hâta sa dissolution.

Au point de vue social, elle était une nation de serfs agricoles à laquelle était superposée une nombreuse petite noblesse, assujettie elle-même par quelques grandes familles, contre lesquelles la royauté restait absolument impuissante; elle n'avait pas de tiers-état, à moins qu'on ne donne ce nom à quelques milliers de bourgeois catholiques et à un million de juifs qui n'avaient aucun intérêt à maintenir un état de choses qui les condamnait à un opprobre éternel. Au point de vue économique, elle avait une agriculture toute primitive exploitée par un peuple serf, peu de commerce, pas d'industrie, pas de finances publiques. Au point de vue politique, le pays légal se composait exclusivement des gentilshommes; la rivalité des grandes familles, l'anarchie des diètes, la faiblesse du pouvoir royal, les *pacta conventa*, le *liberum veto*, les *confédérations* ou *diètes sous le bouclier*, l'habitude invétérée d'invoquer l'intervention des étrangers ou de leur vendre les suffrages, avaient anéanti en Pologne l'idée même de la loi et l'idée même de l'État. Au point de vue militaire, la Pologne en était aux milices indisciplinées de l'âge féodal, n'avait que sa cavalerie noble, point d'infanterie, peu d'artillerie et presque pas de forteresses sur des frontières ouvertes de toutes parts. Maurice de Saxe affirmait, dans ses *Rêveries*, qu'il suffisait de quarante-huit mille hommes pour conquérir la Pologne. Que pouvait-elle faire, divisée contre elle-même, corrompue de longue main par l'or de ses ennemis, entre les trois puissantes monarchies qui l'enserraient, qui ne croyaient déjà plus violer ses frontières en occupant son territoire, et dont les ambassadeurs étaient plus puissants que le roi dans ses diètes?

Catherine et Frédéric s'étaient entendus sur deux points essentiels: revendiquer les droits des dissidents et empêcher toute réforme de la constitution anarchique qui leur livrait la Pologne. En affectant de prendre en main la cause de la tolérance, ils firent oublier à l'opinion européenne qu'ils en voulaient à l'indépendance et à l'intégrité du pays. Le bruyant fanatisme des Polonais les aida à cacher leur jeu.

En 1765, Koninski, évêque orthodoxe de la Russie Blanche, présenta au roi de Pologne un mémoire où il rappelait toutes les vexations auxquelles la religion grecque était en proie dans le royaume: deux cents églises enlevées au culte et livrées aux *uniates*, interdiction de rebâtir ou de réparer celles qui tombaient en ruine, les prêtres maltraités, mis à mort. « Les pères missionnaires, dit le mémoire, se distinguent entre tous par leur zèle; secondés par l'autorité séculière lorsqu'ils sont en mission, ils rassemblent le peuple gréco-russe de tous les villages environnants, comme on ferait d'un troupeau de moutons, le retiennent des six semaines entières, les forcent à se confesser à eux et, pour intimider ceux qui résistent, dressent des pals, étalent des verges, des branches épineuses, élèvent des bûchers, séparent les enfants de leurs parents, les femmes de leurs maris, cherchent ensuite à les épouvanter par des miracles imaginaires.... En cas de ferme résistance, on les bat de verges ou avec des branches épineuses, on leur brûle les mains, on les retient en prison des mois entiers. »

La Russie appuya devant la diète polonaise les réclamations des dissidents, Stanislas promit de les soutenir. Il s'agissait d'assurer au peuple le libre exercice de sa religion et aux nobles orthodoxes les droits politiques dont ils avaient été dépouillés sous les législatures précédentes. La diète de 1766 fit à cette proposition une opposition frénétique : le député Gourovski, qui avait essayé de parler en faveur des dissidents, manqua d'être massacré.

Repnine, ambassadeur de Catherine, engagea les dissidents à recourir au moyen légal des confédérations: les orthodoxes se réunirent à Sloutsk, les protestants, sous le patronage de l'ambassadeur prussien, à Thorn; il y eut même à Radom une confédération de catholiques, d'ennemis des Czartoryski, de ceux qui craignaient une réforme de la constitution et l'abolition du *liberum veto*. La Russie, qui avait garanti avec la Prusse le maintien de cette absurde constitution, les prit également sous sa protection. 80000 Moscovites, sur un signe de Repnine, se préparaient à entrer en Pologne. Ce fut sous de tels auspices que s'ouvrit la diète de 1767 : les Polonais semblaient ne pas ressentir l'outrage fait à leur indépendance et ne s'intéresser qu'au maintien du système d'intolérance. Soltyk, évêque de Cracovie, Zalusski, évêque de Kief, et deux autres nonces se montrèrent les plus ardents contre le projet. Repnine les fit enlever par ses grenadiers et déporter en Russie: les Polonais s'étaient donné tant de torts que l'Europe applaudit à cette violation du droit des gens qui semblait assurer la liberté de conscience. La diète céda et consentit à ce que les nobles dissidents eussent des droits politiques égaux à ceux des catholiques: toutefois la religion romaine restait celle de l'État et le roi devait toujours lui appartenir. En 1768, un traité intervint entre la Pologne et la Russie, en vertu duquel aucune modification ne pourrait être apportée à la constitution sans le consentement de cette dernière puissance. C'était rendre légale l'intervention étrangère et condamner la Pologne à mourir de ses abus. Les troupes russes évacuèrent Varsovie et les confédérés envoyèrent des députés remercier l'impératrice.

Cependant la confédération de Radom, la plus considérable des trois, et qui n'avait pris les armes que pour empêcher les réformes dans la constitution, nullement pour appuyer les réformes en faveur des dissidents, était fort mécontente du résultat. Quand elle fut dissoute, de ses débris naquit la confédération de Bar en Podolie, plus nombreuse encore et qui avait adopté pour programme, non-seulement le maintien du *liberum veto*, mais aussi celui du privilége exclusif des catholiques. En Gallicie et à Lublin deux autres confédérations se formèrent dans le même but. Les insurgés prirent pour devise: *pro religione et libertate;* mais ce mot de *liberté* laissait fort indifférente la masse du peuple qui ne voyait dans la *liberté* polonaise que celle des nobles. Les confédérés de Bar envoyèrent des députés aux cours de Dresde, de Vienne et de Versailles pour les intéresser à leur cause. L'opinion en Occident pouvait difficilement hésiter: de quel côté était vraiment la nation polonaise, le droit, l'avenir? était-ce à Varsovie où étaient le roi, le sénat, tous les hommes qui avaient voulu l'affranchissement des dissidents et qui en secret méditaient la réforme de la constitution et le relèvement de la Pologne? ou bien à Bar, où des nobles turbulents, guidés

CATHERINE II. — PREMIÈRES ANNÉES.

par des prêtres fanatiques, s'insurgeaient au nom du *liberum veto* et de l'intolérance religieuse? Voltaire et la plupart des philosophes français se déclarèrent pour le roi Stanislas, mais le ministre de Louis XV, M. de Choiseul, se déclara pour les confédérés. Il ne vit pas qu'en affaiblissant l'autorité du roi polonais il affaiblissait la Pologne elle-même. Le gouvernement polonais, en présence de l'insurrection, se trouva entraîné à commettre une nouvelle faute : l'armée royale ne comptait pas 9000 hommes effectifs; en vertu du traité d'alliance avec la Russie, on demanda l'appui de ses troupes. Les colonnes moscovites reprirent aux confédérés Bar, Berdichef, Cracovie. Aux prédications des prêtres catholiques répondaient celles des moines orthodoxes : Gontaï et Jéléznak appelèrent aux armes les kosaks de l'Ukraine, les Zaporogues, les *haïdamaks* ou brigands : une guerre sauvage, à la fois nationale, religieuse et sociale, désola les provinces du Dniéper : les seigneurs et les juifs revirent les jours sanglants de Khmelnitski. Le massacre d'Ouman, une ville du comte Potocki, épouvanta l'Ukraine.

Les confédérés, pourchassés par les colonnes russes, avaient obtenu un certain appui de la cour de Vienne : ils avaient établi le conseil de la confédération à Teschen et leur quartier général à Éperies en Hongrie. Ils tenaient encore trois places en Pologne. Choiseul leur fit parvenir de l'argent et leur envoya successivement pour les organiser le chevalier de Taulès, Dumouriez, le baron de Viomesnil. Dans les mémoires de Dumouriez, on voit que les forces de la confédération, éparses sur toute l'étendue de la Pologne, se composaient de 16 ou 17 000 cavaliers, sans infanterie, partagés en cinq ou six bandes qui obéissaient à des chefs indépendants: Zaremba, dans la Grande-Pologne, le kosak Sava, Miaczinski, Walevski et bien d'autres agissaient ordinairement sans concert préalable : Pulavski était l'ennemi déclaré de Potocki. Dumouriez avec ces troupes indisciplinées fut battu à Landskron (1771); mais Viomesnil, Dussaillans et Choisy, trois officiers français, se rendirent maîtres par surprise du château de Cracovie (1772) que Souvorof finit par reprendre. Une tentative faite, le 3 novembre 1771, par quelques confédérés pour s'assurer de la personne du roi et qui faillit réussir, car le roi fut blessé et emmené dans la campagne, excita la bruyante et peu sincère indignation des cours européennes, augmenta la répulsion de Voltaire pour les confédérés.

Première guerre de Turquie (1767-74). Premier partage de la Pologne (1772). Révolution suédoise de 1772.

Choiseul crut que le meilleur moyen de venir en aide aux confédérés, c'était de pousser les Turcs à déclarer la guerre à la Russie : notre ambassadeur à Constantinople, Vergennes, s'y employait activement ; malheureusement on s'exagérait en France la puissance de la Turquie, on ignorait à quel point ses forces avaient diminué depuis sa dernière guerre contre l'Autriche. Cette démarche de Choiseul, en liant le sort de notre alliée de la Vistule au succès des armes ottomanes, devait au contraire rendre inévitable le démembrement de la Pologne. La Sublime-Porte, sur la nouvelle d'une violation de sa frontière à Balta, non par les troupes russes, mais par les *haïdamaks* que poursuivaient celles-ci, déclara la guerre à la Russie. Le baron de Tott avait été envoyé par Vergennes au khan de Crimée, Krim-Guéraï, pour l'amener à seconder les Turcs. Dans l'hiver de 1768, les Tatars dévastèrent la Nouvelle-Serbie d'Élisabeth. Catherine, qui avait ses forces occupées en Pologne, ne put opposer qu'une faible armée à l'invasion turco-tatare : « Les Romains, écrivait-elle à ses généraux, ne s'occupaient pas du nombre de leurs ennemis ; ils demandaient seulement : Où sont-ils ? » Galitsyne, avec 30000 hommes, fut donc chargé d'arrêter le grand-vizir qui en avait 100000 et qui allait entrer en Podolie pour se joindre aux confédérés polonais ; Roumantsof devait occuper l'Ukraine et surveiller les Tatars de Crimée et les Kalmouks. Galitsyne prit l'offensive, battit le grand-vizir sur le Dniester, auprès de Khotin, s'empara de cette ville (1769), occupa la Moldavie et la Valachie, à la grande joie des populations orthodoxes du Danube. L'année suivante son successeur Roumantsof battit le khan des Tatars, bien qu'il eût 100 000 hommes et et se fût retranché, sur les bords de la Larga, puis remporta sur le grand-vizir en personne la victoire du Kagoul où 17 000 Russes vainquirent 150 000 musulmans (1770). En 1771, le prince Dolgorouki força les lignes de Pérékop, ravagea la Crimée, prit Kaffa, Kertch, Iénikalé et mit fin pour toujours à la domination ottomane dans la péninsule. Pendant ce temps l'armée de Valachie enlevait l'une après l'autre les forteresses du Danube, achevait la conquête de la Bessarabie par la prise de Bender et pénétrait en Bulgarie.

Catherine II préparait à l'empire turc, ébranlé en outre par la révolte du pacha d'Égypte, une plus terrible surprise. Une flotte russe partit de la Baltique sous les ordres d'Alexis Orlof, alla relâcher dans les ports d'Angleterre et, après avoir fait tout le tour de l'Europe, parut sur les côtes de la Grèce : les populations chrétiennes de la Morée occidentale et du Magne s'insurgèrent; Voltaire annonçait déjà la régénération d'Athènes et la résurrection de Sparte ; mais Orlof abandonna les Grecs après les avoir compromis et courut chercher la flotte turque : avec ses lieutenants Spiridof et Greig, il la battit dans la rade de Chios et l'anéantit totalement dans le port de Tchesmé à l'aide de brûlots conduits par l'Anglais Dugdale. A cette nouvelle, la terreur fut sans bornes dans Constantinople : on voyait déjà les Russes dans le Bosphore. Alexis Orlof perdit son temps à s'emparer des îles, tandis que le baron de Tott relevait le courage du sultan et du peuple turc, exerçait les soldats ottomans, fondait des canons, mettait les Dardanelles en état de défense. Quand les Russes se présentèrent à l'entrée du détroit, il était trop tard (1770).

La Russie n'en avait pas moins conquis Azof, la Crimée, le rivage de la mer Noire entre le Dniéper et le Dniester, la Bessarabie, la Valachie, la Moldavie, une partie de la Bulgarie et des îles de l'archipel. Elle eût volontiers gardé ses conquêtes. L'Autriche s'effraya de ce voisinage et de la rupture de l'équilibre oriental. C'est ici que la question turque et la question polonaise se compliquent l'une par l'autre : la Pologne va servir de rançon à la Turquie.

La Prusse était des trois États du Nord le plus intéressé au démembrement de la Pologne : il y avait pour elle une nécessité géographique de mettre la main sur la Prusse occidentale, et, s'il était possible, sur les cités de la Vistule. C'était Frédéric II qui avait dénoncé à Catherine les projets des Czartoryski pour la réforme de la constitution, soulevé l'affaire des dissidents, en un mot, créé la question polonaise; c'était lui qui, dans les entrevues de Neiss (Silésie) et de Neustadt (Moravie), avait inspiré à Joseph II et à Kaunitz de l'inquiétude sur les ambitions russes en Orient et leur avait fait goûter l'idée d'un partage de la Pologne; c'était lui qui avait envoyé à Saint-Pétersbourg son frère, le prince Henri, pour persuader Catherine II. Il lui fit entendre que ses prétentions en Orient armeraient contre elle l'Autriche et la France, que son allié, le roi de Prusse, affaibli par la guerre de Sept ans, ne pourrait soutenir cette guerre contre l'Europe coalisée; que sans doute elle avait droit à des dédommagements pour les frais d'une double guerre, mais que peu lui importait où elle prendrait son indemnité, sur la Vistule ou sur le Danube; qu'elle pourrait donc s'agrandir aux dépens de la Pologne, et que, pour rétablir ensuite l'équilibre du Nord, elle devait souffrir un certain agrandissement de la Prusse et de l'Autriche.

Catherine II, qui avait déjà sur les bras la guerre de Pologne et celle de Turquie, ne pouvait songer à combattre encore, à la fois, la Prusse et l'Autriche. Bien qu'elle eût préféré maintenir la Pologne dans son intégrité, à condition d'y avoir une influence prépondérante, elle fut obligée de subir les propositions de Frédéric II. Le roi de Prusse sut à propos, et tour à tour, opposer l'une à l'autre la Russie et l'Autriche. Déjà il agissait en maître dans la Grande-Pologne, en enlevait les blés pour nourrir ses sujets et les habitants pour recruter ses régiments. Un instant il occupa Dantzig. L'Autriche de son côté, pour faire valoir d'anciens droits, avait envahi le comté de Zips; le démem brement était presque un fait accompli lorsqu'il fut régularisé par le traité du 17 février 1772 entre la Prusse et la Russie, accepté par l'Autriche en avril, signifié au roi de Pologne le 18 septembre de la même année. A la Russie revenait la Russie Blanche (Polotsk, Vitepsk, Orcha, Mohilef, Mstislavl, Gomel), avec 1 600 000 habitants; à l'Autriche, la Gallicie occidentale et la Russie Rouge, avec 2 500 000 sujets; à la Prusse, la Prusse occidentale, moins Thorn et Dantzig, avec 900 000 âmes.

La Russie avait encore à traiter avec la Porte. Après la rupture du congrès de Fokchany, en 1772, la guerre avait repris : les Russes avaient échoué au siége de Silistrie, mais ils cernaient le grand-vizir dans son camp de Choumla; une seule victoire pouvait leur ouvrir le chemin de Constantinople. Le sultan Abdul-Hamid consentit à signer la paix de Koutchouk-Kaïrnadji (1774). Il s'engageait : 1° à reconnaître l'indépendance des Tatars du Boug, de Crimée et du Kouban; 2° à céder Azof sur le Don, Kinburn à l'embouchure du Dniester, toutes les places fortes de Crimée; 3° à ouvrir aux navires marchands de la Russie les détroits du Bosphore et des Dardanelles; 4° à traiter les négociants russes sur le même pied que les Français, qui étaient alors la nation la plus favorisée; 5° à accorder l'amnistie aux populations chrétiennes compromises dans la dernière insurrection; 6° à permettre aux ambassadeurs russes d'intervenir en faveur de ses sujets des principautés danubiennes ; 7° à payer 4 500 000 roubles de frais de guerre, et à reconnaître le titre impérial de la souveraine russe. Non-seulement la Russie acquérait d'importants territoires et de nombreux points stratégiques, mais elle se faisait reconnaître une sorte de protectorat sur les sujets chrétiens du sultan, elle préparait l'annexion de la Crimée, du Kouban et de tout le rivage septentrional de la mer Noire.

La France, indirectement vaincue en Pologne et en Turquie, venait d'obtenir en Suède un grand succès diplomatique. Frédéric II et Catherine II s'étaient entendus pour garantir également dans ce pays le maintien de la constitution oligarchique, c'est-à-dire de l'anarchie : c'était se réserver un prétexte d'intervention, c'était même préparer un démembrement qui eût donné la Finlande à la Russie et la Poméranie suédoise à la Prusse ; le Danemark aurait joué ici le rôle assigné dans l'affaire polonaise à l'Autriche, celui de troisième copartageant. Gustave III, qui avait grandi au milieu des clameurs et des intrigues de la diète, s'était juré de rétablir la puissance royale, seule garantie de l'indépendance du pays. N'étant encore que prince royal, il avait fait en 1771 un voyage en France, visité nos philosophes, fréquenté les salons à la mode, entre autres celui de Mme Geoffrin, reçu les encouragements et les promesses de secours du gouvernement français. Le spectacle du démembrement anticipé de la Pologne l'avait affermi dans ses patriotiques résolutions ; les embarras de la Prusse et de la Russie lui avaient paru offrir l'occasion favorable. Rappelé en Suède pour succéder à son père, il prépara dans le plus grand secret son coup d'État, auquel étaient acquis d'avance l'armée et le peuple. Le 19 août 1772, il réunit la garde, consigna les sénateurs, souleva la population de Stockholm et imposa à la diète une constitution en cinquante-sept articles qui, tout en garantissant les libertés publiques, restituait à la couronne ses prérogatives essentielles. Puis il abolit la torture et l'inquisition d'État, ferma le *trou aux roses*, bourbier rempli de reptiles, qui servait à donner la question, promulgua d'utiles réformes qui firent entrer la Suède, déjà imprégnée d'idées françaises, dans le courant du dix-huitième siècle. Le succès de cette révolution effectuée sans verser une goutte de sang, qui doublait la puissance réelle de la Suède et la mettait à l'abri de toutes les intrigues de l'étranger, causa un grand dépit à Frédéric II et à Catherine ; les affaires de Pologne leur ôtèrent la possibilité et la tentation d'intervenir.

Peste de Moscou (1771). Pougatchef (1773).

Catherine II, conquérante en Pologne et en Turquie, se trouvait dans son empire même aux prises avec de terribles difficultés. En 1771, la peste se déclarait à Moscou et, pendant les mois de juillet et d'août, y emportait 1000 hommes par jour. Le peuple affolé venait s'étouffer et mourir aux pieds d'une image miraculeuse, celle de la Mère de Dieu de Bogolioubovo. L'archevêque Ambroise, homme instruit et éclairé, voulut faire enlever l'image. Une émeute terrible éclata : « L'archevêque est un impie, criait le peuple, il veut nous enlever notre protectrice; il s'entend avec les médecins pour nous faire mourir; il ne convient pas au peuple orthodoxe de souffrir l'injustice de l'autorité; si on ne faisait pas ces fumigations par les rues, il y a longtemps que la peste aurait cessé. Au Kremlin! au Kremlin! Demandons à Ambroise pourquoi il défend de prier la Mère de Dieu. » Ambroise fut massacré et son palais saccagé. Il fallut faire usage des fusils et des canons pour disperser la foule qui se préparait à d'autres violences : une centaine d'émeutiers restèrent sur la place. Catherine envoya Grégori Orlof pour apaiser la révolte et rassurer les esprits. Enfin, la peste cessa et le calme revint.

L'émeute de Moscou avait montré dans quelle épaisse barbarie végétait encore le bas peuple de la capitale, serfs domestiques, laquais, petits marchands, ouvriers de fabriques; l'insurrection de Pougatchef montra quels éléments de désordre fermentaient dans les provinces reculées de l'empire. Les paysans, sur lesquels retombaient toutes les charges de l'État, toutes les exigences des propriétaires, toutes les exactions des fonctionnaires, rêvaient toujours de changements impossibles; dans leur profonde ignorance, ils étaient toujours prêts à suivre les imposteurs : maintenant c'étaient les faux Pierre III, les faux Ivan VI, même les faux Paul Ier, qui abusaient ces esprits grossiers, toujours prévenus contre le « règne des femmes ». Les raskolniks, assauvagis et fanatisés par les persécutions précédentes, restaient, dans leurs forêts ou dans les bourgades du Volga, les ennemis irréconciliables de cet autre empire romain, souillé du sang des martyrs. Les kosaks du Iaïk et du Don, les Zaporogues du Dniéper frémissaient du joug, nouveau pour eux, de l'autorité. Les tribus du Volga, païennes, musulmanes, ou orthodoxes malgré elles, n'attendaient qu'un prétexte pour recouvrer leur sauvage liberté ou reprendre les terres usurpées sur elles par les colons russes.

Combien ces éléments ingouvernables s'accommodaient peu de l'État moderne, on l'avait déjà vu en 1770, lorsque les Kalmouks-Tourgaouts, au nombre de près de 300000 têtes, hommes, femmes et enfants, avec leur bétail, leurs tentes et leurs chariots, abandonnèrent leurs campements. Ravageant tout sur leur passage, ils franchirent le Volga et se retirèrent sur les terres de l'empire chinois. Ajoutez à tous ces mécontents, les vagabonds de toutes sortes, nobles ruinés, moines défroqués, soldats déserteurs, serfs fugitifs, voleurs de grand chemin, pirates du Volga : on voit que la Russie, surtout dans sa partie orientale, renfermait tous les matériaux nécessaires pour une immense jacquerie comme celles qu'avaient déchaînées le faux Dmitri ou Stenko Razine. Le Iaïk, dont les kosaks s'étaient déjà soulevés en 1766 et avaient été cruellement réprimés, était destiné à donner à la guerre servile le chef qu'on attendait : un kosak déserteur, un raskolnik, qui avait déjà séjourné dans la prison de Kazan et qui avait échappé à la Sibérie, Émilian Pougatchef, se donna pour Pierre III, sauvé des mains de ses bourreaux ; déployant la bannière de Holstein, il proclama qu'il se rendait à Saint-Pétersbourg pour punir sa femme et couronner son fils. Avec trois cents hommes seulement, il vint assiéger la petite forteresse de Iaïsk : c'était peu, mais toutes les troupes qu'on envoyait contre lui passaient de son côté en livrant leurs chefs. Invariablement il faisait pendre les officiers et couper les cheveux aux soldats à la mode kosaque; dans les villages il faisait pendre les seigneurs. Il punissait comme rebelles, coupables du crime de lèse-majesté, ceux qui lui résistaient. Il enleva ainsi plusieurs petites forteresses de la steppe. Tandis que ses intimes, initiés au secret de son origine, le traitaient en simple kosak dans l'intimité, les populations commençaient à le recevoir au son des cloches et les prêtres lui présentaient le pain et le sel. Des confédérés polonais, captifs en ces régions, lui organisèrent une artillerie. Pendant près d'un an il fit trembler Kazan et Orenbourg, battit tous les généraux envoyés contre lui : partout les propriétaires fuyaient et les tribus barbares accouraient à son quartier général. Les paysans se soulevaient contre les nobles, les Tatars et Tchouvaches contre les Russes; la guerre de race, la guerre sociale, la guerre servile, se déchaînaient dans tout le bassin du Volga. Moscou, avec ses 100 000 serfs, s'agitait : en voyant les propriétaires accourir effarés de toute la Russie orientale, le bas peuple commençait à parler ouvertement de liberté et d'extermination des maîtres. Catherine II chargea Alexandre Bibikof d'arrêter les progrès du fléau : Bibikof, en arrivant à Kazan, fut effrayé de la démoralisation universelle : il rassura et arma les nobles, contint le peuple, affecta la plus grande confiance; mais il écrivait à sa femme : « Le mal est grand, effroyable! Ah! que cela va mal! » Il comprit bien que tout ce désordre n'était pas l'œuvre d'un homme seul : « Pougatchef, disait-il, n'est qu'un épouvantail, que font mouvoir les kosaks : ce n'est pas Pougatchef qui est important, c'est le mécontentement général ». Peu sûr de ses propres troupes, il osa cependant attaquer l'imposteur : deux fois, à Tatichtchéva et à Kargoula, il le battit, dispersa son armée, prit ses canons. Bibikof mourut au milieu de ses victoires; mais ses lieutenants, Michelson, de Collonges, Galitsyne, donnèrent la chasse au vaincu. Traqué sur le bas Volga, il remonta tout à coup le fleuve, se jeta sur Kazan qu'il pilla et brûla, échoua devant le kremlin de cette ville et fut complétement battu sur la Kazanka : alors il redescendit, entra audacieusement dans Saransk, Samara, Tsaritsyne, et, quoique talonné par ses ennemis, prit le temps d'y pendre les impérialistes et d'y installer de nouvelles municipalités. Pendant qu'il fuyait vers le sud, les populations l'attendaient sur la route de Moscou : pour répondre à cette attente, partout surgissaient de faux Pierre III, de faux Pougatchef, qui, à la tête de bandes furieuses, exterminaient les propriétaires et brûlaient les châteaux. Moscou fut plus près que jamais de se soulever.

Il était temps que Pougatchef fût arrêté : cerné entre le Volga et le Iaïk, au moment où il voulait fuir en Perse, traqué par Michelson et l'infatigable Souvorof, il fut garrotté et livré par ses propres complices. On l'amena à Moscou et l'on donna au peuple le spectacle de son supplice. Beaucoup ne crurent pas au trépas du faux Pierre III, et, si la révolte fut apaisée, l'esprit de révolte subsista longtemps.

C'était un avertissement pour Catherine II; elle s'en souvint lorsqu'en 1775 elle anéantit la république zaporogue. Ces vaillants du Dniéper, expulsés sous Pierre le Grand, rappelés sous Anna Ivanovna, ne reconnaissaient plus leur ancien domaine de l'Ukraine. La Russie méridionale, affranchie des incursions tatares, se colonisait rapidement; des villes s'élevaient partout; les propriétés se délimitaient; ces vastes steppes herbeuses, que leurs ancêtres avaient parcourues librement comme l'Arabe parcourt son désert, se transformaient en champs cultivés, d'une belle terre noire. Les Zaporogues étaient fort mécontents de cette transformation; ils prétendaient qu'on leur rendît leurs terres, qu'on rétablît le désert; ils protégeaient les *haïdamaks* qui houspillaient les colons. Potemkine, le créateur de la Nouvelle-Russie, se lassa de ces incommodes voisins. Sur l'ordre de l'impératrice, il occupa la *sétcha* et la détruisit. Les mécontents s'enfuirent sur les terres du sultan : les autres furent organisés en kosaks de la mer Noire et, en 1792, on leur assigna pour résidence l'île de Phanagorie et le rivage oriental de la mer d'Azof. Telle fut la fin de la grande kosaquerie : elle ne vit plus que dans les chants des *kobzars*.

CHAPITRE XXXI.

CATHERINE II. — GOUVERNEMENT ET RÉFORMES.

Les collaborateurs de Catherine II, la grande Commission législative (1766-1768). — Administration et justice, colonisation. — Instruction publique, lettres et arts, les philosophes français.

Les collaborateurs de Catherine II, la grande Commission législative (1766-1768).

Catherine II s'entoura d'auxiliaires distingués, dont quelques-uns furent ses favoris. Dans la première partie de son règne, l'influence dominante appartint aux Orlof : Grégori Orlof, le favori en titre, grand-maître de l'artillerie, dont elle eut un fils reconnu, Alexis, nommé comte Bobrinski ; Alexis Orlof, l'amiral, qui reçut le nom de *Tchesmenski* après l'expédition de l'archipel, mais fut mêlé à la tragique histoire de la princesse Tarakanof ; Théodore Orlof, qui devint procureur général du sénat ; Vladimir Orlof, qui fut, à vingt et un ans, directeur de l'Académie des sciences. Plus tard le crédit des Orlof fut contre-balancé par celui de Potemkine, le créateur de la Nouvelle-Russie, l'organisateur de la Crimée, le vainqueur des Ottomans dans la seconde guerre de Turquie, qui, nommé prince de Tauride, étala son faste asiatique dans le palais de ce nom, à Saint-Pétersbourg. Des favoris qui se succédèrent si rapidement dans la dernière partie du règne, un seul eut une influence réelle sur les affaires : Platon Zoubof, dont le frère Valérien conduisit la guerre de Perse. Dans la direction des affaires étrangères, se distinguèrent Nikita Panine, plus tard Bezborodko, Ostermann, Markof, Voronzof : Repnine et Sievers en Pologne, Budberg à Stockholm, Sémen Voronzof à Londres, Dmitri Galitsyne à Paris ont laissé un nom dans la diplomatie. Les armées furent commandées par Alexandre Galitsyne, Dolgorouki, Roumantsof, Souvorof; les flottes par Greig, Spiridof, Tchitchagof. Ivan Betski fut chargé des beaux-arts et des institutions de bienfaisance.

De 1766 à 1768, à Moscou, puis à Saint-Pétersbourg, Catherine II réunit la commission pour la confection du nouveau code. Cette commission se composait de députés de tous les corps de l'État, de tous les ordres, de toutes les races de l'empire; outre les délégués du sénat, du synode, des colléges et des chancelleries, la noblesse élisait un représentant par district, les bourgeois un par cité; les *odnovortsi* ou libres colons un par province; les soldats, miliciens et autres *gens de service* également un par province; de même les paysans de la couronne, de même aussi les tribus sédentaires, chrétiennes ou non, un par province; la députation des *armées* kosaques était fixée par leurs atamans. On vit six cent cinquante-deux députés se réunir à Moscou : fonctionnaires, nobles, bourgeois, paysans, Tatars, Kalmouks, Lapons, Samoyèdes, etc. Chacun d'eux devait être muni de pleins pouvoirs et de cahiers rédigés par cinq au moins de ses électeurs. Chacun reçut une médaille à l'effigie de Catherine, avec cette devise : « Pour le bonheur de tous et de chacun, 14 décembre 1766. » Ils reçurent à perpétuité l'exemption de tous les châtiments corporels, et furent déclarés inviolables pendant la session. Dans l'*Instruction pour la confection du nouveau code*, Catherine II, suivant sa propre expression, avait *pillé* les philosophes de l'Occident, mais surtout Montesquieu et Beccaria. Il y avait là, disait le prudent Panine, « des axiomes à renverser les murailles. » Catherine II assurait à Voltaire que son *Instruction* avait été interdite à Paris. Parmi les idées qu'elle préconisait, se rencontraient celles-ci, bien propres en effet à effaroucher un Louis XV : « La nation n'est pas faite pour le souverain, mais le souverain pour la nation. L'égalité consiste pour les citoyens à n'obéir qu'à la loi; la liberté est le droit de faire tout ce qui n'est pas défendu par la loi. Il vaut mieux épargner dix coupables que de perdre un innocent. La torture est un moyen admirable de perdre l'innocent d'une santé faible et de sauver un coupable robuste. » D'autres maximes condamnaient hautement l'intolérance, les persécutions religieuses, les pénalités cruelles.

L'assemblée nomma plusieurs comités et tint plus de deux cents séances. On y discuta en pleine liberté les questions les plus brûlantes. On y vit les nobles baltiques revendiquer leurs priviléges provinciaux, les marchands traiter de l'organisation municipale et de toutes les questions économiques, des gentilshommes proposer de restreindre les droits des maîtres et prononcer le gros mot d'affranchissement des paysans. Ce n'était pas une assemblée si nombreuse, si divisée par les intérêts des classes, si mêlée au point de vue ethnographique, qui pouvait rédiger un code. Cette œuvre était presque impossible dans la Russie d'alors, où se rencontraient tant de diversités. L'impératrice, forcée par la guerre de Turquie de congédier l'assemblée, se montra pourtant satisfaite de l'expérience : « La commission pour le code m'a donné des lumières et des notions sur tout l'empire ; je sais maintenant ce qui est nécessaire et de quoi il faut s'occuper. Elle a élaboré toutes les parties de la législation et les a distribuées par ordre de matières. J'aurais fait plus sans la guerre de Turquie. On a du moins introduit une unité, sans exemple jusqu'alors, dans les principes et la méthode de discussion. » Ces États généraux de la Russie eurent leur influence sur les lois de Catherine II, comme nos États généraux de 1356, de 1413 ou du seizième siècle eurent leur action sur les ordonnances de Charles V, de Charles VII ou des derniers Valois.

Au courant des discussions, le député noble Korobine avait proposé de supprimer le droit de propriété sur les serfs, et de ne laisser aux maîtres que le droit de surveillance ; un autre député, Protassof, fit observer qu'il « ne resterait plus alors qu'à donner la liberté aux paysans, mais que, si c'était l'avis de l'impératrice, il faudrait du moins procéder graduellement. » La *Société économique*, fondée sous les auspices de Catherine II, par les soins de Grégori Orlof et d'autres « patriotes », avait mis la question au concours : un mémoire, daté d'Aix-la-Chapelle, où l'on se prononçait pour l'émancipation, obtint le prix; mais d'autres influences agirent sur l'impératrice pour empêcher l'impression du mémoire. L'aristocratie russe était alors fort peu disposée à abdiquer ses droits : on le voit par les conversations de la princesse Dachkof avec Diderot et la correspondance de Dmitri Galitsyne. Catherine se borna à réprimer les abus les plus criants. Le procès de Daria Saltykof, convaincue d'avoir fait périr dans les tourments quarante de ses serviteurs ou servantes, montra à quel point l'esclavage, dégradant pour les serfs, pouvait démoraliser les maîtres : elle fut condamnée, en 1768, à l'exposition publique et à l'emprisonnement perpétuel : son souvenir sinistre vit encore dans les légendes du peuple. Toutefois les mêmes raisons qui avaient fait établir le servage au temps de Boris Godounof semblaient militer en faveur de son maintien. Catherine II, après quelques velléités généreuses, en vint à aggraver l'état de choses existant : plus de cent cinquante mille paysans de la couronne, distribués à ses favoris, se virent transformés en serfs de propriétaires. En 1767, un oukaze interdit aux paysans de porter plainte contre leurs maîtres : ceux-ci furent autorisés de nouveau à envoyer leurs serfs en Sibérie et à les donner arbitrairement comme recrues. Catherine II établit le servage dans la Petite-Russie où il n'avait pas encore d'existence légale.

Administration et justice, colonisation.

Le *Conseil* de l'impératrice enlevait au sénat une partie de son importance politique; mais le sénat, divisé en six départements, eut sous sa surveillance toutes les branches de l'administration publique. Catherine II s'attaqua au mal le plus invétéré de cette administration : les *vsiatki*, concussions et péculats. « Je considère, disait un oukaze de 1762, comme mon devoir le plus indispensable et le plus essentiel de déclarer au peuple, avec un profond déchirement de mon cœur, que l'improbité a fait de tels progrès qu'on pourrait à peine citer une administration ou un tribunal qui n'en soient pas infectés. Sollicite-t-on une place, il faut payer; faut-il se défendre d'une accusation calomnieuse, c'est avec de l'argent; accuse-t-on injustement autrui, c'est avec des présents que l'on assure le succès de ses méchants desseins. Beaucoup de juges ont transformé ce lieu sacré, où ils doivent rendre la justice au nom du Tout-Puissant, en un marché. Notre cœur a frémi quand nous avons appris qu'un *registrateur* de la chancellerie gouvernementale de Novgorod, en recevant le serment de fidélité de nos sujets, a trouvé l'occasion de prendre à chacun d'eux de l'argent. »

Un moyen d'assurer plus d'efficacité aux lois était peut-être de diminuer l'étendue des gouvernements, qui plaçait trop loin des administrés le siège de l'administration et de la justice. Par un oukaze de 1775, Catherine modifia toutes les circonscriptions de l'empire. Au lieu d'une quinzaine de provinces, elle créa cinquante gouvernements, dont chacun avait de trois à quatre cent mille âmes de population, et les subdivisa en districts (*ouiézdi*) comprenant chacun vingt ou trente mille habitants. Chaque province eut son gouverneur et son vice-gouverneur : des gouverneurs généraux ou des *namiéstniki* furent investis de la haute surveillance sur deux ou trois gouvernements. Ainsi la Livonie, l'Esthonie et la Courlande eurent chacune un gouverneur, plus un gouverneur général. L'administration fut définitivement séparée de la justice; chaque gouverneur était assisté d'un *conseil de régence* pour l'administration et la police, d'une *chambre de finances* pour les impôts, le domaine, les mines, le recensement, d'un *collège de provision* pour les hospices et l'assistance publique.

Le système judiciaire consacrait la profonde séparation des classes. En première instance, il y avait des *tribunaux de districts* pour les gentilshommes, des *magistrats de villes* pour les bourgeois, des *justices inférieures* pour les *odnovortsi* ou libres colons et les paysans de la couronne. Il n'y avait rien pour les serfs des seigneurs. Aucun texte de loi n'autorisait positivement la répression des plus cruels abus seigneuriaux; on avait dû détourner de leur sens deux articles du code militaire pour protéger au moins la vie des esclaves agricoles. En seconde instance, on trouvait dans chaque chef-lieu de gouvernement, pour répondre aux trois espèces de juridictions mentionnées ci-dessus, un *tribunal suprême*, un *magistrat de gouvernement*, une *justice supérieure*. Toute cette hiérarchie aboutissait en appel ou en cassation au sénat. Dans les villes de gouvernement, il y avait un jury pour *certaines* causes criminelles; il faisait office de justice de paix au civil.

La noblesse avait reçu une espèce d'organisation provinciale; il y avait dans chaque gouvernement une *assemblée de la noblesse* qui élisait un *maréchal de la noblesse* et d'autres dignitaires; comme Catherine II n'avait pu rapporter la loi de Pierre III, elle s'efforçait de contraindre les gentilshommes au service, en privant du droit de suffrage dans ces élections les nobles qui n'avaient pas obtenu le grade d'officiers, et leur refusait certaines prérogatives de leur ordre.

On avait accordé aux marchands et aux bourgeois (*miéchtchanes*) des villes certaines prérogatives : l'élection de leurs magistrats, une juridiction particulière et une sorte de *self-government* municipal. On avait précisé la division des marchands en trois ghildes; à la première appartenaient ceux qui avaient au moins dix mille roubles de capital; à la seconde, ceux qui en avaient au moins mille; à la troisième, ceux qui en avaient au moins cinq cents; au-dessous, les citadins se confondaient sous la dénomination de *miéchtchanes*. En matière de commerce et d'industrie, sauf pour les grains dont elle essayait de régulariser le cours en établissant des greniers d'abondance, Catherine II avait renoncé au système de tutelle et de surveillance adopté par Pierre le Grand. Elle finit par supprimer les trois *colléges* des mines, des manufactures et du commerce.

Pour peupler les terres désertes, mais admirablement fécondes, du Volga et de l'Ukraine, elle appela des colons étrangers : elle leur assurait un capital d'établissement dont elle n'exigeait pas les intérêts avant dix ans, et leur accordait l'exemption de toute contribution pendant trente ans. Ces colons furent surtout des Allemands, la plupart du Palatinat. Comme Frédéric II, elle ouvrit un asile aux frères Moraves, à tous les proscrits religieux. Dans la seule province de Saratof elle cantonna jusqu'à 12 000 familles, dont les descendants, singulièrement multipliés, habitent encore le pays et ont conservé sans mélange la langue et les usages germaniques : dans la seule année 1774 il lui vint jusqu'à 26 000 têtes. La suppression de l'hetmanat de Petite-Russie et l'anéantissement de la *sétcha* des Zaporogues favorisèrent la colonisation. Elle fonda près de 200 villes nouvelles, dont plusieurs, Ekatérinebourg, Ékatérinoslaf (*gloire de Catherine*), portèrent son nom ; toutes n'ont pas prospéré, mais Pallas, en 1793, comptait 33 000 âmes à Saratof.

Une réforme projetée par Pierre Ier, maladroitement entreprise par Pierre III, s'accomplit sous Catherine II : la sécularisation des biens d'église. Le nombre des paysans qui appartenaient au clergé, tant régulier que séculier, s'élevait à près d'un million. Le monastère de Saint-Cyrille, sur le lac Blanc, en possédait à lui seul 35 000; celui de Saint-Serge, à Troïtsa, 120 000. Les abbés de ces monastères auraient pu se comparer aux prélats souverains, aux prêtres-rois des bords du Rhin. Catherine II, qui devait protester si vivement contre les sécularisations de la Révolution française, accomplit dans le plus grand calme cette importante transformation. Elle forma une commission d'ecclésiastiques et de fonctionnaires qui sut mener à bien l'opération. Les biens d'église furent placés sous l'administration d'une *commission économique* chargée d'en recueillir les revenus à raison d'un rouble et demi par *âme* ou paysan mâle ; les monastères, devenus, de propriétaires, pensionnaires de la couronne, reçurent une allocation proportionnée à leur importance, et furent divisés au point de vue de l'émargement en trois classes. Le surplus des revenus fut appliqué à la fondation d'écoles ecclésiastiques, de maisons d'invalides, d'hôpitaux.

Catherine II avait écrit à Voltaire en lui rendant compte des travaux de la commission pour le code : « Je pense que vous vous plairiez dans cette réunion où l'orthodoxe est assis entre l'hérétique et le musulman, écoutant tous trois la voix d'un idolâtre et se concertant tous les quatre pour rendre leur avis supportable à tous ». C'était s'engager à faire prévaloir en Russie, après le règne dévot d'Elisabeth, la tolérance religieuse. Dans les provinces acquises sur la Pologne, une naturelle réaction contre le système polonais amena de nombreuses conversions à l'orthodoxie : elles s'élevèrent à 1 500 000 dans les dernières années du règne. Catherine II était d'ailleurs si loin de persécuter les catholiques, qu'elle se laissa acheter par les jésuites, malgré la suppression de leur ordre par le pape Clément XIV, le droit de subsister dans la Russie Blanche. Elle autorisa les Tatars du Volga à relever leurs mosquées, et l'émigration musulmane, provoquée par les rigueurs d'Élisabeth, s'arrêta. Les raskolniks furent protégés, rassurés, affranchis du double impôt que leur avait imposé Pierre le Grand et le *bureau* des raskolniks fut supprimé.

La population de l'empire s'éleva sous ce règne à 40 millions d'habitants; c'était peu encore pour cultiver ces vastes espaces. Un grand obstacle à la multiplication des habitants a été de tout temps le manque d'hygiène, la rareté des médecins, l'absence des secours de l'art, la mortalité des enfants, qui contrebalance la fécondité des mariages. Catherine II fit ce qui était possible à cette époque. Elle encouragea les études de médecine, appela des docteurs étrangers, établit un *département* du *collége de pharmacie* à Moscou, aida à créer des fabriques d'instruments de chirurgie, introduisit l'inoculation en Russie, vainquit les superstitions populaires en donnant elle-même l'exemple : elle se fit inoculer, ainsi que son fils et Grégori Orlof, par l'Anglais Dimsdale. Pendant ce temps le roi d'Espagne laissait mourir ses enfants et Louis XV mourait de la petite vérole : « Cela est bien *welche* », écrivait Catherine à Voltaire. « On a inoculé ici dans un mois plus de personnes qu'à Vienne en un an », disait-elle encore. Les indigènes de Sibérie eux-mêmes connurent les bienfaits de l'invention nouvelle; mais les musulmans, les raskolniks et une partie du peuple russe s'en défendaient énergiquement.

Instruction publique, lettres et arts, les philosophes français.

Elle déployait le même zèle pour instruire, sinon le peuple proprement dit, dont les masses profondes étaient impénétrables à une culture encore superficielle, au moins les classes supérieures et moyennes. « Triompher de superstitions séculaires, faisait-elle écrire par Betski, donner à son peuple une éducation nouvelle et, pour ainsi dire, une nouvelle vie, c'est une œuvre qui demande d'incroyables efforts, et dont la postérité seule recueillera les fruits. » Faute d'une éducation nationale, la Russie manque « de cette classe d'hommes qu'en d'autres pays on appelle le tiers-état. » Betski trouvait nécessaire que les maîtres de la jeunesse fussent des Russes, car les étrangers ne peuvent comprendre dans leurs élèves tout ce qui tient à la religion, aux habitudes et aux mœurs du pays. Le moment n'était pas encore venu où la Russie pût se passer des maîtres étrangers. Le plan d'éducation nationale présenté par Betski pour les enfants de toutes conditions ne put être réalisé qu'en partie : on fonda seulement des écoles secondaires dans les grandes villes. Catherine II s'occupa aussi de l'éducation des filles : au monastère ou *institut* de Smolna elle réunit 480 jeunes filles, sous la direction d'une Française, Mme Lafond: « Nous ne les voulons ni prudes ni coquettes, » écrivait-elle à Voltaire. On y étudiait surtout le français, les autres langues, les arts d'agrément; toutefois la division en élèves nobles et en élèves de la bourgeoisie était bien tranchée. Une magnifique création de Catherine fut le *Vospitatelnyi dom*, ou maison d'éducation de Moscou, grandiose établissement qui devait faire l'admiration de Napoléon I*er*, et où l'on reçut pendant le règne de Catherine près de 40 000 enfants à assister ou jeunes filles à instruire. Le serf qui épousait une de ces orphelines devenait libre.

Sous le règne de Catherine II s'accrut l'influence du génie français sur la civilisation russe. Les poëtes nationaux traduisaient et imitaient nos classiques du dix-septième siècle. Les grands seigneurs russes, les Voronzof, les Galitsyne, se faisaient honneur, comme ceux de France, de correspondre avec les écrivains et les penseurs de l'Occident. Catherine II étalait dans le préambule de ses lois les maximes les plus hardies de Montesquieu. Cette influence française, bien qu'elle ne s'exerçât que sur les hautes classes de la société et que là même elle s'arrêtât souvent à l'homme extérieur, sans pouvoir encore modifier très-profondément les caractères et les mœurs, eut cependant une action salutaire. C'est elle qui introduisit ou fortifia chez les nobles russes ces idées de tolérance religieuse, de dignité morale, de respect pour la personne humaine même chez les esclaves, ces habitudes de politesse et de courtoisie, ces aspirations à plus de justice sociale et à plus de liberté politique qui à la longue devaient faire leur œuvre, adoucir la dureté des vieux boïars, préparer l'émancipation des classes agricoles et la régénération de la Russie. Pourtant nous verrons la noblesse russe, qui avait semblé suivre nos philosophes jusque dans leurs déductions les plus audacieuses, s'effrayer tout à coup des réformes les plus modérées de 1789, et se prononcer énergiquement contre la France révolutionnaire. Nous retrouverons des caractères où un vernis léger de civilisation parisienne laisse subsister l'ancienne barbarie. Mais ce n'est pas en vain que les contemporains de Catherine se sont passionnés pour Montesquieu, pour Voltaire, pour la révolution américaine. L'état social de la Russie, partagée en une aristocratie de propriétaires et un peuple assujetti au servage, s'opposait à ce qu'elle marchât du même pas que la

France : les idées françaises n'en ont pas moins hâté sa marche vers le progrès.

Catherine II n'était pas la moins ardente à rechercher la sympathie de nos écrivains ; sa correspondance avec les philosophes français n'a pas peu ajouté à son prestige en Europe au dix-huitième siècle et à sa gloire devant la postérité. Elle attachait à son service Grimm, qui fut un moment l'ami de Rousseau et qui de Paris lui envoyait une correspondance régulière sur les affaires de France ; elle affectait avec le prince de Ligne et le comte de Ségur, ambassadeur de France, tous deux distingués par leur esprit et leurs talents littéraires, une gracieuse familiarité, les admit dans sa voiture pendant un long voyage dans le Sud et sut répondre spirituellement à leurs ingénieuses flatteries comme à leurs vives saillies ; elle essaya d'employer Mercier de la Rivière et voulut s'assurer les services de Beccaria, l'auteur du *Traité des délits et des peines*; elle se déclara la « bonne amie » de madame Geoffrin dont le salon à Paris était une des puissances intellectuelles de l'époque ; elle avait offert à d'Alembert, qui refusa, de diriger l'éducation du grand-duc Paul, l'héritier du trône ; plus tard elle plaça le Suisse Laharpe, connu par ses opinions républicaines, auprès de ses petits-fils Alexandre et Constantin. Elle remercia Marmontel de l'envoi de son *Bélisaire*, « un livre qui mérite d'être traduit dans toutes les langues », fit traduire l'ouvrage en russe par ses intimes pendant un voyage sur le Volga et se chargea elle-même du neuvième chapitre. Elle acheta la bibliothèque de Diderot et lui en laissa la jouissance, souscrivit à l'*Encyclopédie* proscrite à Paris, admira les *Pensées philosophiques*, condamnées au feu par le Parlement, et la *Lettre sur les aveugles*, qui avait fait mettre le philosophe à la Bastille, l'appela à Saint-Pétersbourg et l'y retint un mois dans la plus séduisante hospitalité. Le grand sculpteur Falconet, l'ami de Diderot et des encyclopédistes, s'y trouvait déjà et travaillait à la statue équestre de Pierre le Grand. C'est surtout avec Voltaire que Catherine II entretint une correspondance fidèle qui commença en 1763 et ne s'interrompit qu'à la mort du grand homme (1778). Elle-même voulut le tenir au courant non-seulement de ses victoires, mais de ses réformes, de ses travaux de législation, de ses efforts pour la colonisation de la Russie, sachant d'ailleurs que « l'ermite de Ferney » disposait des trompettes de la Renommée. Elle souscrivait en faveur de ses protégés, les familles de Sirven et de Calas, victimes des abus judiciaires du dix-huitième siècle, et lui faisait espérer, lors de l'expédition d'Alexis Orlof dans l'Archipel, la résurrection de la Grèce. Elle multipliait les achats de tableaux et d'œuvres d'art; elle dotait la capitale de Pierre le Grand de splendeurs artistiques inconnues avant elle.

Malgré son culte pour les arts et les lettres de l'Occident elle se piquait d'être une impératrice russe; elle sommait plaisamment son médecin de la saigner de sa dernière goutte de sang allemand. Elle a sa place dans la littérature russe du dix-huitième siècle. Elle écrivait pour l'éducation de ses petits-fils Alexandre et Constantin « l'ABC de la grand'mère, » des récits de l'histoire russe, toute une « bibliothèque alexandro-constantine » qui eut les honneurs de l'impression en Allemagne. Les préambules de ses lois, sa correspondance en russe, en français, en allemand avec ses ministres, ses gouverneurs, ses correspondants de France et de Germanie, prouvent son activité littéraire. Elle travailla pour le théâtre naissant de la Russie; dans son drame lyrique intitulé *Oleg*, elle célébra la première expédition des Russes contre Constantinople: dans sa comédie de *Goré-bogatyr* (le *Chevalier de malheur*), elle tourna en ridicule l'aventureux Gustave III: dans celles du *Charlatan* et du *Mystifié*, elle flagella Cagliostro, qui était venu faire des dupes jusqu'en Russie: dans celles du *Jour de naissance de madame Vortchalkina*, de *O temps!* et une dizaine d'autres, elle fit la satire des mœurs contemporaines. Elle publia contre l'abbé français Chappe d'Auteroche et son *Voyage en Sibérie* un amusant pamphlet intitulé l'*Antidote*. Enfin elle a laissé en français de curieux *Mémoires* sur son arrivée en Russie et sa vie de grande-duchesse.

En 1783, d'après le conseil de la princesse Dachkof, qui était déjà présidente de l'académie des sciences, fut fondée l'académie russe, un peu sur le modèle de l'académie française. On lui confia la mission « de fixer les règles de l'orthographe, la grammaire et la prosodie de la langue russe, et d'encourager l'étude de l'histoire russe». Elle entreprit d'abord la publication d'un dictionnaire qui parut de 1789 à 1799, comprenant 43 257 mots en ses six volumes, et qui a été refondu de 1840 à 1850. Telle était la vogue de l'académie russe que les plus illustres littérateurs et les dames du plus haut monde, la princesse Dachkof, les poètes Derjavine, Fon-Vizine, Kniajnine, le comte Ivan Schouvalof, voulurent collaborer au dictionnaire. Catherine II elle-même rédigea des « notes complémentaires » pour le premier volume. En 1835, le ministre Ouvarof a fait rentrer l'académie russe dans le sein de l'académie des sciences, sous le nom de *seconde classe* de cet institut.

Catherine II se fit la protectrice des lettrés russes; si elle imposait comme pénitence à ses intimes de Tsarkoé-Sélo ou de l'Ermitage la récitation d'un certain nombre de vers de la *Télémakhide* de Trédiakovski, elle encourageait Fon-Vizine, l'auteur comique, le Molière russe, qui dans la comédie du *Brigadier* se moquait de ceux qui puisaient toute leur instruction dans les romans français, et, dans son *Dadais* (le *niédorosl*), ridiculisait la fainéantise des jeunes nobles russes, la sotte infatuation de leurs parents, le choix étrange de leurs précepteurs. Le théâtre de Soumarokof, souvent imité du théâtre français, ses pièces qu'on jouait au corps des cadets, à la cour et sur les scènes publiques, répandaient le goût des plaisirs de l'esprit. Kniajnine écrivait le *Meunier*, une comédie qui est restée au théâtre, le *Hâbleur*, les *Originaux*, le *Carrosse fatal* et, dans *Vadim à Novgorod*, s'essayait au drame historique. Khéraskof rimait un poëme épique, *la Russiade*. Bogdanovitch, dans sa *Douchenka*, reprenait avec l'allure de la poésie légère le sujet antique de Psyché. Chemnitz ler traduisait les fables de Gellert et en composait en russe, dont la bonhomie naturelle rappelait La Fontaine et annonçait Krylof. Derjavine continuait les traditions lyriques de Lomonossof dans ses odes *A Dieu*, sur *la prise d'Ismaïl*, *la mort du prince Méchtcherski*, *la Cascade*, *mon Idole*, *le Grand seigneur*. Sa pièce de *Félitsa*, vive satire de la haute société, pleine d'allusions malicieuses à divers personnages de la cour, et qui auraient pu lui coûter cher sous les régimes précédents, lui valut une tabatière d'or et un riche présent de l'impératrice, qui eut soin d'envoyer les exemplaires de *Félitsa* aux intéressés, après avoir souligné les passages qui les concernaient. Quoique poëte, Derjavine fut ministre de la justice.

L'ardent et laborieux Novikof s'efforçait de faire pénétrer la culture nouvelle dans les masses silencieuses de la petite bourgeoisie et même du peuple, relevait la *Gazette de Moscou* et lui assurait le chiffre énorme pour le temps de 4000 abonnés, perfectionnait la typographie russe, créait de nouvelles librairies, publiait une série de revues et de magasines, pour les lectures du foyer, pour la jeunesse, pour le travailleur presque illettré : le *Bourdon*, le *Peintre*, la *Bourse*, la *Bibliothèque ancienne de la Russie*, le *Courrier des antiquités russes*, l'*Aurore matinale*, l'*Aurore du soir*, l'*Édition de Moscou*, le *Repos du travailleur*; il fondait des *Sociétés philanthropiques* et celle des *Amis de l'Instruction*, prenait en main la cause de l'éducation nationale.

Le vieux Müller éditait la première histoire nationale de la Russie par Tatichtchef, le *Noyau de l'histoire russe* par Mankief; Pallas, de Berlin, exécutait ses voyages célèbres en Crimée, en Sibérie, sur les frontières de la Chine, et recevait de la munificence de l'impératrice un domaine en Tauride. Golikof, gracié par Catherine II à l'occasion de l'inauguration du bronze de Falconet, faisait, au pied de cette statue de Pierre Ier, vœu d'élever un monument historique à la gloire du héros russe et publiait en douze tomes les *Actions de Pierre le Grand*. Le prince Chtcherbatof écrivait l'*Histoire russe depuis les temps les plus reculés*. Boltine discutait la récente histoire de Russie du Français Leclerc. Moussine-Pouchkine découvrait l'unique manuscrit de la fameuse *Chanson d'Igor*. Khrapovitski, secrétaire intime de Catherine II, Porochine, un des maîtres du grand-duc Paul, le diplomate Nikita Panine, les grands seigneurs Sémen et Alexandre Voronzof, leur sœur Catherine Dachkof, le vieux soldat Bolotof, rédigeaient ou préparaient sur les règnes d'Elisabeth et de Catherine de précieux mémoires. L'historien Karamzine et le poëte dramatique Ozérof grandissaient, gloires futures des règnes suivants.

CHAPITRE XXXII.

CATHERINE II. — DERNIÈRES ANNÉES (1780-1796).

Neutralité armée (1780), réunion de la Crimée (1783), médiation franco-russe à Teschen (1785). — Deuxième guerre de Turquie (1787-1792) et guerre de Suède (1788-1790). — Deuxième partage de la Pologne : diète de Grodno. Troisième partage : Kosciuszko. — Catherine II et la Révolution française. Guerre de Perse.

Neutralité armée (1780), réunion de la Crimée (1783), médiation franco-russe à Teschen (1785).

La seconde partie du règne de Catherine II est caractérisée par l'abandon du *système du nord*, c'est-à-dire de l'alliance anglaise et prussienne, et par un rapprochement avec l'Autriche, puis avec la France. L'influence dominante de Nikita Panine dans les affaires extérieures va faire place à celle de Bezborodko. Potemkine est tout-puissant. C'est l'époque d'un retour de faveur pour nos ambassadeurs en Russie, le marquis de Juigné, Bourée de Corberon, le marquis de Vérac, surtout le comte de Ségur (ambassadeur de 1785 à 1789).

En 1780, pendant la guerre d'Amérique, l'impératrice

émue des violences commises par l'amirauté anglaise contre les marines secondaires, s'unit à la Suède, au Danemark, à la Prusse, à l'Autriche, au Portugal, pour proclamer la *neutralité armée*. Cet acte célèbre formula les principes d'un nouveau droit maritime conforme au règlement français de 1778. Il fut convenu : 1° que les vaisseaux neutres pourraient naviguer librement sur les côtes des nations en guerre ; 2° que les effets appartenant aux sujets des puissances en guerre seraient libres sur les vaisseaux neutres, à l'exception des marchandises de contrebande ; 3° que l'on n'entendrait par contrebande de guerre que les armes et les munitions ; 4° qu'un port ne serait considéré en état de blocus que lorsque le blocus serait effectif, c'est-à-dire lorsque les vaisseaux qui l'attaquaient seraient suffisamment proches pour qu'il y eût un danger évident à passer outre ; 5° que ces principes serviraient de règle dans les procédures et les jugements sur la légalité des prises.

Ces principes étaient opposés de tout point à ceux que voulait faire prévaloir l'amirauté anglaise ; celle-ci soutenait cette théorie que le blocus existe dès qu'il est déclaré par un acte de l'amirauté et considérait comme contrebande même les grains et tout ce qui pouvait être, quoique indirectement, à l'usage des belligérants. La France, qui avait la première posé ces principes et à qui la *neutralité armée* apportait un appui moral dans sa lutte contre la Grande-Bretagne, adhéra aussitôt à cette déclaration ; ses alliées l'Espagne, les Deux-Siciles, l'imitèrent ; la Hollande s'engagea même dans une lutte avec l'Angleterre pour le maintien du droit des neutres.

Le traité de Kaïrnadji avait déclaré la Crimée indépendante ; or, l'anarchie était, depuis 1774, l'état normal de la péninsule ; le sultan, dépouillé par ce traité de sa souveraineté temporelle, continuait à y revendiquer, comme successeur des khalifes, la suprématie religieuse. Les mourzas, livrés à eux-mêmes, s'étaient partagés en deux fractions, le parti russe et le parti turc. Tour à tour, on faisait et on défaisait le khan de Crimée. Près de 35 000 chrétiens, Grecs, Arméniens ou catholiques, inquiets de ces discordes civiles, quittèrent le ravin de Tchoufout-Kalé et le sanctuaire miraculeux de l'Assomption, creusé dans le roc vif, et émigrèrent en masse sur les terres de l'empire russe. En 1775, le khan Sahib-Ghiréi, dévoué à Moscou, fut renversé et remplacé par Devlet-Ghiréi; Catherine à son tour détrôna ce dernier et le remplaça par Chahin-Ghiréi : mais celui-ci, par ses tentatives de réformes à l'européenne, souleva une révolte presque générale. La Russie intervint : elle prononça la réunion à l'empire de cette péninsule, vrai repaire de bandits depuis le treizième siècle et des ravins de laquelle s'étaient élancés tant de fois les escadrons tatars pour porter le fer et la flamme jusque dans Moscou. Ainsi Catherine complétait l'œuvre du conquérant de Kazan, d'Astrakhan et de la Sibérie, par l'anéantissement du dernier royaume qui rappelât le *joug mongol*.

Les deux États militaires qui autrefois s'étaient disputé les steppes du sud, le khanat tatar et la république égalitaire des Zaporogues succombèrent presque en même temps : devant l'envahissement de la colonisation, ces vieux ennemis étaient voués également à une ruine totale : représentants de l'antique anarchie, fils du désert et de la steppe, chevaliers de pillage et de proie, ils constituaient sur la frontière d'une Russie prospère un dangereux anachronisme et une intolérable anomalie. La Porte protesta contre l'annexion de la Crimée, menaça d'une rupture ; mais la France, qui autrefois l'excitait à la guerre, s'employa cette fois pour la retenir : Catherine II reconnut ce bon office de notre ambassadeur à Constantinople, Saint-Priest, et adressa ses remerciments à Louis XVI. Le sultan, par le traité de Constantinople, reconnut l'annexion de la Crimée et du Kouban (1783).

Deux ans après (1785) la France et la Russie se trouvèrent unies pour maintenir la paix en Europe. La guerre de la succession de Bavière avait éclaté entre la Prusse et l'Autriche ; déjà les armées de Frédéric II et Joseph II étaient en présence dans la Bohême. La médiation de

Louis XVI et de Catherine amena la paix de Teschen, qui obligea l'empereur d'Allemagne à renoncer à ses prétentions sur le duché de Bavière. En 1784, le grand-duc Paul avait fait avec sa femme, sous le nom de comte et comtesse du Nord, un voyage en Occident; ils avaient trouvé à Paris une brillante réception. En 1787, le comte de Ségur, grâce à la sympathie qu'il inspirait à Potemkine et au désir qu'avait celui-ci de hâter le développement d'Odessa par des échanges avec nos ports de la Méditerranée, conclut un traité de commerce, négociation importante dans laquelle tous ses prédécesseurs avaient échoué.

Deuxième guerre de Turquie (1787-1792) et guerre de Suède (1788-1790).

Toutefois la Russie avait une alliance plus intime avec Joseph II, que Catherine avait gagné à ses ambitieux projets sur l'Orient. Le cabinet de Saint-Pétersbourg proposa à celui de Vienne un plan de démembrement de la Turquie : « Il devait exister, entre les trois monarchies russe, autrichienne et turque, un état intermédiaire, indépendant de chacune d'elles, qui comprendrait la Moldavie, la Valachie et la Bessarabie, et qui, sous le nom de *Dacie*, aurait un souverain du rite grec. La Russie acquerrait Otchakof et le littoral entre Boug et Dniéper, plus une ou deux îles dans l'Archipel. L'Autriche s'annexerait les provinces turques qui l'avoisinaient. Si la guerre faite en commun était couronnée d'un succès assez complet pour que l'on pût chasser les Turcs de Constantinople, on rétablirait l'ancien empire grec dans sa complète indépendance, et l'on élèverait au trône de Byzance le grand-duc Constantin Pavlovitch qui renoncerait à tous ses droits sur le trône de Russie, de façon que les deux couronnes ne fussent jamais réunies sur la même tête. » Joseph II accepta ces propositions; seulement il stipula qu'outre les provinces slaves de l'empire turc, Serbie, Bosnie, Herzégovine, il aurait les possessions vénitiennes en Dalmatie; Venise recevrait en dédommagement la Morée, Candie et Chypre.

On pourrait donner à la France, à l'Angleterre et à l'Espagne, une part dans les dépouilles de la Turquie. Tel fut le célèbre projet de partage, connu sous le nom de *projet grec* et qui aurait comblé les vœux de Voltaire, mort cinq années auparavant.

L'attitude de la Russie devenait chaque jour plus inquiétante pour la Porte : le second fils de Paul Ier avait reçu le nom significatif de Constantin; on lui avait donné une nourrice grecque. La Tauride, que Catherine II avait annexée en alléguant la sécurité de l'empire, devenait entre les mains de Potemkine une position menaçante pour la sécurité des Turcs : Kherson était déjà un redoutable arsenal; Sévastopol se bâtissait; il y avait une flotte russe dans la mer Noire; en deux jours, elle pouvait aller jeter l'ancre sous les murs du sérail. Les agents de Catherine continuaient à agiter les provinces roumaines, slaves et grecques, et même l'Égypte. Catherine préparait l'annexion du Caucase et avait pris sous sa protection le tsar de Géorgie Héraclius. Le voyage triomphal que fit l'impératrice en 1787 dans les gouvernements du sud et les provinces nouvellement conquises, les entrevues qu'elle y eut avec le roi de Pologne et Joseph II, l'appareil militaire dont l'entoura Potemkine, prince de Tauride, les arcs de triomphe avec l'inscription fameuse *Chemin de Byzance*, achevèrent d'effrayer et d'irriter la Porte. La France, qui avait conscience de la faiblesse de son ancienne alliée, s'efforçait de la retenir, mais l'Angleterre et même la Prusse, pour faire pièce à la Russie, agissaient en sens contraire. La Suède, que l'ambassadeur français essayait également de modérer, avait promis son appui à la Sublime-Porte.

Dans l'été de 1787, Boulgakof, l'envoyé russe, reçut un *ultimatum* de la Porte; on y demandait l'extradition de Mavrocordato, hospodar de Valachie, le rappel des consuls russes de Iassy, Bucharest, Alexandrie, l'abandon du protectorat sur Héraclius, vassal du sultan, le droit pour les Turcs de visiter tous les vaisseaux russes qui naviguaient dans les détroits, l'admission de consuls ou commissaires ottomans dans les ports de la domination russe. Sur le refus opposé par Boulgakof, il fut mis aux Sept-Tours et la Sublime-Porte déclara la guerre.

La Russie se trouva prise au dépourvu. Potemkine n'avait pas achevé ses préparatifs : la flotte de Sévastopol venait justement d'être fort maltraitée par une tempête. Ses lettres désespérées à Catherine II donnent la mesure de son découragement. Il parlait déjà d'évacuer la Crimée. L'impératrice montre dans cette correspondance une âme virile et inébranlable; elle sut prouver à son favori que l'évacuation de la presqu'île, c'était la ruine totale de ce grand port de Sévastopol et de cette flotte naissante qu'on avait créés à si grands frais; sans attendre l'ennemi, il fallait prendre l'offensive, marcher sur Otchakof ou sur Bender : « Je te prie de reprendre courage et de réfléchir, écrivait-elle; avec du courage, on peut réparer même un désastre. »

Catherine avait plus d'un ennemi sur les bras; pendant que la Turquie la menaçait du côté du sud, la Prusse intriguait pour se faire céder par la Pologne Dantzig et Thorn et pour obliger les deux autres copartageants à lui rétrocéder la Gallicie; enfin Gustave III se déclarait brusquement, réclamait la Finlande méridionale, imposait sa médiation entre la Russie et la Turquie et, sans attendre la réponse à son *ultimatum*, venait mettre le siège devant Nyslot et Frédériksham. S'il eût agi promptement, au lieu d'user l'ardeur de ses troupes contre les forteresses, il eût pu enlever la Livonie, défendue par deux régiments seulement, ou surprendre Saint-Pétersbourg, dégarni de troupes. Bien que le canon suédois retentît jusqu'au Palais d'Hiver, Catherine II montra l'intrépidité qu'elle recommandait à Potemkine. Elle refusa d'abandonner la capitale et en quelques jours réunit douze mille hommes pour sa défense. La flotte des Suédois fut arrêtée dans sa marche par la bataille indécise de Hogland. Un complot aristocratique éclata dans le camp même de Gustave III, que ses officiers accusaient d'avoir violé sa propre constitution en déclarant la guerre sans avoir consulté le sénat. Le roi de Suède fut obligé de retourner à Stockholm, où il châtia les conspirateurs et fit un nouveau coup d'État qui réforma la constitution dans un sens plus monarchique. Une diversion danoise en Suède l'empêcha de songer à l'offensive. En 1789, débarrassé des Danois que l'Angleterre et la Prusse menacèrent d'une intervention, il reprit les armes contre les Russes, mais sa flotte fit des pertes considérables. S'il gagna la bataille navale de Svenska-Sund, où il prit 30 vaisseaux, 600 canons et 6000 hommes (9 juillet 1790), il se sentit incapable de poursuivre cet avantage, que vint compromettre une seconde bataille dans les mêmes parages. Les affaires de France donnèrent une autre direction aux idées de ce prince fantasque. Il se hâta de signer la paix de Véréla, sur le pied du *statu quo ante bellum*, et passa des hostilités ouvertes à des propositions d'alliances avec la Russie contre la Révolution.

Dans le sud, Catherine II, en 1788, avait mis sur pied 40 000 hommes pour protéger le Caucase, 30 000 pour défendre la Crimée, 70 000 sous Roumantsof pour opérer sur le Dniester; 80 000 Autrichiens sous Joseph II menaçaient la ligne du Danube et de la Save. L'empereur d'Allemagne fut malheureux dans cette guerre : de Belgrade il fut rejeté au delà de la Save et battu à Témesvar; sentant gronder derrière lui le mécontentement de la Hongrie, où il avait irrité le peuple par ses innovations religieuses et la noblesse en lui enlevant ses priviléges, il céda le commandement à Laudon. Pendant ce temps Souvorof défendait Kinburn contre des forces supérieures et se faisait blesser dans une sortie; Potemkine, après un siége qui parut bien long au prince de Ligne (voir la correspondance de ce prince) et une tentative prématurée de Souvorof, enleva d'assaut la forte ville d'Otchakof, où 20 000 Turcs périrent. Catherine II, habituée jusqu'alors à voir les volontaires français dans le camp ennemi, applaudit aux prouesses accomplies sous ses drapeaux par le baron de Damas et le comte de Bombelles. Khotin, sur le Dniester, la clef de la Moldavie, avait été prise par Soltykof.

En 1789, Souvorof, combinant ses efforts avec ceux du général autrichien, le prince de Cobourg, battit les Turcs à Fokchany (31 juillet) et sur le Rymnik (22 septembre), auprès de Martinestie, où 25 000 chrétiens battirent 100 000 musulmans. Souvorof mérita le surnom de *Rymnikski*. Laudon à l'ouest prenait Belgrade et conquérait la Serbie; Potemkine, à l'est, prenait Bender et conquérait la Bessarabie.

Débarrassée de la guerre de Suède, Catherine II poussa les hostilités contre les Turcs avec plus de vivacité en 1790. Ismaïl, sur la branche septentrionale du Danube, était une place formidable par sa position; 40 000 hommes la défendaient: Koutouzof avait renoncé à la prendre et Potemkine recommandait la prudence à l'impétueux Souvorof. Souvorof l'enleva d'assaut avec une perte de 10 000 hommes et un carnage de 30 000 Turcs. « Gloire à Dieu, écrit-il à l'impératrice, et gloire à vous! Ismaïl est pris et j'y suis. » Son exploit fut chanté par Derjavine.

Joseph II mourut cette année et Léopold II, à Sistova, signa une paix qui ne lui accordait que le vieux Orsova et le territoire de l'Unna (août 1791). Catherine II continua la guerre encore quelques mois: la prise d'Akkerman et de Kilia la rendit maîtresse des bouches du Danube: Repnine avec 40 000 hommes battit à Matchin les 100 000 hommes du grand-vizir, tandis qu'Ouchakof dispersait la flotte turque et cinglait sur Varna, pour couper au grand-vizir ses communications avec Constantinople. Le sultan effrayé demanda la paix; d'autre part, les affaires de la France et de la Pologne réclamaient l'attention de Catherine. Par la paix séparée de Iassy, elle garda seulement Otchakof et le littoral entre Boug et Dniester et stipula des garanties en faveur des principautés danubiennes (janvier 1792). Cette guerre avait été plus rude que la précédente, les succès plus disputés et les Turcs, qui se croyaient à la veille d'être rejetés en Asie, s'en tirèrent à meilleur compte que la première fois.

Deuxième partage de la Pologne : diète de Grodno. Troisième partage : Kosciuszko.

Les années 1773 à 1791 avaient été pour la Pologne une période de vaillants efforts et de salutaires réformes. Tyzenhaus avait fondé l'école de médecine de Varsovie; on avait réorganisé les vieilles universités de Vilna et Cracovie, créé de nombreuses écoles secondaires, pour lesquelles le philosophe français Condillac avait rédigé un manuel de logique. Stanislas Poniatovski, le correspondant de Voltaire, l'ami, le *cher fils* de Mme Geoffrin, avait fait venir des artistes français et italiens. Des historiens, des poëtes nationaux embellissaient de leurs talents les dernières années d'indépendance. Ce fut une véritable renaissance polonaise. Sous la salutaire influence de l'universel génie français, « le progrès marchait rapidement, dit Lélével; en quelques années on ne voyait plus de ces sombres pratiques superstitieuses, de cette bigoterie hideuse qui allait jusqu'à ensanglanter la piété des fidèles; le charlatanisme ne pouvait les séduire; on ne parlait qu'en souriant de l'ancienne croyance à la sorcellerie, on expliquait les phénomènes de la nature d'une manière raisonnable; l'animosité haineuse succédait à la fraternité parmi les croyants des différents cultes. » Les caractères, longtemps abaissés par une funeste éducation, se relevaient grâce à l'éducation rationnelle qui se donnait dans les nouvelles écoles de l'État. On voyait grandir une génération d'hommes, étrangère au fanatisme et à la corruption de l'âge précédent, passionnée pour la patrie et la liberté et qui allait être l'honneur suprême du pays. Que l'on compare les Zamoïski, les Kosciuszko, les Niemcévitch, les Dombrovski, aux hommes du premier partage : on aura une idée du progrès accompli. La Pologne voulait vivre et fit pour se régénérer un dernier effort.

Avant tout, il fallait réformer l'odieuse constitution anarchique que les étrangers avaient perfidement garantie et qui faisait de la Pologne la risée et la proie de ses ennemis. La diète de Varsovie, en 1788, établit un comité pour la réforme de la constitution, porta le chiffre de l'armée à 60000 hommes, décréta de nouveaux impôts. Les circonstances semblaient favoriser des mesures plus hardies : si la France, occupée de sa révolution, ne pouvait plus venir en aide à la Pologne, l'Angleterre se montrait ouvertement hostile à la Russie, la Turquie et la Suède lui déclaraient la guerre, la Prusse recherchait l'amitié polonaise, engageait Poniatovski à ne pas se soucier de la garantie russe et négociait un traité d'alliance offensive et défensive. La diète de 1791, formée en confédération et délibérant cette fois à la simple majorité, osa entreprendre la réforme de la constitution : elle déclara le trône héréditaire et appela la maison de Saxe à la succession éventuelle de Poniatovski; elle abolit le *liberum veto*, qui était l'anarchie légale et la vénalité organisée; elle partagea le pouvoir législatif entre le roi, le sénat, la chambre des nonces; elle attribua le pouvoir exécutif au roi, assisté de six ministres responsables devant les chambres, l'investit du commandement des armées et de la nomination aux emplois. Les villes reçurent le droit d'élire leurs juges et d'envoyer des députés à la diète. On n'osa toucher aux droits des nobles sur leurs paysans, car les nobles étaient alors la nation militante, le *pays légal*, et c'était en somme leur patriotique initiative qui accomplissait la révolution : la diète déclarait seulement sanctionner d'avance les conventions particulières qui interviendraient entre les seigneurs et les serfs pour l'avantage de ces derniers. Telle fut la mémorable constitution du 3 mai 1791. Une transformation analogue, accomplie en Suède par le coup d'État royal de 1772, avait sauvé du démembrement la monarchie des Wasa; le coup d'État parlementaire du 3 mai 1791 allait-il pouvoir sauver la Pologne? Les cours du nord, qui faisaient un crime aux libéraux français d'affaiblir, par la constitution votée cette année même, les pouvoirs de la royauté bourbonienne, permettraient-elles aux patriotes polonais de restituer à leur roi les prérogatives essentielles de la royauté, les pouvoirs nécessaires pour vaincre l'anarchie au dedans et faire respecter la nation au dehors?

Catherine II n'osa protester tant qu'elle eut sur les bras la guerre de Turquie; mais quand la paix fut signée à Iassy, elle accueillit à Saint-Pétersbourg une députation des mécontents de Pologne qui regrettaient le *liberum veto* et craignaient les promesses faites aux paysans. Parmi ces mauvais citoyens, on remarquait Félix Potocki, l'hetman Branicki, Rjévuski et les deux frères Kossakovski. Catherine II les autorisa à former la confédération de Targovitsa; dans son manifeste du 18 mai 1792, elle rappela que la Russie était garante de la constitution polonaise et signala les réformateurs du 3 mai comme complices des jacobins. Les Russes éclairés furent indignés du perfide langage tenu par leur gouvernement. Sémen Voronzof, ambassadeur à Londres, écrivait : « Le manifeste n'aurait pas dû entrer dans les éloges ridicules de l'ancienne forme de gouvernement *sous lequel la république a fleuri et prospéré tant de siècles*. Cela a l'air de stupidité, si on le dit de bonne foi, ou de dérision outrageante, si on est persuadé, comme tout le monde l'est, que c'était le gouvernement le plus absurde et le plus détestable. » L'épithète de jacobins était aussi bien singulièrement appliquée aux Polonais qui avaient voulu fortifier chez eux le pouvoir royal.

Sur la demande des confédérés de Targovitsa, 80 000 Russes et 20 000 kosaks entrèrent en Ukraine. Poniatovski se tourna vers la Prusse et lui rappela ses promesses de secours ; Frédéric-Guillaume II répondit qu'on ne l'avait pas consulté pour le changement de constitution et qu'il se considérait comme délié de tout engagement. Il négociait déjà avec la Russie un deuxième traité de partage dont l'Autriche serait exclue. L'Autriche aurait à se dédommager avec les provinces qu'elle enlèverait à la France révolutionnaire ; la Russie lui promettait aussi de l'aider à acquérir la Bavière en échange des Pays-Bas. Les Polonais, abandonnés de tous, essayèrent vainement de résister à l'invasion russe. Leur armée de Lithuanie recula sans combattre, tandis que l'armée polonaise proprement dite livrait, avec le prince Joseph Poniatovski, le combat de Ziélencé, avec Thaddée Kosciuszko, celui de Dubienka sur le Bug. Alors le roi Stanislas déclara accéder à la confédération de Targovitsa, désavouant ainsi l'œuvre glorieuse du 3 mai : les hommes de la réforme, Ignace Potocki, Kollontaï, Malakhovski, durent se retirer ; les hommes de Targovitsa prirent leur place dans les conseils du roi et abolirent la constitution. Le *liberum veto* fut rétabli.

Les patriotes polonais ne connaissaient encore que la moitié de leur malheur, ignorant le traité de partage. Le roi de Prusse, à son tour, franchit la frontière de l'ouest, annonçant dans son manifeste que les troubles de la Pologne compromettaient la sécurité de ses états, que Dantzig envoyait du blé aux révolutionnaires de France et que la Grande-Pologne était infestée de clubs jacobins, dont les menées étaient rendues doublement dangereuses par la continuation de la guerre avec la France. Le roi de Prusse affectait de voir des jacobins partout où il avait intérêt à en trouver. La part de chacune des deux puissances était marquée d'avance. La Russie devait avoir les provinces orientales, avec trois millions d'habitants, jusqu'à une ligne qui, partant de la frontière orientale de Courlande, passant par Pinsk, aboutissait à la Gallicie, comprenant Borissof, Minsk, Sloutsk, la Volynie, la Podolie, la Petite-Russie. La Prusse avait les cités tant convoitées de Thorn et de Dantzig, la Grande-Pologne avec Posen, Gnézen, Kalisch, Czenstochovo. Si la Russie ne s'annexait encore que des pays russes ou lithuaniens, la Prusse pour la seconde fois taillait dans le vif en plein pays polonais, et c'était encore un million et demi de Slaves qui passaient sous le joug des Allemands.

Il ne suffisait pas de dépouiller la Pologne, réduite maintenant à un territoire moins étendu que celui occupé par la Russie : il fallait qu'elle consentît à cette spoliation, qu'elle légalisât le partage. On convoqua une diète à Grodno, sous la pression des baïonnettes russes : cette même pression, jointe à la corruption pécuniaire, s'exerça au préalable dans les élections ; le roi fut en quelque sorte traîné à Grodno pour présider à la ruine de sa patrie. Sievers, l'ambassadeur de Catherine, déploya toutes les ressources d'une diplomatie sans scrupule, qui avait à son service la séduction, l'intimidation et la violence. Malgré l'appui qu'il trouva dans les députés vendus et les traîtres de Targovitsa, il fut longtemps avant de rien obtenir. A la fin la diète, dans l'espérance trompeuse de diviser ses ennemis, consentit à ratifier le traité de cession à la Russie; elle se montra d'autant plus récalcitrante quand vint le tour du traité prussien. Sievers eut beau faire cerner la salle des séances par deux bataillons de grenadiers, braquer sur elle quatre pièces de canon, installer dans un fauteuil auprès du roi le général Rautenfels : vingt jours se passèrent sans qu'il pût arracher un mot de consentement à cette assemblée sans défense. Les Polonais haïssaient par-dessus tout les Prussiens : il n'eût tenu qu'à Catherine de soustraire à un joug odieux la Grande-Pologne et de réunir tout le royaume sous son autorité presque librement acceptée. Sievers, comme Sémen Voronzof, sentait la faute énorme que l'on commettait en agrandissant la Prusse aux dépens d'un pays slave. Malheureusement, ses instructions étaient positives. Pour triompher de cette force d'inertie, il fit enlever par ses grenadiers quatre députés et bloqua étroitement l'assemblée dans la salle des délibérations. La journée du 23 septembre 1793 et la nuit suivante furent occupées par une *séance muette*, où le roi sur son trône, les députés sur leurs bancs, siégèrent mornes et silencieux. A trois heures du matin, Rautenfels sortit pour aller chercher ses grenadiers; alors le maréchal de la diète, Biélinski, osa poser la question : Ankiévitch proposa aux nonces une rédaction qui donnait satisfaction à la Prusse tout en laissant à « la postérité plus heureuse » le soin de relever la patrie. Biélinski demanda trois fois, sans reprendre haleine, si la diète autorisait sa délégation à signer le traité. Personne ne répondit : alors une voix s'éleva, déclarant que le silence tenait lieu de consentement. Il était quatre heures du matin ; les nonces sortirent de la salle consternés et s'essuyant les yeux.

Le 16 octobre, la diète conclut avec la Russie un traité d'alliance, ou plutôt un pacte d'asservissement par lequel Catherine II garantissait « la liberté de la république, » c'est-à-dire tous les abus de la vieille constitution. Les troupes polonaises, qui se trouvaient cantonnées dans les provinces cédées à l'impératrice, reçurent l'ordre de lui prêter le serment de fidélité; celles qui restaient à la république devaient être réduites à 15 000 hommes.

La Pologne avait mérité par son fanatisme et sa corruption électorale le malheur de 1772; elle ne méritait pas celui de 1793. L'histoire tiendra compte des généreux efforts du roi, des Czartoryski, de la majeure partie de la noblesse, du tiers-état patriote, pour la réforme du pays.

La bourgeoisie des grandes villes, gagnée d'ailleurs aux idées françaises, était indignée de ce nouvel attentat contre la patrie; l'armée, encore forte de 25 000 hommes, avait accueilli avec colère l'ordre de licenciement; une partie des gentilshommes partageait ces sentiments, tandis que l'autre, par crainte des nouveaux impôts ou de réformes sociales, se résignait à la domination étrangère. Le peuple des campagnes restait apathique et indifférent : la Pologne expiait cruellement la dure servitude que sa *pospolite*, en pleine civilisation du dix-huitième siècle, avait laissé peser sur les classes rurales. Georges Forster écrivait en 1791 : « Les nobles polonais ont seuls en Europe poussé si loin l'ignorance et la barbarie qu'ils ont anéanti dans leurs serfs presque la dernière étincelle de la pensée. » C'est une des circonstances atténuantes qu'invoquent les historiens russes ou allemands pour excuser le démembrement : le sort des paysans n'allait pas empirer sous la domination russe, il allait s'améliorer sous la domination allemande.

Cependant les patriotes polonais avaient mis toutes leurs espérances en Thaddée Kosciuszko, le héros de Dubienka. Né en 1752, entré en 1764 à l'école militaire fondée par les Czartoryski, il s'y était distingué par un labeur acharné. En Pologne il avait reçu de dures leçons d'égalité : il avait vu son père assassiné par ses paysans exaspérés; lui-même avait été honni par le puissant seigneur Sosnovski dont il avait osé demander la fille en mariage, lui, un simple gentilhomme sans fortune. Il avait combattu dans la guerre d'Amérique et en était revenu avec la décoration républicaine de Cincinnati. Après le deuxième partage, il avait quitté Varsovie, s'était retiré en Saxe où il retrouva les hommes du 3 mai, Malakhovski, Ignace Potoçki, l'ex-chancelier Kollontaï, Niemcévitch, toute la Pologne honnête et dévouée à la liberté. Envoyé en France, il avait reçu des promesses de secours du comité de Salut Public, et maintenant il travaillait de Dresde à ourdir en Pologne une vaste conspiration. Elle compta bientôt des milliers de nobles, de prêtres, de bourgeois, de soldats licenciés; malgré le nombre des conjurés, le général Igelstrom, qui commandait à Varsovie pour Catherine II, ne put saisir aucun des fils principaux du complot.

L'ordre de licenciement de l'armée précipita l'explosion. Madalinski refusa de laisser désarmer la brigade qu'il commandait, franchit le Bug, se jeta sur les provinces prussiennes, puis se rabattit sur Cracovie : à son approche, cette cité, la seconde de la Pologne, la capitale des anciens rois, se souleva et chassa la garnison russe. Kosciuszko y accourut et promulgua *l'acte d'insurrection* où l'on flétrissait l'odieuse conduite des copartageants et où l'on appelait aux armes les populations. On fabriqua cinq mille faux pour les paysans, on recueillit les offrandes volontaires des patriotes, on imposa de force les récalcitrants et les tièdes.

Igelstrom, très-inquiet dans Varsovie, détacha cependant Tormassof et Dénissof contre Cracovie. Tormassof, abandonné par Dénissof, rencontra, près de Raçlavitsa, Kosciuszko et Madalinski avec des forces presque égales aux siennes : quatre mille hommes dont deux mille paysans. La cavalerie noble s'enfuit au premier choc, annonçant partout la défaite et la prise de Kosciuszko : ce furent les paysans qui rétablirent le combat et prirent aux Russes douze canons. Le dictateur, pour punir la lâcheté des cavaliers, dépouilla les habits de gentilhomme et prit l'habit des paysans.

La nouvelle de ce succès parvint promptement à Varsovie : la représentation des *Cracoviens* qui semblait une allusion aux événements de Gallicie augmenta la fermentation. Igelstrom avait si mal disposé ses régiments que leurs communications pouvaient être facilement coupées par les régiments polonais cantonnés en ville : l'arsenal n'était pas encore livré aux Russes et restait encore en des mains patriotes.

Le 17 avril, à trois heures du matin, l'insurrection éclata, le tocsin sonna à toutes les églises : le peuple, excité par le cordonnier Kilinski et le relieur Kapostas, tomba partout sur les détachements russes isolés. Igelstrom se vit bloqué dans son palais, hors d'état de communiquer avec ses régiments dispersés, qu'assaillaient à la fois le peuple et les régiments polonais. Le 18, il réussit à grand'peine à sortir de la ville, abandonnant douze canons, quatre mille tués ou blessés et deux mille prisonniers. Vilna, capitale de la Lithuanie, suivit l'exemple de Varsovie et chassa le général Arséniéf.

Un gouvernement provisoire s'était installé à Varsovie et avait envoyé un courrier à Kosciuszko. Il se composait d'hommes du 3 mai, parmi lesquels Ignace Potoçki représentait les modérés et Kilinski les ardents. Le roi Stanislas resta dans son palais, respecté, mais surveillé, étranger à la conduite des affaires dont cependant on lui rendait compte par déférence. En somme, la révolution du 17 avril 1794 comme la constitution du 3 mai 1791 avait un caractère national et monarchique. On recherchait l'appui de la France sans suivre tous les conseils venus de la Convention. Un tribunal extraordinaire donna quelque satisfaction à la conscience publique en recherchant les misérables qui avaient trahi le pays et dont la complicité avec l'étranger avaient été prouvée par les papiers saisis à l'ambassade russe. On pendit Ankiévitch, les hetmans Zabiéllo et Ozarovski, l'évêque de Livonie Kossakovski ; le frère de ce dernier, l'hetman de Lithuanie Kossakovski, avait été justicié à Vilna.

Kosciuszko, malgré les excitations de Kollontaï et des

démocrates, n'osa pas résoudre la question paysanne : son manifeste du 7 mai 1794, qui apportait quelques adoucissements au servage, ne reçut aucune application. On risquait de s'aliéner la classe militaire sans gagner les masses rurales, abruties par des siècles d'oppression. Du moins, on essaya de ramener le clergé et les populations orthodoxes en proclamant la liberté de conscience et l'égalité des cultes devant la loi.

Cependant les Prussiens venaient de prendre Cracovie, trop faiblement défendue par son commandant. Le gouvernement de Varsovie déclara la guerre à Frédéric-Guillaume II. Le peuple, attribuant à la trahison la perte de Cracovie, courut aux prisons et exécuta tumultuairement sept détenus; ceux-ci d'ailleurs méritaient leur sort : ils avaient été parmi les promoteurs de la confédération de Targovitsa, ou agents de la Russie. Kosciuszko blâma cette sanglante justice, réclama le châtiment des émeutiers, mais en même temps fit hâter la procédure contre les prisonniers coupables.

Le général Zaiontchek avait perdu le combat de Golkof contre les Russes; les Prussiens marchaient sur la Vistule. Le roi de Prusse avait quitté son armée du Rhin pour venir diriger le siége et le bombardement de Varsovie. Catherine affecta d'être indignée de cet abandon de la guerre sainte contre la Révolution, pour la cause commune des rois et de la religion. Les prétentions de la Prusse sur Cracovie troublaient la bonne intelligence des trois cours du Nord, inquiétaient l'Autriche et menaçaient de rompre la coalition formée contre la France. Frédéric-Guillaume, fort mécontent de son auxiliaire russe, le général Krouchtchof, renonça à donner l'assaut : il leva le siége, rappelé d'ailleurs dans ses états par une insurrection de la Grande-Pologne.

Les Polonais n'eurent guère le temps de se réjouir de ce succès. Les Russes avaient repris Vilna, les Autrichiens étaient entrés à Lublin. Ce qu'il y avait de plus menaçant, c'était que le général russe Fersen avait réussi, malgré Poninski, à passer sur la rive droite de la Vistule; il avançait au-devant de Souvorof qui accourait avec l'armée d'Ukraine et qui avait déjà battu Siérakovski à Krouptchitsé et à Brest-Litovski. Si les deux armées russes, dont chacune était supérieure à toute l'armée polonaise, réussissaient à opérer leur jonction, c'en était fait de l'insurrection.

Kosciuszko, qui avait couru à Siérakovski pour le réconforter, revint en toute hâte prendre position à Macéiovitsy, sur la Vistule, à égale distance de Varsovie et de Lublin, pour s'opposer à Fersen. Il avait autour de lui ses plus braves lieutenants, Potocki, Kaminski, Kollontaï, Niemcévitch, poëte et général. La veille de la bataille, Kaminski fit remarquer à Niemcévitch des corbeaux qui volaient sur leur droite : « Souviens-toi de Tite-Live, disait-il, mauvais signe ! » — « Mauvais signe pour des Romains, non pour nous », répondit le vaillant poëte. Le 10 octobre, Krouchtchof attaqua de front les Polonais, tandis que Fersen les faisait tourner à droite par Denissof, à gauche par Tormassof. L'armée polonaise, ébranlée d'ailleurs par une violente canonnade, ne put résister à une attaque à la baïonnette. Tout se dispersa : vingt-un canons, deux mille sept cents prisonniers, restèrent entre les mains des Russes : tous les généraux furent pris ; Kosciuszko avait été relevé à moitié mort par l'ataman Dénissof. Les généraux russes traitèrent bien leurs prisonniers ; les officiers s'efforçaient de consoler Niemcévitch blessé en lui faisant compliment sur une pièce dont on avait trouvé le manuscrit dans sa poche, le *Retour de l'autre monde* (1794).

Varsovie fut consternée de ce désastre. Vavrjévski succédait à Kosciuszko sans pouvoir remplacer le héros populaire qui était l'âme de la révolution. Déjà Souvorof était arrivé devant Praga ; l'armée russe tout entière prenait ses positions au son de la musique et du tambour. L'impétueux général distribua aussitôt son armée en sept colonnes. Les soldats russes, la veille de l'assaut, mirent des chemises blanches comme pour une noce ; les saintes images furent placées à la tête des colonnes. Le 4 novembre, à trois heures du matin, tout s'ébranla ; en un instant les fossés furent comblés et les remparts escaladés. « Les Polonais, dit un témoin oculaire russe, se défendirent avec désespoir et abnégation, en héros. » Praga subit toutes les horreurs d'une prise d'assaut. Vainement Souvorof avait renouvelé la recommandation « d'épargner l'habitant, de faire quartier aux vaincus, de ne pas tuer sans motif. » Les soldats étaient trop exaspérés contre les Polonais qu'on leur représentait comme des républicains, des athées, complices des jacobins français, meurtriers de leur camarades désarmés lors de l'émeute du 17 avril. Il y eut douze mille morts et seulement un millier de prisonniers. « Les rues sont couvertes de cadavres, le sang coule par torrents, » dit la première dépêche de Souvorof. Le massacre de Praga épouvanta Varsovie, que la largeur de la Vistule protégeait mal contre les boulets russes. Souvorof refusa de traiter avec Potoçki et les hommes du 17 avril; le roi Stanislas dut se porter médiateur. Souvorof garantit aux habitants leurs biens, l'amnistie, des passe-ports pour les personnages compromis. Il fit son entrée dans Varsovie. L'impératrice le nomma feld-maréchal. Le roi fut envoyé à Grodno. Le troisième traité de partage, arraché à l'impératrice par l'importunité de la Prusse et auquel l'Autriche obtint de prendre part, reçut son exécution. La Russie prit le reste de la Lithuanie jusqu'au Niémen (Vilna, Kovno, Grodno, Novogrodek, Slonim), le reste de la Volynie jusqu'au Bug (Vladimir, Loutsk, Kréménetz). Elle atteignit ainsi l'extrême limite des pays autrefois gouvernés par les princes issus de Rourik, sauf en Gallicie, car l'impératrice, dont la politique livrait la Pologne aux Allemands, avait laissé prendre par l'Autriche, lors du premier partage, la Russie Rouge. Outre les pays russes, la Russie s'annexait la vieille Lithuanie des Jagellons. Enfin elle consommait l'annexion de la Courlande et de la Samogitie.

La Prusse eut toute la Pologne orientale avec Varsovie. L'Autriche eut Cracovie, Sandomir, Lublin et Chelm ; ses possessions faisaient une pointe vers le nord comme pour aller rejoindre Varsovie (1795).

L'armée polonaise avec Vavrjévski avait refusé de se laisser comprendre dans la capitulation de Varsovie : travaillée par les discordes des chefs, affaiblie par l'indiscipline et la désertion, elle fut obligée d'accepter une convention honorable à Radochitsé. Les officiers gardaient leur épée et obtenaient des passe-ports pour l'étranger. Les prisonniers faits à Macéiovitsy et à Varsovie avaient été partagés entre les gouvernements qui avaient mis la main sur leur lieu d'origine. Madalinski fut transporté en Prusse, Kollontaï et Zaiontchek en Autriche, Kosciuszko, Kapostas, Kilinski, Potocki, Vavrjévski, à Saint-Pétersbourg. La Pologne n'était pas encore morte : des débris de l'armée dissoute à Radochitsé Dombrovski allait former pour la République et l'Empire les fameuses légions polonaises, pendant vingt ans inséparables de nos drapeaux ; on retrouvera Dombrovski à la Trebbia, Zaiontchek en Égypte, Joseph Poniatovski à Borodino. Les Polonais, vaincus à Macéiovitsy, reverront leurs vainqueurs sur tous les champs de bataille de l'Europe : en Italie, en Helvétie, en Autriche, en Prusse, en Pologne, en Lithuanie. Napoléon les rassasiera de vengeances contre les trois puissances copartageantes, et deux siècles après le *fils de roi* Vladislas conduira des troupes polonaises dans la sainte cité de Moscou.

Catherine II et la Révolution française.
Guerre de Perse.

A la veille de la Révolution, les deux gouvernements de Louis XVI et Catherine II étaient entrés en négociations assez actives pour la formation d'une quadruple alliance, comprenant la Russie, l'Autriche, les deux maisons de Bourbon, et destinée à tenir en échec les prétentions maritimes de l'Angleterre et les empiétements de la Prusse. Dès la prise de la Bastille, Catherine II comprit qu'il n'y avait plus à compter sur l'appui de la France, toute occupée alors de sa transformation intérieure. Elle suivait pourtant avec beaucoup d'anxiété les événements de Paris, manifestait la plus vive antipathie contre les principes nouveaux, fut de ceux qui conseillèrent à Louis XVI la fuite de Varennes et tomba malade à la nouvelle du 21 janvier. La correspondante de Voltaire et de Diderot se laissa entraîner par frayeur dans une véritable réaction : elle fit surveiller les Russes qu'on soupçonnait d'idées libérales et *perlustrer* leur correspondance; elle fit lacérer la tragédie de Kniajnine, *Vadim à Novgorod*, et parla de la faire brûler par la main du bourreau; elle destitua et envoya en Sibérie Radichtchef, l'auteur du *Voyage de Saint-Pétersbourg à Moscou*, livre curieux où l'on trouvait de vives réflexions sur le servage; Novikof fut arrêté et enfermé à Schlüsselbourg, ses librairies et sa typographie fermées, toutes ses entreprises ruinées. Elle congédia Genest, ambassadeur de France, refusa de reconnaître d'abord la constitution de 1791, puis la République, rendit un oukaze qui annonçait la rupture des relations diplomatiques avec la France, interdit les ports russes au pavillon tricolore, expulsa tous nos nationaux qui refusèrent de prêter serment de fidélité au principe monarchique, accueillit à bras ouverts les émigrés, s'empressa de reconnaître Louis XVIII.

En 1792, elle rédige une note célèbre pour la restauration en France du pouvoir royal et des privilèges nobiliaires, assurant que dix mille hommes suffiraient à opérer la contre-révolution. Elle encourage Gustave III, que son aristocratie allait faire assassiner dans un bal masqué (16 mars 1792), à se mettre à la tête de la croisade contre la démocratie. Elle pousse l'Angleterre à aider le comte d'Artois dans un projet de descente sur nos côtes; elle stimule le zèle de l'Autriche et de la Prusse. Cependant, bien qu'à plusieurs reprises elle ait consenti à négocier des traités de subsides et à promettre des troupes, elle eut soin de ne pas s'engager dans la guerre d'Occident : « Mon poste est pris, disait-elle, et mon rôle assigné ; je me charge de veiller sur les Turcs, les Polonais et la Suède réconciliée avec la France après la mort de Gustave III). » Le châtiment des *jacobins* de Varsovie et de Turquie était en effet plus facile et surtout plus lucratif. Peut-être faut-il tenir compte d'un aveu qu'elle fit en 1791 à son vice-chancelier Ostermann : « Ai-je tort? Il y a des raisons que je ne peux pas dire aux cours de Vienne et de Berlin, je veux les engager dans ces affaires pour avoir les coudées franches. J'ai beaucoup d'entreprises inachevées et il faut qu'elles soient occupées pour ne pas me gêner. » Elle s'excusa de ne pas prendre part à la croisade antirévolutionnaire, alléguant la guerre de Turquie ; puis, quand elle fut obligée de hâter la paix de Iassy par suite de la révolution du 3 mai, elle s'excusa sur la guerre de Pologne ; quand celle-ci fut terminée, elle affecta d'exciter le zèle de Souvorof et de ses soldats contre les *athées* d'Occident, mais en réalité elle ne songeait qu'à reprendre ses plans en Orient. Le nouveau roi de Perse Mohammed venait d'envahir la Géorgie et de brûler Tiflis, capitale d'Héraclius, le protégé de Catherine. Celle-ci fit venir à sa cour un frère exilé de Mohammed et chargea Valérien Zoubof de conquérir la Perse.

En réalité, Catherine II a été, sans le vouloir, beaucoup plus utile à la France qu'à la coalition: par son intervention en Pologne et ses projets contre l'Orient, elle excita les jalousies et les craintes de la Prusse et de l'Autriche; elle prit soin de les opposer l'une à l'autre, fit avec Frédéric-Guillaume le second partage en dépit de l'Autriche, avec François II le troisième partage qui mécontenta la Prusse; elle contribua indirectement à ébranler et à dissoudre la coalition, tandis que l'insurrection polonaise, encouragée par la France, l'empêchait elle-même d'y prendre part. Elle mourut le 6-17 novembre 1796, âgée de soixante-sept ans. Aucun prince, depuis Ivan le Terrible, n'avait agrandi l'empire par de si vastes conquêtes. Elle avait donné pour limites à la Russie le Niémen, le Dniester et la mer Noire.

CHAPITRE XXXIII.

PAUL Ier
(17 NOVEMBRE 1796. — 24 MARS 1801).

Politique de paix, puis accession à la deuxième coalition. — Campagnes des îles Ioniennes, d'Italie, d'Helvétie, de Hollande, de Naples. — Alliance avec Bonaparte : la ligue des neutres et le grand projet contre l'Inde.

Politique de paix, puis accession à la deuxième coalition.

Paul Ier montait sur le trône à quarante-deux ans. Il avait de l'esprit, des dons naturels; mais son caractère avait été aigri par la dépendance étroite où le tenait sa mère, jusqu'à lui retirer l'éducation de ses enfants et à lui défendre de paraître à l'armée, par les humiliations que lui avaient fait endurer les favoris, par l'abandon où le laissaient les courtisans, empressés autour des puissances du jour. Le mystère de la mort de son père le troublait et l'inquiétait : il y avait de l'Hamlet dans Paul Ier. Comme Pierre III, il poussait à la manie le goût des minuties militaires. Il avait une idée très-haute de son autorité, était né despote, et c'est à lui qu'on prête ce mot : « Apprenez qu'il n'y a personne de considérable en Russie que l'homme auquel j'adresse la parole et pendant le temps que je lui parle. » Il haïssait la Révolution, d'une haine aveugle que n'avait pas connue Catherine II. Beaucoup des bizarreries de sa conduite s'expliquent encore par le désir de prendre le contre-pied de ce qu'avait fait Catherine, qu'il accusait en secret d'avoir usurpé sa couronne. Sans être cruel, il fit beaucoup de malheureux, étant aussi prompt à châtier qu'à gracier, aussi prodigue d'exils en Sibérie que de faveurs inattendues.

Il commença par abolir l'oukaze de Pierre Ier sur la succession au trône, rétablit le principe monarchique de l'hérédité par ordre de primogéniture, de mâle en mâle et en ligne directe. Il profita des funérailles de sa mère pour faire exhumer les restes de son père et pour rendre aux deux cercueils des honneurs communs à l'église de la forteresse : Alexis Orlof dut marcher à côté de celui de son père et porter sa couronne. Sans les punir, il éloigna tous les favoris de sa mère et donna sa confiance à Rostoptchine et au farouche Araktchéef; il maintint Bezborodko à la tête des affaires étrangères.

Pour rétablir le principe d'autorité qu'il croyait ébranlé en Russie, il fit revivre de vieux usages barbares, obligea les voitures à s'arrêter quand il passait et les femmes comme les hommes à s'agenouiller dans la boue ou dans la neige. Il fit des règlements détaillés qui interdisaient les chapeaux ronds, les fracs, les gilets, les grands collets, les grandes cravates et tout ce qui sentait le jacobinisme. Il proscrivit de la langue officielle les mots *société*, *citoyen*, et autres que sa mère avait mis en honneur. Il établit une censure encore plus rigoureuse sur le théâtre et sur la littérature, défendit l'entrée des livres et de la musique d'Europe, rappela les Russes qui voyageaient ou étudiaient à l'étranger, interdit l'entrée du territoire à tout Français qui n'aurait pas un passe-port signé des princes de Bourbon.

Dans les dernières années de Catherine, de graves abus avaient dû s'introduire dans l'armée; un empereur militaire pouvait seul accomplir les réformes nécessaires pour suivre les progrès de la tactique et de l'armement; mais Paul apportait des vues étroites dans une réforme nécessaire. Entiché des usages prussiens, il supprima l'uniforme national, si commode, si militaire et si bien adapté au climat. Les Russes ne se reconnaissaient plus sous l'habillement à la prussienne, avec les queues, la poudre, les boucles, les souliers, les guêtres, les lourds bonnets, les chapeaux embarrassants. Le vieux Souvorof secoua la tête et dit : « La poudre de perruquier n'est pas de la poudre ; les boucles ne sont pas des canons ; les queues ne sont pas des baïonnettes ; nous ne sommes pas des Allemands, mais des Russes. » Ce quatrain fit reléguer le vainqueur des Turcs et des Polonais dans son village de Koutchévskoé, près de Novgorod, où il put à loisir chevaucher sur un bâton avec les polissons de l'endroit, sonner les cloches, lire l'épître et chanter au lutrin.

Paul, avec plus de suite et de bon sens, entreprit la réforme des finances, fort compromises dans les dernières années de Catherine II, grâce aux guerres incessantes, à l'improbité des agents, au luxe de la cour et aux prodigalités envers les favoris.

A l'extérieur, Paul débuta par une politique de paix. Il suspendit le recrutement de trois hommes par 500 âmes ordonné par sa mère, fit rentrer l'armée de Perse et abandonna la Géorgie à ses propres forces. Il manifesta quelque compassion pour les Polonais, rappela les prisonniers de Sibérie, transféra le roi Stanislas de Grodno à Saint-Pétersbourg, visita Kosciuszko à Schlüsselbourg et le mit en liberté ainsi que les autres détenus. Il chargea Kolytchef, envoyé extraordinaire à Berlin, de dire au roi de Prusse qu'il ne voulait ni conquête, ni agrandissement. Il dicta à Ostermann une circulaire aux puissances étrangères, dans laquelle il déclarait que la Russie, seule dans le monde entier, n'avait cessé d'être en guerre depuis 1756 ; que quarante années de guerres avaient épuisé la population ; que l'humanité de l'empereur ne lui permettait pas de refuser à ses bien-aimés sujets la paix après laquelle ils soupiraient ; que cependant, bien que l'armée russe pour ces motifs ne prendrait aucune part à la lutte contre la France, « l'empereur n'en resterait pas moins en intime concert avec ses alliés pour s'opposer par tous les moyens possibles aux progrès de l'effrénée république française, qui menaçait l'Europe d'une subversion totale par la ruine des lois, des droits, des propriétés, de la religion et des mœurs ». Il refusait tout concours armé à l'Autriche, effrayée des victoires de Bonaparte en Italie et rappelait la flotte que Catherine avait adjointe à la flotte anglaise pour bloquer les côtes de France et de Hollande. Même il accueillait les ouvertures faites par Caillard, notre envoyé en Prusse, à l'envoyé russe Kolytchef et lui faisait déclarer que « l'empereur ne se considérait pas comme en guerre avec la France, qu'il n'avait rien fait pour lui nuire, qu'il était disposé à vivre en paix avec elle, et qu'il engageait ses alliés à hâter la fin de la guerre, offrant à cet effet la médiation russe ».

Bientôt la situation se tendit de nouveau entre la France et la Russie. Le traité de Campo-Formio avait donné les îles Ioniennes aux Français, qui acquéraient par là une situation menaçante en Orient et une influence plus grande sur le Divan. Le Directoire autorisait Dombrovski à organiser en Italie des légions polonaises. Panine, à Berlin, interceptait une lettre du Directoire à l'envoyé de France, dans laquelle il était question d'une restauration de la Pologne sous un prince de Brandebourg. De son côté, Paul prenait à sa solde le corps du prince de Condé et cantonnait 10 000 émigrés en Volynie et Podolie. Il offrait un asile à Louis XVIII chassé de Brunswick, l'établissait dans le palais ducal de Mittau, lui faisait 200 000 roubles de pension. La nouvelle qu'une expédition française s'organisait mystérieusement à Toulon fit craindre pour la sécurité des côtes de la mer Noire, qui furent mises en état de défense. L'enlèvement du consul russe à Corfou, Zagourski, la prise de Malte par Bonaparte, l'arrivée à Saint-Pétersbourg des chevaliers bannis qui offraient à Paul le protectorat de leur ordre et le titre de grand-maître, l'invasion par le Directoire du territoire helvétique, l'expulsion du pape et la proclamation de la république romaine, précipitèrent la rupture.

Paul conclut une alliance avec la Turquie, irritée de l'invasion de l'Égypte, avec l'Angleterre, l'Autriche et le royaume de Naples. C'est ainsi que, par la double agression de Bonaparte contre Malte et l'Égypte, la Russie et la Turquie furent entraînées, contre toutes les traditions, à faire cause commune. Paul s'engageait à joindre sa flotte aux escadres turques et anglaises, à fournir un corps de troupes pour un débarquement en Hollande, un autre pour la conquête des îles Ioniennes, enfin une grande armée auxiliaire pour les campagnes d'Italie et d'Helvétie.

Campagnes des îles Ioniennes, d'Italie, d'Helvétie, de Hollande, de Naples.

Dans l'automne de 1798, une flotte turco-russe captura dans les îles Ioniennes les garnisons françaises. Le roi de Naples fit envahir le territoire de la république romaine, mais Championnet ramena les troupes napolitaines chez elles, entra dans Naples, proclama la république parthénopéenne et amena saint Janvier à opérer son miracle annuel.

L'armée russe de Hollande fut mise sous les ordres d'Hermann, celle de Suisse sous les ordres de Rimski-Korsakof, et, pour commander l'armée austro-russe de la haute Italie, la cour d'Autriche, conseillée par l'Angleterre, demanda le vainqueur de Fokchany et du Rymnik. Paul Ier, flatté de cette marque de déférence, rappela Souvorof de son exil villageois : « Souvorof n'a pas besoin de lauriers, lui écrivit le tsar, mais la patrie a besoin de Souvorof. »

Les Autrichiens avaient déjà battu Schérer à Magnano et repoussé son successeur Moreau de l'Adige sur l'Adda. Le corps russe de Rosenberg, fort d'environ vingt mille hommes, était venu les rejoindre ; Souvorof prit à Vérone le commandement des forces combinées. Le corps russe de Rehbinder, d'une force égale à celui de Rosenberg, traversait l'Autriche pour opérer prochainement sa jonction.

Le Directoire, pris à l'improviste, ayant à protéger non-seulement la France, mais les républiques batave, helvétique, cisalpine, ligurienne, romaine, parthénopéenne, c'est-à-dire une ligne immense qui s'étendait du Zuyderzée au golfe de Tarente, n'avait pu opposer sur tous les théâtres de la guerre que des forces très-inférieures à celles de la coalition : en Hollande, 10 000 hommes sous Brune contre 40 000 Anglo-Russes sous York et Hermann ; sur le Rhin, 48 000 sous Bernadotte et Jourdan contre les 70 000 de l'archiduc Charles; en Suisse, 30 000 sous Masséna contre 80 000 Austro-Russes; dans la haute Italie, 50 000 sous Moreau contre 62 000 Austro-Russes; à Naples, 30 000 sous Macdonald contre 40 000 Anglais, Russes, Siciliens. Au total 170 000 hommes seulement contre 340 000. L'armée de l'Adige et celle du Rhin venaient d'être battues et l'archiduc Charles avait pu se rabattre en Suisse contre Masséna. C'est à ce moment que l'Autriche, croyant pouvoir violer impunément le droit des gens, fit assassiner nos plénipotentiaires à Radstadt.

Souvorof, à son passage à Vienne, refusa de communiquer ses projets à Thugut, le ministre dirigeant, et de recevoir les conseils du *Hof-Kriegsrath* (conseil aulique de guerre). Quand les Autrichiens le questionnaient sur son plan de campagne, il montrait un blanc-seing de l'empereur Paul. Il déclarait que son objectif, c'était Paris, où il relèverait le trône et l'autel. A ses soldats, il répétait les formules de son catéchisme militaire : « Coup d'œil, rapidité, impétuosité. — La tête de l'armée n'attend pas la queue. — La balle est une sotte, la baïonnette une gaillarde. — Les Français ont battu les Autrichiens en colonnes, nous les battrons en colonnes. » Il se moquait des lenteurs et du pédantisme de l'*Hof-Kriegsrath* : « Des parades!... des manœuvres!..., trop de confiance en ses talents!... Savoir vaincre, bon, mais être toujours battu, ce n'est pas malin.... L'empereur d'Allemagne veut que, lorsque j'ai à donner bataille demain, je m'adresse préalablement à Vienne. Les circonstances de la guerre changent rapidement; on ne peut s'astreindre à un plan déterminé. La fortune vole comme l'éclair ; il faut saisir l'occasion par les cheveux : elle ne revient pas. »

Les Austro-Russes étaient 62 000; les Français 30 000 sous Moreau, y compris les légions italiennes et 3 ou 4000 hommes des légions polonaises. Ces Polonais représentaient l'élément slave dans notre armée, comme les Russes dans celle de la coalition. La querelle de frères, débattue à Macéiovitsy et Varsovie, allait se continuer sur les bords de l'Adda. Souvorof surprit le passage de cette rivière à Cassano, enfonça le centre de Moreau et enveloppa l'aile droite : environ 3000 hommes avec Serrurier (28 avril) demeurèrent prisonniers.

Moreau se retira en Piémont, puis, compromis par la perte de Céva et de Turin, dut chercher un refuge dans les Alpes. Souvorof fit son entrée dans Milan aux acclamations des nobles, des prêtres, de la populace fanatisée, de tous les ennemis de la Révolution, et abolit la république cisalpine. Souvorof, au lieu de relancer les 15 000 hommes qui restaient à Moreau, gêné par les instructions du Hof-Kriegsrath, s'amusa à faire le siége de Mantoue, d'Alexandrie et de la citadelle de Turin.

Macdonald accourait du fond de la péninsule avec l'armée de Naples; après avoir lié ses communications avec Moreau, il conçut le projet de se jeter entre Alexandrie et Mantoue et de séparer les deux masses principales de l'armée coalisée. Il battit les Autrichiens sur le Tidone, mais rencontra Souvorof sur la Trebbia. La bataille dura trois jours (17-19 juin); l'acharnement des Français, des Russes et des Polonais la rendit extrêmement sanglante. Le 17, les Français n'étaient que 18 000 contre 40 000; le lendemain 24 000 contre 36 000; le nombre devait l'emporter. Les deux armées perdirent chacune 10 ou 12 000 hommes, et Macdonald alla rejoindre Moreau dans les gorges des Alpes. Mantoue avait capitulé; dans le sud, les Anglo-Russes, unis aux bandes du cardinal Ruffo et du brigand Fra Diavolo, chassèrent les garnisons françaises du territoire parthénopéen : une épouvantable réaction ensanglanta les rues de Naples où 2000 maisons furent brûlées par les bandits et les lazzaroni (juillet 1799).

Le Directoire fit un dernier effort pour reconquérir l'Italie : l'armée des Alpes, portée à 40 000 hommes par de nouveaux renforts, fut placée sous le commandement du général Joubert, qui avait dit à sa jeune épouse : « Tu ne me reverras que mort ou victorieux. » Joubert voulut débloquer Alexandrie : Souvorof accourut avec 70 000 hommes et livra la bataille de Novi. Joubert fut tué au début de l'action. Les deux armées perdirent chacune 8000 hommes

(15 août) et les débris des troupes gallo-polonaises se retirèrent dans les montagnes de Gênes. L'Italie était perdue pour nous : les trois républiques cisalpine, romaine et parthénopéenne étaient anéanties.

Les Russes et les Autrichiens se divisèrent après la victoire. Les généraux allemands supportaient mal les hauteurs de Souvorof. Thugut s'accommodait encore moins de sa politique : le nouveau *prince Italiïski* entendait avoir vaincu pour la restauration des souverains et non pour les ambitions particulières de la maison d'Autriche; il voulait donc établir un gouvernement national en Piémont, réorganiser l'armée piémontaise sous son drapeau particulier. Or, Thugut ne se souciait de rétablir ni Victor-Amédée, ni le pape. La mésintelligence s'accrut : il fut décidé que Souvorof abandonnerait l'Italie et irait rejoindre Rimski-Korsakof en Suisse, afin de défendre, avec une armée purement russe, les neigeuses montagnes d'Helvétie. Souvorof, qui se voyait déjà en Franche-Comté et sur la route de Paris, accepta.

En Suisse, après la première bataille de Zürich, Masséna s'était retiré sur les hauteurs de l'Albis, derrière la ligne formée par la Linth, le lac de Zürich et la Limmat. On lui avait opposé : 1° l'archiduc Charles avec 25 000 hommes; 2° Korsakof avec 28 000 Russes; 3° Hotze avec 27 000 Autrichiens. L'archiduc devait évacuer la Suisse pour se porter au siége de Philippsbourg; il serait remplacé par Souvorof, qui amenait 20 000 hommes. Un moment critique pour les coalisés serait celui où l'archiduc aurait déjà évacué la Suisse et où Souvorof n'y serait pas encore arrivé. C'est ce moment qu'attendait Masséna : il avait maintenant 60 000 hommes contre 55 000, que l'arrivée du *prince d'Italie* aurait portés à 75 000. Donc, le 25 septembre, il surprit le passage de la Limmat, auprès de Diétikon, coupa en deux l'armée russe. Les grenadiers russes qui défendaient Diétikon combattirent jusqu'à épuisement de leurs munitions, refusèrent de se rendre et moururent alignés. Les autres corps furent successivement battus. Korsakof, rejeté dans Zürich, en fit fermer les portes. Dans la nuit Masséna lui envoya des parlementaires qui furent retenus ou repoussés à coups de fusil. Le 26 septembre, Korsakof forma un immense carré de 15 000 hommes et attaqua les Français. « Cette masse lourde et impénétrable, dit le major Masson, faisait reculer l'ennemi partout où elle se portait. » Toutefois cette tactique, qui avait eu du succès contre les Polonais et les Russes, devait échouer contre les Français. Décimés par les tirailleurs et l'artillerie légère, ébranlés par une charge générale de cavalerie et d'infanterie à la baïonnette, les Russes furent rejetés dans Zürich, laissant le champ de bataille couvert de morts et de blessés qui serraient sur leur poitrine des icônes et des reliques. Ils avaient perdu là 6000 hommes, leurs canons, le trésor de l'armée, leur chancellerie et leur chapelle. Korsakof s'enfuit sur Eglisau. Alors Masséna fit attaquer Zürich par Oudinot et la légion helvétique et s'empara de tous les magasins et des bagages des Russes. C'est là que périt l'illustre Lavater, tué par un soldat suisse ivre. Le 25, Soult, de son côté, avait passé la Linth, battu Hotze, qui fut tué. Les coalisés étaient tous ensemble rejetés en désordre sur Schaffhouse avec une perte de 10 000 prisonniers, de 20 canons autrichiens et de presque toute l'artillerie russe.

Telle fut la victoire de Zürich. « Bonaparte, dit M. Duruy, n'a pas de plus glorieuse bataille, car les victoires qui assurent le salut du pays valent mieux que celles qui n'ajoutent qu'à sa puissance ou à la gloire de ses chefs. » Souvorof cependant était arrivé à marches forcées à Taverno près de Bellinzona : l'administration autrichienne avait négligé d'y réunir les bêtes de somme nécessaires pour le passage des Alpes; Souvorof perdit quatre jours précieux à en requérir dans le pays environnant; il n'atteignit le Saint-Gothard que le 21 et le franchit avec des difficultés inouïes, après une vive résistance des détachements français retranchés dans la montagne. Il s'engagea ensuite dans l'étroite vallée de la Reuss, resserrée entre des montagnes abruptes, si bien que la route traverse plusieurs fois le torrent, notamment au Pont du Diable.

« Dans ce royaume de l'épouvante, écrivait Souvorof dans son rapport à Paul, à chaque pas s'ouvraient à côté de nous des abîmes, comme des tombes qui nous attendaient. Des nuits sombres dans les nuées, des tonnerres qui ne se taisaient pas, les pluies, les brouillards, le bruit des cataractes, le fracas des avalanches, énormes masses de roches et de glaces qui se précipitaient des hauteurs, les torrents qui entraînaient parfois les hommes et les chevaux dans l'abîme, le Saint-Gothard, ce colosse qui voit passer les nuages au-dessous de lui, nous avons tout surmonté, et, dans des lieux inaccessibles, l'ennemi n'a pas tenu devant nous. Les paroles manquent pour décrire toutes les horreurs que nous avons vues et au milieu desquelles la Providence nous a gardés. » L'impression produite par la formidable nature des Alpes helvétiques sur les hommes des grandes plaines russes, est vivement rendue dans les curieux *récits d'un vieux soldat*, mémoires d'un témoin oculaire et d'un compagnon de Souvorof.

Le tenace Lecourbe, chargé par Masséna de retarder la marche des Russes, n'avait que 11 000 hommes : avec eux il s'était promis de « faire crever Souvorof dans les montagnes ». A Hospital, il disputa le passage de la Reuss, canonna les Russes jusqu'à épuisement de ses munitions, jeta son artillerie dans le torrent, alla défendre plus loin le Pont du Diable, qu'il fit sauter, puis se retira sur Seedorff, dont il retrancha le pont. Souvorof, traversant les affreuses montagnes du Schachenthal, n'atteignit Altorff et le Muttenthal que le 26, ayant perdu 2000 hommes en route. C'est là qu'il apprit le désastre de Zürich, la fuite de Korsakof et qu'il comprit l'horreur de sa situation, perdu au cœur des montagnes, trahi par l'imprévoyance de ses alliés, enfermé dans le Muttenthal comme dans une souricière, environné de tous côtés par une armée victorieuse et supérieure en nombre. Sur ses derrières, Gudin avait réoccupé la haute Reuss; sur la route de Stanz, Lecourbe occupait Seedorff; sur celle de Schwitz, Masséna concentrait le corps de Mortier; sur celle de Glaris, s'était posté Molitor, que Soult allait renforcer. Ce fut le plus beau moment de la vie de Souvorof : sa retraite héroïque est plus admirable que ses victoires d'Italie gagnées avec des forces supérieures ; aucun général, dans une situation aussi désespérée, n'a déployé une énergie plus indomptable que ce petit vieillard presque septuagénaire. Il résolut de franchir par soixante-cinq centimètres de neige le mont Bragel et de faire sa trouée par le Kleinthal et la route de Glaris. Son arrière-garde, laissée dans le Muttenthal, soutint pendant trois jours les assauts de Masséna, protégeant la retraite de l'armée, pendant que l'avant-garde enlevait Glaris et rejetait Molitor sur Naefels. Là, Molitor arrêta les Russes, qui furent contraints de rétrograder sur le Rindskopff, dans les glaciers duquel ils perdirent plusieurs centaines d'hommes. De là, ils purent gagner Illanz, Coire et Feldkirch. Souvorof, avec ses vaillants débris, vint prendre ses quartiers d'hiver entre l'Iller et le Lech.

Le 27 août, les Anglo-Russes avaient débarqué au Texel et capturé la flotte hollandaise ; mais les populations bataves restèrent fidèles à la cause de la liberté, et le 19 septembre, Brune, renforcé, battit les coalisés à Bergen. Puis il leur livra quatre autres combats, les enferma dans le Zyp et fit capituler à Alkmaer le duc d'York (18 octobre) : l'armée anglo-russe obtint de sortir librement. Les débris du corps russe se rembarquèrent : froidement reçus en Angleterre, on les interna en quelque sorte dans les îles de Guernesey et de Jersey.

Masséna et Brune avaient sauvé les frontières de la République, préparé la ruine de la coalition, ôté toute excuse au coup d'État de brumaire.

Alliance avec Bonaparte ; la ligue des neutres et le grand projet contre l'Inde.

Paul I*er*, Souvorof et toute la Russie accusaient l'Autriche de trahison : l'empereur François, conseillé par l'Angleterre, s'efforça humblement d'expliquer le malentendu qui avait perdu Korsakof et failli perdre Souvorof. Le tsar, un peu radouci, suspendit le mouvement de retraite des armées russes, mais posa comme conditions le renvoi de Thugut et la restauration des princes italiens dans leurs Etats reconquis. L'Autriche ne pouvait goûter cette politique désintéressée, renoncer à ses plans : Thugut, menacé, travailla à compléter la rupture; on insinua à l'empereur russe que le séjour de ses troupes en Bohême constituait une lourde charge pour les Etats héréditaires. L'irritable tsar apprit, par surcroît, un conflit qui s'était produit au siége d'Ancône : cette place maritime était assiégée par les Autrichiens, les Russes et les Turcs; le général autrichien conclut secrètement une capitulation avec les Français, stipula que ses soldats seraient seuls admis dans la forteresse, et fit enlever les pavillons turc et russe qu'on avait arborés sur les remparts à côté du sien. Cette insulte à son drapeau porta au comble l'exaspération de Paul Ier.

Bergen eut les mêmes résultats diplomatiques que Zürich; la rupture avec l'Angleterre, également accusée de trahison, suivit de près la rupture avec l'Autriche. Bonaparte, qui détruisit ensuite à Marengo tout le fruit des victoires de Souvorof, qui apparaissait aux Russes presque comme un vengeur des perfidies autrichiennes, Bonaparte dont les principes autoritaires rassuraient le tsar et dont la gloire le séduisait, profita habilement de ces dispositions de Paul Ier. Il commença par déclarer qu'il renvoyait sans échange, habillés de neuf et armés aux frais de la France, tous les prisonniers russes. Paul fut touché de cette attention, d'autant plus que l'Autriche et l'Angleterre avaient refusé d'échanger les soldats russes contre les prisonniers français qu'elles détenaient. Des négociations s'ouvrirent par l'intermédiaire de Berlin et au moyen des agents russes et français à Hambourg. Bonaparte s'appliqua à prendre le tsar par ses côtés faibles : son ombrageuse dignité et l'affectation de désintéressement chevaleresque. Il s'offrit à dédommager le roi de Sardaigne, à rétablir le pape dans Rome, à reconnaître Paul comme grand-maître de Malte et comme propriétaire de l'île. Malte était alors bloquée par les Anglais qui, en septembre 1800, s'en rendirent maîtres. Leur refus de remettre à Paul I⁰ʳ ce poste important irrita singulièrement l'empereur de Russie. Froissé en outre de la tyrannie maritime de la Grande-Bretagne, qui avait déclaré les côtes de la France et de ses alliés en état de blocus et recommençait ses vexations contre les vaisseaux neutres, Paul renouvela le fameux *acte de neutralité armée* et rechercha l'adhésion de la Prusse, de la Suède et du Danemark. Bonaparte s'empressa de souscrire aux principes russes. Pendant ce temps, le général Sprengtporten, chargé d'une mission intime à Paris, sous prétexte d'aller prendre le commandement des troupes russes prisonnières, y avait été suivi par Kolytchef, chargé de propositions plus précises. Kolytchef devait notamment engager Bonaparte à prendre le titre de roi avec l'hérédité de la couronne dans sa famille comme seul moyen de « convertir les principes révolutionnaires qui ont armé toute l'Europe contre la France ». Sur ce point, le premier consul n'était que trop disposé à donner satisfaction. Des négociations s'ouvrirent entre les deux pays sur les bases suivantes : la France respecterait l'intégrité de Naples et du Würtemberg, rétablirait le roi de Sardaigne en Piémont, tout en gardant la Savoie, conserverait la rive gauche du Rhin, sauf à s'entendre avec la Russie pour indemniser les princes dépossédés. C'était donc sous la médiation franco-russe que les sécularisations allaient s'opérer en Allemagne.

Paul, avec son emportement habituel, s'éprenait d'une passion chaque jour plus vive pour Bonaparte, s'entourait de ses portraits, buvait publiquement à sa santé, enjoignait brusquement à Louis XVIII de quitter Mittau.

C'est alors que les deux chefs d'État s'entendirent pour le *grand projet* qui consistait à renverser de fond en comble la domination anglaise dans les Indes. La France occupait encore l'Égypte: elle était autorisée à tenir garnison dans les ports méridionaux du royaume de Naples; ses agents parcouraient l'Arabie et les États indiens. Paul, de son côté, pour s'assurer une base d'opération, fit rentrer ses troupes dans le Caucase et, sur la demande du fils d'Héraclius, prononça la réunion de la Géorgie à l'empire. L'expédition contre l'Inde anglaise devait se faire par deux voies différentes : Knorring devait prendre le commandement d'une armée russe qui, par Khiva et Boukhara, marcherait sur le haut Indus. L'ataman des kosaks du Don, Orlof-Dénissof, reçut des lettres de Paul qui lui ordonnait de commencer son mouvement sur Orenbourg, lui promettant « toutes les richesses des Indes » comme récompense, mais lui recommandant d'annoncer partout sur son chemin aux dynastes indigènes que « la Russie n'avait affaire qu'aux Anglais et qu'elle était en paix avec tous les peuples qui ne leur porteraient pas secours ». Il devait également, à Khiva, délivrer les captifs russes, à Boukhara, s'assurer que les indigènes ne se donneraient pas aux Chinois; enfin, de l'Indus, il se porterait sur le Gange (lettres de janvier et février 1801).

L'autre expédition devait se composer de 35 000 Français et de 35 000 Russes, à la tête desquels Paul demandait qu'on plaçât le vainqueur de Zürich, Masséna. Les 35 000 Français, partis des bords du Rhin, descendraient le Danube dans des navires que leur fournirait le gouvernement autrichien, s'embarqueraient à l'embouchure du Danube sur des vaisseaux russes qui les transporteraient à Taganrog, remonteraient le Don jusqu'à Piati-Isbanka, franchiraient le Volga à Tsaritsyne, le descendraient jusqu'à Astrakhan, et de là, traversant la Caspienne sur des vaisseaux russes, se rendraient à Astérabad, sur le rivage persan, où les attendraient les 35 000 Russes. L'armée combinée se porterait alors, par Hérat, Férah et Kandahar, sur le haut Indus et commencerait la guerre contre les Anglais. Ce projet, en marge duquel se trouvent les objections de Bonaparte, réfutées ensuite par l'empereur russe, entre dans les détails d'exécution les plus minutieux. Il compte 20 jours pour descendre le Danube, 55 jours pour atteindre Astérabad, 45 pour arriver à l'Indus : total 120 jours des bords du Rhin à ceux du Sind. Des aérostatiers, des artificiers, un corps de savants, analogue à la mission d'Égypte, accompagneraient l'expédition. Le gouvernement français enverrait des objets précieux, produits de nos industries nationales. « Distribués à propos aux princes de ces contrées et offerts avec la grâce et l'amabilité qui sont si naturelles aux Français, ajoutait la note russe, ces objets serviront à donner à ces peuples la plus haute idée de la magnificence, de l'industrie et de la puissance de la nation française et à ouvrir par la suite une branche importante de commerce. »

Sur le continent Paul Ier agissait énergiquement sur la Prusse pour la décider à se déclarer contre l'Angleterre. La Ligue des neutres inquiétait si fort le gouvernement britannique que les amiraux Parker et Nelson allèrent en pleine paix attaquer la flotte danoise. (Bataille navale de Copenhague, 2 avril 1801.) Un événement plus extraordinaire encore rompit la coalition.

Dans la nuit du 23 au 24 mars 1801[1], l'empereur fut assassiné. Depuis longtemps les volontés capricieuses, les ordres violents de Paul lui avaient aliéné son entourage; chacun craignait pour soi ou pour les siens. La noblesse russe désapprouvait silencieusement sa passion belliqueuse contre la France d'abord, contre l'Angleterre ensuite ; la rupture avec cette dernière, en arrêtant l'exportation des blés, des chanvres et autres matières brutes, attaquait les propriétaires dans le plus clair de leurs revenus. Plusieurs fois, Paul avait proféré contre sa femme et son fils aîné Alexandre des paroles menaçantes. On lui prêtait l'idée de revenir sur son oukaze d'avénement et de changer l'ordre de succession. La cour s'habituait à l'idée d'une révolution qui lui ôterait la couronne, en lui laissant la vie, et appellerait au trône Alexandre Ier. Le comte Panine, ancien envoyé à Berlin, s'entretint souvent de cette éventualité avec Alexandre, et peu à peu ébranla ses scrupules. Il trouva bientôt l'homme qu'il fallait pour exécuter son dessein. Le comte Pahlen, noble livonien, devint alors l'âme de la conspiration et profita de son poste de gouverneur de la

---

1. Du 11 au 12 mars, ancien style.

capitale, chargé de la police, pour en protéger le développement. Le sang-froid audacieux de ses réponses dissipa les soupçons qu'avait pu concevoir le tsar. Un jour Paul lui demanda à brûle-pourpoint s'il se rappelait ce qui s'était passé en 1762 : « Oui, sire, j'étais alors sergent dans la garde. — On veut recommencer aujourd'hui, dit l'empereur en lui remettant une note qui révélait une partie du complot. — Sire, je le savais, et pour mieux connaître vos ennemis, j'ai dû jouer moi-même le rôle de conspirateur. » D'après le récit de Sabloukof, la tactique de Pahlen consistait à exécuter à la rigueur les ordres les plus absurdes de l'empereur, afin d'augmenter le nombre de ses ennemis. S'il entendait quelqu'un se plaindre de Paul, il le regardait entre les deux yeux et disait seulement : « J....f.... qui parle, brave homme qui agit. » Il excitait les inquiétudes d'Alexandre vis-à-vis de son père et les défiances de Paul contre son fils. Il gagna Talysine, colonel du Préobrajenski, plusieurs jeunes officiers des gardes : dans la conspiration contre Paul on retrouve plusieurs des noms célèbres dans la conspiration contre Pierre III : ce sont les héritiers des premiers régicides, les « épigones » de 1762. Pahlen s'adjoignit le Hanovrien Bennigsen, homme de main et de redoutable énergie. Un jour qu'on demandait à Pahlen ce qui arriverait si l'empereur se refusait à abdiquer : « Quand on veut faire une omelette, il faut casser des œufs. » Des éléments impurs se mêlèrent à ce complot : Platon Zoubof, le dernier favori de Catherine, son frère Nicolas, leur sœur qui était liée avec toute la faction anglaise, familière de l'ambassade britannique, des courtisans enrichis sous le règne précédent des dépouilles de la Pologne et qui craignaient un retour de Paul en faveur des Polonais dépouillés. Paul venait de disgracier Rostoptchine, d'éloigner Araktchéef, tout dévoués à sa personne ; il se ravisa et leur écrivit de revenir, mais trop tard : déjà il se trouvait à la merci de ses ennemis. Le 23 mars, Paul ayant envoyé à son ministre de Berlin l'ordre d'en finir avec les indécisions prussiennes en menaçant le roi d'une démonstration militaire, Pahlen osa ajouter de sa main ce post-scriptum : « Sa Majesté impériale est indisposée aujourd'hui : cela pourra avoir des suites. » Le palais, cette nuit-là, était gardé par le Séménovski, dont plusieurs officiers étaient gagnés au complot. Pahlen fit le guet pendant que les conjurés se rendaient à la chambre de l'empereur, prêt, assurent quelques récits, à les livrer lui-même à Paul I*er*, si le coup manquait; Bennigsen, l'épée à la main, présenta à Paul un acte d'abdication à signer; une lutte s'engagea, la lampe qui éclairait la chambre tomba; dans les ténèbres, Paul fut terrassé d'un coup porté par Nicolas Zoubof ou par le prince Iachvill et étranglé avec une écharpe d'officier.

Au matin, Alexandre, désespéré de cette horrible issue qu'il n'avait pu prévoir, fut proclamé empereur. L'impératrice avait, dit-on, élevé des prétentions qui furent écartées. La joie fut grande en Angleterre, la consternation égale en France; Bonaparte, dans le *Moniteur*, se fit l'écho d'un soupçon qu'aucun document positif n'est encore venu confirmer : « C'est à l'histoire à éclaircir le mystère de cette mort tragique et à dire quelle est dans le monde la politique intéressée à provoquer une telle catastrophe. »

CHAPITRE XXXIV

ALEXANDRE Ier. — EXTÉRIEUR (1801-1825)

Première guerre avec Napoléon : Austerlitz, Eylau, Friedland. Traité de Tilsit. — Entrevue d'Erfurt. Guerres avec l'Angleterre, la Suède, l'Autriche, la Turquie, la Perse. — Grand-duché de Varsovie. Causes de la deuxième guerre avec Napoléon. — *La guerre patriotique* : bataille de Borodino, incendie de Moscou, destruction de la grande-armée. — Campagnes d'Allemagne et de France. Traités de Vienne et de Paris. — Royaume de Pologne. Les congrès : Aix-la-Chapelle, Carlsbad, Laybach, Vérone.

Première guerre avec Napoléon : Austerlitz, Eylau, Friedland. Traité de Tilsit.

Avec le nouveau règne, commença une politique nouvelle à l'extérieur[1]. Aussitôt après son avènement, Alexandre adressait au roi Georges III une lettre de réconciliation. Il ordonnait de lever l'embargo sur les navires anglais, de mettre en liberté les matelots prisonniers ; il invitait l'amiral Parker à cesser les hostilités contre le Danemark. Ces démarches annonçaient la ruine de la Ligue des neutres. Le 17 juillet 1801, intervint un compromis par lequel l'Angleterre consentait à définir plus étroitement ce qu'on devait entendre par contrebande de guerre, admettait que le blocus, pour être obligatoire, devait être effectif, renonçait à visiter les bâtiments de guerre. Les concessions de la Russie étaient bien autrement graves ;

---

1. Peu de temps après l'avènement d'Alexandre, les hommes du 24 mars 1801, Pahlen, Zoubof, Panine, avaient été successivement disgraciés. Alexandre s'était entouré de jeunes gens, Czartoryski, Novossiltsof, Strogonof, Kotchoubey, qui passaient pour sympathiques à l'Angleterre.

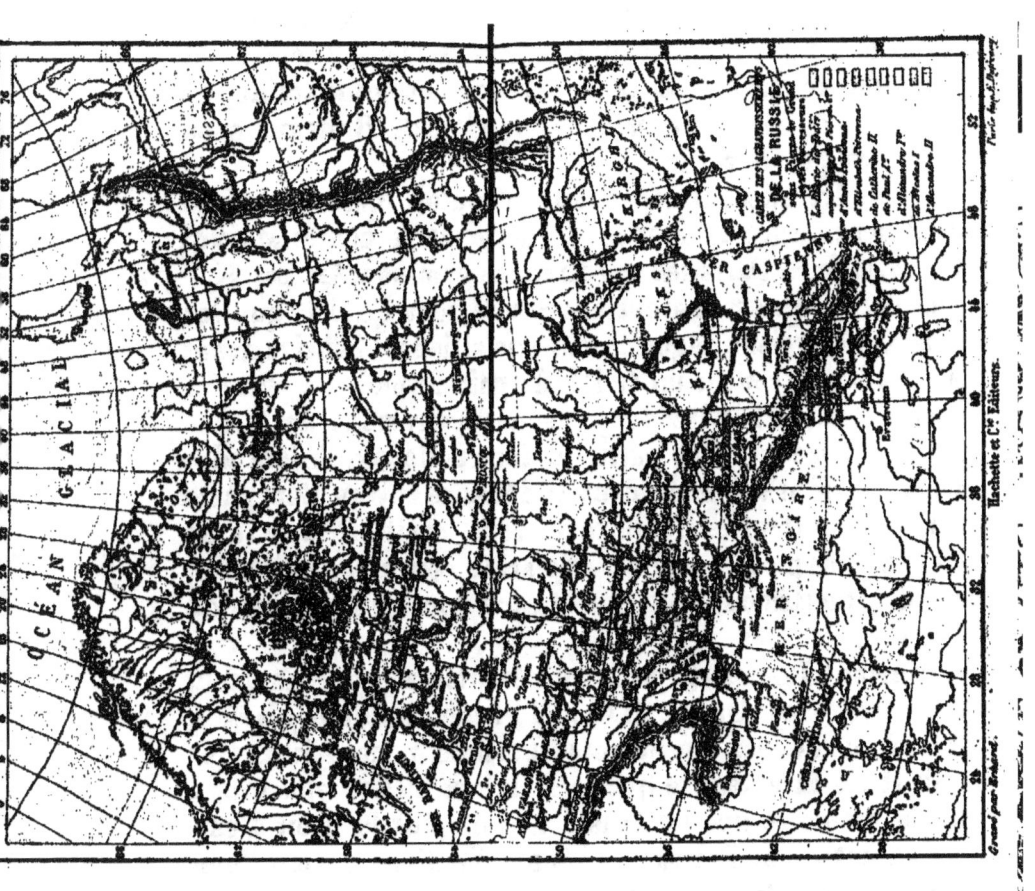

c'était l'abandon même des principes de la *Neutralité armée* et de la *Ligue des neutres*, le désaveu de la politique maritime suivie par Catherine II et Paul Ier. Alexandre admettait que le pavillon ne couvre pas la marchandise; les vaisseaux de guerre n'auraient pas le droit d'empêcher la visite, ni même la saisie des bâtiments marchands qu'ils escortaient. L'Angleterre restituait les îles enlevées aux Suédois et aux Danois. Le Danemark et la Suède, regardant la cause commune comme trahie, se bornèrent à faire leur paix avec la Grande-Bretagne sans régler les points contestés.

Alexandre affectait cependant de vouloir rester en bonne intelligence avec la France et chargeait le comte Markof de continuer à Paris les négociations commencées par Kolytchef : les choses marchaient si vite sous Paul Ier que les deux États avaient négocié pour une alliance offensive avant même d'avoir conclu un traité de paix formel. Le premier consul était fort irrité du brusque revirement de la politique russe; d'autre part, les instructions qu'Alexandre donnait à Markof respiraient la défiance envers Bonaparte qui, « en flattant le défunt empereur, avait eu surtout en vue de l'employer comme une arme contre l'Angleterre, et qui actuellement ne songeait sans doute qu'à gagner du temps ».

Pourtant Bonaparte se fit représenter au couronnement d'Alexandre par Duroc. Il accueillit bien le comte Markof, l'assurant de ses sentiments d'estime pour Alexandre; mais il lui fit entendre que la situation n'était plus tout à fait la même et que la Russie n'avait plus le droit d'exiger autant de la France : « Mes obligations envers l'empereur Paul, dont les idées grandes et magnanimes répondaient parfaitement aux vues de la France, étaient telles que je n'aurais pas hésité à me faire le lieutenant de Paul Ier. » Il se plaignit que la Russie insistât sur des affaires aussi peu importantes que celles du *roitelet de Sardaigne*, et qu'on voulût traiter la France « comme la république de Lucques ».

Alexandre, dans ses revendications en faveur du roi de

Sardaigne, ne se sentait pas soutenu par l'Angleterre, qui, négociant elle-même pour la paix, avait recommandé à Cornwallis de ne pas « s'embarrasser de questions étrangères aux intérêts purement britanniques ». Le 8 octobre on signa donc un traité de paix entre la France et la Russie, et le 11 octobre une convention secrète dont voici les principales dispositions : 1° médiation commune des deux puissances pour les indemnités germaniques stipulées par la paix de Lunéville; 2° établissement d'un accord pour les affaires italiennes; 3° médiation de la Russie pour le rétablissement de la paix entre la France et la Turquie; 4° neutralité de Naples et évacuation de son territoire par les Français dès que ceux-ci auraient évacué l'Égypte; 5° indemnité au roi de Sardaigne « suivant les circonstances actuelles »; 6° indemnité convenable aux souverains de Bavière, Würtemberg, Bade; 7° indépendance et neutralité des îles Ioniennes. Les deux parties s'engageaient en outre à faire tout ce qui dépendrait d'elles pour affermir la paix générale, rétablir l'équilibre des diverses parties du monde et assurer la liberté de la navigation.

Le traité du 8 octobre suivit la paix de Lunéville entre la France et l'Autriche, et prépara celle d'Amiens avec l'Angleterre. Il assurait la dictature de la France et de la Russie pour le règlement des affaires du continent. Médiation commune pour les indemnités, entente pour les affaires italiennes : ces principes étaient ceux qu'aurait voulu faire prévaloir le feu tsar; mais les circonstances étaient changées. Bonaparte aurait pu, par égard pour Paul Iᵉʳ, renoncer au Piémont, à Naples, à l'Italie; mais Paul Iᵉʳ combattait pour la liberté des mers, menaçait l'Angleterre dans la Baltique et dans les Indes, assurait la revanche française contre la Grande-Bretagne : au contraire, le premier acte d'Alexandre avait été l'abandon de ses alliés et la réconciliation avec l'Angleterre.

Dans le règlement des affaires germaniques, la volonté de la France fut naturellement prépondérante; si Bonaparte agrandissait les possessions des maisons de Bavière, Würtemberg, Bade, Darmstadt, apparentées à la famille impériale de Russie, c'était sans doute pour plaire à Alexandre, mais c'était surtout parce qu'il voulait récompenser leur fidélité à l'alliance française. C'était l'influence de la France, et non celle de la Russie qui grandissait sur la rive droite du Rhin : on allait bien le voir en 1805, lorsque tous ces princes s'empressèrent de conclure avec la France des traités séparés, qui annonçaient déjà la Confédération du Rhin. Pour le moment, c'était surtout l'amour-propre d'Alexandre qui était froissé; il voyait que tout se réglait à Paris, que Bonaparte faisait tout et que son envoyé Markof n'était courtisé par les princes allemands qu'après Talleyrand [1].

En Italie, l'affaire de l'indemnité du roi de Sardaigne traînait en longueur. Le 11 septembre 1802, Bonaparte avait prononcé la réunion du Piémont à la France, mais il se refusait toujours à fixer le dédommagement promis. Il avait d'abord proposé Parme et Plaisance, puis les avait données à un infant d'Espagne. Il n'offrait plus que Sienne, Orbitello et 500 000 livres de pension. Il disait : « De l'argent tant que vous voudrez et tant qu'il voudra, mais rien de plus »; et encore : « Cette affaire ne devrait pas plus intéresser l'empereur Alexandre que ne m'intéressent, moi, premier consul, les affaires de Perse. »

En Suisse, dans cette Helvétie que Souvorof avait espéré parcourir en vainqueur, c'était Bonaparte qui faisait la loi, acceptant le titre de médiateur, occupant les cantons troublés par les discordes intestines. Il est vrai qu'aux îles Ioniennes, agitées par de petites guerres civiles sans cesse renaissantes, c'était un plénipotentiaire russe qui venait apaiser les esprits et l'empereur de Russie qui garantissait la contitution.

La paix d'Amiens allait être rompue : pour prévenir la rupture entre la France et l'Angleterre, la Russie aurait voulu faire accepter sa médiation. Elle craignait surtout l'occupation par les Français de Naples et du Hanovre.

---

1. Rambaud, *les Français sur le Rhin* et *l'Allemagne sous Napoléon I*ʳ.

L'occupation de Naples, c'était l'humiliation d'un autre client italien de la Russie; celle du Hanovre amènerait les Français bien près de l'Elbe et de Hambourg. Les craintes d'Alexandre se réalisèrent; Bonaparte, dans une guerre contre l'Angleterre, ne pouvait négliger des points aussi importants : Gouvion-Saint-Cyr occupa Tarente, Otrante, Brindisi; Mortier envahit le Hanovre et fit un emprunt à Hambourg; la Hollande et la Toscane furent également garnies de troupes françaises (juin-juillet 1803).

Le choix de Markof, comme représentant de la Russie à Paris, avait été peu heureux. Comme presque toute l'aristocratie russe, il haïssait également la France nouvelle, la Révolution et Bonaparte. Il était l'ami déclaré des émigrés, au moment où les complots royalistes mettaient en danger la vie du premier consul. Ses sympathies autrichiennes étaient notoires. Il se montrait orgueilleux, opiniâtre à l'excès, impertinent à l'occasion. Lorsque la cour consulaire et tout le corps diplomatique prirent le deuil pour la mort du général Leclerc, beau-frère de Bonaparte, lui seul s'en dispensa. Il fut compromis dans une saisie de pamphlets publiés contre le gouvernement : son nom se trouva en tête de la liste des souscripteurs. Il osait dire : « L'empereur de Russie a sa volonté, mais la nation aussi a la sienne. » Le gouvernement russe se refusait à le rappeler, malgré la déclaration de Talleyrand que depuis le renouvellement de la guerre avec l'Angleterre « la présence d'un homme aussi mal intentionné avait plus que du désagrément pour le premier consul ». Bonaparte se plaignait également d'émigrés français dont la Russie protégeait les intrigues : Christin, ancien secrétaire de Calonne, à Paris, de Vernègues à Rome, d'Entraigues à Dresde. A la suite d'une scène assez vive, Markof ne parut plus aux Tuileries et fut enfin rappelé. On ne fut guère plus content de d'Oubril, qui restait à Paris comme chargé d'affaires.

L'enlèvement et l'exécution du duc d'Enghien vinrent encore aggraver les rapports entre les deux cabinets. Cette nouvelle tragique parvint à Saint-Pétersbourg la veille d'une réception diplomatique; quand le moment de la réception arriva, l'empereur et toute sa cour parurent en deuil. Alexandre passa auprès de l'ambassadeur de France, le général Hédouville, sans proférer une parole. D'Oubril remit au gouvernement français une note dans laquelle on protestait contre la violation du droit des gens et d'un territoire neutre. Alexandre, invoquant la qualité de garant de l'empire germanique, titre qui aurait été conféré à la Russie par le traité de Teschen, fit remettre à la diète de Ratisbonne une note analogue, que la Suède et l'Angleterre s'empressèrent d'appuyer, mais qui embarrassa terriblement la diète et tout le corps germanique. Bonaparte répliqua en rappelant immédiatement Hédouville. A la note de d'Oubril, il répondit officiellement en se plaignant des mauvais procédés du gouvernement russe à son égard, de la malveillance de tous ses agents, des embarras qu'ils cherchaient à créer à la France en patronnant partout les émigrés, contesta à la Russie son titre à intervenir dans les affaires germaniques, déclara que dans l'affaire d'Ettenheim le gouvernement n'avait fait que se défendre : « La plainte que la Russie élève aujourd'hui conduit à demander si, lorsque l'Angleterre médita l'assassinat de Paul Ier, on eût eu connaissance que les auteurs du complot se trouvaient à une lieue des frontières, on n'eût pas été empressé de les faire saisir. » Après un pareil échange de notes, les chargés d'affaires eux-mêmes furent rappelés, et toutes les relations diplomatiques rompues.

Napoléon venait de se faire couronner empereur; il avait pris à Milan la couronne d'Italie, réuni Gênes au territoire français, modifié la constitution de la Hollande. Du camp de Boulogne, il menaçait l'Angleterre; mais déjà une coalition se formait contre lui. Novossiltsof, un des ministres favoris d'Alexandre, venait de partir pour Londres, avec une instruction rédigée par ce prince : on y retrouvait toutes les utopies, parfois généreuses, souvent incohérentes, dont il se berçait encore à cette époque; il y proposait d'arracher aux Français, qui se donnaient pour les champions de la liberté, cette arme dangereuse de propagande ; de donner au monde troublé un bon exemple en rétablissant le roi de Sardaigne ; de rendre à la Suisse et à la Hollande la liberté de se donner un gouvernement ; de déclarer à la nation française, qui ne manquerait pas de bien accueillir les coalisés, que la guerre était dirigée non pas contre elle, mais contre son gouvernement, aussi lourd à elle-même qu'au reste de l'Europe. Alexandre agitait encore dans cette note la reconstitution de l'Europe en tenant compte des frontières naturelles, des crêtes de montagnes, des groupes de nationalités, plus un projet de partage de l'empire ottoman, dans le cas où son existence deviendrait incompatible avec la situation actuelle de l'Europe. Le cabinet britannique reçut assez froidement ces communications, mais conclut un traité de subsides, à raison de 1 200 000 livres sterling par 100 000 hommes que la Russie mettrait sous les armes.

La Suède et Naples étaient acquis à la coalition ; l'Autriche attaquait déjà la Bavière, alliée de Napoléon ; Alexandre eût voulu s'assurer aussi de Frédéric-Guillaume III, toujours hésitant entre la France et la Russie et qui avait pris des engagements avec toutes deux. Alexandre crut pouvoir l'entraîner en annonçant que ses troupes allaient traverser la Silésie et la Poméranie : immédiatement le roi de Prusse mobilisa ses troupes pour faire respecter sa neutralité. Puis la violation des territoires d'Anspach et Baireuth par les Français vint changer le cours de ses idées. Alexandre eut près du tombeau de Frédéric le Grand l'entrevue fameuse avec le roi et la reine de Prusse ; par le traité de Potsdam, la Prusse s'engageait à fournir 80 000 hommes à la coalition si Napoléon n'adhérait pas à son *ultimatum*. L'ultimatum comportait l'indépendance de l'Allemagne, celle de l'Italie, l'indemnité au roi de Sardaigne : ce fut Haugwitz qu'on chargea de le porter à Napoléon.

Pendant ces négociations, les forces russes se mettaient en mouvement. Derrière les trois grandes armées autrichiennes (l'archiduc Charles en Italie, l'archiduc Jean en

Tyrol, Mack avec l'archiduc Ferdinand contre la Bavière) s'échelonnaient les troupes russes. Outre les 20 000 hommes (sous Tolstoï) qui devaient se joindre aux Suédois et débarquer à Stralsund, outre les 20 000 (sous l'amiral Séniavine) qui devaient se joindre aux Anglais et débarquer à Naples, outre les troupes chargées d'observer les frontières de la Turquie et de la Prusse, il y avait la grande armée d'Allemagne. Celle-ci avait pour avant-garde Koutouzof qui, avec 45 000 hommes, accourait sur l'Inn pour se joindre à Mack ; en Moravie, sous les ordres de Buxhœwden et sous les yeux de l'empereur russe se rassemblaient des forces imposantes. Alexandre avait autour de lui trois de ses ministres, Czartoryski, Novossiltsof, Strogonof. Toute la garde impériale russe, les chevaliers-gardes, la garde à cheval, le Préobrajenski, le Séménovski, l'Ismaïlovski, le Pavlovski, étaient là, avec l'élite de son armée.

Koutouzof était déjà arrivé à Braunau sur l'Inn lorsqu'il apprit la capitulation d'Ulm, l'anéantissement de l'armée de Mack. Lui-même se trouvait fortement compromis, à une telle distance de l'armée principale. Il avait sous ses ordres d'excellentes troupes et trois admirables lieutenants : le prince Bagration, un des héros de la campagne de 1799, l'élève chéri du vieux Souvorof ; Doktourof, l'intrépide chef des grenadiers ; Miloradovitch, qu'on appela le Murat de l'armée russe et dont on disait : « Quand on veut suivre Miloradovitch, il faut avoir une vie de rechange. » Menacé d'être devancé, sur la rive droite du Danube par la cavalerie de Murat, par Oudinot, par Lannes, sur la rive gauche par le corps de Mortier, Koutouzof rétrograda, livrant à Oudinot des combats acharnés à Lambach, Amstetten. Puis il passa le Danube à Krems, livra le combat de Dirnstein au corps de Mortier et remonta vers le nord pour rejoindre la grande armée russe. La surprise du pont de Vienne par Lannes et Murat le compromit sur son flanc droit pendant cette retraite sur la Moravie. Pour sauver son armée, il fallait sacrifier son arrière-garde. Le tenace Bagration fut chargé d'arrêter la poursuite des Français ; il se retrancha à Hollabrunn et Schœngraben. Murat, arrivé le premier, voulut gagner du temps pour attendre Lannes ; Bagration voulait en gagner pour qu'il fût possible à Koutouzof de s'échapper. Il reçut bien le parlementaire de Murat et envoya proposer à celui-ci un armistice au nom du tsar. Dix heures se passèrent en attendant la réponse de Napoléon. Celui-ci, furieux de la crédulité de Murat, expédia l'ordre d'attaquer immédiatement. Les 10 000 hommes de Bagration luttèrent avec acharnement pendant douze heures. A la nuit Bagration décampa, ayant perdu 2000 hommes et tous ses canons. Koutouzof, que son dévouement avait sauvé, l'embrassa en lui disant : « Tu vis, cela me suffit. »

A Olmütz, s'opéra la jonction de Koutouzof, de Buxhœwden et des Autrichiens ; à Brünn, Napoléon opérait sa concentration. Il avait réuni sous sa main environ 70 000 hommes ; les deux empereurs de Russie et d'Autriche 80 000. La plus grande exaltation régnait au quartier-général des Russes. Le jeune empereur, les jeunes officiers, fiers des beaux combats livrés par Koutouzof et Bagration, ne parlaient qu'avec le plus profond mépris des Autrichiens qui s'étaient laissé prendre si facilement à Ulm; ils n'avaient que haine et dédain pour *Buonaparté* le Corse, qui devait ses victoires précédentes à l'imbécillité de ses adversaires. Un petit succès d'avant-garde à Wischau, la timidité apparente de Napoléon, l'arrivée en parlementaire du général Savary, achevèrent de tourner toutes les têtes. Alexandre envoya également au quartier-général français le jeune prince Dolgorouki, porteur d'une lettre adressée *au chef de la nation française ;* il fallait, dit celui-ci à Napoléon, que la France abandonnât l'Italie si elle voulait avoir la paix tout de suite ; si elle était vaincue, il faudrait qu'elle abandonnât non-seulement le Rhin, mais le Piémont, la Savoie et la Belgique, dont on constituerait contre elle des barrières défensives. « Eh quoi ! Bruxelles aussi ! » s'écria Napoléon, et il le congédia sèchement. « Ces gens-là sont fous, dit-il ; que feraient-ils de la France si j'étais vaincu ! »

« Il est difficile, raconte un témoin oculaire russe, le

lieutenant d'artillerie Jirkiévitch, de se représenter l'enthousiasme qui nous animait tous, et quelle étrange et ridicule infatuation accompagnait ce noble sentiment. Il nous semblait que nous allions tout droit à Paris. Il n'était question que de Dolgorouki, un jeune homme de vingt-cinq ans, qui se rendit auprès de Napoléon avec une lettre de l'empereur, et tous admiraient l'habileté de la suscription où l'on avait su éviter de donner à Napoléon le titre impérial. On ajoutait même que lorsque Dolgorouki remit la lettre à Napoléon, comme celui-ci restait avec son chapeau sur la tête, lui-même se couvrit. Peu de jours se passèrent et nos idées furent bien changées. » D'après un plan imaginé par l'Autrichien Weirother et qu'Alexandre avait approuvé, Bagration, à droite, devait contenir Lannes; les deux gardes impériales suffiraient à garder le plateau de Pratzen; Doktourof, Langeron, Prjébichevski, même Koutouzof et Miloradovitch descendraient dans la vallée du Goldbach pour tourner Napoléon, le couper du Danube et le jeter dans les montagnes de Bohême.

La veille de la bataille, on croyait encore que Napoléon décamperait. Dolgorouki recommandait aux soldats « de bien regarder par où se retireraient les Français ». Au matin du 2 décembre, la vallée de Goldbach était couverte d'un brouillard, des ondes duquel émergeaient, comme du sein d'une mer laiteuse, les hauteurs que doraient les premiers rayons du soleil : à l'ouest, celles de Schlapanitz où se tenait Napoléon; à l'est, celles de Pratzen où se tenaient les empereurs alliés. Napoléon voyait distinctement les colonnes russes descendre du plateau de Pratzen pour se perdre dans le brouillard; et du côté des lacs de Sokolnitz, Satchan, Ménitz, c'est-à-dire vers sa droite, il entendait le bruit de leurs chariots d'artillerie; il s'assura que, suivant ses prévisions, les alliés voulaient le tourner par cette aile. Quand le plateau de Pratzen, centre de l'armée austro-russe, lui sembla suffisamment dégarni, il donna le signal. En vingt minutes, le corps de Soult en masses imposantes escalada ces pentes, attaqua Koutouzof et Miloradovitch dont les corps étaient seuls restés sur le plateau. Il y eut là une bataille acharnée. L'empereur de Russie se trouva sous la mitraille. Ses gens furent dispersés ; lui-même fut obligé de se retirer au galop, accompagné seulement de son médecin, d'une ordonnance et de deux kosaks. Un peu à droite du plateau, le césarévitch Constantin avec la garde essaya d'arrêter la cavalerie de Murat et la garde française. Ce fut une mêlée épique où se heurtaient, d'une part, les fameux régiments russes de la garde à pied, les chevaliers-gardes, élite de la noblesse russe, les uhlans, les chasseurs de la garde, les kosaks du corps, les cuirassiers de Lichtenstein ; de l'autre, les Mameloucks de Rapp, les grenadiers à cheval de Bessières, la cavalerie légère de Kellermann, les cuirassiers d'Hautpoul et de Nansouty. A l'extrême droite des Russes, Bagration put aisément battre en retraite devant Lannes ; mais à leur gauche, les colonnes de Doktourof, Langeron, Prjébichevski, engagées dans le réseau des lacs, contenues depuis le matin par le corps de Davoust, tout à coup prises à dos par les troupes victorieuses qui redescendaient du plateau de Pratzen, se trouvaient dans une épouvantable situation ; 2000 hommes périrent sous la glace que Napoléon faisait briser à coups de canon. Doktourof protégea la retraite : « On ne peut, dit Dumas, à la fin d'une bataille perdue, faire une plus belle contenance. »

Telle fut la « bataille des trois empereurs ». Les Russes se retiraient sur Austerlitz : à eux seuls, sans parler des pertes des Autrichiens, ils avaient perdu 21 000 hommes, 133 canons et 30 drapeaux. Ils étaient furieux contre leurs alliés. Comme après Zürich, ils les accusaient d'incapacité, même de trahison. C'étaient les Autrichiens qui avaient tracé le plan de la bataille ; or, combattant dans leur propre pays, sur un terrain qu'ils avaient étudié à loisir dans les manœuvres de parade, ils n'avaient su ni disposer les troupes, ni veiller aux fourrages, aux munitions. Dolgorouki, dans un rapport à l'empereur, disait : « On amena l'armée de Votre Majesté plutôt pour la livrer à l'ennemi que pour le combattre ; et, ce qui achève cette infamie, c'est que nos dispositions étaient connues de l'ennemi, ce dont on a des preuves certaines. » Rostoptchine lui faisait écho : « Le plan avait été communiqué en trahison à Bonaparte ; quarante-huit heures avant le jour fixé pour l'exécution, celui-ci attaqua avant la pointe du jour. Dès le début, la moitié des Autrichiens prirent les armes, l'autre moitié passa à l'ennemi et quelques-uns même tirèrent sur les nôtres. »

Le 4, l'empereur d'Autriche eut une entrevue avec Napoléon et obtint pour l'armée russe, fort compromise après son désastre, serrée de près par Davoust, la faculté de se retirer, à condition qu'elle retournerait en Russie par journées d'étapes que réglerait Napoléon. Le 26, fut signée la paix de Presbourg, qui enlevait à François II la Vénétie, le Tyrol, la Souabe autrichienne ; il allait abdiquer le titre d'empereur d'Allemagne. Cette nouvelle intervention des Russes en Europe aboutissait à un accroissement formidable de la puissance française : le roi de Naples était détrôné, remplacé par Joseph ; le royaume d'Italie s'agrandissait de la Vénétie ; Murat devenait grand-duc de Berg ; les souverains de Bavière, Würtemberg, Bade, fortifiés des dépouilles de l'Autriche, décorés des titres de rois et de grand-duc, formaient, avec le nouveau prince-primat Charles de Dalberg, le grand-duc de Hesse-Darmstadt et quinze autres princes souverains, la Confédération du Rhin (*Rheinbund*). Il n'y avait plus de clientèle russe en Allemagne. On voyait déjà la famille de Napoléon contracter des alliances matrimoniales avec celles de Bavière, Würtemberg, Bade. Les vassaux allemands du successeur de Charlemagne, du nouvel empereur d'Occident, allaient renforcer ses armées de 100 à 150 000 hommes. Haugwitz, qu'on avait chargé de signifier à Napoléon l'*ultimatum* stipulé par le traité de Potsdam, s'était trouvé à Schœnbrunn en présence d'un vainqueur défiant et invincible ; il avait dû signer un traité qui imposait à la Prusse l'acceptation du Hanovre en échange d'Anspach et Baireuth, la brouillait irrévocablement avec l'Angleterre. La coalition était donc battue militairement, dissoute diplomatiquement : la Russie, isolée par la ruine de Naples, l'abandon de l'Autriche, la défection de la Prusse, se retrouvait presque seule sur le continent.

On sait comment de ce même traité de Schœnbrunn, qui semblait devoir rattacher la Prusse à Napoléon, sortit une guerre nouvelle. La coalition se reforma donc entre la Russie, l'Angleterre, la Suède, la Prusse. Les Prussiens montrèrent en 1806 la même précipitation que les Autrichiens en 1805 ; pas plus qu'eux, ils ne se donnèrent le temps d'attendre les Russes ; quand Alexandre se trouva disposé à entrer en campagne, il apprit le double désastre d'Iéna et d'Auerstaedt, comme naguère il avait appris celui d'Ulm. Pour la seconde fois, son allié principal était battu, et tout le poids de la guerre retombait sur la Russie. Cette fois la catastrophe était encore plus grande ; car la monarchie prussienne même avait cessé d'exister :. les Français occupaient Berlin, enlevaient les places de l'Oder et de la Vistule ; il ne restait plus dans le nord à Frédéric-Guillaume que trois forteresses : Dantzig, Kœnigsberg et Memel, et un petit corps de 14 000 hommes sous Lestocq.

Les événements s'étaient précipités avec une rapidité si foudroyante que la Russie se trouva prise à l'improviste. Après Austerlitz, elle avait essayé de négocier avec Napoléon et envoyé d'Oubril à Paris ; mais d'Oubril, qui avait consenti à l'évacuation des bouches du Cattaro et des îles Ioniennes, à la reconnaissance du principe de l'intégrité ottomane, fut désavoué à Saint-Pétersbourg comme Haugwitz l'avait été à Berlin. La Russie se trouvait dans un terrible embarras : à ce moment même, elle allait avoir une double guerre contre la Perse et la Turquie. Czartoryski, ministre des affaires étrangères, adressa à l'empereur un mémoire pour lui conseiller la paix. Il montrait que la Russie avait deux points vulnérables : la Pologne, le servage des paysans. Il fallait éviter à tout prix l'invasion ; car l'envahisseur ne manquerait pas de proclamer le rétablissement de la Pologne et l'affranchissement des serfs. Peu importait que l'Allemagne fût sujette de Napoléon, pourvu que celui-ci consentît à ne pas dépasser le Weser et même l'Elbe. Il fallait consentir à l'évacuation du Cattaro et des îles Ioniennes, garantir seulement la Sicile au roi de Naples, obtenir une indemnité quelconque au roi de Sardaigne. Mieux valait s'assurer le concours de Napoléon pour le règlement des affaires de Turquie. Une seule condition importait : la sécurité de l'empire.

Mais Alexandre, assuré de la Prusse, encore intacte à ce moment, inclinait à la guerre. Il ordonna une nouvelle levée de 5 hommes par 500 âmes; abaissa d'un pouce la taille exigée, fit des commandes de fusils, même aux particuliers, même à l'étranger; créa de nouveaux régiments; fit appel aux étudiants, aux jeunes nobles, leur promettant le grade d'officier après six mois de service; car on avait fait au plateau de Pratzen une terrible consommation de chevaliers-gardes. On agita un projet d'organisation de milices qui eût donné 612 000 hommes. On prescrivit aux popes de prêcher partout que l'on faisait la guerre « non pour la vaine gloire, mais pour le salut de la patrie ». On s'adressa à l'Angleterre pour un emprunt de 6 millions de livres. On essaya d'entraîner encore une fois l'Autriche. Quand la Prusse fut écrasée, on appela les 14 000 Prussiens de Lestocq.

Buxhœwden avait 28 000 hommes; une autre armée de 60 000 hommes fut confiée à Bennigsen, homme instruit, d'une énergie à toute épreuve (un des conspirateurs de 1801), ayant un certain génie tactique : on lui reprochait d'être indécis au moment critique, de négliger la discipline, de ne pas savoir réprimer le pillage : les maraudeurs ne respectaient même pas son quartier-général et sa propre maison. Il rachetait ces défauts par une ténacité qui allait étonner Napoléon. Le vieux feld-maréchal Kamenski, nommé généralissime, avait concentré toutes ses forces sur la Vistule. Quand ses infirmités l'obligèrent à résigner le commandement, c'est Bennigsen qui lui succéda.

Murat, Davoust et Lannes étaient entrés à Varsovie, alors possession prussienne, et s'étaient établis sur le Bug, formant la droite de la grande-armée; Soult et Augereau passèrent la Vistule à Modlin et formèrent le centre; Ney et Bernadotte, à la gauche, occupèrent Thorn et Elbing. En arrière, Mortier agissait en Poméranie contre les Suédois; Lefebvre assiégeait Dantzig; Jérôme Bonaparte, avec Vandamme, achevait la conquête de la Silésie. Pressé par la grande-armée, Bennigsen fut obligé d'évacuer la Pologne, après avoir livré de rudes combats, surtout à Pultusk (26 décembre), se retira par Ostrolenka, abandonnant dans les boues de la Pologne 80 canons et près de 10 000 hommes ; il s'arrêta sur l'Alle pour couvrir Kœnigsberg.

L'hiver était venu; la grande-armée se reposait dans ses cantonnements, lorsque Bennigsen conçut le projet audacieux d'enlever son aile gauche, de passer entre les deux corps de Bernadotte et de Ney, d'écraser Bernadotte, de jeter Ney à la mer, de débloquer Dantzig et de reporter la guerre dans le Brandebourg, sur les derrières de Napoléon. Bernadotte fit une telle résistance à Mohrungen et Osterode que Napoléon eut le temps d'accourir et que Bennigsen lui-même fut sur le point d'être tourné par son aile gauche et coupé de ses communications. Une dépêche interceptée l'avertit du danger qu'il courait. Il fallut hâter la retraite, et c'est encore Bagration qui fut chargé de la couvrir. Il se couvrit de gloire comme à Schœngraben, se fit écraser pour le salut de l'armée; son « incomparable régiment de Kostroma » fut presque anéanti; lui-même fut blessé grièvement. Pendant ce temps, Bennigsen filait sur Eylau et prenait position, à l'est de cette ville, sur une ligne de hauteurs qui s'étendait de Schloditten à Serpallen; en arrière de son centre était le village de Sansgarten; son front était couvert par 250 pièces de canon.

Lorsque Napoléon arriva dans Eylau, prise le 7 février, il n'avait avec lui que Soult, Augereau, Murat et la garde: il lui manquait Davoust, qui devait former son aile droite, Ney, qui devait former son aile gauche et qui s'était attardé à la poursuite de Lestocq : Bennigsen, de son côté, attendait Lestocq, qui formerait sa droite. La bataille cependant s'engagea (8 février) : elle fut une des plus sanglantes du siècle. Il tombait une neige épaisse qui, par moment, dérobait la vue du champ de bataille; le ciel était d'un gris livide; le paysage était funèbre comme l'action. Celle-ci commença par une formidable canonnade, qui dura toute la journée. Les Français, abrités par les bâtiments de la ville d'Eylau, disposés en ordre mince, en souffrirent moins que les Russes, presque découverts et rangés en masses compactes. Les corps d'Augereau et la division de Saint-Hilaire, chargés d'attaquer l'aile gauche des Russes, s'égarèrent, aveuglés par un ouragan de neige; quand le ciel s'éclaircit, les deux divisions d'Augereau se trouvèrent tout à coup en face du centre russe, à quarante pas d'une batterie de 72 canons; mitraillées presque à bout portant, elles furent à moitié détruites et perdirent en quelques minutes 5200 hommes : Augereau et ses deux divisionnaires furent blessés. En même temps, sur l'infanterie de Saint-Hilaire fondait une masse énorme de cavalerie, uhlans et cuirassiers, qui renversa tout sur son passage. L'infanterie du centre russe s'avança presque jusqu'au cimetière d'Eylau, où se trouvait Napoléon. C'est alors que Murat réunit à son tour 80 escadrons, dirigea sur cette infanterie la plus épouvantable charge dont fasse mention l'histoire de ces guerres; ses cuirassiers enfoncèrent les carrés les plus solides. Puis les deux armées continuèrent à s'observer et à se canonner. La bataille ne fit quelques progrès que lorsque Davoust entra enfin en ligne à la droite de l'armée française, tourna la gauche des Russes, la rejeta sur le centre, parvint jusqu'à Sansgarten sur leurs derrières. Les Prussiens de Lestocq arrivèrent à leur tour à l'autre extrémité de la ligne; mais ils étaient suivis de Ney, qui, dans la nuit noire, à neuf heures et demie, commença à enfoncer l'aile droite de Bennigsen. Les Russes risquaient maintenant d'être enveloppés. Ils avaient fait des pertes cruelles. Une de leurs divisions, celle d'Ostermann-Tolstoï, ne comptait plus que 2500 hommes. « Le général en chef, dit M. Bogdanovitch, lut avec tremblement les rapports des commandants de corps. » Il n'avait pas 30 000 hommes sous les armes; 26 000 étaient tués ou blessés; Barclay de Tolly, Doktourof, sept autres généraux

CHAPITRE XXXIV.

étaient blessés. Il profita de la nuit pour décamper; d'une résistance glorieuse, il n'hésita pas à faire une victoire.

Les Français avaient plus de droit à se dire vainqueurs puisqu'ils restaient maîtres du champ de bataille. A la différence des Russes, ils avaient encore des troupes intactes: le corps de Ney, l'infanterie de la garde : mais ils avaient aussi terriblement souffert ; une morne tristesse pesait sur les survivants. Tant d'efforts, tant de sang versé, et si peu de résultats, si peu de trophées! Cette impression mélancolique se refléta même dans le bulletin de Napoléon où il se laisse aller à décrire l'aspect funèbre du champ de bataille, les milliers de cadavres entassés, les canonniers tués sur leurs pièces, « tout cela ayant plus de relief sur un fond de neige ». Ney haussait les épaules en voyant ce carnage: « Quel massacre, dit-il, et sans résultat! » On souffrait de la faim, du froid ; les immenses espaces, les routes défoncées, les plaines marécageuses, la stoïque résistance des Russes avaient déconcerté les calculs de Napoléon. Eylau lui donnait un avant-goût de 1812, le retard de Ney un avant-goût de Waterloo. La fortune prenait soin de l'avertir qu'elle ne serait pas toujours exacte à ses rendez-vous. L'effet produit en Europe fut fâcheux : à Paris les fonds baissèrent. Bennigsen faisait audacieusement chanter des *Te Deum.*

Napoléon, pour constater sa victoire, refaire son armée, rassurer la France, raffermir l'opinion européenne, encourager l'insurrection polonaise, contenir l'Allemagne et l'Autriche malveillante, resta une semaine entière à Eylau. Il négociait : d'une part, il faisait écrire par Talleyrand au ministre des affaires étrangères prussien, Zastrow, pour lui proposer la paix et son alliance; il envoyait Bertrand à Memel pour proposer au roi de Prusse son rétablissement, pourvu qu'il n'y eût pas d'intercession étrangère; de l'autre, il essayait de négocier avec Bennigsen. Celui-ci répondit que « son maître l'avait chargé de combattre et non de négocier ». La Prusse, après quelques hésitations, finit par joindre sa fortune à celle de la Russie. Par la convention de Bartenstein (25 avril 1807), les deux souverains convenaient des points suivants : 1° rétablissement de la Prusse dans ses limites de 1805; 2° anéantissement de la Confédération du Rhin; 3° restitution à l'Autriche du Tyrol et de la Vénétie; 4° accession de l'Angleterre à la coalition, agrandissement du Hanovre; 5° demande de concours à la Suède; 6° restauration de la maison d'Orange, indemnités aux rois de Naples et de Sardaigne. Ce document a son importance : il reproduit à peu près les conditions faites à Napoléon par le congrès de Prague, en 1813.

La Prusse et la Russie se proposaient donc de faire un appel plus pressant à l'Autriche, à la Suède, à l'Angleterre; mais l'empereur François était naturellement indécis : l'archiduc Charles, alléguant l'état des finances et de l'armée, lui déconseilla absolument une nouvelle intervention. La Suède était trop faible; malgré ses fureurs contre Napoléon, Gustave IV venait d'être obligé de conclure un armistice avec Mortier. Le ministère anglais montra une remarquable inintelligence de la situation; il refusa à la Russie de lui garantir son nouvel emprunt de 150 millions; il ne voulut se prêter à aucune diversion maritime.

Napoléon déployait une activité diplomatique aussi grande : le sultan Sélim III déclarait la guerre à la Russie; le général Sébastiani, envoyé à Constantinople, mettait le Bosphore en état de défense et repoussait la flotte anglaise; le général Gardane partait pour Ispahan avec mission de provoquer une diversion de la Perse dans le Caucase. Dantzig venait de capituler, et les 40 000 hommes de Lefèvre devenaient disponibles. Masséna en amenait 36 000 d'Italie.

Au printemps, Bennigsen, qui avait été renforcé de 10 000 hommes de troupes régulières, de 6000 kosaks et que venait rejoindre la garde impériale, à la tête maintenant de 100 000 hommes, reprit l'offensive : Gortchakof commandait sa droite et Bagration sa gauche. Il tenta, comme l'année précédente, d'enlever le corps de Ney; mais celui-ci livra en se retirant deux combats sanglants, à Gutstadt et Ankendorff. Bennigsen, menacé de nouveau d'être cerné, se retira sur Heilsberg : il s'y défendit avec ténacité

(10 juin); mais les Français, se prolongeant sur sa droite, marchèrent sur Eylau pour le couper de Kœnigsberg. Le généralissime russe décampa; mais, serré de près, il dut encore s'arrêter à Friedland, sur l'Alle.

La position prise par lui était des plus hasardées : toute son armée se trouva resserrée dans un angle de l'Alle, ayant à dos le lit escarpé de la rivière, ne pouvant compter, pour opérer sa retraite en cas de malheur, que sur les trois ponts de Friedland. Les avant-gardes françaises arrivèrent à deux heures du matin, garnirent de tirailleurs les bois de Posthenen et tinrent les Russes en arrêt jusqu'à l'arrivée de l'empereur. L'armée russe était presque blottie dans le ravin de l'Alle : « Où donc sont cachés les Russes? » demandait Napoléon en arrivant. Quand il eut observé leur situation : « Non, dit-il, on ne surprend pas tous les jours l'ennemi en pareille faute ! » Il mit Lannes et Victor en réserve, ordonna à Mortier de contenir, à gauche, Gortchakof et de rester immobile, vu que le « mouvement devra être fait par la droite qui pivotera sur la gauche »; quant à Ney, il devait aborder, à droite, Bagration, s'enfoncer comme un coin parmi les Russes tassés dans l'angle de la rivière; il devait se jeter dans cet encombrement tête baissée, sans prendre souci de se garder. Ney conduisit ce mouvement avec une fougue irrésistible; son artillerie mitrailla les Russes à 150 pas; il écrasa successivement les chasseurs de la garde russe, l'Ismaïlovski, la garde à cheval, brûla Friedland de ses obus, canonna les ponts qui étaient leur seul moyen de retraite. En un quart d'heure, l'Ismaïlovski perdait 400 hommes sur 520; Bagration, entouré des grenadiers de Moscou, dut mettre l'épée à la main; ses lieutenants Raïévski, Ermolof, Baggowut se consumèrent en efforts inutiles. Toute l'aile gauche des Russes fut presque jetée dans la rivière; Bagration, avec le Séménovski et d'autres troupes, couvrit tant bien que mal cette déroute. A la droite des Russes, Gortchakof, qui s'était avancé pour attaquer l'immobile Mortier, n'eut que le temps de regagner l'Alle pour le passer à gué. Le comte Lambert se retira avec 29 canons par la rive gauche, le reste fuyait par la rive droite, âprement poursuivi par la cavalerie. Pendant ce temps, Murat, Davoust et Soult, qui n'avaient pas pris part à la bataille, étaient arrivés devant Kœnigsberg : Lestocq, avec 25 000 hommes, essaya de le défendre; mais en apprenant le désastre de Friedland, il l'évacua en toute hâte. Il ne restait plus à Frédéric-Guillaume III qu'une seule forteresse : la petite ville de Memel. Les Russes avaient perdu à Friedland 15 à 20 000 hommes et 80 canons (14 juin).

Alexandre, établi à Jurburg, reçut un rapport de Bennigsen qui se bornait à énoncer qu'il avait été obligé d'évacuer les bords de l'Alle, qu'il s'arrêterait dans une position plus avantageuse pour y attendre les renforts amenés par Lobanof-Rostovski; or, Lobanof n'avait que quelques milliers de Kalmouks; c'était à ces sauvages mal armés qu'on s'en remettait pour le salut de l'empire de Russie. D'autres rapports plus explicites, du césarévitch Constantin et d'autres officiers, parvinrent à Alexandre : la situation était désespérée; la Russie n'avait plus d'armée. Un seul homme proposa de continuer la guerre, Barclay de Tolly; mais pour cela il fallait rentrer en Russie, reculer jusqu'au cœur de l'empire, tout brûler sur son passage, opposer à l'ennemi le désert. Alexandre espéra pouvoir s'en tirer à meilleur compte. Il écrivit à Bennigsen une lettre sévère et lui donna des pouvoirs pour traiter. Le prince Lobanof partit pour le quartier général de Napoléon, qui à son tour dépêcha le capitaine de Talleyrand-Périgord. Alexandre avait alors un sentiment commun avec Napoléon : la haine des Anglais; il ne leur pardonnait ni leur refus de garantir l'emprunt russe, ni l'insuffisance calculée de leurs diversions, ni leur égoïsme mercantile.

Le 25 juin, eut lieu l'entrevue sur le radeau de Tilsit : Alexandre et Napoléon s'entretinrent près de deux heures. Le roi de Prusse ne fut pas admis à une conférence de laquelle dépendait le sort de sa dynastie; à cheval sur le rivage, poussant son coursier jusque dans l'eau, il resta les yeux fixés sur le radeau fatal. Les grâces mêmes de la reine de Prusse ne purent adoucir la rigueur du traité.

C'était par « égard pour l'empereur de Russie et dans son désir d'unir les deux nations par un lien d'amitié éternelle », que Napoléon « consentait » à restituer à Frédéric-Guillaume III la vieille Prusse, la Poméranie, le Brandebourg et la Silésie (8 juillet).

Ces articles consacraient la déchéance de la Prusse : à l'ouest, Napoléon lui enlevait toutes ses possessions entre le Rhin et l'Elbe avec Magdebourg ; il détrônait ses alliés de Brunswick et de Hesse-Cassel ; à l'est, il lui enlevait toute la Pologne. Il cassait en quelque sorte les deux ailes à l'aigle prussienne. Sur son flanc droit, il établissait le royaume de Westphalie ; sur son flanc gauche, le grand-duché de Varsovie. Dantzig était déclarée ville libre ; le district de Bélostok, démembré de la *Russie Noire*, était adjugé à la Russie. On restituait leurs États aux princes de Mecklembourg et d'Oldenbourg ; mais ils devaient souffrir l'occupation de leur territoire pour l'exécution du blocus continental ; de même que la Saxe, les États de Thuringe et tous les petits princes de l'Allemagne, ils allaient être forcés d'accéder à la Confédération du Rhin. Le roi de Prusse adhérait au blocus continental. Ses États ne lui seraient rendus qu'après l'entier payement d'une contribution de guerre.

Outre les conditions relatives à la Prusse, le traité de Tilsit établissait : 1° médiation russe entre la France et l'Angleterre, française entre la Russie et la Turquie ; 2° reconnaissance par Alexandre (Frédéric-Guillaume devait les reconnaître également) des rois Joseph de Naples, Louis de Hollande, Jérôme de Westphalie ; reconnaissance de la Confédération du Rhin, et en général des États fondés par Napoléon ; 3° garantie réciproque pour l'intégrité des possessions actuelles de la Russie et de la France.

Un second traité, les *articles secrets*, stipulait que Cattaro serait restitué à la France ; que les îles Ioniennes lui appartiendraient en toute propriété ; que si Ferdinand venait à être dépouillé de la Sicile, il n'aurait d'autre indemnité que les Baléares ou les îles de Chypre et Candie ;

que Joseph serait alors reconnu roi des Deux-Siciles ; qu'une amnistie serait accordée aux Monténégrins, Herzégoviniens et autres peuples insurgés à l'appel de la Russie ; que si le Hanovre était réuni au royaume de Westphalie, la Prusse recevrait sur la rive gauche de l'Elbe un territoire peuplé de 3 ou 400 000 habitants.

Un troisième traité, traité d'alliance offensive et défensive, portait : 1° qu'un *ultimatum* serait adressé à l'Angleterre le 1er novembre et que, s'il restait sans effet, la guerre lui serait déclarée par la Russie le 1er décembre ; 2° que la Turquie aurait trois mois de délai pour faire sa paix avec le tsar, et qu'ensuite « les deux hautes puissances contractantes s'entendront pour soustraire toutes les provinces de l'empire ottoman en Europe, la ville de Constantinople et la Roumélie exceptées, au joug et aux vexations des Turcs » ; 3° que la Suède serait sommée de rompre avec l'Angleterre, sinon le Danemark serait invité à prendre part aux opérations contre elle, et la Finlande serait annexée à la Russie ; 4° que l'Autriche serait invitée à accéder au blocus continental, en même temps que la Suède, le Danemark et le Portugal.

Cette paix méritait, à certains égards, l'épithète de « traîtresse », *treacherous peace*, que lui appliquait dans son désappointement l'agent anglais Wilson. La France abandonnait, livrait son alliée traditionnelle, la Turquie : il est vrai que Napoléon alléguait pour excuse la révolution qui venait de renverser son ami, le sultan Sélim. Il agissait de même à l'égard d'une autre vieille alliée, la Suède. Il faisait tous ces sacrifices pour avoir le droit d'exécuter ses desseins machiavéliques contre l'Espagne, dont les troupes combattaient loyalement sous ses drapeaux. Alexandre ne faisait pas de moindres sacrifices d'honneur et d'intérêt aux combinaisons nouvelles. Brusquement il acceptait d'être en guerre avec son alliée de la veille, l'Angleterre ; il renonçait au principe de l'intégrité de la Prusse et acceptait même de ses dépouilles la province de Bélostok ; il se chargeait d'arracher la Finlande à son beau-frère, à son allié Gustave IV ; il consentait, sous l'euphémisme de grand-duché de Varsovie, à voir se reformer un noyau de Pologne sur sa frontière. Pourtant, ce traité étrange, s'il eût été exécuté loyalement, aurait pu contenter les deux États. La part de la Russie était plus belle au fond que celle de Napoléon : tandis que la France allait s'épuiser dans la stérile guerre d'Espagne, de brillantes perspectives s'ouvraient en Orient, sur le Danube, aux ambitions d'Alexandre. Grâce à l'alliance française, il pouvait suivre de ce côté les traces glorieuses de Sviatoslaf, de Pierre le Grand et de son aïeule Catherine la Grande. Pendant quelques jours du moins, Alexandre Ier parut enthousiaste de son allié. Ils échangèrent les cordons de leurs ordres ; chacun d'eux décora un des plus braves soldats de l'autre armée ; ce fut le grenadier Lazaref qui reçut la croix de la Légion d'honneur ; un bataillon de la garde impériale offrit un banquet fraternel au Préobrajenski.

Entrevue d'Erfurt : guerres avec l'Angleterre, la Suède, l'Autriche, la Turquie, la Perse.

Le changement dans la politique étrangère devait entraîner un remaniement dans le personnel du gouvernement. Alexandre se sépara des amis de sa jeunesse, qui avaient été ses conseillers dans la guerre précédente : Novossiltsof, Kotchoubey, Strogonof, Adam Czartoryski. Il appela dans son cabinet des partisans de la politique nouvelle : Roumantsof aux affaires étrangères, Spéranski au conseil d'État. Celui-ci ne cachait pas son admiration pour le génie de l'empereur des Français, pour les principes issus de la Révolution et consignés dans le Code civil. Il désirait sérieusement le maintien de l'alliance française, et l'un des slavophiles de notre temps, M. Pogodine, ne se sent pas le courage de condamner cette politique. « Elle prouve au contraire, dit-il, sa perspicacité d'homme d'État. Les conditions proposées par Napoléon Ier eussent été assurément plus légères à porter que celles qui nous furent imposées par Napoléon III, sous Sévastopol. Les destinées de l'Europe eussent été autres, Sévastopol resplendirait encore sur le rivage de la mer Noire, et le continent n'aurait pas été récemment inondé de sang par deux guerres cruelles. » — « La question d'Orient, dit un autre slavophile, M. Oreste Miller, eût été, selon toute apparence, résolue, la prépondérance anglaise anéantie dans le Levant. »

En 1807, il faut reconnaître que l'opinion russe était profondément hostile à cette paix. L'aristocratie ne s'était pas encore réconciliée avec l'état de choses issu de la Révolution. L'impératrice-mère s'entourait d'émigrés français : sa cour était le centre du parti anglais et autrichien. Ce n'était pas seulement le brusque abandon des anciennes alliances que l'on blâmait, c'était aussi le rétablissement partiel de l'ennemi héréditaire, de la Pologne, et encore la question du grand-duché de Varsovie semblait secondaire : « on voyait là surtout une conséquence de l'asservissement à Napoléon. » Le renvoi de Louis XVIII, obligé de quitter Mittau pour l'Angleterre, le guet-apens de Bayonne contre les Bourbons d'Espagne, exaspérèrent encore les passions.

Savary, ambassadeur de Napoléon, subit le contre-coup de ces émotions. Ce choix d'ailleurs n'était pas heureux, puisque Savary passait pour avoir été plus ou moins mêlé à l'affaire du duc d'Enghien. « L'opinion était tellement montée contre les Français, raconte Savary, que dans aucun hôtel garni on ne voulait me loger.... L'accueil de la société envers moi et ce qui m'accompagnait était en raison inverse des bontés de l'empereur Alexandre. Pendant les six premières semaines de mon séjour ici, je n'ai pu me faire ouvrir une seule porte. L'empereur de Russie voyait tout cela, il aurait voulu qu'on eût agi autrement.... Au moment de mon arrivée à Saint-Pétersbourg, on récitait publiquement, dans les églises, des prières contre nous et particulièrement contre l'empereur Napoléon. » Les boutiques des libraires étaient pleines de pamphlets contre la France, contre Napoléon, contre l'ambassadeur français. « Rien n'était égal, continue Savary, à l'irrévérence avec laquelle la jeunesse russe osait s'expliquer sur le compte de son souverain. Pendant quelque temps, je conçus de l'inquiétude sur la suite que ces licences pourraient avoir dans un pays où les révolutions de palais n'étaient que trop communes. » L'envoyé de Napoléon crut même devoir communiquer à Alexandre une correspondance fraîchement saisie, où l'on écrivait de Prusse à des amis de l'intérieur des lettres dans ce goût : « Est-ce que vous n'avez plus chez vous des Pahlen, des Zoubof, des Bennigsen? »

L'ambassadeur de Suède, Stedingk, écrivait également à Gustave IV : « Le mécontentement contre l'empereur Alexandre s'accroît de plus en plus, et l'on dit en ce moment des choses effrayantes à entendre; les hommes dévoués à l'empereur sont désespérés; mais il n'y a parmi eux personne qui ose remédier au mal et qui ait le courage de lui révéler complétement tout le danger de la situation. Non-seulement dans les conversations particulières, mais encore dans les réunions publiques, on parle d'un changement de gouvernement ». Quelques échos du mécontentement public parvinrent cependant aux oreilles d'Alexandre; l'amiral Mordvinof lui écrivait : « Quoique les jours de gloire soient passés, ceux où la Russie faisait la loi; bien qu'elle ait perdu les belles espérances auxquelles elle avait été accoutumée dans notre jeunesse, les fils de la Russie sont prêts à verser la dernière goutte de leur sang plutôt que de se courber ignominieusement devant l'épée de celui qui n'a sur eux d'autre avantage que d'avoir su exploiter la faiblesse, la trahison et l'incapacité ». L'historien Karamzine préparait déjà son mémoire à l'empereur sur la *Russie ancienne et nouvelle*.

En général, la littérature de cette époque a un caractère antifrançais très-prononcé : les tragédies nationales de Krioukovski et Ozérof, les odes patriotiques de Joukovski, les comédies et les fables mêmes de *l'oncle* Krylof, les productions de la presse périodique, représentée par les Glinka, les Gretch, les Batiouchkof, les Schichkof : tout respire la haine de Napoléon, l'aversion pour cette France nouvelle, que les Russes, habitués à admirer, à imiter l'ancienne France de Versailles, regardaient avec les yeux de nos émigrés. Le plus fougueux des gallophobes de cette époque, c'est déjà le comte Rostoptchine : vers 1807, il publiait sa nouvelle satirique *Oh! les Français*, et une comédie intitulée les *Nouvelles* ou le *Mort-Vivant*, où il attaquait vivement les alarmistes et les partisans outrés des modes d'Occident. Dans les *Pensées à haute voix sur l'Escalier rouge*, en 1807, il s'écriait : « Resterons-nous encore longtemps à imiter les singes?... Qu'il arrive un Français échappé à la potence, aussitôt on se l'arrache ; et lui, il fait des façons, il se dit prince ou gentilhomme, ayant perdu sa fortune pour la cause de la fidélité ou de la foi, et il n'est en réalité qu'un laquais ou un boutiquier, ou un commis de gabelle, ou un prêtre interdit qui s'est sauvé par peur de sa patrie.... Qu'enseigne-t-on aujourd'hui aux enfants? à bien prononcer le français, à tenir les pieds en dehors et à se friser les cheveux. Celui-là seul est spirituel qu'un Français prendra pour son compatriote. Comment peuvent-ils aimer leur patrie quand ils savent même mal leur propre langue? N'est-ce pas une honte? Dans tous les pays, on apprend le français aux enfants, mais seulement pour qu'ils le sachent, et non pas pour qu'il remplace leur langue maternelle. » Et il continuait par de violentes invectives contre l'ambition française et par une invocation aux braves d'Eylau : « Gloire à toi, victorieuse armée russe, portant le glaive au nom du Christ! Gloire à notre empereur et à notre mère la Russie! Salut à vous, héros russes : Tolstoï, Kojine, Galitsyne, Doktourof, Volkonski, Dolgorouki! Paix éternelle à toi, dans le ciel, jeune et valeureux Galitsyne! Triomphe, empire russe! l'ennemi du genre humain recule devant toi ; il ne peut lutter contre ta force invincible. Il est venu comme un lion furieux, croyant tout dévorer : il fuit comme un loup affamé et grince des dents. »

Par une contradiction, qu'explique son éducation, c'est surtout dans sa correspondance et ses ouvrages en notre langue que Rostoptchine s'attaquait à nous le plus âprement ; c'est en français que les nobles russes, élèves des Français du dix-huitième siècle, maudissaient la France. Miss Wilmot, avec une évidente intention de dénigrement vis-à-vis des deux peuples, se moquait, dès 1805, de « la singerie de l'ours Bruin quand il folâtre avec un singe sur ses épaules » — : « Au milieu de cette adoption des manières, des habitudes et de la langue française, il y a quelque chose de puérilement stupide à déclamer contre Bonaparte et les Français, quand les Russes ne peuvent pas dîner s'ils n'ont un cuisinier français pour leur apprêter leur repas; quand ils ne peuvent élever leurs enfants sans le secours d'aventuriers qu'ils font venir de Paris, sous le nom de précepteurs et de gouvernantes ; en un mot, quand toute idée de mode, de luxe, d'élégance est empruntée à la France. Quelle folie fieffée ! »

Telle était la société russe au lendemain de Tilsit. A ses dispositions peu bienveillantes pour la France, l'indignation soulevée par l'odieux attentat des Anglais contre le Danemark, lors du bombardement de Copenhague en pleine paix (sept. 1807), ne fit qu'une diversion de peu de durée. On put croire un moment que la paix de Tilsit n'avait en Russie que trois partisans : l'empereur, le chancelier Roumantsof et Spéranski. Encore Alexandre commençait-il à éprouver plus d'une désillusion ; tous les actes de son allié blessaient ses convictions: après le roi de Sardaigne, après le roi de Naples, voici qu'il expulsait la maison de Bragance, détrônait les Bourbons d'Espagne, chassait le pape de Rome ; la Confédération du Rhin, démesurément accrue, s'étendait maintenant au delà de l'Elbe et, par le Mecklembourg et Lübeck, prenait pied sur la Baltique ; sur la Vistule, le grand-duché de Varsovie recevait une organisation redoutable. Tolstoï, qui d'ailleurs ne faisait rien pour se rendre supportable à Paris, qui se querellait avec Ney et entrait en relations avec le faubourg Saint-Germain, n'avait pu apporter aucun adoucissement au sort de Frédéric-Guillaume III, ni obtenir l'évacuation promise des États prussiens. Les compensations à tous ces sacrifices étaient encore médiocres : la première campagne contre la Suède avait été peu brillante ; la guerre maritime avec l'Angleterre ruinait le commerce russe ; à Constantinople, l'ambassadeur de Napoléon, Guilleminot, avait ménagé un armistice entre la Turquie et la Russie, en vertu duquel celle-ci devait évacuer les principautés danubiennes. Il n'était plus question du partage de l'empire ottoman, brillante perspective qui avait séduit la vive imagination d'Alexandre.

La fameuse alliance franco-russe était ébranlée. Napoléon, qui avait sur les bras une guerre terrible en Espagne et qui voyait poindre à l'horizon une nouvelle guerre avec l'Autriche, sentit qu'il fallait donner quelque satisfaction à son allié. Alors eut lieu l'entrevue d'Erfurt. Alexandre vint accompagné de son frère Constantin, des ministres Tolstoï, Roumantsof, Spéranski, de l'ambassadeur français Caulaincourt; Napoléon amenait avec lui Berthier, ses diplomates Talleyrand, Champagny, Maret, l'ambassadeur de Russie Tolstoï. Il avait là une autre cour que lui formaient ses vassaux d'Allemagne : le prince-primat du *Rheinbund*, les rois de Saxe, Bavière, Würtemberg, Westphalie, les grands-ducs de Bade, Darmstadt, Oldenbourg, Mecklembourg, les souverains de Thuringe. La Prusse y était représentée par le prince Wilhelm, qui venait plaider les intérêts de son frère; l'Autriche, par le baron Vincent, chargé de saluer les deux empereurs au nom de son maître. L'amour-propre froissé des Russes se rendait compte de la situation supérieure de l'empereur français : « Il me semblait voir ma patrie abaissée dans la personne de son souverain, dit avec une exagération passionnée Nicolas Tourguénief. On n'avait pas besoin de savoir ce qui se passait alors dans les cabinets européens : on voyait d'un seul coup d'œil lequel des deux empereurs était le maître à Erfurt et en Europe. » Il est vrai que Napoléon avait voulu recevoir le tsar dans une ville qu'il possédait alors en toute propriété, à Erfurt; il est vrai que c'était surtout auprès de lui que s'empressait ce peuple de rois ; mais à ces apparences répondait, en effet, une supériorité de puissance. Napoléon ne négligeait rien pour faire oublier au jeune empereur ce qu'il y avait d'inégalité dans leurs situations respectives ; mais il ne pouvait faire qu'il n'eût pas été le vainqueur à Friedland.

A travers les fêtes, les banquets, les bals, les représentations théâtrales, les parties de chasse, de sérieux intérêts se discutaient entre les deux souverains et leurs ministres. Le 12 octobre 1808, Champagny et Roumantsof signèrent la convention suivante, qui dut rester secrète : 1° les empereurs de France et de Russie renouvelaient leur alliance d'une façon solennelle et s'engageaient à faire en commun soit la paix, soit la guerre; 2° ils se communiqueraient réciproquement les propositions qu'ils pourraient recevoir; 3° ils adresseraient à l'Angleterre une proposition solennelle de paix, immédiate, publique et aussi éclatante que possible, afin de rendre le refus plus difficile au cabinet britannique (cette proposition prit la forme d'une lettre adressée au roi d'Angleterre et signée des deux empereurs); 4° on devait négocier sur la base de *l'uti possidetis* : la France ne consentirait qu'à une paix qui assurerait à la Russie la Finlande, la Valachie et la Moldavie; la Russie, qu'à une paix qui assurerait à la France toutes ses possessions actuelles, à Joseph Bonaparte la couronne d'Espagne et des Indes ; 5° la Russie pourrait agir immédiatement pour obtenir de la Turquie, par la paix ou par la guerre, les deux provinces danubiennes; mais les plénipotentiaires français et russes s'entendraient sur le langage à tenir, *afin de ne pas compromettre l'amitié existante entre la France et la Porte*; 6° si la Russie, par l'acquisition des provinces danubiennes, ou la France, à l'occasion des affaires d'Italie et d'Espagne, se trouvaient exposées à une rupture avec l'Autriche, les deux alliés feraient cette guerre en commun. Talleyrand entama la question d'un mariage russe pour Napoléon. On demanda le rappel de Tolstoï, qui fut remplacé à Paris par le prince Kourakine. La Prusse obtint une remise de 20 millions sur sa contribution de guerre et l'évacuation de son territoire, moyennant la réduction de son armée au chiffre de 42 000 hommes. En résumé, Alexandre garantissait à Napoléon la tranquillité du continent pendant ses opérations en Espagne, et Napoléon approuvait la réunion de la Finlande et des provinces danubiennes. Napoléon accompagna son hôte assez loin sur la route d'Erfurt à Weimar : ils s'embrassèrent encore et se séparèrent. C'était la dernière fois qu'ils se voyaient (sept.-oct. 1808).

L'alliance conclue à Tilsit, confirmée à Erfurt, allait imposer à la Russie trois guerres nouvelles : contre l'Angleterre, contre la Suède et bientôt contre l'Autriche. De plus, les hostilités continuaient depuis 1806 contre la Turquie et, depuis l'avénement même d'Alexandre, contre la Perse et les populations du Caucase.

La guerre contre l'Angleterre ne présente qu'un fait notable : la flotte russe de l'Archipel, commandée par l'amiral Séniavine, fut, à son retour dans l'Océan, comme elle avait cherché un asile dans le Tage, forcée de se rendre à l'amiral Cotton, à la suite de la convention de Cintra, signée par Junot. Elle fut conduite en Angleterre : les officiers et les équipages avaient été traités avec une habile courtoisie et ramenés immédiatement en Russie aux frais de l'Angleterre. Cinq ans plus tard, la Russie recouvra ses vaisseaux. L'embargo subsista sur les navires anglais et la Russie s'associa, dans une certaine mesure, au système du blocus continental.

Le roi de Suède, Gustave IV, n'avait pas l'esprit très-sain : son acharnement contre Napoléon égalait son impuissance à lui nuire ; grand lecteur de la Bible, il voyait dans l'empereur des Français la bête de l'Apocalypse. Il faisait traduire en suédois un méprisable pamphlet, les *Nuits de Saint-Cloud*. Après avoir conclu en 1806 un armistice avec Mortier, il l'avait rompu au moment où l'on négociait à Tilsit, juste à point pour se faire enlever ses dernières forteresses poméraniennes. Il ne sut vivre en paix ni avec l'Angleterre, qu'il bravait, ni avec la Prusse, au malheur de laquelle il insultait, ni avec son beau-frère Alexandre. Il fut le seul en Europe à applaudir au bombardement de Copenhague et régala à Helsingfors les amiraux Gambier et Jackson. Quand Alexandre dut lui faire les premières ouvertures relativement à la paix avec la France et à l'adoption du système continental, Gustave IV renvoya outrageusement le cordon de Saint-Vladimir. Il signa avec l'Angleterre, le 18 février 1808, un traité de subsides. Alors 60 000 Russes, sous Buxhœwden, franchirent le Kiümen, qui était depuis Élisabeth la limite des deux États ; une proclamation fut adressée aux Finlandais pour leur conseiller de ne pas résister à « leurs amis, leurs protecteurs », et de nommer des députés pour la diète qu'Alexandre allait réunir ; les troupes suédoises, dispersées, furent repoussées vers le nord ; la Finlande était presque conquise en mars 1808 ; Helsingfors, l'imprenable Svéaborg, Abo, les îles d'Aland tombèrent entre les mains des Russes. La fortune sembla hésiter un instant lorsque Klingspor remporta deux succès importants sur les Russes ; mais il fut obligé ensuite de rétrograder dans les déserts de la Bothnie. Une proclamation adressée aux soldats finlandais qui servaient dans l'armée suédoise les invita à la désertion avec armes et bagages, leur promettant deux roubles par fusil, un rouble par sabre et six roubles par cheval. Pendant l'hiver, les Russes se fortifièrent aux îles d'Aland, et trois corps, commandés par Kulner, Bagration et Barclay de Tolly, franchirent sur la glace le golfe de Bothnie, portèrent la guerre sur la côte suédoise. Une révolution militaire éclata dans Stockholm (13 mars 1809) : sans qu'on eût à verser une goutte de sang, Gustave IV fut arrêté, enfermé à Drottingholm avec sa famille. Plus tard, il fut mis en liberté, voyagea en Europe sous le nom de colonel Gustaffson. Son oncle, le duc de Sudermanie, prit la couronne sous le nom de Charles XIII ; il signa la paix de Frédériksham, qui cédait la Finlande jusqu'à la Tornéa. En 1810, quand mourut le prince royal désigné par les Etats, Christian-Auguste de Holstein-Augustenbourg, Bernadotte, maréchal de France, fut élu prince royal. Napoléon était peu sympathique à ce choix : il eût préféré un prince danois, dont l'avénement eût reconstitué l'union scandinave. L'heureux succès de la guerre suédoise causa peu d'enthousiasme à Saint-Pétersbourg : « Pauvre Suède ! pauvres Suédois ! » disait-on. La Finlande, si longtemps convoitée, avait perdu son prix aux yeux des Russes : elle semblait encore un don de

Napoléon. Alexandre, suivant sa promesse, avait convoqué la diète de Finlande et garanti au *grand-duché* ses priviléges, son université, sa constitution.

En avril 1809, avait commencé la guerre de Napoléon contre l'Autriche (cinquième coalition). Alexandre, que le traité d'Erfurt obligeait à fournir un contingent, avait tout fait pour prévenir cette guerre. Il avait averti le cabinet de Vienne qu'il avait une alliance avec Napoléon, et s'était offert de garantir avec son allié l'intégrité des possessions autrichiennes. Forcé de mettre sur pied un contingent, il donna 30 000 hommes au prince Serge Galitsyne pour agir de concert avec les généraux du grand-duché de Varsovie, Poniatovski et Dombrovski, contre l'archiduc Ferdinand. Cette guerre des Russes contre l'Autriche fut une comédie; ils détestaient leurs alliés polonais et craignaient avant tout leurs succès en Gallicie. Dans toute la campagne on n'eut que deux rencontres entre Russes et Autrichiens : au combat d'Oulanovka, il y eut un tué et deux blessés; encore le major autrichien fit porter ses excuses à Galitsyne, disant qu'il avait cru attaquer les Polonais. Au combat de Podgourjé, sous Cracovie, il y eut deux tués et deux blessés.

Les conflits entre Russes et Polonais étaient bien plus fréquents. Galitsyne laissait, sous ses yeux, reprendre Sandomir par les Autrichiens, et Poniatovski dénonçait inutilement à Alexandre cette « conduite traîtresse ». En revanche, les Russes entrèrent dans Lemberg quand les Polonais s'en étaient déjà emparés, et prétendirent empêcher qu'on prêtât serment à Napoléon. A Cracovie, les deux armées russe et polonaise faillirent en venir aux mains. Les Polonais s'inquiétaient de voir les *Moscovites* en Gallicie; les Russes prêtaient aux Polonais toutes sortes de projets dangereux. « Nos alliés m'inquiètent plus que les Autrichiens, » écrivait Galitsyne à son maître. Il se plaignait que Poniatovski, après avoir pris le titre de commandant des « troupes varsoviennes » ou du « neuvième corps de la grande-armée », s'arrogeât celui de *commandant de l'armée polonaise*. « Il n'y a pas d'armée polonaise, disait-il, il n'y a qu'une armée varsovienne. » — « L'empereur des Français est bien libre de donner des noms aux corps qui sont sous ses ordres, » répliquait Poniatovski.

Galitsyne annonçait que Poniatovski renforçait son armée de soldats polonais, déserteurs des troupes autrichiennes, de nobles lithuaniens, sujets de la Russie. Dans les théâtres des villes galliciennes, on représentait le roi de Pologne sortant de sa tombe, la Dûna et le Dniéper formant les frontières de la Pologne nouvelle. Galitsyne conseillait à Alexandre d'arracher aux Français cette arme de la propagande polonaise, en se proclamant lui-même le restaurateur de la Pologne. Le tsar refusait, alléguant l'inconstance des Polonais et la nécessité de préserver ses provinces lithuaniennes de toute contagion.

Au congrès de Schœnbrunn, qui précéda le traité de Vienne, l'empereur de Russie ne voulut pas se faire représenter. Il entendait ne pas en consacrer les résultats; mais par là, il laissait l'Autriche sans appui. Elle fut obligée de céder ses provinces illyriennes et toute la Gallicie. Napoléon ajouta la Gallicie occidentale (1 500 000 âmes) à son grand-duché de Varsovie; il donna 400 000 âmes avec la Gallicie orientale à la Russie (14 oct. 1809). Ce dédommagement ne parut pas suffisant à Alexandre pour compenser le danger d'une Pologne agrandie.

La guerre contre la Turquie se poursuivait depuis plusieurs années déjà. En 1804, la Russie avait proposé au divan une alliance contre la France; mais elle demandait que les sujets du sultan, professant la religion orthodoxe, fussent placés sous la protection immédiate de ses agents diplomatiques. Sélim III repoussa une proposition qui menaçait l'intégrité même de son empire. Il essaya de se rapprocher de la France, applaudit aux victoires de Napoléon et, après Austerlitz, malgré les efforts de l'ambassadeur russe Italinski, reconnut son titre impérial et envoya un ambassadeur à Paris avec des présents. Après Iéna, un ambassadeur ottoman partit pour Berlin afin de resserrer l'alliance avec le *padischah* des Français. Ypsilanti et Morousi, hospodars de Valachie et Moldavie, dévoués à la Russie, furent destitués. C'était une infraction aux conditions de la paix de Iassy avec Catherine II.

Vers ce temps, commencèrent les troubles de Serbie. Les janissaires de ce pays formaient une milice turbulente, comme celles d'Égypte et d'Alger, opprimaient les populations chrétiennes, entraient en lutte avec le pacha de Belgrade, les *spahis* ou cavalerie noble et les autres musulmans, méprisaient l'autorité même du sultan. Ils n'obéissaient qu'à leurs chefs, au nombre de quatre, qu'on appelait les *dakhié* ou *deys*. Contre ces sujets insoumis, Sélim III autorisa la résistance des *raïas*.

Parmi les chrétiens, beaucoup avaient appris à porter les armes dans la dernière guerre de Catherine II et Joseph II contre les Turcs : beaucoup avaient servi dans les troupes russes ou autrichiennes. Poussés à bout par le meurtre ou le supplice d'un certain nombre de leurs *knèzes*, ils se soulevèrent contre les janissaires et les deys, mirent à leur tête Tchernyi Georges, ou Georges le Noir, riche marchand de porcs, chassèrent les musulmans de Belgrade et de toutes les forteresses, affectant cependant de n'exécuter que les ordres du sultan. Quand Sélim III voulut les ramener à l'obéissance et demanda la restitution des places fortes, ils rompirent avec le sultan lui-même et se déclarèrent indépendants. Ils eussent été écrasés par les forces supérieures des pachas du voisinage, sans la prise d'armes de la Russie en 1806, qui dégagea leurs frontières : Alexandre leur envoya un corps auxiliaire sous le colonel Bala.

L'ambassadeur russe avait protesté contre la déposition d'Ypsilanti et Morousi, et contre la violation du traité de Iassy. L'ambassadeur anglais avait presque amené le divan à céder, lorsqu'en 1806, sans déclaration de guerre, le général russe Michelson passa la frontière, envahit la Moldavie avec 35 000 hommes, enleva Khotin et Bender, entra à Bucharest et s'avança vers le Danube. L'ambassadeur britannique voulut alors interposer ses bons offices, mais il ne fut pas écouté et quitta Constantinople avec éclat. C'est alors que la flotte anglaise, sous l'amiral Duckworth, franchit les Dardanelles, brûla des vaisseaux turcs dans la mer de Marmara et parut à l'entrée du Bosphore. Cette démonstration échoua devant la fermeté du sultan Sélim et les préparatifs militaires de l'ambassadeur français Sébastiani. Des officiers de génie et d'artillerie accoururent de l'armée française de Dalmatie. Les vaisseaux anglais rebroussèrent chemin, et la flotte turque, franchissant à son tour les Dardanelles, alla livrer bataille à l'amiral russe Séniavine dans les eaux de Ténédos. Elle fut battue. Peu de temps après, Sélim III était déposé à la suite d'une révolte des janissaires et Napoléon en prenait prétexte pour sacrifier la Turquie à Tilsit.

Le successeur de Sébastiani, Guilleminot, avait reçu ordre d'aider les Russes « en tout, non officiellement, mais effectivement. » Malgré l'armistice conclu par ses soins, les troupes russes continuaient à occuper les principautés, dont l'administration fut confiée à un divan composé de Russes et de boïars roumains. Après Erfurt, le sultan ayant refusé de souscrire au démembrement de son empire, la guerre recommença. La campagne de 1809 fut médiocrement heureuse : les Russes conquirent presque toutes les forteresses du Danube, mais furent battus en Bulgarie par le grand-vizir. En 1810, le feld-maréchal Kamenski reconquit la Bulgarie jusqu'aux Balkans et remporta une brillante victoire à Batynia, près de Rouchtchouk. En 1811, son successeur Koutouzof sut attirer le grand-vizir sur la rive gauche du Danube et l'écrasa à Slobodzéi. L'imminence d'une rupture avec la France força d'affaiblir de cinq divisions l'armée du Danube. Un congrès se réunit à Bucharest en 1812 : la Russie renonça à la Moldavie et à la Valachie, mais conserva la Bessarabie, pays roumain, avec les forteresses de Khotin et Bender; le Pruth et le bas Danube, où la Russie acquérait Ismaïl et Kilia, formèrent la limite des deux empires. Les hospodars de Valachie et Moldavie devaient être rétablis, tous les anciens priviléges du pays confirmés. L'article 8 stipulait une amnistie en faveur des Serbes, qui resteraient sujets du sultan, mais que gouvernerait Georges le Noir, assisté de la *skoupchtchina* ou assemblée nationale. La Turquie ne prit aucune part aux guerres de 1812 et de 1813; elle en profita pour violer cet article 8, écraser l'armée serbe et rétablir l'ancien ordre de choses. Georges le Noir et la plupart des voiévodes serbes s'enfuirent sur le territoire autrichien; d'autres furent suppliciés; un seul resta dans le pays et sut imposer le respect, même inspirer la confiance aux Turcs : ce fut Miloch Obrénovitch. Quand l'oppression devint par trop intolérable, il donna le signal d'un nouveau soulèvement (1815), reconquit l'indépendance de sa patrie et fit accepter à la Porte en 1817 un traité qui reconnaissait l'autonomie de la Serbie sous le sceptre du sultan, avec un gouvernement national composé de Miloch, prince héréditaire, et d'une *skoupchtchina*, mais avec occupation des principales forteresses par des garnisons ottomanes. Ce régime a subsisté jusqu'en 1867.

En même temps que la guerre de Turquie, avaient commencé, en 1806, les hostilités contre la Perse, qui voulait rétablir sa domination en Géorgie, et contre les tribus du Caucase. Là, se distinguèrent surtout le prince Titsianof, le comte Goudovitch, Tormassof, Kotliarévski. Titsianof avait fait transporter à Saint-Pétersbourg, en 1803, la tsarine-mère de Géorgie, Maria, qui ne voulait pas reconnaître la légitimité de la cession faite par son fils aîné à Paul Ier. Il conquit le Chirvan, mais fut assassiné en trahison sous les murs de Bakou par le khan Husseïn-Kouli. Glasénop punit un complice de ce crime, Ali-Khan, en lui enlevant Derbent. La Perse essaya de venir en aide aux tribus caucasiennes : le prince Abbas-Mirza passa l'Araxe avec 20 000 hommes, mais fut battu. Cette guerre laborieuse se prolongea jusqu'en 1813. Une lutte plus sérieuse absorbait déjà toute l'attention et toutes les forces de la Russie.

Grand-duché de Varsovie. Causes de la deuxième guerre avec Napoléon.

Les causes de mésintelligence entre Alexandre et Napoléon s'accentuaient tous les jours. Les plus importantes furent les suivantes : 1° accroissement du grand-duché de Varsovie ; 2° mécontentement causé à Napoléon par la conduite des Russes dans la campagne de 1809 ; 3° abandon des projets de mariage russe, mariage autrichien ; 4° rivalité renaissante des deux États à Constantinople et sur le Danube ; 5° annexions napoléoniennes de 1810 dans l'Allemagne du nord ; 6° froissements à l'occasion du blocus continental ; 7° défiance occasionnée par les armements respectifs.

Au traité de Tilsit, Napoléon avait formé le grand-duché varsovien des provinces prussiennes (Varsovie, Posen, Bromberg) peuplées de 2 500 000 âmes ; au traité de Vienne, il l'avait agrandi de la Gallicie occidentale (Cracovie, Radom, Lublin, Sandomir), peuplée de 1 500 000 âmes. Il s'était réservé tous les moyens de reconstituer la Pologne ; il n'avait voulu donner Dantzig à personne et l'avait déclarée ville libre ; les provinces illyriennes de l'Autriche pouvaient être entre ses mains un objet d'échange contre le reste de la Gallicie ; le traité de 1812 avec l'empereur François allait réaliser ce calcul. Il n'était même pas besoin d'enlever des provinces au troisième copartageant, la Russie, car la Russie ne possédait à cette époque que la Lithuanie et la Russie Blanche ; or, nous savons que ces provinces ne sont pas polonaises. Il suffisait de reprendre ce qu'il avait lui-même cédé à Alexandre, des dépouilles de la Prusse et de l'Autriche : Bélostok et la Gallicie ocidentale, et encore celle-ci est-elle en grande partie petite-russienne. Le nom de la Pologne n'était pas prononcé officiellement ; mais elle existait déjà réellement. Sans doute, elle avait pour souverain un étranger, le roi de Saxe ; mais les ancêtres de Frédéric-Auguste avaient régné sur la Pologne, et c'était à la maison de Saxe que les patriotes du 3 mai 1791 avaient voulu assurer la succession de Stanislas Poniatovski.

La constitution de 1807, rédigée par une commission polonaise, approuvée par Napoléon, était presque celle du 3 mai 1791. Napoléon avait recommandé au roi de Saxe d'éloigner les fonctionnaires prussiens et de gouverner la Pologne avec les Polonais. Le pouvoir exécutif appartenait au roi : il était assisté d'un conseil de ministres responsables, ayant à leur tête un président. Le pouvoir législatif était partagé entre le roi, le sénat et le corps législatif. Le sénat se composait de 6 évêques, 6 palatins, 6 castellans ; le corps législatif, de 60 députés élus dans les districts de la noblesse et de 40 députés des villes : il avait pour attributions principales le vote de l'impôt et la confection des lois. Après l'annexion de la Gallicie occidentale, le nombre des membres du parlement fut augmenté. Napoléon pouvait se vanter d'avoir « élevé une tribune au milieu de l'atmosphère silencieuse des gouvernements voisins » (Bignon). Le *Zamok*, l'ancien château royal, où siégeait le parlement, était le centre vital de toutes les Pologne encore dispersées. Napoléon avait donné au grand-duché son Code civil, qui n'exprimait pas l'état social actuel du pays, mais sur lequel l'état social devait tendre à se modeler. Il avait proclamé l'affranchissement des serfs, tout en réservant aux anciens maîtres la propriété des terres. Sous ce rapport, le gouvernement russe d'aujourd'hui a procédé d'une façon plus radicale. Toutefois Napoléon avait créé la Pologne parlementaire, une Pologne ayant dans sa liberté plus d'égalité qu'autrefois.

L'armée du grand-duché s'élevait à 30 000 hommes après 1807, à 50 000 après 1809 ; elle avait à sa tête Joseph Poniatovski, neveu de son dernier roi, le noble vaincu de Zélencé, le héros de mainte bataille napoléonienne ; sous lui servaient Dombrovski, l'homme de la campagne de 1799, Zaïontchek qui avait combattu avec nous en Égypte, Chlopicki, le chef intrépide de l'armée polonaise d'Espagne. Les sentiments qui animaient l'armée se reflètent encore vivement dans les *mémoires d'un officier polonais*, récemment publiés (ce sont ceux du général Brandt). Dans un pays où tout paysan naît cavalier, la cavalerie était toujours admirable; l'infanterie s'était améliorée; l'artillerie avait été organisée par les Français Bontemps et Pelletier; les forteresses de Plock, Modlin, Thorn, Zamosc, restaurées par Haxo et Alix. L'armée, où l'ancien serf coudoyait le gentilhomme, était une école d'égalité. Les fameuses *légions de la Vistule*, dont Napoléon abusa trop pour ses ambitions particulières, acquirent une gloire impérissable dans les guerres de Prusse, d'Autriche, de Russie.

Les ministres du grand-duché, Stanislas Potocki, président du conseil, Joseph Poniatovski (guerre), Lubienski (justice), Matuszevicz (finances), Sobolevski (police), etc., étaient des hommes probes et intelligents. Bignon, le représentant de Napoléon, était plein de dévouement à la Pologne. Le mal est qu'il fut remplacé à la veille de la crise suprême par l'archevêque de Malines, l'abbé de Pradt, nullité bruyante et vaniteuse, compliquée de sottise littéraire. Sans doute il y avait des partis à Varsovie : les Czartoryski se réservaient avec raison, en cas de malheur, de recourir à la générosité d'Alexandre; mais en 1811 encore, quand le canon de Varsovie annonçait la naissance du roi de Rome, on se croyait en sûreté sous le protectorat de la France; jamais la vive et spirituelle société polonaise n'avait été aussi brillante. Toutefois l'accroissement de l'armée *varsovienne*, qui était sur la Vistule comme l'avant-garde de la grande-armée, était un sujet d'inquiétude pour Alexandre, de colère pour les Russes. Les *sujets mixtes*, c'est-à-dire les nobles qui avaient des terres dans le grand-duché et en Lithuanie, et qui passaient d'un service à l'autre, étaient le prétexte de perpétuelles chicanes diplomatiques. Alexandre se plaignait amèrement qu'on agitât, sur cette frontière si peu sûre de Lithuanie, « le spectre de la Pologne ».

Napoléon n'avait pas manqué de se plaindre à Kourakine de la façon dont avait été conduite la campagne de Gallicie. « Vous avez été sans couleur, disait-il.... On n'a pas tiré le sabre une seule fois. »

Le projet de mariage avec Anna Pavlovna, sœur d'Alexandre, avait rencontré des difficultés de plus d'une sorte. L'impératrice-mère, Maria de Würtemberg, avait été investie par le testament de Paul Ier, déposé à l'Assomption du Kremlin, du droit absolu de disposer de la main de ses filles. Alexandre ne se sentait pas en droit de lui faire des objections. Or, elle alléguait les lois de l'Église orthodoxe qui ne permettaient pas le mariage avec un homme divorcé; Anna était déjà fiancée au prince de Saxe-Cobourg, comme sa sœur Catherine, peut-être en prévision d'une demande de ce genre, avait été mariée au grand-duc d'Oldenbourg; le premier mariage de Napoléon ayant été stérile, on pouvait craindre une seconde répudiation; la différence de religion créait un nouvel obstacle : Anna ne pouvait embrasser le catholicisme, et Napoléon répugnait à voir un prêtre et une chapelle russes aux Tuileries. Alexandre mettait un empressement médiocre à appuyer cette négociation ; il la compliquait d'une autre négociation en vue d'obtenir une promesse formelle de ne jamais rétablir la Pologne. Napoléon perdit patience et, comme la maison de Hapsbourg semblait courir au-devant de ses vœux, le mariage autrichien fut conclu.

Alexandre en eut regret et dépit. Une alliance plus étroite entre la France et l'Autriche était préjudiciable aux intérêts essentiels de la Russie en Orient et sur le Danube. En 1809, Talleyrand avait déjà soumis à Napoléon un projet qui consistait à dédommager l'Autriche en la mettant en possession des principautés roumaines et des provinces slaves de la Turquie, ce qui eût créé un conflit permanent d'intérêts entre l'Autriche et la Russie : celle-ci, repoussée du Danube, aurait été forcée de se tourner vers l'Asie centrale, vers l'Indoustan : par là, elle se serait trouvée à son tour en conflit permanent avec l'Angleterre ; tout germe de coalition contre l'empire français se serait trouvé ainsi anéanti. La même année, Duroc soumettait à Napoléon un autre mémoire, où il exposait : que l'alliance russe était contraire à notre politique traditionnelle ; que les possessions françaises en Italie et Dalmatie étaient menacées par les agissements de la Russie en Serbie et en Grèce; que la Russie ne défendait la Prusse que parce qu'elle comptait à l'occasion sur son armée; qu'elle ne favorisait l'entreprise d'Espagne que dans l'espérance de voir 200 000 Français périr dans la péninsule; que l'intérêt de la dynastie napoléonienne demandait que la Russie fût repoussée le plus loin possible vers l'est; que le démembrement de la Pologne avait été la honte de l'ancienne dynastie et que son rétablissement était nécessaire à la grandeur de la France et à la sécurité de l'Europe. Or, le prince Kourakine avait su se procurer une copie de ce mémoire et l'avait adressée à l'empereur Alexandre (mars 1809), en lui faisant observer « combien il était dangereux pour la Russie de permettre la ruine de l'Autriche ». Alexandre s'en était souvenu dans la campagne de 1809.

En 1810, le sénatus-consulte de juillet prononçait la réunion à l'empire français de la Hollande tout entière; celui de décembre, la réunion des trois villes hanséatiques, de l'Oldenbourg et d'autres territoires germaniques. Ce n'était plus une simple occupation pour assurer l'exécution du blocus continental : c'était une annexion. Dans le droit des gens napoléonien, les sénatus-consultes allaient donc remplacer les traités. Où ces empiétements s'arrêteraient-ils? Hambourg, Brême, Lübeck, villes libres, dont l'existence intéressait le commerce du monde entier, surtout celui de la Russie, devenaient des chefs-lieux français! Par Lübeck, l'empire français s'affermissait sur la Baltique, sur cette *mer des Varègues*, où les Russes, depuis Pierre Ier, disputaient la prépondérance aux Scandinaves! Une autre de ces annexions blessa encore plus profondément Alexandre : c'était celle de l'Oldenbourg; il vit accourir à Saint-Pétersbourg, dépouillés de leur couronne, son beau-frère et sa sœur Catherine. Le froissement des intérêts et des affections était encore aggravé par le manque d'égards. On n'avait daigné le consulter, ni même l'avertir. Alexandre apprenait, comme tout le monde, par le *Moniteur*, cette conquête en pleine paix. Il est vrai que, depuis lors, bien d'autres alliés allemands de la maison impériale ont été dépouillés de leur couronne ou de leurs prérogatives essentielles sans que la Russie ait réclamé.

Kourakine fut chargé de présenter des observations à Champagny, qui allégua la nécessité, assura que le grand-duc recevrait une indemnité. La cour de Russie envoya à tous les cabinets une note où, tout en affirmant le maintien de son alliance avec Napoléon, elle protestait contre l'annexion de l'Oldenbourg. Le conquérant se montra profondément irrité de la publicité donnée à cette note, comme des considérants qui accompagnaient la protestation.

Quant au blocus continental, bien que la Russie l'observât moins rigoureusement que la France, elle en souffrait cruellement. Le commerce avec l'Angleterre était arrêté ; en 1801 l'aristocratie russe avait fait une conspiration pour rouvrir la mer à ses chanvres, à ses blés et aux autres produits naturels du pays. Le rouble qui valait 67 kopeks en 1807 n'en valait plus que 25 en 1810. En décembre de cette même année, Alexandre promulgua un oukaze qui, dans le dessein apparent d'empêcher la sortie du numéraire, prescrivait l'importation des objets de luxe, de quelque pays qu'ils arrivassent, et notamment des soieries, rubans, broderies, bronzes, porcelaines ; les vins étaient frappés de droits énormes. C'était donc surtout le commerce français qui était atteint. On ordonnait de brûler les marchandises proscrites. Napoléon fut exaspéré et dit : « J'aimerais mieux recevoir un soufflet sur la joue. »

Depuis longtemps l'ambassadeur russe à Paris, Kourakine, tout en reconnaissant qu'on ne pouvait lutter contre Napoléon, conseillait de l'intimider en faisant de grands armements. C'est alors que cinq divisions furent rappelées de l'armée du Danube ; on décréta une levée de quatre hommes par 500 âmes ; on répara les forteresses de la Düna et du Dniéper. Ces armements provoquaient ceux de Napoléon. Une pareille émulation de mesures comminatoires conduisait forcément à une rupture. Bientôt l'armée *varsovienne* se mit sur le pied de guerre ; l'armée d'occupation de l'Allemagne du nord reçut des renforts ; Napoléon rappelait d'Espagne des régiments, et notamment les régiments polonais; l'armée de Naples s'acheminait vers la haute Italie; l'armée d'Italie vers la Bavière; dans ce vaste établissement militaire qu'on appelait la grande-armée et qui couvrait le continent tout entier, de Madrid à Dantzig, un mouvement général de l'ouest à l'est devint sensible. Les griefs que les deux empereurs avaient l'un contre l'autre étaient agités dans des entretiens assez vifs de Napoléon, d'abord avec l'ambassadeur Kourakine, puis avec l'aide de camp Tchernichef, envoyé extraordinaire d'Alexandre. Napoléon reçut bien Tchernichef, lui pinça même l'oreille, mais discuta passionnément toutes les questions relatives à la Pologne, aux principautés danubiennes, à l'Oldenbourg, au blocus continental, à l'oukaze de décembre, aux préparatifs menaçants d'Alexandre. Il repoussa bien loin l'idée d'accorder Dantzig en indemnité pour l'Oldenbourg. La mission de Tchernichef resta sans succès; même il se compromit dans une affaire grave; un employé du ministère de la guerre fut fusillé pour s'être laissé corrompre et lui avoir livré des états de la grande-armée. C'est vers cette époque que Napoléon donna l'ordre de publier dans les journaux une série d'articles où l'on démontrait que « l'Europe se trouvait forcément en train de devenir la proie de la Russie » et où l'on parlait « d'invasion qu'il faut refouler, de domination universelle à anéantir. » C'est alors que Lesur publia le fameux livre intitulé *Des progrès de la puissance russe*, où se rencontre, pour la première fois, le document apocryphe connu sous le nom de *Testament de Pierre le Grand*.

Napoléon rappela Caulaincourt qu'il trouvait trop *russe*, et qui n'était que conciliant, fort embarrassé du rôle qu'on lui faisait jouer : il le remplaça par Lauriston, qui ne pouvait compter sur la confiance d'Alexandre. Tout annonçait la guerre inévitable : Alexandre, comme Napoléon, ne négociait plus que pour gagner du temps, achever ses préparatifs. La rupture de l'alliance éclatait à tous les yeux : à la cour de Murat, l'envoyé français Durand se battait en duel avec l'envoyé russe Dolgorouki; Alexandre disgraciait tout à coup Spéranski, l'ami de la France; il appelait en Russie Stein, le grand patriote allemand, le mortel ennemi de Napoléon, mis par lui au ban de la Confédération. La Russie se hâtait de conclure la paix avec la Turquie; elle négociait avec la Suède pour une alliance, avec l'Angleterre pour un traité de subsides. Napoléon, de son côté, signait avec la Prusse et avec l'Autriche deux conventions qui lui assuraient le concours de 20 000 Prussiens et de 30 000 Autrichiens pour l'expédition projetée. Des alliés plus sûrs eussent été la Suède et la Turquie, mais les traités de Tilsit et d'Erfurt nous les avaient aliénées; la Suède avait souffert comme la Russie du blocus continental, le prince royal Bernadotte ne pardonnait pas à Napoléon de lui avoir refusé la Norvége et d'avoir occupé la Poméranie suédoise. Le 9 mai 1812, Napoléon quittait Paris pour se rendre à Dresde, au centre de son armée : les ambassadeurs Kourakine et Lauriston demandaient leurs passe-ports.

La guerre patriotique : bataille de Borodino, incendie de Moscou, destruction de la grande-armée.

Avec les ressources militaires de la France, qui comptait alors 130 départements, avec les contingents de ses royaumes italiens, de la Confédération du Rhin, du grand-duché varsovien, avec les corps auxiliaires de Prusse et d'Autriche, Napoléon pouvait mettre sur pied des forces imposantes. Au 1er juin, la grande-armée comprenait 678 000 hommes, dont 356 000 Français et 322 000 étrangers; avec les réserves, elle s'élevait à 1 100 000 hommes. Elle comprenait non-seulement des Belges, des Hollandais, des Hanovriens, des Hanséates, des Piémontais, des Romains, confondus alors sous la dénomination de Français; mais encore l'armée italienne, l'armée napolitaine, des régiments espagnols, tous les peuples de l'Allemagne, Badois, Würtembergeois, Bavarois, Hessois de Darmstadt, Westphaliens de Jérôme, soldats des grands-duchés demi-français de Berg et Francfort, Saxons, Thuringiens, Mecklembourgeois. Outre les maréchaux de Napoléon, elle avait à sa tête Eugène, vice-roi d'Italie, Murat, roi de Naples, Jérôme, roi de Westphalie, les princes royaux et les princes héritiers de presque toutes les maisons d'Europe. Les Polonais, à eux seuls, dans cette guerre qui leur rappelait celle de 1612, comptaient 60 000 hommes sous les drapeaux. D'autres Slaves des *provinces illyriennes*, Carinthiens, Dalmates, Croates, étaient conduits à l'assaut du grand empire slave. C'était bien *l'armée des vingt nations*, comme l'appelle encore le peuple russe.

Napoléon entraînait tous les peuples de l'Occident à l'Orient, par un mouvement semblable à celui des grandes invasions, comme une avalanche humaine contre la Russie.

Quand la grande-armée se prépara à passer le Niémen, elle était ainsi disposée : à gauche devant Tilsit, Macdonald avec 10 000 Français et 20 000 Prussiens sous le général York de Wartenburg; devant Kovno, Napoléon avec les corps de Davout, Oudinot, Ney, la garde commandée par Bessières, l'immense cavalerie de réserve sous Murat : au total 180 000 hommes; devant Pilony, Eugène avec 50 000 Italiens et Bavarois; devant Grodno, Jérôme-Napoléon avec 60 000 Polonais, Westphaliens, Saxons, etc. Il faut y ajouter les 30 000 Autrichiens de Schwartzenberg qui en Gallicie allaient se battre aussi mollement contre les Russes qu'en 1809 les Russes contre les Autrichiens. Victor gardait la Vistule et l'Oder avec 30 000 hommes, Augereau l'Elbe avec 50 000. Si l'on néglige les corps de Macdonald, Schwartzenberg, Victor et Augereau, c'était avec environ 290 000 hommes, dont plus de la moitié étaient Français, que Napoléon allait franchir le Niémen, pour menacer le centre de la Russie.

Alexandre avait réuni sur le Niémen 90 000 hommes commandés par Bagration; sur le Bug, affluent de la Vistule, 60 000 hommes commandés par Barclay de Tolly : c'est ce qu'on appelait *l'armée du nord* et *l'armée du sud*. A l'extrême droite, Wittgenstein avec 30 000 hommes devait, pendant presque toute la campagne, faire face à Macdonald; à l'extrême gauche, pour occuper d'une façon peu sanglante l'Autrichien Schwartzenberg, Tormassof en avait 40000 ; plus tard cette dernière armée, renforcée de 50000 hommes qui revenaient du Danube, deviendra redoutable et, sous l'amiral Tchitchagof, inquiétera sérieusement la retraite des Français. En arrière de toutes ces forces, il y avait quelque 80000 hommes de réserves, kosaks, milices (*opoltchénié*). Quelques contingents seulement de l'*opoltchénié*, de braves mougiks à longue barbe, allaient figurer dans la campagne ; mais son fabuleux total de 612000 hommes ne devait guère exister que sur le papier. En définitive, aux 290000 hommes que Napoléon avait réunis sous sa main, l'empereur de Russie ne pouvait tout d'abord opposer que les 150 000 de Bagration et Barclay de Tolly. On comptait sur le dévouement de la nation : « Que l'ennemi, disait la proclamation tsarienne, rencontre dans chaque noble un Pojarski, dans chaque ecclésiastique un Palitsyne, dans chaque bourgeois un Minine ! Levez-vous tous ! Avec la croix dans le cœur et des armes dans les mains, nulle force humaine ne pourra prévaloir contre vous. »

Le quartier général d'Alexandre, au début de la campagne, était à Vilna. Outre les généraux, il y avait là son frère Constantin, ses ministres Araktchéef, Balachef, Kotchoubey, Volkonski ; il y avait là des réfugiés de toutes nations, des Allemands, Stein, les généraux Wolzogen, Pfuhl, le Piémontais Michaux, le Suédois Armfelt, l'Italien Paulucci. On délibérait, on discutait beaucoup. Attaquer Napoléon, c'était lui fournir l'occasion qu'il cherchait ; se retirer dans l'intérieur, comme l'avait conseillé Barclay en 1807, en faisant le désert derrière soi, paraissait dur et humiliant. On crut s'arrêter à un moyen terme en adoptant le projet de Pfuhl : établir un camp retranché à Drissa, sur la Düna, et en faire un Torrès-Védras russe. Les événements de la péninsule troublaient toutes les têtes : Pfuhl voulait faire comme Wellington à Torrès-Védras, d'autres proposaient la guerre de guérillas « comme en Espagne ». Quand on apprit le passage du Niémen, Barclay dut se retirer sur la Düna, et Bagration sur le Dniéper.

Napoléon fit son entrée dans Vilna, l'ancienne capitale du Lithuanien Gédimine. Il avait dit dans sa proclamation : « La seconde guerre de Pologne est commencée ! » La diète de Varsovie avait prononcé le rétablissement du royaume de Pologne et envoyé une députation à Vilna pour demander l'adhésion de la Lithuanie et obtenir la protection de l'Empereur. On comprend avec quelle ardeur la noblesse lithuanienne s'empressa autour de Napoléon. La délibération de la diète polonaise fut acceptée solennellement par les Lithuaniens. « Cette cérémonie, raconte Fezensac, eut lieu dans la cathédrale de Vilna, où toute la noblesse s'était réunie : on y voyait les hommes revêtus de l'ancien costume polonais, les femmes parées de rubans rouges et violets aux couleurs nationales. » Quant aux Polonais proprement dits, bien que Napoléon, en les dispersant dans les différents corps, eût *rendu invisible* une armée de 60 000 hommes, rien n'égalait leur enthousiasme ; une immense espérance remplissait leurs cœurs. L'œuvre commencée à Tilsit aux dépens de la Prusse, continuée à Vienne aux dépens de l'Autriche, va donc s'achever aux dépens de la Russie ! La voilà donc enfin cette revanche que la France depuis dix-huit ans prépare aux fidèles légions de Dombrovski ! la voilà donc cette solde splendide dont le grand empereur va payer le zèle de ses grognards de la Vistule ! « Les jeunes officiers avaient repris confiance en l'étoile de Napoléon, raconte Brandt ; nos anciens avaient beau railler notre enthousiasme, nous appeler des enragés, des possédés : nous ne rêvions que batailles et victoires ; nous ne craignions qu'une chose, un trop grand empressement des Russes à faire la paix.... Nous avions dans nos rangs de nombreux descendants des Lithuaniens qui avaient combattu, cent ans auparavant, sous les drapeaux de Charles XII : des Radzivill, des Sapiéha, des Tysenhaus, des Chodsko. » Pourtant la prétentieuse incapacité de Pradt à Varsovie, puis les réponses assez réservées de Napoléon à Vilna[1] devaient causer quel-

---

1. « Si j'eusse régné pendant les partages de la Pologne, répondit

que hésitation. En Lithuanie, le mouvement ne pouvait être vraiment national, puisque le peuple n'était pas polonais. Puis Napoléon, soit pour ménager l'Autriche, soit pour ne pas rendre toute paix impossible avec la Russie, soit par crainte de trop fortifier la Pologne, ne prenait que des demi-mesures. Il donna à la Lithuanie une administration distincte de la Pologne, réunit une commission qui vota la création d'une armée lithuanienne, formée de quatre régiments d'infanterie et de cinq de cavalerie. Napoléon versa 400 000 francs pour aider à leur équipement. Une garde nationale à pied dans les villes, à cheval dans les campagnes, dut veiller à la sûreté des convois, aider la gendarmerie française à maintenir la discipline. Un dernier essai de négociation pour la paix avait échoué : Alexandre, pour gagner du temps, avait envoyé Balachef à Vilna; Napoléon proposa deux conditions inacceptables : l'abandon de la Lithuanie et la déclaration de guerre à la Grande-Bretagne. Si Napoléon, au lieu de s'enfoncer en Russie, se fût borné à organiser et à défendre l'ancienne principauté de Lithuanie, nulle force humaine n'eût pu empêcher le rétablissement de l'État polonais-lithuanien dans ses anciennes limites. Les destinées de la France et de l'Europe eussent été changées.

La route qui menait de Vilna à Moscou passait par une sorte de trouée naturelle, due à la configuration de la Düna et du Dniéper : l'une faisant un angle près de Vitepsk, l'autre près d'Orcha, et cessant de barrer le chemin à l'envahisseur. A la vérité, il y avait le camp élevé à Drissa sur la Düna, le Torrès-Védras du savant Pfuhl; mais le camp était si mal établi, ayant le fleuve à dos, avec quatre ponts seulement en cas de retraite, si facile à tourner par Vitepsk,

Napoléon à la députation varsovienne, j'aurais armé tous mes peuples pour vous soutenir. J'applaudis à tout ce que vous avez fait; j'autorise les efforts que vous voulez faire; tout ce qui dépendra de moi pour seconder vos résolutions, je le ferai. Mais j'ai garanti à l'empereur d'Autriche l'intégrité de ses États. Que la Lithuanie, la Samogitie, la Volynie, l'Ukraine, la Podolie soient animées du même esprit que j'ai vu dans la Grande-Pologne, et la Providence couronnera par le succès la sainteté de votre cause. »

qu'on résolut de l'abandonner. Il y eut dans l'armée un déchaînement inouï contre Pfuhl, contre les Allemands, contre la multiplicité du commandement. Le tsar sembla de trop à l'armée : on se souvenait d'Austerlitz. Les nobles russes étaient décidés à l'éloigner : Araktchéef lui-même et Balachef, ministre de la police, firent auprès de lui une démarche respectueuse, pour lui représenter que sa présence serait plus utile à Smolensk, à Moscou, à Saint-Pétersbourg, où il pourrait convoquer les ordres de l'État, demander des sacrifices d'hommes et d'argent, entretenir l'enthousiasme patriotique. Dès lors Barclay et Bagration commandèrent seuls leurs armées.

Napoléon craignait de s'enfoncer dans l'intérieur; il eût voulu remporter quelque succès éclatant non loin de la frontière lithuanienne, enlever quelqu'une des deux armées russes. Les vastes espaces, les mauvaises routes, les malentendus, la désorganisation croissante de l'armée, firent manquer tous ses mouvements. Barclay de Tolly, après avoir livré les combats d'Ostrovno et de Vitepsk, se replia sur Smolensk; Bagration se battit à Mohilef et Orcha et, pour rejoindre Barclay, rétrograda jusqu'à Smolensk. Là, les deux généraux russes tinrent conseil. Leurs troupes étaient exaspérées de cette continuelle retraite; Barclay, bon tacticien, esprit net et méthodique, d'une froide intrépidité, Bagration, bouillant comme un élève de Souvorof, ne s'entendaient pas. L'un opinait toujours pour la retraite, l'armée russe devant se renforcer de plus en plus, et l'armée française s'affaiblir de plus en plus, à mesure qu'on s'enfoncerait dans l'intérieur; Bagration opinait toujours pour une offensive pleine de risques. L'opinion de l'armée était pour Bagration : Barclay, suspect à titre d'Allemand des provinces baltiques, fut presque insulté. Il consentit à ce qu'on prît l'offensive contre Murat qui arrivait à Krasnoé et lui livra un combat sanglant (14 août). Les 16, 17 et 18 août, il y eut une bataille acharnée dans Smolensk qui fut incendiée, encombrée de 20000 morts. Barclay recula encore, entraînant Bagration. Bagration, dans sa retraite, eut encore une bataille à Valoutina contre Ney : ce fut un

Eylau en petit : 15 000 hommes des deux armées restèrent sur le champ de bataille.

Napoléon sentait « qu'on l'entraînait » dans l'intérieur de la Russie. Les Russes se retiraient en brûlant tout derrière eux. Les paysans eux-mêmes disaient aux soldats : « Dites-nous seulement quand le moment sera venu; nous mettrons le feu à nos *isbas*. » Smolensk venait de nous faire perdre trois jours : les Russes, de leur côté, s'étonnaient que l'antique forteresse, qui avait soutenu tant de siéges interminables au seizième et au dix-septième siècle, n'eût résisté que trois jours à Napoléon. La grande-armée fondait à vue d'œil : du Niémen à Vilna, sans avoir vu l'ennemi, elle avait perdu 50 000 hommes en malades, déserteurs, maraudeurs; de Vilna à Mohilef, près de 100 000 hommes. Ney était réduit de 36 000 hommes à 22 000; Oudinot, de 38 000 à 23 000; Murat, de 22 000 à 14 000; les Bavarois, travaillés par la dyssenterie, de 27 000 à 13 000; la division italienne Pino, de 11 000 à 5000; la garde italienne, les Westphaliens, les Polonais, les Saxons, les Croates n'avaient pas moins souffert. L'*ignoble et dangereuse cohue des maraudeurs* (Brandt) encombrait toutes les routes, pillait les convois et les magasins, saccageait à main armée les villages et les bourgs, ne respectait même pas les officiers isolés. Elle avait dévoré en passant la Pologne et la Lithuanie; à Minsk, pendant qu'on chantait un *Te Deum* pour la délivrance de la Lithuanie, des cuirassiers avaient enfoncé les magasins. Dans cette marche offensive, on eût pu déjà prévoir les misères de la retraite. Napoléon fit ce qu'il put pour combler les vides déjà si sensibles. Il prescrivit à l'armée de Victor de s'avancer en Lithuanie, à Augereau de passer l'Elbe et l'Oder, aux cent cohortes de gardes nationales de s'apprêter à franchir le Rhin. Au nord, Macdonald repoussait Wittgenstein, prenait Polotsk après une bataille (18 août), occupait Dünabourg, menaçait Riga d'un investissement, inquiétait Saint-Pétersbourg; au midi, Tormassof obtenait quelques succès sur Reynier et Schwartzenberg.

Dans l'armée russe, le mécontentement s'accentuait avec

le mouvement de retraite; on reculait toujours, sur Dorogobouge, puis sur Viasma; on commençait à murmurer autant contre Bagration que contre Barclay. C'est alors qu'Alexandre réunit les deux armées sous le commandement suprême de Koutouzof. Koutouzof avait pour lui le souvenir d'Amstetten, Krems, Dirnstein; ce n'était pas à lui qu'on imputait Austerlitz. C'était un vrai Russe de vieille roche, indolent, endormi en apparence, mais très-judicieux, très-patriote; nul ne comprenait mieux que lui le soldat russe, le caractère national. D'ailleurs on avait besoin d'espérer. Sa nomination excita un enthousiasme général : le bruit se répandit aussitôt dans l'armée que « Koutouzof était venu battre les Français ». Des mots heureux portèrent aux nues sa popularité; passant en revue les régiments, « avec de tels gaillards, dit-il, comment peut-on songer à battre en retraite? » Cependant il ordonna encore un mouvement rétrograde; mais « on sentait que tout en reculant on marchait contre les Français ». On reculait, mais pour se renforcer, pour attendre les troupes que devait amener Miloradovitch, les kosaks que Platof était allé recruter sur le Don, les milices barbues qui s'étaient levées à la voix du tsar, la fameuse *droujina de Moscou* que promettait le gouverneur Rostoptchine.

Koutouzof s'arrêta donc à Borodino. Il avait alors 72 000 fantassins, 18 000 cavaliers réguliers, 7 000 kosaks, 10 000 *opoltchentsi* ou miliciens, 640 canons, servis par 14 000 artilleurs ou pionniers : au total, 131 000 hommes. Napoléon n'avait pu concentrer que 86 000 fantassins, 28 000 cavaliers, 587 canons, servis par 16 000 pionniers ou artilleurs : c'était à peu près l'effectif des Russes; mais son armée, triée d'ailleurs par cette longue marche de 800 lieues, était encore la plus admirable des temps modernes. Le 5 septembre, les Français enlevèrent la redoute de Chévardino; le 7 fut le jour de la grande bataille : c'est la bataille de Borodino chez les Russes, de la Moskova dans les bulletins napoléoniens, quoique la Moskova coule assez loin de ce champ de carnage.

Le front de l'armée russe était dessiné, à droite, par le

village de Borodino sur la Kolotcha; au centre, par la Montagne-Rouge, où s'élevait ce que les Français ont appelé la grande-redoute, les Russes la batterie Raiévski, et où s'élève aujourd'hui la colonne commémorative; à gauche, par les trois petites redoutes ou *flèches* de Bagration, emplacement du monastère fondé depuis par Mme Toutchkof. Entre la Montagne-Rouge et les *flèches* Bagration, se creusait le ravin de Séménovskoé avec le village de ce nom. Pendant la bataille, Napoléon se tint près de la redoute de Chévardino, Koutouzof au village de Gorki. A droite, commandait Barclay de Tolly : par Miloradovitch il occupait Borodino et par Doktourof Gorki. A gauche, commandait Bagration : par Raiévski il occupait la Montagne-Rouge et Séménovskoé, par Borosdino les trois *flèches*. L'opoltchénié garnissait les bois d'Oustitsa. Napoléon avait disposé Eugène, avec l'armée d'Italie et les Bavarois, en face de Borodino et de la grande-redoute; Ney, avec Junot et les Würtembergeois, en face des trois *flèches*; Davout avec les Polonais et les Saxons, Murat avec son immense cavalerie, devaient tourner les Russes par leur gauche; à l'extrême droite, Poniatovski devait nettoyer les bois d'Oustitsa. En arrière, la division Friant et la garde formaient une réserve imposante.

La veille de la bataille, le plus profond silence régna dans le camp des Russes; la ferveur religieuse, les fureurs patriotiques enflammaient tous les cœurs; ils passèrent la nuit à se confesser, à communier; ils mirent des chemises blanches comme pour une noce. Au matin, 100 000 hommes à genoux furent bénis, aspergés d'eau sainte par les prêtres; la Vierge miraculeuse de Vladimir fut promenée sur le front des troupes, au milieu des sanglots et de l'enthousiasme; un aigle plana sur la tête de Koutouzof, et un *hourrah* formidable salua cet heureux augure. La bataille commença par une épouvantable canonnade de 1200 bouches à feu; on l'entendait à trente lieues à la ronde. D'abord les Français, dans un élan irrésistible, enlevèrent Borodino d'un côté, les *flèches* de l'autre; Ney et Murat franchirent le ravin de Séménovskoé, coupèrent presque en deux l'armée russe. A dix heures du matin la bataille semblait gagnée. Mais Napoléon refusa de soutenir ce premier succès en engageant sa réserve, et les généraux russes eurent le temps de ramener en ligne de nouvelles troupes. Ils reprirent la grande-redoute, et le kosak Platof fit une algarade jusque sur les derrières de l'armée italienne; un combat opiniâtre se livrait aux trois *flèches*. Napoléon fit enfin avancer les renforts; la cavalerie de Murat balaya de nouveau le ravin; les cuirassiers de Caulaincourt prirent à revers la grande-redoute et s'y précipitèrent comme un ouragan, tandis qu'Eugène d'Italie en escaladait les parapets. Les Russes perdirent de nouveau les *flèches*. Alors Koutouzof donna le signal de la retraite, massa ses troupes sur Psarévo. Napoléon refusa de hasarder ses dernières réserves contre ces désespérés, de « faire démolir sa garde ». Il se contenta de les écraser de boulets jusqu'à la nuit. Les Français avaient perdu 30 000 hommes, les Russes 40 000; les premiers avaient 49 généraux et 37 colonels tués ou blessés; les Russes presque autant; Bagration, Koutaïzof, les deux Toutchkof étaient parmi les morts. Napoléon concentrait encore sous sa main 100 000 hommes, Koutouzof 50 000 seulement; mais les pertes de Napoléon étaient irréparables à cette distance; la grande-armée était condamnée à ne plus vaincre utilement. Le romancier Tolstoï emploie cette expression : « La bête est blessée à mort. » — « Napoléon, dit le Polonais Brandt, avait réussi, mais à quel prix! La grande-redoute et ses alentours offraient un spectacle qui dépassait les pires horreurs que l'on puisse rêver. Les abords, les fossés, l'intérieur de l'ouvrage avaient disparu sous une colline artificielle de morts et de mourants, d'une épaisseur moyenne de six à huit hommes, entassés les uns sur les autres. »

Koutouzof se retira en bon ordre, annonçant à Alexandre qu'on avait tenu bon, mais qu'il se retirait pour protéger Moscou. Il réunit un conseil de guerre aux Fily, sur une des collines qui dominent Moscou, et la vue de cette grande cité, de la ville sainte étendue à leurs pieds, condamnée peut-être à périr, causait une émotion indicible aux généraux russes. La seule question était celle-ci : Fallait-il essayer de sauver Moscou en sacrifiant la dernière armée de la Russie? Barclay déclara que « quand il s'agissait du salut de la Russie et de l'Europe, Moscou n'était qu'une ville comme une autre. » D'autres disaient, comme l'officier d'artillerie Grabbe : « Il est glorieux de périr sous Moscou, mais ce n'est pas de gloire qu'il s'agit. » — « Mais, dit le prince Eugène de Würtemberg, beaucoup pensaient que l'honneur les obligeait à mettre fin à tout mouvement rétrograde ; de même que la tombe est le terme du voyage terrestre accompli par l'homme, de même Moscou devait être le but, la tombe du guerrier russe ; au delà commençait déjà un autre monde. » Bennigsen, Ermolof, Ostermann se prononcèrent pour qu'on livrât une dernière bataille. Koutouzof écouta tous les avis et dit : « Ici ma tête, qu'elle soit bonne ou mauvaise, ne doit s'aider que d'elle-même, » et il ordonna de commencer la retraite à travers la ville. Il sentait bien cependant que Moscou n'était pas « une ville comme une autre ». Il ne voulut pas y entrer, et, pleurant, il passa par les faubourgs. Pour la retraite même, on pouvait choisir entre deux routes : Barclay conseillait celle de Vladimir, qui permettait de couvrir Saint-Pétersbourg ; Koutouzof préféra celle de Riazan, qui lui permettait de se placer sur le flanc droit de Napoléon, d'attirer à lui les renforts du midi, de barrer aux Français le chemin des plus fertiles provinces de l'empire. L'événement lui donna raison.

Cependant Alexandre avait décrété l'*opoltchénié* seulement dans seize gouvernements : ceux de Moscou, Tver, Iaroslavl, Vladimir, Riazan, Toula, Kalouga, Smolensk devaient fournir 123 000 hommes ; Saint-Pétersbourg et Novgorod, 25 000. Chaque mois, on fabriquait à Toula 7000 fusils nouveau modèle. Alexandre avait dit à Michaux : « Nous ferons de la Russie une nouvelle Espagne. » Le métropolite de Moscou et tous les prêtres appelaient aux armes contre « l'impie Français, l'effronté Goliath », que devait terrasser la fronde d'un nouveau David.

Alexandre avait nommé gouverneur de Moscou le comte

Rostoptchine : ce bel-esprit français connaissait bien les nobles et le peuple, affectait le langage pittoresque du paysan, s'entendait, comme il le dit, « à jeter de la poudre aux yeux ». Le patriote Glinka le comparait à Napoléon. Sa correspondance avec Sémen Voronzof, ses affiches de 1812, ses mémoires rédigés en 1823, sa brochure de la même année, intitulée : *La vérité sur l'incendie de Moscou*, comptent parmi les sources les plus curieuses de cette histoire. « Je fais *tout*, écrivait-il à l'empereur, pour gagner les bonnes dispositions de *tous*. Mes deux visites à la Mère de Dieu d'Ibérie, le libre accès à tous auprès de moi, la vérification des poids et mesures, cinquante coups de bâton appliqués en ma présence à un sous-officier qui, préposé à la vente du sel, avait fait attendre trop longtemps les mougiks, m'ont acquis la confiance de vos dévoués et fidèles sujets. » — « Je résolus, dit-il encore, à chaque nouvelle désagréable, d'exciter des doutes sur sa véracité ; par là, j'affaiblissais la première impression, et, avant qu'on eût eu le temps d'en vérifier l'exactitude, il en arrivait d'autres qui étaient un nouveau sujet d'examen. » Il organisait un espionnage en règle pour surveiller les propagateurs de *fausses nouvelles*, les *martinistes*, les francs-maçons, les libéraux. Il jalousait Glinka, qui cependant l'admirait, et qui, dans le *Messager russe*, « déchaînait les fureurs de la guerre patriotique. » Quand Alexandre vint à Moscou et convoqua les trois ordres au Kremlin, Rostoptchine fit préparer des *kibitkas* pour emmener en Sibérie ceux qui oseraient poser à l'empereur des questions indiscrètes. Ces précautions étaient inutiles. Les nobles donnèrent leurs paysans, les marchands leur argent : ils accueillirent avec enthousiasme la lecture du manifeste impérial. « D'abord, raconte Rostoptchine, on écouta avec la plus grande attention ; puis on donna quelques signes d'impatience et de colère ; quand on en vint à cette phrase qui annonçait que l'ennemi venait *avec la flatterie sur les lèvres et les fers dans ses mains*, alors l'indignation éclata entière ; on se frappait la tête, on s'arrachait les cheveux, on se tordait les mains ; des larmes de rage coulaient le long de ces figures qui rappelaient celles des anciens : je vis un homme qui grinçait des dents. » Au fond, on se défiait du peuple qui, serf, pouvait se laisser tenter par les proclamations de liberté lancées par l'envahisseur. C'est pour ce motif que Rostoptchine mit 300 000 roubles à la disposition de Glinka, le publiciste populaire : il n'en était pas besoin; Glinka restitua les 300 000 roubles. Alexandre, en partant, avait laissé de pleins pouvoirs à Rostoptchine.

Rostoptchine abusait des nouvelles optimistes. Un jour il affichait « la grande victoire d'Ostermann »; un autre jour « la grande victoire de Wittgenstein ». Les gens sensés finirent par ne plus le croire. Ses affiches avaient toujours prise sur le peuple : « Ne craignez rien, disait-il; il est survenu un orage, nous le dissiperons; le grain se moudra et deviendra farine. Gardez-vous seulement des ivrognes et des imbéciles; ils ont les oreilles larges et soufflent des sottises dans celles des autres. Il y en a qui croient que Napoléon vient pour notre bien, tandis qu'il ne pense qu'à nous écorcher. Il fait espérer aux soldats le bâton de maréchal, aux mendiants des montagnes d'or, et en attendant il prend tout le monde au collet et l'envoie à la mort. Et pour cela, je vous prie, si quelqu'un des nôtres ou des étrangers se met à le louer et à promettre en son nom ceci et cela, empoignez-le, quel qu'il soit, et menez-le à la police. Quant au coupable, je saurai bien lui faire entendre raison, fût-ce un géant. » — « Je réponds sur ma tête que le méchant n'entrera pas à Moscou, et voici sur quoi je me base.... Si cela ne suffit pas, alors je dirai : En avant la *droujina* de Moscou! marchons aussi! Et nous serons 100 000 braves. Nous prendrons avec nous l'image de la Mère de Dieu d'Ibérie, 150 canons, et nous finirons l'affaire tous ensemble. » Après Borodino, il affichait encore cette proclamation : « Frères, nous sommes nombreux et prêts à sacrifier nos vies pour le salut de la patrie et pour empêcher le scélérat d'entrer à Moscou; mais il faut que vous m'aidiez. Moscou est notre mère; elle nous a abreuvés, nourris, enrichis. Au nom de la

Mère de Dieu, je vous convie à la défense des temples du Seigneur, de Moscou, de la Russie! Armez-vous de tout ce que vous pourrez, à pied, à cheval; prenez du pain seulement pour trois jours; allez avec la croix, précédés des bannières que vous prendrez dans les églises, et rassemblez-vous à l'instant sur les Trois-Montagnes; je serai avec vous, nous exterminerons tous ensemble les envahisseurs. Gloire dans le ciel à ceux qui iront! Paix éternelle à ceux qui mourront! Punition au jugement dernier à ceux qui reculeront! »

Cependant il faisait déporter à Kazan 40 Français ou étrangers établis à Moscou : Domergue, directeur du théâtre français de Moscou, a raconté leur triste odyssée. Il faisait travailler mystérieusement un certain Leppich, ou Schmidt, à la confection d'un ballon merveilleux, qui couvrirait de feux l'armée française. Il évacuait sur Vladimir les archives, les trésors des églises et des palais. Quand l'armée russe traversa Moscou, il quitta à son tour la capitale, après avoir fait sabrer Véréchtchaghine, accusé d'avoir répandu des proclamations de Napoléon. Il avait fait ouvrir les prisons aux détenus, distribué au peuple les fusils de l'arsenal, emmené les pompes, ordonné à Voronenko d'incendier les magasins d'eau-de-vie, les barques chargées d'alcool. L'incendie de Moscou sortit sans doute de là. De son aveu, c'est « un événement qu'il a préparé, mais qu'il a été loin d'effectuer ». Il s'est contenté « d'embraser les esprits des hommes ». Déjà les barrières de la capitale étaient encombrées de véhicules de toute sorte : tout ce qui pouvait quitter la ville émigra.

Le peuple resté à Moscou se berçait toujours d'illusions. Quand apparurent les premiers soldats de la grande-armée, il crut d'abord que c'étaient les Suédois ou les Anglais qui arrivaient à son secours. Le pillage des maisons abandonnées commençait : la populace rivalisa de zèle avec les envahisseurs. Napoléon arriva et essaya de faire cesser le désordre; il nomma Mortier gouverneur de la ville. « Surtout point de pillage, lui dit-il, vous m'en répondez sur votre tête. » Les troupes défilèrent dans les rues du Biélyi-gorod et du Kitaï-gorod au chant de la *Marseillaise* (14 sept.). Napoléon gravit l'Escalier-Rouge et s'établit dans l'antique palais des tsars. Presque aussitôt les incendies éclatèrent sur plusieurs points. La nuit du 15 au 16 septembre surtout fut épouvantable. Le Kremlin lui-même, encombré des caissons de l'artillerie de la garde, fut en danger. Napoléon dut en sortir, chemina parmi les flammes, manqua de périr en chemin et arriva au parc Pétrovski. Des commissions militaires condamnèrent à mort environ 400 incendiaires, vrais ou supposés. C'en était fait de notre conquête : il ne resta debout que les églises et un cinquième à peu près des maisons. Dès lors il fut impossible d'empêcher le pillage des caves et des bâtiments intacts. Nos alliés allemands, au dire des Moscovites, furent incomparablement plus âpres que les *vrais Français*[1]. Ils méritèrent le nom d'*armée sans pardon* (*bezpardonnoé voïsko*).

Pendant les 35 jours que les troupes séjournèrent à Moscou, leur désorganisation fut portée au comble. De misère il périt là peut-être 10 ou 12 000 hommes. Le corps bavarois acheva de s'y détruire. On commençait à manger les chevaux. Napoléon cependant organisait une troupe de comédie dans la maison Posniakof, des concerts au Kremlin, rendait le décret de Moscou sur le Théâtre-Français de Paris; mais il était dévoré d'inquiétude. Le projet d'une marche sur Saint-Pétersbourg, à l'approche de l'hiver, fut rejeté comme impraticable. Ses essais pour nouer des négociations avec Alexandre restèrent infructueux. Il songeait à se déclarer roi de Pologne, à rétablir la principauté de Smolensk, à démembrer la Russie occidentale; il étudiait les papiers relatifs à la tentative de 1730, pour voir si l'on ne pouvait séduire les nobles par l'appât d'une constitution, songeait à décréter l'affranchissement des serfs, à soulever les Tatars du Volga. Il était

---

1. Voir des récits nouveaux dans mon livre intitulé : *Français et Russes, Moscou et Sévastopol.*

impuissant, sans moyens d'action, sans nouvelles, presque bloqué dans Moscou. Au midi, Koutouzof se renforçait dans son camp de Taroutino, lui barrant les chemins du sud; par le combat de Vinkovo (18 octobre) contre Murat, il fermait la route de Riazan; par la bataille de Malo-Iaroslavets (23 et 24 oct.), il fermera la route de Kalouga, ne laissant de libre que la route dévastée de Smolensk. Encore celle-ci n'était plus sûre. La guerre de partisans, la guerre des paysans, la guerre kosaque avaient commencé. Gérasime Kourine, paysan du village de Pavlovo, réunit jusqu'à 5800 hommes, « afin de combattre pour la patrie et le saint temple de la Mère de Dieu contre un ennemi qui menaçait de brûler tous les villages et d'enlever la peau à tous leurs habitants ». Les mougiks tombaient sur les hommes envoyés aux fourrages, sur les maraudeurs: ils les tuaient à coups de fourche, les pendaient, les noyaient; l'Anglais Wilson raconte qu'ils en enterrèrent tout vifs. Dans le seul district de Borovsk, 3500 soldats furent tués ou pris. Les partisans Figner, Séaslavine, Davydof, Benkendorff, prince Kourakine, enlevaient des convois sur la route de Smolensk. Dorokhof avec une bande de 2500 hommes et un parti de kosaks prenait d'assaut Véréïa. La paysanne Vassilissa, Mlle Nadèjda Dourova, donnaient aux femmes de Russie de belliqueux exemples. Des kosaks se montraient déjà déguisés dans Moscou.

Le 13 octobre, à la première neige, Napoléon avait fait sortir de Moscou les hôpitaux et les premiers convois. Du 18 au 23, 90 000 combattants sortirent de Moscou : ils traînaient avec eux 600 canons, 2000 caissons, et une masse de 50 000 non-combattants : malades, employés, femmes, habitants de la ville, qui craignaient les premiers excès des kosaks. Mortier quitta Moscou le dernier, après avoir fait jouer les mines du Kremlin : le palais de Catherine II sauta; la porte du Sauveur, celle de la Trinité, la tour d'Ivan le Grand furent lézardées par les explosions, les murs du Kremlin ouverts en plusieurs endroits : vengeance sauvage, inutile, qui pouvait appeler de cruelles représailles sur les blessés que l'on abandonnait.

Il fallut s'ouvrir l'unique route de Smolensk par le combat de Viasma (3 novembre) où Ney et Eugène, coupés de Davout par Miloradovitch, battirent 40 000 Russes. A Smolensk, on trouva les magasins pillés (12 novembre). C'est alors que la faim, des froids de 18 degrés commencèrent à décimer les débris de la grande-armée. Ce qu'elle souffrit, les mémoires et récits de Ségur, Labaume, Brandt, Fezensac, Denniée, Chambray, Fain, René Bourgeois, Domergue, Mme Fusil, actrice du théâtre français de Moscou, Mme de Choiseul-Gouffier, ceux de l'Anglais Wilson, l'ont décrit avec trop d'éloquence pour qu'il y ait lieu d'y revenir.

A Krasnoé, Napoléon fut obligé avec sa garde de dégager Davout; Ney, qui faisait l'arrière-garde, ne put s'échapper avec 6000 combattants et 6000 traînards qu'en livrant bataille à 60 000 Russes (19 novembre); mais de Smolensk à Krasnoé, 26 000 traînards ou blessés, 208 canons, 500 voitures étaient tombés entre les mains de Koutouzof.

Le vieux général, ramassant tous ces trophées, presque sans combat, triomphait. On lui apporta un drapeau français où, parmi les noms de batailles immortelles, se lisait celui d'Austerlitz. « Qu'y a-t-il là ? demanda-t-il. Austerlitz! C'est vrai, il faisait chaud sous Austerlitz. Mais je m'en lave les mains devant toute l'armée : elles sont innocentes d'Austerlitz. » C'était au bivouac du Séménovski, et l'un des officiers cria : « Hourrah pour le sauveur de la Russie! — Non, dit Koutouzof, écoutez, mes amis! Ce n'est pas à moi que revient l'honneur, c'est au soldat russe! » et, lançant en l'air sa casquette, il cria de toutes ses forces : « Hourrah! hourrah! pour le brave soldat russe! » Puis, rendu communicatif par la joie du succès, il dit à ses officiers : « Où couchera aujourd'hui ce fils de chien? Je sais déjà qu'à Liady, il ne dormira pas tranquille, Sésslavine m'en a donné sa parole d'honneur. Écoutez, messieurs, une jolie fable que vient de m'envoyer

Krylof, le bon conteur : « Un loup était entré dans un che-
« nil et harcelait les chiens. Pour entrer, il était bien en-
« tré ; mais quand il voulut sortir, c'était une autre affaire !
« Les chiens étaient tous en tas après lui, lui acculé dans
« un coin, hérissant son poil et disant : « Qu'y a-t-il, mes
« amis? Qu'avez-vous contre moi? Je suis venu simplement
« regarder ce que vous faisiez, et voilà, je m'en vais. » Le
« piqueur était accouru, il lui dit: « Non, ami loup, tu ne
« nous en imposeras pas! C'est vrai que tu es un vieux
« malin à poil gris, mais moi aussi je suis gris, et pas plus
« bête que toi. » Otant sa casquette et montrant ses cheveux
gris, Koutouzof continua : « Tu ne t'en iras comme tu
« es venu, j'ai mis mes chiens à tes trousses. » (Mémoires
de Jirkiévitch.)

La situation de l'armée française était critique ; au nord
Saint-Cyr, après un sanglant combat à Polotsk (19 octobre),
avait évacué la ligne de la Düna : Macdonald restait sans
appui dans le nord, s'attendant à quelque défection de ses
Prussiens ; au midi, Schwartzenberg avait rétrogradé
jusque sur Varsovie, plus occupé de la Pologne que du
salut de Napoléon ; donc Wittgenstein, du nord, Tchitchagof, du sud, pouvaient se rabattre sur les deux flancs
de la grande-armée ; tous deux espéraient la prévenir au
passage de la Bérésina et l'enfermer entre eux et Koutouzof. Koutouzof y comptait bien ; il contenait l'impatience des plus ardents, des kosaks, de l'Anglais Wilson,
qui disait : « Quelle honte de laisser ces spectres rôder
hors de leur sépulcre ! » Ils croyaient tous qu'il suffisait
de souffler sur ce qui avait été la Grande-Armée ; mais
Koutouzof ne voulait pas hasarder dans une bataille les
résultats acquis : il laissait faire au temps, à la faim, à
l'hiver. Le froid allait atteindre 26 degrés.

Malgré Koutouzof, malgré Wittgenstein, malgré Tchitchagof, malgré les glaçons, malgré la rupture des ponts,
l'armée française franchit la Bérésina près de Stoudianka
(26-29 novembre). A quel prix ? on le sait. Néanmoins c'é-
tait là un grand succès, une victoire de désespérés. Entourés par 140 000 Russes, ces 40 000 hommes avec leur

empereur réussirent à passer. Un tiers d'entre eux étaient des Polonais. Ils continuèrent leur route : à Smorgoni, Napoléon quitta l'armée pour courir à Paris, laissant le commandement à Murat. On s'arrêta à Vilna, où quelques mois auparavant des fêtes splendides avaient accueilli le restaurateur de la Pologne, le libérateur de la Lithuanie : ces affamés se précipitèrent dans les maisons. Tout à coup le canon retentit de trois côtés : c'étaient les trois armées russes qui arrivaient. Ney, avec 4000 braves, protégea la fuite de cette cohue. Après son départ, il se passa dans Vilna une scène plus affreuse peut-être que le passage de la Bérésina. Vilna était encombrée de nos blessés, de nos malades : il y en avait presque dans toutes les maisons. Les juifs, si nombreux dans cette ville, par peur des Russes, par haine de la conscription française et polonaise, jetèrent ces malheureux par les fenêtres; des juives, à coups de talon, purent achever des hommes qui avaient naguère enlevé le pont de Friedland ou la grande-redoute de Borodino. Les kosaks, entrés les premiers dans la ville, s'acharnèrent contre les traînards sans défense, les femmes, les cantinières. Il y eut là un affreux carnage. 30 000 cadavres furent ensuite brûlés sur des bûchers. Les débris de l'armée, toujours protégés par l'intrépide Ney, repassèrent enfin le Niémen : ils laissaient derrière eux 330 000 Français ou alliés, morts ou prisonniers.

Campagnes d'Allemagne et de France. Traités de Paris et de Vienne.

Après l'anéantissement de la grande-armée, Koutouzof et le chancelier Roumantsof étaient d'avis de ne pas tenter la fortune, de prendre simplement les provinces orientales de la Prusse et de la Pologne, de donner la Vistule pour frontière à la Russie, de conclure la paix avec Napoléon. « Mais, dit M. Bogdanovitch, ils ne réfléchissaient pas que Napoléon pouvait facilement réparer ses pertes, grâce à la forte concentration de la France sur un espace restreint, à la rapidité que mettaient à s'instruire les conscrits français, à ses puissantes réserves de munitions de guerre, à ses vastes ressources financières. Au contraire, nous avions à rassembler nos recrues sur d'immenses espaces et nos finances étaient fort en désordre. Les faits ont prouvé par la suite que, même avec le secours de la Prusse, déployant alors toute sa force, nous n'avons pu tenir tête à Napoléon dans les batailles de Lützen et de Bautzen. Que serait-il donc arrivé si les Prussiens, irrités de nos prétentions, s'étaient alliés à la France? Évidemment Napoléon, renforcé des armées prusiennes, puis des contingents polonais, aurait reparu sur la Düna; instruit par son expérience de 1812, il aurait agi avec plus de précaution et peut-être aussi avec plus de succès. » Alexandre résolut donc de trouver dans ces mêmes nations qu'on disait opprimées par Napoléon les forces nécessaires pour le vaincre, de faire reposer la sécurité de la Russie sur l'*affranchissement* de l'Europe entière, et, après Napoléon qui avait provoqué de l'ouest à l'est un mouvement général des peuples contre la Russie, de faire refluer de l'est à l'ouest toute l'Europe contre la France. L'incendie de sa capitale et de son palais le rendaient inaccessible à toutes les propositions de paix : Stein et les autres réfugiés allemands ne lui permettaient pas d'oublier sa vengeance.

Tandis que les troupes russes envahissaient la Pologne et livraient aux débris de la grande-armée les combats d'Elbing et de Kalisch, tandis que Czartoryski sollicitait le tsar de rétablir la Pologne sous le sceptre du grand-duc Michel, Alexandre entamait des négociations avec la Prusse. Frédéric-Guillaume traitait à la fois avec Alexandre et Napoléon. Il désavouait York de Wartenburg, dont la défection à Tauroggen avait donné le signal du mouvement germanique et qui armait la Prusse orientale. Il envoya cependant Knesebeck, déguisé en marchand, au quartier général du tsar. Alexandre à son tour lui envoya Stein et Anstett, qui l'amenèrent à signer le traité de Kalisch (28 février 1813), par lequel les deux princes formaient une alliance offensive et défensive « pour le rétablissement de la monarchie prussienne dans des limites qui assurassent tranquillité des deux États »; la Russie fournissait 150 000 hommes, la Prusse 80 000; on ne traiterait que de concert avec Napoléon; la Russie s'emploierait pour faire obtenir à la Prusse un subside de l'Angleterre. C'est seulement le 17 mars, quand Wittgenstein eut fait son entrée dans Berlin, que le roi de Prusse déclara la guerre à Napoléon, lança les proclamations *à mon peuple! à mon armée!* Le 19 mars, quand Blücher fut entré en Saxe, les deux princes conclurent la convention de Breslau : on convenait d'appeler tous les princes et tous les peuples de l'Allemagne à concourir à l'affranchissement de la patrie commune; les princes qui s'y refuseraient, dans un délai déterminé, seraient privés de leurs États; la Confédération du Rhin était dissoute; un conseil central de gouvernement était créé pour administrer les pays qui seraient reconquis, depuis la Saxe jusqu'à la Hollande, en percevoir les revenus, attribués dès lors aux puissances alliées, organiser la levée en masse.

Napoléon avait déployé son activité ordinaire; il avait mis sur pied 450 000 hommes; ses bonnes villes de Paris, Lyon, Rome, Amsterdam, Hambourg lui avaient fait des dons patriotiques de milliers de chevaux. La Confédération du Rhin, moins la Saxe alors envahie, préparait ses contingents. C'est avec 180 000 hommes et 350 canons qu'il reparut sur la ligne de l'Elbe, et il comptait bien la franchir, car, dans ses places fortes de la Vistule et de l'Oder, Dantzig, Thorn, Plock, Modlin, Küstrin, Glogau, Stettin, Stralsund, il avait laissé des garnisons montant à un chiffre presque égal. Le point faible de cette nouvelle armée, c'était le grand nombre des conscrits, la jeunesse des soldats, la faiblesse de la cavalerie. Les vétérans, les innombrables escadrons de Murat étaient restés ensevelis sous les neiges de la Russie.

Le 2 mai à Lützen, le 20 mai à Bautzen, sous les yeux des deux souverains alliés, Napoléon remporta deux brillantes victoires, que faute de cavalerie il ne put compléter par la poursuite des vaincus. Il était entré à Dresde et y avait rétabli son allié, le roi de Saxe; la Silésie même était entamée; au nord, Davout avait repris Hambourg et Lübeck, qu'une insurrection nous avait fait perdre; on avait balayé les partisans qui s'étaient montrés en Westphalie et en Hanovre.

Le roi de Prusse était singulièrement découragé : toujours frappé des souvenirs de 1806, il avait dit après Lützen : « C'est tout à fait comme à Auerstaedt. » — « La perte de ces deux batailles, dit M. Bogdanovitch, avait desserré les liens de l'alliance. Les généraux prussiens se plaignaient que leur pays fût ravagé par les Russes, autant que par les Français. Les idées de Barclay de Tolly et de la plupart des chefs russes ne s'accordaient pas avec celles de Blücher et de son état-major. Les Russes, à mesure qu'ils s'éloignaient de leur pays, éprouvaient une peine sensible à se ravitailler de munitions, et même de vivres. Dans tout l'espace compris entre la Vistule et l'Elbe, on n'avait pas encore établi de magasins. Les soldats étaient mal vêtus, mal chaussés. La discipline habituelle aux troupes se relâchait. L'armée prussienne n'était pas dans une situation meilleure. » Alexandre, le roi de Prusse surtout, pouvaient se dire qu'ils jouaient gros jeu.

C'est alors que l'empereur François intervint et amena son gendre à signer cet armistice de Pleswitz, dont Napoléon disait : « Si les alliés ne veulent pas de bonne foi la paix, cet armistice peut nous devenir bien fatal. » Pendant ce temps, en effet, l'armée russe se renforça, s'organisa; la Prusse créa sa landwehr; les deux puissances conclurent leurs traités de subsides avec l'Angleterre; on attira dans la coalition le prince royal de Suède en lui promettant la Norvége; un autre Français, Moreau, apporta ses talents aux coalisés; on fit le siége de Dantzig, Stettin, Küstrin, Glogau. Une nouvelle à sensation arrivait en Allemagne : l'Espagne était perdue pour Napoléon, les Anglais menaçaient la Bidassoa. Quant à l'Autriche, son penchant à la défection s'accusait de plus en plus : après Lützen, elle avait envoyé en même temps Stadion à Alexandre, Bubna à Napoléon. Elle traînait les négociations. Napoléon, mécontent de son attitude, avait essayé, mais inutilement, de se rapprocher d'Alexandre : Caulaincourt ne fut pas reçu.

L'Autriche transmit enfin à Napoléon les conditions des alliés : 1° destruction du grand-duché de Varsovie et partage de la Pologne entre les trois cours du nord; 2° rétablissement de la Prusse, autant que possible, dans ses limites de 1805; 3° restitution à l'Autriche des provinces illyriennes; 4° restitution des villes hanséatiques; 5° dissolution de la Confédération du Rhin. Napoléon manifesta la plus vive irritation : il consentit cependant à ce qu'un congrès se réunît à Prague pour discuter ces conditions. Il donna ses instructions à Narbonne et Caulaincourt : pour punir la déloyauté de l'Autriche, il entendait qu'on ne lui cédât *pas un village*; avec la Russie il voulait une paix glorieuse, mais sur les bases de l'*uti possidetis*. On ne pouvait concilier des prétentions si opposées. Les coalisés aggravèrent encore les leurs, demandant en outre la restitution à l'Autriche des provinces italiennes et l'abandon de la Hollande. Quand Napoléon consentit enfin à sacrifier le grand-duché de Varsovie et les provinces illyriennes, l'Autriche déclara qu'il était trop tard et qu'elle était entrée dans la coalition (15 août).

Les coalisés avaient maintenant en Allemagne trois armées : celle du *Nord* forte de 130 000 hommes (Russes, Suédois, Prussiens), sous Bernadotte, campait alors sur le Havel; celle de *Silésie*, forte de 200 000 hommes (Russes et Prussiens), sous Blücher, était postée sur l'Oder; celle de *Bohême*, forte de 130 000 hommes (Russes et Autrichiens), sous Schwartzenberg, était cantonnée autour de Prague. Ainsi, des trois généraux en chef, pas un n'était russe : le grand-duc Constantin, Barclay, Ostermann, Ermolof servaient sous Schwartzenberg, Sacken sous Blücher, Wintzingerode sous Bernadotte. Le vieux Koutouzof avait quitté l'armée et mourut cette année même.

En revanche l'empereur de Russie, devant lequel s'éclipsaient les pâles souverains d'Autriche et de Prusse, semblait diriger en chef les armées et la diplomatie de la coalition. C'est lui qui sera jusqu'au bout le plus ferme contre Napoléon, le plus convaincu de la nécessité de son renversement et qui, après avoir transporté la guerre de Russie en Allemagne, la transportera d'Allemagne en France.

A toutes ces forces, Napoléon opposait les 30 000 hommes de Davout qui occupaient Hambourg, 70 000 hommes sous Oudinot à Wittenberg; enfin 180.000 hommes étaient concentrés sous sa main de Dresde à Liegnitz, avec Vandamme, Saint-Cyr, Ney, Macdonald, Mortier, Murat. Il livra à l'armée de Bohême une grande bataille dans les faubourgs mêmes de Dresde (26 et 27 août), la rejeta en désordre sur la Bohême, lui fit perdre 40 000 hommes et 200 canons. Les alliés résolurent d'éviter les rencontres avec Napoléon et de ne plus s'attaquer qu'à ses lieutenants.

Napoléon avait posté Vandamme avec 25 000 hommes dans les défilés de Péterswald pour barrer le chemin aux fugitifs. Il oublia ensuite de l'en rappeler. Vandamme descendit jusqu'à Tœplitz pour couper le chemin aux alliés, mais il se heurta contre la garde russe qui fit une résistance désespérée : même les musiciens, les tambours, les scribes, sachant qu'il y allait du salut de l'armée et de leur empereur, demandèrent des fusils. Ostermann eut un bras emporté. Vandamme, n'ayant toujours pas d'ordres, rétrograda sur Kulm : il s'y vit attaqué et cerné le lendemain par des forces quadruples et fut pris avec la moitié de son corps d'armée (30 août). Kulm était une victoire presque entièrement russe, due surtout à Barclay, Ostermann, Ermolof. Elle coûtait cher : les Russes y perdirent 6000 hommes, dont 2800 hommes de la garde. Alexandre, dans sa joie, combla de décorations le Préobrajenski, l'Ismaïlovski, les marins, les chasseurs de la garde, fit attacher des croix de Saint-Georges à leurs drapeaux. La coalition avait enfin un succès. Presque en même temps Macdonald était battu par Blücher sur le Katzbach ; Oudinot à Gross-Beeren et Ney à Dennewitz par Bernadotte. Les kosaks se jetaient en Westphalie et Tchernichef enlevait Cassel avec les archives du roi Jérôme.

Dès lors les trois armées ennemies resserrèrent de plus en plus l'espace autour de Napoléon : Bennigsen venait d'amener aux Russes un renfort de 60 000 hommes. L'armée française, réduite à 160 000 hommes, se trouva cernée par 300 000 coalisés et 1200 canons ; ceux-ci formaient autour d'elle un demi-cercle qui ne laissait libre que la route de l'ouest. Alors Napoléon, dont les corps d'armée étaient adossés à toutes les portes de Leipzig afin de commander toutes les routes, livra la bataille si fameuse sous le nom de *bataille des nations :* elle dura quatre jours. Alexandre montra une grande bravoure personnelle, se tenant presque sous le feu des batteries françaises, hâtant l'envoi des renforts sur les points les plus menacés. Le 16 octobre, les Français réussirent à se maintenir dans leurs positions. Le 17, on s'observa, pendant que les alliés arrivaient à leur maximum de concentration. Le 18, la bataille recommença effroyable : la canonnade était plus terrible qu'à Borodino, assurait Miloradovitch ; c'est le jour où les Saxons firent défection. Le 19, l'armée française se mit en retraite par la route de l'ouest : Victor et Augereau en tête ; Ney, Marmont, la garde et Napoléon au centre ; Lauriston, Macdonald et Poniatovski formant l'arrière-garde. C'est cette arrière-garde qui fut détruite par l'explosion prématurée des ponts de l'Elster ; Macdonald put se sauver à la nage, Lauriston fut pris avec 30 000 hommes et 150 canons ; Poniatovski se noya. Avec lui périt l'espoir de la régénération polonaise par la main de Napoléon ; intrépide, désintéressé, patriote, Poniatovski ne s'était pas soucié du bâton de maréchal de France, voulant rester uniquement « le chef des Polonais ».

Les Prussiens, toujours haineux contre la Saxe, voulaient enlever d'assaut la ville de Leipzig ; Alexandre intervint pour la ménager et faire conclure une capitulation avec ce qui y restait de troupes françaises. Quant au roi de Saxe, prisonnier dans son palais, Alexandre l'accueillit froidement ; il refusa de traiter avec lui, sous prétexte qu'il avait repoussé l'appel fait aux princes allemands par les coalisés et s'était obstiné dans son dévouement à Napoléon. Peut-être voulut-il punir en lui le dernier prince saxon qui eût régné sur la Pologne. Nous verrons aussi que les projets d'Alexandre sur le remaniement de cette partie de l'Europe ne lui permettaient de donner au roi de Saxe aucune assurance.

La bataille de Leipzig fut l'effondrement de la domination française en Allemagne; il n'en restait comme épaves que 150 000 hommes de garnisons, dispersés dans les forteresses de la Vistule, de l'Oder et de l'Elbe. Chaque succès des alliés avait été marqué par la défection de quelqu'un des peuples qui avait fourni son contingent à la grande-armée de 1812; après la Prusse, l'Autriche; à Leipzig, les Saxons; les Français n'avaient pu regagner le Rhin qu'en passant sur le ventre des Bavarois à Hanau. La défection de Bade, Würtemberg, Hesse-Darmstadt, se déclara presque en même temps : les souverains hésitaient encore à se séparer de Napoléon, quand leurs peuples et leurs régiments, travaillés par les patriotes allemands, avaient déjà passé dans l'autre camp. Jérôme Bonaparte avait de nouveau quitté Cassel; le Danemark se vit forcé d'adhérer à la coalition.

Napoléon s'était retiré sur la rive gauche du Rhin. Alexandre allait-il franchir cette frontière naturelle de la France révolutionnaire?

« Convaincu, dit M. Bogdanovitch, par une expérience de nombreuses années que, ni les pertes infligées à Napoléon, ni les traités conclus avec lui, ne pouvaient refréner son insatiable ambition, Alexandre ne voulut pas se borner à l'affranchissement des alliés involontaires de la France et résolut de poursuivre la guerre jusqu'au renversement de son ennemi. » Les souverains alliés se trouvèrent réunis à Francfort; on y discuta la marche immédiate sur Paris. Alexandre, Stein, Blücher, Gneisenau et tous les Prussiens tenaient pour une action décisive. L'empereur François et Metternich ne désiraient que l'affaiblissement de Napoléon, non son renversement qui exposait l'Autriche à un autre danger : la prépondérance de la Russie sur le continent. Bernadotte insistait sur le détrônement de Napoléon, dans le dessein absurde de s'approprier, lui, traître à la France, la couronne de France. L'Angleterre aurait préféré une paix solide et immédiate à une guerre qui l'épuisait en subsides et augmentait sa dette déjà énorme. Ces divergences, ces hésitations donnèrent le temps à Napoléon de se reconnaître : après Hanau, au témoignage de Ney, « les alliés auraient pu compter leurs journées d'étapes jusqu'à Paris. »

Napoléon avait renoué les négociations. L'abandon de l'Italie (où Murat négociait de son côté pour conserver son royaume de Naples), de la Hollande, de l'Allemagne, de l'Espagne, la rentrée de la France dans ses frontières naturelles du Rhin et des Alpes, telles furent les *conditions de Francfort*. Napoléon fit répondre à Metternich « qu'il consentait à l'ouverture d'un congrès à Manheim et que la conclusion d'une paix qui pût assurer l'indépendance de toutes les nations sur terre et sur mer avait toujours été le but de sa politique. » Cette réponse parut évasive; mais les offres des alliés étaient-elles sérieuses? Encouragés par les traîtres de l'intérieur, ils publièrent la déclaration de Francfort où ils affirmaient « qu'ils ne faisaient pas la guerre à la France, mais à la prépondérance que Napoléon avait trop longtemps exercée hors des limites de son empire ». Assurances trompeuses, piège grossier qui ne pouvait abuser qu'une nation lasse de guerres, énervée par vingt-deux ans de victoires stériles, à bout de ressources. Pendant ce temps, Alexandre, avec les députés de la diète helvétique appelés à Francfort, discutait les bases de la nouvelle Confédération suisse. La Hollande était déjà soulevée par les partisans de la maison d'Orange, envahie par les Prussiens. La campagne de France commença.

Alexandre lança de Fribourg une proclamation à ses troupes : « Votre héroïsme vous a conduits des bords de l'Oka à ceux du Rhin : il vous conduira plus loin encore ; nous franchirons le Rhin, nous pénétrerons sur le territoire du peuple contre lequel nous soutenons une lutte sanglante, acharnée. Déjà, nous avons sauvé, glorifié notre patrie ; nous avons rendu à l'Europe sa liberté et son indépendance. Que la paix et la tranquillité règnent sur la terre entière ! que chaque État prospère sous son gouvernement particulier et sous ses lois propres !... L'ennemi, en envahissant notre empire, nous a fait beaucoup de mal, et pour cela a subi un terrible châtiment. La colère de Dieu l'a terrassé. Ne l'imitons pas. Le Dieu miséricordieux n'aime pas les inhumains et les cruels. Oublions le mal qu'ils nous ont fait : portons chez eux, non la vengeance et la haine, mais l'amitié, une main tendue pour la paix. La gloire du Russe est de terrasser son ennemi en armes, de combler de bienfaits son ennemi désarmé, les populations paisibles. » Il refusa de recevoir Caulaincourt à Fribourg, déclarant qu'il ne voulait traiter qu'en France : « Épargnons du chemin au négociateur français, dit-il à Metternich. Avoir fait signer la paix à la France de ce côté du Rhin, ou bien de l'autre côté, au cœur même de la France, ne me paraît nullement indifférent pour les souverains alliés ; une circonstance historique pareille vaut bien qu'on se déplace. »

Sans parler de ses armées d'Italie et des Pyrénées, Napoléon n'avait qu'un simple cordon de troupes, 80 000 hommes, répandus de Nimègue à Bâle, pour résister à 500 000 coalisés. L'armée du Nord (Wintzingerode) envahit la Hollande, la Belgique et les provinces rhénanes ; l'armée de Silésie (Blücher) passa le Rhin entre Manheim et Coblentz, et entra dans Nancy ; l'armée de Bohême (Schwartzenberg) passa sur la Suisse, et s'avança sur Troyes, où les royalistes lui demandèrent le rétablissement des Bourbons. Napoléon allait barrer quelque temps encore le chemin de sa capitale. Il attaqua d'abord l'armée de Silésie : il battit son avant-garde, les Russes de Sacken, à Saint-Dizier, Blücher à Brienne ; mais à la Rothière il se heurta contre les masses imposantes des armées de Silésie et de Bohême, et, après une bataille acharnée (1ᵉʳ février 1814), dut reculer sur Troyes. Les deux armées, après cette victoire que leur avait assurée leur jonction, se séparèrent de nouveau pour descendre l'une la Marne, l'autre la Seine, dans l'intention de ne se réunir que sous Paris. Napoléon profite de cette faute. Il se jette sur le flanc gauche de l'armée de Silésie, débouche sur Champeaubert, où il disperse les troupes d'Olsoufief et Poltaratski, leur fait perdre 2500 hommes, prend les généraux (10 février). A Montmirail, malgré l'héroïsme de Zigrote et Lapoukhine, il bat Sacken : les Russes, à eux seuls, perdent 2800 hommes et 5 canons 11 février). A Château-Thierry, il bat Sacken et York réunis : les Russes en sont encore pour 1500 hommes et 5 canons. A Vauchamp, c'est le tour de Blücher, qui perd 2000 Russes, 4000 Prussiens, 15 canons. L'armée de Silésie est dans un terrible désordre. « Les paysans, exaspérés des désordres inséparables d'une retraite, excités par des bruits exagérés sur les succès des Français, prenaient les armes contre les alliés, chassaient leurs troupeaux dans les forêts. Les soldats, mourants de faim, souffraient aussi du froid, la Champagne n'offrant pas de bois pour les feux de bivouac ; quand le temps s'adoucit, leurs chaussures se gâtèrent; les hommes, forcés de faire pieds nus des marches forcées, entraient par centaines dans les hôpitaux de campagne. » (Bogdanovitch.)

Pendant que l'armée de Silésie se replie en désordre sur l'armée du Nord, Napoléon, avec 50 000 soldats pleins d'enthousiasme, revient sur celle de Bohême, écrase les Bavarois et les Russes à Mormans, les Würtembergeois à Montereau, les Prussiens à Méry : ces Prussiens faisaient partie de l'armée de Blücher, qui avait détaché un corps sur les derrières de Napoléon. Cette campagne avait fait une profonde impression sur les alliés : Castlereagh exprimait, en présence d'Alexandre, l'opinion qu'il fallait faire la paix avant d'être rejeté sur le Rhin. Les chefs militaires commençaient à se troubler : Sésslavine annonçait de Joigny que Napoléon avait 180 000 hommes à Troyes. On s'attendait à une insurrection générale des provinces de l'Est sur les derrières des alliés.

Ce fut la fermeté d'Alexandre qui maintint la coalition : ce fut l'énergie militaire de Blücher qui la sauva. Aussitôt après ses désastres, ayant reçu des renforts de l'armée du Nord, il reprit l'offensive contre les maréchaux; puis, apprenant l'arrivée de Napoléon à la Ferté-Gaucher, il rétrograda en toute hâte, trouva un refuge inespéré à

Soissons, que venait d'enlever l'armée du Nord ; alors, à Craonne (7 mars) et à Laon (10-12 mars), dans de fortes positions, avec 100 000 hommes contre 30 000, il repoussa toutes les attaques de Napoléon. Mais à Craonne, les Russes avaient perdu 5000 hommes, le tiers de leur effectif, Lanskoï et Ouchakof tués et quatre autres généraux blessés. La bataille de Laon leur avait coûté 4000 hommes. Pendant ce temps, de Saint-Priest, général au service d'Alexandre, avait pris Reims d'assaut : Napoléon l'en délogea après un combat acharné, où les Prusso-Russes perdirent 4000 hommes, et où cet émigré fut grièvement blessé (13 mars).

Le 28 février s'était ouvert le congrès de Châtillon-sur-Seine : la Russie y était représentée par Razoumovski et Nesselrode, Napoléon par Caulaincourt, l'Autriche par Stadion et Metternich, etc. Les conditions proposées à Napoléon furent la réduction de la France à ses frontières de 1792, le droit pour les coalisés de disposer, sans son avis, des pays reconquis. L'Allemagne devait être une confédération d'États indépendants, l'Italie, se partager en États libres, l'Espagne, retourner à Ferdinand, la Hollande, à la maison d'Orange. « Laisser la France plus petite que je ne l'ai trouvée : jamais ! » écrivait Napoléon. Alexandre et les Prussiens ne voulaient pas d'une paix qui eût laissé Napoléon sur le trône. Cependant on négociait : l'Autriche et l'Angleterre n'entendaient pas pousser jusqu'au bout, et plusieurs fois proposèrent de traiter. Après les grands succès de Napoléon contre Blücher, Castlereagh insistait. « Ce ne serait pas une paix, s'écria l'empereur de Russie, ce serait une trêve qui ne nous permettrait pas de désarmer une minute. Je ne puis pas tous les jours accourir de 400 lieues à votre secours. Pas de paix, tant que Napoléon sera sur le trône » ! Napoléon, de son côté, enivré de ses succès, enjoignait à Caulaincourt de ne traiter que sur les bases de Francfort : les frontières naturelles. Après Montereau, il lui défendit même de traiter sans autorisation. C'est alors qu'il s'adressa à son beau-père l'empereur d'Autriche, essayant de lui faire honte de son alliance avec les « Tartares du désert, qui méritent à peine le nom d'hommes », le tentant par l'offre d'une paix séparée et avantageuse. Puis il permit de nouveau à Caulaincourt de traiter, mais sur les bases de Francfort. Caulaincourt demandait en outre le maintien d'Eugène en Italie, d'Elisa Borghèse à Lucques, des fils de Louis-Napoléon à Berg, du roi de Saxe à Varsovie (15 mars). Ces conditions parurent inacceptables; d'ailleurs, la fortune revenait aux coalisés: le congrès fut dissous (19 mars). Déjà les princes de Bourbon étaient en France : on allait proclamer Louis XVIII à Bordeaux.

Alexandre, fatigué de voir les armées de Bohême et de Silésie fuir tour à tour devant 30 ou 40 000 Français, fit adopter le plan fatal qui fut exécuté en huit jours : c'était de s'avancer en masse sur Paris. Blücher et Schwartzenberg réunis, avec 200 000 hommes, écraseraient tout sur leur passage. Le premier acte de la mise à exécution fut la bataille d'Arcis-sur-Aube, où les Russes prirent six canons à Napoléon. Celui-ci imagina un projet hardi qui l'eût peut-être sauvé, si Paris avait pu résister, mais qui fut sa perte. Il se jeta sur les derrières de l'armée des coalisés, leur abandonnant la route de Paris, mais comptant soulever la France orientale et leur couper le retour au Rhin. Les alliés, un moment inquiets, furent rassurés par une lettre interceptée de Napoléon, par les lettres des royalistes parisiens, qui leur révélaient la faiblesse de la capitale. « Osez donc! » leur écrivait Talleyrand. A leur tour, ils trompèrent Napoléon en le faisant suivre par un rideau de cavalerie, continuèrent leur marche, battirent Marmont et Mortier, écrasèrent les gardes nationaux de Pacthod (bataille de la Fère-Champenoise), et arrivèrent en vue de Paris.

Barclay de Tolly, formant le centre, le premier attaque le plateau de Romainville, défendu par Marmont; à sa gauche, le prince de Würtemberg menaça Vincennes; à sa droite, Blücher se déploya devant Montmartre, défendu par Mortier. Bientôt la butte de Chaumont, les buttes Montmartre furent emportées; Marmont et Mortier avec Moncey, commandant des gardes nationales, furent rejetés sur le mur d'enceinte. Marmont obtint du colonel Orlof un armistice pour traiter de la capitulation de Paris. Le roi Joseph, l'impératrice Marie-Louise, tout le gouvernement impérial, avaient déjà fui sur la Loire. Paris fut recommandé « à la générosité des monarques alliés »; l'armée pouvait se retirer sur la route d'Orléans. Telle fut la bataille de Paris : elle avait coûté, d'après M. Bogdanovitch, 8400 hommes aux alliés, et 4000 aux Français (30 mars!).

Le 31 au matin, Alexandre reçut les députés de Paris. Il promit que les armées alliées se conduiraient de leur mieux avec les Parisiens, que la sécurité de la capitale serait confiée à la garde nationale, qu'on ne demanderait que des vivres aux habitants. Il fit son entrée entre le roi de Prusse et Schwartzenberg (l'empereur d'Autriche étant absent); mais les Parisiens n'avaient d'yeux que pour lui; ils demandaient seulement : « Lequel est l'empereur Alexandre? » Les troupes alliées observèrent une exacte discipline et ne logèrent pas chez l'habitant. Alexandre ne venait pas en ami des Bourbons : l'ennemi le plus acharné de Napoléon fut le moins âpre contre les Français; il entendait leur laisser le choix de leur gouvernement, n'avait favorisé aucune des intrigues des émigrés, avait dit dédaigneusement à Jomini : « Que me sont les Bourbons? » Il punit d'un mot spirituel la bassesse d'un royaliste : « Il y a longtemps que nous attendions Votre Majesté, disait celui-ci. — Je serais venu plus tôt si je n'avais été retenu par la bravoure de vos soldats, » répondit Alexandre. Il envoya un détachement du Séménovski protéger contre les tentatives de l'émigré Maubreuil la colonne de la grande-armée. Au sénat, il répéta qu'il ne faisait pas la guerre à la France, qu'il était l'ami des Français, qu'il protégerait la liberté de délibérations tendant à l'établissement d'institutions libérales et durables, conformes au progrès du siècle. Il céda lorsque Talleyrand lui assura que « la république était une impossibilité; la régence, Bernadotte, une intrigue; les Bourbons seuls, un principe ». Le 2 avril, le sénat proclama la déchéance de Napoléon ; le 11, celui-ci abdiqua à Fontainebleau. Alexandre avait promis à Caulaincourt de défendre les intérêts de son allié de Tilsit ; il contribua à lui assurer la souveraineté de l'île d'Elbe. Le comte Schouvalof fut chargé d'accompagner l'empereur déchu à ce lieu d'exil : « Je vous confie, lui dit Alexandre, une grande mission ; vous me répondrez sur votre tête d'un seul cheveu qui tomberait de celle de Napoléon. » Il avouait à Caulaincourt que la conduite insensée des royalistes ne lui paraissait « pas moins dangereuse pour la paix de l'Europe que les guerres déraisonnables de l'empire. »

On sait ce que nous avons perdu par le premier traité de Paris. Le 3 mai, Louis XVIII avait fait son entrée au Louvre. Il affecta, même avec Alexandre, le cérémonial hautain de l'ancienne cour, ne lui donnait qu'une chaise pendant qu'il trônait sur un fauteuil, précédait à la salle à manger ses invités, le roi de Prusse et l'empereur de Russie, s'asseyait à la place d'honneur, se faisait servir avant eux. Alexandre ne releva point ces procédés. Comme son ancêtre Pierre le Grand, il visita curieusement les monuments et les grands établissements de la capitale. C'est à Vienne qu'allaient se régler les destinées de l'Europe.

Au congrès de Vienne, Alexandre se fit représenter par Razoumovski, Nesselrode, Capo d'Istria, Stackelberg : il avait confié à Czartoryski et Anstett la discussion des affaires polonaises. Il était d'accord sur un point avec son allié le roi de Prusse : celui-ci ne demandait pas mieux que de se débarrasser des provinces polonaises et Alexandre désirait unir la Pologne entière sous son sceptre, tenir la promesse qu'il avait faite à Czartoryski et aux vaillants débris des légions de la Vistule. La Prusse demandait en échange la Saxe dont le roi eût trouvé ailleurs une indemnité. On ne voit pas quel intérêt eut la Restauration à sacrifier la Pologne aux intérêts du roi de Saxe, à s'opposer à une combinaison qui, en établissant ce prince sur la rive gauche du Rhin, nous donnerait ainsi un voisin infiniment moins dangereux que la Prusse ; cependant Talleyrand n'usa de l'influence qu'il avait conquise dans le congrès que pour s'opposer aux vues de la Russie et de la Prusse, pour appuyer la résistance de l'Angleterre et de l'Autriche. Alexandre fit, le 21 octobre, une démarche décisive : il ordonna au prince Repnine, gouverneur de la Saxe, de remettre ce pays à l'administration prussienne et d'annoncer sa réunion aux États de Frédéric-Guillaume III; par ses ordres, le césarévitch Constantin entra dans la Pologne, y réunit une armée de 70 000 hommes, appela les Polonais à la défense de l'intégrité nationale. Alors Talleyrand, d'accord avec Castlereagh, rédigea un projet d'alliance entre la France, l'Autriche et l'Angleterre. Cette convention fut signée le 3 janvier 1815, mais resta secrète. La discorde régnait dans le congrès de Vienne; on était de nouveau à la veille d'une guerre générale; d'une manière ou de l'autre, la France reprenait sa place en Europe; mais est-ce bien du côté de l'Angleterre et de l'Autriche que se trouvaient ses intérêts, Razoumovski ayant proposé formellement d'établir le roi de Saxe dans les provinces rhénanes?

L'orage enfin se dissipa : Alexandre déclara se contenter d'une partie seulement de la Pologne, la Prusse d'un tiers seulement de la Saxe, avec 700 000 habitants. Les autres décisions du congrès de Vienne, l'organisation de la Confédération germanique, de l'Italie, du royaume des Pays-Bas, appartiennent à l'histoire générale. Toutefois la formation de l'Allemagne en une confédération, où les clients de la Russie, les alliés de la maison impériale, jouissaient d'une existence indépendante et d'une influence considérable sur la Diète, était autrement avantageuse pour la puissance et la sécurité russes que l'état de choses issu de la guerre de 1870. La Pologne fut démembrée de nouveau entre la Russie, la Prusse et l'Autriche : ce fut le quatrième partage. Les traités de Vienne disposèrent pourtant que « les Polonais, sujets respectifs de la Russie, de l'Autriche et de la Prusse, obtiendraient une représentation et des institutions nationales, réglées d'après le mode d'existence politique que chacun des gouvernements auxquels ils appartiennent jugera utile et convenable de leur accorder ». Cracovie fut déclarée ville libre et indépendante. Dans tous ces traités, la Russie n'acquérait que 3 millions d'âmes (royaume de Pologne), tandis que la Prusse en obtenait 5 362 000 (Pologne occidentale, Saxe, Poméranie suédoise, Westphalie, provinces rhénanes) et l'Autriche 10 millions (Gallicie, Allemagne, Italie). La puissance qui avait le plus fait pour l'*affranchissement* de l'Europe en était le plus faiblement récompensée.

Ce qui avait hâté singulièrement l'aplanissement du conflit saxon-polonais et la signature des traités, c'était la nouvelle du retour de Napoléon à Paris : le mauvais gouvernement des Bourbons avait réalisé les prévisions fâcheuses d'Alexandre. Il n'y eut pas un moment d'hésitation parmi les souverains et plénipotentiaires réunis à Vienne ; Alexandre résolut de poursuivre « jusqu'à son dernier homme et son dernier rouble » le renversement de l'ennemi commun. Les courriers de *Buonaparte*, porteurs d'assurances pacifiques, furent arrêtés à la frontière de France, sans pouvoir parvenir jusqu'aux souverains. Vainement Napoléon essaya de jeter la défiance parmi les coalisés, de ramener Alexandre en lui faisant tenir copie de la convention signée entre Talleyrand, l'Angleterre et l'Autriche à l'occasion du conflit saxon-polonais. « Le seul résultat de cette manœuvre fut d'irriter un peu davantage Alexandre contre les Bourbons et Talleyrand ; Napoléon n'en profita pas et la France en souffrit. » (Albert Sorel, *le Traité de Paris*.) Sur les 800 000 hommes que la coalition se préparait à lancer sur la France, le contingent russe était de 167 000 ; Barclay de Tolly, feld-maréchal depuis la bataille de Paris, commandait en chef ; sous lui marchaient Dokhtourof, Raïévski, Sacken, Langeron, Sabanéef, Ermolof, Wintzingerode, Pahlen. Malgré la nouvelle de Waterloo et l'abdication de Napoléon, les Russes n'en envahirent pas moins la France. Alexandre, en arrivant à Paris, y trouva Blücher déjà établi traitant Paris en ville conquise, exigeant une contribution de 100 millions, se préparant à faire sauter le pont d'Iéna. Alexandre fut reçu en libérateur par les habitants, terrifiés des violences prussiennes. Il protégea la France contre les revendications furieuses des Allemands : il trouva un appui dans la sagesse politique de Wellington. Tous deux sentaient que rétablir les Bourbons dans une France trop amoindrie, c'était rendre cette malencontreuse dynastie encore plus faible. Ils ne purent empêcher, cette fois, le pillage de nos musées, mais les exigences de la Russie et de l'Angleterre furent comparativement les plus modérées. Il y avait à cela une raison : ces deux puissances comprirent que, dans le règlement des affaires européennes et notamment des affaires d'Orient, la France était une alliée d'avenir, un obstacle aux prétentions exagérées de l'un ou de l'autre côté, à la fois « une menace et une protection » : elle était nécessaire à l'équilibre européen. D'autre part, Alexandre se souciait fort peu de faire obtenir aux Allemands les *garanties territoriales* qu'ils demandaient. Il voulait, dit Sybel, laisser subsister quelque danger de ce côté, afin que l'Allemagne, ayant besoin de la Russie, en restât ainsi dépendante. » Un diplomate russe, dit Pertz, avouait « ingénument qu'il n'était pas de la politique de la Russie de donner à l'Allemagne des *frontières assurées contre la France* ». Capo d'Istria « disait ouvertement à Stein que la Russie avait intérêt à laisser la France forte afin que d'autres puissances ne pussent pas disposer de toutes leurs forces contre la Russie ». Si Stein usait de toute son action sur Alexandre pour faire prévaloir les revendications des patriotes allemands, d'autres influences combattaient la sienne : d'abord celle du duc de Richelieu, qui avait été le gouverneur de la Nouvelle-Russie, le fondateur d'Odessa, et qu'Alexandre désirait voir remplacer auprès de Louis XVIII le douteux Talleyrand ; puis celle de Capo d'Istria, de Pozzo di Borgo, de ses conseillers grecs qui, voyant poindre la question d'Orient, voulaient, dans l'intérêt de la patrie hellénique, assurer une alliance à la Russie contre la politique étroite de l'Angleterre et de l'Autriche ; puis l'influence mystique et religieuse de Mme de Krüdener, qui exaltait auprès d'Alexandre les idées de justice absolue, de grandeur d'âme, de pardon des offenses, de fraternité universelle, et qui, dans son salon, un des plus brillants de Paris, entourait l'empereur de tout ce que la France avait alors de plus distingué et de plus séduisant : Chateaubriand, Benjamin Constant, Mme Récamier, les duchesses de Duras et d'Escar.

Un fait incontestable, c'est que, de toutes les puissances de la coalition, la Russie se montra la moins exigeante. Voici le tableau comparatif des propositions officiellement faites par chacune d'elles : *Russie*, occupation temporaire de la France, contribution de guerre; *Angleterre*, les mêmes conditions, plus retour à la frontière de 1790; *Autriche*, les mêmes, plus démantellement des forteresses de Flandre, de Lorraine et d'Alsace; *Prusse*, occupation, contribution, retour à la frontière de 1790, cession des places fortes de Flandre, de Lorraine, d'Alsace. Les États secondaires de l'Allemagne et les Pays-Bas demandaient la cession des Flandres, de l'Alsace, de la Lorraine, de la Savoie. Telles étaient, dit M. Sorel, les propositions *officielles*; les demandes *orales* étaient bien autre chose! « Tenez, mon cher duc, disait Alexandre à Richelieu en 1818, voilà la France telle que mes alliés voulaient la faire, il n'y manque que ma signature et je vous promets qu'elle y manquera toujours » La carte qu'il montrait au duc présentait une ligne de frontières qui nous enlevait la Flandre, Metz, l'Alsace, l'est de la Franche-Comté. Nous ne parlons pas de Carlovitz qui proposait à Stein de partager la France en langue d'Oc et en langue d'Oil, après lui avoir enlevé les provinces de langue flamande et germanique, ni des énergumènes qui revendiquaient la Bourgogne et l'ancien royaume d'Arles.

Richelieu venait de succéder à Talleyrand comme ministre des affaires étrangères. Il se trouva en présence d'un *ultimatum* collectif des puissances, demandant la cession de la Savoie, Condé, Philippeville, Marienbourg, Givet, Charlemont, Landau, Fort-Joux, Fort-l'Écluse la démolition d'Huningue, le payement de 800 millions, l'occupation pendant sept ans du nord et de l'est. Il discuta point par point cet *ultimatum*. « Les Russes, écrivait Gagern, sans se prononcer ouvertement, travaillent sous main à la modification des articles. » Richelieu finit par sauver Condé, Givet, Charlemont, les forts de Joux et de l'Écluse, obtint la réduction de l'indemnité à 700 millions, de l'occupation à cinq ans, avec cette clause que d'ailleurs, « au bout de trois ans, les souverains se réservaient de rapprocher, d'un commun accord, le terme de cette occupation si l'état de la France le permettait » (20 novembre 1815). Alexandre quitta Paris : dans l'armée d'occupation, les Russes furent chargés de la Champagne et de la Lorraine : Voronzof commandait 27 000 hommes et 84 canons : Alopéus était chargé de la partie politique : ils résidaient à Nancy. Nicolas Tourguénief, attaché à la chancellerie, nous a laissé de curieux détails sur l'occupation russe en Lorraine.

Royaume de Pologne. Les congrès : Aix-la-Chapelle, Carlsbad, Troppau, Laybach, Vérone.

Vis-à-vis de la Pologne, Alexandre accomplit, plus loyalement et plus complétement que les deux autres copartageants, les obligations un peu vagues que leur imposaient les traités de Vienne. Après les adieux de Fontainebleau, Dombrovski, commandant en chef des légions de la Vistule, mit ses troupes à la disposition de l'empereur Alexandre, de qui les Polonais espéraient la restauration de leur patrie. Le tsar leur assigna Posen pour lieu de rassemblement et leur donna pour chef son frère Constantin. Le césarévitch leur adressa, le 11 décembre 1814, une proclamation en français. « Réunissez-vous autour de vos drapeaux, armez votre bras pour défendre votre patrie et pour maintenir son existence politique. Pendant que cet auguste monarque prépare l'heureux avenir de votre pays, montrez-vous prêts à seconder ses nobles efforts, au prix de votre sang. Les mêmes chefs, qui depuis vingt ans vous ont conduits sur le chemin de la gloire, sauront vous y ramener. L'empereur apprécie votre bravoure. Au milieu des désastres d'une guerre funeste, il a vu votre honneur survivre à des événements qui ne dépendaient pas de vous. De hauts faits d'armes vous ont distingués dans une lutte dont le motif souvent vous fut étranger. A présent que vos efforts ne seront consacrés qu'à la patrie, vous serez invincibles.....Ainsi vous arriverez à cette heureuse situation que d'autres peuvent vous promettre, mais que l'empereur seul peut vous assurer. » Cette proclamation, qui épousait toutes les gloires de l'ancienne armée varsovienne, était la plus magnifique des amnisties. Alexandre, dans une lettre du 30 avril 1815 à Oginski, président du sénat polonais, prenait le titre de *roi de Pologne* et parlait des efforts qu'il avait faits pour « adoucir les rigueurs de la séparation et obtenir partout aux Polonais la jouissance possible de leur nationalité. »

Le 21 juin 1815, le canon annonçait à Varsovie le rétablissement de la Pologne. On publiait l'acte d'abdication du roi de Saxe, délicate attention pour le loyalisme polonais, et le manifeste du nouveau roi de Pologne. L'armée, réunie dans la plaine de Vola, prêta le serment de fidélité. Le belliqueux blason du royaume fut marié aux armes russes. La constitution nouvelle reproduisait presque celle du grand-duché napoléonien. On y retrouvait le sénat et la chambre des députés : le sénat se composait d'évêques, voiévodes, castellans, nommés à vie par le roi ; la chambre, de 77 députés nobles et 51 députés des villes : le cens exigé était de 15 roubles de contribution pour les députés, de 300 pour les sénateurs ; les uns devaient avoir au moins 30 ans, les autres 35. Les électeurs des députés étaient les propriétaires âgés de 21 ans, les prêtres, professeurs, savants, artistes. La diète se réunissait tous les deux ans et siégeait 30 jours. Les projets de loi, votés par les deux chambres, devaient être sanctionnés par le roi. La constitution proclamait la liberté de la presse, sauf une loi qui en réprimerait les abus. Parmi les ministres responsables, on retrouvait quelques-uns des hommes du régime précédent. Sobolevski était ministre des finances, Matuszévicz, de l'intérieur, Stanislas Potocki, de l'instruction, Vavrjévski, de la justice, Viéléhorski, de la guerre. Le *namiéstnik* ou vice-roi fut Zaïontchek, vétéran des guerres napoléoniennes. Constantin, frère de l'empereur, était commandant en chef de l'armée polonaise ; Novossiltsof, commissaire impérial : ils avaient donc pris la place, l'un de Poniatovski, le « chef des Polonais », l'autre de Bignon, l'envoyé de Napoléon. Les ministres formaient le conseil de gouvernement ; réunis aux principaux dignitaires, ils formaient le conseil général du royaume. Czartoryski ne se consolait pas de n'avoir pas été choisi comme *namiéstnik*.

Cependant les idées mystiques commençaient à obscurcir chez Alexandre ses idées libérales. L'acte de la Sainte-Alliance, acte inoffensif qui fit tant de bruit en Europe, est un curieux monument de ses dispositions à cette époque. Le roi de Prusse le signa de bon cœur, l'empereur d'Autriche sans savoir pourquoi, Louis XVIII sûrement avec un sourire ; Castlereagh refusa son parafe à « une simple déclaration de principes bibliques, qui aurait reporté l'Angleterre à l'époque des saints, de Cromwell et des Têtes-Rondes ». Néanmoins la Russie avait alors en Europe une situation prépondérante, même disproportionnée avec sa force réelle et le chiffre effectif de ses armées. Mais c'était elle qui avait donné le signal de la lutte contre Napoléon et qui avait montré le plus de persévérance dans la poursuite du but commun. Seule, jamais elle n'eût pu vaincre l'*homme du destin*; mais sans son initiative, jamais les États européens n'auraient songé à s'armer contre lui. Ses habiles ménagements envers la France achevèrent l'œuvre commencée par la guerre. Alexandre était incontestablement à la tête de l'aréopage européen : il fallut bien des fautes de Nicolas Ier pour que la Russie perdît cette situation, faite surtout de prestige et d'opinion.

L'influence d'Alexandre se manifesta dans les congrès où les États européens essayèrent d'arranger en commun les affaires du continent. Le premier en date, après le congrès de Vienne, est celui d'Aix-la-Chapelle (1818), où l'on régla les rapports de l'Europe avec la France : ce pays pafut assez tranquille pour qu'on mît fin à l'occupation de son territoire. Ce ne fut pas la faute du comte d'Artois et u *pavillon de Marsan* : mais leur fameuse *note secrète* ne réussit qu'à indigner Alexandre; dans une visite qu'il fit à Louis XVIII, il lui dit : « Si quelqu'un de mes sujets avait commis un pareil crime, je l'aurais fait punir de mort. » Richelieu était arrivé à son but : la rentrée de la France dans le concert européen.

Le deuxième congrès fut celui de Carlsbad (1819), où l'on s'occupa de l'état des esprits en Allemagne : la déloyauté des princes allemands qui avaient oublié les promesses de liberté faites en 1813, celle de Frédéric-Guillaume III lui-même qui s'était fait délier de ses engagements par l'évêque prussien Eylert, l'influence rétrograde de Metternich sur la diète de Ratisbonne, avaient provoqué un mouvement général dans l'opinion allemande : la jeunesse et les professeurs des universités, les publicistes libéraux, les anciens membres du *Tugenbund*, réclamaient les constitutions annoncées. La manifestation des étudiants allemands à la Wartburg, le meurtre de Kotzebüe par Maurice Sand, émurent les cabinets. C'est à ce moment qu'Alexandre semble changer de caractère : le *libérateur* de l'Europe, le champion des idées libérales, subit à son tour l'influence de Metternich; il souscrit aux mesures qui ont pour but de priver l'Allemagne des libertés qu'il lui a promises, lui aussi, en 1813 : la presse est soumise à une censure rigoureuse, les universités surveillées de près, les professeurs libéraux chassés, les patriotes de la guerre d'indépendance, les compagnons d'armes d'Alexandre obligés de chercher un refuge dans la France amoindrie par eux.

Bientôt le mouvement des esprits s'accentue en Europe; l'Espagne s'insurge et impose à son roi une constitution; cette constitution devient un objet d'envie pour les peuples voisins; alors éclatent les révolutions de Portugal, de Naples, de Piémont. Sous prétexte de légitimité, Alexandre se fait le champion des détestables roitelets du sud, Ferdinand VII d'Espagne, Ferdinand IV de Naples parjures envers leurs peuples. Celui qui a voulu donner une constitution à la Pologne et garantir la constitution de France, pousse aux mesures de rigueur contre les constitutionnels d'Espagne et d'Italie. Par une aberration semblable à celle de Paul Ier, il se croit obligé d'intervenir dans ces lointaines régions, à propos de questions étrangères à l'intérêt de la Russie. Il provoque un congrès à Troppau (1820), puis le fait transférer à Laybach, afin que le roi de Naples puisse s'y rendre plus aisément, s'y faire dégager de son serment constitutionnel, y provoquer les vengeances contre ses trop crédules sujets. Alexandre se dispose à envoyer une armée à Naples, et c'est Ermolof, le héros de Borodino et de Kulm, qui la commandera; mais l'Autriche, toujours inquiète des ingérences russes en Italie, se hâte de faire partir Frimont qui met fin aux deux constitutions napolitaine et piémontaise. Le drapeau russe échappe au triste honneur d'abriter, comme en 1799, les sanglantes réactions napolitaines, d'autoriser les vengeances autrichiennes contre les Pellico, les Pallavicini, les Maroncelli. Ermolof s'en réjouit : « Il n'y a pas d'exemple, écrivait-il, qu'un général, destiné à commander une expédition, soit aussi content que je puis l'être de voir que la guerre n'a pas lieu. Il n'est guère avantageux de paraître en Italie après les Souvorof, les Bonaparte, qui feront l'admiration des siècles à venir! »

En 1822, se réunit le congrès de Vérone. La Russie envoie, comme les autres puissances, une note menaçante au cabinet constitutionnel de Madrid : celui-ci fait une fière réponse; c'est l'armée française qui est chargée d'exécuter les volontés de l'Europe au delà des Pyrénées.

De plus graves événements s'annoncent en Orient. La péninsule des Balkans, peuplée presque entièrement de coreligionnaires des Russes, tressaille tout entière. Le joug ottoman paraît pesant à tous. Les Valaques et les Moldaves se plaignent des violations du traité de Bucharest; les Serbes, auxquels Alexandre avait garanti l'indépendance, et que la Porte a écrasés pendant que l'Europe avait les yeux tournés d'un autre côté, ont repris les armes avec Miloch Obrénovitch; l'*hétérie* se propage dans toutes les provinces, dans toutes les îles de la Grèce; elle a déjà un martyr, Rigas, livré par les Autrichiens, supplicié par les Turcs. Que va faire Alexandre en présence de cet univers qui s'éveille? va-t-il ressentir quelque chose de cette ardeur du croisé qui précipitait Pierre le Grand sur les bords du Pruth? va-t-il agir ici, aux termes de son manifeste d'avénement, « suivant les principes et d'après le cœur de Catherine II? » Retrouvera-t-on en lui le *libérateur* de 1813? ou le président du congrès de Carlsbad, l'homme de la légitimité à tout prix, le champion du droit monarchique quand même, le théoricien de l'obéissance passive des peuples? Ceci paraît aux nations tellement impossible, que les Grecs refusent de croire Capo d'Istria lorsqu'il leur affirme qu'ils ne seront pas soutenus. Ypsilanti ne peut s'imaginer que l'empereur le désavoue sérieusement: il franchit le Pruth, soulève les populations roumaines et va succomber au Rymnik, qui avait vu le triomphe de Souvorof. Alexandre a beau multiplier ses désaveux, Kolokotroni soulève le Péloponèse, Mavromichalis arme les Maïnotes. La guerre d'extermination a déjà commencé par l'émeute musulmane de Constantinople; en pleine fête de Pâques, la population grecque est assaillie, et, comme pour mieux insulter à la religion orthodoxe, le patriarche est saisi à l'autel, pendu aux portes de l'église en habits sacerdotaux; le grand-vizir s'amuse une grande heure à voir son cadavre insulté par la populace turque, traîné dans la boue par les juifs. Trois métropolites et huit évêques sont égorgés (1821). La Russie tout entière frémit d'indignation; Diébitch rédige un admirable plan de campagne, qui mérite encore aujourd'hui d'être médité et qu'il réalisa sous le règne suivant. Alexandre échange des notes diplomatiques avec la Porte, se laisse endormir par l'Angleterre et l'Autriche, qui ne veulent pas d'intervention. Les massacres continuent: Alexandre s'en occupe à Vérone, en même temps que des affaires d'Espagne. Le peuple russe s'étonne; il attribue à la colère de Dieu, irrité de l'impunité accordée aux assassins du patriarche grec, d'abord la terrible inondation de Saint-Pétersbourg, bientôt la mort prématurée et mystérieuse d'Alexandre.

En résumé, le petit-fils de Catherine avait ajouté à l'empire la Finlande, la Pologne, la Bessarabie, une partie du Caucase (Daghestan, Chirvan, Mingrélie, Imérétie).

CHAPITRE XXXV.

Premières années : le *triumvirat*, mesures libérales, les ministères, instruction publique. — Spéranski : Conseil d'empire, projet de code civil, idées de réformes sociales. — Araktchéef, réaction politique et universitaire, colonies militaires. — Les sociétés secrètes, la Pologne. — Mouvement littéraire et scientifique.

Premières années : le *triumvirat*; mesures libérales; les ministères; instruction publique.

A l'intérieur, les premières années du règne d'Alexandre, succédant au dur régime de Paul Ier, avaient été une époque d'émancipation, de généreuses idées et de réformes libérales. Dans son manifeste d'avénement, l'empereur avait déclaré qu'il gouvernerait « suivant les principes et d'après le cœur de Catherine II. » Quand il put s'affranchir de la tutelle des conjurés du 24 mars 1801, il s'entoura, ou d'anciens ministres de son aïeule, ou d'hommes nouveaux, tous jeunes comme lui et qui partageaient ses vastes espérances et ses projets de régénération. Ils apportaient comme lui, au maniement des affaires, une grande inexpérience et beaucoup de bonne volonté. Ceux qui eurent alors le plus d'influence furent le prince Adam Czartoryski, Novossiltsof, Strogonof, Kotchoubey; les trois premiers, plus étroitement unis, formèrent ce qu'on appela le *triumvirat*. Ils connaissaient mieux l'Europe occidentale que la Russie; leur idéal, c'était la constitution anglaise. Czartoryski, grand seigneur polonais et d'une famille qui avait donné des rois à la Pologne, rêvait en outre la reconstitution de sa patrie d'origine, sous le sceptre de l'empereur de Russie. Curateur ou *popétchitel* du cercle scolaire de Vilna, il profita de cette situation pour favoriser dans la Russie Blanche l'enseignement de la langue polonaise; ministre des affaires étrangères ou conseiller intime d'Alexandre, il ne perdit jamais de vue les intérêts de sa nation, à la tête de laquelle il rêvait peut-être de se placer, en qualité de vice-roi ou *namiéstnik* de l'empereur.

Les mesures tyranniques du règne précédent furent rapportées; il fut de nouveau permis aux Russes de voyager librement à l'étranger et aux étrangers de pénétrer en Russie; on laissa entrer les livres et les journaux d'Europe; la censure fut adoucie; des instructions nouvelles ordonnèrent d'interpréter les passages douteux d'un ouvrage dans le sens le plus favorable à l'innocence de l'auteur. L'*expédition secrète*, autre forme de la chancellerie secrète ou de l'inquisition d'État, fut abolie et les affaires qui en relevaient attribuées au sénat. Les prêtres et les diacres, les gentilshommes, les bourgeois des *ghildes*, furent déclarés exempts des châtiments corporels.

De plus vastes desseins s'agitaient dans le conseil du jeune souverain. Comme introduction au code de l'empire, on y discutait une sorte de projet de constitution, où l'on définissait les attributions de la puissance suprême, où l'on parlait de ses *obligations*, où il était question des *droits* des sujets, des quatre ordres de l'État; on y établissait, sous le nom de « cabinet de Sa Majesté », une sorte de liste civile. L'émancipation des serfs, comme aux plus beaux jours du règne de Catherine II, fut à l'ordre du jour. La situation des paysans de la couronne, beaucoup plus libres et plus heureux que ceux des particuliers, fut assurée par la résolution qu'avait prise l'empereur de ne plus faire de donations d'âmes; même l'on consacra un million de roubles par an à l'acquisition, pour la couronne, de terres à esclaves. En attendant une mesure plus générale, Alexandre rendit l'oukaze de février 1803, qui légalisait les contrats d'affranchissement volontairement intervenus entre les propriétaires et leurs esclaves; les individus ou les communes, qui acquéraient ainsi la liberté tout en conservant la terre, formaient en Russie une classe nouvelle, les *cultivateurs libres* qui, avec les anciens *odnodvortsi*, formèrent comme le noyau d'un tiers-état rural. La noblesse allemande d'Esthonie en 1816, celle de Courlande en 1817, celle de Livonie en 1819, résolurent de devancer les exigences du siècle nouveau, afin de ne pas les subir tout entières; elles prirent l'initiative de l'affranchissement des serfs lettons ou tchoudes, afin de pouvoir conduire l'opération au mieux de leurs intérêts. « Tous les serfs de ces provinces, dit M. Bogdanovitch, durent passer progressivement, dans le délai de quatorze années, à la situation de personnes libres. Il fut défendu de les vendre avec ou sans la terre, individuellement ou par familles, de les donner, de les engager, ou de les rendre esclaves de qui que ce fût par n'importe quel moyen. On leur reconnaissait le droit d'acquérir en toute propriété la terre et les autres biens immeubles. En matière civile, ils étaient, pour les deux premières instances, justiciables de juges élus par eux et en partie tirés de leur sein. Ainsi ils n'eurent plus avec leurs anciens maîtres que des rapports civils; mais, comme on ne leur avait pas distribué la terre, ils restaient vis-à-vis d'eux dans une lourde dépendance. » Précédemment ils étaient serfs de leurs personnes, mais possédaient la terre; maintenant, ils étaient libres, mais forcés pour vivre de continuer à cultiver pour d'autres, en qualité de fermiers ou de journaliers, cette terre qui avait appartenu à leurs belliqueux ancêtres.

On renouvela les prohibitions du règne précédent contre la vente aux enchères des esclaves, avec séparation des membres d'une même famille; l'abus se perpétua cependant et Nicolas Tourguénief assure qu'il se tenait une criée presque sous les fenêtres du palais impérial.

Alexandre manifesta aussi ses bonnes intentions à l'égard des raskolniks : « La raison et l'expérience, porte cet oukase, ont depuis longtemps démontré que les erreurs spirituelles du peuple, dans lesquelles les discussions et les exhortations de commande ne font que l'enfoncer davantage, ne peuvent être guéries et dissipées que par l'oubli, les bons exemples et la tolérance. Convient-il à un gouvernement d'employer la violence et la cruauté pour faire rentrer ces enfants égarés dans le sein de l'Église? » Au contraire, les sectes inoffensives furent protégées; Alexandre, dans ses voyages, visita plus d'une fois leurs établissements; une secte de raskolniks-tourneurs put même célébrer son office au Palais d'Hiver, et l'on vit le prince Galitsyne, ministre des cultes, honorer de sa présence les divagations de la prêtresse Tatarinova et les danses sacrées de ses adhérents.

Dans les institutions politiques, deux graves innovations eurent lieu en 1802. On rompit avec l'organisation collégiale des branches de l'administration; les *colléges* de Pierre le Grand, qui avaient succédé aux *prikazes* des anciens tsars, furent alors remplacés par des ministères, à l'instar des autres États européens. Voici la composition du premier ministère d'Alexandre I*er* : *guerre*, le général Viasmiatinof; *marine*, l'amiral Mordvinof, patriote ardent et administrateur distingué; *affaires étrangères*, le chancelier Alexandre Voronzof, neveu du grand chancelier d'Élisabeth; *intérieur*, le comte Kotchoubey; *justice*, Derjavine, le grand poëte; *finances*, le comte Vassilief; *commerce*, le comte Roumantsof, si célèbre par la protection qu'il accorda aux arts et aux sciences; *instruction publique*, le comte Zavadovski. Le nombre et les attributions des ministères furent plus d'une fois modifiés. Par la suite, on créa les ministères des domaines, de la couronne, du contrôle général, des voies de communication, de la maison de l'empereur.

La seconde innovation porta sur une autre grande institution de Pierre le Grand, le sénat, dont l'importance se trouva amoindrie par la constitution du Conseil d'empire, présidé par l'empereur ou par un ministre délégué. D'ailleurs, il manquait aux ministères comme au Conseil d'empire une chose essentielle, la responsabilité ; l'autocratie n'abdiquait aucun de ses droits : « Sire, objectait un jour à Alexandre un de ses conseillers, si un ministre refusait de signer un oukaze de Votre Majesté, l'oukaze serait-il obligatoire sans cette formalité ? — Certainement, répondit l'empereur, un oukaze doit, en toute circonstance, être exécuté. »

Alexandre et ses jeunes collaborateurs entreprirent une vaste organisation de l'instruction publique. L'empire fut divisé en six *cercles scolaires* : celui de Saint-Pétersbourg, comprenant huit gouvernements; celui de Moscou, onze; celui de Dorpat, trois (les trois provinces allemandes); celui de Kharkof, seize (avec le Caucase et la Bessarabie); celui de Kazan, douze (avec la Sibérie); celui de Vilna, six (la Russie Blanche). A la tête de chaque cercle se plaçait un *popétchitel* ou curateur, ordinairement un personnage considérable, comme Novossiltsof, Potocki ou Adam Czartoryski, chargé de protéger les écoles et de leur imprimer une direction générale.

On fonda, pour l'instruction du clergé, des écoles ecclésiastiques, en leur assignant pour revenu le produit de la vente exclusive des cierges dans les églises; au-dessus de ces écoles, il y avait les séminaires, puis les académies ecclésiastiques de Moscou, Saint-Pétersbourg, Kazan et Kief. Pour les laïques, on créa des écoles de paroisses, des écoles de districts, des gymnases (enseignement secondaire); pour le recrutement des maîtres, les instituts pédagogiques de Moscou et Saint-Pétersbourg. Les universités de Moscou, Vilna et Dorpat furent réorganisées; on fonda celles de Kazan et de Kharkof, plus tard celle de Saint-Pétersbourg. On avait projeté d'en établir à Tobolsk et Oustiougue. On établit aussi quinze écoles de gouvernements ou corps de cadets pour l'instruction militaire de la jeune noblesse; dans le même but s'élevèrent plus tard le lycée Alexandre au Kamennyi-Ostrof et celui de Tsarskoé-Sélo. De cette époque datent aussi le lycée de commerce ou gymnase Richelieu à Odessa, et l'institut Lazaref ou école des langues orientales.

Spéranski : Conseil d'empire, projet de code civil, idées de réformes sociales.

De 1806 à 1812, l'influence prépondérante auprès d'Alexandre Ier fut celle de Spéranski. Fils d'un prêtre de village, élevé au séminaire, puis professeur de mathématiques et de philosophie au séminaire d'Alexandre-Nevski, précepteur des enfants d'Alexis Kourakine, grâce à celui-ci, il quitta la carrière ecclésiastique pour le service civil, devint le secrétaire de Trochtchinski, alors chancelier du Conseil d'empire. Plus tard, directeur du département de l'intérieur sous le prince Kotchoubey, Spéranski parvint au poste de secrétaire d'État et commença à jouir de la confiance absolue de l'empereur. Les favoris de la période précédente étaient tous acquis aux idées anglaises : Spéranski au contraire aimait la France, était pénétré des principes de la Révolution et manifestait une grande admiration pour Napoléon. Ces sympathies françaises, que partageait alors Alexandre Ier, formaient un nouveau lien entre le prince et le ministre, lien qui devait se rompre par la rupture même avec Napoléon. D'ailleurs, dit M. Bogdanovitch, « on sait l'inclination d'Alexandre pour les formes représentatives et le gouvernement constitutionnel, qui ne pouvaient manquer de séduire l'ancien disciple de Laharpe; mais ce goût ressemblait à celui d'un dilettante qui s'extasie devant un beau tableau. Alexandre avait pu se convaincre promptement que ni la vaste étendue de la Russie, ni la constitution de la société civile, ne permettaient la réalisation de ce rêve. Il remettait donc de jour en jour la mise à exécution de son utopie, mais il aimait à s'entretenir avec ses intimes de la constitution qu'il projetait, des inconvénients de l'absolutisme. Spéranski, pour plaire à l'empereur, se montrait le défenseur ardent des principes de liberté et par là prêtait le flanc aux accusations d'idées anarchiques, de projets menaçants pour les institutions consacrées par le temps et par les mœurs. » Laborieux, instruit, profondément patriote et humain, il eût été digne de réaliser tout ce qui était réalisable dans les *utopies* d'Alexandre.

Spéranski présenta au souverain un plan systématique de réformes. Le Conseil d'empire recevait des attributions plus étendues encore : composé des principaux dignitaires de l'État, il devenait en quelque sorte le pouvoir législatif : il devait examiner toutes les lois nouvelles, les mesures extraordinaires, les rapports des ministres. Il y avait là comme une ébauche de gouvernement représentatif. Le Conseil d'empire était divisé en quatre départements : guerre, lois, économie politique, affaires civiles et ecclésiastiques. Alexandre fit solennellement l'ouverture de ce parlement de fonctionnaires le 1-13 janvier 1810. Spéranski fut nommé secrétaire du Conseil d'empire : toutes les affaires passaient par ses mains : il devenait une manière de premier ministre. Dans sa pensée, le Conseil d'empire étant à la tête de la législation, les ministères à la tête de l'administration, le sénat devait se trouver à la tête de l'ordre judiciaire. De même qu'on avait réorganisé le pouvoir législatif par la réforme du Conseil, le pouvoir administratif par la réforme des ministères, le pouvoir judiciaire devait à son tour subir une réforme complète : les tribunaux devaient se composer en partie de juges nommés par le souverain, en partie de juges élus par la noblesse. Il était visible que Spéranski avait étudié les lois de nos grandes assemblées, le système de Siéyès et la constitution de l'an VIII. Une réforme financière devait suivre celle-là : déjà par le manifeste du 2-14 février 1810, les assignats devaient être reconnus comme dette de l'État, les émissions de papier-monnaie arrêtées, des impôts nouveaux établis pour servir de garantie, le tableau des recettes et dépenses publié, une caisse d'amortissement créée : Spéranski avait en vue quelque chose comme notre Grand-Livre de la dette publique et le budget des États occidentaux. Il avait repris en sous-œuvre le projet de code, et le code Napoléon, ce legs de la Révolution française, qui alors s'imposait à la Hollande, à l'Italie, à la confédération du Rhin, au grand-duché de Varsovie, lui semblait l'idéal de toute législation progressive : lors de l'entrevue d'Erfurt, où Napoléon lui avait marqué une attention particulière, Spéranski s'était mis en rapport avec les légistes français, Locré, Legras, Dupont de Nemours, et les avaient fait nommer correspondants de la commission législative du Conseil d'empire. Le code Napoléon ne pouvait convenir qu'à une nation homogène, affranchie des servitudes personnelles et foncières, jouissant d'une certaine égalité devant la loi. Aussi Spéranski regardait-il l'émancipation des paysans comme la pierre angulaire d'une régénération : il songeait à constituer un tiers-état, à limiter le nombre des gentilshommes, à former une aristocratie de grandes familles qui eût été une pairie à la façon anglaise. Il encourageait le comte Stroïnovski à publier sa brochure sur les *Conventions entre propriétaires et paysans*. Dès 1809, il avait fait décider que ceux qui auraient des grades universitaires jouiraient d'un avantage sur tous les autres pour arriver aux degrés du *tchin*. Ainsi le docteur aurait d'emblée le huitième rang ; le *magister* (licencié), le neuvième ; le *candidat*, le dixième ; l'*étudiant gradé* (bachelier), le douzième.

Spéranski, comme Turgot, le ministre de Louis XVI, comme Stein, le réformateur de la Prusse, avait mis tout le monde contre lui. La noblesse de cour et d'antichambre, les « frotteurs de parquet », comme les appelait Alexandre, les jeunes fonctionnaires amateurs qui ne voulaient devoir leur avancement qu'à la faveur étaient exaspérés de l'oukaze de 1809 ; les propriétaires, alarmés des projets de Spéranski pour l'émancipation des serfs ; les sénateurs, irrités de son plan de réorganisation qui réduisait le premier corps de l'empire au rôle d'une cour suprême de justice ; la haute aristocratie, indignée des hardiesses d'un homme de basse condition, fils d'un prêtre de village. Le peuple lui-même murmurait de l'augmentation des impôts. Tous les intérêts froissés se liguèrent contre lui. On accusa le ministre de mépriser les antiques institutions de la Moscovie, d'oser présenter aux Russes le code Napoléon comme un modèle ; or, on était à la veille de la guerre contre la

France. Les ministres Balachef, Armfelt, Gourief, le comte Rostoptchine, Araktchéef, la grande-duchesse Catherine Pavlovna, sœur de l'empereur, indisposèrent Alexandre contre lui. L'historien Karamzine adressa au souverain son mémoire passionné sur la *Nouvelle et l'Ancienne Russie*, où il se faisait le champion du servage, des vieilles lois et de l'autocratie. On alla jusqu'à dénoncer Spéranski comme traître et complice de la France. En mars 1812, il fut tout à coup banni de la capitale, envoyé comme gouverneur à Nijni-Novgorod, puis destitué et soumis à une haute surveillance. En 1819 seulement, quand les passions s'apaisèrent, il fut nommé gouverneur de la Sibérie, où il rendit d'importants services. En 1821, il revint à Saint-Pétersbourg, mais sans recouvrer son ancienne situation.

Araktchéef : réaction politique et universitaire ; colonies militaires.

Une autre époque, un autre *temps* avait commencé. Les adversaires de Spéranski, Armfelt, Schichkof, Rostoptchine, arrivèrent aux grandes charges; mais le favori, le *vrémianchtchik* en titre, ce fut Araktchéef, le grossier *caporal de Gatchina*, l'instrument de la tyrannie de Paul Ier, l'ennemi-né de toute idée nouvelle et de toute pensée de réforme, l'apôtre du pouvoir absolu et de l'obéissance passive. Il gagna la confiance d'Alexandre d'abord par le culte qu'il avait voué à la mémoire de Paul, puis par sa ponctualité, sa soumission sans phrases, son désintéressement et ses habitudes de travail, enfin par l'admiration naïve qu'il témoignait pour le « génie de l'empereur ». Il était le plus sûr des serviteurs, le plus impérieux des supérieurs, l'instrument le mieux trouvé pour une réaction. Son influence ne fut pas tout de suite exclusive : après avoir vaincu Napoléon, Alexandre se considérait volontiers comme le libérateur des peuples. Il avait affranchi l'Allemagne, il ménageait la France et lui faisait octroyer une charte, il accordait une constitution à la Pologne, il se réservait d'en étendre le bienfait à la Russie. Si la censure, devenue plus sévère, défendait au *Messager des Lettres* (*Viéstnik slovesnosti*) de critiquer les « acteurs de Sa Majesté », Alexandre n'avait pas encore renoncé à toutes ses utopies. Aux influences françaises, succédaient les influences anglaises et protestantes. On fermait les théâtres français, on ouvrait les sociétés bibliques. La « Société biblique britannique et étrangère » s'établissait dans la capitale, recueillait trois cent mille roubles de souscription et publiait cinq cent mille volumes en cinquante langues différentes. La « Société biblique russe », avec sa succursale, la « Société biblique des kosaks » à Tcherkask, publiait par centaines de mille exemplaires les traductions des livres saints. C'est l'époque où Alexandre, devenu tout mystique sous l'influence de Mme de Krüdener et des souvenirs réveillés de mars 1801, recevait une députation de quakers, priait et pleurait avec eux, baisait la main au vieil Allen. Toutefois, cette première période du ministère d'Araktchéef est déjà une époque de stérilité. S'il n'y a pas encore réaction, il y a du moins arrêt complet. La guerre de 1812 a interrompu les réformes commencées : on ne les reprendra pas. C'en est fait du code de Spéranski, et les efforts pour en rédiger un autre, plus conforme aux traditions russes, n'aboutiront pas.

Bientôt le caractère d'Alexandre se modifie d'une manière plus fâcheuse. Il devient triste et défiant. Ses dernières illusions se sont envolées, ses dernières idées libérales se sont dissipées. Après les congrès d'Aix-la-Chapelle et de Troppau, il n'est plus le même homme : c'est à Troppau que Metternich lui annonce, avec une exagération calculée des faits, la révolte du Séménovski, son régiment favori entre tous ceux de la garde. Dès lors il se croit dupe de ses pensées généreuses, victime de l'ingratitude universelle : il a voulu affranchir l'Allemagne, et l'opinion allemande se tourne contre lui, Maurice Sand assassine son pensionnaire Kotzebüe ; il a recherché les sympathies de la France vaincue, et voici qu'à Aix-la-Chapelle on découvre un complot français contre lui ; il a restauré la Pologne, et la Pologne ne rêve plus que de s'affranchir complétement, tandis que la Russie demande compte à Alexandre du danger nouveau qu'il vient de créer sur sa frontière en reconstituant le royaume léchite. C'est à ce moment que la Sainte-Alliance des souverains devient une alliance contre les peuples : à Carlsbad, à Laybach, à Vérone, Alexandre est déjà l'homme de la réaction européenne. En Orient, il désavoue Ypsilanti; en Russie, il subit l'influence d'Araktchéef et des *obscurantins*. C'est l'*Araktchéévtchina* qui commence.

Prêché par l'archevêque Sérafim, Alexandre rompt avec les sociétés bibliques et destitue le ministre libéral et tolérant de l'instruction publique, son vieil ami le prince Galitsyne, qu'il remplace par Schichkof. La censure devient chaque jour plus ombrageuse. Les jésuites, chassés de Saint-Pétersbourg, sont ensuite expulsés de tout l'empire, en punition de leur prosélytisme; et vraiment ils sont de trop en Russie, car les *curateurs* orthodoxes des universités russes pourraient leur en remontrer dans l'art d'étouffer toute pensée indépendante. L'université de Kazan a pour *popétchitel* Magnitski, qui se propose d'organiser l'enseignement conformément « à l'acte de la Sainte-Alliance ». Il fait chasser onze des professeurs, rayer de la liste des membres honoraires un Français, un *régicide*, l'abbé Grégoire, exclure de la bibliothèque tous les livres suspects, notamment celui de Grotius sur le droit des gens; il défend de professer les théories géologiques de Buffon, le système de Copernic et de Newton, comme contraires au texte des Écritures; le professeur d'histoire doit s'inspirer des idées de Bossuet dans l'*Histoire universelle*. La médecine doit être une médecine chrétienne; elle s'interdit presque absolument les dissections comme incompatibles avec le respect dû aux défunts. Le professeur d'économie politique est tenu d'insister principalement sur les vertus qui transforment les biens matériels en biens spirituels: « unissant ainsi l'économie contingente, inférieure, avec l'économie supérieure, véritable, il constituera enfin la vraie science dans le sens politico-moral ». Le professeur de géométrie Nikolski montre déjà dans le triangle le symbole de la Trinité et dans l'*unité*, c'est-à-dire le nombre *un*, l'*unité* divine. A Kharkof, on chassait de l'université les professeurs Schad et Ossipovski; à Saint-Pétersbourg, les professeurs Galitch (philosophie), Hermann et Arsénie (statistique), Raupach (histoire). Ceux-ci étaient traduits par le *popétchitel* Rounitch devant une commission universitaire : le premier était accusé d'impiété, pour avoir enseigné la philosophie de Schelling, les autres de *maratisme* et de *robespierrisme* pour avoir enseigné les théories de Schlœtzer, qu'avait protégé Catherine II, ou critiqué le servage agricole et l'émission abusive du papier-monnaie. Il fut défendu à l'avenir d'employer des professeurs qui auraient fait leurs études en Occident et défendu d'y envoyer des étudiants russes.

Le fait le plus saillant de l'administration d'Araktchéef fut la création des colonies militaires. Ce système consistait à établir les soldats chez les paysans d'un certain nombre de districts; si ces soldats étaient mariés, on faisait venir leurs femmes dans le village; s'ils ne l'étaient pas, on les mariait avec les filles des paysans. Un village se composait donc : 1° de colons militaires, les soldats; 2° de paysans colonisés, les indigènes. Le soldat aidait le paysan au travail des champs; les enfants de l'un comme de l'autre étaient voués au service militaire. Les districts colonisés étaient soustraits aux autorités civiles et soumis à l'administration comme à la juridiction militaires. L'ensemble des districts colonisés des gouvernements de Novgorod, Mohilef, Kharkof, Ekatérinoslaf et Kherson comprenait cent trente-huit bataillons et deux cent quarante escadrons. Ce système présentait en apparence certains avantages dont Spéranski lui-même se laissa séduire. Il assurait, disait-on, un recrutement régulier, en allégeait les charges pour le reste de la population, moralisait le soldat en ne le séparant plus de sa famille, lui garantissait un asile dans sa vieillesse, rendait à l'agriculture les bras que l'armée lui enlevait autrefois, diminuait pour le gouvernement les dépenses de l'armée et pour le peuple les charges du logement des troupes et des réquisitions, enfin créait à la frontière de l'empire comme une nation militaire. Si la colonisation était une charge pour les indigènes, cette charge était compensée par toutes sortes d'avantages : le gouvernement augmentait leurs lots de terre, leur assurait la même liberté civile qu'aux paysans de la couronne, réparait leurs maisons, dotait leurs filles.

Les campagnards ne le comprirent pas ainsi : soumis dans leurs foyers mêmes à une surveillance plus tracassière que celle des anciens maîtres et de leurs intendants, assujettis à une double servitude comme cultivateurs et comme soldats, troublés dans toutes leurs habitudes et toutes leurs traditions, ils maudissaient l'ingénieuse idée d'Araktchéef, que préconisaient les cercles officiels. Des révoltes éclatèrent, et Araktchéef, accusant la grossière ignorance et l'ingratitude du mougik, les réprima avec une implacable sévérité.

Les sociétés secrètes, la Pologne.

D'autres éléments de trouble fermentaient en Russie. Nous ne sommes plus au temps de Catherine II, lorsqu'on pouvait agiter impunément, devant la nation inattentive ou indifférente, les plus graves questions sociales. Les généreux efforts des premières années d'Alexandre trouveraient maintenant dans l'opinion un appui décidé ; malheureusement il y a désaccord entre le souverain et son peuple : tandis qu'une partie de celui-ci commence à se passionner pour les idées libérales, Alexandre est refroidi à leur égard ; naguère c'était à peine si sa courageuse initiative était comprise, maintenant c'est l'esprit rétrograde du gouvernement qui étonne et qui irrite le pays. Une transformation s'est opérée dans celui-ci : ce n'est pas en vain que les officiers russes ont vu Paris, séjourné sur le sol français. Ces principes révolutionnaires, qu'ils n'avaient fait qu'entrevoir sous Catherine II, à travers le prisme de leurs préjugés, ils en ont trouvé la réalisation dans les États de l'Occident et ont dû remarquer la coïncidence de leur triomphe avec le rapide développement d'une prospérité nouvelle. « C'est à dater du retour des armées russes dans leur pays, écrit Nicolas Tourguénief, que les *idées libérales*, comme on disait alors, commencèrent à se propager en Russie. Indépendamment des troupes réglées, de grandes masses de miliciens (*opoltchénié*) avaient aussi vu l'étranger; ces miliciens de tous rangs, à mesure qu'ils repassaient la frontière, se rendaient dans leurs foyers, où ils racontaient ce qu'ils avaient vu en Europe. Les événements eux-mêmes parlaient plus haut qu'aucune voix humaine. C'était là la véritable propagande. » L'un des conjurés de 1825, Pestel, avouait que « la restauration des Bourbons avait fait époque dans l'histoire de ses idées et dans ses convictions politiques. — Je vis alors que la plupart des institutions essentielles, fondées par la Révolution, ont été conservées lors du rétablissement de la monarchie, comme choses bienfaisantes, tandis qu'auparavant nous tous, et moi tout le premier, nous nous soulevions contre cette Révolution; j'en ai conclu qu'apparemment elle n'était pas si mauvaise qu'on nous la représentait et que même elle avait beaucoup de bon; je fus confirmé dans mon idée en considérant que les États où elle n'avait pas eu lieu continuaient à être privés de beaucoup de droits et de libertés. »

On ne lisait plus seulement, comme sous Catherine II, Montesquieu, Raynal, Jean-Jacques Rousseau, mais Bignon, Lacretelle, de Tracy, Benjamin Constant, et les voix éloquentes de la tribune française trouvaient un écho dans la jeune noblesse russe et dans une partie de la bourgeoisie. La politesse, l'esprit de justice, le respect de la personne humaine avaient fait de grands progrès. La culture européenne n'était plus seulement à la surface, elle pénétrait profondément les cœurs et les consciences. Beaucoup pensaient comme Wilhelm Küchelberg : « En songeant aux brillantes qualités dont Dieu a doté le peuple russe, ce peuple qui est le premier de tous par sa puissance et ses glorieuses actions, ce peuple dont la langue si sonore, si riche et si forte n'a pas de rivale en Europe, dont le caractère national est un composé de bonhomie, de tendresse, de vive intelligence, de magnanime disposition à pardonner les offenses, — en songeant que tout cela était étouffé, que tout cela se flétrissait et périrait peut-être avant d'avoir produit aucun fruit dans le monde moral, — mon cœur se déchirait. » Ces âmes généreuses souffraient de voir l'arbitraire régner souverainement du haut en bas de la société russe, dans les rapports de l'autocrate avec la nation, des fonctionnaires avec leurs administrés, des officiers avec les soldats, des propriétaires avec les paysans. Ils s'indignaient de voir le peuple russe, seul en Europe, déshonoré par le servage de la glèbe, par l'esclavage domestique, ces legs honteux de l'ancienne barbarie slave et du joug tatar, cette ignominie asiatique qui continuait à souiller un peuple chrétien; de voir le soldat russe, ce vainqueur de Napoléon, ce libérateur de l'Europe, soumis à la dégradation des châtiments corporels. Ils ne croyaient pas que la volonté changeante de l'autocrate le mieux intentionné, que les bonnes intentions d'un Alexandre, cet *accident heureux parmi les siens*, comme il le disait lui-même à Mme de Staël, pussent tenir lieu de lois et d'institutions libérales.

Malgré la surveillance d'une police ombrageuse, la franc-maçonnerie, proscrite dès le temps de Catherine II et de Paul Ier, s'était réorganisée : elle couvrait de ses affiliations la Russie, le royaume de Pologne et les provinces baltiques. Des sociétés d'un caractère plus militant, avec un but plus défini, dont l'existence même resta longtemps secrète, se constituèrent aussi sur certains points. C'est en 1818 que se formait à Moscou la *Société de la Vertu*, imitation du *Tugenbund* germanique, et dont firent partie le prince Troubetskoï, Alexandre et Nikita Mouravief, Matvéi et Serge Mouravief-Apostol, Nicolas Tourguénief, Novikof, Feodor Glinka, Michel Orlof, les deux frères Fon-Vizine, Iakouchkine, Lounine, les princes Feodor Schakovskoï et Obolenski et beaucoup d'autres. Les membres de cette association n'étaient pas d'accord sur la forme de gouvernement à donner à la Russie, les uns tenant pour la monarchie constitutionnelle, les autres pour la république, dont Novikof avait un des premiers prononcé le nom. La société fut donc dissoute vers 1822 et donna naissance à deux autres cercles, la *Société du Nord* ou de Saint-Pétersbourg, où dominaient les idées constitutionnelles, et la *Société du Midi*, qui se recruta surtout parmi les officiers des garnisons de l'Ukraine ou de la Petite-Russie, et où le colonel Pestel prêchait la république. Une troisième société, moins importante, celle des *Slaves réunis*, rêvait une fédération des peuples slaves et prétendait avoir des affidés dans la Bohême, la Bulgarie et la Serbie. Les sociétés russes, vers 1823, entrèrent en relations avec la *Société patriotique* de Pologne qui préparait dès lors une insurrection, et, pour s'assurer le concours des Polonais, s'engagèrent à favoriser la restauration de leur patrie. Les membres les plus ardents des associations russes étaient alors le colonel Pestel et Ryléef, fils, l'un de l'ancien directeur des postes, l'autre de l'ancien maître de police sous Catherine II, et qui, par l'ardeur de leurs convictions républicaines, semblaient vouloir expier la servilité de leurs pères. Pestel, à l'époque des réunions de Kief en 1823, avait lu un projet de constitution républicaine et de code égalitaire. Comme le principal obstacle à la réalisation de ses projets lui semblait être l'existence de la dynastie des Romanof, il était décidé à ne pas reculer devant le meurtre de l'empereur et l'extermination de la famille impériale. Au sein de la *Société du Sud* s'était formée une affiliation plus étroite et plus secrète encore en vue du régicide. On devait profiter de la première occasion qui se présenterait, par exemple d'une revue qu'Alexandre en 1824 devait passer aux troupes de l'Ukraine. Une propagande active se faisait parmi les officiers des garnisons et l'on s'efforçait de gagner les simples soldats en leur promettant la liberté des paysans et l'adoucissement du régime militaire.

Mouvement littéraire et scientifique.

L'éveil de l'esprit russe ne se manifestait pas seulement par des complots politiques. Dans les sciences, dans les lettres, dans les arts, le règne d'Alexandre fut une époque de magnifique épanouissement. Le mouvement intellectuel, comme le mouvement libéral, n'avait pas le caractère exotique et superficiel du règne de Catherine : il pénétrait dans les couches profondes de la nation, gagnait en puissance et en universalité, entraînait les classes moyennes, se propageait dans les provinces les plus reculées. L'élan donné en 1801 ne s'était pas arrêté, bien que le gouvernement eût ensuite fait défaut aux efforts qu'il avait suscités et qu'Alexandre, aigri et désillusionné, fût devenu défiant pour toutes les manifestations de l'esprit. La censure, en augmentant de rigueur, ne parvint pas cependant à diminuer le nombre des sociétés savantes qui se fondèrent, des revues et des journaux littéraires qui allèrent sans cesse en se multipliant.

Alors se constituèrent la *Bésiéda*, cercle littéraire où Krylof lisait ses fables et Derjavine ses odes, et qui représentait les tendances classiques, tandis que les romantiques, Joukovski, Dachkof, Ouvarof, Pouchkine, Bloudof, le prince Viazemski, fondaient l'*Arzamas*. A Saint-Pétersbourg, la *Société des amis des sciences, de la littérature et des arts*, à Moscou, celle des *Amis de la littérature russe*, qui publia la collection importante de ses *Travaux*, celle de l'*Histoire des antiquités russes*, les *Sociétés archéologiques* de Moscou et d'Odessa, la *Société de la littérature patriotique* à Kazan, celle des *Amis des sciences* à Kharkof, et une quantité d'autres moins célèbres, se consacraient aux lettres, à l'archéologie, aux sciences mathématiques, physiques, naturelles, médicales. A Saint-Pétersbourg, parurent la *Poste du Nord*, le *Messager de Saint-Pétersbourg*, le *Messager du Nord*, le *Mercure du Nord*, le *Messager de Sion*, organe du parti mystique, la *Ruche*, la *Démocratie*, où Kropotof déclamait contre l'influence des mœurs et des idées françaises et, dans l'*Oraison funèbre de mon chien Balabas*, félicitait ce brave caniche de n'avoir étudié dans aucune université, de ne s'être pas occupé de politique, de n'avoir jamais lu Voltaire, etc. L'activité littéraire était, comme toujours, encore plus grande à Moscou : Karamzine y éditait une revue intitulée le *Messager d'Europe*, Makarof le *Mercure de Moscou*, Serge Glinka le *Messager russe*, où il s'étudiait à surexciter le sentiment national, tantôt le mettant en défiance contre toute influence intellectuelle ou morale venue du dehors, surtout contre l'imitation des mœurs françaises, tantôt l'armant contre Napoléon, « apprenant au peuple à se sacrifier à la patrie », déchaînant les fureurs de la guerre *patriotique*. Quand, sa tâche terminée et la Russie victorieuse de l'invasion, le *Messager russe* disparut, le *Fils de la patrie*, de Gretch, reprit son œuvre, et continua au delà des frontières la guerre contre Napoléon, qu'il traitait de *meurtrier* et d'*infâme tyran*, et contre ses compagnons d'armes qu'il appelait des *brigands*. « Goûte d'avance, criait-il au conquérant, cette immortalité dont tu es digne! Sache dès maintenant jusqu'à quel point la postérité maudira ton nom! Tu es assis sur ton trône, parmi les foudres et les flammes, comme Satan au centre de l'enfer, ceint de la mort, de la dévastation, de la fureur et de l'incendie. » *L'Invalide russe* avait été fondé en 1813 au profit des soldats blessés ou infirmes. Même quand la fièvre belliqueuse se calma, et que d'autres préoccupations, moins hostiles aux influences françaises, envahirent les esprits, ce grand mouvement littéraire ne se ralentit pas.

Presque tous les écrivains du temps avaient pris part à la croisade contre la *gallomanie* et contre l'omnipotence napoléonienne. Quelques-uns avaient payé de leur personne dans la guerre contre la France. Joukovski avait combattu à Borodino; Batiouchkof avait pris part aux campagnes de 1807 et de 1813, et avait été blessé à Heilsberg; Pétine s'était fait tuer à Leipsig; les princes Viazemski et Schakovskoï avaient servi dans les kosaks, Glinka dans l'*opoltchénié*, où Karamzine, malgré son âge, avait voulu se faire inscrire. Leurs écrits portent l'empreinte de leurs passions patriotiques: Krylof n'a pas écrit rien que ses *fables*, qui le placent non loin de La Fontaine, mais dans ses comédies, l'*École des Demoiselles* et le *Magasin de Modes*, il avait tourné en ridicule le goût exagéré pour les choses françaises; Ozérof, parmi d'autres tragédies dans le genre classique (*Œdipe à Athènes, Fingal, Polyxène*) avait écrit en 1807 celle de *Dmitri Donskoï*, qui rappelait les luttes de la Russie contre les Tatars, et qui semblait annoncer les luttes prochaines contre un autre envahisseur. La tragédie de *Pojarski*, le héros de 1612, par Krioukovski renferme des allusions du même ordre. Le poëte Joukovski avait chanté les exploits des Russes contre Napoléon, en 1806, dans le *Chant du barde sur la tombe des Slaves victorieux*, en 1812, dans sa pièce du *Barde dans le camp des guerriers russes*. Notre ennemi Rostoptchine n'avait même pas attendu la grande crise pour épancher sa bile contre nous.

En général la littérature de l'époque d'Alexandre marque le passage de l'imitation des anciens ou des classiques français à l'imitation des chefs-d'œuvre allemands ou anglais. La *Bésiéda* et l'*Arzamas* étaient comme les quartiers généraux de deux armées rivales qui en Russie se livraient les mêmes combats que nos romantiques et nos classiques de Paris. Schiller, Gœthe, Bürger, Byron, Shakespeare y jouissaient de la même vogue de nouveauté et presque de scandale que chez nous. Si Ozérof, Batiouchkof, Derjavine continuaient les traditions de l'ancienne école, Joukovski traduisait la *Jeanne d'Arc* de Schiller, le *Mahabarata*, le *Schah-Named* (il traduisait aussi l'*Odyssée*, en même temps que Gnéditch l'*Iliade*); Marlinski écrivait dans le goût nouveau le *Proscrit* et la *Révélation terrible;* Polévoï imitait *Hamlet*, mettait en scène *Ugolin*, publiait son roman d'*Abbadona* et le *Serment au tombeau du Sauveur.*

De même qu'en France le mouvement romantique avait été accompagné d'une brillante renaissance des études historiques, de même l'*Histoire de l'Empire de Russie*, par Karamzine, œuvre d'une méthode peu sévère, d'une appréciation peu exacte des phénomènes historiques, de théories arriérées et superficielles, mais remarquable par l'éclat et le tour oratoire du style, ainsi que par le charme de la narration, donna aux lettres russes une impulsion nourelle, inspira aux dramaturges et aux romanciers le goût des sujets nationaux. Schlœtzer venait d'éditer Nestor, le vieil annaliste kiévien, le père de l'histoire russe.

Les sciences jouirent sous ce règne d'une certaine protection : c'est en 1803 que les capitaines Krusenstern et Lisianski, sur les vaisseaux *l'Espérance* (Nadéjda) et *la Néva*, accompagnés des savants Tilésius, de Leipsig, et Horner, de Hambourg, accomplirent le premier voyage russe autour du monde et ébauchèrent des relations avec les États américains et le Japon. En 1815, le capitaine Kotzebüe avait exploré l'Océan du sud, puis l'Océan glacial du nord, et cherché par le détroit de Béhring une communication avec l'Atlantique, c'est-à-dire le passage du nord-est. D'autres relevaient exactement les côtes de Sibérie ; on sut dès lors que l'Asie n'était pas soudée à l'Amérique comme l'avait prétendu l'Anglais Burney.

En 1814, la Bibliothèque impériale de Saint-Pétersbourg fut solennellement ouverte au public : elle comprenait alors 242 000 volumes et 10 000 manuscrits ; les victoires de Souvorof en avaient formé le noyau par l'envoi en Russie de la bibliothèque des rois de Pologne.

Malgré les charges de la guerre, les villes russes avaient reçu des embellissements. A Saint-Pétersbourg, des rues plus soigneusement pavées, des quais de granit, témoignaient de la sollicitude du gouvernement : Thomont élevait le palais de la Bourse, Rossi, le nouveau palais Michel, Montferrand commençait l'immense et splendide cathédrale de Saint-Isaac. Sur le modèle de Saint-Pierre de Rome on bâtissait Notre-Dame de Kazan, devant laquelle se dressèrent plus tard les statues en bronze de Barclay de Tolly et de Koutouzof. En 1801, on avait érigé la statue de Souvorof. Poltava eut son monument de la victoire de Pierre le Grand ; Kief, celui de Vladimir le Baptiseur ; Moscou, celui de Minine et Pojarski (1818) ; mais, à Moscou, le projet d'élever sur la colline des Moineaux, en mémoire de la délivrance, une église colossale au Sauveur, échoua par l'inexpérience de l'architecte ; il n'a été réalisé, sur un autre emplacement, que sous le règne actuel.

CHAPITRE XXXV.

En 1825 Alexandre quitta sa capitale pour visiter les provinces du sud et s'établir, dans l'intérêt de sa santé chancelante, à Taganrog. Au moment de son départ, il avait paru agité de tristes pressentiments. Au monastère de Saint-Alexandre-Nevski, il avait voulu qu'on lui dît une messe de *requiem*. En plein jour, on avait laissé dans sa chambre des bougies allumées. Quelque temps auparavant une épouvantable inondation qui ravagea Saint-Pétersbourg avait paru au peuple un châtiment du ciel pour la coupable indifférence de la Russie vis-à-vis des chrétiens d'Orient. A Taganrog, Alexandre reçut les dénonciations les plus circonstanciées sur la conspiration de la *Société du Sud* et ses projets de régicide. Peut-être les cruels souvenirs de 1801 vinrent-ils ajouter à ses dispositions mélancoliques. Il pensait tristement aux terribles embarras qu'il allait léguer à son successeur, à ses illusions perdues, à ses velléités libérales d'autrefois qui avaient abouti en Pologne comme en Russie à une réaction, au décousu que ses variations avaient mis dans son existence. En Crimée on venait de l'entendre répéter : « Et pourtant on a beau dire ce qu'on veut de moi, j'ai vécu et je mourrai républicain. » Mais quelle singulière république que le régime qui, dans la mémoire du peuple, s'est conservé sous le nom d'*Araktchéévtchina !* Le 19 novembre (1er décembre) l'empereur expirait dans les bras de l'impératrice Élisabeth. Comment la Russie allait-elle célébrer ce que l'impératrice-douairière Maria Feodorovna appelait déjà les *funérailles d'Alexandre ?*

CHAPITRE XXXVI.

NICOLAS Ier (1825-1855).

L'insurrection de décembre; administration et réformes; l'instruction publique et la littérature. — Guerre de Perse (1826-1828). Première guerre de Turquie : affranchissement de la Grèce (1826-1829). Les Russes et les Anglais en Asie. — Insurrection polonaise (1831). — Hostilité contre la France : question d'Orient. Révolution de 1848 : intervention en Hongrie. — Deuxième guerre de Turquie, les alliés en Crimée. Réveil de l'opinion russe.

L'insurrection de décembre; administration et réformes; l'instruction publique et la littérature.

Le successeur d'Alexandre, suivant l'ordre d'hérédité, aurait dû être l'aîné de ses frères, Constantin: mais celui-ci, pour être libre d'épouser la comtesse Groudsinska, plus tard princesse Lovicz, avait déclaré à l'empereur Alexandre son intention de renoncer au trône (1822) : sa renonciation avait été acceptée par l'empereur, approuvée par l'impératrice-douairière, et en 1823, Alexandre avait rédigé un manifeste qui sanctionnait la résolution prise par Constantin et appelait au trône le troisième des fils de Paul Ier, Nicolas. Cet acte fut déposé à l'*Ouspienski Sobor* de Moscou ; il resta secret et Nicolas lui-même en ignorait le contenu. Quand, deux ans après, Alexandre mourut à Taganrog, Constantin à Varsovie se hâta de faire prêter serment à Nicolas; mais Nicolas à Saint-Pétersbourg crut devoir jurer lui-même et faire jurer obéissance à Constantin : il fit envoyer dans tout l'empire l'ordre de procéder à la prestation de serment. Ce fut seulement le 12-24 décembre 1825 qu'il reçut de Constantin une lettre par laquelle celui-ci déclarait itérativement et formellement renoncer au trône. Alors Nicolas publia un manifeste annonçant son propre avénement et reçut les serments de ses sujets.

Ce combat de générosité entre les deux frères, qui contraste si vivement avec les mœurs ambitieuses et les révolutions politiques du dix-huitième siècle, faillit coûter cher à l'empire. Pendant ces quelques jours d'interrègne, le trouble s'était mis dans les esprits ; le peuple ne savait à qui obéir; les membres des sociétés secrètes profitèrent habilement de cette perplexité de l'opinion pour faire tourner au profit de la révolution l'attachement des masses au principe de légitimité. Les conjurés de la *Société du Nord* avaient résolu d'agir : le 14-26 décembre au matin ils soulevèrent une partie des troupes, les régiments de Moscou, les grenadiers de la marine et les marins de la garde, en leur persuadant que la renonciation de Constantin était apocryphe, que le césarévitch était prisonnier dans Varsovie et que le serment qu'on exigeait d'eux était un sacrilége. Les troupes insurgées se précipitèrent sur la place du Sénat en criant : *Vive Constantin!* Quelques affidés firent entendre le cri de *Vive la Constitution!* mais cette idée était étrangère aux masses et les soldats ignorants croyaient, assurent les historiens monarchistes, que *Constitution* était le nom de la femme de Constantin. Alors les conjurés leur distribuèrent des cartouches et donnèrent le signal de la révolte en massacrant ou blessant les officiers qui tentaient de s'opposer au mouvement. Nicolas avait harangué la foule qui stationnait devant le Palais d'Hiver, lui avait lu le manifeste d'Alexandre et l'avait amenée à se disperser. Les insurgés militaires se trouvaient ainsi privés du concours de l'élément populaire. Les autres régiments de la garde et presque toute la garnison étaient restés fidèles. Pourtant les révoltés, groupés sur la place du Sénat, refusaient de rien entendre. Miloradovitch, gouverneur de la capitale, essaya de les haranguer, mais ce héros de cinquante-deux batailles fut assassiné d'un coup de pistolet. Le métropolite, revêtu de ses ornements sacerdotaux, fut assailli à coups de fusil et reçut quatre balles dans sa mitre. L'empereur avait pris position en face des rebelles; après avoir épuisé tous les moyens de conciliation, il ordonna de tirer à mitraille sur les barricades qu'ils avaient élevées à la hâte. Quelques décharges suffirent à les disperser. On fit 500 prisonniers; dans la nuit un grand nombre des rebelles vinrent se rendre à discrétion. Nicolas rentrait à sept heures du matin victorieux dans son palais.

Cette même nuit, on avait arrêté treize affidés de la *Société du Sud*. Ce contre-temps n'arrêta pas le mouvement de cette société, jointe à celle des *Slaves unis*. Les deux Mouravief et Bestoujef-Rioumine avaient soulevé quelques compagnies, occupé Vassilkof et marchaient sur Kief; mais près du village d'Oustimovka ils rencontrèrent le général Geismar qui les accueillit par un feu de mitraille; une charge de cavalerie acheva la déroute; 700 hommes rendirent les armes et presque tous les chefs furent faits prisonniers.

Nicolas avait accablé d'une grâce dédaigneuse le prince Troubetskoï que les conjurés de la capitale avaient désigné pour être le chef du gouvernement et dont les tergiversations avaient tout compromis. Il montra une clémence relative pour la masse des insurgés; mais 121 prévenus furent traduits devant une commission. Une enquête minutieuse, des aveux multipliés, permirent de retrouver les fils du complot. Tous furent soumis à des peines plus ou moins graves. Cinq d'entre eux, Pestel, Ryléef, Serge Mouravief-Apostol, Bestoujef-Rioumine, Kaovski, le meurtrier de Miloradovitch, furent condamnés à être pendus. Ils honorèrent leur cause par leur courage devant le supplice, que la maladresse des exécuteurs rendit cruel. Ryléef, le chef de la Société du Nord, avait dit après sa condamnation: « La fougue de mon patriotisme, l'amour de mon pays ont pu me tromper, mais, comme aucun but d'intérêt personnel et d'ambition n'a guidé mes actions, je mourrai sans crainte. » Pestel, l'énergique dictateur du Midi, ne s'était occupé que de sauver son code russe: « Je suis certain, disait-il, qu'un jour la Russie trouvera dans ce livre un refuge contre de violentes commotions. Ma plus grande faute est d'avoir voulu récolter la moisson avant les semailles. » Beaucoup de leurs idées en effet étaient prématurées ; mais quelques-unes devaient leur survivre, réalisées par ce même pouvoir qu'ils combattaient. Ils avaient voulu l'indépendance des paysans, plus d'égalité dans les droits et de fixité dans la loi. Malgré leurs fautes, qu'ils rachetèrent de leur vie, ils avaient su montrer qu'il y avait en Russie des hommes capables de mourir pour la liberté. Ils donnèrent au pays une impulsion que trente années du règne de Nicolas ne put anéantir. Ce complot avorté fut, à certains égards, un commencement de régénération. Beaucoup des anciens *décembristes* furent dans les lettres, dans les arts, dans l'économie politique, l'honneur du pays, et surent mener à bien par d'autres moyens l'œuvre alors entrevue, dans tout ce qu'elle avait de réalisable. Nicolas, qui avait inauguré son règne en domptant une révolution, devait être toute sa vie l'ennemi de la révolution : en Europe comme en Russie, il fut le champion des idées conservatrices ; s'il continua son frère Alexandre, ce fut l'Alexandre des dernières années, sans les idées novatrices de 1801, sans les velléités libérales, sans les scrupules humanitaires. Nicolas Ier, avec sa stature colossale, son extérieur imposant, son orgueil mystique, son infatuation de roi-pontife, sa volonté de fer, sa puissance de travail, son goût pour les minuties du gouvernement, sa passion pour les choses militaires, toujours sanglé dans son uniforme, toujours en représentation devant les peuples, était une redoutable incarnation de l'autocratie. Son règne visait à être, suivant Lamartine, « l'immobilité du monde » ; il ne fut qu'une lutte constante contre les forces vives de l'humanité, contre le mouvement insaisissable et invincible des esprits. Nicolas fut un *remora*, plutôt qu'un obstacle au progrès. Quand sa puissance se brisa, apparut sous ses ruines un monde nouveau qui était arrivé à sa maturité.

Un des premiers soins de Nicolas Ier fut de reprendre l'œuvre de codification des lois russes, tant de fois ébauchée par ses prédécesseurs : Pierre le Grand avec le secours des lois germaniques, Catherine II avec sa grande commission législative, Alexandre avec le projet presque napoléonien de Spéranski. Nicolas lui-même ne pouvait que réunir des matériaux : le code russe ne pouvait devenir définitif que lorsque la société, régénérée par l'émancipation, aurait trouvé sa constitution définitive. En 1830, parut la *Collection complète des lois de l'empire russe*, qui débutait par l'*oulojénié* d'Alexis Mikhaïlovitch ; en 1838, le *Recueil des lois en vigueur*, rédigé sur un plan systématique, et qui provisoirement allait mettre plus d'unité dans la législation et imprimer plus d'activité aux tribunaux. Il était temps, car on annonçait que 2 850 000 causes étaient pendantes et que 127 000 prévenus attendaient leur jugement. En 1835, parut le code de justice pénale et correctionnelle. On créa les tribunaux de commerce pour une prompte expédition des affaires commerciales.

Pierre le Grand avait établi les majorats ; Anna Ivanovna les avait supprimés comme contraires aux mœurs russes ; Nicolas les rétablit partiellement, en accordant aux pères de famille la faculté d'en constituer. L'usage du *pravège* existait encore chez les kosaks du Don ; il fut aboli. Les gens de commerce, désireux de parvenir à la noblesse, affluaient dans les services publics ; Nicolas, pour donner un autre but à leur ambition et leur assurer les mêmes avantages, créa dans la classe des habitants des villes une subdivision nouvelle, celle des *bourgeois notables*, qui jouissaient des prérogatives suivantes : exemption de la capitation, du recrutement, des châtiments corporels, droit de prendre part aux élections de la propriété foncière dans la ville, droit d'être élu aux fonctions communales de même rang que celles ouvertes aux marchands des premières *ghildes*. Pouvaient être admis dans la bourgeoisie notable : ceux qui auraient un attestat d'études secondaires, un diplôme d'étudiant ou de candidat dans les universités, les artistes de condition libre ayant un attestat de l'Académie des beaux-arts. Nicolas Ier reprenait ici une des traditions de Catherine II qui avait essayé de constituer, en même temps qu'une noblesse, un tiers-état. Il tenta de régulariser la procédure des assemblées de paysans dans les communes rurales et d'introduire le vote par boule noire et blanche; le tsar autocrate fut un des premiers législateurs du suffrage universel en Russie. Quant à la question vitale de l'émancipation, elle sommeilla sous ce règne. Nicolas se contenta d'approuver les grands seigneurs qui donneraient la liberté à leurs serfs : la princesse Orlof-Tchesmenski en affranchit 5518. La classe des cultivateurs libres s'augmentait fort lentement : elle ne comptait que 72 844 colons mâles en 1838. L'oukaze de 1842 qui avait essayé de fixer les conditions de ces contrats d'affranchissement avait inquiété la noblesse ; le gouvernement s'empressa de la rassurer en affirmant qu'il ne pouvait être question d'un affranchissement des paysans, en ordonnant d'arrêter les propagateurs de fausses interprétations et de rappeler, même par la force, les serfs insoumis à leur devoir.

Nicolas institua auprès du saint-synode un général de hussards, son aide de camp Protassof, qui pendant vingt ans gouverna militairement l'Église nationale, et sut au besoin dragonner les dissidents de la Russie Blanche.

Nicolas fit reprendre les travaux de canalisation du Volga et du Don, améliorer la navigation du Dniéper. Sous ce champion de l'immobilité furent créés les premiers chemins de fer ; avec une règle il traça en ligne droite, sans permettre qu'il se détournât pour desservir les centres intermédiaires, le railway de Saint-Pétersbourg à Moscou de 130 lieues de long ; un faible tronçon réunit Tsarskoé-Sélo à la capitale. La Russie ne s'associait encore que de fort loin aux grandes entreprises européennes : aucune voie ferrée ne la reliait à l'Occident. Les tracasseries de la police, de la censure et de la douane augmentaient son isolement en Europe. Son autocrate l'entourait d'un cordon sanitaire. En fait de travaux publics, mentionnons surtout la reconstruction en quinze mois du Palais d'Hiver détruit par l'incendie de 1837.

Nicolas créa pour le recrutement de l'instruction publique un *institut professoral*, sorte d'école normale pour l'enseignement supérieur, et un *principal institut pédagogique* pour l'enseignement secondaire. Son but était surtout de soustraire la jeunesse russe à l'influence des maîtres étrangers. Des restrictions furent apportées à l'emploi des instituteurs et institutrices dans les maisons particulières : leur capacité, leur moralité, dans l'appréciation de laquelle entraient leurs opinions politiques, durent être constatées par une des universités de l'empire, sous peine d'une amende de 250 roubles et de l'expulsion. Il fut défendu d'envoyer les jeunes gens étudier dans les universités d'Occident, sauf quelques exceptions, pour lesquelles il fallait une autorisation spéciale. Dans les écoles du gouvernement, on donna, au détriment des langues et littératures étrangères, plus de développement à la langue russe, à la littérature, à la statistique et à l'histoire nationale, considérées comme moins dangereuses. D'autres entraves furent apportées à la liberté des voyages et du séjour à l'étranger : le terme de l'absence, constaté par des passe-ports légaux, était fixé à cinq ans pour les nobles, à trois pour les autres sujets russes. L'université de Saint-Vladimir à Kief fut fondée, mais en remplacement de celle de Vilna supprimée après l'insurrection de Pologne. La réaction scolaire, la défiance contre la philosophie allemande allèrent si loin qu'on finit par supprimer l'enseignement de la philosophie dans les universités et par le confier aux ecclésiastiques.

Nicolas donna ses soins surtout aux établissements d'instruction militaire, les corps de cadets, l'académie de guerre. Pourtant il créa une école de droit et un institut technologique.

Les publications scientifiques du gouvernement, celles de la Commission archéographique, en même temps que la *Collection complète des lois russes*, fournirent de nouveaux matériaux à l'étude de l'histoire nationale. La Bibliothèque impériale de Saint-Pétersbourg s'enrichit du cabinet d'antiquités de Pogodine ; les libéralités du comte Roumantsof permirent de constituer à Moscou le musée et la bibliothèque qui portent son nom. M. Solovief commençait son *Histoire de Russie* et Polévoï écrivait son *Histoire du peuple russe*.

La censure pesait lourdement sur le développement de la presse nationale. Cependant Gretch et Boulgarine fondaient en 1825 l'*Abeille du Nord*; Biélinski, le prince de la critique, créait successivement l'*Observateur*, les *Annales de la patrie* et le *Contemporain*, qui compta Pouchkine au nombre de ses collaborateurs ; Polévoï dans le *Télégraphe* et Nadéjdine dans le *Télescope* continuaient la lutte au nom, l'un des romantiques, l'autre des classiques. Les « Slavophiles » agitaient dans le *Moscovite* les questions relatives à l'unité des peuples slaves et à la nationalité du peuple russe.

Cette période du dix-neuvième siècle fut aussi féconde pour la littérature russe que pour la littérature française. Aux noms de Lamartine, Victor Hugo, Alfred de Musset correspondent ceux de Pouchkine, le premier des poëtes russes et l'un des premiers de l'Europe, — Lermontof, qui s'inspira, dans le *Démon* et dans d'autres chefs-d'œuvre, des sauvages et sublimes beautés du Caucase, — Koltsof, qui trouva dans les chansons populaires une source nouvelle de poésie ; — Gribolédof, dont la comédie *Goré ot ouma* (*le malheur d'avoir trop d'esprit*) est restée au répertoire ; — Gogol, qui, dans sa comédie du *Revisor* et son roman des *Ames mortes*, dévoila audacieusement les plaies de l'administration et de la société russe. Ce ne fut point une époque stérile que celle qui vit les débuts de Herzen, sous le nom fameux plus tard d'Iskander, d'Ivan Tourguénief, qui dans les *Mémoires d'un chasseur* préludait à une réputation européenne, ceux des romanciers Gontcharof (*une Histoire ordinaire*), Sollohoub (*le Tarantass*), Grégorovitch (*les Émigrants*), Pisemski (*le Liéchii, le Pétersbourgeois*), Dostoëvski (*Les pauvres gens*) et où le public russe put applaudir à la tragédie de *Boris Godounof* par Pouchkine, aux comédies d'Ostrovski, aux opéras du grand compositeur Glinka (*La vie pour le tsar, Rousslan et Loudmila*). L'esprit russe, malgré tous les obstacles, prenait son essor, se frayait des voies inconnues, créait des genres nouveaux et donnait un démenti splendide aux théories d'immobilité. La Russie, isolée de l'Europe, n'en prenait pas moins son rang parmi les grandes nations européennes.

Guerre de Perse (1826-1828). Première guerre de Turquie : affranchissement de la Grèce (1826-1829). Les Russes et les Anglais en Asie.

Depuis le traité de Gulistan, les gouvernements russe et persan étaient en continuels démêlés au sujet des frontières et des peuples vassaux. Le shah continuait à recevoir un tribut des khans de Karabagh et de Gandja ; à son tour il se plaignait des empiétements de la Russie, des façons arrogantes du général Ermolof, gouverneur général du Caucase. Bientôt on apprit que les mullahs prêchaient partout la guerre sainte, que des officiers anglais étaient entrés au service du shah, que le prince royal de Perse, Abbas-Mirza, à la tête d'une armée de trente-cinq mille hommes, s'apprêtait à franchir l'Araxe et à soulever les khanats tributaires. Nicolas s'était hâté d'adjoindre à Ermolof le général Paskiévitch. Le prince royal était en pleine marche sur Tiflis lorsqu'il fut arrêté pendant six semaines par l'héroïque résistance de la forteresse de Choucha. Les Russes eurent le temps de se concentrer. Près d'Elisabethpol, ils battirent l'avant-garde persane, forte de dix-huit mille hommes ; sur le Djéham, Paskiévitch, avec moins de dix mille hommes, dispersa toute l'armée royale, forte de quarante-quatre mille hommes, et en rejeta les débris au delà de l'Araxe (1826). L'Angleterre, par le traité de Téhéran, promit à la Perse, en cas d'invasion, un secours de troupes et un subside de cinq millions. La Perse n'en fut pas moins envahie : Paskiévitch, nommé général en chef, força, en 1827, les défilés des montagnes et le passage de l'Araxe, enleva dix mille hommes au prince royal, prit d'assaut Érivan, le boulevard de la Perse, entra en triomphe dans Tauris, la seconde ville du royaume, et se mit en marche sur Téhéran. Le roi Fet-Aly-Shah, effrayé, signa la paix de Tourkmantchaï (10-22 février 1828); il cédait à la Russie les provinces d'Érivan et Nakhitchévan, payait une contribution de vingt millions de roubles, assurait aux sujets russes d'importants avantages commerciaux. L'Araxe devint la frontière des deux empires : Paskiévitch reçut le titre d'*Érivanski*. La paix faillit être troublée de nouveau, en 1829, par le massacre de la légation russe à Téhéran, où périt le poëte Griboïédof, ministre de Russie. L'Asie portait malheur aux poëtes russes : Lermontof devait périr d'une mort tragique, tué en duel dans le Caucase. La cour de Téhéran désavoua le crime de la populace, et, bien que la Russie fût alors occupée contre la Turquie, le prince royal vint faire à Saint-Pétersbourg les satisfactions les plus complètes. La Perse allait subir chaque jour plus complétement l'influence russe, au grand dépit de l'Angleterre.

Vis-à-vis de la Turquie, Nicolas avait pris une attitude plus décidée qu'Alexandre Ier. L'ennemi des révolutions sympathisait avec la régénération de la Grèce. Il poursuivait auprès du sultan une double série de réclamations : de concert avec les autres puissances, il insistait pour qu'on mît fin à l'extermination des Hellènes; en son nom propre, il demandait satisfaction pour les sanglants outrages infligés à la religion orthodoxe, lors du massacre de Constantinople, et pour les insultes faites à son ambassadeur. D'une part, il invoquait comme le reste de l'Europe les droits de l'humanité; d'autre part, il revendiquait ses droits de protecteur des chrétiens orthodoxes, garantis par les traités de Kaïrnadji et de Bucharest. Tantôt il agissait avec le concours de l'Europe, tantôt il se séparait d'elle pour agir isolément et plus énergiquement.

En mars 1826, Nicolas avait présenté son *ultimatum* au Divan; il exigeait : 1° l'évacuation des principautés danubiennes occupées par les Turcs sous le prétexte de l'insurrection de 1821, et le rétablissement de toutes choses sur le pied des traités; 2° l'exécution des clauses du traité de Bucharest relativement à l'autonomie de la Serbie et la mise en liberté des députés serbes détenus à Constantinople : 3° une satisfaction sur les points en litige et l'envoi d'un plénipotentiaire ottoman. La Porte essaya de résister ; les puissances européennes l'engagèrent à céder ; le 26 septembre-8 octobre, fut conclue la convention d'Akkerman dont les conditions furent : 1° la confirmation du traité de Bucharest ; 2° l'autonomie de la Moldavie et de la Valachie sous un hospodar élu pour sept ans dans une assemblée de la noblesse et qui ne pouvait être destitué que de l'aveu de la Russie ; 3° la cession définitive à la Russie des territoires en litige sur la frontière d'Asie ; 4° sept années de délai à la Porte pour organiser la Serbie conformément au traité de Bucharest ; 5° une juste satisfaction aux sujets russes créanciers du gouvernement turc ; 6° le libre passage aux vaisseaux russes de la mer Noire dans la Méditerranée.

Restait la question grecque. Le duc de Wellington et le comte de Nesselrode s'étaient mis d'accord dans les conférences de Saint-Pétersbourg. Le protocole anglo-russe du 26 mars 1826, énergiquement appuyé par l'ambassadeur de France, fut signifié à la Porte par les représentants des trois puissances. La Grèce serait une dépendance autonome de la Turquie, payerait au sultan un tribut annuel, serait gouvernée par des autorités de son choix, sur la nomination desquelles la Porte exercerait une certaine influence ; les Turcs établis en Grèce émigreraient et recevraient une indemnité pour leurs immeubles. Le Divan rejeta ces propositions comme « violant l'obéissance passive des sujets envers leur souverain légitime. » La France, la Russie et l'Angleterre signèrent alors le traité de Londres juin 1827), en vertu duquel elles imposaient leur médiation aux belligérants, la Turquie et la Grèce. La Porte répondit à cette signification en débarquant dans la Morée une armée turco-égyptienne, sous le commandement d'Ibrahim. Les trois escadres occidentales, sous le commandement des amiraux de Rigny, Heiden et Codrington, reçurent l'ordre d'empêcher, même par la force, la prolongation des hostilités dans le Péloponèse. La flotte turque fut alors anéantie dans la baie de Navarin (20 octobre 1827).

Nicolas adressa aux amiraux français et anglais des rescrits flatteurs, avec l'ordre de Saint-Alexandre-Nevski pour de Rigny et de Saint-Georges pour Codrington.

Le désastre de Navarin ne fit qu'exaspérer le sultan Mahmoud. Il fit envoyer aux trois puissances une note dans laquelle il exigeait, avant toute négociation, la déclaration formelle qu'elles renonçaient à toute immixtion dans les affaires de la Turquie et de la Grèce, une réparation publique et solennelle pour l'insulte faite au pavillon ottoman, une indemnité à la Porte pour les dommages matériels résultant de cette insulte. Dans les mosquées, on proclama la guerre sainte et la levée en masse. A Constantinople, on convoqua, comme on l'a encore fait récemment, un simulacre de représentation nationale.

L'Angleterre regrettait déjà la destruction de la marine turque ; mais la France, pour donner force de loi aux décisions des puissances, débarqua en Morée un corps d'armée sous le commandement du général Maison, qui chassa les Turco-Égyptiens de la péninsule ; Nicolas, unissant ses griefs particuliers aux revendications de l'Europe, déclara la guerre à la Turquie et ordonna au feld-maréchal Wittgenstein de franchir le Pruth (1828), tandis que Paskiévitch entrait en Asie Mineure. En Europe, les Russes occupèrent la Moldavie et la Valachie, franchirent le Danube sous les yeux de leur empereur, prirent Braïlof et Varna ; en Asie, ils emportèrent d'assaut l'antique forteresse de Kars, battirent les Turcs sous Akhaltsykh et s'emparèrent de cette ville après une action sanglante.

L'Angleterre commençait à être inquiète, l'Autriche se rapprochait d'elle. Charles X disait hautement : « Si l'empereur Nicolas attaque l'Autriche, je me tiendrai en mesure et je me réglerai selon les circonstances ; mais si l'Autriche attaque, je ferai marcher immédiatement contre elle. » La Restauration espérait trouver dans le conflit oriental une revanche des traités de 1815 ; on discutait dans le conseil du roi, en septembre 1829, la réunion de la rive gauche du Rhin ou de la Belgique ; on comptait sur la coopération de la Russie en échange du concours qu'on lui prêtait sur le Danube. En un mot, suivant l'expression de M. Nettement, les deux puissances furent alors en étroite union, « la France contre le *statu quo* européen, la Russie contre le *statu quo* oriental. »

Nicolas eut donc toute liberté pour la campagne de 1829 : en Asie, Paskiévitch battit deux armées turques et conquit Erzéroum ; en Europe, Diébitch, successeur de Wittgenstein, battit le grand-vizir à Koulévtcha auprès de Pravady et le rejeta en désordre sur le camp fortifié de Choumla, après lui avoir tué cinq mille hommes et pris quarante-trois canons ; puis, Silistrie ayant capitulé, il bloqua Choumla, franchit audacieusement le Balkan et entra dans Andrinople, la seconde ville de l'empire ottoman. Sur mer, on avait remarqué l'héroïque combat de la frégate *le Mercure* contre deux vaisseaux turcs : l'équipage avait juré de vaincre ou de se faire sauter.

La Porte céda enfin. Mahmoud avait bien détruit les janissaires, il n'avait pas encore réussi à constituer une armée régulière. La Perse se refusait à une nouvelle guerre contre la Russie. A Andrinople, la Porte conclut deux traités, l'un avec les puissances européennes, l'autre avec la Russie. Par le premier, elle adhérait au traité de juillet 1827 et reconnaissait l'indépendance de la Grèce. Par le second, elle cédait à la Russie, en Europe, les îles du delta danubien ; en Asie, les forteresses et districts d'Anapa, Poti, Akhaltsykh, Akhalkalaki ; elle payait cent dix-neuf millions de frais de guerre et quinze cent mille ducats d'indemnité aux marchands russes ; elle garantissait les immunités accordées précédemment à la Moldavie, la Valachie, la Serbie ; elle déclarait le Bosphore et les Dardanelles libres et ouverts à toutes les puissances en paix avec la Porte ; elle accordait au commerce russe liberté pleine et entière de navigation dans la mer Noire. Ainsi cette première alliance avec la France avait assuré l'indépendance de la Grèce, préparé celle des Roumains et des Serbes.

Les Anglais firent en Chine, de 1840 à 1841, la fameuse *guerre de l'opium*. Les Russes avaient obtenu, avant eux et sans tant de peine, une situation bien plus avantageuse dans le Céleste-Empire. Par le traité de 1827, ils avaient acquis le droit d'entretenir à Pékin une maison d'éducation où des jeunes gens étudieraient la langue et les usages de la Chine. Nicolas s'était bien gardé de heurter la cour de Pékin au sujet de l'opium : dès qu'il eut appris le décret de prohibition, il interdit à ses sujets d'introduire cette denrée par les frontières russes. En 1852, nouveau traité qui ouvrit un marché pour le commerce de terre, sur l'Irtych ; ce marché dit *occidental*, par opposition au *marché occidental* de Kiakhta, permettrait aux agents russes de surveiller de plus près Boukhara. Malgré ces relations cordiales, les postes russes empiétaient chaque jour et sans bruit sur le territoire chinois : en 1854, l'Europe sera tout étonnée de trouver les Russes établis en force sur l'Amour. Ainsi, d'un bout à l'autre de l'Asie, la Russie et l'Angleterre se retrouvaient en présence. Toutes deux, en travaillant à reculer leurs frontières et à étendre leur influence, hâtaient le moment où elles seraient en conflit direct.

Par l'acquisition de la Mingrélie, de l'Imérétie, de la Géorgie, du Chirvan et des provinces persanes et turques, la Russie occupait tout le versant méridional du Caucase; par l'acquisition du Daghestan, elle avait pris pied sur le versant septentrional, et cernait complétement les vastes régions montagneuses qui constituent la Circassie et l'Abkhasie. De nombreux forts occupaient les débouchés des vallées. Mais les belliqueux Tcherkesses et Abkhazes défendaient vaillamment leur indépendance, La route d'Anapa à Poti, malgré de nombreux postes fortifiés, ne présentait aucune sécurité. Nicolas sentait la nécessité d'assurer ses communications avec l'Asie méridionale par les deux extrémités du Caucase et par les cols intermédiaires, et de faire de cette chaîne prodigieuse comme la citadelle inexpugnable du haut de laquelle il dominerait l'Orient. Cette guerre contre les montagnards, féconde en surprises et en embuscades, fut mêlée de succès et de revers. Elle prit un développement plus formidable lorsque le fanatisme musulman, réveillé par les sectateurs du murdilisme, s'incarna dans l'iman Schamyl, le prêtre-soldat, qui donna à ces tribus rivales l'unité religieuse et qui pendant vingt-cinq ans tint en échec les meilleurs généraux de la Russie. Dès 1844, il fallut entretenir deux cent mille hommes dans le Caucase sous le sage et habile Voronzof. Les Anglais favorisaient sous main l'insurrection : en 1837, l'affaire du schooner britannique *le Vixen*, saisi au moment où il venait de débarquer des armes sur la côte d'Abkhasie, fit du bruit; à la tête des Géorgiens un moment soulevés on avait vu marcher l'Anglais Bell.

La Perse où Feth-Ali-Shah, l'allié de Napoléon Ier, avait eu pour successeur son petit-fils Mohammed, était complétement sous l'influence russe. De 1837 à 1838, Mohammed vint assiéger Hérat qui commande une des routes de l'Inde. Les Anglais l'obligèrent à lever le siége en faisant une diversion dans le golfe Persique. Ils en ont fait une autre en 1856 et se sont assurés de l'île de Karrack et du port de Bushir. Trois ans après le siége de Hérat, les Anglais eux-mêmes échouèrent dans une tentative pour s'emparer de Caboul.

Nicolas, cherchant un débouché dans une autre direction, déclara la guerre au khan de Khiva, sous prétexte de mettre un terme aux exactions et aux brigandages exercés contre les caravanes. En 1841, une armée conduite par le général Pérovski traversa, par un hiver terrible, les steppes du Turkestan, mais, après quelques avantages sur les nomades, elle dut se replier sur l'Emba. L'armée russe était presque entièrement détruite par les fatigues et les intempéries. Le khan intimidé offrit cependant une satisfaction : il décréta la peine de mort contre tout Khivien qui oserait attenter à la vie ou à la liberté d'un sujet russe et rendit 415 captifs. Il était clair qu'une tentative sérieuse contre Khiva ne serait possible que lorqu'on aurait diminué l'énorme distance de deux cents lieues qui séparait cette oasis des frontières russes, par l'établissement de postes intermédiaires, par l'assujettissement plus complet des hordes kirghizes, par l'établissement d'une marine sur le lac d'Aral. L'expédition de 1854 devait avoir un plein succès;

c'est alors que le khan devint une sorte de vassal du tsar, surveillé chez lui par un ambassadeur russe.

Insurrection polonaise (1831).

Vers 1830, la Russie se trouvait dans un état de malaise singulier : le choléra venait d'y faire son apparition; de sanglantes émeutes avaient éclaté à Sévastopol, Novgorod, Staraïa Roussa; l'empereur semblait agité de tristes pressentiments. Il venait d'être surpris par la nouvelle de la révolution de Juillet qui avait chassé son allié Charles X : la révolution belge et les mouvements italiens suivirent de près; le drapeau tricolore, le drapeau de 1799 et de 1812, arboré sur le consulat de France à Varsovie, hâta l'explosion de la révolution polonaise.

On était déjà loin du temps où Alexandre Ier, ouvrant la diète de Varsovie en 1818, vantait « ces institutions libérales qui n'avaient cessé d'être l'objet de sa sollicitude » et qui lui permettaient de montrer à la Russie elle-même « ce qu'il avait préparé pour elle dès longtemps. » On était loin du temps où, félicitant les députés polonais d'avoir rejeté le projet de loi sur le divorce, il proclamait « qu'élus librement, ils devaient voter librement ».

Sans doute, la prospérité du royaume allait en croissant; le commerce et l'industrie se développaient; les finances du royaume étaient dans un état satisfaisant; des débris des légions napoléoniennes, le grand-duc Constantin avait formé une excellente armée de soixante mille hommes. Malheureusement il était bien difficile qu'Alexandre, qui en Russie revenait de plus en plus aux idées d'autocratie, pût s'accommoder en Pologne de la liberté du régime représentatif. La diète de 1820, en attaquant les ministres et en rejetant certains projets de loi, l'irrita profondément. Il vit dans ces incidents ordinaires de la vie parlementaire une attaque à son autorité. Il prêta l'oreille aux conseils de Karamzine et d'Araktchéef. Il décréta un *acte additionnel à la constitution*, qui supprimait la publicité des séances de la diète. Après la session de 1822, la convocation des États fut ajournée indéfiniment. La liberté de la presse fut restreinte, la police devint plus tracassière. Les militaires se plaignaient de la sévérité et parfois de la brutalité du grand-duc Constantin, qui était plein de bonnes intentions, qui aimait la Pologne et qui l'avait prouvé en sacrifiant à une Polonaise la couronne de Russie, mais qui ne pouvait maîtriser son caractère impétueux et fantasque. Les officiers qui avaient servi sous Dombrovski, Poniatovski, Napoléon I*er*, s'accommodaient mal de la discipline moscovite. Les anciennes jalousies, les haines nationales, avivées par les événements de 1812, tendaient à se réveiller entre les deux peuples. Outre les mécontents polonais qui se plaignaient des violations de la constitution de 1815, et qui s'indignaient que l'empereur n'eût pas encore restitué au royaume les palatinats de la Russie Blanche, il y avait les irréconciliables qui rêvaient soit la constitution du 3 mai 1791, soit l'établissement d'une république, et qui prétendaient rétablir la Pologne dans son ancienne indépendance et ses anciennes limites. Des associations secrètes, *templiers* et *société patriotique*, se formèrent. Le procès des *décembristes* russes avaient révélé une entente entre les conjurés des deux nations.

Constantin avait eu un autre tort : celui d'insister auprès de l'empereur Nicolas pour que l'armée polonaise ne fût pas employée contre les Turcs. Il l'aimait à sa manière, cette armée, et l'on cite ce mot de lui : « Je déteste la guerre, elle gâte les armées. » Des victoires remportées en commun sur les anciens ennemis des deux peuples slaves auraient pu créer entre l'armée russe et l'armée polonaise un lien de fraternité militaire, donner une issue à l'ardeur belliqueuse de la jeunesse polonaise, sanctionner par la gloire l'union des deux couronnes. L'impopularité de Constantin s'accrut de cette fausse démarche. Pourtant rien n'était encore compromis. Lorsque l'empereur Nicolas vint en mai 1830 ouvrir en personne la diète, qui depuis son avénement n'avait pas été réunie, sa présence à Varsovie excita quelques espérances. Malgré la réserve que s'imposèrent les députés, ils ne purent s'empêcher de rejeter encore le malencontreux projet de loi sur le divorce, de formuler des plaintes contre les ministres et d'émettre un vœu pour la réunion des provinces lithuaniennes. Ce vœu n'aurait d'ailleurs pu être réalisé par Nicolas, sans blesser profondément le patriotisme et les droits de la Russie. Le « roi de Pologne » et son peuple se séparèrent plus mécontents l'un de l'autre; les sociétés secrètes conspirèrent plus activement et les nouvelles de Paris trouvèrent préparés tous les éléments d'une révolution.

Le soir du 17-29 novembre, les jeunes gens de l'École des porte-enseignes se soulevèrent à la voix du sous-lieutenant Vysoçki. Comme ils demandaient des cartouches : « Des cartouches! s'écria Vysoçki, vous en trouverez dans les gibernes des Russes! en avant! » Tandis que cent trente d'entre eux surprenaient les casernes de la cavalerie russe, une troupe peu nombreuse courait au palais du Belvédère, où résidait le césarévitch. Constantin n'eut que le temps de fuir; le directeur de la police et d'autres fonctionnaires tombèrent sous les coups des conjurés. En quelques instants, toutes les troupes polonaises, infanterie, bataillon de sapeurs, artillerie à cheval, régiment de grenadiers, se portèrent sur l'arsenal, s'emparèrent de quarante mille fusils et distribuèrent des armes au peuple insurgé. Cinq généraux polonais, accusés de trahison envers la cause nationale, furent massacrés. Le brave général Noviçki, victime d'une erreur de nom, eut le même sort. Le grand-duc, en voyant le développement de l'insurrection, se décida à évacuer la ville et se retira au village de Virzba : il renvoya même à Varsovie le régiment des chasseurs à cheval polonais qui seul lui était resté fidèle.

Le prince Lubeçki s'était hâté de convoquer le Conseil d'administration, auquel on adjoignit un certain nombre de citoyens influents. La majorité de ce conseil pensait que la lutte avec la Russie était un acte de démence, et supplia le peuple de faire cesser « toutes les agitations avec la nuit qui les avait couvertes de son voile. » Ces avis ne furent pas écoutés ; la foule appela d'autres hommes aux affaires : les princes Czartoryski et Ostrovski, Malakhovski, le célèbre professeur et historien Lélével. On organisa les étudiants en légion d'élite ; Lélével ouvrit un club patriotique et publia un journal quotidien, le *Patriote*. On nomma généralissime Chlopiçki, vaillant officier, qui avait servi avec distinction sous Napoléon ; mais Chlopiçki ne voyait de salut pour la Pologne que dans une prompte réconciliation avec l'empereur ; il envoya des négociateurs à Saint-Pétersbourg, au quartier général du grand-duc, même à Londres et à Paris, pour obtenir une médiation des puissances occidentales. Deux partis s'étaient dessinés dans le mouvement : les modérés qui voulaient rétablir le lien brisé avec le gouvernement légal, en sollicitant au besoin une réforme de la constitution et l'annexion des palatinats lithuaniens ; les démocrates qui demandaient la déchéance des Romanof, l'indépendance du pays et le recouvrement par les armes des provinces perdues. Nicolas repoussa toute pacification qui n'aurait pas pour préliminaire une soumission immédiate et sans conditions ; sa proclamation ôtait aux insurgés toute espérance « d'obtenir des concessions pour prix de leurs crimes. » Dès lors le parti de la guerre dut l'emporter à Varsovie sur celui de la paix. Chlopiçki, mécontent des agissements du parti avancé, avait donné sa démission de généralissime ; il finit par accepter la dictature et se résigna, sans espoir de succès, à organiser la défense, tout en continuant les négociations. Il était surtout en désaccord avec Lélével ; celui-ci pensait que les Polonais devaient prendre l'offensive, se jeter sur la Lithuanie et la Volynie, armer les paysans, décréter la levée en masse, affirmant que toute insurrection qui ne s'étend pas est condamnée à périr. « Eh bien! s'écria Chlopiçki impatienté, faites vous-mêmes la guerre avec vos faucheurs! » et il se démit de la dictature pour prendre un commandement secondaire.

La diète s'était réunie ; elle avait nommé généralissime le prince Radzivill, homme faible et sans talents militaires. Son élection fut saluée des cris : « En Lithuanie ! en Lithuanie ! » Dans la séance du 13-25 janvier, le comte Ezerski, l'un des deux négociateurs envoyés à Saint-Pétersbourg par Chlopicki, rendit compte de leur entrevue avec l'empereur. Les réponses de Nicolas ne laissaient pas plus d'espoir que sa proclamation du 17 décembre. Il refusait d'entrer en pourparlers avec ses sujets rebelles. Il rejetait bien loin l'idée de dépouiller la Russie des provinces lithuaniennes au profit de la Pologne. Il considérait comme un devoir sacré d'étouffer l'insurrection et de punir les coupables, ajoutant que si la nation s'armait contre lui, ce seraient les canons polonais qui anéantiraient la Pologne. Alors la diète proclama les Romanof déchus du trône royal. Elle avait cru engager par cette démarche les cours d'Occident à une résolution; en réalité elle venait de rendre impossible toute tentative de médiation pacifique, les Polonais ayant abandonné le terrain des traités de 1815, les seuls que pût invoquer la diplomatie européenne. Quant à une intervention à main armée, devant l'hostilité des puissances germaniques, l'Angleterre, ni même la France n'y pouvaient songer. Vainement la population parisienne manifestait énergiquement ses sympathies; vainement les chambres retentissaient d'adresses belliqueuses; toutes ces démonstrations restèrent sans effet. Six jours après l'acte de déchéance, la diète polonaise institua un gouvernement provisoire composé de cinq membres : Adam Czartoryski, président; Barzikovski, Niémoiévski, Moravski, enfin Joachim Lélével qui représentait dans ce conseil suprême les tendances démocratiques.

Le césarévitch avait complètement évacué le royaume; la forteresse de Modlin et toutes les autres étaient au pouvoir de l'insurrection; on avait élevé, pour protéger Varsovie du côté de l'est, une tête de pont formidable; les forces polonaises avec les nouvelles levées s'élevaient à quatre-vingt-dix mille hommes, bien pourvus d'artillerie. En février 1831, par un froid rigoureux, cent vingt mille Russes, sous le commandement du héros du Balkan, Diébitch *Za-*

Imlkanski, entrèrent en Pologne, refoulant sur Varsovie les détachements polonais. Le général insurgé Dverniçki remporta un avantage au combat de Stoczek ; deux jours de bataille (19 et 20 février) à Grochov, glorieux pour les Polonais, n'empêchèrent pas les Russes de se rapprocher de Varsovie ; les combats de Bialolenska et du bois de Praga (24 et 25 février) les amenèrent presque sur le faubourg de Praga. Radzivill déposa alors son commandement et eut pour successeur Skrzyneçki. Le gros de l'armée russe avait abandonné le rivage de la Vistule, sauf trois petits corps, celui de Rosen à Dembévilkié, celui de Geismar à Waver, et un troisième sous Praga. Le général polonais les attaqua à l'improviste, battit Geismar à Waver, Rosen à Dembévilkié et Iganié, mais n'osa pousser plus loin ses avantages. Une expédition dirigée contre la Volynie, par Dverniçki, échoua complétement ; il fut rejeté en Gallicie. Celle de Lithuanie aboutit à un désastre sous Vilna ; les Polonais durent passer la frontière de Prusse ; une seule division, celle de Dembinski, rentra dans Varsovie. Dans l'intervalle, Skrzyneçki, ayant attaqué l'aile droite des Russes à Ostrolenka, sur la Narev, fut, après une bataille sanglante, rejeté de l'autre côté du fleuve (26 mai). Le choléra sévissait dans les deux armées ; il emporta successivement Diébitch et le grand-duc Constantin.

Les divisions politiques vinrent, comme toujours, affaiblir la Pologne. A la suite de scènes violentes, Skrzyneçki fut remplacé par Dembinski, puis par Malakhovski. Deux jours d'émeute ensanglantèrent la ville : le peuple fit un massacre dans les prisons. Les modérés prirent peur et Czartoryski s'enfuit sous un déguisement. Le gouvernement provisoire démissionna entre les mains de la diète qui investit le général Krukoviéçki d'un pouvoir dictatorial. Il fit exécuter quelques-uns des émeutiers, mais ne réussit pas à ramener la concorde.

Le successeur de Diébitch, Paskiévitch Érivanski, fort du concours bienveillant de la Prusse qui lui ouvrait ses arsenaux et ses magasins de Dantzig et de Kœnigsberg, avait franchi la Vistule au-dessous de Varsovie et transporté le théâtre des opérations sur la rive gauche. Il comptait attaquer la capitale, non pas du côté de Praga, comme avait fait Souvorof, mais du côté de Vola et du faubourg de Czysté. A ces deux faubourgs correspondaient deux demi-cercles de retranchements concentriques; mais les Russes ne rencontraient plus, comme du côté de Praga, l'obstacle de la Vistule. Le 6 septembre, les Russes attaquèrent Vola où fut tué le général Sovinski, qui avait perdu une jambe à la Moskova, et Vysocki, l'instigateur de la révolution. Le même jour Paskiévitch commença à canonner Czysté et la ville. Le lendemain Krukoviécki demanda une capitulation; Paskiévitch exigea la soumission sans condition de l'armée et du peuple, la reddition immédiate de Varsovie, le rétablissement du pont de Praga, la retraite des troupes sur Plock. La diète ayant laissé passer le délai fixé pour une réponse, Paskiévitch recommença l'attaque. Krukoviécki avait bien accepté ses conditions; mais dans l'intervalle il avait été remplacé par Niémoiévski. Déjà Czysté était en flammes et les Russes escaladaient les remparts de la ville, quand les Polonais capitulèrent. « Sire, Varsovie est à vos pieds, » écrivit Paskiévitch à l'empereur. — « L'ordre règne à Varsovie, » telle fut l'oraison funèbre de l'insurrection par l'Europe officielle. Vingt mille soldats mirent bas les armes à Plock; Ramorino en emmena quinze mille en Gallicie.

Ce n'était pas seulement Varsovie, mais la Pologne elle-même qui était aux pieds de Nicolas. Des mouvements partiels, de nouveaux complots devaient plus tard aviver son ressentiment. Pour le moment, il était heureux de faire un exemple, d'effrayer la révolution européenne. Les séquestres, les confiscations de biens, les emprisonnements, les déportations en Sibérie servirent de commentaires à l'*amnistie*. La constitution octroyée par Alexandre fut anéantie; les ministères abolis et remplacés par de simples commissions qui ressortissaient aux divers ministères de la Russie; les directeurs de ces commissions formèrent, sous la présidence du *namiéstnik*, le Conseil de gouvernement. Plus de diètes, la Pologne était administrée par des fonctionnaires du tsar. Plus d'armée polonaise, elle était fondue dans l'armée impériale. Les ordres nationaux ne furent conservés que comme ordres russes, distribués aux plus zélés serviteurs du gouvernement. Successivement, on introduisit dans le royaume le système d'impôts, la procédure, les monnaies de la Russie. Les anciens palatinats historiques furent remplacés par des gouvernements russes, les anciennes divisions modifiées. A partir de 1844, cinq gouvernements : Varsovie, Radom, Lublin, Plock, Modlin. Voilà ce qui se passait dans la Pologne proprement dite.

Dans la Lithuanie et la Russie Blanche, l'élément polonais fut surveillé plus étroitement; les germes de polonisme déposés par l'administration scolaire de Czartoryski furent étouffés; en réponse à l'insurrection lithuanienne, l'université de Vilna fut supprimée et la langue polonaise bannie des écoles. Afin de rattacher plus étroitement les *provinces du sud-ouest* à la Russie, Nicolas, soutenu de l'évêque Joseph Siémaszko, poursuivit l'abolition de l'*union*. Les évêques et le clergé uniate signèrent l'acte de Polotsk où ils demandaient à rentrer au sein de l'Église nationale orthodoxe, demande que le saint-synode s'empressa d'accueillir (1839). Une partie des moines et des fidèles résistèrent. Siémaszko, devenu métropolite en récompense de ses services, organisa des missions où l'on ne commit pas moins de violences et d'excès de zèle pour détruire l'union que le parti jésuitique du dix-septième siècle n'en avait employé pour la fonder. L'affaire des religieuses de Minsk notamment fit scandale. Les paysans orthodoxes profitèrent du moins de cette révolution religieuse : afin de les garantir contre la mauvaise volonté de leurs maîtres restés catholiques ou uniates, on prescrivit aux autorités de la Russie Blanche et de la Lithuanie de faire dresser des *inventaires* qui établiraient exactement le chiffre de leurs redevances et le montant de leurs prestations. Les inventaires mettaient fin à l'arbitraire des seigneurs : c'était un commencement d'émancipation.

Hostilité contre la France : question d'Orient. Révolution de 1848 : Intervention en Hongrie.

L'insurrection de la Pologne avait eu pour conséquence, dans la politique générale, un rapprochement plus intime entre les trois puissances du Nord, qui s'engagèrent par un traité à se livrer mutuellement leurs sujets rebelles, et une sorte de rupture entre la Russie et les puissances occidentales qui avaient marqué le plus de sympathies à la cause polonaise. Nicolas Ier, le représentant par excellence de la conservation européenne, voyait dans la France surtout le foyer sans cesse renaissant des révolutions. Il voulait l'immobilité du monde; or, périodiquement, Paris ébranlait de ses *journées* le sol européen. La révolution de 1830 avait renversé son allié Charles X, soulevé la Belgique, l'Italie centrale; elle avait eu pour conséquence la révolution de Pologne. Les sympathies françaises pour la Pologne se manifestaient hautement : il y avait eu à Paris des émeutes, des vitres brisées à l'ambassade russe; quatorze adresses s'étaient succédé dans les chambres à chaque nouvelle session; les Polonais proscrits n'avaient trouvé nulle part un accueil plus sympathique; des écoles polonaises s'étaient fondées pour leurs enfants. Sous la protection française, la révolution européenne et l'émigration polonaise avaient fait alliance étroite : en Hongrie, en Turquie, au Caucase, partout Nicolas allait retrouver ces bannis, ces hôtes de la France. Il n'avait pas attendu ces actes d'hostilité pour se déclarer contre nous. Ses rapports avec Louis-Philippe, le roi de Juillet, ne furent qu'une longue série de froissements, de tracasseries, d'outrages à peine déguisés. Dans sa réponse à la notification d'avènement du nouveau souverain, il avait qualifié la révolution dont Louis-Philippe tenait ses droits « d'événement à jamais déplorable ». Il affectait avec les représentants de la France une politesse impertinente, ou donnait à entendre que les égards qu'il leur témoignait s'adressaient à leur mérite personnel, non à leur qualité diplomatique. MM. de Bourgoing, de Barante, le maréchal Maison, Casimir Périer fils, furent successivement aux prises avec cette fausse situation.

La malveillance de Nicolas se traduisait par des démarches d'une autre gravité, par des manifestations menaçantes, des déploiements de forces militaires, des congrès de souverains qui semblaient annoncer la reconstitution de la Sainte-Alliance, des essais de coalition, même des violations flagrantes des traités. Nicolas devait un jour cruellement expier les dangereuses satisfactions d'amour-propre que lui donnaient ces vaines provocations à la France et aux idées nouvelles. Cette situation de roi des rois, de chef des gouvernements monarchiques, d'arbitre de l'Europe, que lui laissait prendre la complaisance de la Prusse et de l'Autriche, était plus apparente que réelle. Il y avait là plus de prestige que de force. La prétendue politique de principes, cette fois encore, ne devait pas porter bonheur à la Russie.

Lorsque, en décembre 1832, l'armée égyptienne sous Ibrahim, victorieuse à Beïlan et Konieh, sembla menacer Constantinople, la Turquie s'adressa aux puissances européennes. La Russie répondit la première à cet appel en envoyant sa flotte dans le Bosphore, en débarquant 10 000 hommes sur la côte de l'Asie, en faisant avancer 24 000 hommes vers le Pruth. La France et l'Angleterre, par l'organe de l'amiral Roussin et de lord Ponsonby, protestèrent : elles obtinrent à la fois l'éloignement des forces russes, la retraite de l'armée égyptienne, et le traité de Kutaïch entre le sultan et le khédive. Tout paraissait terminé lorsque le bruit se répandit que le comte Orlof avait signé avec la Porte le traité d'Unkiar-Skélessi, qui, sous les apparences d'une alliance offensive et défensive, consacrait la dépendance de la Turquie vis-à-vis de la Russie (8 juin 1833). Chacune des deux parties contractantes s'engageait à fournir à l'autre tous les secours nécessaires pour assurer « la tranquillité et la sécurité de ses États ». Ce dernier article pouvait, dans un empire aussi constamment troublé que la Turquie, entraîner une occupation permanente par les forces russes. Dans un article secret, le sultan s'engageait, si le tsar était attaqué, à fermer le détroit des Dardanelles et à ne permettre à aucun navire de guerre étranger d'y pénétrer sous un prétexte quelconque. L'Angleterre et la France protestèrent énergiquement. Ce traité ne reçut, d'ailleurs, aucune exécution.

Lorsque la guerre recommença entre l'Égypte et la Turquie et qu'au sultan Mahmoud succéda son fils Abdul-Medjid (1839), Nicolas profita des vives sympathies que témoignait la France au vice-roi pour nous isoler complétement des autres puissances. L'Angleterre, toujours jalouse de maintenir l'intégrité de l'empire ottoman, s'éloigna alors de la France pour se rapprocher des Russes; elle s'associa au complot qui avait pour but de nous exclure du concert européen. Le tsar vit avec satisfaction l'affront fait à la France par le traité de Londres (15 juillet 1840) conclu entre la Grande-Bretagne, la Russie, l'Autriche et la Prusse, l'irritation causée à Paris par l'intervention des Anglais, Autrichiens et Turcs en Syrie, les embarras où nous jetait la politique belliqueuse du cabinet Thiers et l'imminence d'un conflit où, pour un si faible intérêt, nous aurions contre nous une coalition générale des grandes puissances. L'Angleterre, qui s'était éloignée de nous, pour défendre la Turquie contre l'Égypte, sentit bientôt la nécessité de se rapprocher de la France pour garantir Constantinople contre le protectorat russe. La France, à l'occasion de la *convention des détroits* (13 juillet 1841), fut amenée à rentrer dans le concert européen. Nicolas avait joué le rôle singulier de garant de l'intégrité ottomane; il s'était allié à son ennemie et rivale naturelle l'Angleterre; mais au prix de ces inconséquences, il s'était donné le plaisir d'humilier le gouvernement de Louis-Philippe et de l'exposer aux dangers d'une guerre générale.

Pendant toute cette période, il avait redoublé de mauvais procédés envers la France. En 1833, il avait convoqué le congrès de Münchengraetz, où se rencontrèrent les souverains de Russie, d'Autriche et de Prusse, ainsi que leurs principaux ministres; en 1835, il avait passé en revue aux manœuvres de Kalisch une armée de 90 000 hommes, en présence du roi de Prusse, des archiducs autrichiens et d'une multitude de princes; la même année il avait tenu un congrès à Tœplitz avec les deux souverains allemands. A l'occasion de la mort de Charles X, il avait ordonné dans sa cour un deuil de vingt-quatre jours.

En 1846, des troubles éclatèrent dans la Gallicie autrichienne : les gentilshommes avaient fait une levée de boucliers contre l'Autriche, les paysans à leur tour se soulevèrent contre les seigneurs. La ville libre de Cracovie avait donné asile aux réfugiés et permis l'installation chez elle d'un gouvernement provisoire polonais qui, essayant de réconcilier les seigneurs et les paysans, promettait à ceux-ci l'abolition de toutes les servitudes et le partage des biens nationaux. Nicolas se retrouva dans son rôle de dompteur des révolutions : ses troupes entrèrent les premières dans Cracovie, où elles furent suivies de celles de l'Autriche et de la Prusse. Les souverains prononcèrent la suppression de la république de Cracovie et son annexion à l'Autriche. La France et l'Angleterre ne purent que protester contre cette violation des traités de 1815.

La révolution de 1848 vint ébranler l'Europe dans des proportions jusqu'alors inouïes. Non-seulement l'Italie tout entière et l'Allemagne occidentale suivirent le mouvement; mais des pays qui jusqu'alors semblaient réfractaires aux idées nouvelles et qui avaient été comme le boulevard de l'Europe monarchique contre l'esprit révolutionnaire, se mirent en insurrection : l'ébranlement se propageait jusqu'aux frontières de la Russie. La constitution germanique était renversée; les Allemands réunissaient le parlement de Francfort, les Slaves le congrès de Prague; l'empereur Ferdinand était chassé de Vienne; à Berlin, Frédéric-Guillaume IV saluait les cadavres promenés par l'émeute; la Hongrie se soulevait à la voix de Kossuth; même les principautés danubiennes, travaillées par le parti de l'unité roumaine, renversaient en Valachie l'hospodar Bibesco, en Moldavie l'hospodar Stourdza. Où s'arrêterait le mouvement? On découvrait des conspirations en Russie; la Pologne, dont les ouvriers parisiens promenaient le drapeau dans leurs manifestations tumultueuses, frémissait.

En face de la révolution européenne se dressa l'empereur Nicolas. Il agit d'abord dans les pays les plus rapprochés de lui : il pesa sur le roi de Prusse pour l'empêcher d'accepter la couronne impériale d'Allemagne; il protesta contre les événements de Bucharest et fit entrer une armée dans les principautés; il saisit le moment où l'insurrection hongroise était ébranlée par la contre-insurrection croate, pour répondre à l'appel du jeune empereur François-Joseph. En Hongrie, d'ailleurs, les régiments russes allaient rencontrer leurs vieux ennemis de 1799, de 1812, de 1831, les irréconciliables légions polonaises, réorganisées sous Bem et Dembinski. Paskiévitch fut chargé de compléter dans les plaines de la Hongrie sa victoire de Pologne. Il battit l'armée polono-hongroise sur plusieurs points, occupa toute la Transylvanie, et obligea le généralissime Georgey à signer en rase campagne la capitulation de Villagos (12 août 1849). « La Hongrie est aux pieds de Votre Majesté, » écrivit Paskiévitch. Nicolas la mit sous les pieds de François-Joseph, qui la traita plus cruellement que Nicolas n'avait traité la Pologne.

L'intervention du tsar dans la question danoise eut de plus heureux résultats : en 1852, Nicolas obligea les Prussiens à retirer leurs troupes des duchés et à ne plus soutenir les Holsteinois insurgés; en 1852, il s'unit aux autres puissances pour faire reconnaître au traité de Londres (8 mai) l'intégrité de la monarchie danoise.

A l'autre extrémité de l'Europe, un homme semblait collaborer avec Nicolas pour l'extermination de la révolution européenne. Par l'expédition de Rome, il anéantissait la république italienne; par le coup d'État de décembre, la république française. Nicolas, presque réconcilié avec le nom odieux de Bonaparte, avec l'imminente restauration d'un empire napoléonien, disait : « La France a donné l'exemple du mal, elle donnera celui du bien; j'ai foi dans la sagesse de Louis-Napoléon. » Le second Empire lui préparait une expiation de ses procédés hostiles et impolitiques vis-à-vis de la monarchie de Juillet et de la république de 1848. Les vœux qu'il faisait pour le coup d'État se réalisèrent pour son châtiment. Sa puissance jeta un dernier éclat lorsque, le 15 mai 1852, il passa en revue l'armée autrichienne sur les glacis de Vienne, et serra sur son cœur le souverain de cette Autriche dont « l'ingratitude allait étonner l'Europe ».

Deuxième guerre de Turquie; les alliés en Crimée. Réveil de l'opinion russe.

En Orient, Nicolas s'irritait de voir son influence tenue en échec par celle de la France et de l'Autriche. La France, dans la question des *lieux saints*, venait d'obtenir une solution favorable aux prétentions des puissances catholiques: « la Porte autorisait les Latins à construire une armoire dans la grotte de Bethléem. » Lors de l'invasion d'Omer-Pacha dans le Monténégro, c'était l'ambassadeur d'Autriche qui, en dehors de la Russie, avait obtenu la retraite des troupes ottomanes. Nicolas affecta de voir dans ces deux décisions de la Porte une atteinte au droit de protectorat sur les chrétiens d'Orient que conféraient au souverain russe les traités de Kaïnadji, de Bucharest et d'Andrinople. Le prince Menchikof fut envoyé à Constantinople avec mission d'obtenir une nouvelle reconnaissance de ce droit et des garanties pour l'avenir. La Porte, qui se sentait soutenue par la France (le 20 mars une flotte française avait paru dans les eaux de la Grèce), refusa; Menchikof, après avoir inutilement formulé son *ultimatum*, rompit avec éclat et quitta Constantinople. L'Angleterre hésitait à prendre parti dans une querelle où elle ne voyait d'abord que la question des lieux saints et les prétentions de la France. Mais le 9 et le 14 janvier 1853, deux entretiens confidentiels de Nicolas avec l'ambassadeur anglais sir Hamilton Seymour révélèrent au ministère britannique toute la portée des plans de Nicolas. Il ne s'agissait de rien moins que de liquider la succession de l'*homme malade*;

la Serbie, les Principautés, la Bulgarie formeraient des États indépendants sous la protection de Nicolas; quant à Constantinople, si les circonstances l'obligeaient à l'occuper, il s'y établirait en dépositaire, non en propriétaire; l'Angleterre à son tour serait libre de s'assurer de territoires à sa convenance, pourvu qu'elle ne s'établît pas à Constantinople. « Maintenant, avait-il dit, c'est en ami et en *gentleman* que je vous parle; si nous parvenons à nous entendre sur cette affaire, l'Angleterre et moi, peu m'importe le reste, je tiens peu à ce que feront ou penseront *les autres*. » Il insistait sur ce dernier point: « Lorsque nous sommes d'accord, je suis complétement sans inquiétude quant à l'occident de l'Europe: ce que d'*autres* pensent au fond est de peu d'importance. » Ces *autres* c'étaient la France d'abord, l'Autriche ensuite. Nicolas se flattait de séduire et d'entraîner les Anglais: surtout il n'entrait pas dans ses calculs que la France napoléonienne pût jamais faire alliance avec l'Angleterre de Waterloo, de Sainte-Hélène et d'Hudson Lowe. Ses imprudents épanchements avec Seymour opérèrent ce rapprochement jugé impossible. L'Angleterre prit peur; c'était elle maintenant qui poussait la France à des mesures énergiques. L'invasion des principautés lui parut comme une première mise à exécution des plans de démembrement.

Le 3 juillet 1853, en effet, les troupes russes franchiront le Pruth, sous le commandement du général Gortchakof; Nicolas lança une proclamation où il annonçait qu'il n'entendait pas commencer la guerre, mais qu'il voulait avoir un gage qui lui répondît de la stricte exécution des traités par le Divan. La flotte française et anglaise, se rapprochant alors des points menacés, prit position dans la baie de Bésika, sans franchir encore les détroits, que les stipulations des traités fermaient aux navires de guerre. La Russie déclara pourtant dans une circulaire que cette démarche la « plaçait sous le coup d'une démonstration comminatoire qui devait fatalement amener de nouvelles complications. »

L'Autriche proposa la réunion d'une conférence à Vienne:

les délégués des cinq puissances y assistèrent. La Prusse s'était rapprochée de l'Autriche. A ce moment la paix eût pu être assurée : le tsar était disposé à certaines concessions, pourvu que son droit de protectorat fût reconnu ; la Turquie prit l'initiative de la guerre, en sommant la Russie d'évacuer les principautés. Les Turcs déployèrent dans cette guerre sur le Danube plus d'énergie que n'en attendaient les Russes. Le 30 novembre 1853, la destruction de la flotte turque à Sinope par l'amiral Nakhimof ôta toute espérance de voir localiser la guerre; la flotte française et anglaise, qui au début des hostilités était entrée dans le Bosphore, pénétra cette fois dans la mer Noire et obligea la flotte russe à se renfermer dans les ports.

Le 29 janvier 1854, Napoléon III avait adressé à Nicolas une lettre autographe, qui était une dernière tentative de paix : les choses étaient déjà trop avancées; la réponse du tsar ne laissa plus d'autre issue que la guerre. Sur ces entrefaites l'Angleterre avait été amenée à publier les dépêches de Seymour sur ses entretiens avec Nicolas : cette violation du secret demandé par l'empereur, « parlant en ami et en *gentleman* », irrita profondément la Russie. Ces révélations eurent de graves conséquences: la France, l'Autriche, la Prusse virent à quel point elles étaient sacrifiées dans les desseins de Nicolas et son mépris pour ce que pouvaient faire ou penser *les autres*. Le 12 mars 1854, la France et l'Angleterre avaient assuré leur appui à la Turquie; le 10 avril, elles conclurent leur traité d'alliance offensive et défensive; le 20 avril, l'Autriche, qui faisait une menaçante concentration de troupes sur le Danube, signait avec la Prusse un traité de garantie et un traité d'alliance pour le cas où le tsar attaquerait l'Autriche ou franchirait les Balkans. Nicolas avait trouvé moyen d'unir toute l'Europe contre lui.

L'immense supériorité de la marine des alliés leur permit d'attaquer la Russie dans toutes les mers. Dans la mer Noire, ils bombardèrent le port militaire d'Odessa (22 avril 1854) tout en respectant la ville et le port de commerce; les établissements russes sur la côte du Caucase,

Anapa, Redout-Kalé, Soukoum-Kalé, avaient été incendiés par les Russes eux-mêmes. Dans la Baltique, ils bloquèrent Cronstadt, débarquèrent aux îles d'Aland, prirent la forteresse de Bomarsund (16 août 1854), et, en 1855, bombardèrent Svéaborg. Dans la mer Blanche, ils attaquèrent le monastère fortifié de Solovétski. Dans la mer d'Okhotsk, ils bloquèrent les ports sibériens, détruisirent les arsenaux de Pétropavlovsk, menacèrent la position des Russes sur le fleuve Amour.

Les Russes, menacés par les concentrations autrichiennes sur le Danube, par le débarquement des Anglais et des Français à Gallipoli, puis à Varna, avaient tenté un dernier effort pour s'emparer de Silistrie dont le siége (d'avril à juillet) leur avait déjà coûté beaucoup d'hommes : ils échouèrent. Dans la Dobrudscha, une expédition dirigée par les Français n'eut aucun résultat militaire: nos colonnes furent décimées par le choléra et les fièvres paludéennes. Les Russes se décidèrent à évacuer les principautés : elles furent occupées par les Autrichiens, d'accord avec l'Europe et le sultan. La guerre sur le Danube était finie : la guerre de Crimée commençait[1].

Elle avait été décidée par un conseil tenu à Varna le 21 juillet entre les généraux des trois armées française, anglaise et turque. Le 14 septembre, 500 navires débarquaient auprès d'Eupatoria le corps expéditionnaire; le 20, la bataille de l'Alma lui ouvrait la route de Sévastopol. Ce fut un coup de foudre pour la Russie ; depuis 1812 elle n'avait pas vu d'ennemis sur son territoire ; la Crimée, protégée par une flotte formidable, par des forteresses imprenables, par une armée nombreuse, lui semblait inattaquable; or l'armée était battue; la flotte de la mer Noire, coulée tout entière à l'entrée de la rade de Sévastopol, ne servait plus qu'à en obstruer les passes ; Sévastopol, pris à l'improviste, était si insuffisamment protégé et armé, au moins du côté de la terre, que beaucoup de militaires

---

1. Voir Camille Rousset, *Histoire de la guerre de Crimée*, 2 vol. avec un atlas, et mon livre : *Français et Russes, Moscou et Sévastopol*.

pensent encore qu'une marche hardie des Français après la bataille de l'Alma les eût rendus maîtres de la ville.

Pourtant, le premier moment de stupeur passé, on se mit à l'œuvre; on répara en quelques jours des années d'insouciance ou de brigandage administratif; habitants, soldats, marins mirent la main aux travaux de terrassement; en quelques jours, grâce à un miracle d'activité, le sol rocailleux de la Chersonèse se souleva en redoutes, en remparts couronnés de fascines; les bastions du Centre, du Mât, des deux Redans, de Malakof, si célèbres depuis, se hérissèrent de canons empruntés à la marine; 14 ou 15 000 marins, désireux de venger la ruine de la flotte, vinrent renforcer la garnison; les amiraux Kornilof, Istomine, Nakhimof, qui tous trois devaient périr sur le bastion Malakof, allaient diriger la défense. Les alliés avaient marché sur le port de Balaklava dont ils s'étaient emparés; ils prirent position au sud de Sévastopol, investissant à la fois la *ville* et la *Karabelnaïa*, se ravitaillant par les ports de Kamiesch et de Balaklava. Du côté du nord, la place assiégée communiquait librement, par les ponts sur la grande rade, avec les forts du *Côté-Nord*, avec l'armée russe d'opération et pouvait recevoir continuellement des renforts et des munitions. C'était moins une ville assiégée par une armée que deux armées retranchées vis-à-vis l'une de l'autre, et conservant toutes leurs communications. A plusieurs reprises, les alliés furent troublés dans leurs travaux par *l'armée d'opération :* ils durent lui livrer le combat de Balaklava (25 octobre), la bataille d'Inkerman (5 novembre), le combat d'Eupatoria (17 février). Tandis que les alliés creusaient leurs parallèles, poussaient leurs galeries de mines, multipliaient leurs batteries, le génie russe, dirigé par Tottleben, renforçait les ouvrages de la ville, et, sous le feu de l'ennemi, en élevait de nouveaux, comme ceux de Transbalkan, Sélinghinsk, Volynie, Kamtchatka (*Ouvrages Blancs, Mamelon Vert*). Les alliés, malgré les souffrances d'un rigoureux hiver, s'établissaient de plus en plus solidement, bravant en un coin de la plage de Crimée toutes les forces de l'empire des tsars.

Nicolas, dans la journée du 26 décembre 1825, avait été sacré, dans le sang des conspirateurs, comme l'apôtre armé du principe d'autorité, comme l'ange exterminateur de la contre-révolution. Ce rôle, il l'avait tenu trente années, non sans gloire. Il avait dompté les révolutions polonaise, hongroise, roumaine, empêché la Prusse de céder aux séductions de la révolution allemande, aux appels de la révolution holsteinoise. Il avait, sinon humilié, du moins vexé la révolution française dans toutes ses manifestations légales, royauté de Juillet, république, empire. Il avait sauvé l'empire autrichien et empêché la création d'un empire allemand démocratique. Il s'était montré partout où le principe contraire avait semblé le provoquer. On l'a surnommé le Don Quichotte de l'autocratie : du héros de Cervantès il avait l'esprit chevaleresque, généreux, désintéressé, mais comme lui il représentait dans le monde nouveau un principe suranné. Son rôle de chef d'une Sainte-Alliance chimérique devenait chaque jour plus visiblement un anachronisme. Depuis 1848 surtout, les « aspirations » des peuples étaient en contradiction directe avec ses théories de despotisme patriarcal. Cette contradiction éclatait partout en Europe : le prestige du tsar en était atteint. En Russie, il se soutenait encore ; ses succès en Turquie, en Perse, au Caucase, en Pologne, en Hongrie, l'apparente déférence des princes d'Europe, lui permettaient de soutenir son rôle d'Agamemnon des rois. La Russie se croyait dédommagée de sa soumission absolue par la grandeur au dehors. On oubliait de réclamer contre les tracasseries de la police, les entraves imposées à la presse, l'isolement intellectuel de la Russie, on renonçait à contrôler le gouvernement, la diplomatie, la guerre, l'administration : on pensait que le laborieux monarque prévoyait tout, surveillait tout, menait tout à bien. Les hommes à « aspirations » libérales, les esprits chagrins et critiques, n'étaient point écoutés. Le succès répondait à toutes les objections timidement exprimées par quelques-uns. Il semblait justifier l'abandon, la confiance absolue, vis-à-vis du gouvernement.

Les désastres d'Orient furent un terrible réveil : les flottes invincibles de la Russie étaient contraintes de se réfugier dans les ports ou de se couler dans la rade de Sévastopol ; l'armée était vaincue à l'Alma par les alliés, vaincue à Silistrie par les Turcs si méprisés ; 50 000 Occidentaux, installés sous Sévastopol, insultaient à la majesté de l'empire ; les antiques alliances faisaient défaut, la Prusse laissait faire, l'Autriche *trahissait*. Le silence de la presse avait pendant trente ans favorisé les voleries des employés ; les forteresses, les armées avaient été détruites d'avance par la corruption administrative. On avait tout attendu du gouvernement, et la guerre de Crimée apparaissait comme une immense banqueroute de l'autocratie ; la monarchie patriarcale et absolue déposait son bilan devant l'invasion anglo-française. Plus les espérances avaient été grandes, plus il s'était trouvé de gens pour espérer la conquête de Constantinople, le bouleversement de l'Orient, l'extension de l'empire slave, la délivrance de Jérusalem, plus profonde, plus cruelle fut la déception. Alors, un mouvement prodigieux se manifesta en Russie ; les langues se délièrent ; à défaut de presse, une vaste littérature manuscrite courut sous le manteau et lapida le gouvernement de revendications inattendues, accusant tout le monde à la fois : l'empereur, les ministres, l'administration, les diplomates, les généraux :

« Réveille-toi, ô Russie ! disait un de ces pamphlets anonymes. Dévorée par les ennemis du dehors, ruinée par l'esclavage, honteusement opprimée par la stupidité des *tchinovniks* et des espions, réveille-toi de ce long sommeil d'ignorance et d'apathie ! Nous avons été tenus assez longtemps en servage par les successeurs des khans tatars. Lève-toi, dresse-toi, calme, devant le trône du despote, demande-lui compte du désastre national. Dis-lui hardiment que son trône n'est pas l'autel de Dieu, et que Dieu ne nous a pas condamnés à être éternellement esclaves. La Russie, ô tsar, t'avait confié le pouvoir suprême, et tu étais comme un dieu terrestre. Et qu'as-tu fait ? Aveuglé par la passion et l'ignorance, tu n'as recherché que le pouvoir, tu as oublié la Russie. Tu as consumé ta vie à passer des revues de troupes, à modifier des uniformes, à signer les projets législatifs d'ignorants charlatans. Tu as créé la race méprisable des censeurs de la presse, afin de dormir en paix, afin de ne pas connaître les besoins, de ne pas entendre les murmures de ton peuple, afin de ne pas écouter la voix de la vérité. La vérité, tu l'as ensevelie, tu as roulé une grosse pierre contre la porte de son sépulcre, tu as placé une forte garde auprès de sa tombe, et dans l'enivrement de ton cœur, tu as dit : Pour elle, pas de résurrection ! Or, le troisième jour, la vérité s'est levée, elle est ressuscitée d'entre les morts. Avance, tsar ! comparais au tribunal de Dieu et de l'histoire ! Tu as sans merci foulé aux pieds la vérité, tu as refusé la liberté, tout en étant l'esclave de tes passions. Par ton orgueil et ton obstination, tu as épuisé la Russie, tu as armé le monde contre elle. Humilie-toi devant tes frères. Courbe ton front orgueilleux dans la poussière. Implore ton pardon, demande conseil. Jette-toi dans les bras de ton peuple. Il n'y a pas d'autre salut pour toi. »

Plus d'une fois, vers la fin de sa vie, le tsar s'était pris à douter ; mais ce doctrinaire du pouvoir absolu ne pouvait faire amende honorable. « Mon successeur, avait-il dit, fera ce qu'il lui plaira. Moi, je ne peux changer. » Il ne pouvait pas changer, il ne pouvait que disparaître. Il était l'homme d'un autre âge, une singularité dans l'Europe nouvelle. Quand de sa villa de Péterhof il put suivre les évolutions de la flotte ennemie, quand il entendit s'élever contre lui la voix immense de la nation jusqu'alors silencieuse, alors ce cœur orgueilleux saigna: l'*empereur de fer* se brisa. Il voulut mourir. Un jour de février 1855, malade déjà d'une forte grippe, il sortit sans pelisse par un froid de 23 degrés. Son médecin, Karrel, tenta de s'y opposer : « Vous avez rempli votre devoir, répondit l'empereur, laissez-moi remplir le mien. » D'autres imprudences aggravèrent son état. Il donna ses dernières instructions à son héritier ; lui-même dicta cette dépêche qu'il fit expédier dans les grandes villes de Russie: « L'empereur se meurt ! » Le 2-14 mars, il expira.

CHAPITRE XXXVII.

ALEXANDRE II (1855-1877).

Fin de la guerre de Crimée : traité de Paris. — L'acte du 19 février 1861. Réformes judiciaires, self-gouvernement local. — Insurrection polonaise. — Mouvement des esprits, progrès industriel, loi militaire. — Conquêtes en Asie. Politique en Europe.

Fin de la guerre de Crimée : traité de Paris.

Alexandre II, né en 1818, arrivait au pouvoir à trente-sept ans, dans des circonstances aussi difficiles à l'intérieur qu'à l'extérieur. « Le fardeau te sera lourd ! » lui avait dit son père en mourant. Son premier souci fut de terminer à des conditions honorables la guerre qui épuisait la Russie. Les fonds publics, sur la nouvelle de la mort de Nicolas, avaient monté à toutes les bourses de l'Europe. L'opinion pacifique en Europe ne se laissa pas même décourager par la proclamation, où le nouvel empereur se proposait « d'accomplir les vues et les désirs de nos illustres prédécesseurs Pierre, Catherine, Alexandre le bien-aimé et notre père d'impérissable mémoire. » Le jeune souverain savait mieux que personne combien les plans ambitieux de Pierre et de Catherine étaient peu appropriés aux circonstances. Une conférence s'ouvrit de nouveau à Vienne entre les représentants de l'Autriche, de la Russie et des deux puissances occidentales. On ne put s'entendre sur les garanties à exiger de la Russie : la France demandait la neutralisation de la mer Noire ou la limitation des forces navales que le tsar pourrait y entretenir. « Avant de limiter nos forces, pouvaient répondre Gortchakof et Titof, représentants de la Russie, prenez au moins Sévastopol ! »

Le siége continua. La Sardaigne venait à son tour d'envoyer 20 000 hommes en Orient. L'Autriche s'était engagée (2 décembre 1854) à défendre les principautés contre la Russie, et la Prusse à défendre l'Autriche. Napoléon III et la reine Victoria échangeaient des visites. Au général en chef Canrobert avait succédé Pélissier (16 mai). Dans la nuit des 22 au 23 mai, deux sorties des Russes furent repoussées ; les alliés occupèrent en force la rive gauche de la Tchernaïa ; une expédition détruisit les établissements militaires de Kertch, Iénikalé, occupa la mer d'Azof, bombarda Taganrog, ne laissa plus aux Russes d'autre ligne de ravitaillement que Pérékop : les Turcs occupèrent Anapa et appelèrent les Circassiens à l'insurrection.

Pélissier avait annoncé qu'il prendrait Sévastopol ; le 7 juin, il fait enlever d'assaut le Mamelon Vert et les Ouvrages Blancs ; le 18, il lance les Français contre Malakof et les Anglais contre le grand Redan ; les alliés sont repoussés avec une perte de 3000 hommes. Le 16 août, le contingent italien se distingue à la bataille de Traktir sur la Tchernaïa. Le dernier jour de Sévastopol était venu. 874 bouches à feu tonnaient contre les bastions et contre la ville : les Russes déployèrent une bravoure stoïque, une intrépidité à toute épreuve : dans les vingt-huit derniers jours du siége, ils perdirent 18 000 hommes, rien que par l'effet du bombardement. On avait lancé sur la ville un million et demi de boulets, bombes, obus, grenades. Les Français avaient creusé 80 kilomètres de tranchées pendant 336 jours de siége, et 1251 mètres de mines rien que devant le bastion du Mât ; ils avaient poussé leurs parallèles à trente mètres de Malakof. Sous un « feu d'enfer », dont le fracas s'entendait à plus de cent kilomètres à la ronde, les bastions russes croulaient, leurs blindages s'effondraient, les artilleurs tombaient par centaines, les soldats des réserves par milliers. Kornilof, Istomine, Nakhimof avaient succombé. Les assiégés n'avaient plus le temps de réparer les embrasures des batteries, de changer les pièces hors de service, à peine celui d'enlever les morts. En un seul jour, 70 000 projectiles s'abattaient sur la ville. On était à la veille du dénoûment. Le 8 septembre 1855, à midi, les batteries alliées cessèrent brusquement de tirer : les Français s'élancèrent sur Malakof et s'y maintinrent contre tout retour offensif; malgré l'échec des Anglais au grand Redan, Sévastopol était pris. Les Russes évacuèrent la ville et la Karabelnaïa, incendiant et faisant tout sauter derrière eux, et se retirèrent sur le côté nord. Pendant ce temps la marine avait continué à menacer les côtes : elle détruisit le fort de Kinburn, les Russes firent sauter celui d'Otchakof.

La Russie ne semblait pas encore sur le point de céder : Gortchakof annonçait à son armée réunie au nord de la rade de Sévastopol qu'il « n'abandonnerait pas volontairement ce pays, où saint Vladimir reçut l'eau du baptême. » Alexandre II venait encourager par sa présence ces vaillantes troupes et pleurait sur les ruines de la grande forteresse. Le journal officieux l'*Abeille* annonçait à l'Europe que « la guerre allait seulement devenir sérieuse et que Sévastopol détruit on en rebâtirait un plus considérable; » mais on ne pouvait plus se dissimuler que le pays voulait la paix. Cette guerre avait coûté 250 000 hommes; les banques ne payaient qu'en papier; le public refusait celui du gouvernement. L'Angleterre de son côté manifestait les dispositions les plus belliqueuses : Palmerston et la plupart des journaux britanniques ne trouvaient pas la Russie assez abattue; mais ici encore il était visible que la guerre tirait à sa fin. Le traité du 21 novembre 1855, entre la France et la Suède, ne comportait qu'une simple garantie, nullement l'alliance offensive annoncée par les gazettes. L'Autriche s'employait activement à rouvrir les négociations. La prise de Kars, en consolant l'amour-propre militaire de la Russie, la rendit plus traitable. Alexandre II déclara adhérer en principe à l'*ultimatum* des *quatre garanties* présenté par le comte Esterhazy et un congrès s'ouvrit à Paris le 25 février 1856 : la France, l'Angleterre, l'Autriche, la Prusse, la Sardaigne, la Turquie y figurèrent; la Russie y était représentée par le baron de Brünnow et Alexis Orlof. La paix fut signée le

30 mars aux conditions suivantes : 1° la Russie renonçait à son droit exclusif de protection sur les principautés danubiennes et à toute immixtion dans les affaires intérieures de ces pays ; 2° la libre navigation du Danube devait être efficacement assurée par l'établissement d'une commission dans laquelle les parties contractantes seraient représentées ; chacune d'elles aurait le droit de faire stationner deux navires de guerre légers aux embouchures du fleuve ; la Russie consentait à une rectification de frontières qui laisserait à la Turquie et aux principautés roumaines tout le delta danubien ; 3° la mer Noire était neutralisée : ses eaux, ouvertes à la marine marchande de toutes les nations, étaient interdites aux navires de guerre, soit des puissances riveraines, soit de toute autre puissance ; il n'y serait créé ni conservé d'arsenaux maritimes militaires : la Turquie et la Russie ne pouvaient y entretenir que dix bâtiments légers pour la surveillance des côtes ; 4° le hatti-schérif par lequel le sultan Abdul-Medjid renouvelait les priviléges religieux de ses sujets non-musulmans fut inséré dans le traité, mais avec cette clause que les puissances ne pourraient pas s'autoriser de cette insertion pour réclamer un droit d'immixtion dans les rapports du sultan et de ses sujets.

Par le traité de Paris, la Russie perdait à la fois la domination de la mer Noire et le protectorat des chrétiens d'Orient ; ainsi furent anéantis les fruits de la politique de Pierre Ier, Anna, Catherine II et Alexandre Ier ; ainsi furent condamnés à la ruine les flottes et les ports de guerre créés par Potemkine, le duc de Richelieu, le marquis de Traversay, l'amiral Lazaref ; ainsi les forteresses de Sévastopol, Kinburn, Iénikalé, étaient vouées à l'abandon. Les traités de Kaïrnadji, de Bucharest, d'Andrinople étaient dépouillés de toutes les espérances de conquête et de domination qu'ils avaient fait naître. La politique imprudente de Nicolas avait compromis l'œuvre de deux siècles d'heureux efforts.

La Russie prit part également en 1858 à la convention qui organisait les principautés de Valachie et Moldavie et en 1859 à la convention qui consacrait leur fusion en un seul État, celui de Roumanie, précieux débris de la grande colonie romaine fondée par l'empereur Trajan sur le bas Danube.

L'acte du 19 février 1861. Réformes judiciaires; self-gouvernement local.

Dans le manifeste qui annonçait à son peuple la fin de la guerre d'Orient, Alexandre II exprimait la conviction que, « par les efforts combinés du gouvernement et de la nation, » l'administration et la justice subiraient d'importantes réformes. Il comprenait que les désastres du Danube et de Crimée devaient être imputés en grande partie à l'administration, protégée dans ses abus par le silence de l'opinion, l'esclavage de la presse, les rigueurs de la police et de la censure. Une haute morale ressortait aussi des événements de 1855 : c'est qu'un peuple où la majorité de la population agricole était astreinte au servage ne pouvait rivaliser avec les nations européennes pour le progrès intellectuel, scientifique, industriel : or le succès dans la guerre moderne est la résultante de toutes les forces morales et matérielles d'un État. Le système qui consistait à gouverner la Russie sans aucune participation du pays à ses propres affaires, dans la routine et le silence des bureaux, était condamné. Les fonctionnaires, si orgueilleux sous Nicolas, baissaient la tête sous la réprobation publique : le nom de *tchinovnik*, si redoutable naguère, était devenu un terme de dérision et de mépris ; l'opinion l'associait naturellement à tout ce qui était suranné, ridicule ou odieux. Les serviteurs de l'autocratie, courbés sous le poids d'une accablante responsabilité, mettaient une sorte de pudeur à cacher les titres pompeux et les décorations qu'ils étalaient jadis avec tant de complaisance. Il semblait que la Russie *conservatrice* de Nicolas Iᵉʳ fût rentrée sous terre : tout le monde se disait libéral. Un souffle d'espérance hardie et d'audacieuse initiative passait sur tout le pays : le mouvement, qui en 1801 n'embrassait que l'entourage immédiat d'Alexandre Ier, s'étendait maintenant à la Russie entière. Mille voix s'élevaient dans les journaux, dans les revues, dans les livres, subitement émancipés, dans les salons et dans la rue, que la police, dans son effarement, oubliait de surveiller. Ce qu'on n'avait osé que murmurer dans la littérature manuscrite des derniers moments de Nicolas s'imprimait librement. « Le cœur tressaille de joie, disait un des principaux organes de la presse, dans l'attente des grandes réformes sociales qui sont sur le point d'être effectuées, réformes qui donneront pleine satisfaction à l'esprit, aux vœux et aux espérances du public. L'antique harmonie et communauté de sentiments qui, sauf dans de courtes et exceptionnelles périodes, a toujours existé entre le gouvernement et le peuple, est entièrement rétablie. L'absence de tout sentiment de caste, le sentiment d'une commune origine et d'une fraternité qui unit toutes les classes de la Russie en un seul peuple homogène, lui permettra d'accomplir, paisiblement et sans efforts, non-seulement ces grandes réformes qui ont coûté à l'Europe des siècles de luttes sanglantes, mais d'autres réformes encore que les nations de l'Ouest, enchaînées par leurs traditions féodales et leurs préjugés de castes, sont encore hors d'état d'accomplir. » On disait encore : « Nous avons à lutter au nom de la vérité la plus haute contre l'égoïsme et les mesquins intérêts du moment; nous devons préparer nos enfants, dès leurs plus tendres années, à prendre part à cette lutte qui attend tout homme honnête. Nous devons remercier la guerre qui nous a ouvert les yeux sur les sombres côtés de notre organisation politique et sociale, et c'est notre devoir de profiter de la leçon. Mais on ne doit plus supposer que le gouvernement puisse, par ses propres forces, remédier à nos vices. La Russie ressemble à un vaisseau échoué, que le capitaine et l'équipage seraient impuissants à dégager seuls; il ne peut être remis à flot que par le reflux tout-puissant de la vie nationale. » Les hommes de lettres, suspects et surveillés sous le règne précédent, menaient maintenant l'opinion. La littérature prenait un caractère militant et pratique; on était bien loin de la querelle des romantiques et des classiques; on ne parlait plus que de chemins de fer, banques, éducation, agriculture, institutions communales, self-gouvernement local, réforme des lois, compagnies industrielles. « Il ne semblait pas étrange, dit M. Mackensie Wallace, qu'un drame fût écrit pour défendre le libre-échange ou un poëme pour préconiser une certaine forme d'impôts, ni qu'on exposât dans un conte ses idées politiques tandis que l'adversaire ripostait dans une comédie. » Les questions délicates que la presse russe craignait d'aborder, les hauts personnages qu'elle n'osait attaquer, l'exilé Hertzen à Londres s'en chargeait dans sa terrible *Cloche* (*Kolokol*), l'effroi des fonctionnaires prévaricateurs, dont les numéros proscrits pénétraient cependant par milliers en Russie et, étalés sur la table de l'empereur, lui dénonçaient les iniquités les plus cachées.

Dans sa hâte de réformes, l'opinion aurait voulu d'abord qu'on entreprît tout en même temps; mais on vit bientôt que toutes les questions étaient tenues en échec par celle de l'affranchissement des paysans. Qu'il fût question de self-gouvernement, d'éducation, de liberté industrielle, de service militaire, d'égalité devant la loi, on était toujours ramené à la réforme sociale. C'était donc par celle-là qu'il fallait commencer.

La population non libre de la Russie comptait alors 47 millions 400 000 individus, se subdivisant en 20 millions de paysans de la couronne, 4 millions 700 000 paysans des apanages, des mines et usines, etc., 21 millions de paysans de propriétaires et 1 million 400 000 *dvorovié* ou gens de service. Les paysans de la couronne et des apanages pouvaient être considérés comme des hommes libres, astreints à payer un fermage ou d'autres revenus bien définis et ne dépendant que de l'État, représenté soit par l'administration des domaines, soit par le département des apanages. Ils jouissaient même d'une sorte de self-gouvernement local : ils s'administraient dans leurs communes ou *mirs* par un *ancien* et un conseil élu. Ils étaient jugés par des tribunaux élus; ceux de villages et ceux de *volosts* ou districts, qui appliquaient les coutumes paysannes. Il suffisait de mettre le nom sur la chose, en les proclamant libres de leur personne et en abolissant certaines restrictions apportées à leur droit d'aller et venir, à celui d'acquérir des terres nouvelles ou de disposer de leurs biens ; c'est ce qui fut accompli par une série d'oukazes, dont le premier date de juillet 1858.

Il n'en était pas de même des paysans de propriétaires, ni des *dvorovié*. L'émancipation de ces 22 millions 500000 hommes devaient constituer la révolution sociale la plus prodigieuse qui se fût accomplie en Europe depuis la Révolution française. L'affranchissement des paysans proprement dits, qui devait emporter pour eux la qualité de propriétaires d'une partie du sol qu'ils cultivaient, était une entreprise compliquée de difficultés de toutes sortes. Sur la question de liberté personnelle, tout le monde était d'accord ; sur la question de propriété, les dissentiments commençaient. Pour l'élucider, il fallait remonter aux origines historiques de la propriété russe, opter entre les systèmes et les théories formulés par les diverses écoles d'historiens. Les plus autorisés de ceux-ci montraient que le servage n'a pas été introduit en Russie par la conquête d'une race sur une autre : car c'est précisément dans les provinces conquises par les Russes, dans les pays finnois ou tatars, que le servage n'existait pas ; c'est au contraire au sein du peuple conquérant qu'il était le plus développé et le plus rigoureux. Le servage a été consacré par une série d'actes émanés du pouvoir, et plus une province se trouve rapprochée du centre moscovite, plus on constate que le servage y est ancien et solidement établi : les régions du nord, les gouvernements d'Arkhangel et de Vologda en sont exempts. Le *krépostnoé pravo* est donc une institution moscovite, une création du pouvoir tsarien ; il prend naissance à l'époque où, sous la pression du joug mongol, la société russe se hiérarchisa d'une façon rigoureuse, où le souverain de Moscou s'arrogea une autorité absolue sur ses nobles, en même temps que ses nobles s'en arrogèrent une semblable sur les paysans, leurs sujets. Le *krépostnoé pravo* découla des besoins nouveaux de l'Etat naissant. La concession de domaines aux gens de guerre, aux nobles, fut la récompense du service militaire qu'on exigeait d'eux ; le revenu de la terre constitua leur solde, dut subvenir aux frais de leur équipement et de leur armement ; ils furent chargés en outre de gouverner et d'administrer les paysages de leur domaine, de faire tenir au prince le produit de la capitation, dont ils étaient constitués les percepteurs ; mais la terre n'avait de valeur que par le nombre de bras qui la mettaient en culture ; les revenus d'un domaine diminuaient avec le nombre des paysans ; le noble dont les paysans désertaient les possessions se trouvait ruiné, hors d'état de servir le prince. Pour que le service militaire fût assuré, pour que le produit de l'impôt foncier ne souffrît pas de diminution, il fallait empêcher le paysan d'émigrer. L'intérêt du noble comme l'intérêt de l'État exigeaient que la liberté d'aller et venir fût restreinte, que le noble fût armé vis-à-vis du mougik d'une autorité redoutable, que le laboureur fût fixé au sol. Presque partout, sans qu'aucune disposition législative fût intervenue, par la force des choses, par la logique du développement russe, le colon peu à peu devenait un serf. Légalement libre, le paysan était en fait un esclave ; légalement simple usufruitier, le noble devenait en fait propriétaire de la terre, propriétaire des paysans. L'état de choses créé par l'arbitraire fut ensuite régularisé par une série d'actes législatifs, qui, l'un après l'autre, vinrent restreindre la liberté du mougik et augmenter l'autorité du seigneur : tels furent les oukazes de Feodor Ivanovitch en 1592 et 1597, de Boris Godounof en 1601, de Vassili Chouilski en 1607, de Pierre le Grand en 1723, de Catherine II pour la Petite-Russie en 1783.

Le paysan, tout en se résignant à ce régime, n'avait pas perdu entièrement la notion de son droit. Son droit antique à la propriété de la terre, il l'exprimait à sa manière dans ce dicton : « Nos dos sont au seigneur, mais la terre est à nous. » Il oubliait moins aisément que le gouvernement ce fait, que l'obligation pour le paysan de servir le seigneur était corrélative de l'obligation pour le seigneur de servir le tsar. Quand Pierre III, dans son règne éphémère, dégagea la noblesse du service obligatoire à l'État, le paysan crut que le corollaire de ce premier oukaze serait un second oukaze dégageant le paysan du servage de la glèbe et des redevances au seigneur. De là les troubles de 1762, de là l'insurrection de 1773, où un faux Pierre III parut chargé de compléter l'œuvre de l'empereur défunt. Pendant la campagne de 1812, les paysans crurent un instant que Napoléon leur apportait la liberté; l'agitation fut également vive pendant la guerre de Crimée. Le servage était décidément le point faible de la Russie : un envahisseur pouvait soulever contre elle la guerre servile en même temps que la guerre étrangère.

On a vu les essais d'émancipation sous Alexandre Ier et l'oukaze de Nicolas en 1842. Celui-ci, par les édits de 1845, 1846, 1847, 1848, avait reconnu aux individus et aux communes le droit d'acquérir des biens-fonds. Un des ennemis de Nicolas n'a pu lui refuser ce témoignage : « Quelque hostile qu'il fût à toutes les idées de liberté, il faut lui rendre cette justice qu'il ne cessa, pendant toute sa vie, de nourrir l'idée d'émanciper les serfs. » (*La vérité sur la Russie.*) Il dut léguer cette tâche à son fils.

Alexandre II, en mars 1856, peu de jours après la signature du traité de Paris, dans une allocution au maréchal de la noblesse de Moscou, tout en se défendant de viser immédiatement à l'émancipation, invita cependant « sa fidèle noblesse » à rechercher les moyens propres à préparer l'exécution de cette mesure. Les propriétaires moscovites montrèrent d'abord peu d'enthousiasme. L'empereur dut se contenter d'instituer (2-14 janvier 1857) un « comité principal d'*amélioration* de l'état des paysans. » Il comprit qu'une telle mesure ne serait effectuée que par une initiative énergique du pouvoir impérial. Cette même année, la noblesse des gouvernements de Kief, Volynie et Podolie, inquiète des mesures prises par Nicolas Ier, lors de la constitution des *inventaires*, s'avisa, dit Schnitzler, d'un moyen désespéré : « elle se déclara prête à donner la liberté aux paysans, soit qu'elle pensât que l'idée d'une mesure si radicale effrayerait le gouvernement, soit qu'elle espérât qu'une telle opération aurait nécessairement pour base une indemnité pécuniaire proportionnée. » Elle fournit à l'empereur l'occasion qu'il cherchait pour donner à la question une décisive impulsion. Il autorisa par un rescrit la noblesse des trois gouvernements lithuaniens à procéder au travail d'émancipation; il fit envoyer ce rescrit et les instructions ministérielles qui en étaient le commentaire à tous les gouverneurs et à tous les maréchaux de la noblesse des provinces de l'empire, « pour leur information », et aussi, ajoutait la circulaire d'envoi, « pour votre gouverne, dans le cas où la noblesse du gouvernement confié à vos soins exprimerait la même intention que celle des trois gouvernements lithuaniens. » La noblesse des gouvernements de Saint-Pétersbourg, Nijni-Novgorod et Orel fit une réponse qui encouragea l'empereur.

Un autre encouragement lui vint de la presse, qui prit feu presque tout entière pour une mesure qui devait « ouvrir une nouvelle et glorieuse époque dans l'histoire nationale. » — « Toutes les sections du monde littéraire, dit M. Wallace, apportèrent des arguments à l'appui de la conclusion émancipatrice. Les moralistes déclarèrent que tous les vices dominants étaient le produit du servage et que le progrès moral était impossible dans une atmosphère d'esclavage; les légistes affirmaient que l'autorité arbitraire des propriétaires sur les paysans n'avait pas de ferme base légale; les économistes expliquaient que le travail libre était une condition indispensable de prospérité industrielle et commerciale; les historiens de la philosophie démontraient que le développement logique des destinées du pays exigeait l'abolition immédiate de ce reste de barbarie; les écrivains de sentiment se livraient à des effusions sans fin sur l'amour fraternel qui est dû au plus faible et à l'opprimé. » Déjà il n'était plus seulement question de donner au paysan la liberté; pour empêcher que le paysan affranchi, mais détaché du sol, mis à la merci de son ancien seigneur, ne retombât dans une dépendance plus onéreuse que par le passé, pour prévenir la formation d'un immense prolétariat, plus affamé et plus dangereux que celui qui, disait-on, menaçait les États de l'Occident, il fallait doter les nouveaux affranchis de la propriété, reconstituer et fortifier la commune russe, dont la puissante solidarité et l'indestructible vitalité formaient le meilleur rempart contre le paupérisme. Beaucoup de propriétaires s'associaient à ce mouvement; ils espéraient que l'abolition du servage des paysans aurait pour conséquence la limitation de l'autorité autocratique des tsars et que la liberté politique serait pour eux la rançon de leurs serfs; plus d'une fois on parla du rétablissement de cette ancienne *douma*, du *sobor*, sorte de parlement national qui, sous des formes plus modernes, associerait le pays à l'exercice de la suprême autorité.

Le gouvernement, soutenu par les adresses de plusieurs corps de noblesse, ordonna la création de comités de propriétaires chargés d'examiner la question; 46 comités, formés de 1336 propriétaires, se réunirent pour discuter les droits de 23 millions de serfs et de 120 000 possesseurs. A l'unanimité, les 46 comités se prononcèrent pour l'abolition du servage sans aucune indemnité; mais sur l'attribution des terres, sur les conditions de l'indemnité, les avis furent partagés. L'empereur dut intervenir de nouveau : il réunit un *comité supérieur*, composé de douze personnages et dont lui-même se réservait la présidence. Ce comité opposa plus d'une fois aux volontés bienfaisantes du souverain une résistance d'inertie, à laquelle s'associèrent un certain nombre de comités provinciaux. L'empereur parcourait les provinces, faisant appel à l'esprit de conciliation et de dévouement de sa noblesse, gourmandant les retardataires, rappelant qu'il « vaut mieux que les réformes viennent d'en haut que d'en bas ». Pour vaincre les résistances du comité supérieur, il en créa un autre, auquel l'ancien fut subordonné et dans lequel il fit entrer les hommes les plus dévoués à l'idée nouvelle.

La nouvelle *commission impériale* ne se contenta pas d'élaborer les matériaux fournis par les comités provinciaux; directement inspirée par l'empereur, qui lui remit son instruction *sur la marche et l'issue de la question des paysans*, elle légiféra de toutes pièces, au risque de jeter dans l'opposition des propriétaires fort bien disposés, mais qui se plaignaient qu'on cessât de les consulter et qu'on parût vouloir leur ôter le mérite de leurs sacrifices. La Commission fut amenée à donner un caractère de plus en plus radical à la réforme libératrice; elle admit le principe que l'émancipation ne serait pas opérée graduellement, mais que la loi aurait pour effet immédiat l'abolition du droit servile; que l'on prendrait les mesures les plus efficaces pour empêcher le rétablissement sous une autre forme de l'autorité seigneuriale, par une libérale organisation des communes rurales; que le paysan deviendrait propriétaire en payant une indemnité. De ces délibérations sortit la loi nouvelle, annoncée par le manifeste du 19 février-3 mars 1861.

Les principes fondamentaux de la législation nouvelle peuvent se formuler ainsi : 1° les paysans jusqu'alors attachés à la glèbe seraient investis de tous les droits des cultivateurs libres; 2° les paysans obtenaient, moyennant des redevances fixées par la loi, la pleine jouissance de leur enclos (*dvor*) et, en outre, d'une certaine quantité de terres arables, suffisantes pour garantir l'accomplissement de leurs obligations envers l'État; cette *jouissance permanente* pouvait se changer en une *propriété absolue* de l'enclos et des terres, moyennant un droit de rachat; 3° les seigneurs concéderaient aux paysans ou aux communes rurales la terre que ceux-ci occupaient actuellement; toutefois il serait fixé dans chaque district un *maximum* et un *minimum* : cette concession était en *moyenne* de trois *dessiatines* et demie par paysan mâle, mais elle variait d'une *dessiatine* à douze *dessiatines*, c'est-à-dire qu'on recevait en général moins dans la zone de la terre noire et plus dans les zones peu productives; 4° le gouvernement organiserait des moyens de crédit qui permettraient aux paysans de se libérer immédiatement vis-à-vis des seigneurs, en restant les débiteurs de l'État; 5° les *dvorovié*, qui n'étaient pas attachés à la terre, recevaient simplement leur liberté personnelle, à condition de servir leurs maîtres encore deux années; 6° pour mener à bien la grande affaire du partage en *terres seigneuriales* et *terres de paysans*, pour régler le montant des redevances, les conditions du rachat et tous les litiges qui pourraient sortir de la mise à exécution de la loi, on institua la magistrature temporaire des *mirovyé possrédniki* ou *médiateurs de paix*, qui pour la plupart se montrèrent honnêtes, patients, impartiaux, équitables, et auxquels on doit faire remonter en grande partie l'honneur de cette pacifique liquidation.

Les paysans, affranchis de l'autorité seigneuriale, furent organisés en communes; ou plutôt la *commune*, le *mir*, qui est l'élément primordial et antique de la société slavo-russe, acquit une force nouvelle; elle hérita de l'ancien droit de police et de surveillance attribué au seigneur sur ses sujets; elle administra, elle jugea, avec plus de liberté, les procès des paysans; conformément à l'ancien droit slave, le sol racheté au seigneur resta la propriété commune de tous les membres du *mir*; chaque paysan ne possède en toute propriété que son enclos et la terre qui y attient; les terres arables, soumises à des partages périodiques, plus ou moins fréquents, entre les chefs de famille du village, ne sont possédées par eux qu'à titre d'usufruit. La loi, qui ne permet de procéder à un partage définitif de la terre communale que si les deux tiers des intéressés y consentent, maintiendra longtemps encore, contre l'action destructive des mœurs et des besoins nouveaux, cette vieille institution européenne, qui dans nos pays d'Occident a disparu depuis des siècles, et n'a laissé, en France notamment, d'autre vestige que les propriétés dites communales. Les communes, affranchies des seigneurs, furent groupées, comme l'étaient déjà celles des domaines impériaux, en *volosts*; un tribunal de *volost* reçut l'appel des justices communales et une municipalité de *volost* fut chargée de veiller aux intérêts communs à tous les villages de son ressort. On appelle *staroste* le maire de la commune et *starchina* le maire du volost. Les paysans russes furent donc dotés d'un système complet de self-gouvernement local, d'un caractère absolument rural, car l'ancien seigneur en était tenu rigoureusement à l'écart : depuis que son ancien domaine avait été démembré en terres seigneuriales et en terres paysannes, il cessait légalement d'être un habitant du village. Ses intérêts étant absolument distincts de ceux de ses paysans, il lui était interdit de se mêler, ni de leurs élections, ni de leur administration, ni de leur justice.

La grande mesure de l'émancipation était une véritable liquidation de l'ancienne communauté entre seigneurs et paysans. Elle imposait des sacrifices aux deux parties intéressées : si les propriétaires étaient forcés de renoncer aux droits seigneuriaux, à l'*obrok*, à la corvée, à une partie de leurs terres en échange d'une indemnité, les paysans trouvaient dur d'être obligés de racheter le sol même où s'élevait leur chaumière, les terres que de père en fils ils avaient fécondées de leurs sueurs ; même les terres réservées aux seigneurs, en beaucoup d'endroits, ils les regardaient comme étant leur propriété, puisqu'ils les avaient cultivées de tout temps ; le partage imposé par la loi nouvelle leur semblait une spoliation. Le mécontentement se traduisait souvent par une résistance obstinée aux conseils des *médiateurs de paix*, par le refus d'acquitter les obligations imposées par la loi et d'entrer en négociation avec le seigneur pour le rachat de la terre. Ils se persuadèrent que les nobles et les fonctionnaires avaient falsifié l'oukaze de l'empereur ou qu'un nouvel acte d'affranchissement, le vrai, allait être proclamé. Une fermentation singulière se manifesta dans plusieurs provinces : il fallut recourir à des démonstrations militaires, et trois fois la troupe dut faire usage de ses armes. Dans le gouvernement de Kazan, dix mille hommes se levèrent à l'appel du paysan Antoine Pétrof qui leur annonçait la vraie liberté : une centaine périt ; le chef lui-même fut pris et fusillé. L'émancipation n'en était pas moins une bienfaisante et nécessaire réforme, dont la génération actuelle aura à payer la rançon, mais dont les heureuses conséquences se développeront pour les générations suivantes. Les paysans russes en sont redevables surtout à la ferme volonté de l'empereur, aux efforts généreux du grand-duc Constantin, de la grande-duchesse Hélène, qui en 1859 donna l'exemple en émancipant ses paysans, au patriotisme éclairé de Rostovtsof, de Lanskoï, ministre de l'intérieur, de Nicolas Milioutine, du prince Tcherkasski, de Iouri Samarine, membres de la *Commission impériale*, de Kochélef, Soloviof, Joukovski, Domotouvitch, etc., et d'une partie notable des propriétaires, dont beaucoup accordèrent à leurs paysans plus que le *maximum* de terres fixé par la loi.

Comme indemnité de leurs sacrifices, les hautes classes de la Russie demandaient des réformes et plus de liberté politique. Si on ne leur accorda pas le rétablissement de la *douma*, c'est-à-dire le régime constitutionnel, du moins de grandes réformes furent accomplies dans la justice et l'administration provinciale.

En matière judiciaire, les oukazes de 1862 à 1865 introduisirent les innovations consacrées par l'expérience des États occidentaux : les débats publics et contradictoires, succédant à la procédure écrite, inquisitoriale, de l'ancien temps; la justice criminelle attribuée au jury; la police dépouillée de l'instruction judiciaire, qu'on attribua à des magistrats spéciaux, les *juges d'instruction*. Des *tribunaux d'arrondissements* (*okroujnyé soudi*) furent établis sur chaque groupe d'*ouiézdi* ou districts; l'appel fut porté à des *palais de justice* (*soudébnyа palaty*), analogues à nos cours d'appel, mais qui ne réforment la sentence des premiers juges que dans le cas où la loi est mal interprétée ou mal appliquée : le sénat, constitué en *cour de révision* ou de cassation, forme le couronnement de cette organisation, où l'on retrouve l'application de certaines idées toutes françaises. Les justices de paix forment une hiérarchie à part : le juge de paix (*mirovoï soudia*), élu par les propriétaires fonciers du canton, siège aussi comme tribunal de conciliation et de simple police; sa compétence, beaucoup plus étendue qu'en France, comprend les affaires civiles qui n'excèdent pas cinq cents roubles, les affaires correctionnelles qui ne comportent pas une amende de plus de trois cents roubles ou un emprisonnement de plus d'un an; il n'y a appel de sa sentence que lorsque le litige dépasse trente roubles au civil, quinze roubles ou trois jours d'arrêt au criminel; en ce cas l'appel est porté non pas, comme chez nous, au tribunal d'arrondissement, mais bien à l'assemblée des juges de paix de l'arrondissement, ou *congrès de paix* (*mirovoï siêzd*, dont la sentence ne peut être cassée que par le sénat.

Les provinces ou *gouvernements* (*goubernii*) russes se divisent en *ouiézdi* ou districts. Dans chaque district, la loi de 1864 institue un *conseil de district*, formé de députés élus tous les trois ans, dans certaines proportions déterminées, par les trois ordres de l'État: les propriétaires fonciers ou gentilshommes, les communes rurales ou *mirs*, et les villes. Le conseil se réunit au moins une fois l'an: il est suppléé dans l'intervalle des sessions par une commission exécutive permanente. Les attributions du conseil de district, qui occupe dans la hiérarchie administrative le rang immédiatement supérieur aux conseils municipaux des villes et aux conseils des volosts ruraux, consistent à tenir les routes et les ponts en bon état de réparation, à surveiller l'éducation et les affaires sanitaires, à vérifier l'état des récoltes et à prendre des mesures pour prévenir les disettes. Au-dessus du conseil de district (*ouiézdnoé zemstvo*) fut institué le *conseil général* (*goubernskoé zemstvo*) élu, non par des électeurs primaires, mais par les conseils de districts de la province, et dans lequel, en pratique, proportion des députés nobles se trouve, par suite de la tendance des paysans à fuir les charges publiques, plus considérable que dans l'autre assemblée. Le conseil général s'occupe des affaires intéressant plusieurs districts et vote le budget provincial. Tel est, dans son ensemble, le système de self-gouvernement dont le règne actuel a doté la Russie.

Les châtiments corporels, cette honte de l'ancienne Russie, ont été abolis dans l'armée et dans les tribunaux impériaux : ils ne sont en vigueur que dans les tribunaux des paysans qui, par attachement aux anciens usages patriarcaux, prononcent encore l'application de quelques coups de corde aux délinquants. La censure a été adoucie : les journaux des deux capitales ont reçu le droit de choisir entre la tutelle d'une censure préventive ou la liberté de paraître à leurs risques et périls : en ce cas, on applique une disposition empruntée à la législation du second empire français : après trois avertissements, le journal peut être suspendu ou supprimé. La presse périodique de Saint-Pétersbourg et de Moscou, dans une atmosphère de liberté relative, a pris un puissant développement; en revanche, la presse de province, même dans les plus grandes villes, Kief et Kazan, est presque nulle; celle de Varsovie se trouve dans une situation exceptionnelle; celle des provinces baltiques jouit d'une plus grande immunité.

Depuis 1859, le tableau des recettes (559 millions de roubles) et des dépenses de l'État (553 millions) reçoit une sorte de publicité. En 1860, les étrangers ont acquis tous les droits civils accordés aux nationaux et dont les Russes jouissaient dans le pays de ces étrangers. Les barrières élevées par Nicolas entre son empire et la Russie ont été en partie renversées. Les Juifs, ceux du moins qui exerçaient une profession industrielle, reçurent l'autorisation de se transporter de Pologne et des gouvernements de l'ouest dans l'intérieur de l'empire. Les universités avaient été affranchies des entraves imposées par Nicolas, la limitation du nombre des étudiants abolie, le taux des frais d'études abaissé, de nombreuses bourses créées.

Insurrection polonaise.

De grandes espérances s'étaient réveillées en Pologne à l'avénement du nouveau souverain : elles allaient jusqu'au rétablissement de la constitution et même jusqu'à l'union des provinces lithuaniennes avec le royaume. Le réveil de l'Italie avait fait paraître possible celui de la Pologne; les concessions de l'empereur d'Autriche à la Hongrie autorisaient à en espérer de semblables d'Alexandre II. L'entrevue des trois souverains du nord à Varsovie, en octobre 1860, fit naître une certaine irritation dans les esprits. Il faut faire la part des excitations venues des comités polonais du dehors ; si beaucoup de Polonais comptaient sur l'appui d'Alexandre II pour relever leur pays, d'autres voulaient l'affranchir de la Russie. Il y avait donc, à Varsovie et dans les comités du dehors, deux partis : l'un voulait prendre exemple sur l'Italie, l'autre se serait contenté du sort nouveau de la Hongrie. L'émancipation des paysans était, en Pologne comme en Russie, à l'ordre du jour ; mais la question ne se présentait pas à Varsovie dans les mêmes conditions qu'à Moscou : la liberté personnelle des habitants avait déjà été décrétée par Napoléon Ier lors de la création du grand-duché ; comme ils n'avaient pas reçu la propriété, ils continuaient à vivre comme fermiers sur les terres des seigneurs et s'acquittaient soit en corvées, soit en argent. La substitution d'un cens en argent à la corvée était une amélioration à poursuivre ; on pouvait aller plus loin, autoriser le colon à devenir propriétaire en payant des annuités de rachat, et mettre à sa disposition des moyens de crédit. La *Société d'agriculture*, dirigée par le comte André Zamoïski, trouvait qu'il était de l'intérêt national polonais de prévenir le gouvernement russe et d'assurer à la noblesse indigène l'honneur de l'émancipation : le gouvernement, au contraire, représenté par le *directeur* de l'intérieur, M. Moukhanof, avait intérêt à entraver l'activité de la société, à lui interdire de traiter la question de rachat, bornant ses attributions à la transformation du régime de la corvée en celui du cens.

Ce conflit entre la *Société d'agriculture* et le gouvernement augmenta la fermentation qui régnait déjà dans Varsovie. Le 29 novembre 1860, à l'occasion du trentième anniversaire de la révolution de 1830, il y eut dans les églises et les rues de la capitale des manifestations, d'un caractère à la fois national et religieux ; on distribua des portraits de Kosciuszko et Kilinski. Le 25 février 1861, jour anniversaire de la bataille de Grochov, la *Société d'agriculture* tint une séance pour délibérer sur une adresse où l'on demanderait à l'empereur une constitution : les attroupements et les chants d'hymnes nationaux recommencèrent dans la rue. Le 27, à l'occasion d'un service funèbre pour les victimes de la précédente insurrection, nouvelle démonstration, qui amena une répression : il y eut cinq morts et une dizaine de blessés. Le prince Gortchakof, vice-roi de Pologne, ému de ces singulières manifestations, où le peuple désarmé se bornait à essuyer stoïquement les coups de feu sans interrompre ses chants, s'entendit avec le comte Zamoïski pour ramener le calme dans les esprits. L'adresse à l'empereur circula dans Varsovie et se couvrit de signatures ; 100 000 personnes suiviront tranquillement les obsèques des victimes du 27 février.

L'empereur Alexandre II, sans vouloir accorder une constitution, fit cependant plusieurs concessions importantes : il décréta (oukaze du 26 mars) la création d'un conseil d'État du royaume, d'une direction de l'instruction publique et des cultes, de conseils électifs dans chaque gouvernement et dans chaque district, de conseils municipaux à Varsovie et dans les principales villes du royaume. Un Polonais du parti qui voulait le rétablissement de la Pologne par la Russie, le marquis Viélépolski, fut nommé directeur de l'instruction publique et des cultes.

Ces concessions étaient propres à ramener au moins le parti constitutionnel : malheureusement l'effet en fut détruit par la brusque dissolution de la *Société d'agriculture* en qui la masse du peuple avait mis ses espérances, et les manifestations continuèrent. Le 7 avril, le peuple se réunit sur la place du *Zamok* (château du vice-roi) pour demander le retrait de l'ordonnance de dissolution : devant l'attitude des troupes, il se dispersa après une démonstration sans résultat. Le 8 avril, il reparut plus nombreux et plus animé, *criant qu'il voulait une patrie :* un postillon qui conduisait une voiture de poste fit entendre sur son cornet l'air des légions de Dombrovski : « Non, la Pologne ne périra pas ! » La foule, très-mêlée de femmes et d'enfants, présentait une résistance passive, une force d'inertie invincible, dont ne purent triompher les charges de cavalerie. Les troupes firent alors usage de leurs armes et une quinzaine de décharges couchèrent aux pieds de la statue de la Vierge environ deux cents morts et un très-grand nombre de blessés. Les jours suivants, la population, malgré les défenses de la police, ne parut plus qu'en vêtements de deuil. Cette situation troublée se prolongea plusieurs mois. Le 10 octobre, à Hodléro, à la frontière de Lithuanie et de Pologne, deux processions, l'une polonaise, l'autre lithuanienne, célébrèrent l'anniversaire quatre fois séculaire de l'union des deux pays : l'humanité du commandant russe permit à la fête de s'accomplir sans effusion de sang.

Il y eut encore une tentative conciliatrice de la part du gouvernement lorsque l'empereur nomma vice-roi le comte Lambert, avec mission d'appliquer les réformes décrétées en mars 1861; mais l'effet de sa nomination fut atténué par le maintien à ses côtés d'hommes dévoués à la politique de compression. Le parti anti-russe, d'ailleurs, n'avait pas désarmé. Le 15 octobre, à l'occasion de l'anniversaire de Kosciuszko, le peuple s'entasse dans les églises de Varsovie : l'autorité militaire fit cerner les églises par des détachements, sans prévoir que les habitants inoffensifs eux-mêmes, effrayés de déploiement de forces, refuseraient de sortir des églises et qu'on devrait les en arracher de force. En effet, après un blocus inutile qui se prolongea la journée et la nuit, à quatre heures du matin, il fallut pénétrer à main armée dans la cathédrale et emmener 2000 personnes à la forteresse. Le comte Lambert se plaignit vivement au gouverneur militaire, le général Gerstenszweig : à la suite d'une vive altercation, celui-ci se brûla la cervelle et Lambert fut rappelé.

Le comte Lüders lui succéda et inaugura une période de franche réaction : un certain nombre de Varsoviens influents furent déportés. Le grand-duc Constantin, nommé vice-roi (8 juin 1862), essaya de nouveau la conciliation. Viélopolski, l'un des promoteurs de la pétition à l'empereur, fut nommé chef du pouvoir civil; des exaltés attentèrent à la vie de Lüders, de Viélépolski, du grand-duc lui-même; les violents profitaient de toutes les erreurs du gouvernement pour pousser les choses à l'extrême et faisaient tourner contre lui ses bonnes intentions. Les Polonais de Varsovie commirent la faute d'inquiéter la Russie sur des provinces qu'elle regarde comme russes et comme partie intégrante de l'empire ; les propriétaires ne se bornaient pas à demander dans une adresse à Constantin que le gouvernement de la Pologne fût polonais, ce qui était raisonnable et juste, ils demandèrent que les palatinats lithuaniens fussent réunis au royaume; les gentilshommes de Podolie exprimèrent le même vœu pour cette province, pour la Volynie et pour l'Ukraine. Ces imprudences amenèrent l'exil de Zamoïski et l'arrestation des manifestants podoliens. Toute entente devenait décidément impossible : un coup de force précipita l'explosion; dans la nuit du 15 janvier 1863, l'autorité militaire opéra l'enlèvement violent des recrues.

Les conscrits échappés à la police formèrent le premier noyau de bandes insurrectionnelles, qui apparurent d'abord à Blonié et à Siérock. La guerre ne pouvait plus avoir le grand caractère de celles de 1794 ou de 1831 : il n'y avait plus d'armée polonaise pour lutter sérieusement contre l'armée russe; ce fut une petite guerre de partisans, de francs-tireurs, qui ne pouvaient nulle part tenir contre les Russes, mais qui, plongeant dans les épaisses forêts de Pologne, se dérobant, fuyant pour reparaître plus loin, harcelaient et fatiguaient les colonnes. Pas de batailles, mais des escarmouches, dont la plus sérieuse fut celle de Vengrov, le 6 février 1863. Quelques chefs se firent un nom : Léon Frankovski, Sigismond Padlevski, Casimir Bogdanovitch, Miélençki, l'énergique Bossak-Hauke, qui devait tomber un jour à l'ombre du drapeau français dans les champs de Bourgogne, les Français Rochebrune et Blankenheim, Mlle Poustovoijov, Siérakovski, ex-colonel d'état major de l'armée russe, qui fut pendu après son échec de Lithuanie, Czachovski, dans le palatinat de Plock, le prêtre-soldat Maçkiévicz, Narbutt, fils de l'historien, Lélével, pseudonyme adopté par un industriel de Varsovie, Marian Langiévicz, nommé bientôt dictateur, mais qui, après les combats des 17, 18 et 19 mars, fut rejeté en Gallicie et interné par les Autrichiens. Le comité secret d'insurrection, ou gouvernement anonyme de Pologne, avait appelé les paysans à la liberté et à la propriété.

Les Russes, exaspérés, traitaient cruellement les villes et les villages complices de l'insurrection : le bourg d'Ibiany fut détruit. Les chefs polonais pris les armes à la main étaient fusillés ou pendus. Le général Mouravief, en Lithuanie, déclarait qu'il était « inutile de faire des prisonniers ». Berg en Pologne, Dlotovskoï en Livonie, Annenkof en Ukraine, étaient les agents d'une rigoureuse répression. L'archevêque de Varsovie, Félinski, en punition d'une lettre à l'empereur, fut déporté dans l'intérieur de la Russie.

L'opinion européenne s'était émue. Le 5 janvier 1863, le ministre français Billault, à la tribune du Corps législatif, avait blâmé les « excitations trompeuses à des sentiments de patriotisme dont les efforts impuissants ne pouvaient amener que de nouveaux malheurs » : il renvoyait les insurgés à la clémence de l'empereur Alexandre. Puis la France, l'Angleterre, l'Autriche se décidaient à une intervention diplomatique, engageaient les autres signataires du traité de Vienne à s'associer à leurs efforts et remettaient au gouvernement russe les notes d'avril 1863 qui l'invitaient à mettre un terme, par une politique conciliante, aux agitations périodiques de la Pologne. Le 17 juin, les trois puissances insistaient et proposaient un programme comprenant : 1° l'amnistie; 2° l'établissement d'une représentation nationale ; 3° la nomination de Polonais aux fonctions publiques; 4° la suppression des restrictions apportées au culte catholique; 5° l'usage exclusif de la langue polonaise comme langue officielle de l'administration, de la justice et de l'enseignement; 6° l'établissement d'un système de recrutement régulier et légal. Cette intervention des puissances occidentales, qui n'était appuyée par aucune démonstration militaire, fut repoussée par les fameuses notes du prince Gortchakof, chancelier de l'empire ; l'idée d'une conférence européenne fut également rejetée. L'Europe se trouva impuissante et Napoléon III dut se contenter, dans son discours du trône, de déclarer que les traités de 1815 étaient « foulés aux pieds à Varsovie ». La Prusse avait tenu une tout autre conduite : elle avait conclu avec la Russie la convention du 8 février 1863 pour la répression des manifestations polonaises et jeté ainsi les bases de l'alliance prusso-russe qui devait lui être si utile.

Cette insurrection allait coûter cher à la Pologne. Les derniers restes de son autonomie furent anéantis : le *royaume* aujourd'hui n'est plus qu'un nom : on l'a partagé en dix gouvernements (1866). La langue polonaise a été remplacée par la langue russe dans tous les actes publics ; l'université de Varsovie est une université russe ; l'enseignement primaire, secondaire, supérieur, concourt également à l'œuvre de dénationalisation. La Pologne perdit ses institutions, sans obtenir encore le bienfait des institutions russes, les *zemstva*, le jury, les nouveaux tribunaux. Comme le gouvernement faisait remonter à la noblesse la responsabilité de l'insurrection, une conséquence notable fut qu'il favorisa les paysans, les autorisant à « rentrer dans la propriété pleine et entière des terres dont ils sont détenteurs ». Un oukaze du 10 décembre 1865 rendait obligatoire la vente des biens confisqués ou séquestrés, et cela uniquement à des Russes.

La Finlande au contraire vit confirmer tous ses privilèges : en 1863, Alexandre II convoqua la diète du grand-duché, la seconde qui ait été tenue depuis la réunion à l'empire. La noblesse allemande des provinces baltiques, plus docile et plus politique que celle de Pologne, ne fut pas inquiétée : l'université de Dorpat resta une université allemande ; on prit seulement quelques mesures pour protéger la langue et la religion de l'empire contre la propagande de la langue allemande et de la religion protestante. Les ardentes revendications du slavophile Iouri Samarine dans ses *Frontières de Russie*, la vive polémique soutenue contre lui par les écrivains baltiques Schirren, Wilhelm von Bock, Julius Eckart, Sternberg, n'amenèrent dans les trois gouvernements de Livonie, d'Esthonie et de Courlande aucun changement important.

Mouvement des esprits, progrès matériel, loi militaire.

Parallèlement aux troubles de Pologne, s'était développée l'agitation russe. Au début, elle semblait s'associer au mouvement polonais : les étudiants des universités russes *manifestaient* à Saint-Pétersbourg à l'occasion des anniversaires varsoviens, à Kazan pour le service funèbre d'André Pétrof, le paysan insurgé. Certaines mesures prises contre les universités, l'imposition d'un droit de cinquante roubles pour être admis aux cours, l'interdiction des réunions, promenades, députations, bibliothèques, conférences d'étudiants, amenèrent des troubles, qui conduisirent à la fermeture des universités des deux capitales : il y eut de nombreuses arrestations. Puis vinrent les adresses des assemblées de noblesse : celle de Tver avait demandé en 1862 l'abolition des priviléges et la convocation d'une assemblée nationale ; dans celle de Toula on discutait sur la réunion des États généraux. Les événements de Pologne vinrent donner un autre courant au mouvement des idées : la *Gazette de Moscou*, avec M. Katkof, s'empara de la direction de l'opinion : elle réveilla le sentiment national russe contre les revendications de la Pologne ; elle signifia à celle-ci qu'il ne lui restait plus « qu'à s'unir dans ses aspirations avec la Russie et à s'inoculer les principes qui ont été élaborés et s'élaborent dans le développement politique du peuple russe ». Elle provoqua des manifestations en l'honneur de Mouravief, glorifia ses mesures *énergiques, pacificatrices*, en Lithuanie, attribua audacieusement à des émissaires polonais les nombreux incendies de 1862. En se faisant l'avocat de la nationalité russe, la presse conquit une dose de liberté inattendue et M. Katkof en imposa même aux ministres. Il fut l'homme de la nouvelle situation, comme Hertzen avait été celui du mouvement libéral aux débuts du règne. Deux attentats contre la vie de l'empereur, celui de Karakozof au Jardin d'été en 1866, au nom des révolutionnaires russes, celui de Bérézovski à Paris, en 1867, au nom des révolutionnaires polonais, montrèrent à quel point le trouble s'était mis dans les esprits. Il serait oiseux d'insister sur les changements de ministres, tantôt progressistes, tantôt réactionnaires, qui reflétèrent les impressions produites par les événements sur l'esprit de l'empereur. Sous une direction libérale en somme dans son ensemble, la Russie n'en continuait pas moins à se transformer. Il suffit d'énumérer quelques-uns des résultats acquis.

Le gouvernement précédent n'avait légué à la Russie que 350 kilomètres de chemins de fer; aujourd'hui les lignes russes, au nombre de 53, se composent de 18 000 verstes en exploitation et 2000 verstes en construction; elles réunissent presque toutes les grandes villes de la Russie d'Europe; elles aboutissent au nord, à Helsingfors, à Vologda; à l'est, à Nijni-Novgorod, Saratof, Samara, avec une ligne projetée jusqu'à Orenbourg; au sud, à Kichénef, Odessa, Kherson, Sévastopol, Taganrog, avec une ligne projetée jusqu'à Vladikavkaze; la Russie est en communication avec l'Occident par les lignes de Pétersbourg-Berlin, Varsovie-Berlin, Varsovie-Vienne, Kichénef-Iassy. La ligne du Caucase unit déjà Poti sur la mer Noire à Tiflis : elle se prolongera jusqu'à Bakou sur la Caspienne. On étudie le chemin de fer de Sibérie. Les quatre mers, les grands lacs, les fleuves, les canaux de la Russie sont sillonnés d'innombrables bateaux à vapeur. La télégraphie, les postes, dont le tarif a été abaissé, mettent l'empire en communication rapide et régulière avec le monde entier.

L'industrie a pris de grands développements. « Le peuple commence à se remuer, écrivait récemment M. Herbert Barry, et de nombreuses usines sont en voie de construction. Les Russes sont propres à tous les métiers. Un Anglais, directeur d'une fabrique de papier que je fus étonné de trouver au milieu des montagnes de l'Oural, me racontait qu'en Angleterre il fallait plusieurs années d'apprentissage pour former un bon ouvrier en papier, mais qu'un Russe en apprenait autant en trois mois qu'un Anglais en trois ans ». Les industries qui ont le plus prospéré sont les filatures de coton (au nombre de trois cents), les manufactures de soie, la métallurgie, les aciers, etc. D'innombrables banques de crédit se sont montées jusque dans les villes les plus reculées de l'empire.

L'instruction primaire laisse plus à désirer qu'en n'importe quel pays de l'Europe : la Russie avec ses 9 à 10 p. 100 de *lettrés* est au-dessous même de l'Autriche qui n'en compte que 29 p. 100 (la France 77 p. 100). Grâce aux efforts du ministre de l'instruction publique et du ministre de la guerre dans ses écoles régimentaires, le niveau s'élève par une progression lente mais assurée. L'instruction primaire est plus développée dans la Pologne, à cause des efforts du gouvernement; dans les provinces baltiques et la Finlande, à cause de la culture protestante; dans la Russie centrale, à cause des influences industrielles. En 1871, le ministre Tolstoï, dans son rapport à l'empereur, énumérait 24 000 écoles fréquentées par 875 000 écoliers, et 424 écoles primaires supérieures fréquentées par 27 830 écoliers.

Au 1er janvier 1872, il y avait pour l'enseignement secondaire 126 *gymnases* et 32 *progymnases*, comprenant 42 791 élèves : à cette même date, M. Tolstoï avait fait rendre un décret pour introduire ou fortifier dans ces établissements les études grecques et latines. En revanche, le règlement du 12 mai 1873 instituait les *écoles réales* pour l'enseignement professionnel.

En 1876, les huit universités de l'empire (Saint-Pétersbourg, Moscou, Kharkof, Kazan, Kief, Dorpat, Nouvelle-Russie ou Odessa, fondée en 1864, Varsovie, fondée en 1869) comptaient 5466 étudiants et 457 auditeurs libres; parmi les étudiants, 1325 boursiers.

Aux *instituts* pour l'éducation des filles de la noblesse, inaugurés sous Catherine II et développés par Maria Feodorovna, femme de Paul Ier, sont venus s'ajouter des établissements d'un modèle plus approprié aux besoins nouveaux et où sont reçues les jeunes filles de toutes les classes. Ce sont les *gymnases* et *progymnases féminins*, sortes de lycées de jeunes filles, mais qui n'admettent pas l'internat. Les premiers ont été créés sous les auspices de l'impératrice actuelle, sur les fonds de la 4me section de la chancellerie impériale. Ils sont au nombre de 26 : 6 à Saint-Pétersbourg, 5 à Moscou, 15 en province. Le ministère de l'instruction publique à son tour avait créé en 1871, sur le même modèle, 56 gymnases et 130 progymnases comprenant 23 404 élèves. Nulle part en Europe on n'a donné un aussi vaste développement à l'éducation scientifique des jeunes filles, nulle part on ne leur a ouvert un accès aussi facile aux carrières libérales et aux emplois du gouvernement, postes, télégraphes, etc. En 1875, 169 étudiantes suivaient les cours de médecine et de chirurgie à l'université de Saint-Pétersbourg.

Les publications périodiques ont pris depuis la guerre de Crimée un développement inouï : on compte environ quatre cent soixante-douze journaux, dont trois cent soixante-dix-sept en langue russe; à Saint-Pétersbourg, le *Goloss*, dont le tirage est le plus considérable, la *Gazette de Saint-Pétersbourg*, la *Gazette de la Bourse*, sympathique à la France pendant la guerre de 1870-71, le *Monde russe*, qui a soutenu d'intéressantes polémiques militaires avec l'*Invalide*, le *Temps nouveau*, dévoué aux intérêts slaves; à Moscou, la *Gazette de Moscou*, qui a cessé depuis 1863 d'appartenir à l'Université pour devenir la propriété de M. Katkof. Parmi les revues présentant un intérêt général, figurent le *Messager d'Europe*, de M. Stasioulévitch, le *Messager russe*, de M. Katkof, le *Citoyen*, les *Annales de la patrie*, le *Diélo* (*l'Action*), organe avancé. D'autres ont un caractère spécialement historique : telles sont l'*Archive russe* de M. Barténief, l'*Antiquité russe*, la *Russie ancienne et nouvelle*, le *Recueil de la Société impériale d'histoire russe*, fondé en 1867, etc.

L'époque actuelle est remarquable par sa fécondité littéraire. Nous ne pouvons que citer des noms; dans le roman de mœurs, MM. Tourguénief, Pisemski, Dostoïévski, Gontcharof, Melnikof, Stébnitski, Bohorikine, Mme Kréstovski, la Petite-Russienne Marko-Vovtchok; dans le roman historique, MM. Alexis Tolstoï (*Le prince Sérébrannyi* ou Ivan le Terrible), Léon Tolstoï (*La guerre et la paix*, étude sur les guerres napoléoniennes), Sahlias (*Les compagnons de Pougatchef*); dans le roman satirique, le redoutable Chtchédrine; au théâtre, MM. Ostrovski, Potiékhine, Sollohoup; et pour les drames historiques, Meï, A. Tolstoï (*La mort d'Ivan le Terrible*), Averkief (*Vassili l'Aveugle*).

Parmi les historiens, MM. Pogodine (*La Russie jusqu'aux invasions tatares*), Kostomarof (*Monographies et recherches historiques, Histoire de la chute de la Pologne, Histoire de Russie par biographies*), Solovief (26 volumes jusqu'à Catherine II), Ilovaïski (*Les origines de l'Histoire russe, la Diète de Grodno*), Oustriélof (*Histoire de Pierre le Grand*), Zabiéline (*Vie privée des tsars, des tsarines, du peuple russe*), Bogdanovitch (*Histoire d'Alexandre I*er* et *Histoire de la guerre d'Orient*), Milioutine (*Campagne de* 1799), Galitsyne (*Histoire militaire universelle*), Pékarski (*Sciences et littérature sous Pierre le Grand*), Pypine (*Mouvement des idées sous Alexandre I*er), Kovalevski, Korff, Popof (époque d'Alexandre I*er*). MM. Sréznevski, Afanasief, Rybnikof, Kiriéevski, Bezsonof, Hilferding, Oreste Miller, Bouslaief ont recueilli ou élucidé les précieux monuments de la littérature populaire.

Le mouvement artistique a pris également plus d'ampleur et de variété: les compositeurs Tchaïkovski, Siérof, Dorgomyjski, Rubistein, le paysagiste Aïvazovski, les portraitistes Tropinine et Zarenko, les peintres d'histoire Sémigradski, Gay, Flavitski, les peintres de genre ou de batailles Stérenberg, Véréchtchaghine, Répine, etc., les sculpteurs Antakolski, Kamenski, Piménof, ont acquis une réputation européenne. M. Mikiéchine, en 1862, a pu inaugurer le monument de Novgorod, et en 1874, à Saint-Pétersbourg, la statue de Catherine II, entourée des grands hommes de son siècle. A Moscou, sur les plans de M. Hoppe l'on achève l'imposante église du Christ Sauveur, déjà projetée sous Alexandre Ier.

La tradition des grands voyages scientifiques a été continuée par les Baer, les Middendorff, les Maximovitch, les Lütke, les Helmersen, les Schrenk, les Schmidt. La linguistique et l'ethnographie comptent des noms illustres : Castrèn, Sjœgrèn, Schiefner, Bœthlingk, Dorn, Kunik, Lerch, Wiedmann, Radlow, Khanikof, Brosset, Storch, Kœppen. Pour les sciences naturelles, il faut citer Brandt, Gœppert, Borchtchof, Ovsiannikof, Kokcharof, etc.; pour la physique, Jacobi, Kuppfer, Kaemtz, Lenz; pour la chimie, Engelhardt, Fritzsche, Chichkof; pour l'astronomie, Savitch et Struve; pour les mathématiques, Ostrogradski, Bouniakovski, Somof, Tchébychef, Forsch, Maiévski. La société de géographie a rendu d'immenses services : MM. Sossnovski, Kostenko, Fédchenzo, Prjévalski ont exploré l'Asie centrale.

Enfin la Russie a pu convier l'Europe savante à des solennités internationales comme le Congrès ethnographique de Moscou en 1867, le Congrès de statistique à Saint-Pétersbourg en 1872 ; les Congrès archéologiques de Saint-Pétersbourg, Moscou, Kief et Kazan (1869-1877), le Congrès orientaliste de Saint-Pétersbourg en 1876.

La situation nouvelle faite à l'Europe par le développement de la puissance militaire prussienne a obligé aussi l'empire des tsars à réformer son système d'armée. La loi de 1873 y a pourvu : elle dispose que tous les sujets russes, sans distinction de condition ni de nationalité, seront soumis à l'obligation du tirage au sort. Or, il est impossible d'appeler chaque année 676 000 hommes, montant de la classe de 1874 : il n'y a guère qu'un tiers de ces jeunes gens qui soit appelé sous les drapeaux. Le conscrit lettré peut, s'il tombe au sort, obtenir quatre espèces de réduction sur le temps de service effectif qui est de six ans : s'il a reçu l'enseignement supérieur, il ne sert que six mois ; s'il a reçu l'instruction secondaire des gymnases, dix-huit mois ; s'il sort des écoles primaires supérieures, trois ans ; s'il sort de l'école primaire, quatre ans. Cette loi a donc le caractère d'une loi sociale égalitaire, et de plus elle offre une prime à l'instruction. On peut abréger ce temps de moitié encore en devançant volontairement l'appel et le tirage au sort. L'armée russe se divise en armée régulière, troupes de réserves, corps irréguliers : elle comprend 1 200 000 hommes, un chiffre que n'a jamais pu rêver Pierre le Grand. En 1867, la Russie a adhéré à la convention de Genève pour les secours aux blessés.

Conquêtes en Asie. Politique en Europe.

En Asie, la puissance russe continue à s'étendre. La guerre de Crimée avait prêté de nouvelles forces à l'insurrection circassienne ; mais en 1858, la prise d'assaut de Védéni, résidence fortifiée de Schamyl, porta le coup mortel à sa domination ; en 1859, assiégé dans son château de Gounih, il dut se rendre au prince Bariatinski, le pacificateur du Caucase. L'émigration des montagnards, encouragée par l'Angleterre dans un but hostile à la Russie, rendit au contraire à celle-ci le service de débarrasser le pays des éléments les plus turbulents et de faire place à la colonisation. De nombreuses forteresses, des routes stratégiques, comme celle de Vladikavkase à Tiflis, assurèrent la conquête. L'élément russe, surtout au nord du Caucase et dans les villes, a pris une consistance plus grande.

Le Turkestan est une région sablonneuse que traversent, pour se jeter dans la mer d'Aral, le Syr-Daria et l'Amou-Daria (l'Iaxarte et l'Oxus des anciens) : ces deux fleuves prennent leur source dans le massif des monts Bolor, sur l'autre versant duquel coulent le Kachgar et le Iarkent qui vont se jeter dans le Tarim, qui se jette lui-même dans le lac Lob.

Au nord de l'Iaxarte, sont les campements des *Kirghiz*; sur les bords de la Caspienne, errent les tribus des *Turcomans*. Sur le haut Iaxarte, se trouvait le *khanat de Khokand*, capitale Khokand, villes principales Turkestan, qui renferme le tombeau d'Achmet-Yasavi, l'apôtre musulman du Turkestan, Tachkent, Tchemkent, Khodjend, l'*Alexan-*

dria Ileskata ou *dernière Alexandrie* fondée par Alexandre le Grand. Sur le haut Oxus, le *khanat de Balkh*, capitale Balkh, l'ancienne Bactres, berceau de notre race; le *khanat de Samarcande*, résidence du fameux Tamerlan; le *khanat de Boukhara*. Sur le bas Oxus, le *khanat de Khiva*, situé dans une oasis plantureuse, au milieu des déserts de sable. Sur le Kachgar, le *khanat de Kachgar*, comprenant aussi Yarkand (40 000 âmes), puissant État fondé en 1864 par le hardi et habile Yacoub-Khan. Tous ces États se trouvent sur la route du commerce de l'Inde et de la Chine : les Anglais ont toujours surveillé d'un œil inquiet les progrès des Russes en ces régions.

La domination russe s'était implantée dans le Turkestan par la soumission des Kirghiz, sous Nicolas Ier, et la chute de leur khan Khazimof en 1844. Pour protéger ces nouveaux sujets, il fallut entrer en lutte dès 1853 avec le khanat de Khokand, lutte signalée par la prise de la forteresse d'Ak-Masjid par le colonel Pérovski qui lui donna son nom ; en 1860, le colonel Kolpakovski, avec 800 hommes, battit dans le défilé d'Uzun-Agatch une armée khokandienne de quinze mille hommes ; en 1864, le colonel Vérévkine, parti d'Orenbourg, enleva Turkestan, tandis que le colonel Tchernaïef, parti de la Sibérie, enlevait Aulié-Ata : les deux colonnes prirent d'assaut Tchemkent et l'année suivante Tachkent, ville de 100 000 âmes, qui se rendit à 2000 Russes.

Les Boukhariens étaient intervenus de leur côté dans les guerres civiles du Khokand et finirent par entrer en conflit avec les Russes: leur émir, dont le prestige était grand dans toute l'Asie centrale, fut, malgré les appels frénétiques des mullahs à la guerre sainte, vaincu dans deux batailles, celle d'Irdjar en 1866, qui amena la conquête de Samarcande, et celle de Zéra-Buleh en 1868, qui amena le traité du 5 juillet : par ce traité, l'émir de Boukhara cédait aux Russes le khanat de Samarcande et payait une indemnité de deux millions : Boukhara même eût été annexé, si les généraux russes n'avaient craint d'affaiblir leurs conquêtes en les étendant. Le Khokand, sur le trône duquel les Russes établissaient leur protégé Khudayar, devenait un État vassal.

Dans l'intervalle, en 1867, Alexandre II avait créé le gouvernement du Turkestan, à la tête duquel il plaça un gouverneur général, sorte de vice-empereur, dont le faste et la hauteur sont destinés à donner aux indigènes une idée grandiose de son souverain, le tsar blanc.

Le khan de Khiva, au milieu des déserts qui formaient la ceinture de ses États, bravait la puissance des Russes, vaincus par le climat en 1839. Il réduisait en esclavage leurs marchands, il envoyait en 1870 et 1871 des secours aux Kirghiz révoltés. En 1872, le colonel Markozof partit du Caucase pour châtier le khan, mais la soif et les privations décimèrent sa petite troupe et l'obligèrent à rétrograder. En 1873, trois colonnes s'avancèrent de trois côtés différents sur Khiva; des bords de la Caspienne, Markozof; d'Orenbourg, le général Vérévkine; de Tachkent, Kaufmann, général en chef. La première fut obligée de rétrograder, la troisième souffrit beaucoup, mais finit par atteindre Khiva : Vérévkine y était entré le premier. Le khan vaincu se reconnut vassal du tsar blanc; la partie de ses États sur la rive droite de l'Oxus fut annexée; la navigation du fleuve fut exclusivement réservée aux Russes; les priviléges commerciaux les plus étendus furent assurés à leurs commerçants; leurs démêlés avec les indigènes devaient être jugés par l'autorité russe la plus rapprochée; un conseil de gouvernement composé de dignitaires khiviens et d'officiers russes assisterait le khan; une contribution de 2 200 000 roubles épuisa ses dernières ressources; c'était une annexion déguisée; la crainte d'un conflit avec l'Angleterre, éventualité qui fut écartée par la mission du comte Schouvalof à Londres, empêcha seule la réduction effective en province russe.

La politique russe, imitant celle des Anglais dans l'Indoustan, évitait d'accomplir de brusques annexions; elle laissait mûrir les situations créées par ses victoires. Khudayar, khan de Khokand, avait eu, en 1873 et 1874, à combattre les révoltes de ses sujets, exaspérés par sa soumission aux *infidèles*. En 1875, nouvelle révolte plus générale : abandonné même de ses deux fils qui allèrent rejoindre les insurgés, il quitta sa capitale avec son harem et ses trésors et vint s'établir à Orenbourg. Le Khokand fut annexé. C'est un État de soixante lieues de long sur trente de large, admirablement fertile. Le khan de Khiva n'avait pas moins de difficultés avec ses sujets qui le méprisaient également pour ses complaisances : privé d'une partie du tribut qu'il percevait sur les Turcomans, déclarés sujets russes en 1875, il demanda l'année suivante à échanger ses États contre une pension : la réponse se fait attendre, mais ce n'est qu'une question de temps.

Les Kirghiz et les Turcomans soumis, Khokand et Samarcande annexés, Khiva et Boukhara réduits à la condition de vassaux, un seul prince dans ces régions tenait tête aux Russes, c'était le khan de Kachgar, Yacoub, protégé des Anglais, qui lui ont fait décerner le titre d'émir par le sultan de Constantinople. Avec son armée de 40 000 hommes, disciplinés par des officiers polonais ou anglo-indiens, avec ses arsenaux et ses fonderies, il se préparait à défendre les passes des montagnes. En 1870, les Russes avaient pris les devants en occupant la province chinoise du Khuldja, d'où les rébellions musulmanes avaient chassé les troupes du Céleste-Empire et que Yacoub convoitait. Ils offrirent de la remettre aux Chinois, qui ne s'en souciaient pas, et en attendant les Russes l'administraient. Leur politique a suscité à Yacoub, l'année dernière, une difficulté inattendue ; une invasion des troupes chinoises dans le Kachgar est imminente, si elle n'est pas déjà accomplie. Yacoub-Khan est mort cette année même (1877), laissant à son successeur une situation fort compromise.

Les Russes, dans ces contrées que dévastent et déshonorent depuis des siècles le fanatisme musulman, les guerres entre les khans, le brigandage, le trafic des esclaves, apparaissent en soldats de la civilisation. Ils y apportent un régime plus équitable et plus humain. En retrouvant sur les bords de l'Oxus et de l'Iaxarte les traces d'Alexandre le Grand, ils accomplissent la revanche de la race iranienne contre les peuples touraniens qui ont envahi avec Gengis-Khan la Bactriane semi-grecque et ruiné les antiques colonies macédoniennes. Ils ne conquièrent pas, seulement ils colonisent. « Toutes ces entreprises, dit M. Cucheval-Clarigny, profiteront à la civilisation en même temps qu'elles consolideront la puissance russe; mais la force principale de celle-ci est dans les qualités qui font du soldat russe le plus admirable instrument de conquête et de colonisation. Docile autant que brave, facile à contenter, supportant sans se plaindre toutes les fatigues et toutes les privations, prêt à tout, le soldat russe construit les routes, déblaye les canaux et rétablit les digues antiques; il fabrique les briques dont il bâtit ensuite les murailles des forts et des casernes qu'il doit habiter; il confectionne ses cartouches et ses projectiles; il est maçon, fondeur ou charpentier suivant le besoin de l'heure présente, et le lendemain du jour où il sera congédié, il conduira avec bonheur la charrue. Avec de tels instruments à sa disposition, la puissance russe ne reculera jamais; il lui suffit de quelques années pour rendre définitive la conquête de toute terre où elle a pris pied. »

A l'autre extrémité de l'Asie, le général Mouravief avait signé en 1858, avec la cour de Pékin, le traité d'Aïgoun qui assurait à la Russie toute la rive droite du fleuve Amour, un territoire de deux millions de kilomètres carrés, dont on forma la province de l'Amour et la province Maritime. Le Japon avait déjà cédé la partie méridionale de l'île Sanghalian. Les bateaux à vapeur de la *Compagnie du fleuve Amour* sillonnent déjà ce grand cours d'eau et mettent la Russie en correspondance directe avec San Francisco et les îles du Pacifique.

Par le traité de 1867, la Russie vendait aux États-Unis ses possessions d'Amérique, resserrant ainsi les liens d'amitié qui l'unissent à la grande république.

La politique européenne de la Russie pendant cette période offre des résultats plus contestables que sa politique asiatique. En 1856, le prince Alexandre Gortchakof succédait au vieux comte de Nesselrode comme chancelier de l'empire. Dans une de ses premières circulaires, il caractérisait ainsi l'attitude imposée à la Russie par les résultats de la guerre d'Orient : « La Russie ne boude pas, elle se recueille. » Aux conférences de Paris, il y avait eu un rapprochement visible entre ce pays et la France, qui s'éloignait déjà de son alliée l'Autriche. La Russie laissa faire l'émancipation italienne, tout en en tirant des conclusions pour celle des chrétiens d'Orient; après avoir protesté contre la dépossession des princes italiens, elle finit par reconnaître le nouveau royaume; elle applaudit à l'occupation française de Syrie, qu'elle eût voulu même plus importante et plus prolongée. La France à son tour favorisait les revendications des Roumains, des Serbes, des Monténégrins contre la Turquie et faisait bon accueil aux observations du prince Gortchakof sur la situation « douloureuse et précaire » des chrétiens de la Bosnie, de l'Herzégovine et de la Bulgarie.

La démonstration diplomatique de la France en 1863, à propos des affaires polonaises, détruisit l'intimité naissante des deux États et rejeta la Russie dans l'alliance prussienne. Pour maintenir celle-ci, le chancelier russe fit à son collègue de Berlin des sacrifices irréparables. En 1864, la Russie laissa écraser le Danemark, qui perdit les duchés de l'Elbe; en 1866, elle permit à la Prusse, non-seulement d'expulser l'Autriche de la confédération germanique, mais de détrôner les maisons régnantes de Hanovre, Nassau, Cassel, plus ou moins apparentées à la maison impériale de Russie, de subalterniser celles de Darmstadt, Bade, Würtemberg, qui avaient donné des impératrices à la Russie, de constituer l'Allemagne, naguère inoffensive, en une formidable domination militaire qui, sur la Baltique, la Vistule et le Danube, a des intérêts diamétralement opposés à ceux de la Russie. On se rappelle que Bestoujef-Rioumine, le chancelier d'Élisabeth, qui trouvant la Prusse de Frédéric II trop puissante et l'annexion de la Silésie inquiétante pour la Russie, fit la guerre de Sept ans pour *diminuer les forces* de l'ambitieux voisin. Alexandre Ier n'a-t-il pas affronté toute la puissance de Napoléon pour la question de l'Oldenbourg et des villes hanséatiques? Déjà en 1867, dans l'Allemagne agrandie, se manifestait une agitation à propos des provinces dites allemandes de la Russie; les revendications des écrivains baltiques trouvaient un écho dans les réunions publiques, dans la presse de Berlin, et M. Kattner dédiait « à l'armée allemande » son livre sur la *Mission de la Prusse dans l'Est*. La Russie avait espéré l'appui de la nouvelle Allemagne dans sa politique orientale, mais, écrivait M. Benedetti, « tout conflit en Orient mettrait le chancelier allemand à la remorque de la Russie et il cherchera à le conjurer : il l'a prouvé l'année dernière à l'origine du différend gréco-turc. La Russie est une carte dans son jeu pour les éventualités qui peuvent surgir sur le Rhin, et il tient essentiellement à ne pas intervertir les rôles, à ne pas devenir lui-même une carte dans le jeu du cabinet de Saint-Pétersbourg. »

En juin 1870, les deux souverains de Prusse et de Russie eurent une entrevue à Ems; le 9 juillet, le prince Gortchakof disait à l'ambassadeur d'Angleterre que « la Russie ne saurait éprouver aucune alarme de la puissance de la Prusse. » Cette confiance allait être mise à une nouvelle épreuve. En juillet 1870, éclatait la guerre franco-allemande qui allait achever de bouleverser au profit de la Prusse l'équilibre européen. L'attitude menaçante de la Russie contraignit l'Autriche à la neutralité et cette neutralité entraîna celle de l'Italie; la diplomatie russe pesa dans le même sens sur le Danemark, dont une princesse avait épousé en 1866 le grand-duc héritier. La France se trouva isolée en Europe. La Russie non-seulement empêcha la formation de la *ligue des neutres*, mais découragea toute intervention collective de l'Europe par les voies diplomatiques. Le 3 septembre, l'empereur, en apprenant la victoire de son oncle à Sedan, but à sa santé et brisa son verre pour donner au toast plus de solennité. Sans doute, il conseillait à son oncle la modération, mais, dit M. Sorel, « cet échange tout intime et tout sympathique de lettres privées n'altéra pas un seul instant l'amitié des deux souverains; le roi de Prusse reçut toujours sans impatience les observations de son neveu, et le tsar, bien que ses instances soient toujours restées sans résultat, ne s'offusqua jamais des refus de son oncle. »

La nation n'envisageait pas l'écrasement de la France et le bouleversement européen du même œil que son gouvernement : « Le sentiment public envers la France, écrivait le représentant des États-Unis, est ici peut-être plus vif encore depuis les récents succès de la Prusse. Les officiers de l'armée sont, dit-on, presque unanimes pour désirer une guerre contre la Prusse; je connais plusieurs occasions où des toasts ont été portés à la ruine des Allemands et de *Fritz*. Les journaux publient chaque jour des articles où ils montrent le danger qui résulterait pour l'Europe de l'accroissement et de la consolidation d'un pouvoir militaire comme celui de l'Allemagne du Nord. Les dernières victoires de la Prusse ont appelé l'attention sur les points vulnérables de la Russie en cas d'une complète victoire de la Prusse; il y en a deux : la Pologne et les provinces baltiques. » On faisait partout des souscriptions en faveur des blessés français, et la nouvelle des moindres succès de la France excitait la joie publique.

La mission de M. Thiers à Saint-Pétersbourg, en septembre 1870, resta sans résultat; cet échec frappa de stérilité ses efforts en Autriche, en Italie et en Angleterre. Il n'avait recueilli en Russie que de bonnes paroles, entre autres, que « l'ancienne ennemie de Crimée ferait plus pour la France que l'ancienne alliée, l'Angleterre. » En réalité la politique russe, tout en servant la Prusse, entendait ménager la France, afin d'arriver plus sûrement au but de ses efforts, la révision du traité de 1856. Le 29 octobre, le prince Gortchakof, dans une circulaire adressée aux puissances signataires de ce traité, déclara que les événements avaient « placé le cabinet impérial dans la nécessité d'examiner les conséquences qui en résultaient pour la position politique de la Russie. » Il demandait la révision de l'article 2, qui imposait à cette puissance une limitation de ses forces maritimes dans la mer Noire. Une conférence se réunit à Londres, et la Russie insista pour que le gouvernement français y envoyât un représentant. C'était une occasion indirectement offerte à la République nouvelle de soumettre son propre différend avec la Prusse à l'examen des puissances. Le 13 mars 1871, l'ambassadeur de France à Londres vint apporter à la révision du traité de 1856 la signature de la France; mais dans l'intervalle celle-ci avait été obligée de subir la lourde paix de Francfort. La restauration de l'empire allemand avait été reconnue par la Russie le 24 janvier 1871, et le tsar avait accordé aux généraux de l'armée victorieuse les marques les plus hautes de distinction : les princes Frédéric et Frédéric-Charles portaient déjà le titre de feld-maréchaux russes.

Après la chute de la France, les empereurs de Russie et d'Allemagne, entraînant dans leur orbite l'empereur d'Autriche, entreprirent de constituer, pour le règlement des affaires d'Orient et d'Occident, ce qu'on a appelé l'alliance des trois empereurs : le congrès de Berlin en 1872, le voyage de l'empereur d'Allemagne à Saint-Pétersbourg en 1873, de fréquentes entrevues entre les chefs d'État, traduisirent aux yeux de l'Europe l'entente cordiale qui était censée régner entre eux.

Les Russes voyaient bien ce que la Prusse avait gagné à cette alliance de plus de dix ans avec la Russie. Le bénéfice assuré à cette dernière était moins visible; la Prusse avait acquis des provinces et des royaumes, des ports de guerre, une armée formidable, une situation prépondérante; la Russie avait obtenu la radiation de l'article qui limitait ses forces dans la mer Noire.

La nouvelle guerre d'Orient n'appartient pas encore à l'histoire. Il faut en attendre le dénoûment. Les publications ultérieures permettront de raconter avec plus de certitude tant de grands événements : l'agitation de l'Herzégovine, les massacres de Bulgarie, la prise d'armes et la défaite de la Serbie, le détrônement coup sur coup de deux sultans, le premier essai d'une constitution ottomane, l'impuissance de la diplomatie européenne dans la conférence de Constantinople, l'entrée des Russes dans les anciennes principautés et leur alliance avec la Roumanie et le Monténégro, le passage du Danube par le grand-duc Nicolas, la brillante surprise des défilés des Balkans par le colonel Gourko, les sanglantes batailles autour de Plévna, les vicissitudes de la guerre d'Asie, enfin la victoire de Chipka, l'occupation d'Andrinople et la marche des Russes, Skobélef en tête, sur Gallipoli et Constantinople.

La Russie, ébauchée par Rourik, dispersée après Iaroslaf le Grand, *rassemblée* par la dynastie des Ivans, européanisée par Pierre le Grand et Catherine II, délivrée du servage par Alexandre II, entre maintenant dans une phase nouvelle de son histoire; les guerres aujourd'hui ont des conséquences non-seulement dans les relations étrangères des peuples, mais aussi dans leur développement intérieur. La politique extérieure des Russes, à travers toutes les vicissitudes, ne s'est jamais laissé détourner des trois buts qu'elle poursuivait depuis Ivan le Grand : conclusion du duel avec l'État polonais-lithuanien pour l'hégémonie du monde slave, lutte avec ses voisins d'Occident pour s'assurer le libre débouché par la Baltique et la mer Noire, revanche du joug tatar soit contre les Touraniens de l'Asie centrale, soit contre ceux de Constantinople. A l'intérieur, une voie nouvelle lui a été ouverte par les réformes civilisatrices du dix-huitième siècle, par les réformes émancipatrices du règne actuel. Après avoir conquis sa place parmi les États européens, elle doit assurer son rang parmi les nations libres. Il y a là une tradition qui vaut la peine d'être suivie. Puisse la Russie, dans sa tradition libérale, déployer encore plus de suite, de ténacité, de prudence obstinée que dans sa tradition diplomatique ! Nous avons eu à raconter surtout l'histoire de l'État russe : l'histoire du peuple russe commence. Avec l'État russe, la France a été souvent en conflit : ses sympathies pour la Russie grandissent depuis qu'elle retrouve en elle une nation.

FIN.

OBSERVATIONS

Dans l'orthographe des noms russes, je me suis efforcé de la rattacher de l'orthographe rationnelle dont Schnitzler a donné le premier l'exemple. Ainsi on a transcrit par *K* la lettre к russe (le *kappa* des Grecs), par *Kh* la lettre х (*k* aspiré, le *khi* des Grecs) et par *Ch* la lettre ш. On a réservé la lettre française *Y* pour le ы ou *i* sourd, et la lettre *I* pour les autres *i* russes. Il a bien fallu conserver les lettres *tch* et *chtch* pour exprimer le *tchèrve* et le *chtcha*. On a traduit par la diphthongue française *ou*, non par l'*u* allemand, la voyelle y des Russes qui se prononce *ou*.

On a cherché à débarrasser les noms russes de ces *s* parasites (les Allemands emploient sept lettres, *schtsch*, à exprimer le seul *chtcha* des Russes), de ces *ff*, de ces *w* redoublés qui leur donnent un aspect rébarbatif. Dans certains noms seulement consacrés par l'usage, on s'est conformé à l'ancienne orthographe : au lieu de *Chouvalof*, *Schouvalof* qui est consacré par la diplomatie ; au lieu de *Chakovskoï*, *Schakovskoï* consacré par la littérature.

De même, on a écrit *Moscou* et la *Moskova*, au lieu de *Moskva*, désignation à la fois de la ville et de la rivière.

Je me suis appliqué à reproduire l'orthographe des mots russes, mais non leur prononciation, qui est encore plus fantasque qu'en anglais. Nous imprimons *Orel*, *Potemkine*, mais il est entendu qu'on prononce *Ariol*, *Patiômkine*, etc.

Les terminaisons en *vitch*, en *vna*, indiquent la filiation : *Pierre Alexiévitch*, Pierre, fils d'Alexis ; *Elisabeth Pétrovna*, Élisabeth, fille de Pierre.

On devrait renoncer au mot *czar*, mot polonais que d'ailleurs il faudrait prononcer *tchar*; le mot russe est *tsar*, avec ses dérivés *tsarine*, *tsarévitch*, *tsarévna*, *tsarat*, *tsarien*.

Comme il y a deux Dvina parmi les fleuves russes, nous avons, pour éviter toute confusion, constamment appelé *Düna* la Dvina méridionale; de même nous appelons toujours *Bug* la rivière qui se jette dans la Vistule pour la distinguer du *Boug*, fleuve qui se jette dans la mer Noire, bien qu'en russe ils se prononcent et s'écrivent de même.

Rappelons que la *verste* vaut 1 kilomètre 66 mètres 8 décimètres; le *rouble* a une valeur nominale de 4 francs, mais sa valeur réelle dépend du change; il a varié en deux ans de 3 fr. 49 à 2 fr. 43; il comprend 100 *kopeks*.

Le calendrier russe n'a pas admis la réforme grégorienne; aussi est-il en retard sur le nôtre et faut-il, pour chaque date, indiquer si c'est d'après l'*ancien style* ou d'après le *nouveau style*. Ordinairement, pour les dates importantes, nous donnons les deux *styles*. Au XVIIIe siècle, l'année russe retardait de onze jours sur la nôtre; au XIXe siècle, elle retarde de douze jours. Donc, nous avons donné ainsi la date de la mort de Catherine II : 6-17 novembre : différence de 11 jours, puisque l'événement se passe au dix-huitième siècle. Mais on dit: la révolution du 14-26 décembre 1825 : différence de 12 jours, puisqu'il s'agit du dix-neuvième siècle.

ERRATUM

Page 9, ligne 25, lisez : *l'inerte Chéksna*.

Page 23, ligne 30, supprimez les *Bachkyrs*, d'origine finnoise, tatarisés depuis, mais qui habitaient déjà le pays au Xe siècle.

Page 24, ligne 25, lisez : *Poltava, Kharkof, Volynir*, etc.

Page 24, ligne 35, supprimez *Kharkof*.

Page 51, ligne 14, lisez : *Péréiaslavets*, sur le Danube, distinct de Péréiaslaf ou Prislaf, aujourd'hui Eski-Stambul, capitale des Bulgares au Xe siècle.

Page 73, ligne 18, au lieu de l'*Oulajénié*, lisez : le *Soudébnik* d'Ivan le Grand ou d'Ivan le Terrible.

Page 223, ligne 6, supprimez les *Kalmouks*, arrivés sur le Volga seulement au XVIIe siècle.

Page 223, ligne 10, supprimez *Magyary, capitale des Magyars*. Magyary est situé sur la Kouma, gouvernement de Stavropol.

NOTE BIBLIOGRAPHIQUE

I

Parmi les livres russes non traduits en français où j'ai puisé pour cette histoire, je citerai au moins les plus importants :

HISTOIRES GÉNÉRALES. *Hist. de Russie depuis les temps les plus anciens*, par M. Serge Soloviof (27 vol., déjà parus, s'arrêtent à Catherine II), Moscou, 1851-1878 ; — *Histoire russe*, par M. Bestoujef-Rioumine (1 vol. seulement jusqu'à Ivan III), S. Pét., 1872 ; — *Histoire de la nation russe*, par Polévoï ; — *Histoire russe par les biographies des principaux acteurs*, par M. Kostomarof, 4 vol., S. Pét., 1873-1877 ; — du même, *Monographies et recherches historiques*, 11 vol., S. Pét., 1868. — Les petites histoires scolaires de MM. Soloviof et Ilovaïski m'ont été aussi très-utiles.

PREMIÈRE PÉRIODE. *Chronique* (de Nestor et ses continuateurs), éditée par Miklosich, Vienne, 1860 ; dans les *Monumenta historica Poloniæ* de Biélovski, Lemberg, 1869 ; et par la Commission archéologique, S. Pét., 1872, d'après le ms. Laurentien ; — M. Samokvassof, *Anciennes villes et gorodichtché de la Russie*, Moscou, 1874 ; — Dorn, *la Caspienne*, S. Pét., 1875 ; — M. Gédéonof, *Varègues et Russes*, 2 vol., S. Pét., 1876 ; M. Ilovaïski, *Recherches sur les origines de la Russie* et *Histoire de Russie*, période kiévienne, Moscou, 1876 : tous deux contraires à la théorie des Varègues-Normands ; — Pogodine, *Histoire ancienne russe jusqu'au joug mongol*, Moscou, 1871, 2 vol. avec un précieux atlas d'estampes, anciennes cartes et anciennes miniatures ; — M. Biélaef, *Récits de l'histoire russe*

(Novgorod), Moscou, 1866; — M. Zabiéline, *Hist. de la vie russe depuis les temps les plus anciens*, Moscou, 1876.

Époque d'Ivan le Terrible. *Récits du prince Kourbski*, publiés par Oustriélof, 3ᵉ édition, S. Pét., 1868 ; — *Vie et rôle historique du prince Kourbski*, par Serge Gorski, Kazan, 1858; — *Russie et Angleterre* (1553-1593), par M. Iouri Tolstoï, S. Pét., 1875 ; — *Vie privée des tsarines* et *Vie privée des tsars russes*, par M. Zabiéline, Moscou, 1869 et 1872 ; — le *Domostroï*, édité par M. Iakovlef, S. Pét., 1867; — *Essai de recherches historico-littéraires sur le Domostroï*, par M. Nékrassof, Moscou, 1878; — le *Stoglaf*, édit. Kojantchikof, S. Pét., 1868;— *Lois du grand-prince Ivan III Vassiliévitch et du tsar Ivan IV Vassiliévitch*, éditées par Kalaïdovitch et Stroëf, Moscou, 1819; — *Chants recueillis par Kiriéevski*, Ivan le Terrible.

Dix-septième siècle. Bantych-Kamenski, *Hist. de la Petite-Russie*; — M. Kostomarof, *Bogdan Khmelnitski* ; — M. Koulich, *Hist. de la réunion de la Rouss*, 3 vol., S. Pét. et Moscou, 1874-1877; — du même, *Mémoires sur la Russie méridionale*, S. Pét., 1856-1857 ; — M. Zabiéline, *Essai d'étude des antiquités russes*, 2 vol., Moscou, 1872-1873 ; — *l'Empire russe au milieu du* XVIIᵉ *siècle*, de Krijanitch, édité par M. Bezsonof, Moscou, 1860; — M. Aristof, *Troubles de Moscou sous la régence de Sophie Alexiéuna*, Varsovie, 1871 ; — M. Léchkof, *le Peuple et l'État russe, histoire du droit public russe jusqu'au* XVIIIᵉ *siècle*, Moscou, 1858; — M. Tchitchérine, *Institutions provinciales de la Russie au* XVIIᵉ *siècle*, Moscou, 1856; — M. Zagoskine, *Histoire du droit dans l'État moscovite*, Kazan, 1877.

Pierre le Grand. Oustriélof, *Hist. du règne de Pierre le Grand*, 6 vol., S. Pét., 1858-1863. — M. Groto, *Pierre le Grand, civilisateur de la Russie*, S. Pét., 1872.— M. Solovief, *Lectures publiques sur Pierre le Grand*, Moscou, 1872. — M. Guerrier, *le Dernier des Varègues dans la Russie ancienne et nouvelle*. — Bytchkof, *Lettres de Pierre le Grand*, S. Pét., 1872. — Pékarski, *la Science et la littérature sous Pierre le Grand*.

Successeurs de Pierre le Grand. M. Andréof, *Représentants de la puissance souveraine en Russie après Pierre I*ᵉʳ, S. Pét., 1871; — Pékarski, *le Marquis de la Chétardie en Russie (1740-1742)*, S. Pét., 1862 ; — Weidemayer, *Revue des principaux événements*, etc., et *Règne d'Élisabeth Pétrovna*, S. Pét., 1835 et 1849 ; — Chtchébalski, *Système politique de Pierre III*, Moscou, 1870; — Bolotof, *Mémoires* édités par la *Rousskaïa Starina*, 4 vol., S. Pét., 1871-1875, et *Souvenirs* *des temps écoulés*, Moscou, 1875; — M. Choubinski, *Esquisses et récits historiques*, S. Pét., 1869 — M. Bestoujef-Rioumine, sur Talichtchef, M. Korsakof, sur Biren, dans *la Russie ancienne et nouvelle*.

Catherine II. M. Tratchévski, *le Fürstenbund et la politique allemande de Catherine II*, S. Pét., 1877; — M. Soloviéf, *Hist. de la chute de la Pologne*, Moscou, 1863; — M. Kostomarof, *Dernières années de la pospolite polonaise*, S. Pét., 1870; — M. Ilovaïski, *la Diète de Grodno*, Moscou, 1870; — *Journal de Khrapovitski*, édité par M. Barsoukof, S. Pét., 1874; — *Mémoires de G. R. Derjavine*, édités par la *Rousskaïa Bésiéda*, Moscou, 1860; — *Mémoires sur la vie et les services d'Alexandre Bibikof*, édités par son fils, Moscou, 1865; — M. Melnikof, *la Princesse Tarakanof*, S. Pét., 1868; — Papiers relatifs à la *Grande Commission législative*, publiés, avec une préface, par M. Poliénof, dans la *Coll. de la Soc. imp. d'Hist. de Russie*, 3 vol., S. Pét., 1869 et suiv.

Paul Ier. M. le général Milioutine, *Hist. de la guerre de Russie avec la France en 1799*, 5 vol., S. Pét., 1852-1853. — Polévoï, *Hist. du prince d'Italie Souvorof-Rymniski*, Moscou, 1811. — *Récits d'un vieux soldat sur Souvorof*, publiés par *le Moscovite*, Moscou, 1847. — *Mémoires de L. N. Engelhardt*, publiés par *l'Archive russe*, Moscou, 1868.

Alexandre Ier. M. Bogdanovitch, *Hist. de la guerre patriotique*, 3 vol., et *Hist. du règne d'Alexandre Ier*, 6 vol., S. Pét., 1869-1871. — Pypine, *Mouvement des idées sous Alexandre Ier*. — Korff, *Vie du comte Spéranski*, 2 vol., S. Pét., 1871. — M. Vaghine, *Données historiques sur l'activité du comte Spéranski en Sibérie*, 2 vol., S. Pét., 1872. — M. Romanovitch-Slavatinski, *Rôle politique du comte Spéranski*, Kief, 1873. — M. Ikonnikof, *le Comte Mordvinof*, S. Pét., 1873. — Mikhaïlovski-Danilevski, *Description de la première guerre contre Napoléon*, S. Pét., 1844, et toutes les guerres d'Alexandre Ier. — M. Alexandre Popof, *Moscou en 1812, les Français à Moscou*, Moscou, 1875 et 1876; *Relations de la Russie avec les gouvernements européens avant la guerre de 1812*, S. Pét., 1876. — Mme Tolytchéva, *Récits de témoins oculaires sur l'année 1812*, Moscou, 1872 et 1873.

Nicolas Ier et Alexandre II. M. Bogdanovitch, *Hist. de la guerre d'Orient*, 5 vol., 1876-1877. — *Collection de manuscrits sur la défense de Sévastopol*, publiée sous les auspices du grand-duc héritier, 3 vol., S. Pét., 1872-1873. — Kovalévski,

Guerre avec la Turquie et rupture avec les gouv. européens en 1853 et 1854, S. Pét., 1871.

Berg, *Mémoires sur les conjurations et insurrections polonaises*, Moscou, 1873. — M. Kropotof, *Vie du comte M. N. Mouravief*, S. Pét., 1874. — Likhoutine, *Mémoires sur la campagne de Hongrie en 1849*, Moscou, 1875. — M. Nil Popof, *Russie et Serbie*, 2 vol., Moscou, 1869.

M. Golovatchef, *Dix ans de réformes*, 1861-1871, S. Pét., 1872. — M. Mordovtsof, *Dix années du zemstvo russe*, S. Pét., 1877.

A ces ouvrages, il faut ajouter *l'Archive du prince Voronsof*, publiée par M. Barténief, 12 vol., Moscou, 1870-1878; — la *Collection de la Soc. imp. d'Hist. de Russie*, 20 vol., S. Pét., 1867-1878; — de nombreux articles dans *l'Archive russe* de M. Barténief (Moscou, 1862-1877, 22 vol.); *le Dix huitième siècle* (4 vol.) et *le Dix-neuvième siècle* (2 vol.); du même, *l'Antiquité russe* (S. Pét., 1870-1877, 20 vol.); — *la Russie ancienne et moderne* (S. Pét., 1875-1877, 9 vol.); — l'immense collection des *Tchténia* ou *lectures*, etc.; — les *Travaux* des sociétés archéologiques et des *Congrès archéologiques*.

Bantych-Kamenski a laissé un dictionnaire bibliographique des personnages russes.

L'archéologie, l'ethnographie, la géographie, l'histoire particulière des provinces baltiques, de la Petite-Russie, de l'ancien royaume de Kazan, la littérature *populaire*, la littérature *lettrée*, donneraient lieu à une bibliographie bien plus étendue. Polévoï a donné une *Hist. de la littérature russe*; — de même M. Porphyrief, 2 vol.; Kazan, 1876.

Pour la géographie, consulter le *Dictionnaire géographique-statistique de l'empire russe*, par M. Séménof, S. Pét., 1863-1872; — l'*Essai d'atlas statistique de l'empire russe*, par M. le colonel Iline, S. Pét., 1874; — l'*Atlas historique de la Russie*, par M. Pavlichtchef, S. Pét., 1873; — le petit *Atlas scolaire d'histoire russe*, par M. Dobriakof.

II

Il sera plus utile, sans doute, d'indiquer au lecteur les livres français ou traduits en français qui pourraient compléter celui-ci :

HISTOIRE GÉNÉRALE. On consultera toujours avec profit : Karamzine, *Hist. de l'empire de Russie* (jusqu'au XVIIe siècle), traduite par Saint-Thomas et Jauffret, 11 vol., Paris, 1819-1826 ; — Lévesque, *Hist. de Russie et des principales nations de l'empire russe*, continuée par Malte-Brun et Depping, 8 vol., Paris, 1812 ; — Esneaux et Chennechot, *Hist. philosophique et politique de Russie*, 5 vol., Paris, 1830. — Choppin, *Russie*, dans l'*Univers pittoresque*, 2 vol., Paris, 1838-1846. — M. Geffroy, *Histoire des États scandinaves*, collection Duruy, Paris, 1851 ; — Lélével, *Hist. de Pologne*, 2 vol., Paris, 1844.

En allemand, *Geschichte des russischen Staates*, par Strahl et M. Hermann, 7 vol., Hambourg et Gotha, 1832-1866, et *Geschichte Russlands*, par M. Bernhardi, 4 vol., Leipsig.

ÉTUDES GÉNÉRALES. Baron de Haxthausen, *Études sur la situation intérieure, la vie nationale et les institutions nationales de la Russie*, 3 vol., Hanovre, 1847-1853 ; — Schnizler, *l'Empire des tsars*, 4 vol., Paris et Strasbourg, 1862-1869 ; — les excellents articles de M. Anatole Leroy Beaulieu dans la *Revue des Deux-Mondes*, depuis 1873 ; — Mackenzie Wallace, *la Russie*, trad. de l'anglais par M. Henri Bellenger, 2 vol., Paris, 1877 ; — M. de Molinari, *Lettres sur la Russie*, Paris, 1877. — Anonyme, *la Société russe par un Russe*, traduit de l'allemand, 2 vol., Paris, 1877.

VOYAGES. Marquis de Custine, *la Russie en 1839*, 4 vol., Paris, 1846. — Théophile Gautier, *Voyage en Russie*, 2 vol., Paris, 1866. — Herbert Barry, *la Russie contemporaine*, trad. de l'anglais, Paris, 1873. — Dixon, *la Russie libre*, trad. de l'anglais, Paris, 1872. — M. Léouzon le Duc, *Études sur la Russie et le nord de l'Europe, la Baltique, la Russie contemporaine*. — M. X. Marmier, *Lettres sur la Russie, la Finlande et la Pologne*. — Mme Hommaire de Hell, *les Steppes de la mer Caspienne*. — M. Anatole Démidof, *la Crimée*. — M. le prince Galitsyne, *la Finlande*. — M. Louis Leger, *le Monde slave et Études* slaves, Paris, 1873 et 1875. — M. Legrelle, le Volga, Paris, 1877.

Périodes anciennes. M. Bergmann, les Scythes, les ancêtres des peuples germaniques et slaves, Halle, 1860. — M. Georges Perrot, le Commerce des céréales en Attique au IV° siècle avant notre ère (Revue historique de mai 1877). — La Chronique de Nestor, traduite en français par Louis Pâris, 2 vol., Paris, 1834. — M. L. Leger, De Nestore rerum russicarum scriptore, Paris, 1868. — Du même, Cyrille et Méthode, étude hist. sur la conversion des Slaves au christianisme, Paris, 1868. — M. A. Rambaud, l'Empire grec au X° siècle, Paris, 1870.

En anglais, M. Ralston, Early Russian History, Londres, 1874.

Du XVI° au XVIII° siècle. Dans la bibliothèque russe-polonaise de Franck : Mayerberg, Voyage en Moscovie; Giles Fletcher, la Russie au XVI° siècle; Korb, Récit de la révolte des Strélitz; — Journal du voyage du boïar Chérémétief; une Ambassade russe à la cour de Louis XIV; Mémoires de Manstein, de la princesse Dachkof, de Tchitchagof.

Prince Emmanuel Galitsyne, la Russie au XVIII° siècle, récit du voyage du prince Potemkine, Paris, 1855. — Augustin Galitsyne, la Russie au XVIII° siècle, Mémoires inédits sur le règne de Pierre I°, etc., Paris, 1865. — Prosper Mérimée. Épisodes de l'histoire de Russie. — Histoire des guerres de Moscovie (1601-1611), par Isaac Massa de Harlem, Bruxelles, 1876. — Serge Galitsyne, la Régence de la tsarine Sophia, trad. du russe de Chtchébalski, Carlsruhe, 1857. — Mémoires du prince Pierre Dolgoroukof, 2 vol., Genève, 1867-1871.

Voltaire, l'Histoire de Charles XII et l'Histoire de Russie sous Pierre le Grand. — Johann Gotthilf Vockerodt et Otto Pleyer, Russland unter Peter dem Grossen, publié par M. Hermann, Leipsig, 1872. — M. Mintzlof, Pierre le Grand dans la littérature étrangère, S. Pét., 1872. — Posselt, der General und admiral Franz Lefort, 2 vol., Francfort, 1866. — Bachoutski, Panorama de Saint-Pétersbourg, trad. du russe, S. Pét., 1831-1834. — M. Saint-René Taillandier, Maurice de Saxe, Paris, 1870. — M. Boutaric, Corresp. secrète de Louis XV, 2 vol., Paris, 1866. — Mémoires de lady Rondeau, du chevalier d'Eon, etc. — Rathery, le Comte de Plélo, Paris, 1876. — Salvandy, Hist. de Jean Sobieski et du royaume de Pologne, 2 vol., Paris, 1855.

Catherine II et Paul I°. Rulhière, Hist. et anecdotes sur la *révolution de Russie en 1762*, Paris, 1797. — Tooke, *Hist. de l'empire de Russie sous le règne de Catherine II*, trad. de l'anglais, 6 vol., Paris, 1801. — Jauffret, *Catherine II et son règne*, 2 vol., Paris, 1860. — Augustin Galitsyne, *le Faux Pierre III*, trad. de Pouchkine, Paris, 1858. — *Mémoires* du comte de Ségur, *Mémoires secrets* du major Masson, *Histoire de Catherine II*, par Castéra, etc. — *Mémoires de l'impératrice Catherine II*, publiés par Herzen, Londres, 1857. — Sabathier de Cabres, *Catherine II, sa cour et la Russie*, Berlin, 1869. — *La cour de Russie il y a cent ans, extraits des dépêches des ambassadeurs anglais et français*, Leipsig et Paris, 1860. — M. A. Rambaud, *Catherine II dans sa famille, Catherine II et ses correspondants français*, dans la *Revue des Deux-Mondes* des 1er février 1874, 15 février, 1er mars 1877. — M. A. Geffroy, *Gustave III et la cour de France*, 2 vol., Paris, 1867. — *Mémoires* ou *Récits* de Smith, Fuchs, Laverne, Anthing, Guillaumanches sur Souvorof.

Époque d'Alexandre Ier. Outre l'*Histoire du Consulat et de l'Empire*, de Thiers, l'*Histoire de France depuis le 18 brumaire*, de Bignon, d'innombrables mémoires sur les campagnes et notamment sur celle de 1812, dont j'ai indiqué, p. 587, les plus importants. Consulter surtout les *Mémoires* de Savary, duc de Rovigo. — *Mémoires et Histoire du général Philippe de Ségur*, 6 vol., Paris, 1873. — *Souvenirs militaires de 1804 à 1814*, par M. le duc de Fezensac, Paris, 1870. — Schnitzler, *la Russie en 1812, Rostoptchine et Koutouzof*, Paris, 1863. — A. de Ségur, *Vie du comte Rostoptchine*, Paris, 1872. — M. Albert Sorel, *Hist. du traité de Paris*, Paris, 1873.

Nicolas Ier et Alexandre II. *Documents servant à éclaircir l'histoire des provinces occidentales de la Russie* (en français et en russe), S. Pét., 1865. — Schnitzler, *Histoire intime de la Russie*, 2 vol., Paris, 1847. — Nicolas Tourguénief, *la Russie et les Russes*, 3 vol., Paris, 1847. — Baron Korff, *Avènement au trône de l'empereur Nicolas*, trad. du russe, Paris, 1857. — Balleydier, *Hist. de l'empereur Nicolas*, 2 vol., Paris, 1857, compilation médiocre, mais utile. — Pierre Dolgoroukof, *la Vérité sur la Russie*, Paris, 1860. — M. Lacroix (bibliophile Jacob), *Histoire de la vie et du règne de Nicolas Ier*, Paris, années 1864 et suiv. — M. l'amiral Jurien de la Gravière (*les Missions extérieures de la Marine, Revue des Deux-Mondes* de 1873).

En résumé, pas d'histoire définitive sur ces deux règnes.

Aux écrits de l'historiographe M. de Bazancourt, aux travaux spéciaux des Niel et des Tottleben, aux récits des témoins oculaires ou touristes de la première heure, est venue s'ajouter l'*Histoire de la guerre de Crimée*, par M. Camille Rousset, 2 vol., Paris, 1877. — M. J. de la Gravière, *la Marine d'aujourd'hui*, Paris, 1872. — Voir aussi *Français et Russes, Moscou et Sévastopol*, par M. Alfred Rambaud, Paris, 1877.

Sur la politique russe pendant la guerre franco-allemande, consulter l'excellent livre de M. Albert Sorel, *Histoire diplomatique de la guerre franco-allemande*, 2 vol., Paris, 1875, — et les *Deux chanceliers* de M. Klaczko. — Sur les progrès des Russes en Asie, M. M. Weil, l'*Expédition de Khiva*; — *Khiva, rapports de Hugo Stumm*, trad. de l'allemand, Paris, 1874; — des articles dans la *Revue des Deux-Mondes*, notamment celui de M. Cucheval-Clarigny (15 mai 1877), les *Annuaires* de cette même revue, etc.

Pour la littérature, M. Courrière, *Hist. de la litt. contemporaine en Russie*, Paris, 1875; M. Rambaud, *la Russie épique*, Paris, 1876; M. Ralston, *Contes du peuple russe*, trad. de l'anglais, Paris, 1876; — d'assez nombreuses traductions de Pouchkine et de M. Ivan Tourguénief par M. Louis Viardot, de Gogol par M. Ernest Charrière, de Gontcharof (*Oblomof*) par M. Charles Deulin, d'Alexis Tolstoï (*le prince Sérébrannyi* ou Ivan le Terrible) par le prince Augustin Galitsyne.

Pour les beaux-arts, M. Viollet-le-Duc, *l'Art russe*, Paris, 1877.

TABLE DES MATIÈRES.

LES ORIGINES.

CHAPITRE PREMIER. — Géographie de la Russie.

Contraste de l'Europe orientale avec l'Europe occidentale : mers, montagnes, climat. — Les quatre zones. — Les fleuves russes et l'histoire : unité géographique de la Russie.................... 1

CHAPITRE II. — Ethnographie de la Russie.

Les colonies grecques et la Scythie d'Hérodote. — Les Slaves russes de Nestor ; peuplades lithuaniennes, finnoises, turques au neuvième siècle. — Division des Russes actuels en trois branches : comment s'est faite la colonisation russe... 15

CHAPITRE III. — La Russie primitive : les Slaves.

Religion des Slaves : funérailles ; — Mœurs domestiques et politiques : la famille, le *mir* ou commune, le *volost* ou canton, la peuplade. — Cités, industrie, agriculture..................... 30

CHAPITRE IV. — Les Varègues : formation de la Russie ; premières expéditions contre Constantinople (862-972).

Les Normands de Russie : origine et mœurs des Varègues. — Les premiers princes russes : Rourik, Oleg, Igor ; expéditions contre Constantinople. — Olga : le christianisme en Russie. — Sviatoslaf : le Danube disputé entre les Russes et les Grecs.... ... 39

LA RUSSIE PRINCIÈRE.

CHAPITRE V. — Le Clovis et le Charlemagne des Russes : Saint Vladimir et Iaroslaf le Grand (972-1054).

Vladimir (972-1015) : conversion des Russes au christianisme. — Iaroslaf le Grand (1015-1054) : union de la Russie, splendeur de Kief. — La société varègue-russe à l'époque de Iaroslaf. — Progrès du christianisme : conséquences sociales, politiques, littéraires, artistiques... 55

CHAPITRE VI. — La Russie divisée en principautés : suprématie, puis chute de Kief (1055-1169).

Distribution de la Russie en principautés : l'unité dans la division. — Les successeurs de Iaroslaf le Grand : guerres pour le droit d'aînesse et le trône de Kief : Vladimir Monomaque. — Guerres entre les héritiers de Vladimir Monomaque : chute de Kief...... 74

CHAPITRE VII. — La Russie après la chute de Kief : puissance de la Sousdalie et de la Gallicie.

André Bogolioubski de Sousdalie (1157-1174) et le premier essai d'autocratie. — Georges II (1212-1238) : guerres contre Novgorod, bataille de Lipetsk (1216), fondation de Nijni-Novgorod (1220). — Roman (1188-1205) et son fils Daniel (1205-1264) en Gallicie... 90

CHAPITRE VIII. — Les républiques russes : Novgorod, Pskof et Viatka (jusqu'en 1224).

Novgorod la Grande : luttes contre les princes. — Institutions novgorodiennes, commerce, église nationale, littérature. — Pskof et Viatka.. 103

LES INVASIONS DU XIIe AU XIVe SIÈCLE.

CHAPITRE IX. — Les Porte-Glaives : conquête des provinces baltiques par les Allemands............................. 119

CHAPITRE X. — Les Tatars-Mongols : asservissement de la Russie.

Origine et mœurs des Mongols. — Batailles de la Kalka, de Riazan, de Kolomna, de la Sita : conquête de la Russie. —

Alexandre Nevski. — Le joug mongol : influence des Tatars sur le développement russe.................................. 123

CHAPITRE XI. — Les Lithuaniens, conquête de la Russie occidentale.

Les Lithuaniens : conquêtes de Mindvog (1240-1263), de Gédimine (1315-1340) et d'Olgerd (1345-1377). — Jagellon : union de la Lithuanie avec la Pologne (1386). — Le grand-prince Vitovt (1392-1430) : batailles de la Vorskla (1399) et de Tannenberg (1410).. 147

LA RUSSIE MOSCOVITE.

CHAPITRE XII. — Les grands-princes de Moscou : organisation de la Russie orientale (1303-1462).

Origines de Moscou : Daniel. — Georges Danilovitch (1303-1325) et Ivan Kalita (1328-1340) : lutte contre la maison de Tver. — Siméon le Superbe (1340-1353) et Ivan le Débonnaire (1353-1359). — Dmitri Donskoï (1363-1389) : bataille de Koulikovo (1380). — Vassili Dmitriévitch et Vassili l'Aveugle (1389-1462).......... 157

CHAPITRE XIII. — Ivan le Grand, le rassembleur de la terre russe (1462-1505).

Soumission de Novgorod, réunion des principautés de Tver, Rostof, Iaroslavl. — Guerres contre la Grande Horde et contre Kazan : fin du joug tatar. — Guerres contre la Lithuanie : la Russie occidentale reconquise jusqu'à la Soja. — Mariage avec Sophie Paléologue : les Grecs et les Italiens à la cour de Moscou..... 186

CHAPITRE XIV. — Vassili Ivanovitch (1505-1533).

Réunion de Pskof, Riazan et Novgorod-Séverski. Guerres contre la Lithuanie : acquisition de Smolensk. — Guerres contre les Tatars ; relations diplomatiques avec l'Europe................. 204

CHAPITRE XV. — Ivan le Terrible (1533-1584).

Minorité d'Ivan IV : il prend le titre de tsar (1547). — Conquête de Kazan (1552) et d'Astrakhan (1554). — Lutte contre l'ordre livonien, la Pologne, les Tatars, la Suède et l'autocratie russe. — Les Anglais en Russie ; conquête de la Sibérie...................... 212

TABLE DES MATIÈRES.

CHAPITRE XVI. — La Russie moscovite et la Renaissance.

Gouvernement moscovite : les *proches* et les *gens* du tsar, les prikases. — Classes rurales, bourgeoisie des villes, commerce. — Esclavage domestique, réclusion des femmes. — La Renaissance : littérature, chants populaires, cathédrales. Moscou au XVIe siècle. 243

CHAPITRE XVII. — Les successeurs d'Ivan le Terrible : Feodor Ivanovitch et Boris Godounof (1584-1605).

Feodor Ivanovitch (1584-1598) : le paysan attaché à la glèbe, le patriarcat. — Boris Godounof (1598-1605) : apparition du faux Dmitri.. 271

CHAPITRE XVIII. — Le temps des troubles (1605-1613).

Meurtre du faux Dmitri. Vassili Chouïski. Le brigand de Touchino. — Vladislas de Pologne : les Polonais au Kremlin. — Soulèvement national. Minine et Pojarski. Élection de Michel Romanof....... 284

CHAPITRE XIX. — Les Romanof. — Michel Feodorovitch et le patriarche Philarète (1613-1645).

Mesures réparatrices : fin de la guerre polonaise. — Relations avec l'Europe. États-généraux............................ 299

CHAPITRE XX. — La Russie occidentale au XVIIe siècle.

L'union de Lublin (1569) et l'*union* religieuse (1595). — Plaintes de la Russie Blanche; soulèvements de la Petite-Russie........ 308

CHAPITRE XXI. — Alexis Mikhaïlovitch (1645-1676) et son fils Feodor.

Premières années d'Alexis : séditions. — Khmelnitski. Acquisition de l'Ukraine orientale et de Smolensk. Stenko Razine. — Réforme ecclésiastique de Nicon; les précurseurs de Pierre le Grand. — Règne de Feodor Alexiévitch (1676-1682)................... 319

PIERRE LE GRAND.

CHAPITRE XXII. — Pierre le Grand. — Premières années (1682-1700).

Régence de Sophie (1682-1689). Pierre Ier. — Expéditions d'Azof (1695-1696), premier voyage en Occident (1697). — Révolte et destruction des streltsi. — Lutte contre les kosaks : révolte du Don (1706). Mazeppa (1709).. 341

CHAPITRE XXIII. — Pierre le Grand, lutte contre Charles XII (1700-1709).

Narva (1700); conquête des provinces baltiques. — Charles XII envahit la Russie. Poltava (1709)................................... 365

CHAPITRE XXIV. — Pierre le Grand. — Les réformes.

Caractères généraux des réformes, les collaborateurs de Pierre le Grand. — Réformes sociales, le tchin, émancipation des femmes. — Réformes administratives, militaires, ecclésiastiques. — Réformes économiques, manufactures. — Caractère utilitaire des établissements d'instruction. — Fondation de Saint-Pétersbourg (1703).. 380

CHAPITRE XXV. — Pierre le Grand. — Dernières années (1709-1725).

Guerre contre la Turquie : traité du Pruth (1711). — Voyage à Paris (1717). Paix de Nystad (1721). Conquêtes sur la Caspienne. — Affaires de famille : Eudoxie, procès d'Alexis (1718), Catherine.. 403

LES IMPÉRATRICES DU XVIIIe SIÈCLE.

CHAPITRE XXVI. — La veuve et le petit-fils de Pierre le Grand.

Catherine Ire (1725-1727) et Pierre II (1727-1730). L'œuvre de Pierre le Grand maintenue par Catherine. — Menchikof et les Dolgorouki. — Maurice de Saxe en Courlande....................................... 418

CHAPITRE XXVII. — Les deux Anna. — Règne d'Anna Ivanovna et régence d'Anna Léopoldovna (1730-1741).

Tentative de constitution aristocratique (1730). La *Bironovch-*

tchina. — Succession de Pologne (1733-1735) et guerre de Turquie (1735-1739). — Ivan VI : régences de Biren et d'Anna. Révolution de 1741.. 423

CHAPITRE XXVIII. — ÉLISABETH PÉTROVNA (1741-1762).

Réaction contre les Allemands; guerre de Suède (1741-1743). — Succession d'Autriche; guerre contre Frédéric II (1756-1762). — Réformes sous Élisabeth. Influence française................ 439

CHAPITRE XXIX. — PIERRE III et la Révolution de 1762.

Gouvernement de Pierre III; alliance avec Frédéric II. — Révolution de 1762. Catherine II.............................. 451

CHAPITRE XXX. — CATHERINE II, premières années (1762-1780).

Fin de la guerre de Sept ans. Intervention en Pologne. — Première guerre de Turquie. Premier partage de la Pologne (1772). Révolution suédoise de 1772. — Peste de Moscou. Pougatchef... 458

CHAPITRE XXXI. — CATHERINE II, gouvernement et réformes.

Les collaborateurs de Catherine II, la grande Commission législative (1766-1768). — Administration et justice, colonisation. — Instruction publique, lettres et arts, les philosophes français.... 475

CHAPITRE XXXII. — CATHERINE II, dernières années (1780-1796).

Neutralité armée (1780), réunion de la Crimée (1783), médiation franco-russe à Teschen (1785). — Deuxième guerre de Turquie (1787-1792) et guerre de Suède (1788-1790). — Deuxième partage de la Pologne : diète de Grodno. Troisième partage : Kosciuszko. — Catherine II et la Révolution française. Guerre de Perse...... 489

LES QUATRE EMPEREURS.

CHAPITRE XXXIII. — PAUL Iᵉʳ (17 novembre 1796-24 mars 1801).

Politique de paix, puis accession à la deuxième coalition. — Campagnes des îles Ioniennes, d'Italie, d'Helvétie, de Hollande, de Naples. — Alliance avec Bonaparte : la ligue des neutres et le grand projet contre l'Inde.. 511

TABLE DES MATIÈRES. 727

CHAPITRE XXXIV. — ALEXANDRE Ier, extérieur (1801-1825).

remière guerre avec Napoléon : Austerlitz, Eylau, Friedland. Traité de Tilsit. — Entrevue d'Erfurt. Guerres avec l'Angleterre, la Suède, l'Autriche, la Turquie, la Perse. — Grand-duché de Varsovie. Causes de la deuxième guerre avec Napoléon. — La *guerre patriotique* : bataille de Borodino, incendie de Moscou, destruction de la grande-armée. — Campagnes d'Allemagne et de France. Traités de Vienne et de Paris. — Royaume de Pologne. Les congrès : Aix-la-Chapelle, Carlsbad, Laybach, Vérone...... 528

CHAPITRE XXXV. — ALEXANDRE Ier, histoire intérieure (1801-1825).

Premières années : le *triumvirat*. Mesures libérales. Les ministères. Instruction publique. — Spéranski : Conseil d'empire, projet de code civil, idées de réformes sociales. — Araktchéef : réaction politique et universitaire, colonies militaires. — Les sociétés secrètes, la Pologne. — Mouvement littéraire et scientifique. 619

CHAPITRE XXXVI. — NICOLAS Ier (1825-1855).

L'insurrection de décembre; administration et réformes; l'instruction publique et la littérature. — Guerre de Perse (1826-1828). Première guerre de Turquie : affranchissement de la Grèce. Les Russes et les Anglais en Asie. — Insurrection polonaise (1831). — Hostilité contre la France : question d'Orient. Révolution de 1848 : intervention en Hongrie. — Deuxième guerre de Turquie : les alliés en Crimée. Réveil de l'opinion russe.................. 635

CHAPITRE XXXVII. — ALEXANDRE II (1855-1877).

Fin de la guerre de Crimée : traité de Paris (1856). — L'acte du 19 février 1861. Réformes judiciaires, self-gouvernement local. — Insurrection polonaise. — Mouvement des esprits, progrès matériel, loi militaire. — Conquêtes en Asie. Politique en Europe... 671

Observations... 711

Note bibliographique.. 713

[19833] Typographie Lahure, rue de Fleurus, 9, à Paris.

www.ingramcontent.com/pod-product-compliance
Lightning Source LLC
Chambersburg PA
CBHW071701300426

44115CB00010B/1280